A Beginning Course in Language and Culture

The Capretz Method

Third Edition

Workbook Part 1

in Action

Yale UNIVERSITY PRESS

New Haven and London

Pierre J. Capretz

Yale University

and

Barry Lydgate

Wellesley College

with

Thomas Abbate

Béatrice Abetti

Frank Abetti

French in Action is a co-production of Yale University and the WGBH Educational Foundation, in association with Wellesley College.

Major funding for *French in Action* was provided by the Annenberg/CPB Project. Additional funding was provided by the Andrew W. Mellon Foundation, the Florence J. Gould Foundation, Inc., the Ministries of External Relations and of Culture and Communication of the French government, the Jessie B. Cox Charitable Trust, and the National Endowment for the Humanities.

Yale University Press books may be purchased in quantity for educational, business, or promotional use. For information, please e-mail sales.press@yale.edu (U.S. office) or sales@yaleup.co.uk (U.K. office).

Editor: Tim Shea
Editorial Assistant: Ashley E. Lago
Manuscript Editor: Noreen O'Connor-Abel
Production Editor: Ann-Marie Imbornoni
Production Controller: Katie Golden

Designed by Nancy Ovedovitz.
Set in Joanna type by BW&A Books, Inc.
Printed in the United States of America.

Grateful acknowledgment is made for permission to reproduce the following illustrations:
Editions Glénat: Claude Serre, p. 251 #1
WGBH, Boston: Jean-Jacques Sempé, p. 251, #7

Illustration #5, p. 251, was commissioned from Aline Mathieu. All other illustrations were commissioned from Claude Raynaud.

ISBN: 978-0-300-17612-4

This paper meets the requirements of ANSI/NISO Z39.48-1992 (Permanence of Paper).
10 9 8 7 6 5 4 3 2 1

Contents

Acknowledgments

The development of *French in Action* was made possible initially by a grant from the Annenberg/CPB Project, for which the authors are enduringly grateful.

The authors are indebted to Catherine R. Ostrow of Wesleyan University, Nancy C. Holden-Avard of Mount Holyoke College, Sylvaine Egron-Sparrow of Wellesley College, and Benjamin Hoffmann of the Ecole Normale Supérieure and Yale University for their advisory and editorial contributions to the textbook and workbook, and to Nathan Schneider, Marie-Cécile Ganne-Schiermeier of Wellesley College, and Gilbert Lanathou for their skill in helping to prepare the illustrations for this third edition. Special gratitude is due to Agnès Bolton of Yale University, whose tireless encouragement and fertile imagination are reflected on virtually every page of the present edition.

The authors also wish to thank Ann-Marie Imbornoni and Nancy Ovedovitz at Yale University Press, as well as Noreen O'Connor-Abel, who copyedited the printed materials for the third edition.

Finally, the managerial expertise and calm determination of Tim Shea at Yale University Press have kept the authors focused and productive; they gratefully acknowledge his critical contribution to this edition.

A NOTE FROM THE SENIOR AUTHOR OF *FRENCH IN ACTION*

The learning tool represented by this book is a complex assemblage of sounds, images, and words pulled together over some fifty years and refined over that time in use with thousands of students. Its current guise—including this book, the associated twenty-six hours of video programs, and sixty hours of audio—reflects the labors of a very great number of people, some three hundred in all. They all deserve to be thanked here for their devotion to the task. I wish I could do so, but since I can't, I would like to single out a few for special recognition.

First, I would like to thank Professor Barry Lydgate of Wellesley College, without whom this work in its current form would never have seen the light of day. A Yale Ph.D. and former student of mine, Barry imported the prototype materials from Yale to Wellesley and decided they were too good not to be made available to everyone; more to the point, he undertook to gather the necessary funds for their transformational move to video. Next I would like to thank Béatrice Abetti, M.A. in French from Yale with M.A.s in classics, French, and linguistics from the University of Montpellier, France, who during the genesis of the prototype and through production and post-production of the video and audio programs somehow managed to keep all the pieces of the puzzle together.

My thanks go next to Marie-Odile Germain, Ancienne élève de l'Ecole Normale Supérieure, Agrégée de l'Université, Conservateur Général à la Bibliothèque Nationale de France, who compiled the printed text of the story from the script of the video. I would also like to thank Michèle Bonnet, Ancienne élève de l'Ecole Normale Supérieure, Agrégée and Docteur de l'Université, Professor at the University of Besançon, who scanned hundreds of films and television programs to find many of the thousands of examples of word and phrase use that enrich the video programs of *French in Action*. Also Henriette Schoendoerffer, Présidente de Chambre Honoraire, who helped Marie-Laure recall highlights of her brilliant law career.

Finally, I thank Sylvie Mathé, Ancienne élève de l'Ecole Normale Supérieure, Agrégée and Docteur de l'Université, Professor at the University of Provence and my helpmate, who kept me from collapsing before this phase of the revision of *French in Action* could be brought to completion.

—Pierre J. Capretz

LESSON

1 Introduction

This workbook is designed to develop your ability to understand and communicate in French. It must be used in close conjunction with the audio series.

Each of the twenty-five lessons that follow this introduction is divided into five parts. The first, *Assimilation of the text* (*Assimilation du texte*), familiarizes you with important words and structures from the episode narrated in the text. The next, *Toward communication* (*Préparation à la communication*), contains charts and explanations that illustrate the use of these structures, followed by exercises that give you practice in recognizing and using them. The third section, *Self-testing exercises* (*Exercices-tests*), provides quizzes with which to test your grasp of the most important points of the lesson. The fourth section, *Toward free expression* (*Libération de l'expression*), is devoted to role-playing and word games that allow you to make creative use of what you have learned and to personalize the story, adapting it to your own tastes and preferences. The final section, *Developing reading and writing skills* (*Préparation à la lecture et à l'écriture*), proposes activities that will train you in guessing and inferring from context, and thus facilitate your understanding of the textbook's *Documents*. This final section also contains writing assignments that will allow you to recombine vocabulary and structures from the text and documents.

Answer keys at the end of the workbook give the answers to all

written exercises (except for essay questions), including the self-testing exercises.

Directions and explanations are in English through lesson 5 of the workbook; beginning with lesson 6, the workbook is entirely in French.

Using the Workbook with Video, Audio, and Textbook Components

Video. Each video program of *French in Action* should be viewed before beginning work on the lesson. The purpose of these programs is to expose you in a preliminary way to the material of the lesson and to help develop your feel for communication in French. You will not need to take notes or refer to the textbook or workbook while watching the video programs, and you won't be expected to learn any word or structure in depth from the video programs alone. Extensive practice comes later, as you work with the textbook, workbook, and audio program.

Audio. To access the updated audio program, go to **yalebooks.com/fia**. After you have viewed the video program, complete the first section of the audio program, *Text work-up* (*Mise en œuvre*). As you listen, you will hear two kinds of musical signals, each followed by a pause. The shorter signal means "repeat"; the longer signal means "answer." After the pause, you will hear the correct response for confirmation.

Complete the remaining sec-

tions of the workbook, using the audio program when indicated. The headphone symbol that accompanies some sections indicates either that the audio program repeats the material of that section or that the audio segment must be used to complete it.

Textbook. In this course, the basic material of each lesson is called the text. It occurs in two forms: a dramatized version in the video and audio programs and a written version in the textbook. Try not to read the text of the lesson until *after* you have completed the text work-up. Pay close attention to the illustrations that accompany the text; the combination of words and pictures will further your understanding of important concepts.

After you have studied the text and pictures, read through the questions that follow the text. These questions will be familiar to you from the assimilation section of the audio program, and you should be able to answer them without difficulty.

An online *study guide*, in English, is available to help you through each lesson (**yalebooks.com/fia**). It is indispensable for distance learners, and optional for on-campus students.

LESSON

2

ASSIMILATION OF THE TEXT

🎧 2.1 Text work-up

Listen to the text on the audio recording. Repeat and answer according to the directions.

🎧 2.2 Aural comprehension

Phase 1: You will hear a phrase that corresponds to each picture in the series on this page. Look at the picture and repeat the phrase you hear.

1. <u>A</u>

2. ___

3. ___

4. ___

5. ___

6. ___

7. ___

Phase 2: Look at pictures 1, 2, 3, 4, 5, 6, and 7. You will hear phrases identified by the letters A, B, C, D, E, F, and G. Write the letter of each phrase under the picture to which it corresponds.

Example:
You hear: A. Bon appétit!
You write *A* under picture 1.

∩• 2.3 Aural comprehension

You will hear the beginning of a series of short exchanges between two people. Choose the second person's answer from among the three possible responses. Indicate your choice by circling a, b, or c.

Example: You hear: 1. Bonjour! Vous allez bien?
          You choose the best answer (b. Je vais bien, merci) and circle b.

1. a. Bon appétit!
   b. Je vais bien, merci.
   c. Je vais à la fac.

2. a. Bonjour!
   b. Ça va.
   c. Bon appétit!

3. a. Bon appétit!
   b. Ça va bien, merci.
   c. Tiens!

4. a. Merci!
   b. Salut!
   c. Bonjour!

5. a. Merci!
   b. Salut!
   c. Bonjour!

6. a. Je vais bien, merci.
   b. Elle va à la fac.
   c. Nous allons à la fac.

7. a. Elle va à la fac.
   b. Elle va bien.
   c. Il ne va pas trop bien.

8. a. Merci!
   b. Au revoir.
   c. Bonjour!

9. a. Je vais bien, merci.
   b. En France.
   c. Je vais à la bibli.

10. a. Ça va?
    b. Nous allons au restau-U.
    c. Bon appétit!

∩• 2.4 Oral production

In the following dialogues you are to play the part of a character. First you will hear an exchange between two characters. Then you will hear your character's line repeated several times. Finally you will hear the beginning of each exchange again (it is also printed below), and this time you say your character's line.

Example: 1. Listen to the dialogue between Ousmane and Mireille.

Ousmane: Ça va?
Mireille: Oui, ça va.

Listen to Mireille's line. You will hear it four times. Now it is your turn. You are Mireille. You hear:

Ousmane: Ça va?
You answer: Oui, ça va.

2. Mireille: Ça va?
   Mme Rosa: (. . .)
3. Mireille: Véronique, salut! Comment vas-tu?
   Véronique: (. . .)
4. Le professeur: Tiens, bonjour, Mademoiselle Belleau. Comment allez-vous?
   Mireille: (. . .)
5. Mireille: Tiens, Hubert, salut! Ça va?
   Hubert: (. . .)

∩• 2.5 Aural comprehension and oral production

Listen to the following dialogues, and answer the question that follows.

Example: 1. Où va Mireille? Où est-ce qu'elle va?
You hear: Colette: Mireille! Bonjour! Où est-ce que tu vas?
Mireille: Je vais à la fac.

Then you hear the question: Où va Mireille? Où est-ce qu'elle va?
You answer: A la fac. or: Elle va à la fac.

2. Comment va Ousmane?
3. Où vont Marc et Catherine?
4. Où va Ousmane?
5. Comment va Mireille?

TOWARD COMMUNICATION

🎧 2.6 Observation: Pronunciation; division into syllables

x = consonant (/b/ /c/ /d/ /f/ /g/ /l/ /p/ /r/, etc.)
o = vowel (/o/ /e/ /a/ /i/ /u/, etc.)

x o	x o x		x o	x o	x o	x o
bon	jour!		co	mment	vas -	tu ?

xo	x o	x o	x o		xo	x o	x o	x o	x o
bo	n a	ppé	tit!		co	mmen	t a	llez -	vous?

x o	xox
ma	lade

🎧 2.7 Activation: Pronunciation; division into syllables

Listen and repeat.

1. le - fran - çais   4. ma - lade   7. bo - n a - ppé - tit!
2. la - bi - bli   5. le - re - stau - U 8. co - mment - vas - tu?
3. sa - lut   6. bon - jour   9. co - mmen - t a - llez - vous?

2.8 Activation (aural): Forms of address

Carefully review the video program or listen to the first part of the audio recording for this lesson. You will notice that characters sometimes say tu (or toi) when speaking to other characters, and sometimes they say vous. Note down who says tu (or toi) to whom, and who says vous.

1. Le professeur   dit _____ aux étudiants.

2. Colette   dit _____ à Mireille.

3. Hubert   dit _____ à Mireille.

4. Véronique   dit _____ à Mireille.

5. Ousmane   dit _____ à Mireille.

6. Catherine   dit _____ à Mireille.

7. Le vieux professeur dit _____ à Mireille.

8. Tante Georgette   dit _____ à Mireille.

9. Mireille   dit _____ à Hubert.

10. Mireille   dit _____ à Véronique.

11. Mireille   dit _____ à Ousmane.

12. Mireille   dit _____ à Catherine et Marc.

13. Mireille   dit _____ au vieux professeur.

14. Mireille   dit _____ à Tante Georgette.

15. Mireille   dit _____ à Fido.

16. Fido   dit Ouah! Ouah! à Mireille.

You will notice that the professor (1) and Mireille (12) say _____ when talking to more than one person.

You will notice that Colette, Hubert, Véronique, Ousmane, and Catherine, who are all students and know each other, say _____ to each other.

Mireille also says _____ to Tante Georgette, with whom she is on very familiar terms (since Georgette happens to be her aunt).

Mireille also says _____ to Fido, who happens to be a dog.

But Mireille says _____ to the old professor, with whom she is not on familiar terms.

◠ 2.9 Observation: Personal subject pronouns

	singulier		pluriel	
1ère personne	**Je**	vais bien.	**Nous**	allons bien.
2ème personne forme familière forme polie	**Tu** **Vous**	vas bien? allez bien?	**Vous** **Vous**	allez bien? allez bien?
3ème personne masculin féminin	**Il** **Elle**	va bien. va bien.	**Ils** **Elles**	vont bien. vont bien.

◠ 2.10 Observation: Personal subject pronouns, 3rd person

	singulier		pluriel	
masculin	le professeur Hubert Fido	} **il**	les étudiants Hubert et Ousmane Hubert et Mireille	} **ils**
féminin	la jeune fille la dame Mireille	} **elle**	les jeunes filles les dames Mireille et Colette	} **elles**

◠ 2.11 Activation (oral and written): Personal subject pronouns

Listen to the questions, answer orally, and complete the written sentences according to the example.

Example:
You hear: 1. Comment va Hubert?
You say: Il va bien.
You write: <u>Il</u>

2. Comment va Mireille?

_____ va bien.

3. Comment allez-vous, vous deux?

_____ allons bien.

4. Comment va Hubert?

_____ va bien.

5. Comment vont Ghislaine et

Mireille?

_____ vont bien.

6. Comment vas-tu?

_____ vais bien.

7. Comment vont Hubert et Ghislaine?

_____ vont bien.

8. Comment vont Ousmane et

Hubert?

_____ vont bien.

◠ 2.12 Observation: Verb *aller*, present indicative

aller			
je	vais	nous	**all**ons
tu	vas	vous	**all**ez
il	va		
ils	vont		

◠ 2.13 Activation (oral and written): Forms of the verb *aller*

Listen to the questions, answer orally, and complete the written sentences according to the example. You may want to use the chart above (2.12) to help you.

Example:
You hear: 1. Comment va Hubert?
You say: Il va bien.
You write: <u>va</u>

2. Comment va Mireille?

Elle _____ bien.

3. Comment va Hubert?

Il _____ bien.

4. Comment vas-tu?

Je _____ bien.

5. Comment allez-vous, vous deux?

Nous _____ bien.

6. Comment vont Ghislaine et

Mireille?

Elles _____ bien.

7. Comment vont Ghislaine et

Hubert?

Ils _____ bien.

🎧 2.14 Observation: Uses of the verb *aller*

déplacement	santé
Je vais à la fac.	Je vais bien.
Je vais à la bibli.	Je vais mal.
Je vais au restau-U.	Ça va.

🎧 2.15 Observation: Sounds and letters

	aller		tu	vas
nous	allons		il	va
vous	allez		elle	va
			ça	va
nous	allons			
	bonjour		bonjour	
			nous allons	
			vous allez	

2.16 Activation (aural): Sounds and letters

First, review the first part of the video program for lesson 2, listening carefully to the soundtrack, or listen to the first part of the audio recording for lesson 2. Then open your textbook to the text of the lesson (sections 1–11), and read it carefully.

1. Look for words that have the vowel sound represented by on, as in bonjour and allons. Note that what you are looking for is words with the *vowel* sound represented by on, not words in which the *consonant* sound n would be pronounced. You should be able to find at least five different words.

mots avec le son de voyelle représenté par ON

bonjour, allons, _____ _____

_____ _____ _____

2. Now look for words in which ou represents the same vowel sound as in bonjour, nous, vous. You should find at least seven examples.

mots avec le son de voyelle représenté par OU

bonjour, nous, vous, _____ _____

_____ _____ _____

_____ _____

🎧 2.17 Activation: Dictation

Listen, and write the missing words in the following sentences.

1. —_____ ?

   —_____ !

2. —Tiens! _____ !

   Comment _____ ?

   —Je _____ bien, _____ .

3. _____ apprendre le français.

🎧 2.18 Activation: Dictation

A. Listen, and read the following as you listen:

1. Hubert: <u>Tu vas</u> à la fac?
   Mireille: Oui, <u>je vais</u> à la fac.
   Le mime: <u>Elle va</u> à la fac!
2. Hubert: <u>Vous allez</u> à la fac?
   Mireille et Ousmane: Oui, <u>nous allons</u> à la fac.
   Le mime: <u>Ils vont</u> à la fac!

B. Now listen, and write in the missing words:

1. Le vieux professeur: Tiens, bonjour Mlle Belleau!

   Comment _____-_____ ?

   Mireille: _____ _____ bien, merci.

   Le mime: _____ _____ bien!

2. Hubert: _____ _____ à la fac?

   Mireille: Oui, _____ _____ à la fac.

3. Hubert: Bonjour, Monsieur le professeur. Vous

   _____ à la fac?

   Le vieux professeur: Euh, oui, oui, _____

   _____ à la fac. Et vous, _____

   _____ à la fac?

4. Hubert: _____ _____ à la fac?

   Mireille et Ousmane: Oui, _____ _____

   à la fac.

   Le mime: _____ _____ _____

   _____ _____ !

2.19 Activation (written): Uses of the verb *aller*

Complete the following sentences.

1. —Tiens, Ousmane! Bonjour. Tu vas bien?

    —Oui, _____ _____ _____ , merci.

      Et toi, _____ _____ _____?

2. —Bonjour, Monsieur, vous allez bien?

    —Oui, _____ _____ _____ , merci.

      Et vous, _____ _____ _____?

3. —Ça va?

    —Oui, _____ _____ .

4. —Tiens! Bonjour, Mireille. Où vas-tu?

    —_____ _____ à la fac. Je suis pressée.

5. —Tiens! Marc et Catherine. Où allez-vous?

    —_____ _____ au restau-U.

6. —Où est-ce qu'ils vont?

    —_____ _____ au restau-U.

7. —Qu'est-ce que nous allons apprendre?

    —Nous _____ _____ le français.

🎧 2.20 Observation: Talking about health

	verbe **aller** + *adverbe*				verbe **être** + *adjectif*	
Je	**vais**		bien.	Je	**suis**	fatiguée.
Je	**vais**		mal.	Je	**suis**	malade.
Je ne	**vais**	pas	bien.	Elle	**est**	fatiguée.
Ça ne	**va**	pas	bien.	Il	**est**	malade.
Ça ne	**va**	pas	fort.			
Ça ne	**va**	pas.				
Ça	**va**.					
Ça	**va**	bien.				

🎧 2.21 Activation (aural and written): *Aller/être*

Listen, and complete the following sentences with a form of the verb aller or être.

1. —Comment allez-vous?

    —Oh, je ne _____ pas trop bien! Je _____

      fatiguée.

2. —Ça ne _____ pas?

    —Non, ça ne _____ pas fort; je _____

      malade.

    —Comment _____ Hubert?

    —Pas trop bien. Il _____ fatigué.

3. —Ça ne _____ pas bien?

    —Non, je _____ malade.

4. —Où vas-tu? Tu vas à la fac?

    —Oui, excuse-moi, je _____ pressée. Au revoir.

🎧 2.22 Observation: Negation

positif (oui)			négatif (non)			
pressé malade fatigué				**pas** pressé **pas** malade **pas** fatigué		
Il	est	pressé.	Il	n'est	**pas**	pressé.
Elle	est	malade.	Elle	n'est	**pas**	malade
Elle	va	bien.	Elle	ne va	**pas**	bien.

Note that pas is a negative word.

🎧 2.23 Activation: Aural comprehension; negation

Listen, and indicate whether the phrases you hear are positive (oui) or negative (non). Check the corresponding box.

	1	2	3	4	5	6	7	8	9	10	11	12	13	14
positif (oui)														
négatif (non)														

🎧 **2.24** Ac̲ *2.11* ...̅): **Dialogue between Mireille and Hubert**

You will hear c ... Hubert. *Listen carefully and practice Hubert's lines.*

Mireille: T...   Hubert: **Où vas-tu comme ça?**

Hubert: J...   ̃Mireille: Je vais à la fac; et toi?

Mireille ...   ̃Hubert: **Oh, moi . . . je ne vais pas à la fac.**

(handwritten note overlapping:)
2.11
2. elle
3. nous
4. il
5. elles
6. Je
7. ils
8. ils

2.13
2. va
3. va
4. vais
5. allons
6. vont
7. vont

2.23
1. neg   8
2. neg   9. pos
3. pos   10. neg
4. neg   11 pos
5. pos   12. pos
6. neg   13. pos
7. neg   14. neg

2.25 Self-testing e... ...ronouns

Complete the following sentences.

1. Ousmane est malade?

   Oui, _____ est malade.

2. Tante Georgette est fatiguée?

   Oui, _____ est fatiguée.

3. Tu vas à la fac?

   Oui, _____ vais à la fac.

4. Les étudiants vont apprendre le français?

   Oui, _____ vont apprendre le français.

5. Vous allez au restau-U?

   Oui, _____ allons au restau-U!

6. Mireille et Colette vont apprendre l'italien?

   Oui, _____ vont apprendre l'italien.

7. Tu vas bien?

   Non, _____ suis fatiguée.

8. Ça ne va pas fort.

   Ah non? _____ es malade?

Check your responses. If you have made any errors, work with sections 2.9, 2.10, and 2.11 in the workbook.

2.26 Self-testing exercise: Verb *aller*, present indicative

Complete the following sentences.

1, 2. —Tiens, Mireille! Comment _____-tu?

   —Ça _____ .

3, 4. —Bonjour, Mlle Belleau. Comment _____-vous?

   —Je _____ bien, merci.

5. Tiens, regarde, c'est Marc et Catherine.

   Où _____-ils?

6. —Salut, vous deux. Vous êtes pressés?

   —Oui, nous _____ au restau-U!

Check your responses. If you have made any errors, work with sections 2.12 and 2.13 in the workbook.

🎧 2.27 Self-testing exercise: Uses of the verb *aller*

Choose the correct answer for each question you hear.

1. a. Je vais au restau-U.
   b. Je suis malade.
   c. Je suis pressée.
2. a. A la fac.
   b. Ça va.
   c. Elle est fatiguée.
3. a. Non, à la bibli.
   b. Non, le français.
   c. Non, pas trop bien.

4. a. Oui, ça va.
   b. Non, mais ça ne va pas fort.
   c. Non, merci.
5. a. Non, je vais à la fac.
   b. Non, je suis pressée.
   c. Non, je suis malade.
6. a. A la bibli.
   b. Très bien, merci.
   c. Ça va.

Check your responses. If you have made any errors, work with sections 2.14 to 2.21 in the workbook.

TOWARD FREE EXPRESSION

2.28 Cross-examining the text

Reread the text of the lesson. Read the questions in the mise en question following the mise en œuvre in your textbook, give them some thought, and do your best to answer them.

🎧 2.29 Role-playing and reinvention of the story

Listen to the two examples of role-playing and reinvention of the story.

2.30 Role-playing and reinvention of the story

Now, pretend that you meet someone. Imagine a conversation.
You may choose among the following possibilities.

Personnage X:

Tiens! . . .
Bonjour! . . .
Salut! . . .

| Mireille . . .
| Colette . . .
| Ousmane . . .
| Jack . . .
| Otto . . .
| Tante Georgette . . .
| Tante Marie . . .
| Monsieur . . .
| Madame . . .
| Mademoiselle . . .
| Vous deux . . .
| Fido . . .

Ça va?
Comment ça va?
Comment vas-tu?
Comment allez-vous?
Ça va bien?
Tu vas bien?
Vous allez bien?

Personnage Y:

Ça va, merci! . . .
Oui ça va! . . .
Ça va bien, merci! . . .
Oui, je vais bien . . .
Oui, nous allons bien . . .
Pas mal, merci . . .
Pas trop bien . . .
Non, ça ne va pas!
Non, je ne vais pas bien!
Non, ça ne vas pas fort!

Et toi?
Et vous?

Personnage X:
Tu es malade?
Vous êtes malade?

Personnage Y:
Oui, je suis malade.
Non, je ne suis pas malade, mais ça ne va pas fort.
Je suis fatigué(e).
Oui, ça va mal!

Personnage X:
Excuse-moi, je suis pressé(e).
Moi aussi, je suis malade.
Fido aussi est malade.
Mais non, tu n'es pas malade!

Personnage Y:
Où vas-tu?
Où est-ce que tu vas?
Tu es pressé(e)?
Tu vas à la fac?

Personnage X:
Je vais à la fac.
Je vais à la bibli.
Je vais au restau-U.

Personnage Y:
Au revoir.
Salut!
Bon appétit!

DEVELOPING READING AND WRITING SKILLS

2.31 Reading and inference

Read the following and fill in the blanks with either oui *or* non, *depending on which makes more sense.*

1. Mireille: Tiens, bonjour, Hubert! Où vas-tu comme ça? Tu vas manger?

   Hubert: _____ , je vais au restaurant. Et toi, tu vas manger?

   Mireille: _____ , je vais au cours d'italien.

   Hubert: Tu es pressée?

   Mireille: _____ , je suis en retard!

2. Ousmane: Salut, Mireille! ça va?

   Mireille: _____ , je suis malade! Mais toi, ça va?

   Ousmane: _____ , moi, ça va. Je vais très bien.

   Mireille: Tu vas à la bibli?

   Ousmane: _____ , je vais manger.

   Mireille: Eh bien, bon appétit, alors! Salut!

2.32 Reading and inference

Read the text of lesson 2 in the textbook and try to recall what you have seen on the video for lesson 2. Then read the following paragraph, guessing at the missing words and writing them in. All of the missing words can be found either in the paragraph itself or in the text of lesson 2 in the textbook. Look for them to check their spellings.

Mireille Belleau est étudiante. Elle apprend l'italien. En ce moment, _____ va à son cours d'italien, à la fac. Elle est pressée parce qu'elle _____ en retard. D'abord, elle dit bonjour à Mme Rosa. Mme Rosa vend des journaux dans un kiosque. Mireille achète un journal. Elle continue. Elle voit Colette à la terrasse d'un petit café. Colette est avec trois amis. Mireille dit bonjour _____ Colette et aux _____ de Colette et elle continue. Sur le boulevard Saint-Michel elle rencontre _____ ami qui s'appelle Hubert. Elle lui dit qu'elle _____ à la fac, mais Hubert, lui, ne va _____ à la fac. Il va jouer au tennis. Mireille continue et elle rencontre _____ amie, Véronique. Elle continue et elle rencontre Ousmane. Ousmane ne va pas jouer au tennis, lui. Non, il va à _____ bibliothèque. Il va étudier. C'est un étudiant sérieux. Mireille continue et elle rencontre deux amis sur une motocyclette. Ils vont manger au restaurant universitaire; alors, Mireille leur dit "_____ appétit" et elle continue. Elle rencontre un vieux professeur avec sa bicyclette dans la rue des Ecoles et puis elle rencontre sa vieille tante Georgette avec son _____ , qui s'appelle Fido. Tante Georgette n'est pas en très bonne santé; elle est fatiguée, mais Fido, lui, va très _____ . Mireille dit au revoir _____ Tante Georgette et elle arrive enfin à son cours d'italien.

2.33 Reading and inference

Reread the paragraph you have just completed (2.32) and complete the answers to the following questions. You will find all the words you need in the paragraph above or in the text in the textbook.

1. Est-ce que Mireille Belleau est professeur?

   Non, elle est _____ .

2. Qu'est-ce qu'elle apprend, à la fac?

   _____ l'italien.

3. Où est-ce qu'elle va en ce moment?

   _____ à son cours d'_____ .

4. Pourquoi est-ce qu'elle est pressée?

   Elle est _____ parce qu'elle _____ en

   retard.

5. Où est-ce que Mireille voit Colette?

   Elle voit Colette à la terrasse d'un petit _____ .

6. Avec qui est Colette?

   Elle est avec trois _____ .

7. Qui est-ce que Mireille rencontre sur le boulevard

   Saint-Michel?

   Elle rencontre un _____ qui s'appelle

   _____ .

8. Est-ce qu'Hubert va à la fac?

   Non, il va jouer au _____ .

9. Qui est Ousmane? C'est un professeur?

   Non, c'est un _____ .

10. Où est-ce qu'il va?

    Il _____ .

11. Et où vont les deux amis de Mireille qui sont sur une

    motocyclette?

    Ils _____ restaurant universitaire.

12. Où est-ce que Mireille rencontre le vieux professeur?

    Dans _____ .

13. Comment s'appelle le toutou de Tante Georgette?

    Il s'appelle _____ .

14. Est-ce que Fido est malade?

    _____ .

15. Est-ce que Tante Georgette est malade?

    Non, mais _____ .

2.34 Reading and inference

Read documents 1B and 1C in your textbook, then answer the following questions, guessing at the missing words and writing them in. All of the missing words can be found in the document itself.

1. La Suisse, le Sénégal, Tahiti sont des nations où on parle français; ce sont des _____ francophones. Certains pays francophones, par exemple la Belgique et le Luxembourg, sont à proximité de la France; ils sont _____ de la France.

2. Dans le passé, plusieurs pays d'Afrique du Nord et d'Afrique noire ont été colonisés par la France. Aujourd'hui ils sont indépendants, mais _____ c'étaient des colonies françaises.

3. En 1960, Léopold Senghor a donné une définition de la Francophonie: il a _____ la Francophonie comme "un *commonwealth* à la française."

4. La Francophonie désigne un ensemble de pays—d'états—où on parle français. Senghor écrit de la poésie, mais il est aussi un homme politique, responsable de son pays; c'est à la fois un poète et un homme d'_____ . Au XVIIème siècle, le monarque absolu Louis XIV disait, "L'_____ , c'est moi." Aujourd'hui, le continent nord-américain est occupé par le Canada et les _____-Unis.

5. Dans un pays démocratique comme le Sénégal, on choisit le président dans une élection; en 1960 Senghor est _____ président du Sénégal indépendant. Et 23 ans plus tard il est _____ à l'Académie française.

2.35 Reading and inference

Read document 3 (Journal de Mireille) in your textbook. Then read the following and fill in the blanks. What follows is very close to the text of the document. By comparing the two you should be able to figure out what it says. All the words you need are in the text of document 3, sometimes in a slightly different form.

1. En allant à la fac, Mireille s'arrête au kiosque de Mme Rosa pour acheter un _____ . Mireille écrit un _____ intime, personnel.

2. C'est le 28 mai. Il est 9 _____ du matin. Mireille décide qu'elle ne _____ pas aller à la _____ parce qu'elle ne va pas fort, elle est un peu _____ .

3. Alors elle décide d'aller _____ Katmandou ou _____ Acapulco. Oui, mais Acapulco est au Mexique. Et au Mexique on ne parle pas _____ . On parle _____ ! Alors, est-ce que Mireille va apprendre l'espagnol pour aller à Acapulco? Non! Elle est trop fatiguée pour _____ l'espagnol!

4. Alors, elle va _____ aux Antilles ou à Tahiti, parce qu'aux Antilles et à Tahiti on _____ français. Oui, mais elle est trop _____ pour aller à Tahiti. (C'est dans l'océan Pacifique!)

5. Alors, elle va _____ au cinéma, avec Ousmane! Mais non! Impossible! Parce qu'Ousmane va certainement aller _____ bibli!

6. Oh, là, là! Il est déjà 10 _____ ! Mireille est pressée parce que son cours d'italien est à 10 heures 30! Mireille décide qu'elle va être raisonnable: elle ne va pas _____ à Tahiti, elle ne va pas _____ au cinéma, elle ne va pas _____ à Marc. Elle va _____ au cours d'italien!

2.36 Writing practice

Write a short exchange between two characters, X and Y. Character X meets character Y; imagine their dialogue. Because you do not know enough French yet to write anything that comes to mind, you will need to stay within the limits of what you have seen already. For this exercise you should work with the various options offered in 2.30 above. Study these options carefully, then choose among them and write an eight-line exchange. Make sure, of course, that the options you select make sense together.

X:

_____

Y:

_____

X:

_____

Y:

X:

_____

Y:

_____

X:

_____

Y:

LESSON

3

ASSIMILATION OF THE TEXT

🎧 3.1 Text work-up

Listen to the text on the audio recording. Repeat and answer according to the directions.

🎧 3.2 Aural comprehension

Phase 1: You will hear a phrase corresponding to each picture in the series below.
Look at the picture and repeat the phrase.

1. <u>A</u>

2. __

3. __

4. __

5. __

6. __

Phase 2: Look at pictures 1, 2, 3, 4, 5, and 6. You will hear phrases identified by letters A, B, C, D, E, and F.
Write the letter of each phrase under the picture to which it corresponds.

Example:
You hear: A. Le monsieur, là, c'est Monsieur Courtois.
You write *A* under picture 1.

∩ 3.3 Oral production

Listen to each of the following dialogues and answer the question that follows.

Example:
1. Qu'est-ce que nous allons apprendre?
You hear: Nous allons apprendre le français.
You hear the question: Qu'est-ce que nous allons apprendre?
You say: Le français. or: Nous allons apprendre le français.

2. Qu'est-ce que nous allons inventer?
3. Ça va être l'histoire de qui?
4. Qu'est-ce que la jeune fille va être?
5. Pourquoi est-ce que la jeune fille va être française?
6. Qu'est-ce que nous allons choisir pour les deux jeunes gens?
7. Qu'est-ce que ça va être?
8. Comment est-ce que le jeu va être?

TOWARD COMMUNICATION

∩ 3.4 Observation: Interrogation; four types of questions

questions	réponses
Est-ce que la jeune fille va être française?	Oui.
Est-ce que la jeune fille va être américaine?	Non.
Qu'est-ce que nous allons inventer?	Une histoire.
Qui est-ce qui va inventer une histoire?	Nous.
Pourquoi est-ce que nous allons inventer une histoire?	Parce que ça va être utile. Pour apprendre le français.

Note that the words *est-ce que* or *qui* are present in the four types of questions.

The answer to *Est-ce que . . . ?* is *oui* or *non*.

The answer to *Qu'est-ce que . . . ?* is usually the name of a thing.

The answer to *Qui est-ce qui . . . ?* is usually a pronoun or the name of a person.

The answer to *Pourquoi est-ce que . . . ?* usually starts with *parce que* plus a subject and verb or *pour* plus an infinitive.

∩ 3.5 Activation: Aural comprehension; four types of questions

You will hear a series of questions. Choose the best answer from among the four possibilities, and check the corresponding box.

	1	2	3	4	5	6	7	8	9	10
oui										
une histoire										
nous										
pour apprendre le français										

∩ 3.6 Observation: Pronunciation; tonic stress

Pour apprendre le français, nous allons inventer une histoire.

The phrase is divided into two parts—two groups of sounds, two rhythmic groups. There is a slight pause between *français* and *nous*. There is a tonic stress on the last syllable of each rhythmic group: on *-çais* and on *-toire*.

But within a single rhythmic group, all syllables have the same intensity; there is no stress, and the rhythm is extremely uniform.

🎧 3.7 Activation: Pronunciation; tonic stress

Listen and repeat. Stress the last syllable of each group.

la leçon   la leçon de français   le français   le français est utile   le français est utile et amusant

🎧 3.8 Observation: Pronunciation of vowels in *il* and *elle*

Listen.

il   elle

il va bien   elle va bien

Note the difference between the vowels in il and elle. This difference is very important; it represents the distinction between masculine and feminine pronouns.

🎧 3.9 Activation: Aural discrimination of *il/elle*

Listen to the following sentences. Observe the distinction between il and elle, and check the appropriate box.

	1	2	3	4	5	6	7	8	9	10	11	12	13	14	15	16
il																
elle																

🎧 3.10 Activation: Pronunciation of *il/elle*

Now listen and repeat. Be sure to reproduce the difference between the vowels of il and elle.

1. Elle va bien.   2. Il va bien.   3. Elle écoute.   4. Il écoute.

🎧 3.11 Observation: Pronunciation of the consonant /l/

Observe the position of the tongue when pronouncing the consonant /l/. The tip of the tongue presses against the base of the upper teeth:

🎧 3.12 Activation: Pronunciation of the consonant /l/

Listen and repeat.

mademoiselle   elle est malade   il est malade

🎧 3.13 Observation: Definite and indefinite articles

—Pour l'histoire nous allons choisir une jeune fille française.
—D'accord, la jeune fille de l'histoire va être française.

article indéfini	article défini
une jeune fille	**la** jeune fille de l'histoire

Une jeune fille is an "indefinite" expression (we do not mean a specific young woman).

La jeune fille de l'histoire is a "definite" expression (we mean a specific young woman: the one in the story).

∩ 3.14 Observation: The indefinite articles *un* and *une*

Pour l'histoire nous allons choisir
un jeune homme et une jeune fille.

	article indéfini	nom
masculin	**un**	jeune homme
	un	ami
féminin	**une**	jeune fille
	une	amie

Un and une are indefinite articles. The pronunciation of un in un ami is different from its pronunciation in un jeune homme. In un jeune homme, un represents a vowel sound, without a consonant. In un ami, it represents the same vowel sound, plus the consonant /n/. This is true in all cases where un precedes a word starting with a vowel sound, like ami or étudiant. This is an example of **liaison,** which is discussed further in lesson 4.

3.15 Activation (aural): Sounds and letters; *un*

View the first part of the video for lesson 3 again, listening carefully to the soundtrack, or listen to the first part of the audio recording. Then read the text in your textbook, including the framed sections with illustrations for the vocabulary. Look for examples in which un is pronounced as a vowel without /n/ and examples in which it is pronounced as a vowel followed by the consonant sound /n/. You should be able to find at least two in each category.

vowel — no /n/	vowel + /n/
un jeune homme	un ami
_____	_____
_____	_____
_____	_____
_____	_____

∩ 3.16 Activation: Aural discrimination of *un/une*

You will hear a series of phrases containing a noun preceded by un or une. For each phrase, indicate which article you hear by checking the corresponding box.

	1	2	3	4	5	6	7	8	9	10	11	12
un												
une												

∩ 3.17 Observation: The definite articles *le, la,* and *l'*

La jeune fille de l'histoire va être
française et le jeune homme va être
américain.

	article défini	nom
le	jeune homme
	ami
	jeune fille
	amie

Le, la, and l' are definite articles. Le and la precede words that begin with a consonant sound, such as jeune fille, professeur, voyage, jeu, and français. L' precedes words that begin with a vowel sound, such as ami, étudiant, histoire, and Américain. This is an example of **elision,** which is discussed further in lesson 4.

1. un
2. une
3. un
4. une
5. une
6. un
7. un
8. une
9. une
10. un
11. un
12. un

5. le
6. la
7. la
8. la
9. le
10. la
11. le
12. la
1. le
2. le
3. le
4. la

🎧 3.18 Activation: Aural discrimination of *le*/*la*

You will hear a series of phrases containing a noun preceded by le or la. In each case, indicate which article you hear by checking the corresponding box.

	1	2	3	4	5	6	7	8	9	10	11	12
le												
la												

🎧 3.19 Observation: Singular and plural

singulier		pluriel
un professeur + **un** professeur	=	**des** professeurs
une étudiante + **une** étudiante	=	**des** étudiantes
un ami + **un** ami	=	**des** amis
une jeune fille + **une** jeune fille	=	**des** jeunes filles
un jeune homme + **un** jeune homme	=	**des** jeunes gens
une jeune fille + **un** jeune homme	=	**des** jeunes gens

Note that a final -s is usually the mark of a plural (des professeurs). The plural of jeune homme is jeunes gens. Jeunes gens is also the plural expression for a mixed group—one or several young women with one or several young men.

🎧 3.20 Observation: Singular and plural of definite and indefinite articles

	singulier	pluriel
masculin	**un** professeur **un** étudiant	**des** professeurs **des** étudiants
féminin	**une** jeune fille **une** étudiante	**des** jeunes filles **des** étudiantes
masculin	**le** professeur **l'**étudiant	**les** professeurs **les** étudiants
féminin	**la** jeune fille **l'**étudiante	**les** jeunes filles **les** étudiantes

Des is the plural of un and une. Les is the plural of le, la, and l'.

Note that the -s in des and les is not heard before a consonant: des professeurs, des jeunes filles. However, the -s is heard as a /z/ before a vowel: des étudiants, les étudiants. This /z/ is pronounced together with the following vowel:

des /z/étudiants   les /z/étudiants

This is an example of liaison, discussed further in lesson 4.

🎧 3.21 Activation: Dictation

Listen, and write in the missing words.

Jean-Luc: Ousmane, _____ , Annick, _____ , Sophie, Philippe, _____ .

3.22 Activation (written): *Le, la, l', les*

Complete with a form of the definite article (le, la, l', les).

1. Le jeune homme est américain.

   La jeune fille est américaine.

2. _____ petit garçon joue à un jeu.

   _____ petite fille joue à un jeu.

3. _____ monsieur est anglais.

   _____ dame aussi est anglaise.

4. L'Italien parle français.

   L'Italienne va apprendre le français.

5. _____ Anglais est un ami de Mireille.

   _____ Anglaise est aussi une amie de Mireille.

6. _____ ami de Robert est amusant.

   _____ amie d'Ousmane est française.

7. _____ étudiant va inventer une histoire.

   Ça va être _____ histoire de deux jeunes gens.

8. Les étudiants vont travailler à la bibli.

   Les étudiantes vont manger au restau-U.

9. _Les_ jeunes gens vont aller au restau-U.

   Les jeunes filles vont travailler à la bibli.

10. _Les_ professeurs vont travailler à la fac.

11. _Les_ amis de Robert sont amusants.

    Les amies de Robert sont polies.

12. _Les_ Italiens parlent italien.

    Les Italiennes parlent italien aussi.

🎧 3.23 Observation: Masculine and feminine endings *-ais/-aise*

masculin	un jeune home	angl**ais**
féminin	une jeune fille	angl**aise**

In sound, the feminine form anglaise has a final consonant /z/ that is not heard in the masculine form anglais. (In the masculine, the final -s is not pronounced; in the feminine, -s represents the sound /z/.) In spelling, the feminine form has a final -e that is absent in the masculine.

🎧 3.24 Observation: Masculine and feminine endings *-ain/-aine, -ien/-ienne*

masculin	un jeune homme	améric**ain**
féminin	une jeune fille	améric**aine**
masculin	un jeune homme	ital**ien**
féminin	une jeune fille	ital**ienne**

In sound, the feminine forms américaine and italienne have a final consonant /n/ that the masculine forms do not. Furthermore, in the masculine form, the final vowel is nasal; in the feminine form, it is not. In spelling, the feminine forms have a final -e that the masculine forms do not. Note that the feminine ending -ienne is spelled with two ns.

🎧 3.25 Activation (oral): Masculine and feminine forms

Listen and repeat according to the examples.

Examples:
You hear: 1. Est-ce que le jeune homme va être français?
You say: Non, c'est la jeune fille qui va être française.

You hear: 2. Est-ce que la jeune fille va être américaine?
You say: Non, c'est le jeune homme qui va être américain.

3. Est-ce que le jeune homme va être japonais?
4. Est-ce que la jeune fille va être anglaise?
5. Est-ce que le jeune homme va être français?
6. Est-ce que la jeune fille va être italienne?
7. Est-ce que le jeune homme va être norvégien?
8. Est-ce que la jeune fille va être américaine?

∩ 3.26 Activation (written): Masculine and feminine forms

Read, determine what is missing, and complete with the proper forms.

Pour l'histoire nous allons peut-être avoir

Une____ jeune fille italienne et _____ jeune homme _____ , ou bien

_____ jeune fille chilienne et _____ jeune homme _____ , ou bien

_____ jeune homme brésilien et _____ jeune fille _____ , ou bien

_____ jeune fille anglaise et _____ jeune homme _____ , ou bien

_____ jeune homme libanais et _____ jeune fille _____ , ou bien

_____ jeune fille américaine et _____ jeune homme _____ , ou bien

_____ jeune homme marocain et _____ jeune fille _____ .

Vous pouvez choisir. Tout est possible.

∩ 3.27 Observation: Infinitives

infinitif		
Nous allons	apprend**re**	le français.
Nous allons	invent**er**	une histoire.
Nous allons	chois**ir**	deux jeunes
Il vout	avoir	gens.
Nous allons	av**oir**	des amis.

Apprendre, inventer, choisir, and avoir are verbs in the infinitive. All French infinitives end in one of the following: -re, -er, -ir, or -oir.

∩ 3.28 Activation: Dictation; infinitives

Listen, observe, and complete the following sentences.

Vous savez ce que nous allons faire?
  Nous allons apprend_____ le français.
  Vous allez comprend_____ le français.
          Ça va êt_____ amusant.

Nous allons inventer une histoire.
    Vous allez parl_____ français.
  Vous allez discut_____ l'histoire avec moi.
      Tout va all_____ très bien, vous allez voir!

Vous allez voir!
Vous allez sav_____ le français.
  Vous allez av_____ des amis français.
      Ça va être très bien.

Nous allons choisir les jeunes gens de l'histoire
    ensemble.
  Vous allez chois_____ les jeunes gens avec moi.

∩ 3.29 Observation: Immediate future and present

futur immédiat		présent	
Ils	vont manger.	Ils	mangent.
Il	va travailler.	Il	travaille.

Ils vont manger and ils mangent represent two different tenses of the verb manger. Ils vont manger indicates an action in the immediate future. Ils mangent indicates an action in the present.

🎧 3.30 Observation: Forming the immediate future

futur immédiat			
aller + infinitif			
Nous	**allons**	apprend**re**	le français.
Je	**vais**	invent**er**	une histoire.
Vous	**allez**	chois**ir**	deux jeunes gens.
Ils	**vont**	av**oir**	des amis.

These sentences are in the immediate future. Allons, vais, allez, and vont are forms of the verb aller (in the present indicative). Apprendre, inventer, choisir, and avoir are verbs in the infinitive. The immediate future is formed with the verb aller, in the present indicative, and an infinitive.

🎧 3.31 Observation: Conjugation of the immediate future

Je	**vais**	travail**ler**	nous	**allons**	travail**ler**
tu	**vas**	travail**ler**	vous	**allez**	travail**ler**
il	**va**	travail**ler**	ils	**vont**	travail**ler**

Here the verb travailler is conjugated in the immediate future. The first part (the verb aller) changes form according to person (je vais, tu vas, nous allons, etc.). The second part (the infinitive travailler) does not change.

🎧 3.32 Activation (oral): Conjugation of the immediate future

Listen and answer according to the example.

Example:
You hear: 1. Qu'est-ce que nous allons faire?
You say: Nous allons apprendre le français.

2. Et vous, qu'est-ce que vous allez faire?
3. Qu'est-ce que les jeunes gens vont faire?
4. Qu'est-ce que Jean va faire?
5. Qu'est-ce que tu vas faire, toi?
6. Qu'est-ce que l'Américaine va faire?

🎧 3.33 Activation: Dictation; immediate future and present

Listen, and write in the missing words.

1. Marie-Laure: Bonjour, Tante Georgette. Où tu

    _____ ?

    Tante Georgette: Je _____ _____

    Fido.

2. Tante Georgette: Moi, ça ne va pas fort. Je suis

    fatiguée.

    Mireille: J'espère que ça _____ _____

    mieux.

3. Marie-Laure: J'espère que c'est des chocolats!

    Mireille: C'est _____ chocolats! J'_____

    que tu _____ m'en _____ !

Marie-Laure: Je ne sais pas . . . Faut voir! . . .

Mireille: Eh, ça suffit! Tu ne _____ pas les

    _____ tous!

Marie-Laure: Pourquoi _____ !

Mireille: Parce que tu _____ être

    _____ .

4. Mireille: Tiens, choisis!

    Marie-Laure: Je ne sais pas . . . Je ne sais pas lequel

    choisir!

    Mireille: Tu _____ _____ , oui?

🎧 3.34 Activation (oral and written): Immediate future

Listen, answer orally, and complete the written sentences.

1. Nous _____ *allons* _____ le français.
2. C'est le professeur qui _____ *va* _____ *proposer* _____ l'histoire.
3. Ça _____ _____ l'histoire de deux jeunes gens.
4. Nous _____ *allons* *choisir* _____ des amis pour les deux jeunes gens.
5. Ils _____ *vont* _____ *avoir* _____ des amis, beaucoup d'amis.
6. Nous _____ *allons* _____ *avoir* _____ des aventures.
7. Ils _____ *vont* _____ *aller* à la fac, . . . à la bibli, . . . au cinéma.

🎧 3.35 Activation: Dictation

Listen, and write in the missing words.

1. Mireille: Ça t'amuse?

   Marie-Laure: Oui, c'est

   _____ !

   Mireille: _____ est com-

   plètement folle!

2. Marie-Laure: Je _____ te

   _____ _____

   histoire.

🎧 3.36 Activation: Dictation

Listen, and complete the text below. It is an exchange between Mireille and her little sister, Marie-Laure, who has built a telephone out of two tin cans and a piece of string. You will hear the passage twice.

Mireille: Mais qu'est-ce que tu _____ encore

_____ ?

Marie-Laure: _____ téléphone. Tiens, essaie. Allô!

Mireille: _____ .

Marie-Laure: _____ _____ ?

Mireille: _____ _____ bien. _____

_____ ?

Marie-Laure: Il est pas mal, hein?

Mireille: Oui _____ _____ bien.

🎧 3.37 Activation (oral): Dialogue between Mireille and Jean-Michel

You will hear a dialogue between Mireille and Jean-Michel. Listen carefully and practice Jean-Michel's answers.

Mireille: Alors, nous allons inventer une histoire.
Jean-Michel: **Nous allons inventer une histoire?**
Mireille: Oui, et je vais proposer l'histoire.
Jean-Michel: **Et nous, alors?**

Mireille: Ben vous, vous allez inventer l'histoire avec moi. On va inventer des aventures, des voyages. . . . Ça va être amusant, non?
Jean-Michel: **Espérons! Espérons que ça va être amusant!**

SELF-TESTING EXERCISES

🎧 3.38 Self-testing exercise: Questions

You will hear a series of questions. Choose the best answer (oui, nous, le français, parce que ça va être utile) and check the appropriate box.

	1	2	3	4	5	6	7	8
oui								
nous								
le français								
parce que ça va être utile								

Check your answers. If you have made any errors, work with sections 3.4 and 3.5 in the workbook.

3.39 Self-testing exercise: Articles

Complete the following sentences. Use the indefinite article (un, une, des) or the definite article (le, la, l', les).

1. Pour l'histoire, nous allons avoir _____ jeunes gens, deux jeunes gens. Nous allons avoir _____ jeune homme et _____ jeune fille.

2. _____ jeune homme de _____ histoire va être américain. _____ jeune fille va être française.

3. _____ jeunes gens vont avoir _____ amis, _____ aventures. _____ aventures des jeunes gens vont être amusantes.

Check your answers. If you have made any errors, work with sections 3.13 through 3.22 in the workbook.

3.40 Self-testing exercise: Masculine and feminine forms

Complete according to the example.

Example:
You see: Pour l'histoire, tu préfères une Japonaise?
You write: Oui, et un <u>Japonais</u> aussi.

1. Tu préfères une Italienne?
   Oui, et un _____ aussi.

2. Une Américaine?
   Oui, et un _____ aussi.

3. Une Anglaise?
   Oui, et un _____ aussi.

4. Une Française?
   Oui, et un _____ aussi.

5. Une Norvégienne?
   Oui, et un _____ aussi.

6. Une Africaine?
   Oui, et un _____ aussi.

7. Une Antillaise?
   Oui, et un _____ aussi.

8. Une chienne?
   Oui, et un _____ aussi.

Check your answers. If you have made any errors, work with sections 3.23, 3.24, and 3.25 in the workbook.

TOWARD FREE EXPRESSION

3.41 Cross-examining the text

Reread the text of the lesson. Read the questions in the mise en question following the mise en œuvre in your textbook, give them some thought, and do your best to answer them.

1. l'histoire
2. l'histoire
3. nous allons apprendre le Français
4.

3.42 Role-playing and reinvention of the story

Invent a new text for lesson 3, recombining elements from lessons 2 and 3; for example:

Personnage X:

Bonjour. Vous parlez | anglais? / japonais? / arabe? / italien? / espagnol? / français? / norvégien?

Nous allons | écouter. / parler. / parler ensemble. / discuter. / inventer | une histoire. / un jeu.

Ça va être l'histoire | de / d' | deux dames. / deux messieurs. / deux jeunes filles. / deux petits garçons. / deux femmes. / deux petites filles. / deux hommes. / un homme et une femme. / un chien. / un éléphant. / une dame et deux messieurs. / deux dames et un petit garçon.

Personnage Y:

Oui.
Mais oui!
Oui, très bien!
Oui, pas mal . . .
Un peu . . .
Un petit peu . . .
Pas très bien . . .
Non!

Mais oui, je suis | espagnol. / anglais. / japonais.

La dame / Le monsieur | va être | professeur. / étudiant(e). / malade. / fatigué(e). / pressé(e). / arabe. / américain(e). / japonais(e).

Personnage X :

Bon, nous allons apprendre | l'italien. / l'arabe. / le japonais.

Pour apprendre | le français / l'espagnol / l'anglais | nous allons aller | en France. / à Paris. / à la fac. / à la bibli. / au restau-U. / au Canada. / aux Antilles. / en Espagne. / en Suisse. / en Afrique.

Ils vont avoir | un petit garçon et une petite fille. / des amis espagnols. / une amie japonaise. / des aventures | en France. / en Suisse. / en Belgique. / en Afrique. / aux Antilles. / au Canada.

des chiens | japonais. / anglais. / norvégiens.

des éléphants | amusants. / malades.

⌒ 3.43 Role playing and reinvention of the story

Listen to a sample dialogue with Fido the dog.

DEVELOPING READING AND WRITING SKILLS

3.44 Reading and inference

Carefully reread lesson 3 in the textbook, including the vocabulary illustrations in the framed areas. Then write answers to the following questions.

1. Qu'est-ce que *Peter Pan?*

   C'est l'histoire d'<u>un</u> petit garçon.

2. Qu'est-ce que *Winnie the Pooh?*

   _____ .

3. Qu'est-ce que *Alice in Wonderland?*

   _____ .

4. Qu'est-ce que *Babar?*

   _____ .

5. Qu'est-ce que *Paul et Virginie?*

   _____ .

6. Qu'est-ce que *Le Petit Chaperon rouge?*

   _____ .

7. Qu'est-ce qu'une mule?

   _____ <u>un</u> animal.

8. Qu'est-ce qu'un zèbre?

   _____ .

9. Qu'est-ce qu'un loup?

   _____ .

10. Qu'est-ce qu'un renard?

3.45 Reading and inference

After you have reread lesson 3 in the textbook (including the framed areas), write answers to the following questions.

1. Qui est Madame Rosa?

   C'est <u>une</u> dame.

2. Qui est Mireille?

   _____ .

3. Qui est Babar?

   _____ .

4. Qui est Winnie the Pooh?

   _____ .

5. Qui est Alice (dans *Alice in Wonderland*)?

   _____ .

6. Qui est Virginie (dans *Paul et Virginie*)?

   _____ .

7. Qui est Paul?

   _____ .

8. Qui est Tom Sawyer?

   _____ .

9. Qui est le Petit Chaperon rouge?

   _____ .

10. Qui est Pierre (dans *Pierre et le Loup*)?

    _____ .

11. Qui est Peter Pan?

    _____ .

3.46 Reading and inference

Complete the following.

1. Les Marx Brothers, ce sont des comédiens.

   Laurel et Hardy, ce sont _____ .

2. Gershwin, Bach, Debussy, Stravinsky,

   _____ .

3. Le bridge, le poker, la roulette, _____

   jeux.

4. Le loup, le renard, l'éléphant, _____

   animaux.

5. *Babar, Le Petit Chaperon rouge, Peter Pan,* _____

   _____ .

3.47 Reading and inference

Complete answers to the following questions.

1. Qui est Gretel dans *Hansel und Gretel*?

   C'est <u>la</u> jeune fille de l'histoire.

2. Qui est Hansel?

   _____ de l'histoire.

3. Qui est Paul dans *Paul et Virginie*?

   _____ .

4. Qui est Virginie?

   _____ .

3.48 Reading and inference

Read, decide what is missing, and complete the following sentences.

1. En général, les Américains parlent anglais.
2. Les ____ Anglais _____ .
3. _____ Français _____ .
4. _____ Japonais _____ .
5. _____ Portugais _____ .
6. _____ Italiens _____ .
7. _____ Norvégiens _____ .
8. _____ Espagnols _____ .
9. _____ Mexicains _____ .

10. _____ Suédois _____ .
11. _____ Danois _____ .
12. _____ Chinois _____ .
13. Et au Kenya, _____ Swahilis _____

    _____ .
14. _____ professeur parle _____ .
15. Mireille _____ .
16. Et moi, je _____ .

3.49 Reading and inference

Determine what is missing, and complete the following sentences.

1. <u>Le</u> français est <u>une</u> langue.
2. L'anglais est _____ langue.
3. _____ japonais _____ .
4. _____ italien _____ .
5. _____ loup _____ animal.

6. _____ mule et _____ zèbre sont

   _____ animaux.

7. _____ Monopoly _____ jeu.

8. _____ bridge et _____ poker sont

   _____ jeux.

3.50 Reading and inference

Read document 2 in your textbook, then read the following questions. Try to figure out what is being said even though you may not understand all the words. Guess if you need to, then write in the missing words, all of which can be found in the document itself.

1. Les 501 millions d'habitants de l'Union Européenne vivent dans 27 _____ différents. Ils peuvent _____ dans toute l'Union sans passeport. S'ils sont étudiants, ils peuvent _____ dans un pays qui n'est pas leur pays d'origine.

2. La monnaie commune de l'UE est _____ . En 2002, les Français sont obligés de convertir leur francs en euros, mais la _____ est compliquée. Pour les Allemands, c'est beaucoup plus _____ .

3. L'UE a un projet ambitieux de réduction de la pollution; c'est une partie de leur programme _____ . Limiter les émissions polluantes, c'est aussi combattre _____ _____ .

4. Malgré les avantages que représente une fédération comme l'UE, il n'est pas facile pour un pays d'abandonner son _____ nationale.

3.51 Reading and inference

Read document 3 in your textbook, then read the following questions. Try to figure out what is being said even though you may not understand all the words. Guess if you need to, then answer the questions.

1. Fido ne veut pas apprendre le français! Qu'est-ce qu'il veut apprendre?

   _____ .

2. Fido ne veut pas aller à la fac pour apprendre le français. Où est-ce qu'il veut aller?
   Il veut aller _____ .

3. Où est le Sénégal? _____ .

4. Aller en Côte d'Ivoire, c'est utile pour apprendre le français. Pourquoi?
   Parce qu'en Côte d'Ivoire _____ _____ .

5. Qu'est-ce que Fido va être s'il mange un éléphant?
   Il va _____ .

3.52 Reading and inference

Fido has a somewhat elementary sense of humor. Look at the title of document 4, the three short questions and answers, and the illustration, and answer the following questions.

1. Quelle est la distance approximative entre l'Afrique et l'Inde? _____ .

2. Le petit animal et l'objet mécanique dans l'illustration ont quelque chose en commun: l'un et l'autre sont des _____ .

3. Une machine électronique avec un processeur composé de transistors qui exécutent des opérations logiques et arithmétiques sur des chiffres binaires s'appelle un _____ .

4. La question, "Pourquoi les éléphants n'ont-ils pas d'ordinateurs?" n'est pas une question sérieuse; c'est une question absurde qui suppose une réponse amusante: c'est une _____ .

5. Comment est-ce que Fido va être obligé de manger son éléphant, en Afrique? _____ _____ .

3.53 Writing practice

Read the short paragraph below, then write your answer to the question that follows.

La jeune fille de l'histoire ne va pas être japonaise. Parce que les Japonaises parlent japonais, en général. Et une jeune fille qui parle japonais, ce n'est pas très utile pour apprendre le français!

Pourquoi est-ce que la jeune fille ne va pas être norvégienne?

_____

_____

_____

_____

_____

_____

3.54 Writing practice

Answer the question below, trying to recall all the things you know how to say. Write your answer after checking spellings against the printed text in the textbook. Include as many things as you can.

Pour apprendre le français, nous allons inventer une histoire. Qu'est-ce que nous allons avoir dans cette histoire?

_____

_____

_____

_____

_____

_____

_____

_____

_____

_____

_____

_____

_____

_____

3.55 Writing practice

Carefully review the options in 3.42 above and write a short dialogue between two characters about learning a new language. Write 7 to 10 sentences.

_____

_____

_____

_____

_____

_____

_____

_____

_____

_____

_____

_____

LESSON

4

ASSIMILATION OF THE TEXT

🎧 4.1 Text work-up

Listen to the text on the audio recording. Repeat and answer according to the directions.

🎧 4.2 Aural comprehension

Phase 1: To learn French, we are going to invent a story. What kind of story? Here are a few options. Look at the pictures and repeat the phrases you hear.

Let's go on. For our story, we'll choose a young man, a young American. Look at the pictures and repeat the phrases you hear.

Phase 2: Look at pictures 1, 2, 3, 4, 5, 6, 7, and 8. You will hear phrases identified by the letters A, B, C, D, E, F, G, and H. Write the letter of each phrase under the picture to which it corresponds.

Example: You hear: A. Ça va être un roman d'aventure.
You write *A* under picture 2.

1. __

2. A

3. __

4. __

5. __

6. __

7. __

8. __

⌒ 4.3 Oral production

In the following dialogues you are to take the part of the second character. You will hear the entire dialogue once. Then you will hear your character's line three times. You will hear the beginning of the exchange once again, and this time you should answer with your character's line.

Example: 1. Listen to the dialogue between the teacher
       and a student.
Le professeur: Vous aimez les romans?
L'étudiant: Oui . . . enfin . . . ça dépend.
Listen to the student's part, which will be repeated three
       times. Now it is your turn. Listen to what the teacher
       says, and take the part of the student. You hear:
Le professeur: Vous aimez les romans?
You answer: Oui . . . enfin . . . ça dépend.

2. Le professeur: J'adore les histoires de crime.
   L'étudiante: (. . .)
3. Le professeur: Vous aimez les romans d'amour?
   L'étudiant: (. . .)
4. Le douanier: Vous êtes français, tous les trois?
   L'Américain: (. . .)
5. Le douanier: Vous parlez anglais?
   L'Américain: (. . .)

TOWARD COMMUNICATION

⌒ 4.4 Observation: Pronunciation; vowels in *le*, *la*, and *les*

Listen.

le   la   les

le   jeune homme
la   jeune fille
les   jeunes gens

Note that the vowels in le, la, and les are very different from one another. These differences are important since they reflect the distinction between masculine and feminine and between singular and plural.

⌒ 4.5 Activation: Pronunciation; *le*, *la*, *les*

Listen and repeat. Be sure to differentiate among the vowels of le, la, and les.

le jeune homme	le professeur	le monsieur
la jeune fille	la fac	la dame
les jeunes gens	les profs	les dames

⌒ 4.6 Observation: Pronunciation; nasal vowels

Listen.

/œ̃/	/ɔ̃/	/ɑ̃/	/ɛ̃/
un	on	an	hein
aucun	allons	roman	américain

*Un, on, an, and hein represent nasal vowels. They are **vowels** (no consonant sound /n/ is heard), but they are **nasal** vowels, because when they are pronounced part of the air goes through the nose.*

⌒ 4.7 Activation: Pronunciation; nasal vowels

Now listen and repeat. Be careful not to pronounce the consonant sound /n/.

un	on	an	hein!
aucun	bonjour	roman	inventer
parfum	allons	comment	cubain

2 not on the audio.

4.8 Activation (aural): Sounds and letters; nasal vowels

Review the first part of the video for lesson 4, listening carefully to the soundtrack, or listen to the first part of the audio program for lesson 4. Then read the text of the lesson in the textbook.

Look for words in which you hear the nasal vowel sounds represented by on (as in allons), an (as in roman), in (as in américain or inventer), without any consonant n sound.

Write down the words you find in the appropriate column below. Note that some words contain more than one nasal vowel and can be listed in more than one column. You should be able to find at least thirty examples.

1. allons	2. roman	3. américain
	inventer	inventer

4.9 Activation: Pronunciation; final consonants

Listen and repeat. Note that no consonant sound is heard at the end of the following words.

les	nous	allons	français	aller	américain
des	vous	allez	anglais	inventer	italien
très	beaucoup	répétez	je vais	discuter	bien
		mais		policier	

Many French words are spelled with a final consonant that is not pronounced (except in liaison).

4.10 Observation: Decision and indecision

Question: Est-ce que nous allons avoir
un crime dans l'histoire?
Answers: Oui!!
Peut-être. . . .
Ça dépend. . . .
Faut voir.

décision		hésitation, indécision	
Ah, oui!	Bien sûr!	Peut-être . . .	Faut voir . . .
Oh, non!	Absolument!	Ça dépend . . .	On va voir . . .

4.11 Activation: Aural comprehension; decision/indecision

You will hear a series of dialogues. Listen for the element of decision or indecision (hesitation), and check the appropriate box.

	1	2	3	4	5
décision	✓	✓	✓		✓
indécision	✓	✓	✓	✓	

🎧 4.12 Observation: Gender of nouns

un jeune homme = masculin
une jeune fille   = féminin

Un indicates a masculine.
Une indicates a feminine.
Jeune homme is a masculine noun.
Jeune fille is a feminine noun.

Jeune homme and jeune fille are nouns
representing persons. These nouns
are either masculine or feminine.

masculin	féminin
un jeune homme	**une** jeune fille
un étudiant	**une** étudiante
un monsieur	**une** dame
un roman	**une** maison
un film	**une** comédie
un voyage	**une** aventure
un crime	**une** victime

Roman and maison are nouns representing
things. These nouns are also masculine or
feminine. In French, all nouns have a gender:
masculine or feminine. The gender is deter-
mined by the word, not by the thing to which
it refers. For example, personne is a feminine word. We say une personne, even
when the person is a man. But médecin is
a masculine word. We say un médecin,
even when the doctor is a woman.

🎧 4.13 Observation: Agreement in gender

	article	nom		adjectif
masculin	Le	jeune homme	va être	anglais.
féminin	La	jeune fille	va être	anglaise.
masculin	un	étudiant		brésilien
féminin	une	étudiante		brésilienne

Adjectives and articles accompanying a noun
reflect its gender. In spelling, feminine nouns
and adjectives usually end with -e.

🎧 4.14 Activation: Aural comprehension; gender of nouns

You will hear twenty nouns preceded by an article. Indicate whether these nouns are masculine or feminine by checking the appropriate box.

	1	2	3	4	5	6	7	8	9	10	11	12	13	14	15	16	17	18	19	20
masculin	✓		✓	✓	✓		✓		✓	✓	✓		✓			✓	✓			✓
féminin		✓				✓		✓				✓		✓	✓			✓	✓	

🎧 4.15 Activation: Dictation; articles and gender of nouns

Listen, and write in the article for each noun.

1. la maison
2. un douanier
3. _____ histoire
4. _____ crime
5. _____ jeu

6. _____ aventure
7. _____ éléphant
8. _____ dame
9. _____ aéroport
10. _____ maison

11. _____ chien
12. _____ film
13. _____ cinéma
14. _____ victime
15. _____ police

16. _____ étudiant
17. _____ étudiante
18. _____ voyage
19. _____ roman
20. _____ comédie

🎧 4.16 Observation: Elision

consonne pas d'élision	voyelle élision
le **j**eune homme	l'**é**tudiant
la **j**eune fille	l'**é**tudiante

Before a word starting with a vowel sound (étudiant, ami, histoire),
the definite articles le and la are shortened to the consonant sound /l/,
spelled l'. This phenomenon, called **elision**, is very important in the
French pronunciation system. It occurs with a number of words ending in
-e (le, de, je, me, te, se, ce, ne, que), one word ending in -a (la),
and the conjunction si before il and ils.

4.17 Activation (written): Elision

Write the definite article (le, la, or l') before each noun.

1. _____ ami
2. _____ étudiante
3. _____ jeune homme

4. _____ aéroport
5. _____ faculté
6. _____ jeune fille

7. _____ Américaine
8. _____ histoire
9. _____ bibliothèque

10. _____ anglais

4.18 Observation: Liaison

consonne pas de liaison	voyelle liaison
un **B**résilien	un **A**méricain
les **B**résiliens	les **A**méricains
Comment **v**as-tu?	Comment **a**llez-vous?

In the left column, un, les, and comment are followed by a consonant sound (/b/, /v/). The final sound of these words is a vowel; -n, -s, and -t represent no sounds. In the right column, the same words are followed by a vowel sound (/a/). A consonant /n/ is pronounced between un and Américain (un /n/Américain); a consonant /z/ is pronounced between les and Américains (les /z/Américains); and a consonant /t/ is pronounced between comment and allez (Comment /t/allez-vous?). This phenomenon is called **liaison**.

4.19 Activation (oral): Liaison

Listen and repeat.

pas de liaison (consonne)		liaison (voyelle)	
1.	un Brésilien	2.	un /n/Américain
3.	un roman	4.	un /n/éléphant
5.	les romans	6.	les /z/histoires
7.	les Danois	8.	les /z/Anglais
9. Comment	vas-tu?	10. Comment	/t/allez-vous?

4.20 Observation: Elision and liaison

élision		liaison	
l'étudiant	l'éléphant	les /z/étudiants	un /n/éléphant
l'amie	l'aéroport	les /z/amies	un /n/aéroport
l'histoire	l'Américain	les /z/histoires	un /n/Américain

Note that a word that requires elision also requires liaison.

4.21 Activation (aural): Sounds and letters; liaison

In groups of words such as les Brésiliens, des Brésiliens, and vous préférez, in which the word that follows les, des, or vous begins with a consonant sound, the s in les, des, or vous is not pronounced. There is no liaison.

But in groups of words such as les Américains, des Américains, or vous aimez, in which the word that follows les, des, or vous begins with a vowel sound, the s is pronounced as a /z/ attached to the beginning of the word that follows. There is liaison.

After listening carefully to the soundtrack of the first part of the video or the audio program for lesson 4, read the text of the lesson in the textbook and look for groups of words with les, des, vous, or nous where there is no liaison (the s at the end of les, des, nous, or vous is not pronounced). Write these groups of words in the "no liaison" column and cross out the unpronounced s. Look for groups where there is liaison (the s is pronounced as a /z/ linked to the next word), write those words in the "liaison" column, and show the linking with a ‿ . You should be able to find at least twenty.

no liaison
les̷ Brésiliens

liaison
les‿Américains

_____   _____
_____   _____
_____   _____
_____   _____
_____   _____
_____   _____
_____   _____
_____   _____
_____   _____
_____   _____

4.22 Activation: Dictation

Listen to Mireille and her sister Marie-Laure trying to decide between two pastries, and complete the following text. You will hear the passage twice.

Mireille: Qu'est-ce que tu préfères, le chou à la crème ou _____ éclair?

Marie-Laure: _____ éclair. _____ adore _____ éclairs.

4.23 Observation: Masculine and feminine endings -ais/-aise, -ois/-oise (review and extension)

masculin	un	jeune homme	anglais
féminin	une	jeune fille	anglaise
masculin	un	jeune homme	suédois
féminin	une	jeune fille	suédoise

In sound, the feminine forms anglaise and suédoise have a final consonant /z/ that the masculine anglais and suédois do not. (In the masculine, the final -s is not pronounced; in the feminine, it represents the sound /z/). The feminine forms also have a final -e that the masculine forms do not.

4.24 Observation: Masculine and feminine endings -ain/-aine, -ien/-ienne (review and extension)

masculin	un	jeune homme	mexicain
féminin	une	jeune fille	mexicaine
masculin	un	jeune homme	brésilien
féminin	une	jeune fille	brésilienne

In sound, the feminine forms mexicaine and brésilienne have a consonant /n/ that the masculine forms do not. In addition, the final vowel is different in the masculine and in the feminine: in the masculine the vowel is nasal, in the feminine it is not. In spelling, the feminine forms also have a final -e that the masculine forms do not. Note that the feminine form brésilienne is spelled with two ns.

🎧 4.25 Activation: Aural comprehension; masculine/feminine

You will hear ten sentences. Indicate whether each one is about a young man or a young woman by checking the appropriate box.

	1	2	3	4	5	6	7	8	9	10
une jeune fille										
un jeune homme										

🎧 4.26 Activation (oral): *Un/une; -ais/-aise; -ain/-aine; -ois/-oise; -ien/-ienne*

Listen, and respond according to the examples.

Examples:
You hear: 1. Je préfère un Français.
You say: Moi, je préfère une
    Française.

You hear: 2. Je préfère une Danoise.
You say: Moi, je préfère un Danois.

3. Je préfère un Japonais.
4. Je préfère un Américain.
5. Je préfère une Mexicaine.
6. Je préfère un Italien.
7. Je préfère une Brésilienne.
8. Je préfère un Suédois.

9. Je préfère une Danoise.
10. Je préfère une Algérienne.
11. Je préfère un Cubain.
12. Je préfère une Anglaise.
13. Je préfère un Vietnamien.

🎧 4.27 Activation: Dictation; masculine/feminine

Listen, and write in the missing words or letters.

1. _____ est américain_____ .
2. _____ est américain_____ .
3. _____ est africain_____ .
4. _____ est cubain_____ .

5. _____ est mexicai_____ .
6. _____ est mexicai_____ .
7. _____ est cambodgie_____ .
8. _____ est cambodgie_____ .

9. _____ est italien_____ .
10. _____ est canadien_____ .
11. _____ est brésilien_____ .
12. _____ est brésilien_____ .

4.28 Activation (written): Masculine and feminine forms

Read the questions carefully and answer in what seems the most likely way.

Géographie

1. On parle français à Lyon?

    Bien sûr, puisque c'est une ville _____ !

2. On parle anglais à Southampton?

    Bien sûr, puisque c'est une ville _____ !

3. Est-ce qu'on parle anglais à Chicago?

    Bien sûr, puisque c'est une ville _____ !

4. Est-ce qu'on parle japonais à Tokyo?

    Bien sûr, puisque c'est la capitale _____ !

5. Est-ce qu'on parle espagnol à Mexico?

    Bien sûr, puisque c'est une ville _____ !

6. Et à Venise, qu'est-ce qu'on parle?

    On parle _____ puisque c'est

    _____ !

7. Et à Stockholm? _____

    _____

8. Et à Helsinki? _____

    _____ .

9. Et à Marseille? _____

    _____

⌔ 4.29 Observation: Agreement in number

	article	nom	verbe		adjectif
singulier	Le	jeune homme	va	être	brésilien.
pluriel	Les	jeune**s** gen**s**	vont	être	brésilien**s**.
singulier	La	jeune fille	va	être	brésilienne.
pluriel	Les	jeune**s** fille**s**	vont	être	brésilienne**s**.

Number (the difference between plural and singular) is reflected in articles, nouns, adjectives, and verbs. If a noun is plural, accompanying articles and adjectives will also be plural. Note that in spelling, a final -s is usually the mark of the plural in nouns, articles, and adjectives.

⌔ 4.30 Activation: Dictation; singular/plural

Listen, and write in the missing words or letters.

1. ___/___ jeune_____ fille_____ va être
   française_____ .

2. _____ jeune**s** _____ fille**s** _____ vont être
   française_____ .

3. _____ histoire_____ va être amu-
   sante_____ .

4. _____ histoire_____ vont être amu-
   sante_____ .

5. _____ Brésilien_____ va à la Cité.

6. _____ Brésilien**s** _____ vont à la Cité.

7. _____ Américain_____ ne va pas à la Cité.

8. _____ Américain_____ ne vont pas à la Cité.

4.31 Activation (written): Masculine/feminine, singular/plural

Read carefully, trying to determine which words are feminine and which are masculine, which are singular and which are plural. Then complete each sentence in what seems to be the most appropriate way.

Considérations gastronomiques

Si vous allez dans <u>un</u> restaurant <u>espagnol</u>, vous allez manger de <u>la</u> cuisine <u>espagnole</u>.

Le hamburger est <u>une</u> spécialité <u>américaine</u>.

Si vous aimez la cuisine mexicaine, allez manger dans un restaurant _____ . Si vous aimez _____ cuisine chinoise, allez dans un restaurant _____ .

Mais allez dans _____ restaurant français si vous aimez _____ cuisine _____ .

Allez dans un restaurant brésilien, si vous aimez les spécialités _____ . Si vous préférez les spécialités italiennes, allez dans un restaurant _____, évidemment! Mais allez dans _____ _____ indien si vous préférez _____ spécialités _____ .

Allez, bon appétit!

⌔ 4.32 Observation: Present indicative of -er verbs

Il va	commenc**er**.	Il va	écout**er**.
Il va	arriv**er**.	Il va	regard**er**.
Il va	étudi**er**.	Il va	continu**er**.
Il va	parl**er**.	Il va	aim**er**.

Note that all these infinitives have the same ending: -er. Many verbs have this ending. The majority of -er verbs have similar conjugations, so that if you know the conjugation of one, you can safely guess the forms of almost all others. Observe:

		infinitif		présent de l'indicatif
Je	vais	**continu**er.	Je	**continu**e.
Tu	vas	**écout**er.	Tu	**écout**es?
Elle	va	**étudi**er.	Elle	**étudi**e.
Nous	allons	**arriv**er.	Nous	**arriv**ons.
Vous	allez	**aim**er.	Vous	**aim**ez ça?
Ils	vont	**parl**er.	Ils	**parl**ent.

Note that the stem is the same for the infinitive and the present indicative: continu-, écout-, étudi-, arriv-, aim-, parl-.

⌒ 4.33 Observation: Conjugation of an *-er* verb in the present indicative

infinitif			**arriver**
présent de l'indicatif	singulier	1ère personne	j' arrive
		2ème personne	tu arrives
		3ème personne	il arrive
	pluriel	3ème personne	ils arrivent
		1ère personne	nous arrivons
		2ème personne	vous arrivez

Note that the first, second, and third persons singular (j'arrive, tu arrives, il arrive) and the third person plural (ils arrivent) are identical in pronunciation. Note in particular that the -s of tu arrives is not pronounced, nor is the final -nt of ils arrivent.

The endings -e, -es, -e, -ent, -ons, and -ez are found in the present indicative of all -er verbs, with the exception of aller (see lesson 2).

⌒ 4.34 Activation (oral): Present indicative of *parler*

Answer according to the example.

Example:

You hear: 1. Est-ce que vous parlez bien français, vous deux?

You say: Mais oui, nous parlons très bien français.

2. Est-ce que tu parles français?
3. Est-ce que vous parlez français, Madame?
4. Est-ce que Mireille parle français?
5. Est-ce que Robert parle français?
6. Est-ce que les étudiants parlent français?
7. Et moi, est-ce que je parle français?

⌒ 4.35 Activation (oral): Present indicative of *-er* verbs

Answer according to the example.

Example:

You hear: 1. Est-ce que tu arrives?
You say: Oui, j'arrive.

2. Est-ce que tu parles français?
3. Est-ce que tu étudies?
4. Est-ce que tu commences?

5. Est-ce que vous écoutez, tous les deux?
6. Est-ce que vous aimez parler français, tous les deux?
7. Est-ce que Robert parle bien français?
8. Est-ce que Mireille aime discuter?
9. Est-ce qu'ils aiment ça?

⌒ 4.36 Observation: Present indicative of the verb *être*

	Ils	**sont**	américains.
Moi,	je	**suis**	brésilien.
	Vous	**êtes**	français?
Nous,	nous	**sommes**	américains.
	Il	**est**	à l'aéroport

Sont, suis, êtes, sommes, and est are forms of the present indicative of the verb être.

être			
je	**suis**	tu	**es**
nous	**sommes**	il	**est**
ils	**sont**	vous	**êtes**

⌒ 4.37 Activation (oral): Present indicative of *être*

Answer according to the example.

Example:

You hear: 1. Vous êtes français, tous les deux?
You say: Non, nous sommes américains.

2. Vous êtes françaises, toutes les deux?
3. Et toi, tu es français?
4. Et toi, tu es française?
5. Les jeunes gens sont français?
6. Et moi, je suis français?

🎧 4.38 Activation (oral): Present indicative of *être*

Answer according to the example.

Example:
You hear: 1. Georges va bien?
You say: Non, il est malade.

2. Tu vas bien?
3. Philippe va bien?
4. Colette et Alice vont bien?
5. Vous allez bien, vous deux?
6. Et moi, je vais bien?

🎧 4.39 Activation: Dictation; present indicative of *être*

Marie-Laure is stuffing herself with chocolates. Listen and write in the missing words.

1. Mireille: Eh, ça suffit! Tu ne vas pas les manger tous!
   Marie-Laure: Et pourquoi pas?

   Mireille: Parce que tu _____ _____ malade.

2. Mme Belleau: Qu'est-ce qu'il y a?

   Marie-Laure: Je _____ malade.

4.40 Activation (written): Present indicative of *être*

Complete the following sentences.

1. Bien sûr que je parle anglais, puisque je

   _____ américain!

2. Je sais bien que tu parles français, puisque tu

   _____ français!

3. Bien sûr que le jeune homme parle portugais,

   puisqu'il _____ brésilien!

4. Bien sûr que les jeunes gens parlent italien,

   puisqu'ils _____ italiens!

5. Bien sûr que nous parlons espagnol, puisque

   nous _____ mexicains!

6. Je sais bien que vous parlez japonais, puisque

   vous _____ japonais!

4.41 Activation (written): Masculine/feminine; singular/plural; *être*

Complete the following sentences.

1. Paulo est brésilien. Maria est _____ .

   Paulo et Maria _____ _____ .

2. Monica est italienne. Benito _____ _____ .

   Benito et Monica _____ _____ .

3. Les amis de William _____ français.

   _____ amie de Bob est aussi _____ .

4. Moi, je _____ américaine.

5. —Et vous, vous _____ français?

   —Non, nous _____ canadiens.

6. La jeune fille est portugaise. _____ jeune

   homme est _____ .

7. C'est _____ homme charmant! C'est _____

   fille _____ !

8. Elle est marseillaise. Lui aussi, il est

   _____ .

9. Il est alsacien. Elle est _____ .

⌒ 4.42 Activation: Dictation and comprehension

Listen, and write what is missing. You will hear the passage twice.

—_____?

—Ben, comme ci, comme ça. . . .

Now, listen to the passage once more, and check what seems to be the best answer to the following question. (You will need to guess.)

Question: Madame Jeulin aime-t-elle les romans d'amour?

Réponses:
1. [ ] Oui, beaucoup. Elle adore ça.
2. [ ] Oui, un peu, mais pas trop.
3. [ ] Non, pas du tout; elle déteste ça.

⌒ 4.43 Activation (oral): Dialogue between Robert and Mireille

You will hear a dialogue between Robert and Mireille. Listen carefully and learn Mireille's lines.

Robert: Vous aimez les romans?
Mireille: **Oh, oui**. . . . **Enfin, ça dépend**. . . .
Robert: Vous aimez les romans d'amour?
Mireille: **Ah, non! Je n'aime pas les romans d'amour! Je déteste ça!**

SELF-TESTING EXERCISES

⌒ 4.44 Self-testing exercise: Gender of nouns; *il/elle*, *un/une*, masculine/feminine adjectives

You will hear ten sentences. Decide whether each sentence contains a masculine or a feminine noun, and check the appropriate box.

	1	2	3	4	5	6	7	8	9	10
masculin										
féminin										

Check your answers. If you have made any errors, work with sections 4.23 through 4.27 in your workbook.

4.45 Self-testing exercise: Present indicative of *être*

Answer according to the example.

Example:

You see: 1. Nous parlons français!

You write: Evidemment, vous <u>êtes</u> français!

2. Mireille parle français?

   Evidemment, elle _____ française!

3. Colette et Véronique parlent français?

   Evidemment, elles _____ françaises!

4. Tu parles français?

   Evidemment, je _____ française!

5. Vous parlez français, vous deux?

   Evidemment, nous _____ français!

6. Je parle français!

   Evidemment, tu _____ française!

Check your answers. If you have made any errors, work with sections 4.39 through 4.44 in your workbook.

TOWARD FREE EXPRESSION

4.46 Cross-examining the text

Reread the text of the lesson. Read the questions in the mise en question following the mise en œuvre in your textbook, give them some thought, and do your best to answer them.

4.47 Words at large

Give as many answers as you can to the question: Qu'est-ce qu'on peut être?

Examples:
On peut être français(e), américain(e), espagnol(e) . . .
On peut être malade, pressé(e) . . .
On peut être douanier, professeur . . .

4.48 Role-playing and reinvention of the story

1. *Imagine that you are the customs officer at the airport. You see a British couple, or two young Norwegian women. . . . What do you say?*

2. *Imagine that you are the young Brazilian man at the airport. You see Robert and a young woman. What might you say?*

3. *Imagine a new version of lesson 4. You may recombine elements from lessons 2, 3, and 4; for example:*

| Voyons, nous allons apprendre | le français. / le japonais. / l'anglais. / le chinois. / l'italien. / le cambodgien. / l'espagnol. / le danois. / l'arabe. | · · · · · · · · · | Ça va être | un roman / un film / une comédie / une tragédie | danois(e). / suédois(e). / italien(ne). / anglais(e). / japonais(e). / américain(e). / français(e). / espagnol(e). / amusant(e). |

| Pour apprendre | l'arabe, / le chinois, / l'anglais, | nous allons inventer une histoire. |

| Ça va être | un roman. / un roman d'amour. / un roman policier. / un roman d'aventure. / un roman d'anticipation. / un roman fantastique. / une comédie. / une comédie musicale. / une tragédie. / un drame. / un film. / un film d'aventure. / un film policier. / un film de science-fiction. | · · · · · · · · · · · · · | Ça va être l'histoire | de / d' | un / une / deux / trois / quatre / cinq / six | jeune homme. / jeune fille. / monsieur. / dame. / douanier. / professeur. / étudiant. / jeunes gens. / jeunes filles. / messieurs. / dames. / douaniers. / professeurs. / étudiantes. |

Ils vont être — anglais. / danois. / norvégiens. / japonais. / suédois. / américains. / français. / chinois.

Ils vont arriver — à Paris. / à l'aéroport. / au Quartier latin / à la Cité Universitaire.
à la maison — brésilienne. / américaine. / cubaine.

Ils vont avoir des amis — espagnols. / arabes. / italiens. / brésiliens. / cambodgiens. / vietnamiens. / cubains. / canadiens. / martiens. / étudiants. / douaniers. / professeurs.

Ils vont avoir un passeport — français. / américain. / italien.

Ils vont prendre — le bus / le train / un taxi — pour aller — à Paris. / à la Cité. / à l'aéroport. / au Quartier latin. / à la fac. / au restau-U. / à la bibli.

Ils vont parler — anglais. / danois. / norvégien. / japonais. / suédois. / français. / chinois. / espagnol. / arabe. / italien. / brésilien. / cambodgien. / vietnamien. / martien.

Dans l'histoire, nous allons avoir — un Canadien. / un Chinois. / une Suédoise. / un douanier espagnol. / un professeur arabe.
un chien — mexicain. / chinois. / japonais.
un crime. / des aventures. / des voyages.

4. *Imagine a conversation between you and a friend, or between you and Fido.*

🎧 4.49 Role-playing and reinvention of the story

Listen to the example on the recording.

DEVELOPING READING AND WRITING SKILLS

4.50 Reading and inference (recapitulation)

Read the following text. Try to determine the most appropriate way to complete each sentence, then write in your solution.

1. Un jeune homme américain arrive en France. C'est _____ jeune homme de _____ histoire. Il est peut-être étudiant. Il va peut-être apprendre _____ français. Il va peut-être aller à _____ fac.

2. Pour l'instant, il est à _____ aéroport Charles de Gaulle. Il rencontre deux jeunes gens: _____ jeune fille américaine et _____ jeune homme brésilien. _____ Américaine est évidemment _____ , puisqu'elle _____ à _____ Cité Universitaire. _____ Brésilien aussi est évidemment _____ , puisqu'il _____ à _____ maison brésilienne de _____ Cité.

3. _____ trois jeunes _____ passent _____ police ensemble. Puis, _____ passent _____ douane. _____ douanier demande s'ils n'ont rien à déclarer. Bien sûr, _____ n'ont rien à déclarer!

4. Ils _____ aller à Paris. Pour _____ à Paris, _____ jeune homme de _____ histoire _____ prendre _____ taxi. Mais _____ étudiant brésilien et _____ américaine _____ prendre _____ bus ou _____ train, parce que c'est moins cher! En général, _____ étudiants ne _____ pas riches.

4.51 Reading and inference (recapitulation)

Look carefully at the numbered sentences below and see if you can fill in the blanks so that they form a reasonably logical discourse.

Trois jeunes gens rencontrent une jeune fille à l'aéroport Charles de Gaulle.

1. Nous _____ trois étudiants.
2. Nous _____ en France.
3. Moi, je _____ américain.
4. Elle, elle _____ .
5. Et lui, il _____ .
6. Nous _____ un peu français.
7. Nous allons _____ le français à la fac.
8. Et vous, vous _____ étudiante?
9. Vous _____ française? Non?
10. Vous _____ chinoise, japonaise, cambodgienne?
11. Vous _____ à la Cité Universitaire? Oui? Formidable!
12. Moi aussi, je _____ à la Cité.
13. Nous _____ prendre un taxi ensemble. D'accord?
14. Eux, ils _____ prendre le bus.

4.52 Reading and inference: Present indicative (recapitulation)

See if you can fill in the missing words in a way that creates a more or less coherent narrative.

Le jeune homme de l'histoire et la jeune fille qu'il rencontre à l'aéroport _____ américains; alors, évidemment, ils _____ anglais. Mais l'autre jeune homme _____ brésilien; alors, il _____ portugais. Moi, je _____ le professeur; alors, bien sûr, je _____ français. Mais vous, vous n' _____ pas français; alors, vous ne _____ pas français. Non. Mais, bientôt, vous allez _____ français! Vous et moi, nous _____ parler français ensemble. Vous _____ d'accord? Oui? Eh bien, si nous _____ d'accord, tout va bien! Allons-y!

4.53 Reading and inference

Carefully read document 1 of lesson 4 in the textbook, then read the following questions. Try to figure out what is being said, guessing if you need to, and answer the questions.

1. Que sont Paris, Marseille, Lyon, Toulouse?

   Ce sont des _____ .

2. A la Cité Universitaire, il y a des maisons. Pour qui sont ces maisons?

   Ce sont des maisons pour _____ .

3. Quels sont les gouvernements qui ont établi la maison canadienne à la Cité Universitaire de Paris?

   Ce sont le gouvernement _____ et le gouvernement _____ .

4. Qui est Le Corbusier? Qu'est-ce qu'il a fait?

   C'est un _____ . Il a _____ le pavillon _____ à la Cité Universitaire.

5. Où est la Cité Universitaire?

   C'est à la limite _____ de _____ .

6. Où est le Quartier latin?

   C'est _____ de Paris.

7. Où est-ce qu'il y a des facultés, à la Cité Universitaire ou au Quartier latin?

   _____ .

4.54 Reading and inference

Read document 3 in your textbook ("Extrait du journal de Robert") and try to answer the following questions. You should be able to figure out the best answer if you look carefully at the text of the document. If you are not absolutely sure, try guessing. (Understanding is often the result of a series of educated guesses.)

1. A quelle heure Robert va-t-il arriver à l'aéroport?

   _____ .

2. Pourquoi va-t-il passer la police?

   Parce que _____ .

3. Qu'est-ce qu'il va dire si le douanier lui demande s'il a des cigarettes américaines?

   Il va dire: _____

   _____ .

4. Qu'est-ce qu'il va aller manger, après la douane?

   _____ .

5. Pourquoi va-t-il téléphoner à l'hôtel?

   Parce que _____ .

6. Comment va-t-il aller à Paris?

   Il va prendre _____ .

7. Qui est-ce qu'il va sûrement rencontrer?

   _____ .

8. Pourquoi parle-t-il très bien français?

   Parce que sa _____ .

4.55 Writing practice

Write a much condensed and simplified version of lessons 2, 3, and 4. You should be able to write 12 to 15 sentences.

_____

_____

_____

_____

_____

_____

_____

_____

_____

_____

_____

_____

_____

_____

_____

_____

_____

_____

_____

_____

LESSON 5

ASSIMILATION OF THE TEXT

🎧 5.1 Text work-up

Listen to the text on the recording. Repeat and answer according to the directions.

🎧 5.2 Aural comprehension

Phase 1: Look at the pictures and repeat the phrases you hear.

1. A

2. ___

3. ___

4. ___

5. ___

Phase 2: Look at pictures 1, 2, 3, 4, and 5. You will hear phrases identified by the letters A, B, C, D, and E. Write the letter of each phrase under the picture to which it corresponds.

Example:
You hear: A. La jeune fille va avoir une famille.
You write *A* under picture 1.

5.3 Aural comprehension and oral production

Listen to the following dialogues, and answer the question that follows.

Example: 1. Qu'est-ce qu'il faut donner aux jeunes gens?
You hear: Il faut donner un prénom aux jeunes gens.
Then you hear the question: Qu'est-ce qu'il faut donner aux jeunes gens?
You answer: Un prénom. or: Il faut donner un prénom aux jeunes gens.

2. Pourquoi est-ce qu'il faut donner un prénom aux jeunes gens?
3. Est-ce que la famille de Mireille est riche ou pauvre?
4. Où est-ce que le père de Mireille travaille?
5. Et sa mère, où travaille-t-elle?
6. Est-ce que Robert a des frères ou des sœurs?
7. Est-ce que les parents de Robert sont mariés?

TOWARD COMMUNICATION

5.4 Observation: Pronunciation; the sound /r/

To pronounce an /r/, press the tip of the tongue against the lower teeth. The back of the tongue is arched toward the roof of the mouth and almost completely closes off the flow of air in the throat.

5.5 Activation: Pronunciation of the sound /r/

Listen and repeat.

avoir	père	nombre	travailler	marié	argent
au revoir	mère	être	prénom	Mireille	Georgette
sœur	frère	pauvre	Robert	raconter	

5.6 Observation: Numbering from 1 to 29; cardinal numbers

1. un	11. onze	21. vingt et un
2. deux	12. douze	22. vingt-deux
3. trois	13. treize	23. vingt-trois
4. quatre	14. quatorze	24. vingt-quatre
5. cinq	15. quinze	25. vingt-cinq
6. six	16. seize	26. vingt-six
7. sept	17. dix-sept	27. vingt-sept
8. huit	18. dix-huit	28. vingt-huit
9. neuf	19. dix-neuf	29. vingt-neuf
10. dix	20. vingt	

◖• 5.7 Observation: Numbering from 1 to 29; ordinal numbers

Leçon 1: La première leçon
Leçon 2: La deuxième leçon
Leçon 3: La troisième leçon
Leçon 4: La quatrième leçon
Leçon 5: La cinquième leçon
Leçon 6: La sixième leçon
Leçon 7: La septième leçon
Leçon 8: La huitième leçon
Leçon 9: La neuvième leçon
Leçon 10: La dixième leçon
Leçon 11: La onzième leçon
etc.

Leçon 21: La vingt-et-unième leçon
Leçon 22: La vingt-deuxième leçon
Leçon 23: La vingt-troisième leçon
etc.

Note:

quatre   neuf
quatrième   neuvième

cinq   onze
cinquième   onzième

masculin		féminin	
1er	premier	1ère	première
2ème	deuxième	2ème	deuxième
3ème	troisième	3ème	troisième
	etc.		etc.

*Note that première, deuxième, etc.,
function like adjectives.*

◖• 5.8 Activation: Aural comprehension; numbering from 1 to 29

Write the numbers you hear.

A	B	C	D	E	F	G	H	I	J	K	L	M	N	O	P	Q	R	S	T	U
6			3	21	2	12	16	28		20	8	22	5	15	23	10	4	9	26	3

◖• 5.9 Observation: Pronunciation of *six* and *dix*

Ils sont six.   Ils sont dix.
Six enfants?   Dix enfants?
Oui, six garçons. Oui, dix filles.

The words six and dix are pronounced in three different ways:

1. In ils sont six and ils sont dix, six and dix are at the end of
a rhythmic group. There is a consonant sound /s/ at the end of the
word six and the word dix.

2. In six enfants and dix enfants, six and dix are followed by a
vowel. There is liaison. They are pronounced six /z/enfants and
dix /z/enfants.

3. In six garçons and dix filles, the words six and dix are
followed by a consonant; the letter x does not represent a sound. Six
and dix end with a vowel sound. Exception: dix/z/-neuf.

◖• 5.10 Observation: Pronunciation of *cinq, huit, sept, vingt, neuf*

Ils ont cinq enfants.   Ils ont huit enfants.
Cinq?   Huit?
Oui, cinq filles.   Oui, huit garçons.

The words cinq and huit are pronounced in two different ways:

1. The final consonant is pronounced at the end of a phrase, and in
front of a vowel:

    Cinq!   Cinq enfants.
    Huit!   Huit enfants.

2. The final consonant is not pronounced in front of a consonant:

    Huit filles. Cinq garçons.

The t of sept is always pronounced. The t of vingt is pronounced
in front of a vowel. The f of neuf is pronounced /f/ at the end of a
phrase and in front of a consonant. It is pronounced /v/ in front of a
vowel.

🎧 5.11 Activation: Pronunciation of numbers

Listen, observe, and repeat.

Il a un	frère.	Il a un	/n/ami.	Il a quatre	frères.	Il a quatre	ans.
Il a cinq	frères.	Il a cinq	/k/amis.	Il a huit	frères.	Il a huit	/t/ans.
Il a deux	frères.	Il a deux	/z/amis.	Il a neuf	cousins.	Il a neuf	/v/ans.
Il a six	frères.	Il a six	/z/ans.	Il a dix-/z/huit	sœurs.	Il a dix-/z/huit	/t/ans.
Il a trois	frères.	Il a trois	/z/ans.	Il a dix-/z/neuf	cousins.	Il a dix-/z/neuf	/v/ans.
Il a sept	frères.	Il a sept	/t/ans.	Il a vingt	cousins.	Il a vingt	/t/ans.

🎧 5.12 Observation: Present indicative of the verb *avoir*

avoir		
J'	**ai**	un prénom.
Tu	**as**	des amis.
Mireille	**a**	deux sœurs.
Ils	**ont**	une fille.
Nous	**avons**	le temps.
Vous	**avez**	des enfants?

These sentences represent all the forms of the present indicative of the verb avoir. Note that the ending of the infinitive is -oir and the root is av-. The root av- occurs in the 1st and 2nd person plural (avons, avez) but not in the other forms.

🎧 5.13 Activation (oral): Verb *avoir*

Answer according to the example.

Example:

You hear: 1. Est-ce que j'ai un prénom français?
You answer: Oui, vous avez un prénom français.

2. Est-ce que Mireille a un prénom français?
3. Et toi, tu as un prénom américain?
4. Est-ce que le jeune homme a un prénom américain?
5. Est-ce que la jeune fille a un prénom français?
6. Et nous, est-ce que nous avons des prénoms américains?
7. Est-ce que vous avez des prénoms américains?
8. Est-ce que les sœurs de Mireille ont des prénoms français?
9. Est-ce que les parents de Mireille ont des prénoms français?

🎧 5.14 Observation: Matters of age

avoir		
Quel âge	**a**	Cécile?
Oh, elle	**a**	vingt et un ou vingt-deux ans.
(Elle	**a**	aussi deux sœurs, une mère, un prénom, etc.)

être			avoir		
Mireille	**est**	jeune.	Elle	**a**	18 ans.
Cécile	**est**	plus âgée.	Elle	**a**	21 ou 22 ans.

Note that age is indicated by the verb avoir + the number of years.

J'ai vingt ans.
Elle a dix-huit ans.

⌒ 5.15 Activation (oral and written): Matters of age

Listen to the questions, answer orally, and complete the written
sentences according to the example.

Example:
You hear: 1. Quel âge avez-vous, vous deux?
You answer: Nous avons dix-neuf ans.
You write: avons

2. Moi, j' _____ 19 ans.

3. Elle _____ 11 ans.

4. Il _____ 16 ans.

5. Ils _____ 26 ans.

6. Elles _____ 14 ans.

7. Vous _____ 20 ans.

⌒ 5.16 Activation (oral): Verb *avoir*

Listen and repeat orally according to the indications in parentheses.

Example:
You hear: 1. Vous êtes fils unique?
You see: (Non . . . 23 frères!)
You answer: Non, j'ai 23 frères!

2. Pourquoi est-ce qu'il faut donner un prénom
aux jeunes gens?
(Tout le monde . . .)

3. Est-ce que Mireille est fille unique?
(Non, . . . 2 sœurs.)

4. Est-ce que Marie-Laure est plus âgée que
Mireille?
(Non, . . . 11 ans.)

5. Est-ce que les parents de Robert sont riches?
(Oui, . . . beaucoup d'argent.)

6. Vous voulez parler des complexes de Robert?
(Non, . . . pas le temps.)

⌒ 5.17 Activation (oral): Numbers

Say the numbers you see below. Check your answers on the recording.

Example:
You hear: a.
You see: a. Elle a 2 sœurs.
You say: Elle a deux sœurs.
You will hear the correct answer after the pause.

a. Elle a 2 sœurs.
b. Elle a 12 sœurs!
c. Elle a 3 sœurs.
d. Elle a 13 sœurs!
e. Elle a 6 enfants.
f. Elle a 6 frères.
g. Ils sont 6.
h. Ils sont 10.
i. Ils sont 5.
j. Ils sont 15.

k. Elle a 18 ans.
l. Elle a 7 ans.
m. Elle a 27 ans.
n. Elle a 21 ans.
o. Elle a 23 ans.
p. Elle a 5 ans.
q. Elle a 5 frères.
r. Elle a 19 ans.
s. Elle a 4 ans.
t. Elle a 14 ans.

⌒ 5.18 Observation: Imperative

| Ecoutez! | Répétez! | Continuons! |
| Répondez! | Voyons! | Allez-y! |

These expressions are orders, imperatives. The imperative is the form of
the verb used to give an order. The infinitive, indicative, and imperative
are different moods of the verb. These moods correspond to different
functions of the verb.

🎧 5.19 Observation: Imperative of *-er* verbs

	indicatif présent	impératif
2ème pers. sing.	Tu écoutes? Tu vas à Paris?	Ecoute! Va à Paris!
1ère pers. plur.	Nous écoutons. Nous allons à Paris.	Ecoutons! Allons à Paris!
2ème pers. plur.	Vous écoutez? Vous allez à Paris?	Ecoutez! Allez à Paris!

Note that there are only three persons in the imperative: a second person singular, and a first and second person plural.

For most verbs, the forms of the imperative are identical to the corresponding forms of the present indicative. For verbs with an infinitive in -er, there is one small difference in terms of spelling: there is no final -s in the second person singular.

indicative: Tu écoutes?
imperative: Ecoute!

🎧 5.20 Activation (oral): Imperative, 2nd person singular

Listen and answer according to the example.

Example:
You hear: 1. Toi, tu vas inventer une histoire.
You say: Invente une histoire!

2. Toi, tu vas écouter.
3. Toi, tu vas parler français.
4. Toi, tu vas continuer l'exercice.
5. Toi, tu vas proposer une histoire.
6. Toi, tu vas aller à la bibli.
7. Toi, tu vas aller à la Cité.

🎧 5.21 Activation (oral): Imperative, 1st person plural

Listen and answer according to the example.

Example:
You hear: 1. Nous allons inventer une histoire.
You say: Inventons une histoire!

2. Nous allons parler français.
3. Nous allons répéter ensemble.
4. Nous allons continuer l'invention de l'histoire.
5. Nous allons écouter le professeur.
6. Nous allons aller au restau-U.
7. Nous allons proposer une histoire.

🎧 5.22 Activation (oral): Imperative, 2nd person plural

Listen and answer according to the example.

Example:
You hear: 1. Vous pouvez passer.
You say: Passez si vous voulez!

2. Vous pouvez parler anglais.
3. Vous pouvez aller au cinéma.
4. Vous pouvez commencer.
5. Vous pouvez écouter l'enregistrement.

🎧 5.23 Observation: Necessity; *il faut* + infinitive

il faut	infinitif	
Il faut	donner	un prénom aux jeunes gens.
Il faut	écouter!	
Il faut	voir.	
Il faut	savoir	le français.
Il faut	avoir	le temps.
Il faut	être	poli!
Il faut	comprendre!	
Il faut	choisir.	

Note that in all these examples, il faut is followed by the infinitive. Il faut does not change. In il faut, il is an impersonal, indefinite pronoun. It represents no specific person or thing. Il faut + infinitive expresses an idea of necessity or obligation.

⌒ 5.24 Activation (oral): Imperative (review)

Answer according to the example.

Example:
You hear: 1. Il faut commencer.
You say: Eh bien, commençons!

2. Il faut parler français.
3. Il faut écouter.
4. Il faut travailler.
5. Il faut inventer une histoire.
6. Il faut essayer.
7. Il faut discuter.
8. Il faut espérer.

⌒ 5.25 Activation (oral): *Il faut* + infinitive

Answer according to the example.

Example:
You hear: 1. Continuons.
You answer: Eh bien, continuons, puisqu'il faut continuer.

2. Essayons.
3. Travaillons.
4. Allons à la fac.
5. Parlons français.
6. Ecoutons.
7. Apprenons le français.
8. Choisissons des prénoms.

⌒ 5.26 Activation (written): *Il faut* + infinitive (recapitulation)

Read the following sentences carefully and do your best to complete them.

Qu'est-ce qu'il faut faire pour apprendre le français?

1. Il faut _____ le professeur et le programme audio.
2. Il faut _____ la vidéo.
3. _____ étudier.
4. _____ travailler.
5. Il faut _____ de bien prononcer même les mots difficiles.
6. Il faut _____ de comprendre.
7. Il faut _____ le temps.

8. Il faut _____ patient!
9. Il faut _____ une histoire amusante.
10. Il faut _____ des personnages pour l'histoire.
11. Il faut _____ des prénoms aux personnages.
12. Il faut _____ beaucoup de films français.
13. Il ne faut pas _____ de complexes.
14. Il faut _____ français avec le professeur et les autres étudiants.
15. Quoi encore? _____

_____

⌒ 5.27 Observation: Negation; *ne . . . pas*

	ne	*verbe*	**pas**
Ça	**ne**	va	**pas.**
Nous	**n'**	avons	**pas** . . .

Normally, negation is represented by two negative words: ne in front of the verb and pas after it. Ne is written n' before a vowel sound. This is an instance of elision. In everyday speech the ne is often left out. You often hear:

Ça va pas!
C'est pas facile.
Il a pas de frères.

🎧 5.28 Activation: Aural comprehension; *ne . . . pas*

You will hear a series of phrases. Indicate whether they are affirmative (oui) or negative (non) by checking the appropriate box.
Listen for the words ne . . . pas.

	1	2	3	4	5	6	7	8	9	10	11	12	13	14	15	16	17
oui																	
non																		

🎧 5.29 Activation (oral): Negation; *ne . . . pas*

Answer according to the example.

Example:
You hear: 1. Ça va?
You answer: Non, ça ne va pas.

2. C'est amusant?
3. C'est facile?
4. C'est un joli prénom?
5. Il est marié?

6. Il est divorcé?
7. Il est riche?
8. Il est ingénieur?
9. Il travaille?
10. Il aime ça?
11. Vous parlez français?
12. Vous êtes français?

🎧 5.30 Activation: Dictation

Listen and complete. You will hear the text three times.

Mme Belleau: Marie-Laure, _____ travailles? Marie-Laure,

   tu _____ _____ _____ ! Allez,

   _____ ! _____ _____

   _____ , ma puce. Allez!

🎧 5.31 Observation: *Un, une, des,* and negation

question	affirmation	négation
Vous avez **un** frère?	Oui, j'ai **un** frère.	Non, je n'ai **pas de** frère.
Vous avez **une** sœur?	Oui, j'ai **une** sœur.	Non, je n'ai **pas de** sœur.
Vous avez **des** sœurs?	Oui, j'ai **des** sœurs.	Non, je n'ai **pas de** sœurs.

positif		négatif	
un	frère	**pas de**	frère
une	sœur	**pas de**	sœur
un	enfant	**pas d'**	enfant
des	enfants	**pas d'**	enfants

Note that in negative expressions, pas is usually followed by de rather than by un, une, or des.

Note that before a vowel sound de is written d'. This is an instance of elision.

🎧 5.32 Activation (oral): *Un, une, des,* and negation

Answer according to the example.

Example:
You hear: 1. Vous avez des enfants?
You answer: Non, je n'ai pas d'enfants.

2. Est-ce que Robert a un frère?
3. Est-ce que Robert a une sœur?
4. Est-ce que Robert a des enfants?
5. Vous avez un chien?
6. Vous avez des amis japonais?
7. Vous avez des complexes?

🎧 5.33 Activation: Dictation

Listen and complete. You will hear the dialogue three times.

Conversation avec Cécile, Jean-Denis, et Marie-Laure.

Le professeur: _____ mariés, _____

_____ ?

Cécile: _____

_____ .

Le professeur: _____

mariée?

Marie-Laure: _____

_____

_____ .

5.34 Activation (written): *Un, une, des, les;* negation

Look carefully at the numbered sentences below. Then do your best to complete responses to them.

1. Les jeunes gens de l'histoire vont se marier.

   Non, ils _____ se marier!

2. Ils vont avoir des enfants!

   Non, _____

   enfants!

3. Bon, mais ils vont avoir des amis!

   Non, _____

   amis!

4. D'accord! Mais le jeune homme va avoir des sœurs.

   Non, _____

   _____ !

5. Si vous voulez! Mais il va avoir des frères.

   Non, _____

   _____ .

6. Ses parents vont avoir de l'argent.

   Non, _____

   _____ .

7. Ses parents vont être pauvres, alors?

   Non, il _____

   parents!

8. Est-ce que la jeune fille va avoir des parents?

   Non, _____

   _____ non plus!

9. Mais, est-ce que les jeunes gens vont se rencontrer?

   Non, _____

   _____ .

10. Ça va être difficile pour inventer une histoire!

    Mais, nous n'allons _____

    _____ !

11. Vous n'aimez pas les histoires?

    Non, vous avez compris! Je _____

    _____ histoires!

🎧 5.35 Activation (oral): Dialogue between Mireille and Jean-Michel

You will hear a dialogue between Mireille and Jean-Michel. Listen carefully. Your role is to learn Jean-Michel's lines.

Mireille: Alors, nous allons inventer une histoire. Ça va être l'histoire de deux jeunes gens, un jeune homme et une jeune fille. Et le prénom de la jeune fille va être. . . .

Jean-Michel: **Mireille! Le prénom de la jeune fille va être Mireille.**

Mireille: Pourquoi?

Jean-Michel: **Parce que c'est un joli prénom.**

SELF-TESTING EXERCISES

🎧 5.36 Self-testing exercise: Numbering

Complete the following. Write in figures (1, 2, 3 . . .).

Monsieur et Madame Lemercier ont _____ enfants. Michèle a _____ ans, Pierre a _____ ans, Sylvie a

_____ ans, Marie-Odile a _____ ans, et Jean-Claude a _____ ans. Ils habitent _____ , Boulevard

Murat, Paris, _____ ème.

Check your answers. If you have made any errors, work with sections 5.6 to 5.11 in your workbook.

5.37 Self-testing exercise: Verb *avoir*

Complete using forms of the verb avoir.

1. Tu es fils unique?

   Non, j' _____ une sœur.

2. Vous êtes filles uniques, vous deux?

   Non, nous _____ des frères et des sœurs.

3. Mireille est fille unique?

   Non, elle _____ deux sœurs.

4. Ils sont fils uniques?

   Non, ils _____ des frères et des sœurs.

5. Vous n'êtes pas fils uniques, puisque vous _____ des sœurs!

Check your answers. If you have made any errors, work with sections 5.12, 5.13, and 5.16 in your workbook.

5.38 Self-testing exercise: Imperatives

Answer according to the example.

Example:
You see: Vous pouvez passer.
You write: <u>Passez!</u>

1. Nous pouvons passer. _____ !

2. Tu peux passer. _____ !

3. Tu peux aller au cinéma. _____ au cinéma!

4. Vous pouvez continuer. _____ !

5. Tu peux continuer. _____ !

Check your answers. If you have made any errors, work with sections 5.19 to 5.22 in your workbook.

5.39 Self-testing exercise: Negation

Answer the following questions negatively.

1. Vous allez à la fac?

   Non, nous _____ .

2. Hubert va bien?

   Non, il _____ .

3. Robert a des frères?

   Non, il _____ frères.

4. Est-ce que Cécile a des enfants?

   Non, elle _____ enfants.

5. Est-ce que Mireille a un frère?

   Non, elle _____ frère.

Check your answers. If you have made any errors, work with sections 5.27 to 5.32 in your workbook.

TOWARD FREE EXPRESSION

5.40 Cross-examining the text

Reread the text of the lesson. Read the questions in the mise en question following the mise en œuvre in your textbook, give them some thought, and do your best to answer them.

5.41 Words at large

Qu'est-ce qu'une famille peut être?
Elle peut être grande, petite, française, japonaise, etc.

Find as many answers as you can.

Qu'est-ce qu'une jeune fille peut avoir?
Elle peut avoir des parents divorcés, un frère célibataire, six tantes, des complexes, un chien italien, un prénom espagnol, etc.

Find as many answers as you can.

5.42 Role-playing and reinvention of the story

A. Imagine you are a young French man. What first name would you like to have?

Jean, Jean-Claude, Jean-François, Jean-Marc, Jean-Paul (pour les philosophes), Jean-Marie (oui!), Christophe, Michel, Charles, Barthélémy, François, Pierre, Isidore, Louis, Paul, Eugène, Pierre-Charles-Marie-Victor (mais ça fait un peu XIXème siècle), Robert . . .

B. Imagine you are a young French woman. What first name would you like to have?

Marie, Marie-Claire, Marie-France, Marie-Hélène, Marianne, Marie-Laure, Mélanie, Michèle, Béatrice, Cécile, Martine, Caroline (du Nord ou du Sud?), Adrienne, Jeanne, Paule, Jacqueline, Simone, Mireille . . .

C. What first names are both French and American? Which are easiest to pronounce? Which are prettiest?

D. Imagine a dialogue between you and X. For instance:

Vous:
C'est quoi, votre prénom?

X:
| Patricia.
| Elizabeth.
| Louis.
| Charles.
| Fido.

Vous:
| C'est très | joli.
| Ce n'est pas très | facile à prononcer.
| | difficile à prononcer.
| | français.
| | américain.
| | japonais.

X:
| | américain.
| | anglais.
| C'est | espagnol.
| | chinois.
| | mexicain.

Vous:
| | américain.
| | français.
| C'est aussi un prénom | italien.
| | anglais.
| | danois.

X:
| C'est | un prénom à la fois français, anglais, et américain.
| | un nom de chien.

Vous:
Est-ce que vous travaillez?

X:
| Oui.
| Non.
| Oui et non.

Vous:
| Moi, je suis malade.
| Moi, je travaille.
| Moi, je ne travaille pas.

| | deux chiens | | de frères.
| J'ai | quatre enfants | et je n'ai pas | d'argent.
| | six filles | | de père.

Et vous, vous êtes riche?

X:

Non, je ne suis pas riche.	
On peut dire que je suis riche; je suis	un chien.
	professeur.
	prince.
Oui, je suis riche.	

Vous:

Vous êtes	un chien	chinoise?
	une princesse	danois?
	un prince	russe?

X:

Je suis	un prince anglais.
	une princesse italienne.
	un chien danois.

Vous:

Ah!

🎧 5.43 Role-playing and reinvention of the story

Listen to a sample dialogue on the recording.

5.44 Journal de Marie-Laure

Les euros arrivent! C'est sérieux!

1. Quelle est la monnaie utilisée en France depuis 2002?
2. Où est-ce qu'on peut utiliser les euros?

3. Pour qui est-ce compliqué de s'habituer aux euros?
4. Avez-vous déjà utilisé des euros? Où?
5. Faites un peu de recherche et trouvez les pays européens qui utilisent l'euro.

DEVELOPING READING AND WRITING SKILLS

5.45 Reading and inference

1. Read document 1A, "Le Palmarès des prénoms," in your textbook, and answer the following questions:

1. Est-ce qu'il y a (en France, en 2010) plus d'Ethel ou d'Annie?

   Il y a plus d' _____ .

2. Est-ce qu'il y a plus de Robert ou de Pierre?

   _____ .

3. En 2010, quel était le prénom féminin le plus porté en France, Valérie ou Laurence?

   _____ .

4. Quel était le prénom masculin le plus porté, Robert ou Patrick?

   _____ .

5. Qu'est-ce que Claude et Camille ont en commun?

   Ils sont _____ féminins et masculins.

6. Qu'est-ce que Maëlys et Mathéo ont en commun?

   Ce sont des prénoms _____

   _____ .

5.46 Reading and inference

Read document 1C in the textbook, then read the following and try to answer the questions.

1. Le prénom Mireille est-il, à l'origine, un prénom du Midi ou du Nord?

   C'est un _____ .

2. En quelle langue est le poème épique de Mistral, Mireille?

   C'est en _____ .

3. Quel est le prénom du compositeur de l'opéra-comique Mireille?

   C'est _____ .

4. Quel est le prénom de l'auteur du poème épique Mireille?

   C'est _____ .

5. Citez deux actrices de cinéma qui s'appellent Mireille.

   _____ .

6. Citez deux athlètes qui s'appellent Mireille.

   _____

   _____ .

5.47 Reading and inference

Read document 2 in the textbook. Try to get the gist of it. (Who is speaking? What is she talking about? What does she say about it? What does she like? What does she dislike?)

Then read the following.

C'est Marguerite Yourcenar qui parle. (C'est un auteur de romans historiques.) Elle aime son prénom. Pourquoi? Parce que c'est un prénom qui est à la fois ancien et moderne? Il y a des reines qui s'appellent Marguerite: Marguerite d'Anjou (1430–1482), femme du roi Henri VI d'Angleterre; Marguerite d'Angoulême, reine de Navarre (1492–1549); Marguerite de Valois (1553–1615), reine de France, femme du roi de France Henri IV.

Marguerite Yourcenar n'aime pas "Chantal." C'est un prénom de sainte, mais c'est aussi un prénom du XVIème arrondissement. Dans ce quartier il y a beaucoup de jeunes filles et de dames qui s'appellent Chantal. C'est un quartier chic, aristocratique, snob, prétentieux . . .

Now read the following and complete.

—C'est un prénom qui me plaît: j'_____ ce prénom.

—Marguerite de Valois est une _____ de France.

—Chantal fait snob, prétentieux . . . c'est un prénom du

   _____ .

5.48 Reading and inference

Read document 3 in your textbook, then read the following and do your best to complete.

1. C'est un petit poème. Qui est l'auteur de ce poème? C'est un auteur du XXème siècle. C'est _____

   _____ .

2. Ce petit poème parle des noms et des prénoms. Il dit que les noms, les prénoms, c'est bizarre, c'est

   _____ .

3. Voyons, combien de prénoms est-ce que vous avez, vous?

   _____ .

4. Quels sont vos prénoms? _____ .

5. Maintenant, regardez Victor Hugo. (C'est un auteur du XIXème siècle. C'est l'auteur des *Misérables*, de *Notre-Dame de Paris*, de la *Légende des Siècles*, etc.) Victor, c'est son nom de famille ou un prénom?

   _____ .

6. Combien est-ce qu'il a de prénoms?

   _____ .

7. Quel est son deuxième prénom?

_____ .

8. Marie, en général, c'est un prénom de fille ou de garçon?

_____ .

Oui, mais c'est aussi un prénom de garçon.

9. Maintenant, regardez Napoléon Bonaparte. (C'est un général et un empereur des XVIII–XIXèmes siècles.) Quel est son prénom, Napoléon ou Bonaparte?

_____ .

Oui, son nom de famille est Bonaparte, mais on l'appelle souvent Napoléon; c'est curieux, non?

10. Et vous, comment est-ce que vous vous appelez?

_____ .

Pourquoi est-ce que vous vous appelez comme ça, et pas Napoléon Bonaparte, ou Victor Hugo, ou Jeanne d'Arc, ou Marguerite Yourcenar, ou Clara Gazul? Pourquoi comme ça, et pas comme ça? C'est curieux, non?

5.49 Reading and inference

Study document 4 ("Les Français et le travail") in your textbook and complete the following sentences:

1. Les Français qui travaillent 35 heures par semaine travaillent à temps plein; les Français qui travaillent 18 heures par semaine sont des travailleurs _____

_____ .

2. Les Français qui n'ont pas de travail sont des

_____ .

3. Une semaine de 35 heures de travail représente une semaine ordinaire pour la majorité des Français; ils travaillent 35 heures par semaine en moyenne. (Le nombre d'heures de travail de tous les Français

divisé par le nombre de travailleurs, c'est le nombre moyen d'heures de travail.) L'âge _____ de la population française en 2011 était de 40 ans. La taille _____ des femmes françaises était de 1,63m en 2010 (voir leçon 7, document 2).

4. Les Français qui travaillent pour des employeurs reçoivent un salaire; ce sont des _____ . Beaucoup de salariés trouvent que le travail provoque une tension nerveuse; ils sont _____ _____ au travail.

5.50 Reading and inference

Read document 5 in the textbook, then read the following, do your best to figure it out, and complete.

1. —Ma petite fille est malade.

—Qu'est-ce qu' _____ ?

— _____ une bronchite.

2. Pour aller de l'aéroport à Paris, il faut prendre un bus, ou un taxi.

Si on est malade il faut _____ des médicaments: des antibiotiques, de l'aspirine, etc.

3. —Il est très malade.

—C'est sérieux?

—Oui, c'est très grave! Il ne peut pas guérir; il est incurable. Tous les médicaments sont inutiles. Il n'y a rien à faire.

4. —Docteur, quand je travaille, je suis fatigué! Qu'est-ce que je fais? Je vais à l'hôpital? Je prends des médicaments?

—Non, ce n'est pas grave! Il n'y a rien à _____ . Ça va aller mieux. Ça va passer.

5.51 Writing practice

Imagine a dialogue between you and X (someone you've just met), or between two characters, X and Y. You may choose elements of your dialogue from the options in 5.42D above. Write 12–15 sentences.

_____

_____

_____

_____

_____

_____

_____

_____

_____

_____

_____

_____

_____

_____

_____

_____

_____

_____

_____

LEÇON
6

ASSIMILATION DU TEXTE

🎧 6.1 Mise en œuvre

Ecoutez le texte et la mise en œuvre dans l'enregistrement sonore. Répétez et répondez suivant les indications.

🎧 6.2 Compréhension auditive

Nous allons faire le portrait physique de Mireille. Vous allez entendre des paires de phrases. Dans chaque paire, vous allez répéter la phrase qui correspond au portrait de Mireille. Regardez la photo de Mireille pour vous aider.

Exemple:
Vous entendez:
   1. Elle est plutôt petite?
      Elle est plutôt grande?

Vous dites:
   Elle est plutôt petite.

2. Elle a l'air robuste?
   Elle a l'air fragile?
3. Elle est en mauvaise santé?
   Elle est en bonne santé?
4. Elle est mince?
   Elle est un peu forte?
5. Elle a le cou court et épais?
   Elle a le cou long et mince?
6. Elle a la taille épaisse?
   Elle a la taille fine?
7. Elle a les doigts courts et épais?
   Elle a les doigts longs et fins?
8. Elle a les jambes courtes?
   Elle a les jambes longues?
9. Elle est blonde?
   Elle est brune?
10. Elle a les cheveux longs?
    Elle a les cheveux courts?

🎧 6.3 Production orale

Imaginez que Mireille a une cousine qui, physiquement, est très différente d'elle. Le portrait physique de cette cousine est exactement l'opposé, le contraire, du portrait de Mireille. Dans l'enregistrement, on va faire le portrait de la cousine de Mireille, phrase par phrase. Après chaque phrase que vous entendez, vous allez dire une phrase contraire qui correspond au portrait de Mireille.

Exemples:
Vous entendez: 1. Sa cousine est plutôt grande.
Vous dites le contraire: Mireille est plutôt petite.

Vous entendez: 2. Sa cousine a l'air robuste.
Vous dites: Mireille a l'air fragile.

3. Elle est en mauvaise santé.
4. Elle est un peu forte.
5. Elle a le cou court et épais.
6. Elle a la taille épaisse.
7. Elle a les doigts courts.
8. Elle a les jambes courtes.
9. Elle est brune.
10. Elle a les cheveux courts.

PRÉPARATION À LA COMMUNICATION

🎧 6.4 Observation: Prononciation; la voyelle /y/

Ecoutez.

Salut!

Comment vas-tu?

Tu vas bien?

Bien sûr!

Excuse-moi!

le bus

C'est amusant!

Notez que, pour prononcer la voyelle /y/, le bout de la langue est contre les dents inférieures, les lèvres sont avancées et arrondies.

🎧 6.5 Activation orale: Prononciation; la voyelle /y/

Ecoutez et répétez.

Salut!   Tu vas bien?   Excuse-moi!   Bien sûr!

6.6 Activation: Prononciation et orthographe; le son /y/

Regardez le début de la vidéo ou écoutez le début du programme audio de la leçon 6. Lisez attentivement les sections 1 et 2 de la leçon 6 dans le livre de textes, et cherchez tous les mots qui contiennent le son /y/ comme dans tu, salut, début, bien sûr, amusant, excuse-moi, etc.

Ecrivez ces mots. Vous allez en trouver cinq ou six.

<u>tu</u>

_____ _____ _____

_____ _____ _____

🎧 6.7 Observation: L'être et l'apparence; *avoir l'air/être*

	avoir	l'air	adjectif		être		adjectif
Il	a	l'air	gentil . . . mais	il	n'est	pas	gentil.
Elle	a	l'air	gentil . . . mais	elle	n'est	pas	gentille.
Il	a	l'air	sportif . . . et	il	est		sportif.
Elle	a	l'air	sportif . . . et	elle	est		sportive.
Ils	ont	l'air	sportif . . . et	ils	sont		sportifs.

Notez que l'expression avoir l'air, qui indique une apparence, est en général suivie d'un adjectif qui est à la forme du masculin singulier: il n'y a pas d'accord avec le sujet. (L'adjectif modifie air, qui est un nom masculin singulier.)

Cependant on trouve quelquefois: elle a l'air gentille, avec accord de l'adjectif et du sujet (comme dans elle est gentille).

🎧 6.8 Activation orale: *Avoir l'air/être*

Répondez selon les exemples.

Exemples:

Vous entendez: 1. Mireille a l'air gentil.

Vous répondez: Oui, elle est très gentille.

Vous entendez: 2. Vous avez l'air fatigué.

Vous répondez: Oui, je suis très fatigué(e).

3. Mireille a l'air malade.

4. Fido a l'air méchant.

5. Les jeunes gens ont l'air sportif.

6. Le professeur a l'air jeune.

7. Les comédies italiennes ont l'air amusantes.

8. La leçon a l'air facile.

🔊 6.9 Activation orale: *Avoir l'air/être* et négation

Répondez selon les exemples.

Exemples:
Vous entendez: 1. Mireille a l'air gentil.
Vous répondez: Peut-être, mais elle n'est pas gentille du tout!

Vous entendez: 2. Vous avez l'air fatigué.
Vous répondez: Peut-être, mais je ne suis pas fatigué(e) du tout.

3. Elle a l'air fragile.
4. Les jeunes gens ont l'air sportif.
5. Elle a l'air fatigué.
6. Il a l'air méchant.
7. Vous avez l'air malade.
8. Fido a l'air méchant.

6.10 Activation écrite: *Avoir l'air, être*, négation

Lisez. Essayez de comprendre et complétez.

1. En réalité, la sœur de Mireille n'est pas très grande mais elle _____ parce qu'elle est mince. Les gens minces _____ grand, même quand ils ne _____ grands.

2. Les amis de Mireille ne sont pas très sportifs, mais ils _____ sportif parce qu'ils _____ grands et costauds.

3. —Vous êtes méchant!

   —Moi? Méchant? Pourquoi dites-vous ça? Est-ce que j' _____ méchant, moi? Je suis très gentil, au contraire! Je n'ai peut-être pas _____ , mais en réalité je suis très gentil. Oui, je sais, dans la famille, nous n' _____ gentil, mais nous _____ très gentils!

🔊 6.11 Observation: Formes masculines et féminines *-t/-te; -d/-de; -s/-sse; -x/-sse; -g/-gue; -f/-ve; -n/-ne*

	adjectif		adjectif
Elle est un peu	for**te**.	Elle est assez	gran**de**.
Elle a le cou un peu	for**t**.	Il n'est pas très	gran**d**.
Il a la taille	épai**sse**.	Elle est très	vi**ve**.
Il a les doigts	épai**s**.	Elle a l'esprit	vi**f**.
Elle a les doigts	lon**gs**	Elle a les doigts	fin**s**
et les jambes	lon**gues**.	et les jambes	fi**nes**.

masculin	féminin
for**t**	for**te**
cour**t**	cour**te**
ver**t**	ver**te**
peti**t**	peti**te**
gran**d**	gran**de**
blon**d**	blon**de**
ron**d**	ron**de**
épai**s**	épai**sse**
rou**x**	rou**sse**
lon**g**	lon**gue**
vi**f**	vi**ve**
sporti**f**	sporti**ve**
fi**n**	fi**ne**

Notez que, au point du vue du son, il y a à la forme féminine une consonne qui est absente à la forme masculine. La consonne finale qui est prononcée à la forme féminine est représentée dans l'orthographe de la forme masculine, mais elle n'est pas prononcée. Au point de vue de l'orthographe, il y a un -e à la fin des formes féminines.

🎧 6.12 Activation: Discrimination auditive; masculin/féminin

Vous allez entendre une série de phrases. Dans chaque phrase, déterminez s'il s'agit d'un masculin ou d'un féminin. Cochez la case appropriée.

	1	2	3	4	5	6	7	8	9	10
masculin										
féminin										

🎧 6.13 Activation: Discrimination auditive; masculin/féminin

Maintenant, vous allez entendre une série de phrases qui se rapportent au portrait de Mireille. Dans chaque phrase déterminez si l'élément en question (cheveux, doigts, etc.) est masculin ou féminin en cochant la case appropriée. Faites attention aux adjectifs.

	1	2	3	4	5	6	7	8
masculin								
féminin								

🎧 6.14 Observation: Formes masculines et féminines identiques

féminin		masculin	
Elle est	solide.	Il est	solide.
Elle est	rapide.	Il est	rapide.
Elle est	malade.	Il est	malade.
Elle est	fragile.	Il est	fragile.
Elle est	raisonnable.	Il est	raisonnable.
Elle est	mince.	Il est	mince.
Elle est	sympathique.	Il est	sympathique.

Notez que ces formes féminines et masculines sont identiques, au point de vue de la prononciation et de l'orthographe.

🎧 6.15 Activation orale: Masculin/féminin

Transformez les phrases que vous allez entendre en passant du masculin au féminin ou du féminin au masculin, selon le cas.

Exemples:
Vous entendez: 1. Il est un peu fort.
Vous répondez: Elle est un peu forte.

Vous entendez: 2. Elle est malade.
Vous répondez: Il est malade.

3. Elle est très grande.
4. Il est solide.
5. Il est rapide.
6. Elle est rousse.
7. Il est très sportif.
8. Elle est assez vive.
9. Elle est fragile.
10. Elle est raisonnable.
11. Il est blond.
12. Elle est petite.
13. Il est sympathique.

🎧 6.16 Activation: Dictée

Ecoutez et complétez. Vous entendrez le texte trois fois.

La mère de Mireille parle de sa fille.

—_____ vif; _____ raisonnable, _____

_____ . _____ , peut-être. . . . Mais _____

_____ du tout.

🎧 6.17 Observation: Description de la personne; *avoir* + partie du corps + adjectif

avoir		nom	adjectif		être	adjectif
Elle	a	les cheveux	blonds.	Elle	est	blonde.
Elle	a	les cheveux	roux.	Elle	est	rousse.
Elle	a	la taille	mince.	Elle	est	mince.
Elle	a	les jambes	longues.	Elle	est	grande.
Elle	a	l'esprit	vif.	Elle	est	vive.

Notez l'article défini (le, la, l', les) devant le nom qui représente la partie du corps (cheveux, taille . . .).

🎧 6.18 Observation: Exceptions à la règle d'accord

	adjectif
Elle a les cheveux	**blonds.**
Elle est	**blonde.**
Elle a les doigts	**fins.**
Elle a les jambes	**fines.**
Elle a les cheveux	**châtain.**
Elle a les yeux	**marron.**

Notez que les adjectifs (blond, fin, etc.) s'accordent en genre et en nombre avec le nom qu'ils modifient. Mais châtain et marron ne s'accordent pas. Ils sont invariables.

6.19 Activation écrite: Adjectifs

Complétez.

1. Mireille n'a pas les cheveux courts. Elle a les cheveux _____ .

2. Mais non, elle n'est pas brune. Elle est _____ .

3. Elle a les jambes longues et fines et les doigts _____ et _____ .

4. Elle a les doigts fins et la taille _____ .

5. Le père de Mireille est assez grand. Mais Mireille, elle, n'est pas très _____ . Elle est plutôt _____ .

6. Est-ce que le jeune homme américain va avoir les doigts longs et fins ou, au contraire, est-ce qu'il va avoir les doigts _____ et _____ ?

7. Est-ce qu'il va avoir la taille fine ou, au contraire, est-ce qu'il va avoir la taille _____ ?

8. Mireille est très sportive. Le jeune Américain va être très _____ aussi.

9. Mireille est vive. Elle a l'esprit _____ .

10. Le jeune homme aussi va être _____ . Il va avoir l'esprit _____ .

6.20 Activation écrite: Portrait

Faites le portrait d'une petite fille, d'une jeune fille, d'une jeune femme, ou d'une vieille dame que vous aimez bien . . . ou que vous n'aimez pas du tout.

Elle _____ ans.

Elle n'est pas _____ . Elle est plutôt _____ .

Elle a la taille _____ , les jambes _____ et _____ .

Elle est _____ ; elle a les cheveux _____ et _____ .

Elle _____ le visage _____ .

Elle _____ les yeux _____ .

Au moral, elle est _____ , _____ , _____ , mais elle _____ .

Elle a _____ .

6.21 Observation: *Aimer le sport/faire du sport*

	aimer + sport			faire + sport		
masculin	Elle	aime	le	ski.	Elle fait	du	ski.
	Elle	aime	l'	aviron.	Elle fait	de l'	aviron.
féminin	Elle	aime	la	voile.	Elle fait	de la	voile.
	Elle	aime	l'	escalade.	Elle fait	de l'	escalade.

Notez que, après un verbe comme aimer (adorer, détester . . .), le nom du sport est précédé de l'article défini (le, la, l'). Après le verbe faire, le nom du sport est précédé de du, de l', ou de la.

6.22 Observation: *Du, de la, de l'/pas de, pas d'*

	positif			négatif		
masculin	Elle fait	du	ski.	Elle ne fait	pas de	ski.
	Elle fait	de l'	aviron.	Elle ne fait	pas d'	aviron.
féminin	Elle fait	de la	voile.	Elle ne fait	pas de	voile.
	Elle fait	de l'	escalade.	Elle ne fait	pas d'	escalade.

Du, de l', et de la correspondent à des expressions positives. Dans des expressions négatives on trouve simplement de ou d'.

6.23 Observation: Présent de l'indicatif du verbe *faire*

infinitif			
Il faut	faire	du	sport.
présent de l'indicatif			
Je	fais	du	sport.
Tu	fais	de la	natation?
Elle	fait	du	ski.
Ils	font	de la	voile.
Nous	faisons	de l'	alpinisme.
Vous	faites	du	deltaplane?

Notez que, du point de vue du son, les trois personnes du singulier sont identiques. Notez que -ai- dans nous faisons est prononcé comme -e- dans le ou de.

🎧 6.24 Activation orale: *Faire du sport*

Répondez selon les exemples.

Exemples:

Vous entendez: 1. J'aime le ski.
Vous dites: Je fais du ski.

Vous entendez: 2. Les sœurs de Mireille adorent la natation.
Vous dites: Elles font de la natation.

Vous entendez: 3. Mireille n'aime pas la natation.
Vous dites: Elle ne fait pas de natation.

4. Mireille aime le karaté.
5. Robert n'aime pas la voile.
6. Nous aimons l'alpinisme.
7. Vous aimez l'escalade?

8. J'adore la moto.
9. Le père de Mireille n'aime pas le tennis.
10. Les sœurs de Mireille aiment la planche à voile.
11. Robert aime le canoë.
12. La mère de Mireille n'aime pas le sport.
13. Robert aime l'aviron.

6.25 Activation écrite: *Aimer le sport/faire du sport*

Complétez.

1. —Est-ce que les parents de Mireille aiment _____ karaté?

   —Mais oui! Ils _____ du karaté tous les soirs, à la maison.

2. —Et vous, vous aimez _____ karaté?

   —Bien sûr, je _____ du karaté tous les week-ends.

3. —Est-ce que Mireille aime _____ karaté?

   —Oui, elle _____ du karaté tous les samedis avec ses deux sœurs.

4. —Moi aussi, j'adore _____ karaté.

   —C'est vrai? Vous _____ du karaté?

5. —Vous trouvez le temps de _____ du karaté?

   —Mais oui, je _____ du karaté de 22 à 23 heures.

🎧 6.26 Observation: Interrogation; *est-ce que*

déclaration		Mireille	est blonde.
interrogation	**Est-ce que**	Mireille	est blonde?
déclaration		Elle	est blonde.
interrogation	**Est-ce qu'**	elle	est blonde?

On peut transformer une phrase déclarative en une phrase interrogative en ajoutant est-ce que (ou est-ce qu' devant un son de voyelle) devant la phrase déclarative et en faisant monter le ton de la voix à la fin de la phrase:

Est-ce que Mireille est blonde?

🎧 6.27 Activation orale: Interrogation; *est-ce que*

Transformez chaque phrase déclarative que vous entendez en une phrase interrogative en ajoutant est-ce que (ou est-ce qu').

Exemple:

Vous entendez: 1. Elle est malade.
Vous dites: Est-ce qu'elle est malade?

2. Robert est américain.
3. Il est fils unique.
4. Les parents de Robert ont de l'argent.
5. Ils sont divorcés.
6. La mère de Robert est remariée.
7. Robert va avoir des complexes.

6.28 Activation écrite: Interrogation; *est-ce que*

Complétez avec une question.

1. —La jeune fille de l'histoire ne va pas être blonde!

   —Ah, non? _____

   brune? Rousse?

2. —Mireille n'aime pas les romans d'amour.

   — _____ les romans

   d'aventure?

3. —Hubert ne va pas à la fac.

   —Tiens! _____ à la bibli?

4. —Je ne vais pas à la bibli, moi.

   —Ah, bon? Où _____ tu vas?

5. Marc et Catherine ne vont pas au restau-U.

   —Non? _____ vont, alors?

🎧 6.29 Observation: Numération; 20 à 69

20 vingt	30 trente	40 quarante
21 vingt **et** un	31 trente **et** un	41 quarante **et** un
22 vingt-deux	32 trente-deux	42 quarante-deux
23 vingt-trois	33 trente-trois	43 quarante-trois
24 vingt-quatre	34 trente-quatre	44 quarante-quatre
25 vingt-cinq	35 trente-cinq	45 quarante-cinq
26 vingt-six	etc.	etc.
27 vingt-sept		
28 vingt-huit		
29 vingt-neuf		

50 cinquante	60 soixante
51 cinquante **et** un	61 soixante **et** un
52 cinquante-deux	62 soixante-deux
53 cinquante-trois	63 soixante-trois
54 cinquante-quatre	64 soixante-quatre
etc.	etc.

Notez: vingt **et** un, trente **et** un, quarante **et** un, cinquante **et** un, soixante **et** un.

🎧 6.30 Activation orale: Numération; 20 à 69

Phase 1: Enoncez les opérations suivantes (addition).

3 + 4 = 7 (trois et quatre, sept)   8 + 8 = 16   10 + 10 = 20
6 + 5 = 11   8 + 9 = 17
6 + 6 = 12   8 + 10 = 18
7 + 7 = 14   8 + 11 = 19
7 + 8 = 15

          17 + 4 = 21   18 + 4 = 22
          27 + 4 = 31   28 + 4 = 32
          37 + 4 = 41   38 + 4 = 42
          47 + 4 = 51   48 + 4 = 52
          57 + 4 = 61   58 + 4 = 62

Phase 2: Faites les opérations suivantes (multiplication).

2 × 6 = 12 (deux fois six, douze)   9 × 5 = 45   9 × 7 = 63
3 × 7 = 21   2 × 7 = 14   3 × 23 = 69
3 × 8 = 24   2 × 9 = 18
5 × 5 = 25   8 × 7 = 56
5 × 7 = 35

🎧 6.31 Activation orale: Dialogue entre M. et Mme Belleau

Vous allez entendre une conversation entre M. et Mme Belleau. Ecoutez attentivement. Vous allez apprendre les réponses de Mme Belleau.

M. Belleau: Franchement, Mireille, c'est la plus intelligente des trois.

Mme Belleau: **Oui, elle a l'esprit vif. Elle est très raisonnable. Elle est très sociable . . . un peu moqueuse, peut-être. . . .**

M. Belleau: Disons, euh . . . disons qu'elle est souvent moqueuse.

Mme Belleau: **Mais elle n'est pas méchante du tout! Et elle a très bon caractère.**

EXERCICES-TESTS

🎧 6.32 Exercice-test: Numération

Complétez les phrases que vous entendez. Ecrivez en chiffres.

1. La mère de Mireille a _____ ans.

2. Son père a _____ ans.

3. Sa sœur Cécile a _____ ans.

4. Robert, lui, a _____ ans.

5. Sa mère a _____ ans.

6. Et son père a _____ ans.

Vérifiez. Si vous avez fait des fautes, travaillez les sections 6.29 et 6.30 dans votre cahier d'exercices.

⌒ 6.33 Exercice-test: Masculin/féminin des adjectifs

Vous allez entendre dix phrases. Pour chaque phrase, déterminez si on parle d'un jeune homme ou d'une jeune fille.

	I	2	3	4	5	6	7	8	9	10
un jeune homme										
une jeune fille										

Vérifiez. Si vous avez fait des fautes, travaillez les sections 6.11 à 6.15 et 6.17 à 6.19 dans votre cahier d'exercices.

6.34 Exercice-test: Présent indicatif du verbe *faire; du, de la, de l', pas de, pas d'*

Complétez selon l'exemple.

Exemple:
Vous voyez: J'aime la natation!
Vous écrivez: Evidemment! Tu <u>fais de la</u> natation tous les
    jours!

1. Mireille aime le karaté?

    Oui, et elle _____ karaté tous les jours.

2. Les sœurs de Mireille aiment le cheval?

    Non, elles ne _____ cheval.

3. Vous aimez l'aviron?

    Oui, et nous _____ aviron tous les jours.

4. Tu aimes la voile?

    Non, je ne _____ voile.

5. Nous aimons le ski!

    Evidemment! Vous _____ ski tous les jours!

Vérifiez. Si vous avez fait des fautes, travaillez les sections 6.21 à 6.25 dans votre cahier d'exercices.

LIBÉRATION DE L'EXPRESSION

6.35 Mise en question

Relisez le texte de la leçon; lisez les questions de la mise en question qui suit la mise en œuvre dans votre livre de textes. Réfléchissez à ces questions et essayez d'y répondre.

6.36 Mots en liberté

Qu'est-ce qu'une dame peut être?
Elle peut être jeune, âgée, sportive, rousse, sociable,
    indienne, aisée, remariée, victime d'un crime,
    ingénieur, mère de douze enfants. . . .

Trouvez au moins dix autres possibilités. (Vous pouvez facilement en trouver vingt!)

6.37 Mise en scène et réinvention de l'histoire

Faites le portrait de la personne que vous allez choisir pour l'histoire. Utilisez des éléments des leçons 2 à 6. Par exemple:

Pour l'histoire, nous allons choisir	une vieille dame. une jeune femme. une petite fille. une jeune fille. une étudiante. une Suédoise.		Elle va être	blonde. rousse. brune. châtain. intelligente. moqueuse. méchante. raisonnable. sérieuse. sociable. sympathique. sportive. divorcée. remariée. riche. ingénieur. chef de service.

Elle va avoir	cinq ans. onze ans. vingt et un ans. vingt-huit ans. cinquante et un ans. soixante-huit ans.

Elle va être	très petite. assez grande. très mince. plutôt forte.

Elle va avoir	la taille fine/épaisse. le cou mince/épais/long. le visage allongé/carré/rond/ovale. les cheveux blonds/noirs/roux/châtain/ blancs/gris/courts/longs/fins. les yeux bleus/marron/gris/verts. un œil bleu et un œil vert. les yeux ronds/petits/très grands/méchants. les doigts courts/longs/fins/épais. les jambes longues/courtes/fines/épaisses. l'esprit vif/rapide. bon caractère/mauvais caractère. des complexes. deux chiens. l'air intelligent/méchant/gentil.		Elle va faire	du sport. beaucoup de sport. pas de sport. du tennis. du karaté. du ski. du canoë. du kayak. du deltaplane. du cheval. de l'alpinisme. de l'aviron. de l'escrime. de la natation. de la moto. de la planche à voile. de la voile.

🎧 6.38 Mise en scène et réinvention de l'histoire

Vous pouvez imaginer une discussion avec un ami ou une amie . . . ou avec Fido. Ecoutez l'exemple dans l'enregistrement.

6.39 Mise en scène et réinvention de l'histoire

Conversation téléphonique entre un journaliste et des personnalités célèbres. Imaginez que "X" est Napoléon, Abraham Lincoln, Lénine, Catherine Deneuve, Charles de Gaulle, Jeanne d'Arc, Marie-Antoinette, Charles Aznavour, MC Solaar, Gérard Depardieu, Angelina Jolie ou n'importe qui d'autre. Faites son portrait en répondant aux questions du journaliste.

Le journaliste:

Allô! Bonjour, | Monsieur . . .
              | Madame . . .

Est-ce que vous pouvez faire votre portrait pour mon journal? . . . D'accord? D'abord, est-ce que vous êtes grand(e) ou petit(e)?

X:

Je suis | plutôt grand(e).
        | grand(e).
        | petit(e).

Le journaliste:
Est-ce que vous êtes en bonne santé?

X:
| Oui, je suis en bonne santé.
| Non, je ne suis pas en bonne santé.

Le journaliste:
Vous avez le visage . . . euh . . . comment?

X:

J'ai le visage plutôt | carré.
                      | rond.
                      | ovale.
                      | allongé.
                      | fin.
                      | intelligent.

Le journaliste:
Et les cheveux?

X:

J'ai les cheveux | châtain.
                 | roux.
                 | blonds.
                 | noirs.

Le journaliste:
Ah, vous êtes donc châtain/roux(sse)/blond(e)/brun(e)!

X:
Vous avez l'esprit vif, Monsieur/Madame!

Le journaliste:
Et les yeux?

X:

Ils sont | verts.
J'ai les yeux | marron.
              | bleus.
              | noirs.
              | gris.

Le journaliste:
Allô, allô! Quoi? Un œil bleu? Un œil vert?

X:

Non, non, j'ai deux yeux, et ils sont | noirs.
                                       | bleus.
                                       | verts.
                                       | gris.
                                       | marron.

Le journaliste:
Et le cou?

X:

J'ai le cou | épais.
            | long.
            | court.
            | mince.

Le journaliste:
Vous avez quel âge?

X:

J'ai | 57 |
     | 64 |
     | 23 | ans.
     | 42 |
     | 16 |
     | 19 |

Le journaliste:
Et au moral, vous avez l'esprit rapide?

X:
| Oui, oui, je suis intelligent(e).
| Non, pas vraiment. . . .
| Je ne suis pas très intelligent(e).

| Je ne suis pas | sympathique.
| Je suis | moqueur(se).
| Je suis très | raisonnable.
                 | gentil(le).
                 | méchant(e).

J'ai | bon caractère.
     | mauvais caractère.

6.40 Journal de Marie-Laure

Chantal est moche comme un pou!

1. Quelle est la note de Chantal pour le contrôle de maths le 19 octobre 1987? D'après Marie-Laure, qu'est-ce que la bonne note de Chantal prouve?
2. Selon Marie-Laure, que fait Chantal pour être la chouchoute de Madame Mathieu?
3. Vous êtes Marie-Laure. Faites le portrait physique et moral de Chantal.
4. Que fait Chantal pour charmer Jacques?
5. Comment Mireille explique-t-elle l'attitude de sa sœur? Etes-vous d'accord avec elle?

PRÉPARATION À LA LECTURE ET À L'ÉCRITURE

6.41 Entraînement à la lecture

1. Lisez le document 2A dans votre livre de textes, leçon 6. Complétez les phrases suivantes.

Je ne sais pas si elle est brune ou blonde: je l'_____ .

Son nom est encore dans ma mémoire, dans mon souvenir: je me _____ de son nom.

Les gens qu'on aime, ce sont les "_____ ."

Les gens exilés ne sont pas là; ils sont absents. Les gens que "la vie exila" ne sont plus là; ils sont

_____ .

2. Lisez les documents 1 et 2B. Comparez ces deux textes.

Dans le poème de Boris Vian, monde rime avec blonde. Et dans le poème de Verlaine?

_____ .

D'après ces deux poèmes, est-ce qu'il est préférable d'être brune, ou d'être blonde, ou est-ce que ça n'a pas d'importance?

_____ .

Et d'après vous?

_____

_____ .

3. Lisez le document 3, "Portrait de Nicolette." C'est difficile: Vous n'allez sans doute pas tout comprendre; mais essayez de comprendre deux ou trois détails. Etudiez le paragraphe 3.

Est-ce que Nicolette était blonde ou brune?

Elle était _____ .

Comment son visage était-il? Est-ce qu'elle avait le visage plutôt rond, carré, ou ovale?

Elle avait _____ .

De quelle couleur sont les cerises, les roses, et les lèvres de Nicolette?

_____ .

4. Relisez le portrait de Mireille dans votre livre de textes, en particulier les sections 2, 4, 5, et 6. Relisez le portrait de Nicolette (document 3). Comparez Mireille et Nicolette. Quelles sont les ressemblances et les différences?

_____

_____

_____

_____

_____

6.42 Entraînement à la lecture

1. *Lisez le document 5, "Petites Annonces." Etudiez l'annonce 1 (Vacances).*

Quels sports peut-on pratiquer au camp de plein air de Marcilhac?

_____

_____ .

2. *Etudiez les annonces 2, 3, 4, 5, et 6. Etudiez en particulier l'annonce 6. Elle est difficile à comprendre à cause des abréviations ("25 a. gd mce"). Ecrivez cette annonce d'une façon plus compréhensible, sans abréviations.*

Jeune homme, 25 ans, grand, _____

_____

_____

_____

_____ .

3. *Ecrivez une annonce (compréhensible, sans abréviations!) pour vous-même. Faites votre portrait, puis le portrait de la personne que vous cherchez.*

_____

_____

_____

_____

_____

_____

_____

_____

6.43 Entraînement à la lecture

Lisez les documents 6A et B et les images de la page 49 dans votre livre de textes, puis répondez et complétez.

1. Quel sport pratique la majorité des jeunes garçons français? _____

_____ .

2. Qu'est-ce qui arrive quand ces garçons sont plus âgés? Est-ce qu'ils continuent de jouer au football? Non, ils deviennent plutôt des _____ de l'équipe nationale de foot.

3. Regardez la première photo de la page 49: les supporters français ont la tête décorée de quelles couleurs? _____ , _____ , et _____ . (Evidemment! Ce sont les couleurs du drapeau _____ !)

4. Regardez la deuxième photo de la page 49. Quelle compétition mondiale l'équipe nationale française de foot gagne-t-elle en 1998?

_____ .

Aux matchs de foot on encourage l'équipe française avec des cris de "Bleu-Blanc-Rouge!" Mais en 1998 ce cri est transformé en "Black-Blanc-Beur!" pour marquer la composition multiethnique de l'équipe, qui a des joueurs d'origine africaine ("Black") et nord-africaine ("Beur"). (Voyez le *Journal de Marie-Laure* des leçons 7 et 16.)

5. Est-ce que moins de filles que de garçons pratiquent un sport?
Non, les filles sont aussi _____ que les garçons à faire un sport.

6. Que font beaucoup de femmes adultes pour rester actives?
Elles font _____ , _____ , _____ , _____ , et _____ .

7. Selon le document 6B, dans quelles activités physiques les femmes sont-elles majoritaires?

_____ , _____ , et _____ .

8. De toutes ces activités, c'est le vélo—la bicyclette—qui est le sport le plus _____ en France. Beaucoup de Français font du vélo, et beaucoup s'intéressent aux compétitions cyclistes, surtout une _____ à vélo célèbre où des cyclistes du monde entier font plus de 3.000 kilomètres en passant par toutes les régions de France: c'est le _____ .

9. Quand on fait du ski ou du patin à glace, on *glisse* sur une surface en un mouvement continu et fluide. (Une *glissade* est un pas de danse classique où le pied passe légèrement et rapidement sur le sol.) Qu'est-ce que le roller et le skate ont en commun avec le ski, le snowboard, le patin à roulettes et la planche à voile? Ce sont tous des sports _____ .

6.44 Pratique de l'écriture

Faites le portrait de la personne que vous allez choisir pour l'histoire. Inspirez-vous des suggestions données dans 6.37 et 6.39. Ecrivez au moins 50 mots.

_____   _____
_____   _____
_____   _____
_____   _____
_____   _____

6.44 Pratique de l'écriture

Choisissez une personnalité célèbre et répondez aux questions du journaliste. (Voyez 6.39 ci-dessus.) Ecrivez de 10 à 12 phrases.

_____
_____
_____
_____
_____
_____
_____
_____
_____
_____
_____
_____

LEÇON

7

ASSIMILATION DU TEXTE

🎧 7.1 Mise en œuvre

Ecoutez le texte et la mise en œuvre dans l'enregistrement sonore. Répétez et répondez suivant les indications.

🎧 7.2 Compréhension auditive

Phase 1: *Vous voyez une série d'images. Vous allez entendre une phrase qui correspond à chaque image. Regardez l'image et répétez la phrase que vous entendez.*

Phase 2: *Regardez les images 1, 2, 3, 4, 5, et 6. Vous allez entendre des phrases identifiées par les lettres A, B, C, D, E, et F. Chaque phrase correspond à une image. Ecrivez la lettre de la phrase que vous entendez sous l'image qui lui correspond le mieux.*

Exemple:
Vous entendez: A. Il n'a pas de barbe, mais il a une moustache.
Vous écrivez *A* sous l'image 1.

1. <u>A</u>

2. ___

3. ___

4. ___

5. ___

6. ___

🎧 7.3 Production orale

Ecoutez les dialogues suivants. Vous allez jouer le rôle du deuxième personnage.

Exemple:

1. Le professeur: Nous allons faire le portrait de Robert. C'est un garçon solide.

L'étudiant: (. . .)

Ecoutez le dialogue entre le professeur et l'étudiant.

Le professeur: Nous allons faire le portrait de Robert. C'est un garçon solide.

L'étudiant: Vous voulez dire qu'il est gros?

Maintenant à vous. Vous êtes l'étudiant. Vous entendez:

Le professeur: Nous allons faire le portrait de Robert. C'est un garçon solide.

Vous dites: Vous voulez dire qu'il est gros?

2. Le professeur: Est-ce qu'il va être blond, roux, châtain, ou brun?

L'étudiante: (. . .)

3. Le professeur: Non, non, Robert va être brun.

L'étudiante: (. . .)

4. Le professeur: Robert a les cheveux noirs.

L'étudiant: (. . .)

5. Le professeur: Vous préférez Robert avec ou sans moustache?

L'étudiante: (. . .)

6. Le professeur: Est-ce que Robert va avoir une barbe? Une barbe ou pas de barbe? Qu'est-ce que vous préférez?

L'étudiante: (. . .)

🎧 7.4 Compréhension auditive et production orale

Ecoutez les dialogues suivants. Après chaque dialogue, vous allez entendre une question. Répondez à la question.

Exemple:

1. Qu'est-ce que nous allons faire?

Vous entendez: Aujourd'hui, nous allons faire le portrait du jeune homme de l'histoire, Robert.

Puis vous entendez la question: Qu'est-ce que nous allons faire?

Vous répondez: Le portrait du jeune homme de l'histoire, Robert; ou bien: Nous allons faire le portrait du jeune homme de l'histoire, Robert.

2. Est-ce que Robert est gros?
3. Qui est plus grand, Robert ou Mireille?
4. Est-ce que Robert est blond?
5. Est-ce que Robert va avoir une barbe?
6. Est-ce que Robert est moqueur, comme Mireille?
7. Est-ce que Robert et Mireille se ressemblent?

PRÉPARATION À LA COMMUNICATION

🎧 7.5 Observation: Prononciation; *é* et *è*

Ecoutez.

Je préfère ça.

Il y a deux syllabes dans préfère:

pré fère

La voyelle de la première syllabe est différente de la voyelle de la deuxième syllabe. La voyelle de la première syllabe est **fermée** (la langue est plus haute et donc l'espace intérieur de la bouche est plus petit). La voyelle de la deuxième syllabe est **ouverte** (la langue est plus basse et donc l'espace intérieur de la bouche est plus grand).

La première syllabe est **ouverte:** elle se termine par une voyelle. La deuxième syllabe est **fermée:** elle se termine par une consonne. Notez que la voyelle **ouverte** se trouve dans la syllabe **fermée.** (C'est amusant, non?)

Notez que la voyelle fermée est représentée, ici, par é (e accent aigu) et la voyelle ouverte par è (e accent grave). Mais il y a d'autres graphies pour ces deux voyelles. Par exemple, la voyelle ouverte peut être représentée par ê (e accent circonflexe), comme dans être; e + rt, comme dans Hubert; ais, comme dans épais; ait, comme dans portrait, etc.

🎧 7.6 Activation orale: Prononciation; /e/ et /ɛ/

Ecoutez et répétez les mots suivants. Ils contiennent tous la voyelle fermée représentée par é (e accent aigu).

prénom	Cécile	mariée	divorcé	carré
distingué	allongé	santé	décidé	différent

Maintenant écoutez et répétez les mots suivants. Ils contiennent tous la voyelle ouverte représentée par è (e accent grave).

père	mère	frère	mètre	caractère
pèse	deuxième	troisième	quatrième	très

Maintenant écoutez, répétez, et observez ces autres graphies des deux voyelles:

voyelle fermée (comme prénom):

travailler	mesurer	notez
donner	premier	donnez
rencontrer		parlez

voyelle ouverte (comme père):

Hubert		elle	faire	je fais	il fait
Robert	mademoiselle	air	épais	portrait	

7.7 Activation: Prononciation et orthographe; /e/ et /ɛ/

Regardez le début de la vidéo ou écoutez le début du programme audio de la leçon 7.

Observez comment les mots suivants sont prononcés:

Américain—voulez—ses—des—les—être—mais—
en fait—vrai—roulette—sieste

S'ils sont prononcés avec un /e/, une voyelle fermée comme dans prénom, écrivez-les dans la première colonne. S'ils sont prononcés avec un /ɛ/, une voyelle ouverte, comme dans mère, écrivez-les dans la deuxième colonne.

1. voyelle fermée /e/	2. voyelle ouverte /ɛ/
prénom	mère
_____	_____
_____	_____
_____	_____
_____	_____
_____	_____
	_____

🎧 7.8 Observation: Numération; 70–100

10	dix	70	soixante-dix	20	vingt	80	quatre-vingts	100	cent
11	onze	71	soixante et onze	21	vingt et un	81	quatre-vingt-un		
12	douze	72	soixante-douze	22	vingt-deux	82	quatre-vingt-deux		
13	treize	73	soixante-treize	23	vingt-trois	83	quatre-vingt-trois		
14	quatorze	74	soixante-quatorze	24	vingt-quatre	84	quatre-vingt-quatre		
15	quinze	75	soixante-quinze	25	vingt-cinq	85	quatre-vingt-cinq		
16	seize	76	soixante-seize	26	vingt-six	86	quatre-vingt-six		
17	dix-sept	77	soixante-dix-sept	27	vingt-sept	87	quatre-vingt-sept		
18	dix-huit	78	soixante-dix-huit	28	vingt-huit	88	quatre-vingt-huit		
19	dix-neuf	79	soixante-dix-neuf	29	vingt-neuf	89	quatre-vingt-neuf		

90	quatre-vingt-dix
91	quatre-vingt-onze
92	quatre-vingt-douze
93	quatre-vingt-treize
94	quatre-vingt-quatorze
95	quatre-vingt-quinze
96	quatre-vingt-seize
97	quatre-vingt-dix-sept
98	quatre-vingt-dix-huit
99	quatre-vingt-dix-neuf

Remarquez qu'on dit

vingt	et un
trente	et un
quarante	et un
cinquante	et un
soixante	et un
soixante	et onze,

mais

quatre-vingt-un
quatre-vingt-onze   (Eh, oui!)

Remarquez qu'on écrit

vingt-deux
trente-trois
cinquante-six, etc., avec des traits d'union (-),

mais

vingt	et un
trente	et un, etc., sans trait d'union.

Enfin, autre particularité orthographique amusante: on écrit

quatre-vingts
deux   cents
sept   cents

avec un -s, quand le multiple n'est pas suivi d'un autre chiffre, mais

quatre-vingt-quatre
deux cent huit

sans -s, quand le multiple est suivi d'un autre chiffre.

🎧 7.9 Activation: Compréhension auditive; numération

Complétez les adresses que vous allez entendre (écrivez en chiffres).

1. Mireille: _____ , rue de Vaugirard, Paris 6ème.

2. Sa sœur Cécile: _____ , rue des Cerisiers à Colombes.

3. Annette Brunet: _____ , rue des Marronniers, Paris 16ème.

4. Guillaume Belleau: _____ , rue de Courcelles, Paris 8ème.

5. Hubert de Pinot-Chambrun: _____ , avenue Victor Hugo, Paris 16ème.

6. Paulette Buisson: _____ , boulevard Diderot, Paris 12ème.

7. Anatole Belleau: _____ , avenue de Versailles à Boulogne.

🎧 7.10 Activation: Compréhension auditive; numération

Ecoutez et notez les âges suivants (écrivez en chiffres).

1. Mireille a _____ ans.

2. Cécile a _____ ans.

3. Marie-Laure a _____ ans.

4. Henri Pothier a _____ ans.

5. François Belleau a _____ ans.

6. Armand Belleau a _____ ans.

7. Guillaume Belleau a _____ ans.

8. Adolphe Belleau a _____ ans.

🎧 7.11 Observation: Formes masculines et féminines; voyelles nasales et dénasalisées (révision et extension)

masculin	féminin
un	une
brun	brune
fin	fine
masculin	masculine
féminin	féminine
africain	africaine
tunisien	tunisienne
bon	bonne

Ces formes masculines se terminent par une voyelle nasale sans consonne /n/. Aux formes féminines, la voyelle n'est plus nasale, elle est "dénasalisée," et elle est suivie d'une consonne /n/ (voir leçon 4).

🎧 7.12 Activation: Discrimination auditive; voyelles nasales et dénasalisées

Vous allez entendre une série de phrases. Déterminez si l'adjectif ou le nom dans chaque phrase est masculin (voyelle nasale) ou féminin (voyelle dénasalisée).

	1	2	3	4	5	6	7	8	9	10	11	12	13	14	15	16
masculin																
féminin																

🎧 7.13 Activation orale: Formes masculines et féminines

Mettez au féminin selon l'exemple.

Exemple:
Vous entendez: 1. Le père est américain.
Vous dites: La mère est américaine.

2. J'ai un cousin.
3. Il est canadien.

4. C'est un Indien.
5. Il est bon.
6. J'ai un frère tunisien.
7. Il est brun.
8. Il est très fin.
9. Le père est algérien.

🎧 7.14 Observation: Formes masculines et féminines (révision et extension)

masculin	féminin
indulgent	indulgente
intelligent	intelligente
différent	différente
idiot	idiote
blanc	blanche

Notez que la consonne finale n'est pas prononcée au masculin, mais qu'elle est prononcée au féminin.

i love you♡

7.15 Observation: Formes masculines et féminines (révision et extension)

masculin	féminin
gris	gri**se**
sérieux	sérieu**se**
moqueur	moqueu**se**

Notez que ces formes féminines ont la même consonne finale /z/ représentée par -se.

7.16 Activation orale: Formes masculines et féminines

Faisons le portrait des deux jeunes gens. Pour l'exercice, ils vont se ressembler. Ils vont être identiques.

Exemple:
Vous entendez: 1. Mireille va être petite.
Vous dites: Alors, Robert va être petit lui aussi.

2. Mireille va être grande.
3. Mireille va être grosse.
4. Mireille va être rousse.
5. Mireille va être brune.
6. Mireille va être blonde.

7. Mireille va être intelligente.
8. Mireille va être idiote.
9. Mireille va être sérieuse.
10. Mireille va être moqueuse.
11. Mireille va être méchante.

7.17 Observation: Formes masculines et féminines (révision et extension)

masculin	féminin
calme	calme
possible	possible
imbécile	imbécile
stupide	stupide
robuste	robuste
large	large

Notez que ces formes masculines et féminines sont identiques du point de vue du son et du point de vue de l'orthographe.

7.18 Observation: Formes masculines et féminines (révision et extension)

masculin	féminin
carré	carré**e**
allongé	allongé**e**
distingué	distingué**e**
bleu	bleu**e**
vrai	vrai**e**
joli	joli**e**
noir	noir**e**

Notez que, du point de vue du son, ces formes masculines et féminines sont identiques. Du point de vue de l'orthographe, les formes féminines se terminent par un -e.

7.19 Activation écrite: Formes masculines et féminines

Complétez.

1. Robert fait du patin. C'est un excellent patineur.

   Mireille aussi est une _____ _____ .

2. Robert fait du ski. C'est un bon skieur.

   Mireille aussi est une _____ _____ .

3. Mireille fait de la natation. C'est une bonne nageuse.

   Robert aussi est un _____ _____ .

4. Robert va beaucoup voyager. Ça va être un grand voyageur.

   Mireille aussi va être une _____ _____ .

🎧 7.20 Activation: Dictée; formes masculines et féminines, singulier et pluriel

Ecoutez et complétez.

1. Robert a les épaules _____ . Il a aussi le menton _____ .

2. Les parents de Robert sont _____ . Sa mère est _____ avec un Argentin. Son père n'est pas _____ .

3. L'Argentin a la moustache _____ . Le père de Robert n'a pas de moustache, mais il a les sourcils _____ , comme Robert.

4. Ce sont tous les deux des messieurs très _____ . Mireille aussi est très _____ .

5. Mireille est _____ . Et elle a aussi un _____ prénom!

🎧 7.21 Observation: Interrogation; trois formes interrogatives

déclaration	interrogation	
Il est sportif.	1.	Il est sportif?
	2.	Est-ce qu'il est sportif?
	3.	Est-il sportif?

Les phrases 1, 2, et 3 sont interrogatives. Elles sont équivalentes: elles ont le même sens. Elles représentent trois formes différentes d'interrogation, trois façons différentes de poser la même question.

Dans la forme 1, la phrase est identique à la phrase déclarative. L'interrogation est marquée seulement par l'intonation: le ton de la voix monte à la fin de la phrase.

Dans la forme 2, la phrase est identique à la phrase déclarative, mais elle est précédée par est-ce que, et l'intonation est montante, comme dans 1.

Dans la forme 3, il y a une inversion: l'ordre du pronom sujet et du verbe est inversé. Le pronom sujet est placé après le verbe. L'intonation est montante comme dans 1 et 2.

🎧 7.22 Activation: Discrimination auditive; interrogation et intonation

Ecoutez et indiquez si les phrases que vous entendez sont déclaratives ou interrogatives. Notez que l'interrogation est marquée seulement par l'intonation. Cochez la case appropriée.

	1	2	3	4	5	6	7	8	9	10	11	12
déclaration	X											
interrogation		X										

🎧 7.23 Observation: Interrogation et inversion

déclaration			interrogation		
1. **Il**	**est**	sportif.	2. **Est-il**		sportif?
3. **Elles**	**sont**	sportives.	4. **Sont-elles**		sportives?
5. **Vous**	**avez**	le temps!	6. **Avez-vous**		le temps?
7. **Tu**	**as**	le temps!	8. **As-tu**		le temps?

Notez que dans les questions 2, 4, 6, et 8, l'interrogation est marquée par la place du pronom personnel sujet (il, elles, vous, tu): le pronom personnel sujet est placé après le verbe.

Notez que le pronom est rattaché au verbe par un trait d'union (-). Notez que dans les questions 2 et 4, il y a liaison du t de est et sont avec la voyelle des pronoms il et elle. On prononce Est-/t/il? Sont-/t/elles? avec un /t/.

Observez.

déclaration		interrogation		
9. Robert	est sportif.	10. Robert	est-**il**	sportif?
11. La jeune fille	est sportive.	12. La jeune fille	est-**elle**	sportive?

Dans ces phrases, le sujet n'est pas un pronom mais un nom. Dans les phrases 10 et 12, le nom est placé avant le verbe mais l'interrogation est marquée par l'addition d'un pronom sujet (redondant) après le verbe.

Conclusion générale: Dans les phrases 2, 4, 6, 8, 10, et 12, l'interrogation est marquée par la présence d'un pronom personnel sujet après le verbe.

🎧 7.24 Activation orale: Interrogation et inversion

Transformez selon l'exemple.

Exemple:
Vous entendez: 1. Est-ce que Robert est sportif?
Vous dites: Robert est-il sportif?

2. Est-ce que Robert est un garçon solide?
3. Est-ce que la mère de Robert est mariée?

4. Est-ce que les parents de Robert sont riches?
5. Est-ce qu'ils ont de l'argent?
6. Est-ce que vous avez des amis?
7. Est-ce que vous êtes américain?
8. Est-ce que vous êtes marié?
9. Est-ce que vous avez des enfants?

🎧 7.25 Observation: Interrogation et inversion

1.   Est-il   sportif?
2.   Sont-elles   sportives?
3.   Fait-elle   du ski?
4. Travaillent-elles?
5. Robert a-**t**-il   de l'argent?
6.   Parle-**t**-elle   anglais?
7.   Va-**t**-elle   aller en France?

Notez que dans les phrases 1, 2, 3, et 4, les pronoms commencent par une voyelle (il, elle, elles), et il y a une consonne (-t) à la fin du verbe. Il y a donc liaison: on prononce le t.

Dans les phrases 5, 6, et 7, les pronoms commencent aussi par une voyelle, mais il n'y a pas de consonne à la fin du verbe (il y a une voyelle: a, e). On ajoute alors un -t- entre le verbe et le pronom pour séparer les deux voyelles. (Remarquez que le -t est une terminaison verbale fréquente à la 3ème personne: il est, il fait, ils ont, elles sont.) Notez que le -t- supplémentaire est placé entre deux traits d'union.

⌒ 7.26 Activation orale: Interrogation et inversion

Transformez selon l'exemple.

Exemple:
Vous entendez: 1. Est-ce que Robert parle français?
Vous dites: Robert parle-t-il français?

2. Est-ce qu'il parle beaucoup?
3. Est-ce qu'il pèse 80 kilos?

4. Est-ce qu'il a les cheveux noirs?
5. Est-ce qu'il a l'esprit vif?
6. Est-ce qu'il a l'esprit aussi vif que Mireille?
7. Est-ce que Mireille a les cheveux blonds?
8. Est-ce que Robert préfère les blondes?

7.27 Activation écrite: Interrogation et inversion

Lisez le texte ci-dessous. Essayez de comprendre ce que dit Marie-Laure, puis écrivez les corrections du vieux professeur.

Marie-Laure	Le vieux professeur
1. —Alors, quand c'est qu'on l'invente, cette histoire?	—Non, Marie-Laure! On dit: Quand invente-t-on cette histoire?
2. —Vous faites quoi, vous?	—Non! On dit: Que faites-vous, vous?
3. —Vous dites quoi?	—_____?
4. —Vous proposez quoi?	—_____?
5. —Nous allons avoir un Américain dans cette histoire?	—_____ un Américain dans cette histoire?
6. —Comment il va être?	—Comment _____?
7. —Il va être beau, grand, et gentil?	—_____ beau, grand, et gentil?
8. —Ou bien vous préférez horrible et méchant?	—Ou bien _____ horrible et méchant?
9. —Ses parents, ils sont américains?	—_____ _____?
10. —Ils ont beaucoup d'argent?	—_____ beaucoup d'argent?
11. —Ils travaillent?	—_____?
—Enfin, je ne sais pas pourquoi je vous demande tout ça!	—Je ne sais pas, moi non plus!

🎧 7.28 Observation: Interrogation; *Qu'est-ce que c'est* et *Qui est-ce (que c'est)*

question	réponse
Qu'est-ce que c'est?	C'est une maison. un œil. la barbe du monsieur. une dame. un chien.
Qui est-ce (que c'est)?	C'est Robert. la sœur de Mireille. Tante Georgette. Madame Rosa.

🎧 7.29 Activation: Compréhension auditive; *Qu'est-ce que c'est* et *Qui est-ce (que c'est)*

Vous allez entendre une série de questions. Choisissez la réponse qui convient le mieux. Indiquez votre choix en entourant a ou b d'un cercle.

1. a. C'est Madame Rosa.
   b. C'est la fac.
2. a. C'est le restau-U.
   b. C'est Mireille.

3. a. C'est un doigt.
   b. C'est l'ami de Robert.
4. a. C'est Tante Georgette.
   b. C'est un chien.
5. a. C'est une maison.
   b. C'est la sœur de Mireille.
6. a. C'est Cécile.
   b. C'est l'aéroport Charles de Gaulle.

7. a. (C'est) un jeune homme.
   b. (C'est) Hubert.
8. a. (C'est) une jeune fille.
   b. (C'est) Colette.

🎧 7.30 Observation: Interrogation; *Qu'est-ce que* et *Qui est-ce qui*

sujet	verbe	objet
Nous	allons inventer	**une histoire**.

question	réponse
Qu'est-ce que nous allons inventer?	Une histoire.
Qui est-ce qui va inventer une histoire?	Nous.

Remarquez que la réponse à Qu'est-ce que . . . est une chose (une histoire). C'est aussi l'objet du verbe.
La réponse à Qui est-ce qui . . . est une personne (nous, le professeur, les étudiants, Mireille . . .). C'est aussi le sujet du verbe.

🎧 7.31 Activation orale: *Qu'est-ce que*

Répondez selon l'exemple.

Exemple:
Vous entendez: 1. Nous allons apprendre le français.
Vous demandez: Qu'est-ce que nous allons apprendre?

2. Ça va être un jeu.
3. Nous allons inventer une histoire.
4. Le jeune homme va être américain.
5. La jeune fille va être française.
6. Les jeunes gens vont avoir des amis.
7. Le jeune homme va faire du sport.
8. Il va peser 70 kilos.

🎧 7.32 Activation orale: *Qui est-ce qui*

Répondez selon l'exemple.

Exemple:

Vous entendez: 1. Je vais proposer une histoire.

Vous demandez: Qui est-ce qui va proposer une histoire?

2. Vous allez discuter l'histoire.
3. Les jeunes gens vont avoir des aventures.
4. Le jeune homme parle français.
5. La jeune fille est française.
6. La mère de Mireille travaille au Ministère de la Santé.
7. Le père de Robert a de l'argent.

🎧 7.33 Activation: Dictée

Ecoutez Marie-Laure et Mireille qui parlent d'un ami de Mireille. Vous entendrez le passage trois fois.

Marie-Laure: Il _____ gentil.

Mireille: _____ . Et

_____ surtout très fort en _____ et

_____ .

Marie-Laure: _____ très

_____ .

🎧 7.34 Activation orale: Dialogue entre Hubert et Mireille

Vous allez entendre une conversation entre Hubert et Mireille. Ecoutez attentivement. Vous allez apprendre les réponses de Mireille.

Hubert: Il est comment, ce Robert? Il est grand?

Mireille: **Non, il n'est pas grand. Il n'est pas petit non plus.**

Hubert: Ah . . . Il est blond? . . . Roux?

Mireille: **Non, il est brun. Il a les cheveux noirs et les yeux marron.**

Hubert: Et au moral, comment est-il?

Mireille: **Il est très gentil, très sociable, et très indulgent.**

EXERCICES-TESTS

🎧 7.35 Exercice-test: Numération

Ecrivez les chiffres que vous entendez.

1. _____ + _____ = _____
2. _____ + _____ = _____
3. _____ + _____ = _____
4. _____ + _____ = _____

Vérifiez. Si vous avez fait des fautes, travaillez les sections 7.8 à 7.10 dans votre cahier d'exercices.

7.36 Exercice-test: Masculin/féminin des adjectifs

Complétez.

1. Mireille est moqueuse.

   Robert n'est pas _____ .

2. Robert est intelligent.

   Mireille aussi est _____ .

3. Robert est brun, mais Mireille n'est pas

   _____ .

4. Robert est robuste; Mireille aussi est

   _____ .

5. Robert est un bon patineur. Mireille aussi est une

   _____ .

Vérifiez. Si vous avez fait des fautes, travaillez les sections 7.11 à 7.20 dans votre cahier d'exercices.

7.37 Exercice-test: Interrogation

Vous allez entendre dix phrases. Pour chaque phrase indiquez si c'est une déclaration ou une question. Cochez la case appropriée.

	1	2	3	4	5	6	7	8	9	10
déclaration										
question										

Vérifiez. Si vous avez fait des fautes, travaillez les sections 7.21 à 7.26 dans votre cahier d'exercices.

LIBÉRATION DE L'EXPRESSION

7.38 Mise en question

Relisez le texte de la leçon; lisez les questions de la mise en question qui suit la mise en œuvre dans votre livre de textes. Réfléchissez à ces questions et essayez d'y répondre.

7.39 Mots en liberté

Comment est-ce qu'un garçon peut être au moral?

Il peut être calme, il peut être plus méchant que sa sœur. . . .

Trouvez encore au moins cinq autres possibilités.

7.40 Mise en scène et réinvention de l'histoire

Imaginez que vous rencontrez l'homme ou la femme idéal(e). Vous allez faire le portrait de cette personne idéale. Est-ce qu'elle est grande, petite, noire, blanche, rousse, ou blonde? Et au moral, comment est-elle?

7.41 Mise en scène et réinvention de l'histoire

Imaginez le portrait du jeune homme . . . ou du vieux monsieur de l'histoire. Recombinez des éléments des leçons 2 à 7. Par exemple:

Nous allons choisir
- un vieux monsieur très distingué.
- un petit garçon stupide.
- un homme costaud.
- un jeune homme canadien.

Il va peser
- 50 kilos.
- 60 kilos.
- 70 kilos.
- 80 kilos.
- 85 kilos.
- 90 kilos.
- 98 kilos.
- 100 kilos.
- 150 kilos.
- 200 kilos.

Il va être
- robuste.
- solide.
- très grand.
- très petit.
- plus petit que la jeune fille.
- moyen.
- plus grand que la jeune fille.
- mince.
- ni grand ni petit.
- fragile.
- gros.
- très gros.
- blond.
- roux.
- brun.
- châtain.
- sérieux.
- calme.
- moqueur.
- idiot.
- méchant.
- marié.
- divorcé.
- remarié.
- indulgent.

Il va avoir
- un gros ventre/pas de ventre.
- les épaules larges/carrées.
- les cheveux longs/courts.
- une grande barbe noire/rousse/blonde.
- une petite barbe châtain/blanche/grise.
- les sourcils épais/fins/blonds/noirs/roux.
- une grande moustache/une petite moustache.
- pas de moustache.

Il va faire
- du ski nautique.
- du surfing.
- du polo.
- de la moto.
- du patin à roulettes.
- du patin à glace.
- la sieste.

Il va mesurer
- 1 mètre 50.
- 1 mètre 70.
- 1 mètre 80.
- 1 mètre 90.
- 2 mètres.

Il va travailler
- chez Renault.
- au Ministère de la Santé.
- dans un restau-U.
- à l'aéroport.
- à la bibli.
- à la fac.

∩ 7.42 Mise en scène et réinvention de l'histoire

Ecoutez l'exemple de conversation entre X et Fido dans l'enregistrement.

7.43 Journal de Marie-Laure

Cocorico!

1. Pourquoi Marie-Laure a-t-elle décidé de regarder ce match de foot à la télé?
2. L'équipe de foot de France a-t-elle déjà gagné la Coupe du monde?
3. Quel est le surnom de l'équipe de France? Pourquoi ces trois mots?
4. A quoi ce surnom vous fait-il penser?
5. "Cocorico" est l'onomatopée pour le cri d'un animal. De quel animal s'agit-il?

Marie-Laure à la gym

1. Quels sports est-ce que Marie-Laure préfère?
2. Pourquoi est-ce qu'elle trouve la salle de sport amusante?
3. Comparez les trois hommes que Marie-Laure observe à la gym.
4. Pourquoi Marie-Laure dit-elle que le blond n'est pas prêt pour le Tour de France?
5. Comment Marie-Laure trouve-t-elle Jean-Denis?

PRÉPARATION À LA LECTURE ET À L'ÉCRITURE

7.44 Lecture et interprétation: Récapitulation; formes masculines, féminines, plurielles, et interrogatives; verbes *avoir, être; pas de*

Lisez attentivement. Essayez de comprendre et complétez.

1. Nous allons inventer une autre histoire. Elle ne va pas être comme l'histoire de Mireille et de Robert; elle va être différente. Les deux jeunes gens ne vont pas être comme Robert et Mireille; ils vont être _____ . D'abord, le jeune homme ne va pas être américain; c'est la jeune fille qui va être _____ . Donc, la jeune fille ne va pas être française; c'est le jeune homme qui va être _____ .

2. Le jeune homme ne va pas être très grand. La jeune fille va être plus _____ que lui. Est-ce _____ la jeune fille va être un peu forte . . . grosse, comme Obélix? Non, elle ne va pas être grosse, et le jeune homme non plus ne va pas être _____ . Il va être mince. La jeune fille aussi va être _____ . Ils vont être _____ tous les deux. Est-ce que la jeune fille va _____ blonde? Non, dans cette histoire c'est le jeune homme qui va être _____ . Il va donc avoir les cheveux _____ mais il va _____ une moustache rousse et les sourcils _____ aussi. Est-ce _____ il va avoir une barbe _____ aussi? Non! Il ne va pas avoir _____ barbe.

3. Le jeune homme va avoir un œil bleu mais il ne va pas avoir les deux yeux _____ . Non, il va avoir un œil bleu et l'autre gris. (Ce n'est pas très fréquent, mais c'est possible!) La jeune fille va avoir _____ œil marron et l'autre œil _____ aussi. Oui, elle va avoir _____ deux yeux _____ . (Attention: ça, c'est un pluriel bizarre . . . une exception!)

4. Est-ce _____ la jeune fille va être méchante ou gentille? Elle ne va pas être méchante, elle va être très _____ , au contraire. Le jeune homme ne va pas être _____ non plus. Il va être très _____ , lui aussi. (Dans cette histoire, "Tout le monde est beau, tout le monde est gentil." Comme ça, tout le monde est content!)

5. Bon! Voyons, maintenant. Qu' _____ la jeune fille va parler? Elle va parler _____ , bien sûr, puisqu'elle va être _____ . Et le jeune homme, _____ il va parler? Eh bien, il va parler _____ , évidemment, _____ il va être _____ ! Et _____ va aller en France? Le jeune homme ou la jeune fille? C'est probablement _____ qui va aller en France. (Puisque le jeune homme est _____ , il va probablement _____ en France, vous ne pensez pas?)

7.45 Entraînement à la lecture

1. *Etudiez les documents 2A et B dans votre livre de textes, leçon 7, et répondez aux questions suivantes.*

Est-ce que les Français grandissent ou rapetissent?

_____ .

Chez le coiffeur, qu'est-ce qui coûte plus cher, une coupe homme ou une coupe femme?

_____

2. *Lisez le document 3, "Portrait d'Aucassin."*

Est-ce qu'Aucassin avait des frères et des sœurs?

_____ .

Comparez le portrait d'Aucassin et le portrait de Nicolette (leçon 6, document 3).

Est-ce que ces deux portraits sont très différents? Est-ce qu'ils se ressemblent? Est-ce qu'ils sont identiques? Quelles sont les différences et les ressemblances?

_____

_____

_____

_____ .

3. *Relisez le portrait de Robert dans votre livre de textes, leçon 7, en particulier les sections 1, 3, 4, et 5. Relisez le portrait d'Aucassin (document 3). Comparez Robert et Aucassin.*

_____

_____

_____

_____ .

7.46 Entraînement à la lecture

1. *Lisez les documents 4 et 5 dans votre livre de textes, leçon 7, et essayez de compléter le texte suivant.*

1. Les Français considèrent qu'ils sont les descendants des Gaulois. Les Gaulois sont donc les _____ des Français. On peut considérer que les Italiens descendent des anciens Romains. Les Romains sont donc les _____ des Italiens. Homo habilis est l'_____ de l'homme moderne. Et les mammouths sont les _____ des éléphants.

2. Quand on apprend l'histoire, on utilise un _____ d'histoire. Votre livre de texte est un _____ de français, parce que vous l'utilisez pour apprendre le français.

3. L'emblème national de la France est un _____ . C'est un oiseau. L'emblème national des Etats-Unis est un _____ . C'est aussi un oiseau.

4. Au physique, les Gaulois sont plus _____ que les Romains.

5. En général, les Gaulois sont blonds ou roux, et les Romains sont _____ . Les Gaulois ont les cheveux _____ . Ils ne se rasent pas comme les Romains. Ils ont souvent une barbe et des _____ . Est-ce que les Gaulois ont les yeux noirs? Est-ce qu'ils ont les yeux marron? _____ _____ .

6. Les Gaulois sont combatifs: ils aiment les _____ . Ils ont beaucoup de courage: ils sont très _____ . Ils aiment le risque. Ils ont beaucoup d'audace: ils sont très _____ . Ils supportent la souffrance; ils résistent à la fatigue; ils sont résistants, durs: ils sont _____ .

7. Ils changent facilement d'idée: ils sont _____ . Ils ont moins de perseverance que les Romains: ils sont facilement _____ .

8. Ils sont moins sérieux que les Romains: ils aiment les _____ , les _____ , les _____ .

2. *Etudiez le document 6 (présentation d'Astérix et d'Obélix), et essayez de compléter les phrases suivantes.*

Les Gaulois aiment rire (Ha! Ha! Ha!). Ils aiment les plaisanteries, ils aiment s'amuser: ils aiment

_____ .

Les Gaulois aiment manger et ils aiment _____ de la bière.

Les Gaulois n'ont pas bon caractère; ils ont plutôt mauvais caractère. Quand ça ne va pas, ils ne sont pas contents; ils <u>râlent</u>: ils sont _____ .

Ils aiment les combats, les <u>bagarres</u>: ils sont

_____ .

Ils aiment leurs amis, leurs _____ .

7.47 Entraînement à la lecture

Lisez le document 7A dans votre livre de textes, leçon 7. Répondez aux questions suivantes.

1. Astérix et Obélix sont des personnages dans *Astérix*—des personnes fictives qui jouent un rôle important dans l'histoire. Jules César a un rôle important dans *Astérix*; c'est un _____ de bande dessinée, d'accord, mais c'est aussi un _____ historique.

2. L'histoire d'Astérix est située au temps de la conquête de la Gaule, à l' _____ de Jules César. Cette _____ est une période où la

Gaule ressemble beaucoup à la France d'aujourd'hui. On appelle souvent les dernières décennies du XIXème siècle en Europe, un temps de paix et de prospérité, la "belle _____ ."

3. Les Gaulois ont des déficiences et des imperfections —par exemple, ils sont indisciplinés et bagarreurs— mais les lecteurs français d'*Astérix* sont indulgents; ils pardonnent ces _____ .

LEÇON

8

ASSIMILATION DU TEXTE

🎧 8.1 Mise en œuvre

Ecoutez le texte et la mise en œuvre dans l'enregistrement sonore. Répétez et répondez suivant les indications.

🎧 8.2 Compréhension auditive et production orale

Regardez l'arbre généalogique de Mireille qui accompagne le texte de la leçon 8. Vous allez entendre des paires de phrases qui expriment des rapports de parenté dans la famille Belleau. Choisissez la phrase qui exprime le rapport de parenté réel.

Exemple:

1. Léon Pothier → Mireille

Vous entendez:

    Léon Pothier est le frère de Mireille.

    Léon Pothier est le grand-père de Mireille.

Vous répondez:

    Léon Pothier est le grand-père de Mireille.

2. Madeleine Pothier → Mireille
3. Georges Belleau → Mireille
4. Marie-Laure → Mireille
5. Edouard Pothier → Mireille
6. François Belleau → Madeleine Pothier
7. Madeleine Pothier → François Belleau
8. Georgette Belleau → Mireille
9. Georgette Belleau → Guillaume Belleau
10. Mireille → François Belleau
11. Mireille → Anatole Belleau
12. François Belleau → Anatole Belleau

🎧 8.3 Compréhension auditive et production orale

Vous allez entendre des phrases qui expriment un rapport de parenté dans la famille Belleau, puis une question. Répondez à la question selon l'exemple.

Exemple:

1. Madeleine Belleau → Mireille

Vous entendez:

    Mireille est la fille de Madeleine Belleau.

    Qui est Madeleine Belleau?

Vous répondez:

    C'est la mère de Mireille.

2. Mireille → Georges Belleau
3. Anatole Belleau → François Belleau
4. Mireille → Madeleine Belleau
5. Madeleine Pothier → François Belleau
6. Guillaume Belleau → Mireille
7. Guillaume Belleau → Georgette Belleau
8. François Belleau → Anatole Belleau
9. Georgette Belleau → Mireille
10. François Belleau → Mireille

PRÉPARATION À LA COMMUNICATION

🎧 8.4 Observation et discrimination auditive: Prononciation; *tutu/toutou*

Ecoutez.

Marie-Laure a un *tutu*.
Tante Georgette a un *toutou*.

Notez que les voyelles dans tutu sont très différentes des voyelles dans toutou. Vous allez entendre des phrases qui parlent soit de tutu, soit de toutou. Pour chaque phrase que vous entendez, indiquez si elle parle de tutu ou de toutou.

	1	2	3	4	5	6	7	8	9	10	11	12
tutu												
toutou												

🎧 8.5 Activation orale: Prononciation; *tutu/toutou*

Pour prononcer la voyelle de tutu (/y/), le bout de la langue vient appuyer contre les dents inférieures.

toutou /u/   tutu /y/

Ecoutez et répétez.

toutou	tutu	tu vas bien
tous les deux	utile	unique
épouser	sûr	plutôt
cousin	une	non plus
	Entendu!	stupide
	étudier	

🎧 8.6 Observation: Numération; 100–999 000 000

100	cent	201	deux cent un	2.000	deux mille, etc.
101	cent un	202	deux cent deux, etc.	. . .	. . .
102	cent deux, etc.	. . .	. . .	1.000.000	un million
. . .	. . .	999	neuf cent quatre-vingt-dix-neuf	2.000.000	deux millions, etc.
200	deux cents	1.000	mille		

🎧 8.7 Observation: Dates

1623	mil six cent vingt-trois
ou	seize cent vingt-trois
1945	mil neuf cent quarante-cinq
ou	dix-neuf cent quarante-cinq

Dans les dates on écrit mil au lieu de mille. Pour les dates entre 1100 et 1999 on peut dire onze cent, douze cent . . . dix-neuf cent.

8.8 Activation: Dictée

Ecoutez et écrivez en chiffres.

Mireille: _____ francs, _____ , _____ ,

_____ , _____ francs.

8.9 Activation orale: Numération

Phase 1: Enoncez les opérations suivantes (additions).

Exemple:

Vous voyez:
```
    1.    2.217
        +  113
          2.330
```

Vous dites: Deux mille deux cent dix-sept plus cent treize font deux mille trois cent trente.

```
2.    721        3.    1.260        4.  10.677
    + 344            + 2.280            + 13.033
    1.065              3.540             23.710
```

Phase 2: Enoncez les opérations suivantes (soustractions).

Exemple:

Vous voyez:
```
    1.    7.321
        − 2.552
          4.769
```

Vous dites:

Sept mille trois cent vingt et un moins deux mille cinq cent cinquante-deux font quatre mille sept cent soixante-neuf.

```
2.    694        3.    9.999        4.  13.745
    − 270            − 6.666            − 1.407
     424              3.333             12.338
```

8.10 Observation: *De la, de l', du, des*

	féminin singulier
1. L'oncle Guillaume a	**de la** fortune.
2.	**La** fortune, c'est, utile!
	masculin (ou féminin) singulier
3. L'oncle Guillaume a	**de l'** argent.
4.	**L'** argent, c'est utile!
	masculin singulier
5. L'oncle Guillaume a	**du** temps.
6.	**Le** temps, c'est de l'argent!
	masculin pluriel
7. L'oncle Guillaume a	**des** amis.
8.	**Les** amis, c'est utile!
	féminin pluriel
9. L'oncle Guillaume a	**des** relations.
10.	**Les** relations, c'est utile!

Notez que dans la phrase 5 nous avons du (du temps) et non pas de le. Notez que dans les phrases 7 et 9 nous avons des (des amis, des relations) et non pas de les.

> du remplace toujours de + l'article le
> des remplace toujours de + l'article les

Notez que nous avons de l' devant un nom singulier commençant par une voyelle (de l'argent). Notez la liaison avec des devant une voyelle (des/z/amis).

8.11 Observation: *De la, de l', du, des, pas de*

négation + **de**			
Il a **du**	temps.	Il n'a **pas de**	temps.
Il a **de l'**	argent.	Il n'a **pas d'**	argent.
Il a **de la**	fortune.	Il n'a **pas de**	fortune.
Il a **des**	relations.	Il n'a **pas de**	relations.
Il a **des**	amis.	Il n'a **pas d'**	amis.

Dans ces phrases, temps, argent, fortune, relations, et amis sont compléments d'objet direct du verbe (il a).

Notez que, après une construction verbale négative (il n'a pas), on trouve de (ou d') et non du, de la, ou des devant le complément d'objet direct.

8.12 Activation orale: *De* après négation

Répondez selon l'exemple.

Exemple:

Vous entendez: 1. Vous avez du courage!

Vous dites: Oh, non, je n'ai pas de courage!

2. Vous avez de la chance!
3. Vous avez de la fortune!
4. Vous avez de la famille?
5. Vous avez de l'argent!
6. Vous avez du courage!
7. Vous avez du temps!
8. Vous avez des loisirs!
9. Vous avez des relations!
10. Vous avez des frères?
11. Vous avez des complexes!

8.13 Activation orale: *De* après négation

Répondez selon l'exemple.

Exemple:

Vous entendez: 1. Est-ce que l'oncle Guillaume a des enfants?

Vous répondez: Non, il n'a pas d'enfants.

2. Est-ce que la tante Georgette a des fils?
3. Est-ce que la tante Georgette a des filles?
4. Est-ce que la tante Georgette a des enfants?
5. Est-ce que la tante Georgette a de l'argent?
6. Est-ce que la tante Georgette a de la chance?
7. Est-ce que la tante Georgette a du courage?
8. Est-ce que la tante Georgette a du temps?
9. Est-ce que la tante Georgette a des loisirs?

8.14 Activation orale: *Du, de la, de l', des, pas de*

Répondez selon les données de l'histoire.

Exemples:

Vous entendez: 1. Est-ce qu'Henri Pothier a des enfants?

Vous répondez: Oui, il a des enfants.

Vous entendez: 2. Est-ce que Paulette Belleau a des enfants?

Vous répondez: Non, elle n'a pas d'enfants.

3. Est-ce que François Belleau a des filles?
4. Est-ce que Guillaume Belleau a des filles?
5. Est-ce que Guillaume Belleau a des frères?
6. Est-ce que Mireille a des frères?
7. Est-ce que Mireille a des cousins?
8. Est-ce que Mireille a des enfants?
9. Est-ce que Mireille a des oncles?
10. Est-ce que Mireille a des tantes?
11. Est-ce que François Belleau a des fils?

8.15 Activation écrite: *Du, de la, de l', des;* verbe *avoir*

Complétez les réponses aux questions suivantes.

1. Est-ce que vous avez du courage?

   Mais oui, _____ !

2. Est-ce que Jean-Luc a du courage?

   Lui? Non, il _____ .

3. Est-ce que vous avez du travail?

   Moi? Non, je _____ .

4. Est-ce que Mireille a du travail?

   Oui, _____ .

5. Est-ce que l'oncle Guillaume a de l'argent?

   Oh, oui! Il _____ ; il a
   _____ fortune.

6. Et la tante Georgette, est-ce qu'elle a de l'argent, elle?

   Non, elle _____ ; elle
   _____ fortune.

7. Est-ce que l'oncle Guillaume a des relations?

   Bien sûr, il _____ puisqu'il
   _____ fortune!

8. Est-ce que la tante Georgette a des relations?

   Non, _____ puisqu'elle
   _____ fortune.

9. Est-ce que Mireille a des cousins?

   Oui, _____ .

10. Est-ce que Mireille a des frères?

    Non, _____ .

11. Est-ce que Robert va avoir des complexes?

    Oui! Robert va sûrement _____
    complexes.

12. Et vous? Vous avez des complexes?

    Moi? Non, je _____ complexes.

🎧 8.16 Observation: Possessifs, 1ère personne du singulier; *mon, ma, mes*

masculin singulier
J'ai un   cousin.
Mon   cousin est très sympathique.

féminin singulier
J'ai une   cousine.
Ma   cousine est très sympathique.
J'ai une   arrière-grand-mère.
Mon   arrière-grand-mère est très gentille.

masculin et féminin pluriels
J'ai des   cousins et des cousines.
Mes   cousins
et **mes**   cousines sont très gentils.

Notez que les possessifs de la 1ère personne du singulier (mon, ma, mes) commencent par m-, comme les pronoms me et moi.

On trouve mon devant un masculin singulier (mon cousin), mon devant un féminin singulier commençant par une voyelle (mon arrière-grand-mère), ma devant un féminin singulier commençant par une consonne (ma cousine), et mes devant un masculin (mes cousins) ou un féminin pluriel (mes cousines).

🎧 8.17 Activation orale: Possessifs; *mon, ma, mes*

Regardez l'arbre généalogique de Mireille. Vous êtes Mireille. Répondez selon l'exemple.

Exemple:
Vous entendez: 1. Qui est Cécile?
Vous répondez: C'est ma sœur.

2. Qui est Marie-Laure? *C'est ma sœur*
3. Qui est Madeleine Belleau? *C'est ma mère*
4. Qui est François Belleau? *C'est mon père*
5. Qui est Henri Pothier? *C'est mon oncle*
6. Qui est Armand Belleau? *C'est mon oncle*
7. Qui est Paulette Belleau? *C'est ma tante*
8. Qui est Lucie Pothier? *C'est mon arrière-grande-mère*

9. Qui sont Paulette et Georgette Belleau? *Ce sont mes tantes*
10. Qui sont Armand et Guillaume Belleau? *Ce sont mes oncles*
11. Qui sont François et Madeleine Belleau? *Ce sont mes parents*
12. Qui sont Sophie et Philippe Pothier? *Ce sont mes cousins*

🎧 8.18 Observation: Possessifs, 2ème personne du singulier; *ton, ta, tes*

masculin singulier
Tu as un   cousin?
Ton   cousin est sympathique?

féminin singulier
Tu as une   cousine?
Ta   cousine est sympathique?
Tu as une   arrière-grand-mère?
Ton   arrière-grand-mère est sympathique?

masculin et féminin pluriels
Tu as des   cousins et des cousines?
Tes   cousins
et **tes**   cousines sont très sympathiques?

Notez que les possessifs de la 2ème personne du singulier commencent par t- (ton, ta, tes), comme les pronoms tu, te, et toi.

Les trois formes de la 2ème personne du singulier (ton, ta, tes) sont parallèles aux trois formes de la 1ère personne du singulier (mon, ma, mes).

Devant un féminin singulier commençant par une voyelle, on trouve ton et non ta.

8.19 Activation orale: Possessifs; *ton, ta, tes*

Regardez l'arbre généalogique de Mireille. C'est Mireille qui parle. Vous lui répondez familièrement.

Exemple:

Mireille dit: 1. Qui est Cécile?

Et vous répondez à Mireille: (Eh bien,) c'est ta sœur!

2. Qui est Marie-Laure?
3. Qui est Madeleine Belleau?
4. Qui est Georgette Belleau?
5. Qui est Jeanne Belleau?
6. Qui est Lucie Pothier?
7. Qui sont Jeanne Belleau et Louise Thomas?

8. Qui est François Belleau?
9. Qui est Anatole Belleau?
10. Qui sont Anatole Belleau et Léon Pothier?
11. Qui sont Guillaume Belleau et Henri Pothier?

8.20 Observation: Possessifs, 3ème personne du singulier; *son, sa, ses*

masculin singulier
Robert a un cousin.
Son cousin est très sympathique.
Mireille a un cousin.
Son cousin est très sympathique.

féminin singulier
Robert a une cousine.
Sa cousine est très sympathique.
Mireille a une cousine.
Sa cousine est très sympathique.
Robert a une arrière-grand-mère.
Son arrière-grand-mère est sympathique.
Mireille a une arrière-grand-mère.
Son arrière-grand-mère est sympathique.

masculin et féminin pluriels
Robert a des cousines.
Ses cousines sont très sympathiques.
Mireille a des cousins.
Ses cousins sont très sympathiques.

8.21 Activation orale: Possessifs; *son, sa, ses*

Regardez l'arbre généalogique de Mireille. Nous parlons de Mireille. Répondez selon l'exemple.

Exemple:

Vous entendez: 1. Qui est Anatole Belleau?

Vous répondez: C'est son grand-père.

2. Qui est François Belleau?
3. Qui est Guillaume Belleau?
4. Qui est Philippe Pothier?
5. Qui est Madeleine Belleau?

6. Qui est Louise Pothier?
7. Qui est Juliette Pothier?
8. Qui est Sophie Pothier?
9. Qui est Lucie Pothier?
10. Qui sont Georgette et Paulette Belleau?
11. Qui sont Guillaume et Armand Belleau?
12. Qui sont François et Madeleine Belleau?
13. Qui sont Georges et Yvonne Belleau?

8.22 Observation: Tableau récapitulatif

	masculin singulier	féminin singulier		masculin et féminin pluriels
		devant consonne	devant voyelle	
1ère personne	mon	ma	mon	mes
2ème personne	ton	ta	ton	tes
3ème personne	son	sa	son	ses

8.23 Activation écrite: Possessifs; *mon, ton, son, ma, ta, sa, mes, tes, ses*

A. *Complétez les réponses aux questions suivantes.*

1. Patrick, c'est ton cousin?

   Oui, c'est _____ .

2. Sophie, c'est ta cousine?

   Oui, c'est _____ .

3. Paulette Belleau, c'est la grand-mère de Mireille?

   Non, c'est _____ .

4. Jeanne Belleau, c'est la tante de Mireille?

   Non, c'est _____ .

5. Guillaume Belleau, c'est le grand-père de Mireille?

   Mais non, c'est _____ .

6. Lucie Giraud, c'est la grand-mère de Mireille?

   Non, c'est _____ .

7. Anatole et Jeanne Belleau, ce sont les parents de Mireille?

   Non, ce sont _____ .

B. *Donnez les réponses de Mireille aux questions suivantes.*

8. Arlette, c'est ta grand-mère?

   _____ .

9. Georges Belleau, c'est ton grand-père?

   _____ .

10. Guillaume Belleau, c'est ton grand-père?

    _____ .

11. Eugénie Daubois, c'est ta grand-mère?

    Non, c'est _____ .

12. Yvonne et Sophie, ce sont tes sœurs?

    Non, ce sont _____ .

13. Est-ce que tu aimes ta cousine Sophie?

    Non, je n'aime pas beaucoup _____ cousine Sophie.

14. Est-ce que tu aimes ton cousin Georges?

    Oh, oui, j'adore _____ cousin Georges!

8.24 Observation: Questions sur l'identité des choses et des personnes

	choses	personnes
1	C'est quoi?	C'est qui? Qui c'est?
2	Qu'est-ce que c'est?	Qui est-ce que c'est?
3	(Qu'est-ce)?	Qui est-ce?

C'est quoi? Qu'est-ce que c'est? et (Qu'est-ce?) sont des phrases interrogatives utilisées pour poser une question sur l'identité d'une chose.

C'est qui? Qui c'est? Qui est-ce que c'est? et Qui est-ce? sont des phrases interrogatives utilisées pour poser des questions sur l'identité d'une personne.

Pour les esprits curieux et exigeants:

Ces différentes phrases ont la même valeur interrogative mais elles correspondent à trois niveaux d'expression différents. Les phrases (1) C'est quoi? C'est qui? et Qui c'est? correspondent à un niveau très familier. Les phrases (2) Qu'est-ce que c'est? et Qui est-ce que c'est? correspondent à un niveau moyen. Les phrases (3) (Qu'est-ce?) et Qui est-ce? correspondent à un niveau plus élevé. Nous avons mis Qu'est-ce? entre parenthèses pour indiquer que cette phrase est très peu utilisée. Elle dénote une certaine affectation.

8.25 Activation orale: Questions sur l'identité

Vous allez entendre des phrases affirmatives où il s'agit d'une chose ou d'une personne. Après chaque phrase vous allez formuler une question ("Qu'est-ce que c'est?" ou "Qui est-ce que c'est?") comme si vous n'aviez pas très bien compris la phrase.

Exemples:
Vous entendez: 1. Ça, c'est mon frère.
Vous répondez: Qui est-ce que c'est?
Vous entendez: 2. Ça, c'est une maison en Bretagne.
Vous répondez: Qu'est-ce que c'est?

3. Ça, c'est un arbre généalogique.
4. Ça, c'est Tonton Guillaume.
5. Ça, c'est Tante Georgette.
6. Ça, c'est un album.
7. Ça, c'est une photo.
8. Ça, c'est Mireille.
9. Ça, c'est la grand-mère de Mireille.
10. Ça, c'est une maison en Bretagne.

🎧 8.26 Activation: Dictée

Ecoutez et écrivez. Vous entendrez le texte deux fois.

—Votre _____ ?

—Ah, _____ . _____

des suites _____ .

🎧 8.27 Activation orale: Dialogue entre Mireille et Jean-Denis

Vous allez entendre un dialogue entre Mireille et Jean-Denis. Ecoutez attentivement. Vous allez apprendre les réponses de Mireille.

Jean-Denis: Et ça, qui est-ce?
Mireille: **Ça, c'est Sophie: c'est ma cousine.**
Jean-Denis: Ah, oui, la sœur de Philippe?
Mireille: **Oui, c'est ça.**

Jean-Denis: Et comment est-elle? Elle est sympathique?
Mireille: **Ouais . . . enfin . . . elle est gentille. Mais je préfère mes cousins Belleau, surtout Georges.**
Jean-Denis: Elle n'est pas mal, ta cousine. Quel âge a-t-elle?
Mireille: **Elle a dix-sept ans . . . et un sale caractère, je te préviens.**

EXERCICES-TESTS

🎧 8.28 Exercice-test: Numération

Ecrivez les dates que vous entendez.

1. Couronnement de Charlemagne: _____

2. Bataille de Bouvines: _____

3. Edit de Nantes: _____

4. Révocation de l'Edit de Nantes: _____

5. Révolution française: _____

Vérifiez. Si vous avez fait des fautes, travaillez les sections 8.6 à 8.9 dans votre cahier d'exercices.

8.29 Exercice-test: *Du, de la, des, pas de; avoir*

Complétez les réponses aux questions suivantes.

1. Les parents de Robert sont riches?

   Oui, ils _____ argent.

2. Tante Georgette est riche?

   Non, elle _____ argent.

3. Vous travaillez?

   Non! Nous _____ temps et

   _____ loisirs!

4. Tu as de la fortune; mais est-ce que tu as des amis?

   Oui, bien sûr! J' _____ puisque

   j' _____ fortune!

Vérifiez. Si vous avez fait des fautes, travaillez les sections 8.10 à 8.15 dans votre cahier d'exercices.

8.30 Exercice-test: Possessifs *son, sa, ses*

Complétez.

M. de Pinot-Chambrun est très sympathique. _____

enfants aussi. _____ fils Hubert est étudiant à la

Sorbonne. _____ fille Diane est ingénieur chez Peu-

geot. Diane adore _____ parents et _____ petit

frère Hubert. Mais elle déteste le chien de _____

mère, Fifi de la Croquette, un chien particulièrement

agaçant et fatigant.

Vérifiez. Si vous avez fait des fautes, travaillez les sections 8.20 à 8.23 dans votre cahier d'exercices.

LIBÉRATION DE L'EXPRESSION

8.31 Mise en question

Relisez le texte de la leçon; lisez les questions de la mise en question qui suit la mise en œuvre dans votre livre de textes.
Réfléchissez à ces questions et essayez d'y répondre.

8.32 Mots en liberté

Qu'est-ce qu'on peut avoir?
On peut avoir vingt-trois frères, les cheveux roux, le
temps, quarante-trois ans, une nièce agaçante, un
grand-oncle malade, bon caractère. . . .

Trouvez encore au moins huit possibilités.

Qu'est-ce qui est fatigant?
La natation est fatigante, les loisirs peuvent être fatigants.
. . .

Trouvez encore au moins trois possibilités.

8.33 Mise en scène et réinvention de l'histoire

A. *Imaginez que vous êtes Mireille. Un ami vous pose des questions sur*
votre famille. Vous répondez. Vous pouvez imaginer une famille dif-
férente de celle de l'histoire.

—As-tu des frères, des sœurs?
Combien?
—As-tu des cousins, des cousines?
Combien?
—Quel âge ont tes sœurs, tes frères, tes cousins et
cousines?
—Tes frères, tes sœurs, sont-ils mariés, divorcés, veufs?

—Est-ce que ton père travaille? Où? Et ta mère?
—Est-ce que tu as encore tes grands-parents?
—Combien d'oncles et de tantes as-tu?
—Comment est ta cousine Sophie?
—Qui est-ce que tu préfères, ton oncle Guillaume ou ta
tante Georgette? Pourquoi?

B. *Faites le portrait de votre famille: Votre père a quel âge? Et votre*
mère? Est-ce que vous avez des frères et des sœurs? Des enfants? Est-ce
qu'ils/elles vous ressemblent? Comment sont-ils au moral? Vos parents
ou grands-parents sont-ils morts? En quelle année?

8.34 Mise en scène et réinvention de l'histoire

Imaginez que Mireille a eu un accident, et qu'elle est maintenant amnésique. Elle est à l'hôpital, et vous lui rendez visite.
Vous pouvez réinventer sa famille (ou inventer une nouvelle famille) pour elle.

Vous:
Bonjour, Mireille. Ça va?

Mireille:
Bof! Ça ne va pas fort. Qui êtes-vous?

Vous:
Je suis ton ami(e) X!

Mireille:
Ce n'est pas vous, Cécile?

Vous:

Mais non, Cécile, c'est ta | cousine.
                           | mère.
                           | chatte.

Mireille:
Alors, Madeleine, c'est qui?

Vous:

Madeleine, c'est ta | sœur.
                    | grand-mère.
                    | mère.

Elle travaille | à la Faculté.
               | à la Bibliothèque Nationale.
               | au Ministère de la Santé.
               | au Brésil.

Mireille:
Et mon père, c'est qui?

Vous:

Ton père, c'est | François Pothier.
| François Belleau.
| François Mitterrand.
| Victor Hugo.

Tes parents sont | morts à la guerre.
| divorcés.
| très sympathiques.
| morts dans l'accident.

Mireille:
Et moi, est-ce que je suis mariée?

Vous:
| Oui, | tu es | mariée.
| Non, | tu n'es pas | célibataire.

Tu as | deux
Tu n'as pas | trois
| cinq | frères.
| douze | sœurs.
| de

Tes sœurs sont | Marie-Laure Belleau.
| Marie-France Pisier.
| Jeanne d'Arc.
| Cécile Belleau.

Elles sont très | grandes.
| gentilles.
| moqueuses.
| sympathiques.
| méchantes.

Voilà pour aujourd'hui, Mireille. Tu es très fatiguée. A demain.

8.35 Journal de Marie-Laure

Cécile attend un bébé!

1. Est-ce que Monsieur et Madame Belleau ont beaucoup de petits-enfants?
2. Comment s'est passé l'accouchement de Cécile?
3. Selon Marie-Laure, pourquoi est-ce que Jean-Denis appelle son bébé "un vrai bijou"? Quelle était sa profession dans le passé?

4. Faites le portrait de la nièce de Marie-Laure. A qui ressemble-t-elle?
5. A votre avis, est-ce que Marie-Laure va être une bonne tante? Pourquoi?

PRÉPARATION À LA LECTURE ET À L'ÉCRITURE

8.36 Pratique de l'écriture: Membres de la famille et possessifs

Consultez l'arbre généalogique de Mireille dans le livre de textes, leçon 8, et répondez aux questions de Mireille.

1. Mireille: Qui est Georges Belleau?

   Vous: Eh bien, c'est ton _____ !

2. Mireille: Qui est Sophie Pothier?

   Vous: Eh bien, c'est _____ .

3. Mireille: Qui est Madeleine Belleau?

   Vous: Mais c'est _____ , évidemment!

4. Mireille: Qui est Georgette Belleau?

   Vous: C'est _____ !

5. Mireille: Qui sont Guillaume Belleau et Henri Pothier?

   Vous: Ce sont _____ .

6. Mireille: Qui sont Anatole Belleau et Léon Pothier?

   Vous: Ce sont _____ .

7. Mireille: Qui est Jeanne Belleau?

   Vous: _____ .

8. Mireille: Qui est Eugénie Belleau?

   Vous: _____ .

9. Mireille: Qui est Marie-Laure?

   Vous: Eh bien, c'est _____ , idiote!

8.37 Pratique de l'écriture: Membres de la famille et possessifs

Lisez attentivement l'annonce de la naissance d'Hubert de Pinot-Chambrun dans le livre de textes, leçon 8, section 11. Écrivez des réponses aux questions suivantes.

1. Qui est le Comte Roland de Pinot-Chambrun?

   C'est _____ d'Hubert.

2. Qui est la Comtesse de Pinot-Chambrun (née Chantal de Bettelheim d'Arbois)?

   C'est _____ .

3. Qui est la Marquise de Pinot-Chambrun?

   _____ .

4. Qui sont le Comte et la Comtesse de Bettelheim d'Arbois?

   Ce sont _____ .

5. Qui est Diane?

   _____ .

6. Qui sont Eric et Gildas?

   _____ .

7. Pourquoi est-ce que le Marquis de Pinot-Chambrun n'est pas mentionné?

   _____ .

8.38 Entraînement à la lecture

Lisez attentivement les quatre citations qui composent le document 2 dans le livre de textes, leçon 8.

A votre avis, est-ce que ces remarques sur la famille sont favorables à la famille? D'après vous, est-ce qu'André Gide aime les familles? En général, on dit: Je hais la violence, je _____ l'injustice.

Les remarques de Tante Georgette, Oncle Guillaume, et Delille sont à peu près identiques. Elles veulent dire la même chose.

Quand Delille dit *les parents*, il ne veut pas dire seulement le père et la mère, mais tous les membres de la famille. Monsieur et Madame Belleau sont les _____ de Mireille, mais Tante Georgette, Sophie, et le grand-père Anatole sont aussi des _____ de Mireille. Ce sont des membres de sa famille.

Complétez les phrases suivantes:

Nous choisissons nos _____ mais nous ne choisissons pas nos _____ . C'est le _____ qui choisit nos parents. Ce n'est pas nous!

8.39 Lecture et interprétation

Lisez attentivement le texte du document 1 dans votre livre de textes ("Les Belles Familles" de Jacques Prévert). Essayez de répondre aux questions suivantes, et complétez.

Le titre de ce petit poème est "Les Belles Familles." D'après vous, quel est le féminin de <u>beau</u>? Par exemple, on peut dire <u>un beau garçon</u>, une _____ <u>fille</u>.

Beaucoup de rois de France s'appellent Louis. Ils ne s'appellent pas tous Louis, non. Il y a des rois de France qui s'appellent Charles, François, ou Henri, mais beaucoup s'appellent Louis. Combien de rois de France s'appellent Louis? Comptez. Il y a _____ rois de France qui _____ Louis.

Tous les rois de France ne sont pas de la même famille, mais beaucoup sont de la même famille. Par exemple, Louis III est le fils de Louis II. Louis VII est le fils de

Louis VI. Louis XIV est le fils de Louis XIII. (Louis XIII est donc _____ de Louis XIV, bien sûr.)

Louis XV est l'arrière-petit-fils de Louis XIV. (Louis XIII est donc _____ de Louis XV.) Louis XVI est le petit-fils de Louis XV. (Louis XV est donc _____ de Louis XVI.) Louis XVIII est le frère de Louis XVI. (Louis XV est donc _____ de Louis XVIII!)

Ça fait beaucoup de Louis! Mais il n'y a pas de Louis XVII . . . à cause de la Révolution. Et après Louis XVIII, il n'y a plus de Louis. C'est fini. Les Louis, rois de France, ne sont pas capables d'aller jusqu'à 20! Qu'est-ce que c'est que ces gens-là! Un enfant de cinq ans est capable de compter jusqu'à 20!

D'après vous, qu'est-ce que Prévert préfère, la royauté (la monarchie) ou la république?

8.40 Lecture et déduction

Lisez attentivement le document 3 dans votre livre de textes, leçon 8, "La Famille et les Français." Complétez les phrases suivantes.

1. La famille se compose de deux cercles: le cercle restreint et le cercle _____ .

2. Le mariage officiel se fait

   _____ .

3. Le mariage religieux n'a pas de _____ légale.

4. Un couple sur deux n'est pas marié mais il est

   _____ .

5. Un PACS organise la vie _____ d'un couple hétérosexuel ou homosexuel.

6. La France ne _____ pas encore le mariage homosexuel.

7. En dépit de l'évolution de la famille, les rapports entre les membres d'une famille restent

   _____ .

8. Pendant les vacances, les grands-parents gardent leurs _____ .

9. 34% des Français vivent _____ .

10. Une famille monoparentale est une famille avec

    _____ .

8.41 Lecture et déduction

Lisez attentivement le document 3 dans le livre de textes, leçon 8, "La Famille et les Français." Etudiez l'arbre généalogique de Mireille et le texte de la leçon 8. Faites une liste des membres de la famille restreinte de Mireille, puis continuez avec les membres de la famille large.

Famille restreinte

1. Le couple: François Belleau et Madeleine Pothier

2. Les parents du couple: _____

   _____

3. Les grands-parents du couple: _____

   _____

   _____

   _____

4. Les enfants du couple (et leurs conjoints):

   _____

   _____

   _____

5. Les petits-enfants: _____

   _____

6. Les frères et sœurs du couple (et leurs

   conjoints): _____

   _____

   _____

_____

_____

Au total, combien y a-t-il de membres dans la famille restreinte? _____ .

Famille large

_____

_____

_____

_____

_____

_____

_____

_____

_____

Au total, combien y a-t-il de membres dans la famille large?

_____ .

8.42 Pratique de l'écriture: Portrait de famille

Faites une liste des membres de votre famille.

Par exemple: mon père, ma mère, mon grand-père maternel, etc. Ma famille est composée de:

_____

_____

_____

_____

_____

_____

_____

_____

_____

_____

_____

_____

_____

_____

Au total, combien de membres dans la famille restreinte?

_____ .

Combien dans la famille large? _____

Combien de grands-parents? _____

Combien de frères? _____ Combien de sœurs? _____

Combien d'oncles? _____ Combien de tantes? _____

Combien de cousines? _____ Combien de cousins? _____

Combien de nièces? _____ Combien de neveux? _____

8.43 Pratique de l'écriture: Enquête

Interrogez les membres de votre classe (ou un autre groupe) sur leur situation familiale. Est-ce qu'ils sont célibataires, mariés, veufs, divorcés?
Est-ce qu'ils ont des enfants, des petits-enfants, des frères, des sœurs, des oncles, des tantes, des cousins, des chats, des chiens? etc.

Faites les statistiques et écrivez les résultats de votre enquête. Par exemple:

_____ % des membres de ma classe sont célibataires.

_____ % sont _____

_____

_____

_____

_____

_____

_____

_____

_____

LEÇON

9

ASSIMILATION DU TEXTE

🎧 9.1 Mise en œuvre

Ecoutez le texte et la mise en œuvre dans l'enregistrement sonore. Répétez et répondez suivant les indications.

🎧 9.2 Compréhension auditive

Phase 1: Regardez les images et répétez les phrases que vous entendez.

Phase 2: Regardez les images 1, 2, 3, 4, 5, et 6. Vous allez entendre des phrases identifiées par les lettres A, B, C, D, E, et F. Chaque phrase correspond à une image.

Ecrivez la lettre de la phrase que vous entendez sous l'image qui lui correspond le mieux.

1. faG

2. e

3. b

4. F

5. aC

6. d

🎧 9.3 Production orale

Ecoutez les dialogues suivants. Vous allez jouer le rôle du deuxième personnage. Vous entendrez le dialogue une fois, puis vous entendrez ce que dit le deuxième personnage trois fois. Puis vous entendrez ce que dit le premier personnage, et vous jouerez le rôle du deuxième.

1. Cécile: C'est une idée. Jouons aux portraits.
   Georges: (. . .) *C'est ca va portraits*
2. Mireille: Quelqu'un décrit une personne en trois ou quatre phrases . . . par exemple: elle est grande, elle a un œil bleu, elle a un œil gris . . . et les autres devinent qui c'est.
   Marie-Laure: (. . .)
3. Georges: Bon, allons-y, commençons. Qui est-ce qui commence? Allez, à toi, Yvonne, tu commences.
   Yvonne: (. . .)
4. Yvonne: Non, pas moi, je n'ai pas d'idée.
   Georges: (. . .)
5. Mireille: Attention à ce que tu fais! . . . Ah, c'est malin!
   Marie-Laure: (. . .)

🎧 9.4 Compréhension auditive et production orale

Ecoutez les dialogues suivants. Après chaque dialogue, vous allez entendre une question. Répondez à la question.

1. Ça fait longtemps qu'il pleut?
2. Pourquoi est-ce que c'est mortel, la mer, quand il pleut?
3. Comment est-ce qu'on fait pour jouer aux portraits?
4. Qu'est-ce qu'il aime, Tonton Guillaume?
5. Est-ce que Marie-Laure va apporter des galettes bretonnes? Pourquoi?

PRÉPARATION À LA COMMUNICATION

🎧 9.5 Observation: Prononciation: /ɔ/- /o/ (*notre/nos*)

Ecoutez.

notre/nos
votre/vos

Notez que le o de notre et votre représente un son différent du o dans nos et vos. Dans notre et votre, la voyelle est plus ouverte (la bouche est plus ouverte). Elle est plus fermée dans nos et vos (la bouche est plus fermée, la tension dans les lèvres est plus grande, les lèvres sont plus en avant).

🎧 9.6 Activation orale: Prononciation; *notre/nos*

Ecoutez et répétez.

notre	Georges	mortel	personne	n'importe
votre	pelote	portrait	Yvonne	sportif
poker	gros	solide	beau	robuste
plutôt	aux	hauteur	saut	dommage

🎧 9.7 Observation: Le temps qui passe; *il y a*

Mireille montre des photos:

—Ça, c'est les vacances en Bretagne, **il y a deux ans.** Ça, c'est moi, **il y a quatre ans**. . . . Et ça, c'est moi bébé; **il y a dix-huit ans!**

	passé
il y a	*indication de temps*
Il y a	deux ans.
Il y a	une heure.
Il y a	cinq minutes.

il y a + une indication de temps se réfère au passé.

🎧 9.8 Observation: Adjectifs possessifs; *notre, votre, leur, nos, vos, leurs*

	masculin et féminin singuliers
première personne du pluriel	Nous avons un cousin et une cousine. **Notre** cousin est très sympathique. **Notre** cousine aussi.
	masculin et féminin pluriels
	Nous avons des cousins et des cousines. **Nos** cousins sont très sympathiques. **Nos** cousines aussi.
	masculin et féminin singuliers
deuxième personne du pluriel	Vous avez un cousin? Une cousine? **Votre** cousin est sympathique? Et **votre** cousine?
	masculin et féminin pluriels
	Vous avez des cousins et des cousines? **Vos** cousins sont sympathiques? Et **vos** cousines?
	masculin et féminin singuliers
troisième personne du pluriel	Ils ont un cousin et une cousine. **Leur** cousin est très sympathique. **Leur** cousine aussi.
	masculin et féminin pluriels
	Ils ont des cousins et des cousines. **Leurs** cousins sont très sympathiques. **Leurs** cousines aussi.

🎧 9.9 Activation orale: Adjectifs possessifs; personnes du pluriel

Transformez selon l'exemple.

Exemple:
Vous entendez: 1. Nous avons des sœurs. Elles sont mariées.
Vous dites: Nos sœurs sont mariées.

2. Nous avons des frères. Ils sont mariés.
3. Nous avons un frère. Il est marié.
4. Nous avons une sœur. Elle est divorcée.
5. Vous avez un frère? Il est célibataire?
6. Vous avez des cousins? Ils sont étudiants?
7. Vous avez des cousins? Elles sont sympathiques?
8. Vous avez un cousin? Il est sympathique?
9. Ils ont un oncle. Il est veuf.
10. Ils ont une tante. Elle est veuve.
11. Ils ont des frères. Ils sont idiots.
12. Elles ont des sœurs. Elles sont idiotes.

🎧 9.10 Activation orale: Adjectifs possessifs; personnes du pluriel

Transformez selon l'exemple.

Exemple:
Vous entendez: 1. Vous jouez à un jeu idiot.
Vous dites: Votre jeu est idiot.

2. Cécile et Mireille jouent à un jeu idiot. *Jen ests idiot.*
3. Nous jouons à des jeux idiots.
4. Nous jouons à un jeu amusant.
5. Vous jouez à des jeux dangereux. *Vous jouez sont dangereux*
6. Mes cousins jouent à des jeux dangereux.

vos les jeux dangereux

9.11 Activation écrite: Adjectifs possessifs; personnes du pluriel

Transformez selon l'exemple.

Exemple:
Vous voyez: 1. Vous avez un père très indulgent.
Vous écrivez: <u>Votre</u> père est très indulgent.

2. Vous avez une mère très indulgente.
   <u>votre</u> mère est très indulgente.

3. Nous avons un père très distingué.
   <u>notre</u> père est très distingué.

4. Nous avons des parents très distingués.
   <u>notre</u> parents sont très distingués.

5. Marie-Laure et Cécile ont des parents très sympathiques.
   <u>Leurs</u> parents sont très sympathiques.

6. Elles ont une sœur très sympathique.
   <u>Lueurs</u> sœur est très sympathique.

9.12 Observation: Destination, attribution, jeu; *à la, à l', au, aux*

destination	attribution	jeu
Elle va **à la** fac.	Donnons un prénom **à la** jeune fille.	Jouons **à la** belote.
Elle va **à l'** aéroport.	Donnons un prénom **à l'** étudiante.	Jouons **à l'** écarté.
Elle va **au** restau-U.	Donnons un prénom **au** jeune homme.	Jouons **au** Loto.
Elle va **aux** Antilles.	Donnons un prénom **aux** jeunes gens.	Jouons **aux** échecs.

Notez que au remplace à + l'article le. Cependant nous avons à l' devant un singulier commençant par une voyelle. Notez que aux remplace à + l'article les. Devant une voyelle le x de aux se prononce /z/. Il y a liaison: aux /z/échecs.

9.13 Activation orale: Attribution; *à la, à l', au, aux*

Transformez selon l'exemple.

Exemple:
Vous entendez: 1. Les jeunes gens n'ont pas de famille.
Vous dites: Donnons une famille aux jeunes gens.

Donnons un prénom la jeune fille.

2. La jeune fille n'a pas de prénom.
3. Le jeune homme n'a pas de prénom. Donnons de prénom le jeune homme.
4. L'ami brésilien de Robert n'a pas de prénom.
5. Les jeunes gens n'ont pas d'amis. Donnons des amis les jeunes gens.
6. Le père de Mireille n'a pas de profession. Donnons de profession le père de mireille
7. La mère de Mireille n'a pas de profession. Donnons de profession de mireille la mere.
8. La tante Georgette n'a pas de mari. Donnons des mari la tante Georgette
9. L'oncle Guillaume n'a pas d'enfants. Donnons des enfants L'oncle Guillaume
10. Les enfants n'ont pas de cadeaux.

9.14 Activation orale: Jeu; *à la, à l', au, aux*

Transformez selon l'exemple.

Exemple:
Vous entendez: 1. Moi, j'adore la pelote basque.
Vous dites: Bon, d'accord, jouons à la pelote basque.

2. Moi, je préfère les cartes. Bon d'accord, jouons cartes
3. Moi, j'aime bien la belote. jouons la belote
4. Moi, je préfère le bridge. jouons le bridge
5. Non, le poker, c'est mieux. jouons le mieux
6. Moi, je préfère les dames. jouons les dames
7. Non, les échecs, c'est plus intéressant.
8. Non, les portraits, c'est plus amusant.

9.15 Observation: *Faire du sport/jouer à un jeu*

activités		jeux		
Mireille	**fait du** ski.	**Jouons**	**au**	Loto.
Elle	**fait de la** natation.	Ils **jouent**	**à la**	belote.
Elle	**fait de l'** escrime.	**Jouons**	**aux**	dames.

Le ski, la natation, et l'escrime sont des activités, des sports, mais ce ne sont pas des jeux. Avec les activités, on utilise le verbe faire et du, de la, de l', ou des. Le Loto, la belote, et les dames sont des jeux mais ce ne sont pas des sports. Avec les jeux, on utilise le verbe jouer et au, à la, à l' ou aux. Notez que le tennis est une activité, un sport. On dit: Mireille fait du tennis. Mais le tennis est aussi un jeu, avec des règles. On dit aussi: Mireille joue au tennis.

⌑ 9.16 Activation orale: *Faire du sport/jouer à un jeu*

Répondez selon les exemples. Utilisez jouer toutes les fois que c'est possible.

Exemples:

Vous entendez: 1. Vous aimez le tennis?
Vous répondez: Oui, je joue au tennis.
(Parce que le tennis est un jeu.)

Vous entendez: 2. Vous aimez l'alpinisme?
Vous répondez: Oui, je fais de l'alpinisme.
(Parce que l'alpinisme n'est pas un jeu.)

3. Vous aimez le ski?
4. Vous aimez l'escrime?
5. Vous aimez le football?
6. Et le cheval, vous aimez ça?
7. Robert aime le basket?
8. Il aime le patin à glace?
9. Et la moto, il aime ça?
10. Est-ce qu'il aime le vélo?
11. Est-ce qu'il aime la planche à voile?
12. Est-ce qu'il aime les échecs?
13. Est-ce que Mireille aime les dames?

9.17 Activation écrite: *A la, à l', au*

Complétez. [handwritten: this wasn't on the audio list for me ~ can slow if you want.]

1. Mireille apprend l'italien. Elle étudie l'italien _____ université.

2. Ousmane va _____ bibliothèque pour travailler.

3. Marc et Catherine vont manger _____ restau-U.

4. Robert est _____ aéroport.

5. Maintenant il est _____ douane.

6. L'ami brésilien de Robert va _____ maison brésilienne.

7. Robert ne va pas _____ Cité Universitaire.

8. Il va _____ Quartier latin.

⌑ 9.18 Observation: Pronoms personnels accentués (ou disjonctifs)

pronoms accentués											
Je	trouve	ça idiot, **moi!**	**Moi,**	je	trouve	ça idiot.	**Moi**	aussi!	A **moi!**
Tu	trouves	ça idiot, **toi?**	**Toi,**	tu	trouves	ça idiot?	**Toi**	aussi!	A **toi!**
Il	trouve	ça idiot, **lui.**	**Lui,**	il	trouve	ça idiot.	**Lui**	aussi!	A **lui!**
Elle	trouve	ça idiot, **elle.**	**Elle,**	elle	trouve	ça idiot.	**Elle**	aussi!	A **elle!**
Nous	trouvons	ça idiot, **nous.**	**Nous,**	nous	trouvons	ça idiot.	**Nous**	aussi!	A **nous!**
Vous	trouvez	ça idiot, **vous?**	**Vous,**	vous	trouvez	ça idiot?	**Vous**	aussi!	A **vous!**
Ils	trouvent	ça idiot, **eux!**	**Eux,**	ils	trouvent	ça idiot.	**Eux**	aussi!	A **eux!**
Elles	trouvent	ça idiot, **elles!**	**Elles,**	elles	trouvent	ça idiot!	**Elles**	aussi!	A **elles!**

Notez que les pronoms moi, toi, lui, elle, nous, vous, eux, et elles sont utilisés:

a. *à la fin de la phrase*
b. *avant les pronoms sujets (je, tu, il, elle, nous, vous, ils, et elles)*
c. *sans verbe (moi aussi)*
d. *après une préposition (à moi, après moi, avec moi, sans moi, pour moi . . .)*

*Dans les cas a et b, ce sont visiblement des pronoms **emphatiques**: ils indiquent l'insistance.*

9.19 Activation: Dictée

Ecoutez et complétez le texte ci-dessous. Vous entendrez le passage deux fois.

Mireille: C'est à qui de _____ trois _____ ?

Georges: C'est _____ et-toi _____ .

Mireille: _____ c'est un moi _____ ?

Marie-Laure: Non, ce _____ pas à _____ mal _____ ,

_____ c'est _____ à _____ oui _____ .

9.20 Activation orale: Pronoms accentués

Ecoutez et répondez selon l'exemple.

Exemple:

Vous entendez: 1. Georges va faire le portrait suivant.
Vous dites: C'est à lui!

2. Tu vas faire le portrait suivant.
3. Marie-Laure va faire le portrait suivant.
4. Jean-Denis va faire le portrait suivant.
5. Nous allons faire le portrait suivant.
6. Mireille et Cécile vont faire le portrait suivant.
7. Georges et Yvonne vont faire le portrait suivant.
8. Vous allez faire le portrait suivant?
9. Je vais faire le portrait suivant.

9.21 Observation: *Quelqu'un, une personne*

	masculin	féminin
Un monsieur . . .	c'est **quelqu'un,**	c'est **une personne.**
Une dame . . .	c'est **quelqu'un,**	c'est **une personne.**
Un jeune homme . . .	c'est **quelqu'un,**	c'est **une personne.**
Une jeune fille . . .	c'est **quelqu'un,**	c'est **une personne.**

Notez que quelqu'un est toujours masculin, même si quelqu'un représente une personne du sexe féminin (une dame, une jeune fille).

Notez qu'on dit une personne, au féminin, même quand on parle d'une personne du sexe masculin (un monsieur, un jeune homme).

9.22 Observation: *Quelqu'un, une personne, des personnes*

singulier	Il y a **quelqu'un,** il y a **une** personne.
pluriel	Il y a **deux** personnes.
	Il y a **trente** personnes.

9.23 Observation: *Quelqu'un, personne*

Observez.

positif	Il y a quelqu'un.
négatif	Il n'y a personne.

	ne	verbe	**personne**
Il	**n'y**	a	**personne.**
Je	**ne**	vois	**personne.**

Personne est utilisé avec ne pour former des phrases négatives. Ne est placé devant le verbe. Personne est placé après le verbe.

🎧 9.24 Activation orale: *Quelqu'un, personne*

Répondez selon les exemples.

Exemples:

Vous entendez: 1. Il y a quelqu'un?
Vous voyez: (1)
Vous répondez: Oui, il y a quelqu'un.

Vous entendez: 2. Vous voyez
quelqu'un?
Vous voyez: (3)
Vous répondez: Oui, je vois trois
personnes.

Vous entendez: 3. Vous voyez
quelqu'un?
Vous voyez: (o)
Vous répondez: Non, je ne vois
personne.

4. (o)
5. (4)
6. (1)
7. (3)
8. (o)
9. (2)

🎧 9.25 Observation: *Pleuvoir; pleurer*

"Il pleure dans mon cœur comme
il pleut sur la ville," comme disait
Verlaine.

pleuvoir	pleurer	
	je	pleure
	tu	pleures
	elle	pleure
il pleut	il	pleure
	nous	pleurons
	vous	pleurez
	ils	pleurent

*Pleurer est un verbe en -er, tout à fait
régulier. Pleuvoir n'est utilisé qu'à la 3ème
personne du singulier. Dans il pleut, il ne
représente aucun nom particulier; c'est un
pronom impersonnel, comme dans il faut.*

9.26 Activation écrite: *Pleuvoir/pleurer*

Complétez avec la forme convenable de pleuvoir ou pleurer.

1. Qu'est-ce qu'il y a? Pourquoi tu _____ ?
2. Voyons, Marie-Laure, tu ne vas pas encore

   _____ !
3. —Il fait beau?

   —Non, il _____ .
4. Allons, Marie-Laure, ne _____ pas, ce
   n'est pas grave.
5. Ah! Quel sale temps! Ça fait trois jours qu'il

   _____ .
6. —Pourquoi _____-vous?

   —Nous _____ parce qu'il ne reste plus de
   petits pains au chocolat!
7. Ah, ce sale gamin! Ce qu'il peut être agaçant! Ça

   fait trois heures qu'il _____ !

🎧 9.27 Observation: *Il reste; il en reste*

	en		
—Il		reste des	galettes?
—Oui, il		reste **des**	**galettes.**
—Oui, il	**en**	reste.	
—Oui, il		reste **deux**	**galettes.**
—Oui, il	**en**	reste deux.	

*Notez que dans ces phrases il ne représente aucun nom en particulier;
c'est une sorte de pronom **impersonnel,** comme dans il faut, ou il
pleut. Notez que en représente des galettes. En fonctionne comme
une sorte de **pronom partitif.***

🎧 9.28 Observation: *Il ne reste pas de, il n'en reste pas*

	en		
—Il		reste	**des galettes?**
—Non, il	ne	reste pas	**de galettes.**
—Non, il	n' **en**	reste pas.	
—Non, il	n' **en**	reste plus.	

🎧 9.29 Activation orale: Dialogue entre Georges et Yvonne

Vous allez entendre une conversation entre Georges et Yvonne. Ecoutez attentivement. Vous allez apprendre les réponses d'Yvonne.

Georges: Qui est-ce qui commence? Allez, à toi, Yvonne; tu commences.

Yvonne: **Non, pas moi . . . je n'ai pas d'idée. . . .**

Georges: Mais si, voyons! Ce n'est pas difficile! Tu prends quelqu'un de la famille, n'importe qui. . . .

Yvonne: **Attends . . . je cherche. . . . Voyons. . . . Ah, ça y est! Je sais!**

EXERCICES-TESTS

9.30 Exercice-test: Possessifs

Complétez selon l'exemple.

Exemple:
Vous voyez: Mireille a une mère très sympathique.
Vous écrivez: <u>Sa</u> mère est très sympathique.

1. Mireille a un cousin très sympathique.
   _____Son_____ cousin est très sympathique.

2. Elle a une arrière-grand-mère très gentille.
   _____Son_____ arrière-grand-mère est très gentille.

3. Elle a des sœurs très sympathiques.
   _____Ses_____ sœurs sont très sympathiques.

4. Elle a des parents très sympathiques.
   _____Ses_____ parents sont très sympathiques.

5. Nous avons des parents très sympathiques.
   _____Nos_____ parents sont très sympathiques.

6. Vous avez un frère très sympathique.
   _____Votre_____ frère est très sympathique.

7. J'ai une sœur très sympathique.
   _____Ma_____ sœur est très sympathique.

8. Tu as un fils très agaçant.
   _____Ton_____ fils est très agaçant.

9. Les Belleau ont une fille très sympathique.
   _____Leur_____ fille est très sympathique.

10. Ils ont des enfants charmants.
    _____Leurs_____ enfants sont charmants.

Vérifiez. Si vous avez fait des fautes, travaillez les sections 9.8 à 9.11 dans votre cahier d'exercices.

9.31 Exercice-test: *Jouer à un jeu/faire du sport*

Complétez les réponses aux questions suivantes. Utilisez jouer chaque fois que possible.

1. Cécile aime la natation?

   Oui, et elle _____ natation.

2. Tu aimes l'alpinisme?

   Oui, et je _____ alpinisme.

3. Mireille aime le ski?

   Oui, et elle _____ ski.

4. Vous aimez le poker?

   Oui, et nous _____ poker.

5. Vous aimez les échecs?

   Oui, et je _____ échecs.

Vérifiez. Si vous avez fait des fautes, travaillez les sections 9.15 et 9.16 dans votre cahier d'exercices.

9.32 Exercice-test: Pronoms accentués

Complétez selon l'exemple.

Exemple:
Vous voyez: Vous allez au cinéma? Et moi?
Vous écrivez: <u>Toi</u> aussi!

1. Je vais au cinéma. Et toi?   _____ aussi.

2. Je vais au cinéma. Et vous deux?   _____ aussi.

3. Robert va au cinéma. Et Mireille?   _____ aussi.

4. Robert va au cinéma. Et Hubert?   _____ aussi.

5. Mireille va au cinéma. Et ses sœurs? _____ aussi.

6. Mireille va au cinéma. Et ses parents? _____ aussi.

7. Vous allez au cinéma? Et nous?   _____ aussi!

Vérifiez. Si vous avez fait des fautes, travaillez les sections 9.18 à 9.20 dans votre cahier d'exercices.

LIBÉRATION DE L'EXPRESSION

9.33 Mise en question

Relisez le texte de la leçon; lisez les questions de la mise en question qui suit la mise en œuvre dans votre livre de textes. Réfléchissez à ces questions et essayez d'y répondre.

9.34 Mots en liberté

Qu'est-ce qu'on peut faire quand on est
   en vacances?
On peut aller en Afrique, aller à la mer,
   faire du deltaplane, jouer à la belote,
   pleurer quand il pleut. . . .

Trouvez encore huit possibilités.

9.35 Mise en scène et réinvention de l'histoire

Vous êtes en vacances en Bretagne. Imaginez ce que vous allez faire. Vous pouvez utiliser les suggestions suivantes.

Vous allez faire	de la voile.
	de la planche à voile.
	du ski nautique.
	de la natation.
	du karaté.
	du canoë.
	du kayak.
	de l'escalade.
	la sieste.
	du patin à roulettes.
	du surfing.

	au ballon.		des pains aux raisins.
	au hand.	Vous allez manger	des pains au chocolat.
	à la pelote basque.		des galettes bretonnes.
	au golf.		des galettes basques.
	au tennis.		
	au volley.		promener le chien
	au basket.	Vous allez	travailler
Vous allez jouer	aux cartes.		goûter
	à la belote.		raconter une histoire à Fido
	à l'écarté.		
	au bridge.		il pleut.
	au poker.		vous êtes fatigué.
	aux échecs.		vous n'avez pas le temps.
	aux dames.		vous n'avez pas d'idées.
	aux portraits.		vous n'aimez pas . . .
			vous préférez . . .
	au restaurant.	parce que	ennuyeux.
	à la fac.	qu'	mortel.
	à la bibliothèque.		trop compliqué.
	à l'aéroport.		trop facile.
Vous allez aller	aux Antilles.	c'est	trop difficile.
	en Afrique.		embêtant.
	en Belgique.		trop délicat.
	en Suisse pour manger du chocolat.		amusant.
	au cinéma quand il pleut.		utile.

Ou bien, vous allez jouer aux portraits avec Fido.

	un vélo.
	une voiture.
Vous allez louer	une moto.
	une télé.

🎧 9.36 Mise en scène et réinvention de l'histoire

Ecoutez la conversation avec Fido dans l'enregistrement sonore.

9.37 Journal de Marie-Laure

Marie-Laure au Togo

1. Pourquoi les parents de Marie-Laure acceptent-ils de la laisser partir pour un chantier-camp en Afrique?
2. Est-ce que le voyage coûte cher? Combien coûte le séjour de trois semaines au Togo?
3. Quel est le travail bénévole que les volontaires vont faire à Avétonou?
4. Décrivez l'expérience de Marie-Laure et de Mélanie dans le taxi brousse.
5. Comment est le logement des volontaires à Avétonou? D'après vous, est-ce que c'est confortable?
6. Quelles sont les activités de Marie-Laure pendant sa première journée à Avétonou? Comment trouve-t-elle les Togolais?

PRÉPARATION À LA LECTURE ET À L'ÉCRITURE

9.38 Lecture et interprétation

Lisez le document 1 dans le livre de textes, leçon 9. Essayez de répondre aux questions suivantes, et complétez.

Cette citation est de Molière. Molière est considéré comme un homme de théâtre génial. C'est un auteur du XVIIème siècle, un auteur de comédies (*Les Précieuses ridicules*, *Les Fourberies de Scapin*, *Tartuffe*, *Le Misanthrope*, *L'Avare*, et bien d'autres). Dans ses comédies il fait le portrait des gens de son époque.

D'après Molière, est-ce qu'il est facile de faire des portraits?

—Non, il _____ de faire des portraits.

Qu'est-ce qu'il faut pour faire de bons portraits?

—Il faut avoir _____ .

9.39 Entraînement à la lecture

Lisez le document 2, leçon 9.

1. Comparez un bébé (un nouveau-né) et un vieil homme.

   L'enfant qui vient de naître _____

   _____

   _____ .

   Le vieil homme, qui va bientôt mourir, _____

   _____

   _____

   _____ .

2. Et vous, qu'est-ce que vous avez et qu'est-ce que vous n'avez pas? Vous avez des dents, des cheveux, des illusions? _____

   _____

   _____

   _____

   _____

   _____ .

3. Complétez la phrase suivante:

   Il n'est pas encore mort, mais il va bientôt mourir, il est en train de mourir: il _____ .

9.40 Lecture et interprétation

Consultez le document 3 dans votre livre de textes, leçon 9, "La Bretagne et la mer."

1. Les gens qui passent leurs vacances dans les Alpes aiment la montagne. Les gens qui passent leurs vacances en Bretagne préfèrent _____ .

2. Que portent les Bretons et Bretonnes quand ils s'habillent de façon traditionnelle?

   Les hommes portent un _____

   et les femmes portent une _____ .

3. En regardant toutes les photos, faites une liste de ce qu'on peut voir en Bretagne.

   On peut voir _____

   _____

   _____

   _____

4. Les calvaires bretons, qu'est-ce que c'est? (Dernière photo.)

   —Ce sont _____ .

5. En quoi est la maison bretonne louée par les Belleau?

   —Elle est en _____ .

6. Qu'est-ce qu'on peut faire comme sports en Bretagne?

   On peut faire _____

   _____ .

7. Obélix porte souvent un _____ .

   A votre avis, pourquoi s'appelle-t-il Obélix? _____

   _____

   _____ .

9.41 Entraînement à la lecture et expansion du vocabulaire

Lisez le document 4A dans la leçon 9 et répondez aux questions suivantes.

1. Qu'est-ce que les enfants de moins de quatorze ans mangent pour le goûter?

   Ils mangent _____

   _____

   _____ .

2. Le goûter disparaît; de plus en plus il est remplacé par _____ .

3. Qui est-ce qui grignote plus, les Français ou les Américains?

   Les _____ .

4. Qu'est-ce qu'on dit, en France, pour annoncer qu'on va grignoter?

   —Je vais manger _____

   _____ .

9.42 Entraînement à la lecture et expansion du vocabulaire

Relisez les sections 6, 7, et 8 du texte de la leçon 9. Lisez le document 4B dans la leçon 9. Comparez les deux textes et complétez les phrases suivantes.

1. A quatre heures, chez les Belleau, c'est

   _____ .

   Autrefois, en Bretagne, à quatre heures, c'était

   _____ .

   A cinq heures, chez les Anglo-Saxons, c'est

   _____ .

2. A cinq heures, les Anglais boivent du thé.

   Qu'est-ce que les enfants Belleau boivent, à quatre heures, pour le goûter?

   Ils boivent _____ .

   Qu'est-ce qu'on buvait, autrefois, en Bretagne, à quatre heures?

   On buvait _____ .

3. A cinq heures, les Anglais mangent des toasts, des scones. . . . Qu'est-ce que les enfants Belleau mangent pour leur goûter?

   Ils mangent _____

   _____ .

   Et autrefois, en Bretagne, qu'est-ce qu'on mangeait, à quatre heures, avec le café?

   On mangeait _____ .

4. Autrefois, à quatre heures, en Bretagne, on offrait du café.

   En Angleterre, à cinq heures, on _____ .

5. Qui est-ce qu'on invitait à prendre le café, autrefois, à quatre heures, en Bretagne?

   On invitait _____ .

9.43 Entraînement à la lecture

A. Lisez les deux textes du document 6 de la leçon 9 et répondez aux questions suivantes.

Pourquoi est-ce que ce garçon ne va presque jamais voir un match de football?

_____ .

A qui est la balle que les footballeurs se disputent? Pourquoi sont-ils ridicules de se disputer cette balle?

_____

_____ .

Quand le match est terminé, qui est-ce qui a la balle?

_____ .

B. Maintenant essayez de compléter les phrases suivantes.

1. Ils ne sont pas d'accord: ils se

   _____ .

   Ces enfants sont vraiment agaçants! Ils sont toujours

   en train de se _____ .

2. Pour jouer au tennis, il faut une _____ .

3. Je ne vais pas souvent voir un match de foot. En

   fait, ça ne m'_____ presque jamais.

   Mais, quelquefois, il m'_____ d'aller

   voir un match de tennis.

4. Ce sont le président et le vice-président qui

   dirigent le club: ce sont les _____ du club.

5. C'est la fin! C'est fini, c'est _____ .

   L'année commence le 1er janvier et elle se

   _____ le 31 décembre.

6. Certains Français qui font du sport sont des

   professionnels mais beaucoup plus de Français qui en

   font sont des _____ .

7. Dans le domaine des sports professionnels, les

   Français s'intéressent _____ ,

   _____ et _____ .

   Mais il y a un autre sport national qui passionne

   les Français aussi: le cyclisme, et en particulier une

   grande course cycliste qui a lieu tous les ans au mois

   de juillet: c'est le _____

   _____ .

LEÇON
10

ASSIMILATION DU TEXTE

🎧 10.1 Mise en œuvre

Ecoutez le texte et la mise en œuvre dans l'enregistrement sonore. Répétez et répondez suivant les indications.

🎧 10.2 Compréhension auditive

Phase 1: Regardez les images et répétez les phrases que vous entendez.

1. A

2. C

3. d

4. b

5. E

6. C

Phase 2: Ecrivez la lettre de chaque phrase que vous entendez sous l'image qui lui correspond le mieux.

🎧 10.3 Production orale

Ecoutez les dialogues suivants. Vous allez jouer le rôle du deuxième personnage. Vous entendrez le dialogue une fois, puis vous entendrez ce que dit le deuxième personnage trois fois. Puis vous entendrez ce que dit le premier personnage, et vous jouerez le rôle du deuxième.

1. Mireille: Tu nous embêtes!
   Marie-Laure: (. . .)
2. Marie-Laure: On continue?
   Mireille: (. . .)
3. Mireille: On ne le connaît pas, nous, ton prof de maths! Il n'est pas de la famille!
   Georges: (. . .)
4. Marie-Laure: Ce soir, on joue *Le Génie de Claire*.
   Mireille: (. . .)

PRÉPARATION À LA COMMUNICATION

🎧 10.4 Observation: Prononciation; /ø/ et /œ/ (*eux, sœur*)

Ecoutez et comparez.

C'est à eux.	C'est sa sœur.
Elles sont deux.	Elles sont seules.
C'est peu.	C'est l'heure.

Le son /ø/ dans c'est à eux est différent du son /œ/ dans c'est sa sœur. Le son /ø/ (c'est à eux) est **fermé.** *Le son /œ/ (c'est sa sœur) est* **ouvert.**

Ecoutez et comparez.

/ø/	/œ/
Ce n'est pas fameux . . .	mais c'est meilleur.
il veut	ils veulent
à eux	sa sœur

Notez que le son /ø/ se trouve dans une syllabe qui se termine par un son de voyelle (une syllabe **ouverte***) et que le son /œ/ se trouve dans une syllabe qui se termine par un son de consonne (une syllabe* **fermée***).*

🎧 10.5 Activation orale: Prononciation; /ø/ et /œ/

Ecoutez et répétez.

Ce n'est pas du jeu!	Il pleut.	A tout à l'heure.	Il pleure.
Ils sont deux.	Il est vieux.	Ils sont seuls.	Elle est veuve.
les yeux		en spectateur	

🎧 10.6 Observation: Degrés

degrés					
0.	Il	n'est	pas		vache.
1.	Il	est			vache.
2.	Il	est		très	vache.
3.	Il	n'y a	pas	plus	vache!

🎧 10.7 Observation: Direction

direction	
vers	Bordeaux
du côté	**de** Bordeaux
dans la direction	**de** Bordeaux

🎧 10.8 Observation: Accord et désaccord

accord	désaccord
1. X: C'est joli! Y: Oui, c'est joli!	3. X: C'est joli! Y: **Non,** ce n'est pas joli!
2. X: Ce n'est pas joli! Y: Non, ce n'est pas joli!	4. X: C'est n'est pas joli! Y: **Si,** c'est joli!

Dans 1 et 2, X et Y sont d'accord. Dans 1, ils sont d'accord que "c'est joli." Dans 2, ils sont d'accord que "ce n'est pas joli."

Dans 3 et 4, X et Y ne sont pas d'accord. Dans 3, X dit que "c'est joli" (énoncé positif) mais Y dit que "ce n'est pas joli."

Dans 4, X dit que "ce n'est pas joli" (énoncé négatif) mais Y dit que "c'est joli." Si indique un désaccord avec un énoncé négatif.

🎧 10.9 Observation: Accord et désaccord

accord	désaccord
—Tu viens? —Oui, je viens.	—Tu ne viens pas? —**Si,** je viens!
—Il pleut! —Oui, il pleut.	—Il ne pleut pas! —**Si,** il pleut!
—Ce n'est pas possible. —Non, ce n'est pas possible.	—Ce n'est pas possible . . . —**Si,** c'est possible . . .
	—Oui! —**Non!**
	—Non! —**Si!**

Oui indique un accord avec un énoncé positif. Non indique un accord avec un énoncé négatif. Non indique un désaccord avec un énoncé positif. Si indique un désaccord avec un énoncé négatif.

🎧 10.10 Activation: Dictée

Ecoutez et complétez. Vous entendrez le passage deux fois.

Mireille: Tiens, donne-moi un chocolat.

Marie-Laure: Ce sont ___mes___ chocolats!

Mireille: Non, ils ne sont pas à ___toi___ !

Marie-Laure: ___Si___ !

Mireille: ___non___ !

Marie-Laure: De toute façon, il ___n'y en a plus___ .

🎧 10.11 Activation orale: Accord

Répondez selon les exemples.

Exemples:
Vous entendez: 1. Ça va.
Vous dites: Oui, ça va.

Vous entendez: 2. Ça ne va pas.
Vous dites: Non, ça ne va pas.

3. C'est difficile.
4. Ce n'est pas un joli prénom.
5. Il aime ça.
6. Elle est divorcée.
7. Elle n'est pas française.
8. Vous aimez les films italiens.
9. Vous êtes français.
10. Vous ne parlez pas français.

∩ 10.12 Activation orale: Désaccord

Répondez selon les exemples.

Exemples:
Vous entendez: 1. Ça va.
Vous dites: Non, ça ne va pas.

Vous entendez: 2. Ça ne va pas.
Vous dites: Si, ça va!

3. C'est facile.
4. Ce n'est pas un joli prénom.
5. Elle n'est pas mariée.
6. Elle travaille.
7. Il ne travaille pas.
8. Vous parlez français.
9. Elle ne parle pas français.
10. Elle est française.

∩ 10.13 Observation: Deux sortes de temps; temps météorologique et temps chronologique

temps météorologique: le temps qu'il fait	temps chronologique: le temps qui passe
—Quel temps! —Il fait beau? —Non, il fait mauvais; il pleut. —Quel temps fait-il? —Il ne fait pas beau temps; il fait mauvais temps.	—Nous n'avons pas le temps, nous sommes pressés. —Quand on n'a rien à faire, le temps passe lentement. —Ils jouent aux portraits pour passer le temps. —Quand on joue, le temps passe vite.

∩ 10.14 Activation: Compréhension auditive; temps météorologique et temps chronologique

Vous allez entendre une série de phrases. Dans chaque phrase, déterminez s'il s'agit du temps météorologique ou du temps chronologique en cochant la case appropriée.

	1	2	3	4	5	6	7
temps météorologique	✓			✓	✓		
temps chronologique		✓	✓	✓			✓

10.15 Activation écrite: Temps météorologique et temps chronologique

Inventez des réponses aux questions suivantes.

1. Quel temps fait-il?
   _____Il y a dix ans._____ .

2. Quelle heure est-il?
   _____il pleut 3 juere._____ .

3. Vous avez l'heure?
   _____nous somene plav_____ .

4. Vous avez le temps?
   _____Il pluet_____ .

5. Pourquoi dites-vous "Ah, là, là, quel temps!"?
   _____ .

🎧 10.16 Observation: Le temps qui passe; présent duratif; *il y a . . . que, ça fait . . . que*

Ça, c'est moi, il y a dix ans.

Il y a dix ans se réfère au passé. Observez.

il y a / ça fait	indication de temps		que		verbe au présent
Il y a	trois	jours	**qu'**	il	**pleut.**
Il y a	huit	jours	**que**	nous	**sommes** là.
Ça fait	trois	jours	**qu'**	il	**pleut.**
Ça fait	huit	jours	**que**	nous	**sommes** là.

	passé	présent	
jour 1	jour 2	jour 3	→

Ça   fait   trois   jours   qu'il   pleut.

Il y a ou ça fait + une indication de temps + que + un verbe au présent indique une action qui s'étend sur le passé et qui dure encore au présent.

🎧 10.17 Activation orale: Le temps qui passe; *il y a . . . que*

Répondez selon l'exemple.

Exemple:
Vous voyez: 1. . . . 50 ans.
Vous entendez: La grand-tante Amélie est veuve?
Vous répondez: Oui, il y a 50 ans qu'elle est veuve.

2. . . . 25 ans. *Il a 25 ans Paris*
3. . . . 15 ans.
4. . . . 25 ans.
5. . . . 1 an.
6. . . . 2 ans.
7. . . . 3 jours.

🎧 10.18 Activation orale: Le temps qui passe; *ça fait . . . que*

Répondez selon l'exemple.

Exemple:
Vous voyez: 1. . . . 50 ans.
Vous entendez: La grand-tante Amélie est veuve?
Vous répondez: Oui, ça fait 50 ans qu'elle est veuve.

2. . . . 10 ans.
3. . . . 5 ans.
4. . . . 9 ans.
5. . . . 4 ans.
6. . . . 2 heures.

🎧 10.19 Observation: *On*

on = les gens

En France, les gens	parlent	français.
En France, tout le monde	parle	français.
En France, on	parle	français.

	on
En France,	**on** parle français.
Quand	**on** joue, le temps passe vite.
Quand	**on** cherche . . .
	on trouve.

On représente les gens en général, n'importe qui, et tout le monde. C'est un pronom indéfini, général. C'est une troisième personne du singulier.

On représente aussi nous. (On fait la sieste correspond à un niveau de langue plus familier que nous faisons la sieste.)

on = nous

—Qu'est-ce que vous faites?
—Nous   faisons   la sieste!
—On   fait   la sieste!

🎧 10.20 Activation orale: *On*

Répondez selon les exemples.

Exemples:

Vous entendez: 1. En France, les gens parlent français?

Vous répondez: Oui, en France, on parle français.

Vous entendez: 2. Dans votre famille, vous mangez ensemble?

Vous répondez: Oui, dans ma famille, on mange ensemble.

3. A Paris, tout le monde parle français?
4. Vous allez au cinéma, toi et tes amis?
5. Vous jouez au bridge pour passer le temps, vous quatre?
6. Vous êtes à la fac, vous deux?

🎧 10.21 Observation: Présent de l'indicatif du verbe *venir*

Jean-Denis: Alors, vous *venez* faire de la voile?

Georges: Non, nous ne *venons* pas! Nous faisons la sieste. . . .

Cécile: Moi, je *viens*!

venir			
je	**viens**	nous	**venons**
tu	**viens**	vous	**venez**
il	**vient**		
ils	**viennent**		

🎧 10.22 Activation orale: Présent de l'indicatif du verbe *venir*

Répondez selon l'exemple.

Exemple:

Vous entendez: 1. Tu travailles beaucoup?

Vous répondez: Oui, je viens de la bibliothèque.

2. Mireille travaille beaucoup?
3. Mireille et Robert travaillent beaucoup?
4. Vous travaillez beaucoup, vous deux?
5. Tu travailles beaucoup?

🎧 10.23 Observation: Connaissance; *savoir* et *connaître*

Marie-Laure: Est-ce que le professeur de maths de Georges a les yeux bleus?

Mireille: Je ne *sais* pas; je ne le *connais* pas!

Mireille ne *sait* pas s'il a les yeux bleus parce qu'elle ne le *connaît* pas.

Observez.

connaître				savoir			
je	**connais**	nous	**connaissons**	je	**sais**	nous	**savons**
tu	**connais**	vous	**connaissez**	tu	**sais**	vous	**savez**
il	**connaît**	ils	**connaissent**	il	**sait**	ils	**savent**

🎧 10.24 Activation orale: Connaissance; *savoir* et *connaître*

Répondez selon l'exemple.

Exemple:

Vous entendez: 1. Est-ce que tu trouves le prof d'histoire sympathique?

Vous répondez: Je ne sais pas, je ne le connais pas.

2. Est-ce que Mireille trouve le prof d'histoire sympathique?
3. Est-ce que Robert et Mireille trouvent le prof d'histoire sympathique?
4. Est-ce que vous trouvez le prof d'histoire sympathique, vous deux?
5. Est-ce que Robert trouve le prof d'histoire sympathique?
6. Et toi, est-ce que tu trouves le prof d'histoire sympathique?

🎧 10.25 Activation: Dictée

Ecoutez et complétez.

A. venir

1. —Vous _viennez_ avec nous au cinéma?

2. —Non, moi, je ne ____viens____ pas, je suis occupé.

3. Mais Robert ____vient____ puisqu'il ne travaille pas.

4. —Et Mireille et Cécile?

   —Non, elles ne ____viennent____ pas; elles travaillent.

B. connaître et savoir

1. —Vous ____conaissez____ Belle-Ile-en-Mer?

   —Non, je ne ____connais.____ pas Belle-Ile, mais je

   ____sais____ que c'est en Bretagne.

2. —Est-ce que Robert ____connait____ Mme Courtois?

   —Non, mais il ____sait____ où elle habite.

3. —Vous ____conaissez____ la mère de Mireille, vous deux?

   —Non, nous ne la ____conaisson____ pas, mais nous ____savons____ qu'elle travaille au Ministère de la Santé.

4. —Les parents de Mireille ____conaissent____ Robert?

   —Non, ils ne le ____connaissent____ pas, mais ils ____savons____ qu'il est américain.

10.26 Activation écrite: Pronoms accentués (révision)

not in audio?

Complétez.

1. C'est ton bateau, d'accord! Il est à ____toi____!

2. Mais ça, ce sont mes skis! Ils sont ____a moi____!

3. La planche à voile est à Georges. Elle est ____a lui____!

4. Le jeu d'échecs est à Marie-Laure. ____il est a elle____!

5. Les cartes sont à Yvonne et Georges. ____Elles sont eux____!

6. Le jeu de dames est à Marie-Laure et Mireille. ____il est à elles____!

🎧 10.27 Observation: Comparaisons

elle				lui
1 m 62	Elle est beaucoup	moins	grande que lui.	
1 m 68	Elle est	moins	grande que lui.	
1 m 71	Elle est	aussi	grande que lui.	1 m 71
1 m 73	Elle est	plus	grande que lui.	
1 m 80	Elle est beaucoup	plus	grande que lui.	

🎧 10.28 Observation: Pronoms personnels accentués (révision et extension)

comparaison					
Robert	est	aussi	grand	que	**Mireille.**
Il	est	aussi	grand	qu'	**elle.**
Mireille	est	plus	mince	que	**Robert.**
Elle	est	plus	mince	que	**lui.**
Les Belleau	sont	moins	riches	que	**les parents** de Robert.
Ils	sont	moins	riches	qu'	**eux.**

Les pronoms accentués (toniques, emphatiques, disjonctifs) sont utilisés après que dans une comparaison.

10.29 Activation écrite: Pronoms accentués; comparaison

Répondez selon les exemples.

Exemples:
Vous voyez: 1. Je suis plus grand que Robert.
Vous écrivez: Robert est moins grand que moi.

Vous voyez: 2. Elle est moins grande que Robert.
Vous écrivez: Robert est plus grand qu'elle.

Vous voyez: 3. Il est aussi intelligent que Mireille.
Vous écrivez: Mireille est aussi intelligente que lui.

4. Mireille est moins riche que Robert.
   Robert est ___plus riche___ ___qu'elle___.

5. Il est plus indulgent que Mireille.
   Elle est ___moins indulgente gent___ ___qui lui___

6. Nous sommes plus sportifs que Mireille.
   Elle est ___moins sportif que___ ___nous___.

7. Les parents de Robert sont plus riches que les parents de Mireille.
   Les parents de Mireille sont ___moins___ ___riche que___.

8. Tu es aussi grand que ton frère?
   Il est ___aussi grand que___ ___toi frère___ ?

9. Mireille est plus moqueuse que Robert.
   Il est ___moins moquer___ ___qu'elle___.

10. Je suis plus sportif que Robert.
    Robert est ___moins sportif___ ___que moi___.

🎧 10.30 Observation: Adjectifs possessifs (tableau récapitulatif)

personnes du singulier	masculin singulier	féminin singulier		masculin et féminin pluriels
		devant consonne	devant voyelle	
1ère	mon	ma	mon	mes
2ème	ton	ta	ton	tes
3ème	son	sa	son	ses

personnes du pluriel	masculin et féminin singuliers			masculin et féminin pluriels
1ère	notre			nos
2ème	votre			vos
3ème	leur			leurs

🔊 10.31 Activation orale: Adjectifs possessifs; personnes du singulier et du pluriel

Misanthrope

Transformez selon l'exemple.

Exemple:
Vous entendez: 1. Mon frère a une amie anglaise.
Vous dites: Je n'aime pas son amie anglaise.

2. Elle a les lèvres minces.
3. Elle a de grandes dents.
4. Elle a la voix pointue.
5. Elle a le nez pointu.
6. Elle a un chien policier.

7. Ma sœur a un ami anglais.
8. Il a le crâne chauve.
9. Il a les joues mal rasées.
10. Il a les jambes courtes.
11. Il a des enfants.
12. Ses enfants ont les cheveux courts.
13. Ils ont les joues rondes et rouges.
14. Ils ont toujours le menton sale.
15. Ils ont l'air moqueur.

10.32 Activation écrite: Adjectifs possessifs et pronoms accentués (révision)

Complétez.

1. Je joue. C'est à ___moi___ de jouer. C'est
   ___mon___ tour!

2. Allez, Marie-Laure, vas-y! C'est ___a toi___.
   C'est ___ton___ tour!

3. Allez, Mireille et Cécile, jouez! C'est
   ___a vous___. C'est ___votre___ tour.

4. Maintenant, c'est Yvonne qui va jouer. C'est
   ___elle___. C'est ___son___ tour.

5. Maintenant, je vais jouer avec Marie-Laure. C'est
   ___a nous___. C'est ___notre___.

6. Ah, non! Georges et Yvonne ne peuvent
   pas jouer! Ce n'est pas ___a eux___. Ce n'est pas
   ___leur tour___.

10.33 Activation écrite: Adjectifs possessifs

Complétez.

1. Tu connais les Belleau? Tu connais ___leurs___
   enfants?

2. Tu connais ___leurs___ filles?

3. Tu connais ___leur___ maison, en Bretagne?

4. Tu connais Yvonne, la cousine de Mireille?
   Oui, je connais aussi ___son___ frère, Georges.

5. Et tu connais Delapierre, ___son___ prof de
   maths?

6. Hubert est un vieil ami de Mireille. Elle connaît
   ___ses___ parents.

7. Elle connaît aussi ___sa___ sœur, Diane.

8. Vous êtes Cécile, n'est-ce pas? Je connais
   ___vos___ sœurs, Mireille et Marie-Laure.

9. Cécile: Ah, oui? Vous connaissez ___mes___
   sœurs?

♫ 10.34 Observation: Adjectifs démonstratifs

Ah, qu'il est agaçant,   ce gamin!
                         Ce pauvre oncle Victor!
Ça fait deux heures qu'on joue à   ce jeu idiot!
Qu'est-ce qu'on joue au Ciné-Club   ce soir?

article	nom	article	nom	article	nom
un	gamin	un	jeu	un	soir
le	gamin	le	jeu	le	soir
ce	gamin	ce	jeu	ce	soir

Notez que ce occupe la même place que les articles un et le devant le nom.

Observez.

			démonstratif		
1. Qu'il	est	agaçant,	**ce**	gamin!
2. Qu'il	est	agaçant,	**ce**	gamin-là!
1. Qu'il	est	agaçant,	**cet**	enfant!
2. Qu'il	est	agaçant,	**cet**	enfant-là!
1. Qu'elle	est	agaçante,	**cette**	gamine!
2. Qu'elle	est	agaçante,	**cette**	gamine-là!
1. Qu'ils	sont	agaçants,	**ces**	gamins!
2. Qu'ils	sont	agaçants,	**ces**	gamins-là!
1. Qu'elles	sont	agaçantes,	**ces**	gamines!
2. Qu'elles	sont	agaçantes,	**ces**	gamines-là!

Notez dans 2 l'emploi de -là après le nom, pour marquer l'insistance. Notez que la forme du masculin singulier est ce devant une consonne, et cet devant une voyelle. Cet se prononce exactement comme la forme du féminin cette.

Notez que nous avons une même forme ces pour le masculin et le féminin pluriels. Naturellement, ces se prononce ces-/z/ devant une voyelle: ces /z/enfants.

Tableau récapitulatif:

masculin singulier devant consonne	**ce**	féminin singulier	**cette**
masculin singulier devant voyelle	**cet**	masculin pluriel féminin pluriel	**ces**

♫ 10.35 Activation orale: Adjectifs démonstratifs et pronoms accentués

Répondez selon l'exemple.

Exemple:
Vous entendez: 1. C'est mon bateau. Donne-le-moi!
Vous ajoutez: Ce bateau est à moi.

2. C'est ma planche à voile. Donne-la-moi!
3. C'est mon argent! Donne-le-moi!
4. C'est mon journal! Donne-le-moi!
5. Ce sont mes skis! Donne-les-moi!
6. C'est ma limonade! Donne-la-moi!
7. C'est mon petit pain aux raisins! Donne-le-moi!
8. C'est ma galette bretonne! Donne-la-moi!
9. Ce sont mes cartes! Donne-les-moi!

10.36 Activation écrite: Adjectifs démonstratifs et pronoms accentués

Complétez.

1. Mais, c'est le jeu d'échecs de Georges, ça! Donne-le-lui tout de suite! Ce jeu d'échecs est à _lui_ !

2. Ça, c'est le jeu de dames d'Yvonne! _Ce_ jeu de dames est à _elle_ !

3. Eh, mais, dites donc! C'est mon bateau! _Ce_ bateau est à _moi_ !

4. Eh, là, ce sont mes skis! Donnez-les-moi! _Ces_ skis sont à _moi_ !

5. Ça, c'est le journal de Cécile. _Ce_ journal est à _elle_ !

6. Comment ça, ce ne sont pas mes cartes? Mais si! _Ces_ cartes sont à _moi_ !

7. Ça, c'est la planche à voile de Mireille! _cette_ planche à voile est à _elle_ .

8. Ça, c'est le petit pain aux raisins d'Yvonne. _Ce_ petit pain aux raisins est à _elle_ .

9. Ça, c'est la limonade de Marie-Laure! Oui, _cette_ limonade est à _elle_ .

10. Et ça, c'est mon argent! _cet_ argent est à _moi_ . Donne-le-moi tout de suite!

10.37 Activation écrite: Adjectifs démonstratifs

Lisez et complétez avec ce, cette, cet, *ou* ces, *selon le cas.*

1. Hubert de Pinot-Chambrun a un oncle sénateur. _____ oncle est riche et influent. Hubert a également une sœur. _____ sœur n'a pas l'esprit très vif; mais il a aussi deux frères. _____ frères, eux, sont très intelligents; peut-être plus intelligents que lui. Il a un cousin ingénieur chez Renault. _____ cousin travaille dans le même bureau que M. Belleau.

2. Robert a un oncle et deux tantes. _____ oncle est ingénieur chimiste chez Dupont. _____ deux tantes sont des écologistes militantes. Il a aussi deux cousins et une cousine. _____ cousine est capitaine dans l'armée américaine. _____ cousins, eux, sont pacifistes. Robert a une amie brésilienne. _____ amie brésilienne fait de l'agitation révolutionnaire.

🎧 10.38 Observation: Formes masculines et féminines (révision et extension)

masculin	féminin	masculin	féminin
fin	fine	fier*	fière
cousin	cousine		
malin	maline**	premier	première
gamin	gamine		
sérieux	sérieuse	blanc	blanche
généreux	généreuse		
ennuyeux	ennuyeuse	frais	fraîche
beau	belle	amusant	amusante
nouveau	nouvelle	suivant	suivante
mortel	mortelle	tombant	tombante
vieux	vieille		
sourd	sourde	idiot	idiote

Notez que le r de fier (masculin) est prononcé.

**On trouve aussi maligne.*

🎧 10.39 Activation orale: Formes masculines et féminines

Mettez au féminin selon l'exemple.

Exemple:
Vous entendez: 1. Il n'est pas idiot, mais il n'est pas très fin non plus!
Vous dites: Elle n'est pas idiote, mais elle n'est pas très fine non plus!

2. Son cousin est un sale gamin.
3. Il n'est pas très malin.
4. Son frère est très généreux.
5. Il est très sérieux.
6. Un peu ennuyeux aussi.
7. Il est très fier parce qu'il est toujours le premier.
8. Il n'est pas très frais!
9. Ah, tu n'es pas beau!
10. Tu es sourd, ou quoi?
11. Mais non, tu n'es pas vieux du tout!
12. Mais si, tu es très amusant!
13. Il est nouveau.

∩ 10.40 Activation orale: Dialogue entre Jean-Denis et Georges

Vous allez entendre une conversation entre Jean-Denis et Georges.
Ecoutez attentivement. Vous allez apprendre les réponses de Georges.

Jean-Denis: Salut, tout le monde! Alors, qu'est-ce que
vous faites?
Georges: **Il ne pleut plus?**

Jean-Denis: Non!
Georges: **Ce n'est pas possible!**
Jean-Denis: Si, si, je t'assure! Ça se lève. Alors, vous
venez faire de la voile?
Georges: **Non, mon vieux! Pas aujourd'hui. Au-
jourd'hui, on fait la sieste!**

EXERCICES-TESTS

10.41 Exercice-test: Démonstratifs *ce, cet, cette, ces*

Complétez en utilisant des adjectifs démonstratifs.

1. Qu'elle est bête, _____ Marie-Laure!

2. Qu'ils sont agaçants, _____ enfants!

3. Qu'il est embêtant, _____ chien!

4. Qu'il est méchant, _____ enfant!

5. Qu'elles sont bécasses, _____ filles!

Vérifiez. Si vous avez fait des fautes, travaillez les sections 10.34 à 10.37 dans votre cahier d'exercices.

10.42 Exercice-test: *Savoir/connaître*

Complétez avec les formes convenables de savoir ou de connaître.

1. Marie-Laure ne _____ pas jouer aux portraits.

2. Georges fait le portrait de quelqu'un que personne ne
_____ .

3. Les autres ne _____ pas de qui il parle: ils ne
_____ pas M. Delapierre!

4. Oh, eh, nous ne _____ pas ton prof de
maths, nous! Nous ne _____ pas qui c'est!

Vérifiez. Si vous avez fait des fautes, travaillez les sections 10.23 à 10.25 dans votre cahier d'exercices.

10.43 Exercice-test: Présent indicatif du verbe *venir*

Complétez.

1. Alors, les enfants, vous _____ ?

2. Alors, ce goûter, il _____ ?

3. Alors, ces galettes bretonnes, elles _____ ?

4. Alors, Marie-Laure, tu _____ ?

5. Oui, oui, je _____ . . . .

Vérifiez. Si vous avez fait des fautes, travaillez les sections 10.21, 10.22, et 10.25 dans votre cahier d'exercices.

LIBÉRATION DE L'EXPRESSION

10.44 Mise en question

Relisez le texte de la leçon; lisez les questions de la mise en question qui suit la mise en œuvre dans votre livre de textes. Réfléchissez à ces questions et essayez d'y répondre.

10.45 Mots en liberté

Qu'est-ce qu'on peut dire de quelqu'un qu'on n'aime pas?

On peut dire: C'est un drôle de bonhomme! C'est une drôle de bonne femme! Il (elle) a une sale tête! Il n'y a pas plus vache!

Trouvez encore au moins quatre possibilités.

Qu'est-ce qu'on peut dire pour être désagréable avec quelqu'un qu'on aime bien?

On peut dire: Bécasse! Tu es bête comme tes pieds! Ce que tu es méchante! Ce que tu peux être agaçante!

Trouvez encore au moins cinq possibilités.

10.46 Mise en scène et réinvention de l'histoire

L'art d'insulter. Marie-Laure laisse tomber les petits pains aux raisins, les verres, les galettes, les Orangina, et tout. Qu'est-ce que vous lui dites? Imaginez votre dialogue avec elle.

Vous:
| Ah, c'est malin!
| Sale gamine!
| Tu ne peux pas faire attention, non?
| Bécasse!
| Idiote!
| Ce que tu peux être embêtante!
| Ce que tu es agaçante!

Marie-Laure:
| C'est de ta faute!
| Ce n'est pas de ma faute!
| C'est de la faute du chien!

Vous:
| Si, c'est de ta faute!
| Maintenant, il n'y a plus de galettes!
| Il n'y a plus de petits pains aux raisins!
| Il n'y a plus de goûter!
| Tu peux pleurer!
| Ne pleure pas, ce n'est pas grave!
| Ah, là, là, quelles vacances!

10.47 Mise en scène et réinvention de l'histoire

Faites le portrait physique et moral d'une personne que vous connaissez.

10.48 Journal de Marie-Laure

Marie-Laure est sur Facebook

1. Décrivez cinq ou six activités de Marie-Laure quand elle est sur Facebook.
2. Marie-Laure dit qu'elle va arrêter d'utiliser Facebook. Pourquoi? Et vous, en général, combien de temps par jour êtes-vous sur Facebook?
3. A votre avis, Marie-Laure va-t-elle continuer à utiliser Facebook? Expliquez votre réponse.
4. Marie-Laure aime s'inscrire à des groupes complètement inutiles en ligne. Quel exemple donne-t-elle?

Pourquoi aime-t-elle ce groupe? Est-ce que vous aimez vous inscrire à des groupes en ligne? Pourquoi? Donnez un exemple.

5. Où est-ce que Marie-Laure dit qu'elle rencontre des gens? Comment est-ce qu'elle les retrouve après? Faites-vous la même chose? Préférez-vous passer du temps avec des gens en personne ou communiquer avec eux en ligne, sur Facebook? Pourquoi?
6. Selon vous, quels sont les aspects positifs et négatifs de Facebook?

PRÉPARATION À LA LECTURE ET À L'ÉCRITURE

10.49 Entraînement à la lecture

Lisez le document 1, leçon 10, "Portrait du bouvier," extrait d'Aucassin et Nicolette. Vous ne pouvez probablement pas tout comprendre, mais essayez de comprendre l'essentiel.

1. Pourquoi Aucassin pleure-t-il?

   _____ .

   Comment le bouvier est-il représenté? Est-ce qu'il est beau ou laid?

   _____ .

   Est-ce qu'il a le visage allongé ou large?

   _____

   De quelle couleur sont:

   ses lèvres? _____

   ses dents? _____

   Comment est son nez, petit et fin? _____

   pointu? _____

2. Observez le mot *forêt*. Il s'écrit avec un *ê*; c'est une orthographe moderne. L'orthographe ancienne est *forest*. Donc, l'accent circonflexe (^) représente un _____ qui n'est plus prononcé en français moderne.

3. On respire par le nez. Quand on respire, l'air entre dans le nez par les _____ .

10.50 Lecture et interprétation

Lisez attentivement le petit poème de Prévert, "Paris at Night," document 2 dans votre livre de textes, leçon 10. Lisez le texte suivant et essayez de compléter.

1. Le jour, on voit très bien.

   La nuit, on voit _____ bien.

   On voit un peu, s'il y a de la lune.

   Mais s'il n'y a pas de lune, c'est l'_____ .

   On ne voit rien.

   Si on veut voir, la nuit, il faut _____ l'électricité.

2. —Qu'est-ce qu'on peut faire avec une allumette?

   — On peut _____ une cigarette.

   On peut aussi allumer une _____ , la nuit, pour voir la personne qu'on aime. C'est plus poétique.

   Mais avec une allumette on voit juste une partie de la personne. On ne voit pas la personne tout

   _____ .

   Après la dernière allumette on ne voit plus rien. On est dans l'_____ .

   Mais si on a un peu de mémoire, on peut se _____ tout cela, en _____ la personne qu'on aime dans ses bras.

10.51 Lecture et interprétation

Lisez attentivement le document 3, "Le Genou de Claire," dans votre livre de textes, leçon 10. Essayez de répondre aux questions ci-dessous et complétez.

1. —Qu'est-ce que c'est que Le Genou de Claire?

   — C'est un _____ .

2. —Comment est-ce que c'est, d'après Mireille?

   — _____ .

3. Il y a de très grands lacs, comme le lac Supérieur, ou le lac Michigan, ou le lac Tanganyika, mais, en général, un lac est _____ grand qu'une mer.

4. Les Alpes, l'Himalaya, les Andes, ce sont des _____ .

5. Le diplomate dans ce film n'est pas _____ , puisqu'il a trente ou trente-cinq ans. L'amie qu'il rencontre à Annecy n'est pas très _____ non plus; elle a à peu près le même âge. Mais Mireille dit que c'est une "vieille" amie, parce qu'il y a long-temps qu'il la _____ .

6. Pour pouvoir écrire un roman ou un poème, il faut avoir des idées, il faut être inspiré, il faut avoir de l'_____ .

7. Dans ce film, rien n'arrive, il n'y pas d'action, il n'y a pas de crime, pas de grandes aventures, il ne se _____ rien.

8. S'il n'y a pas d'action, s'il ne se passe rien, Marie-Laure pense que ce n'est pas amusant, ce n'est pas intéressant. Elle ne voit pas où est l'_____ .

9. Le genou de Claire exerce une certaine fascination sur le jeune diplomate. Il est _____ par ce genou.

10. La plus jeune sœur trouve le jeune diplomate très sympathique, très intéressant. Elle est un peu _____ de lui. Le jeune diplomate trouve la sœur plus âgée très intéressante, il est un peu _____ d'elle.

10.52 Entraînement à la lecture

1. Lisez, verticalement, le document 4A, "Il pleut." Maintenant écrivez ce poème normalement (horizontalement). Soulignez les mots que vous reconnaissez.

_____

_____

_____

_____

_____

_____

_____

_____

_____

2. Lisez le document 4B.

   Est-ce que le poète est triste ou gai?

   _____ .

   Est-ce qu'il s'amuse ou est-ce qu'il s'ennuie?

   _____ .

   Est-ce que le bruit de la pluie est plutôt agréable ou plutôt désagréable?

   _____ .

LEÇON

11

ASSIMILATION DU TEXTE

🎧 11.1 Mise en œuvre

Ecoutez le texte et la mise en œuvre dans l'enregistrement sonore. Répétez et répondez suivant les indications.

🎧 11.2 Compréhension auditive

Phase 1: Regardez les images et répétez les phrases que vous entendez.

1. _E_

2. _A_

3. _C_

4. _B_

5. _F_

6. _D_

Phase 2: Ecrivez la lettre de chaque phrase que vous entendez sous l'image qui lui correspond le mieux.

🎧 11.3 Compréhension auditive et production orale

Ecoutez les énoncés suivants. Après chaque énoncé vous allez entendre une question. Répondez à la question.

1. Qu'est-ce que les deux personnages de l'histoire vont faire aujourd'hui?
2. Depuis combien de temps Mireille étudie-t-elle à la Sorbonne?
3. Que fait-elle au jardin du Luxembourg?
4. Que fait le jeune homme dans le jardin du Luxembourg?
5. Est-ce qu'il a l'air de trouver ça intéressant?
6. Que fait la jeune fille pour faire semblant de ne pas le voir?

PRÉPARATION À LA COMMUNICATION

🎧 11.4 Observation: Prononciation; les semi-voyelles /w/ et /ɥ/

Ecoutez, répétez, et comparez.

	/w/		/ɥ/
J'ai dit	oui.	J'ai dit	"huit"!
C'est	Louis.	C'est	lui.

Remarquez que les mots oui, Louis, lui, et huit représentent une seule syllabe.

Dans les mots Louis et oui, la langue est en arrière pour prononcer le son /u/, puis elle avance et vient appuyer contre les dents inférieures pour prononcer le son /i/. Dans les mots lui et huit, la langue est déjà en avant, et appuyée contre les dents inférieures pour prononcer le son /ɥ/. Elle reste dans cette position pour le son /i/.

🎧 11.5 Activation orale: Prononciation; les semi-voyelles /w/ et /ɥ/

Ecoutez et répétez.

C'est aujourd'hui le huit.
Mais oui, puisque je te le dis!
Non, je ne suis pas Louis!
Louis, c'est lui!

🎧 11.6 Activation orale: Prononciation; le son /y/ (révision)
Ecoutez et répétez.

des études	un nimbus	un cirrus
un cumulus	une jupe	un stratus
l'institut	un nuage	

🎧 11.7 Activation: Discrimination auditive; /w/ et /ɥ/

Déterminez si les phrases que vous entendez contiennent le nom Louis ou le pronom lui. Cochez la case appropriée.

	1	2	3	4	5	6	7	8	9	10
Louis			✓		✓	✓	✓		✓	
lui	✓	✓		✓				✓		✓

🎧 11.8 Observation: Le temps qui passe

	passé	présent	futur
dans la réalité	hier ←	aujourd'hui →	demain
dans l'histoire	la veille ←	un certain jour →	le lendemain
	le 28 mai	le 29 mai	le 30 mai

Le 28 mai est la veille du 29 mai.
Le 30 mai est le lendemain du 29 mai.

Si aujourd'hui c'est le 29 mai,
hier c'était le 28 mai, et
demain ce sera le 30 mai.

🎧 11.9 Activation: Dictée

Ecoutez et complétez. Vous entendrez le passage deux fois.

Marie-Laure: Où _Tu va_ ?

Mireille: Au cinéma.

Marie-Laure: Je peux _venir_ ?

Mireille: Non, pas aujourd'hui. _une_ autre fois.

Marie-Laure: Oh, toujours une _autre foi_ . Et pourquoi pas _aujord'hui_ ?

Mireille: Parce que.

🎧 11.10 Observation: Présent duratif; *depuis*

—Il y a longtemps que vous êtes à Paris?
—Ça fait longtemps que vous êtes à Paris?
—Vous êtes à Paris depuis longtemps?

—Il y a 24 heures.
—Ça fait 24 heures.
—Depuis 24 heures.

Il y a Ça fait	+	temps	+	que	+	verbe au present
Il y a		24 heures		que	Robert est	à Paris.
Ça fait		24 heures		que	Robert est	à Paris.

depuis	+	durée
Robert est à Paris depuis		24 heures.
Robert est à Paris depuis		un mois.
depuis	+	point dans le temps
Robert est à Paris depuis		hier.
Robert est à Paris depuis		le 29 mai.

	verbe au présent	+	depuis	+	temps
Robert	est	à Paris	depuis		24 heures.

Notez que Il y a . . . que et Ça fait . . . que sont utilisés avec une indication de temps, de **durée** (24 heures, 2 jours, une semaine, deux mois, un an, etc.).

Depuis est utilisé avec une indication de temps, de durée, mais aussi avec l'indication d'un **point dans le temps** (hier, avant-hier, le 29 mai, le mois d'avril, le printemps, l'année dernière, 1882, etc.).

🎧 11.11 Activation orale: Présent duratif

Répondez selon les exemples.

Exemples:

1. 50 ans
Vous entendez: La grand-tante Amélie est veuve?
Vous répondez: Oui, il y a 50 ans qu'elle est veuve.

2. 28 mai
Vous entendez: Robert est à Paris?
Vous répondez: Oui, il est à Paris depuis le 28 mai.
(Le 28 mai est l'indication d'un point dans le temps.)

3. deux jours
4. un an
5. 10 heures du matin
6. une heure
7. le mois d'avril
8. le 1er mai
9. longtemps

🎧 11.12 Activation: Dictée

Ecoutez et écrivez. Vous entendrez ce texte trois fois.

— _Il y a_ longtemps _que_
vous etez a Paris. ?

✓ —Ah, _ca fait 35 ans_ !
Mais _je suis_ vieille Parisienne, moi!
35 ans !

11.13 Activation écrite: Présent duratif, *il y a . . . , ça fait . . . , depuis . . . ;* déduction logique

Complétez.

1. Mireille habite rue de Vaugirard _depuis_ qu'elle est née. _Ca fait_ 19 ou 20 ans qu'elle habite rue de Vaugirard.

2. Cécile et Jean-Denis sont mariés _il y a_ 2 ou 3 ans. _Ca fait depuis_ qu'ils sont mariés.

3. Marie-Laure va à l'école _depuis_ l'âge de 3 ans. Elle a maintenant 10 ans. Donc, _Ca fait 10 ans._ à l'école.

4. Mireille se repose au soleil sur une chaise du Luxembourg _____ 10h 10 du matin. Il est maintenant 10h 20.

✓ Donc, _ca fait 10 minute qu'elle_ est là.

5. Elle étudie à la Sorbonne _____ le mois d'octobre. Nous sommes au mois de mai. Donc, _ca fait 7 mois qu'elle_ est à la Sorbonne.

6. La Sorbonne existe _depuis_ le XIIIème siècle. Nous sommes au XXIème siècle. Donc, _____ que la Sorbonne existe.

🎧 11.14 Observation: Le temps qui passe; les saisons

saisons		mois
le printemps	=	mars, avril, mai, juin
l'été	=	juin, juillet, août, septembre
l'automne	=	septembre, octobre, novembre
l'hiver	=	décembre, janvier, février

mois		saisons
En mai,	on est	au printemps.
En juillet,	on est	en été.
En octobre,	on est	en automne.
En janvier,	on est	en hiver.

🎧 11.15 Observation: Le temps qu'il fait

Observez les généralisations météorologiques suivantes.

En été	il fait beau.
En hiver	il fait mauvais.
En avril	il fait frais.
En mai	il fait bon.
En août	il fait chaud.
En janvier	il fait froid.
En automne	il y a des nuages,
	il y a du vent.
En hiver	il y a de la neige.
En été	il y a du soleil.
En hiver	il pleut,
	il neige.

🎧 11.16 Activation orale: Les saisons

Vous allez entendre un petit dialogue. Ecoutez-le, puis répondez aux questions ci-dessous. Vérifiez avec l'enregistrement.

1. Quand est-ce qu'il y a de la neige?
2. Quand est-ce que les marronniers sont en fleurs?
3. Quand est-ce qu'il fait bon à l'ombre?
4. Quand est-ce qu'on ramasse les feuilles mortes?

🎧 11.17 Activation orale: Le temps qu'il fait

Continuez les phrases que vous allez entendre selon l'exemple.

Exemple:
Vous entendez: 1. En été il fait beau, mais en hiver . . .
Vous voyez: mauvais
Vous dites: Il fait mauvais.

2. chaud
3. frais
4. des nuages
5. de la neige
6. du soleil

🎧 11.18 Observation: Exclamation; admiration et critique

	quel + nom	que + verbe
admiration	Quel beau **ciel!**	Que le ciel **est** bleu!
critique	Quel sale **temps!**	Qu'il **fait** mauvais!

Le mot exclamatif *quel* précède un **nom**.

Le mot exclamatif *que* précède un **verbe**.

🎧 11.19 Observation: *Quel* exclamatif

exclamatif		nom
Quel		ciel!
Quels	beaux	nuages!
Quelle	belle	matinée!
Quelles	belles	fleurs!

Quel s'accorde en genre et en nombre avec le nom qu'il précède.

🎧 11.20 Observation: Construction exclamative avec *quel*

Notez que dans la construction exclamative avec quel il n'y a pas d'article.

exclamatif		nom
Quel		ciel!
Quel	beau	ciel!
Quel		ciel bleu!
Quel	beau	ciel bleu!

Quel (comme *ce*) fonctionne comme un article.

Le   ciel . . .
Un   ciel . . .
Ce   ciel . . .
Quel ciel!

🎧 11.21 Activation orale et écrite: Exclamation; *quel*

Répondez selon l'exemple.

Exemple:
Vous entendez: 1. Que sa jupe est ravissante!
Vous dites: Quelle jupe ravissante!
Vous écrivez: Quelle (au féminin)

2. _Quel_ ciel bleu!

3. _Quel_ froid!

4. _Quel_ mauvais temps!

5. _Quel_ beau sourire!

6. _Quels_ beaux yeux!

7. _Quelles_ belles mains!

8. _Quel_ bavard!

9. _Quel_ air bête!

10. _Quelle_ rencontre intéressante!

11. _Quelle_ histoire fascinante!

🎧 11.22 Observation: *Aller* et *venir*

venir de origine	aller à destination
Mireille **vient de** l'Institut.	Elle **va** à la fac.

Venir de indique l'origine. Aller à indique la destination.

🎧 11.23 Activation orale: *Venir*

Répondez selon l'exemple.

Exemple:
Vous voyez: 1. Le Luxembourg
Vous entendez: 1. D'où venez-vous, vous deux?
Vous répondez: Nous venons du Luxembourg.

2. Le Quartier latin
3. L'hôtel
4. L'Institut d'Art et d'Archéologie
5. La cour de la Sorbonne

6. Les Etats-Unis
7. Le cinéma
8. Le Ministère de la Santé
9. La fac

🎧 11.24 Observation: Futur immédiat et passé immédiat; *aller, venir de*

origine		passé immédiat	
venir de nom		**venir de** verbe	
1. Mireille	**vient de** l'Institut.	2. Elle	**vient de** sortir de l'Institut.
3. Robert	**vient des** Etats-Unis.	4. Il	**vient d'** arriver à Paris.

Remarquez que, dans les phrases 2 et 4, le verbe venir indique un *passé immédiat*.
C'est une construction semblable à la construction avec aller qui indique un **futur** immédiat
(voir leçon 3).

passé immédiat	Elle **vient de** sortir.
futur immédiat	Elle **va** sortir.

◦◦ 11.25 Activation orale: Passé immédiat; *venir de*

Répondez selon l'exemple.

Exemple:
Vous entendez: 1. Ça fait longtemps que Robert est à
    Paris?
Vous répondez: Non, il vient d'arriver.

2. Ça fait longtemps que Robert et Mireille sont là?
3. Ça fait longtemps que vous êtes ici, tous les deux?
4. Ça fait longtemps que Mireille est au Luxembourg?
5. Ça fait longtemps que tu es là, toi?

◦◦ 11.26 Observation: Pronoms personnels; *le, la, les*

		pronom	verbe	nom
1.	Mireille		voit	le jeune homme.
	Elle	le	voit.	
2.	Le jeune homme		remarque	Mireille.
	Il	la	remarque.	
3.	Le jeune homme		remarque	les yeux de Mireille.
	Il	les	remarque.	

Dans 1, le remplace le jeune homme. Le jeune homme est un nom masculin singulier. C'est le complément d'objet direct du verbe voit. Le est un pronom objet direct, masculin singulier.

Dans 2, la remplace Mireille. Mireille est un nom féminin singulier. C'est le complément d'objet direct du verbe remarque. La est un pronom objet direct, féminin singulier.

Dans 3, les remplace les yeux de Mireille. Les yeux est un nom masculin pluriel. C'est le complément d'objet direct du verbe remarque. Les est un pronom objet direct, masculin (ou féminin) pluriel.

Remarquez que ces pronoms sont identiques aux articles définis le, la, et les. Il y a **liaison** *et* **élision** *avec ces pronoms, comme avec les articles définis.*

	élision
Mireille	aime beaucoup le Luxembourg.
Elle	**l'**aime beaucoup.

	liaison
Le jeune homme	aime beaucoup les yeux de Mireille.
Il	**les** /z/aime beaucoup.

◦◦ 11.27 Activation orale: Pronoms personnels; *le, la, les*

Remplacez les noms par des pronoms selon l'exemple.

Exemple:
Vous entendez: 1. Est-ce que Mireille va rencontrer
    Robert?
Vous dites: Oui, elle va (peut-être) le rencontrer.

2. Est-ce que Robert va rencontrer Mireille?
3. Est-ce que Robert va trouver Mireille sympathique?
4. Est-ce que Mireille va trouver Robert sympathique?
5. Est-ce que Robert va rencontrer les sœurs de Mireille?

6. Est-ce qu'il va rencontrer les parents de Mireille?
7. Est-ce qu'il va rencontrer Hubert?
8. Est-ce qu'il va trouver Hubert sympathique?
9. Est-ce qu'il va rencontrer Colette?
10. Est-ce qu'il va rencontrer Tante Georgette et Fido?
11. Est-ce que les Belleau vont inviter Robert?
12. Est-ce qu'ils vont trouver Robert sympathique?

◑ 11.28 Observation: Pronoms personnels; *me, te, nous, vous*

sujet	objet direct	verbe
Vous	**me**	trouvez bête?
Je	**vous**	ennuie?

	pronom	verbe
Ce garçon	**m'**	ennuie.
Il	**t'**	ennuie?
Il	**nous**	ennuie.
Il	**vous**	ennuie?

Me et vous sont les compléments d'objet direct du verbe.

Me (m') est un pronom personnel objet direct de la 1ère personne du singulier. Te (t') est un pronom personnel objet direct de la 2ème personne du singulier. Nous est un pronom personnel objet direct de la 1ère personne du pluriel. Vous est un pronom personnel objet direct de la 2ème personne du pluriel.

tableau récapitulatif des pronoms personnels objets directs		
Elle **me** regarde.	1ère personne singulier	masculin ou féminin
Elle **te** regarde.	2ème personne singulier	masculin ou féminin
Elle **le** regarde.	3ème personne singulier	masculin
Elle **la** regarde.	3ème personne singulier	féminin
Elle **nous** regarde.	1ère personne pluriel	masculin ou féminin
Elle **vous** regarde.	2ème personne pluriel	masculin ou féminin
Elle **les** regarde.	3ème personne pluriel	masculin ou féminin

◑ 11.29 Activation: Dictée

Ecoutez et complétez. Vous entendrez le texte deux fois.

Marie-Laure: Dis, tu peux me _____ arranger?

Tante Georgette: Tu _____ agaces! _____

embêtes, tu vois bien que je _____ occupée!

Mme Belleau: Marie-Laure, n'ennuie pas Tante Geor-

gette. Ne _____ pas!

◑ 11.30 Activation orale: Pronoms personnels objets directs

Répondez selon l'exemple.

Exemple:
Vous entendez: 1. Vous trouvez Jean-Pierre intéressant?
Vous répondez: Non, il nous ennuie.

2. Tu trouves Jean-Pierre intéressant?
3. Mireille trouve Jean-Pierre intéressant?
4. Robert trouve Jean-Pierre intéressant?
5. Ses amis trouvent Jean-Pierre intéressant?
6. Vous trouvez Jean-Pierre intéressant, vous deux?
7. Et moi, est-ce que vous pensez que je trouve Jean-Pierre intéressant?

◑ 11.31 Observation: Place des pronoms personnels objets directs

	pronom	verbe
Elle	**te**	voit.
Il	**la**	remarque.
Il	**nous**	ennuie.
Elle ne	**me**	voit pas.
Elle ne	**le**	remarque pas.
Il ne	**vous**	ennuie pas?

Vous remarquez que les pronoms sont placés immédiatement avant le verbe.

Dans le cas d'une construction négative, le pronom est placé entre ne et le verbe.

🎧 11.32 Activation orale: Place des pronoms personnels objets directs

Répondez selon l'exemple.

Exemple:
Vous entendez: 1. Est-ce que Mireille connaît Robert?
Vous répondez: Non, elle ne le connaît pas.

2. Est-ce que Robert connaît Mireille?
3. Est-ce qu'il connaît les parents de Mireille?
4. Est-ce que Robert connaît Hubert?
5. Est-ce que Robert me connaît, moi?
6. Est-ce que Robert nous connaît?

🎧 11.33 Activation: Dictée

Ecoutez et complétez. Vous entendrez le passage deux fois.

Le vieux professeur: Ça ne ___vous___ ennuie pas que je

travaille là?

Tante Georgette: Non, non, pas du tout. Ça

ne ___m'ennuie___ pas du tout. Ça ne

___m'ennuie pas___ .

Le vieux professeur: Merci, ___madame___ .
Tante Georgette: ___mademoiselle___ .

🎧 11.34 Activation: Dictée

Ecoutez et complétez. Vous entendrez le texte deux fois.

Jean-Pierre: ___Quels___ beaux

___yeux___ ! ___Quelles___

belles ___mains___ ! Je ne

___vous___ pas?

Mireille: Si, vous ___ennuie___ .
Jean-Pierre: Vous ___me trouvez___ bête?
Mireille: Oui, ___je vous trouve___ stupide.
Jean-Pierre: Ah, bon? ___merci beaucoup___ .

🎧 11.35 Observation: *Promener son chien, se promener*

sujet	objet (pronom)	verbe	objet (nom)
1. Tante Georgette		promène	Fido.
Elle	le	promène.	
2. (Tante Georgette		promène	Tante Georgette.)
Elle	se	promène.	
3. Marie-Laure		habille	sa poupée.
Elle	l'	habille.	
4. (Marie-Laure		habille	Marie-Laure.)
Elle	s'	habille.	

Dans les phrases 1 et 3, l'objet (Fido, sa poupée) est différent du sujet (Tante Georgette, Marie-Laure). Dans les phrases 2 et 4, l'objet (Tante Georgette, Marie-Laure) est le même que le sujet (Tante Georgette, Marie-Laure). Vous remarquez que dans ce cas on utilise un pronom particulier (se, s'). On appelle ce pronom un pronom réfléchi parce que l'action du verbe est réfléchie sur le sujet (se est l'objet du verbe, mais il représente aussi le sujet).

🔊 11.36 Observation: *Se promener*; pronoms réfléchis

pronoms réfléchis			pronoms non-réfléchis		
Je	**me**	promène.	Elle	**me**	voit.
Tu	**te**	promènes.	Elle	**te**	voit.
Il	**se**	promène.	Elle	**le**	voit.
Elle	**se**	promène.	Elle	**la**	voit.
Ils	**se**	promènent.	Elle	**les**	voit.
Elles	**se**	promènent.	Elle	**les**	voit
Nous	**nous**	promenons.	Elle	**nous**	voit.
Vous	**vous**	promenez.	Elle	**vous**	voit.

Remarquez que les pronoms réfléchis sont identiques aux pronoms non-réfléchis (pronoms personnels objets directs) sauf à la 3ème personne (se ≠ le, la, les).

🔊 11.37 Observation: Verbes réfléchis

pronom réfléchi		
Il	**s'**	ennuie.
Il	**s'**	approche.
Son regard	**se**	perd dans la contemplation du ciel.
Je ne	**me**	trompe jamais.
Je	**me**	présente.
Je	**m'**	appelle Jean-Pierre Bourdon.
Elle	**se**	lève . . .
et elle	**s'**	en va.

Ces verbes sont tous utilisés à la forme réfléchie, c'est-à-dire avec un pronom réfléchi. Presque tous les verbes peuvent être utilisés à la forme réfléchie.

🔊 11.38 Activation orale: Verbes réfléchis

1. *s'habiller*
Répondez selon l'exemple.

Exemple:
Vous entendez: 1. Ton pull vient de Prisunic?
Vous répondez: Non, je m'habille chez Dior.
(Vous pouvez substituer le couturier de votre choix: Saint-Laurent, Lanvin, Cardin, Givenchy, Cacharel, etc.)

2. Vos vêtements viennent de Prisunic?
3. Le pull de Colette vient de Prisunic?
4. Les jupes de tes cousines viennent de Prisunic?
5. La jupe de ta mère vient de Prisunic?
6. Vous avez de jolies jupes toutes les deux! Elles viennent de Prisunic?
7. Et moi, vous pensez que ma jupe vient de Prisunic?

2. *se tromper*
Répondez selon l'exemple.

Exemple:
Vous entendez: 1. Jean-Pierre pense que Mireille va dire quelque chose . . .
Vous répondez: . . . mais il se trompe.

2. Mireille espère que Jean-Pierre va s'en aller.
3. Moi, je crois que Robert va rencontrer Mireille au Luxembourg.
4. Vous pensez que ça va être un roman d'amour?
5. Tu crois que nous allons avoir un crime dans l'histoire?

3. *se lever et s'en aller*
Répondez selon l'exemple.

Exemple:
Vous entendez: 1. Ce type m'ennuie.
Vous dites: Je me lève et je m'en vais.

2. Ce type ennuie Mireille.
3. Il y a un type qui ennuie Mireille et sa sœur.

11.39 Activation: Dictée; verbes réfléchis et non-réfléchis

Écoutez et complétez.

1. Mireille (*à Marie-Laure*): Arrête! ___tu m'ennuies___

   Qu'est-ce que Marie-Laure fait?

   Elle ___l'ennuie___ .

2. Marie-Laure: ___m'ennuie___ ! Il n'y a rien à

   faire!

   Qu'est-ce que Marie-Laure fait?

   Elle ___s'ennuie___ .

11.40 Activation écrite: Verbes réfléchis et non-réfléchis

Choisissez la forme réfléchie ou non-réfléchie du verbe entre parenthèses.

1, 2. (habiller/s'habiller)

   Marie-Laure se lève et ___s'habille___ . Puis

   elle ___habille___ sa poupée.

3. (ennuyer/s'ennuyer)

   Il n'y a rien à faire à la plage quand il pleut. On

   ___s'ennuie___ .

4, 5. (promener/se promener)

   Un jeune homme ___se promène___ dans

   le jardin du Luxembourg. Un vieux monsieur

   ___promène___ son chien.

6. (ennuyer/s'ennuyer)

   Ils ont l'air de ___s'ennuyer___ tous les deux.

7. (présenter/se présenter)

   Le jeune homme s'approche de Mireille et

   ___se présente___

8. (appeler/s'appeler)

   Le jeune homme qui s'approche de Mireille

   ___s'appelle___ Jean-Pierre Bourdon.

9. (ennuyer/s'ennuyer)

   Il commence à ___ennuyer___ Mireille

   considérablement.

10, 11. (lever/se lever)

   Mireille fait semblant de ne pas le voir. Elle

   ___lève___ les yeux au ciel. Finalement,

   Mireille ___se lève___ et s'en va.

11.41 Activation écrite: Adjectifs possessifs (révision)

Lisez et complétez avec son, sa, ses, leur, ou leurs, selon le cas.

Robert a un oncle et deux tantes. ___Son___ oncle est
ingénieur chimiste chez Dupont. ___Ses___ tantes sont
des écologistes militantes. Il a aussi deux cousins et une
cousine. ___Sa___ cousine est capitaine dans l'armée
américaine. ___Ses___ cousins, eux, sont pacifistes.

Robert a une amie brésilienne. ___Son___ amie brésilienne fait de l'agitation révolutionnaire. ___Son___
père est colonel. ___leurs___ opinions politiques sont un
peu différentes, mais ___leur___ vie de famille est d'une
sérénité exemplaire.

11.42 Activation écrite: Pronoms, articles, etc. (récapitulation)

Lisez et complétez.

1. Mireille __se__ repose sur __une__ chaise au jardin Luxembourg. Elle porte sa jupe rouge de Prisunic. Elle __du__ aime beaucoup. C'est _____ jupe qu'elle préfère. Elle __la__ porte presque tous les jours. Un jeune homme __se__ promène dans le jardin. Il remarque Mireille. Il ne __la se__ connaît pas. Il pense: "Tiens voilà une jeune fille qui a l'air très sympathique! Qu'est-ce que je fais? Je __la__ approche d'elle?" Mireille remarque le jeune homme. Elle pense: "Qui est ce jeune homme qui __m'__ approche de __mireille__? Je ne __moi__ connais pas. Il __le__ regarde. Je vais faire semblant de ne pas __me__ voir. Les marronniers sont en fleurs; je __le__ regarde. . . . Il y a de jolis nuages; je __les__ regarde passer dans __les__ ciel."

2. Le jeune homme pense: "Elle __me__ voit, mais elle __fait__ semblant de ne pas __vous__ voir!" Le jeune homme dit: "Quel beau temps! Vous travaillez? Vous __me__ reposez? Mireille pense:

"Oui, je __se__ repose, idiot!" Le jeune homme dit: "Les gens ne _____ __n'__ reposent pas assez, aujourd'hui. Ils travaillent trop!" Mireille pense: "Cet imbécile __m'__ ennuie!" Le jeune homme dit: "Vous ne vous ennuyez pas toute seule?" Mireille pense: "Non, je ne __m'__ ennuie pas, mais toi, tu _____ ennuies!"

3. Le jeune homme dit: "__Quelle__ jolie jupe! Vous __vous__ habillez chez Kenzo ou chez Sonya Rykiel?" Mireille pense: "Les petites étudiantes comme moi ne __s'__ habillent pas chez Sonya Rykiel, et toi, tu ne __t'__ habilles pas __chez__ Kenzo, non plus!" Le jeune homme dit: "Il __fait__ vraiment beau, vous ne trouvez pas? Vous ne voulez pas venir __vous__ promener avec __moi__? Allons __nous__ promener ensemble!" Mireille pense: "Je ne vais certainement pas aller __me__ promener avec cet imbécile! Qu'est-ce que je fais? Je vais __me__ lever et __m'__ en aller." Elle se lève et elle __s'en va__.

11.43 Activation écrite: *Etre, venir de,* adjectifs démonstratifs, pronoms accentués, etc. (récapitulation)

Lisez et complétez.

Mireille arrive chez elle. Cécile et Jean-Denis sont là.

Mireille: Tiens, il y a longtemps que vous __êtes__ là, tous les deux?

Cécile: Non, nous __venons__ d' arriver.

Mireille: Papa et maman ne __sont__ pas là?

Cécile: Non, ils __viennent__ de sortir.

Mireille (à Marie-Laure): Qu'est-ce que c'est que __ce__ nouveau bateau? Je ne __le__ connais pas! Il est à __toi__?

Marie-Laure: Evidemment qu'il est à __moi__! Tonton Guillaume __vient de me le__ donner.

Mireille: Tiens, donne-moi un chocolat!

Marie-Laure: Je regrette, je __viens de__ manger le dernier! Il n'en __a__ plus!

Mireille: C'est pas vrai! Tu __restes__ trop de chocolats, ma petite! Tu sais que tu __manges__ être __vas__!

Marie-Laure: Oui, je __sais__! Mais j'adore __je__ chocolats!

∩ 11.44 Activation orale: Dialogue entre Mireille et Jean-Pierre

Vous allez entendre un dialogue entre Mireille et Jean-Pierre. Ecoutez attentivement. Vous allez apprendre ce que dit Jean-Pierre.

Mireille: (. . .)
Jean-Pierre: **Quel beau temps!**
Mireille: (. . .)
Jean-Pierre: **Quel ciel! Pas un nuage! Pas un cumulus!**
Mireille: (. . .)
Jean-Pierre: **Il fait vraiment beau, vous ne trouvez pas**?

EXERCICES-TESTS

11.45 Exercice-test: Le temps qui passe/le temps qu'il fait

Complétez.

Nous sommes ___au___ printemps. Il ___fait___ beau, il ne ___fait___ pas trop chaud, il ___y a au___ soleil. Robert est à Paris ___depuis___ hier. ___Ça fait.___ un jour que Robert est arrivé des Etats-Unis. Il sait déjà qu'il va aimer la France.

Vérifiez. Si vous avez fait des fautes, travaillez les sections 11.8 à 11.17 dans votre cahier d'exercices.

11.46 Exercice-test: *Quel* exclamatif

Complétez.

1. ___Quelle___ jolie jupe!
2. ___Quels___ beaux marronniers!
3. ___Quelle___ idiote!
4. ___Quel___ jardin!
5. ___Quelles___ jolies fleurs!

Vérifiez. Si vous avez fait des fautes, travaillez les sections 11.18 à 11.21 dans votre cahier d'exercices.

∩ 11.47 Exercice-test: *Venir de;* pronoms réfléchis

Complétez selon l'exemple.

Exemple:
Vous entendez: Comment t'appelles-tu?
Vous écrivez: Mais <u>je viens de me</u> présenter!

1. Mais _____ présenter!
2. Mais _____ présenter!
3. Mais _____ présenter!
4. Mais _____ présenter!
5. Mais _____ présenter!

Vérifiez. Si vous avez fait des fautes, travaillez les sections 11.22 à 11.25 et 11.35 à 11.40 dans votre cahier d'exercices.

11.48 Exercice-test: Pronoms objets directs

Complétez selon les exemples.

Exemples:
Vous entendez: Tu m'entends?
Vous écrivez: Oui, je <u>t'</u>entends.

Vous entendez: Tu me vois?
Vous écrivez: Non, je <u>ne te</u> vois pas!

1. Oui, je _____ entends.
2. Non, je _____ vois pas.
3. Non, je _____ vois pas.
4. Oui, je _____ entends.
5. Oui, je _____ entends.
6. Non, je _____ vois pas.
7. Non, je _____ vois pas.
8. Non, je _____ vois pas.

Vérifiez. Si vous avez fait des fautes, travaillez les sections 11.26 à 11.34 dans votre cahier d'exercices.

LIBÉRATION DE L'EXPRESSION

11.49 Mise en question

Relisez le texte de la leçon; lisez les questions de la mise en question qui suit la mise en œuvre dans votre livre de textes. Réfléchissez à ces questions et essayez d'y répondre.

11.50 Mots en liberté

Qu'est-ce qu'on peut faire quand il fait beau, en été?

On peut faire du kayak, du surfing, du ski nautique, de la natation; on peut promener le chien, se reposer, faire semblant d'être sportif . . .

Trouvez encore au moins huit possibilités.

Qu'est-ce que vous trouvez intéressant?

Le français, les échecs . . .

Trouvez encore au moins huit possibilités.

Qu'est-ce qu'on peut faire semblant de faire?

On peut faire semblant d'étudier, d'être sportif, de savoir le français . . .

Trouvez encore au moins cinq possibilités.

11.51 Mise en scène et réinvention de l'histoire

Imaginez que vous êtes au jardin du Luxembourg, ou à la fac, ou dans un train, ou dans un bus, ou bien que vous attendez chez le dentiste. Vous vous ennuyez. Vous voyez une personne: un petit garçon, une petite fille, un jeune homme, une jeune fille, une dame, un monsieur avec un chien . . . ou un chien tout seul. Vous voulez engager la conversation. Qu'est-ce que vous pouvez dire? Si la personne (ou le chien . . .) ne vous répond pas, inventez un monologue. Si elle vous répond, imaginez un dialogue. Vous pouvez:

1. parler du temps qu'il fait, beau ou mauvais . . .
2. parler du ciel, des nuages . . .
3. parler de la température; est-ce qu'il fait froid . . . chaud?
4. demander si la personne (ou le chien . . .) vient souvent ici . . .
5. demander s'il y a longtemps qu'elle (ou il) est là . . .
6. dire si vous aimez ce jardin, le train, les dentistes, et pourquoi;
7. vous présenter.

11.52 Mise en scène et réinvention de l'histoire

Réinventez la rencontre entre Mireille et Jean-Pierre à votre idée. Ils peuvent se rencontrer au Luxembourg ou ailleurs: chez le dentiste, dans le train, dans le bus. Pour changer, imaginez que Mireille ne reste pas silencieuse. Elle peut même être bavarde. Est-ce qu'elle va pratiquer l'art d'insulter, ou est-ce qu'elle va rester correcte? Choisissez ses réponses ou inventez d'autres possibilités.

Jean-Pierre:

Quel beau temps! Quel ciel . . . etc. Il fait vraiment beau, vous ne trouvez pas?

Mireille:

Quelle banalité!			un temps de chien!
Quelles stupidités!			un sale temps!
Quel idiot!	il		très beau!
Vous trouvez?		fait	assez beau.
Non, je ne trouve pas;	ça		un temps de cochon!
Oui, vraiment;			un froid de loup!
Non, pas vraiment;			plutôt mauvais!
			trois jours qu'il pleut!

Jean-Pierre:

Vous venez souvent ici?

Mireille:

il y a trop d'imbéciles comme vous!
allez voir là-bas si j'y suis!
ne m'embêtez pas!
ça vous regarde?
ça vous intéresse?
occupez-vous de vos affaires!

Oui, | mais | pas très souvent | en hiver.
Non, | | tous les jours | quand il pleut.
| | jamais | quand il fait beau.
| | assez souvent | aller chez le dentiste.
| | j'aime bien | le train.
| | | le bus.
| | | le jardin.

Jean-Pierre:

Vous me trouvez bête? Je vous ennuie?

Mireille:

vous m'ennuyez beaucoup.

vous êtes | embêtant.
| stupide.
| idiot. | clown.
| un drôle de | type.
| un sale | bonhomme.
| | guignol.

Oui,
Non,
Non, non,

je vous trouve | agaçant.
| trop bavard.
| bête comme vos pieds.
| très intéressant.
| terriblement intelligent!
| absolument fascinant!

vous | Jean-Paul Sartre.
ressemblez | Jean-Paul Belmondo.
à | Gérard Depardieu.
| Elvis Presley.
| Méphistophélès.
| Quasimodo.
| Frankenstein.
| l'abominable-homme-des-
| neiges.
| un monstre dans un film
| d'horreur.

Jean-Pierre:

Permettez-moi de me présenter. Je m'appelle
Jean-Pierre Bourdon.

Mireille:

Non, je ne vous permets pas!
Je ne veux pas le savoir.
Ça ne m'intéresse pas.
Je déteste ce prénom!
Enchantée; moi, je m'appelle Mireille.

Et moi, je m'appelle | Marie-Antoinette.
| Cléopâtre.
| Lucrèce Borgia.
| Elizabeth, reine d'Angleterre.
| Jeanne d'Arc.
| Angelina Jolie.

J'espère que | nous allons | nous revoir.
| | être amis.
| nous n'allons pas | nous rencontrer à la
| | fac.
| | aller faire de la voile
| | ensemble.

Salut!

11.53 Journal de Marie-Laure

Il n'y a plus de Prisunic!

1. Quelle nouvelle Tonton Guillaume annonce-t-il à Marie-Laure?
2. Pourquoi est-ce Mireille ne va pas être contente de cette nouvelle?

Les grands couturiers

1. Où est-ce que Marie-Laure a l'habitude d'aller pour acheter ses vêtements? Elle préfère s'habiller comment? Et vous?

2. Pourquoi est-ce qu'elle décide d'aller se promener avenue Montaigne? Quelles sortes de boutiques est-ce qu'on trouve avenue Montaigne?
3. Qu'est-ce qu'elle remarque pendant sa promenade?
4. Qui a cambriolé Harry Winston?
5. Marie-Laure finit par acheter deux robes. Où est-ce qu'elle les achète et pourquoi?
6. Est-ce que vous préférez acheter dans un magasin ou faire vos achats en ligne?

PRÉPARATION À LA LECTURE ET À L'ÉCRITURE

11.54 Lecture et interprétation

Lisez le document 3C dans votre livre de textes, leçon 11. Puis lisez le texte suivant, essayez de comprendre, et complétez.

C'est un vers extrait d'un poème de Ronsard. Ronsard est un poète du XVIème siècle, l'époque de la Renaissance. Dans ses poèmes, il parle beaucoup du temps qui passe: tout passe, rien ne dure. Les roses passent vite; elles ne durent pas. La jeunesse passe vite; elle ne

_____ pas. Les monuments peuvent durer deux ou trois mille ans, comme les pyramides égyptiennes, ou sept ou huit cents ans, comme les cathédrales médiévales, mais les fleurs ne _____ pas très longtemps. L'amour, non plus, ne _____ pas très longtemps, un printemps . . . une saison . . . et puis il passe.

11.55 Lecture et interprétation

Lisez le document 3A dans votre livre de textes, leçon 11. Lisez le texte suivant; essayez de comprendre, et complétez.

1. Ce sont deux vers extraits d'un poème de Mallarmé. Stéphane Mallarmé est un poète de la fin du XIXème siècle. Il est né en 1842 et il est _____ en 1889. C'est un poète symboliste, un poète moderne. Il a la réputation d'être difficile. Il ne dit pas les choses directement. Sa poésie opère un peu comme la musique, par suggestions, par allusions.
2. Ici, Mallarmé dit que le printemps est maladif. Tante Georgette n'est pas en très bonne santé. Elle est souvent malade, elle a une santé fragile; elle est un peu maladive. Tonton Guillaume, lui, est toujours en bonne santé. Il a une santé solide, robuste. Il n'est jamais malade; il n'est pas _____ du tout.
3. Mallarmé dit que le printemps a chassé l'hiver. Une saison succède à l'autre. Une saison chasse l'autre: C'est l'hiver; le printemps arrive; ce n'est plus l'hiver,

c'est la fin de l'hiver; l'hiver est fini; le printemps prend la place de l'hiver; le printemps _____ l'hiver.
4. Mallarmé a l'air d'être triste parce que le printemps a chassé l'hiver. Marie-Laure pleure parce qu'elle est triste. Marie-Laure est triste parce que les vacances sont terminées. Marie-Laure préfère les comédies, les histoires drôles, les films amusants; elle n'aime pas les films _____ .
5. Mallarmé dit que l'hiver est la saison de l'art serein. En hiver, l'artiste, le poète travaille mieux parce qu'il est plus calme, plus tranquille, plus serein. Tonton Guillaume n'a pas de complexes, pas de préoccupations, pas de problèmes, il est toujours calme, il a toujours un visage _____ .
6. A votre avis, est-ce que Mallarmé préfère le printemps ou l'hiver? Et Ronsard?

_____ .

11.56 Lecture et interprétation

Lisez le document 3B dans votre livre de textes, leçon 11. Lisez le texte suivant et complétez.

1. En général, il neige avant le printemps ou après?

   _____ .

2. Qu'est-ce qui vient après le printemps?

   _____ .

3. Qu'est-ce qui succède à l'automne, l'été ou l'hiver?

   _____ .

4. La succession des saisons donne une impression, un sentiment d'ordre, de sécurité. On sait où on en est. Mais s'il neige au printemps, si l'hiver ressemble à l'été, on ne sait plus où on en est. On n'y _____ plus rien.

11.57 Lecture et interprétation

Lisez le document 3D dans votre livre de textes, leçon 11. Puis lisez le texte suivant et complétez.

1. Ces deux vers sont extraits d'un poème d'Alfred de Vigny. C'est un poète du XIXème siècle. Il est _____ en 1810 et mort en 1857. C'est un poète romantique; il a aussi écrit des pièces de théâtre.

2. Les loups, qui sont des chiens sauvages, sont associés à l'idée d'hiver et de froid. Quand il fait très froid, on dit "Il fait un froid de _____ ."

3. Quand il fait beau tout le monde aime bien être à l'extérieur, les chiens aussi, d'ailleurs. Quand il fait mauvais tout le monde préfère être à la maison, mais les chiens sont souvent obligés de rester à l'extérieur; alors, quand il fait mauvais on dit "Il _____ un temps de _____ ." On dit aussi "Il fait un sale temps" et "Il _____ un temps de cochon!" parce que les cochons ont la réputation d'être des animaux sales.

11.58 Lecture et interprétation

Lisez le document 4 dans votre livre de textes, leçon 11. Lisez le texte suivant et complétez.

Ces quatre vers sont extraits d'un poème de Verlaine. C'est le poète qui parle.

Le poète s'en va. A la fin du texte de la leçon 11 (livre de textes p. 92) Mireille se lève et s'_____ .

Le poète s'en va au vent mauvais.

Il y a de bons vents et des vents mauvais. Un vent modéré, régulier est un bon vent pour faire de la voile. Un vent frais, modéré est un vent agréable en été. C'est un _____ vent, une brise agréable. Mais un vent violent, un vent froid, c'est un vent mauvais, méchant, désagréable.

Le vent emporte les feuilles mortes.

Le vent chasse les feuilles mortes. Il les prend avec lui. A l'aéroport, Robert prend un taxi pour aller à Paris. Le taxi emporte Robert vers Paris. Le vent emporte les feuilles mortes. Il _____ aussi le poète.

Le vent emporte le poète comme une feuille morte.

Le poète se compare à une feuille morte. Le poète est _____ à une feuille morte.

11.59 Entraînement à la lecture

Lisez le document 6 dans votre livre de textes, leçon 11. Complétez et répondez.

C'est le commencement du monde; le _____ de la création.

La feuille morte voltige parce que le vent l'_____ . (Voyez document 4.)

Quand Eve voit la feuille qui s'en va dans le vent, qu'est-ce qu'elle croit?

_____ .

(Voyez leçon 7, document 1.)

LEÇON

12

ASSIMILATION DU TEXTE

🎧 12.1 Mise en œuvre

Ecoutez le texte et la mise en œuvre dans l'enregistrement sonore. Répétez et répondez suivant les indications.

🎧 12.2 Compréhension auditive

Phase 1: Répétez les phrases que vous entendez.

Phase 2: Vous allez entendre des énoncés iden-
tifiés par les lettres A, B, C, etc. Pour chaque
énoncé, indiquez s'il s'agit de Ghislaine ou de
Mireille en écrivant en face de chaque lettre 1
s'il s'agit de Ghislaine en Angleterre, ou 2 s'il
s'agit de Mireille en France.

Exemple:
Vous entendez: A. Il fait beau.
Vous écrivez 2 à côté de la lettre
A, parce qu'il s'agit de Mireille en
France.

A   2   H   2
B   2   I   2
C   1   J   1
D   1   K   1
E   1   L   1
F   2   M   2
G   2

1. Ghislaine en Angleterre.

2. Mireille à Paris.

🎧 12.3 Production orale

Maintenant, dans la conversation téléphonique
entre Ghislaine et Mireille, vous allez jouer le
rôle de Mireille. Chaque fois que Ghislaine dit
quelque chose, vous dites le contraire.

Exemple:
Vous entendez: 1. Il fait mauvais.
Vous répondez: Il fait beau.

2. Il fait un temps affreux.
3. Le ciel est gris.
4. Le temps est couvert.
5. Il pleut.
6. Il fait froid.
7. J'attrape des rhumes.
8. Je me ruine en aspirine.

PRÉPARATION À LA COMMUNICATION

🎧 12.4 Observation: Prononciation; alternance vocalique

nous prenons	ils prennent
nous nous promenons	ils se promènent

Ecoutez et comparez.

1 /ə/	2 /ɛ/
nous comprenons	ils comprennent
vous vous promenez	il se promène
nous nous appelons	je m'appelle

Vous remarquez que le e du radical de ces verbes se prononce différemment dans la colonne 1 et dans la colonne 2. Dans la colonne 1, ce e se prononce /ə/ comme dans le. Dans la colonne 2, ce e se prononce /ɛ/.

*Remarquez que, dans la colonne 1, le e se trouve dans une syllabe **ouverte** (une syllabe qui se termine par un son de voyelle):*

> com　pre　nons

*Dans la colonne 2, le e se trouve dans une syllabe **fermée** (une syllabe qui se termine par un son de consonne):*

> com　prennent

Notez que le son /ɛ/ est représenté par è (promène) ou par e suivi d'une double consonne (appelle, comprennent).

🎧 12.5 Activation orale: Prononciation; alternance vocalique

Ecoutez et répétez.

1. /ə/	2. /ɛ/
nous comprenons	ils comprennent
vous comprenez	
se promener	je me promène
nous nous promenons	tu te promènes
vous vous promenez	il se promène
	elles se promènent
s'appeler	je m'appelle
nous nous appelons	tu t'appelles
vous vous appelez	elle s'appelle
	ils s'appellent

🎧 12.6 Observation: Impatience

Vous pouvez dire à quelqu'un qui vous ennuie:

Tu m'ennuies!
Ce que tu peux être embêtant(e)!
Ce que tu peux être agaçant(e)!
Arrête!
Ça suffit!
Ça suffit comme ça!
Occupe-toi de tes affaires!

🎧 12.7 Observation: Questions; *quel* interrogatif

	interrogatif	nom	
De	**quel**	côté	allez-vous?
	Quel	temps	fait-il?
	Quelle	saison	préférez-vous?
	Quels	sports	pratiquez-vous?
	Quelles	études	fait-elle?

Quel est un exclamatif (voir leçon 11) mais c'est aussi un interrogatif. Quel interrogatif s'accorde en genre et en nombre avec le nom qu'il précède.

12.8 Activation écrite: Questions; *quel* interrogatif

Complétez avec la forme convenable de quel.

1. _Quel_ jour sommes-nous, aujourd'hui?

2. En _quelle_ saison sommes-nous?

3. _quel_ temps fait-il?

4. _quels_ quartiers Robert va-t-il explorer?

5. _quelles_ études Mireille fait-elle?

🎧 12.9 Observation: Santé; parties du corps

Je suis malade

J'ai mal **à la** tête.
J'ai mal **à la** gorge.
J'ai mal **à l'**oreille.
J'ai mal **au** cou.
J'ai mal **aux** yeux.
J'ai mal **aux** dents.

Notez l'article défini devant la partie du corps.

🎧 12.10 Activation orale: Parties du corps

Posez une question pour chaque énoncé que vous entendez, selon les exemples.

Exemples:
Vous entendez: 1. Oh, là, mon cou!
Vous dites: Tu as mal au cou?

Vous entendez: 2. Oh, là, ma tête!
Vous dites: Tu as mal à la tête?

3. Oh, là, ma jambe!
4. Oh, là, mon doigt!
5. Oh, là, mon oreille!
6. Oh, là, mon ventre!
7. Oh, là, ma gorge!

🎧 12.11 Activation: Dictée

Ecoutez et complétez. Vous entendrez le passage deux fois.

J'ai mal partout!

A. Marie-Laure: J'ai mal ___au___ ___cou___ !

J'___ai___ ___mal___ ___au___ doigt!

J'___ai mal___ ___aux___ jambes!

Mireille: Oh, là, là, mais, ça ___a l'air___ très grave!

B. Marie-Laure: J'ai ___mal a htête___, et ___mal a la gorge___ . Ça me gratte!

Mme Belleau: Ce n'est ___pas grave___ !

12.12 Activation écrite: Parties du corps; *avoir*

Complétez.

Epidémie

Mireille: Tu as mal à ___la___ gorge?

Marie-Laure: Oui, j'___ai___ mal à ___la___ gorge.

Mireille: Maman, Marie-Laure ___a___ mal à ___la___ gorge!

Mme Belleau: Et toi, tu ___as___ mal à ___la___ gorge?

Mireille: Oui, j'___ai___ un peu mal ___a la___ gorge, moi aussi.

Mme Belleau: Moi aussi. . . . Eh bien, nous ___avons___ toutes ___mal a la___ gorge! C'est une épidémie! Je vais signaler ça au Ministère!

🎧 12.13 Observation: Réciprocité

	pronom réfléchi		
Mireille	rencontre	Robert	dans la cour.
Robert	rencontre	Mireille	dans la cour (évidemment)!
Ils	se rencontrent		dans la cour.

Notez que la forme réfléchie du verbe indique aussi la réciprocité.

12.14 Activation écrite: Réciprocité

Répondez selon l'exemple.

Exemple:
Vous voyez: 1. Je le trouve sympathique. Lui aussi il me trouve sympathique.
Vous écrivez: Nous nous trouvons sympathiques!

2. Mireille regarde Robert. Robert regarde Mireille.
   Ils se regardent.

3. Elle le trouve sympathique. Il la trouve sympathique.
   Ils se trouvent sympathiques.

4. Je te regarde et tu me regardes.
   nous nous regardons.

5. Tu la regardes? Elle aussi, elle te regarde.
   vous vous regarde.

🎧 12.15 Observation: Ordres; pronoms personnels et impératif

impératif		pronom objet
Regarde	-	**moi!**
Regarde	-	**toi!**
Regarde	-	**le!**
Regarde	-	**nous!**
Regardez	-	**vous!**
Regardez	-	**les!**

Remarquez que les pronoms objets directs sont placés après l'impératif. Notez le trait d'union (-) entre le verbe et le pronom.

Notez que les pronoms placés après le verbe ont la forme accentuée (comparez "Tu me regardes?" et "Regarde-moi!"). Notez que les pronoms toi et vous sont réfléchis.

🎧 12.16 Activation: Dictée

Ecoutez et complétez. Vous entendrez le passage deux fois.

Mireille: Marie-Laure, lève-toi!

Marie-Laure: Ouais!

Mireille: Allez, _____lève toi_____ ! Eh bien, tu _____te lève_____ ?

Marie-Laure: Ouais, je _____me lève_____ !

🎧 12.17 Activation orale: Pronoms personnels et impératif

Transformez les phrases selon les exemples.

Exemples:
Vous entendez: 1. Il faut que tu demandes le numéro de téléphone de Mireille.
Vous dites: Demande-le!

Vous entendez: 2. Il faut vous reposer.
Vous dites: Reposez-vous!

3. Il faut te reposer.
4. Il faut écouter le professeur, vous deux.
5. Toi aussi, il faut écouter le professeur.
6. Il faut vous lever.
7. Et toi aussi, il faut te lever.
8. Il faut nous reposer.

🎧 12.18 Observation: Contrordres; impératif et négation

positif	négatif		
Lève-**toi!**	Non, ne **te**	lève	pas!
Regarde-**moi!**	Non, ne **me**	regarde	pas!

Dans le cas d'un ordre négatif, le pronom se place devant le verbe.

🎧 12.19 Activation orale: Contrordres; impératif et négation

Donnez un contrordre selon l'exemple.

Exemple:
Vous entendez: 1. Lève-toi.
Vous dites: Non, ne te lève pas!

2. Repose-toi.
3. Regarde-moi.

4. Regardez-moi.
5. Reposez-vous.

🎧 12.20 Activation orale: Contrordres

Donnez un contrordre selon l'exemple.

Exemple:
Vous entendez: 1. Ne te lève pas.
Vous dites: Si, lève-toi!

2. Ne te repose pas.
3. Ne vous reposez pas.
4. Ne les appelez pas.
5. Ne la regardez pas.

12.21 Activation écrite: Pronoms personnels et impératif

Complétez.

1. —Je vais <u>vous accompagner.</u>

   —Non, non, ne _m'accompanez_ pas. Ce n'est

   pas la peine!

2. —Je <u>vous attends?</u>

   —Oui, _attendez-moi_ .

3. —Je <u>vous suis?</u>

   —Oui, _suivez moi_ .

4. Marie-Laure: Ça fait une heure que je travaille!

   Je <u>m'arrête!</u>

   Mireille: Non, ne _t'arrête_ pas! Continue! Je

   vais <u>t'aider!</u>

   Marie-Laure: Oui, _aide moi_ , s'il te plaît!

5. Mireille: Marie-Laure, <u>regarde-moi!</u>

   Marie-Laure: Oui . . . Je _te regarde_ . . .

   Qu'est-ce qu'il y a?

6. Marie-Laure: Je suis fatiguée. Je vais <u>me reposer</u>

   un peu.

   Mireille: Bon, d'accord; _repose-toi_ .

7. Mireille: Ne <u>t'occupe</u> pas de mes affaires!

   Occupe-toi de tes affaires!

8. Marie-Laure: <u>Attrape-moi!</u>

   Tonton Guillaume: Je ne peux pas

   t'at traper ! Tu cours trop vite.

9. Ousmane: Je peux <u>t'appeler</u> ce soir?

   Mireille: Non, _apelle moi_ plutôt demain

   matin, vers 11 heures.

🎧 12.22 Activation: Dictée

Ecoutez et complétez. Vous entendrez ces passages trois fois.

A. Mireille: Mais tu _et_ folle!

   Marie-Laure: Pourquoi?

   Mireille: Tu _te_ ruines en boules de gomme!

   Marie-Laure: Et toi, tu _te ruine_ en boucles

   d'oreille.

B. La buraliste: Alors, 19, 20, 21, 22, _25 er_ francs,

   Monsieur. Voilà. Vous allez _vous ruiner_ ,

   Monsieur, _en_ cartes postales!

   Robert: Eh, oui, je _ne ruine en_ cartes

   postales!

🎧 12.23 Observation: *Pouvoir,* présent de l'indicatif

pouvoir	
je **peux**	nous **pouvons**
tu **peux**	vous **pouvez**
il **peut**	
ils **peuvent**	

Notez que le radical de l'infinitif est pouv- et la terminaison est -oir.

Le radical de l'infinitif se retrouve à la 1ère et à la 2ème personne du pluriel (pouvons, pouvez).

12.24 Activation écrite: *Pouvoir*

Complétez.

Tous à la manif!

—Alors, Marc, Catherine, vous venez à la manif?

—Non, nous ne ___pouvons___ pas; nous allons manger!

—Et Ousmane, il vient?

—Non, il ne ___peut___ pas; il va travailler à la bibli!

—Et toi, Jean-Pierre, tu viens?

—Oh, non, non, je ne ___peux___ pas. Je n'ai pas le temps; je vais au Luxembourg; on m'attend.

—Et Mireille et Colette, alors?

—Elles ne ___peuvent___ pas non plus. Elles vont voir s'il y a des jupes intéressantes à Monoprix.

Ah, là, là, les jeunes d'aujourd'hui ne sont plus politisés du tout!

12.25 Observation: *Suivre*, présent de l'indicatif

suivre	être
je **suis**	je **suis**
tu **suis**	tu **es**
il **suit**	il **est**
nous **suivons**	nous **sommes**
vous **suivez**	vous **êtes**
ils **suivent**	ils **sont**

Notez que, du point de vue de la prononciation, les trois personnes du singulier de suivre sont identiques. Les trois personnes du pluriel de suivre ont une consonne /v/ qui se trouve dans l'infinitif, mais qui est absente des trois personnes du singulier.

Par pure coïncidence, les premières personnes du singulier du présent de l'indicatif de suivre et de être sont identiques.

12.26 Activation écrite: *Suivre*, présent de l'indicatif

Complétez.

1. Qu'est-ce que Robert fait?

   Il ___suit___ les manifestants.

2. Et vous deux, qu'est-ce que vous faites?

   Nous aussi, nous ___suivons___ les manifestants.

3. Et toi, alors? Qu'est-ce que tu fais?

   Moi, je ___suis___ les manifestants, comme tout le monde!

4. Et les étudiants, qu'est-ce qu'ils font?

   Eux aussi, ils ___suivent___ les manifestants.

12.27 Activation: Dictée

Ecoutez et complétez. Vous entendrez le passage trois fois.

Le narrateur: Robert ___suit___ les manifestants.

Le mime: Et moi, je ___suis___ Robert . . . .

Robert: Mais non, c'est moi qui ___suis___ Robert!

Le mime: Mais oui, vous ___etez___ Robert, et moi je ___vous suis___ ! Allez, allez, ___suivez___ les manifestants!

🎧 12.28 Observation: *Sortir* et *partir*, présent de l'indicatif

sortir		partir	
je **sors**	nous **sortons**	je **pars**	nous **partons**
tu **sors**	vous **sortez**	tu **pars**	vous **partez**
il **sort**	ils **sortent**	il **part**	ils **partent**

Notez que, du point de vue de la prononciation, les trois personnes du singulier sont identiques, et les trois personnes du pluriel ont une consonne /t/ qui est absente des trois personnes du singulier.

🎧 12.29 Activation orale: *Sortir*, présent de l'indicatif

Répondez selon l'exemple.

Exemple:
Vous entendez: 1. Tu restes à la maison?
Vous répondez: Non, je sors.

2. Robert reste à la maison?
3. Et vous deux, vous restez à la maison?
4. Mireille et Ghislaine restent à la maison?
5. Tu restes à la maison?

🎧 12.30 Activation orale: *Partir*, présent de l'indicatif

Répondez selon l'exemple.

Exemple:
Vous entendez: 1. Tu es pressé?
Vous répondez: Oui, je pars tout de suite.

2. Mireille est pressée?
3. Les Belleau sont pressés?
4. Vous êtes pressés, vous deux?
5. Tu es pressé?

12.31 Activation écrite: *Sortir, partir*

Complétez.

Métro, boulot, dodo

1. Mireille _sort_ de l'Institut d'Art et d'Archéologie tous les jours à 10 heures.

2. —Et toi, Marie-Laure, à quelle heure est-ce que tu _sors_ de l'école?

3. —Nous, nous _sortons_ à 5 heures.

4. —Et tes parents, à quelle heure est-ce qu'ils _sortent_ du bureau?

5. —Eux, ils _sortent_ vers 6 ou 7 heures.

6. —Et à quelle heure est-ce qu'ils partent pour aller au travail?
   —Ils _partent_ vers 7 heures.

7. —Et toi, à quelle heure est-ce que tu _pars_ pour aller à l'école?

8. —Je _pars_ à 7 heures et demie.

9. —Et Mireille?
   —Oh, elle, elle ne _part_ pas avant 8 heures!

🎧 12.32 Observation: *Prendre, apprendre, comprendre*, présent de l'indicatif

prendre	apprendre	comprendre
je **prends**	j'**apprends**	je **comprends**
tu **prends**	tu **apprends**	tu **comprends**
il **prend**	il **apprend**	il **comprend**
nous **prenons**	nous **apprenons**	nous **comprenons**
vous **prenez**	vous **apprenez**	vous **comprenez**
ils **prennent**	ils **apprennent**	ils **comprennent**

Notez que, du point de vue de la prononciation, les trois personnes du singulier sont identiques; il y a, dans les trois personnes du pluriel, une consonne /n/ qui est absente des trois personnes du singulier.

12.33 Activation écrite: *Prendre*

Complétez.

Circuler dans Paris

1. Les manifestants _prennent_ le boulevard Saint-Michel.

2. Pour aller à la Sorbonne, quelle rue est-ce que je _prends_ ?

3. Eh bien, _prends_ la rue de la Sorbonne!

4. Mireille, elle, _prend_ la rue des Ecoles.

5. Vous _prenez_ un taxi pour rentrer chez vous?

6. Non, nous _prenons_ le bus!

12.34 Activation écrite: *Comprendre*

Complétez.

Marie-Laure, cette incomprise!

—Comprends-moi!

—Mais je te _comprends_ très bien!

—Mais non, tu ne me _comprends_ pas du tout! Toi et Cécile, vous ne me _comprenez_ pas!

—Mais si, nous te _comprenons_

—Non! D'ailleurs, Colette non plus ne me _comprend_ pas! Les gens ne me _comprennent_ pas!

🎧 12.35 Observation: Formes du présent de l'indicatif, 1ère, 2ème, et 3ème personnes du singulier

j'entre	je sors	je dis	je peux
tu entres	tu sors	tu dis	tu peux
il entre	il sort	il dit	il peut
je fais	je connais	je viens	je prends
tu fais	tu connais	tu viens	tu prends
il fait	il connaît	il vient	il prend

Notez que, du point de vue de la prononciation, les trois personnes du singulier de ces verbes sont identiques. Cela est vrai du présent de l'indicatif de presque tous les verbes. Si vous savez dire une des trois personnes du singulier, vous pouvez dire les deux autres (évidemment aller, être, et avoir sont des exceptions).

🎧 12.36 Activation orale: Présent de l'indicatif, personnes du singulier

Répondez selon l'exemple.

Exemple:
Vous entendez: 1. Tu comprends?
Vous répondez: Oui, je comprends.

2. Tu sors?
3. Tu fais la sieste?
4. Tu connais la famille de Mireille?
5. Tu prends l'autobus?
6. Tu viens au cinéma?
7. Tu peux venir?
8. Tu apprends le français?

12.37 Activation écrite: Présent de l'indicatif

Complétez avec la forme convenable du verbe.

1. —Vous comprenez?

   —Oui, nous *comprenons* très bien.

2. —Vous partez?

   —Oui, nous *comprends*.

3. —Et toi, tu pars aussi?

   —Oui, je *pars* aussi.

4. —Vous prenez un café?

   —Non, nous ne *prenons* pas de café, merci.
   Nous sommes pressés.

5. —Tu sors?

   —Non, moi je ne *sors* pas; mais eux, oui, ils *sortent* .

6. —Il peut venir au théâtre?

   —Non, il ne *peut* pas venir; mais moi, je *peux* si vous voulez.

7. —Tu connais les Belleau?

   —Non, je ne les *connais* pas; mais ma sœur les *connait* très bien.

🎧 12.38 Observation: Formes masculines et féminines (révision et extension)

masculin	élégant	ravissant	fascinant
féminin	élégante	ravissante	fascinante

🎧 12.39 Activation: Dictée; formes masculines et féminines

Complétez les phrases que vous entendez.

1. *Elle* est amusant *e* !

2. *il* est fascinant_____ !

3. *elle* est méchant *e* !

4. C'est *la* suivant *e* .

5. *elle* est blond *e* .

6. *il* est bavard_____ .

7. *elle* est sourd *e* ou idiot *e* ?

🎧 12.40 Activation orale: Dialogue entre Ghislaine et Mireille

Vous allez entendre une conversation entre Ghislaine et Mireille. Ecoutez attentivement. Vous allez apprendre les réponses de Mireille.

Ghislaine: Le ciel est gris.
Mireille: **Le ciel est bleu.**
Ghislaine: Le temps est couvert.
Mireille: **Il n'y a pas un nuage.**

Ghislaine: Il pleut.
Mireille: **Il fait soleil!**
Ghislaine: Il fait froid.
Mireille: **Il fait chaud!**

EXERCICES-TESTS

🎧 12.41 Exercice-test: Impératif et pronoms

Complétez selon l'exemple.

Exemple:
Vous entendez: Je me lève?
Vous écrivez: Oui, lève-toi!

1. Oui, sors-___le___ .
2. Oui, levez-___vous___ .
3. Oui, suis-___moi___ .
4. Oui, suis-___les___ .
5. Oui, aide-___la___ .

Vérifiez. Si vous avez fait des fautes, travaillez les sections 12.15 et 12.17 dans votre cahier d'exercices.

🎧 12.42 Exercice-test: Impératif, pronoms, et négation

Complétez selon l'exemple.

Exemple:
Vous entendez: Je me lève?
Vous écrivez: Non, ne te lève pas.

1. Non, ___ne les___ suis pas!
2. Non, ___ne m'___ accompagne pas.
3. Non, ___ne l'___ appelle pas.
4. Non, ___ne t'___ arrête pas!
5. Non, ___ne vous___ arrêtez pas!

Vérifiez. Si vous avez fait des fautes, travaillez les sections 12.18 et 12.19 dans votre cahier d'exercices.

12.43 Exercice-test: Présent de l'indicatif

Complétez.

1. Si vous pouvez, je ___peux___ sûrement moi aussi!
2. Si nous pouvons, ils ___pouvent___ aussi.
3. Si vous suivez les manifestants, je les ___suis___ moi aussi.
4. Je suis prête; vous ___êtes___ prêts aussi?

5. J'apprends le français. Et vous, qu'est-ce que vous ___apprenez___ ?
6. Si vous sortez, je ___sors___ aussi.
7. Si je pars, les enfants ___partent___ avec moi.

Vérifiez. Si vous avez fait des fautes, travaillez les sections 12.23 à 12.37 dans votre cahier d'exercices.

LIBÉRATION DE L'EXPRESSION

12.44 Mise en question

Relisez le texte de la leçon; lisez les questions de la mise en question qui suit la mise en œuvre dans votre livre de textes. Réfléchissez à ces questions et essayez d'y répondre.

12.45 Mots en liberté

Qu'est-ce qu'on peut prendre?
On peut prendre des aspirines, des vacances, la rue Soufflot, un exemple, un sac, de l'argent. . . .

Trouvez encore au moins huit possibilités.

Qu'est-ce qu'on peut rendre?
On peut rendre un sourire, des skis loués, un service. . . .

Trouvez encore au moins cinq possibilités.

Où peut-on avoir mal?
On peut avoir mal à la tête, au doigt. . . .

Trouvez encore cinq exemples.

12.46 Réinvention de l'histoire

Imaginez que vous voulez engager la conversation avec un jeune homme ou une jeune fille que vous ne connaissez pas. Essayez toutes les possibilités. Par exemple: "Tiens, qu'est-ce que vous faites là? Vous n'êtes pas en Angleterre? Non? . . . Comment! . . . Vous n'êtes pas le prince Harry?"

Ou bien: "Tiens! C'est vous! Qu'est-ce que vous faites là? Vous n'êtes pas en Suède? . . . Comment, vous n'êtes pas la princesse Madeleine? Non? Vraiment? Ah ça, alors, c'est étonnant comme vous lui ressemblez!" etc.

12.47 Réinvention de l'histoire

Imaginez l'histoire de la vieille dame que Robert rencontre et aide. Quelle est sa vie, sa personnalité? Vous pouvez choisir parmi les possibilités suivantes. Vous pouvez aussi en inventer beaucoup d'autres.

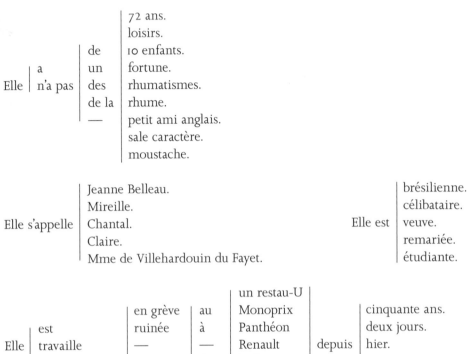

| Elle | a / n'a pas | de / un / des / de la / — | 72 ans. / loisirs. / 10 enfants. / fortune. / rhumatismes. / rhume. / petit ami anglais. / sale caractère. / moustache. |

| Elle s'appelle | Jeanne Belleau. / Mireille. / Chantal. / Claire. / Mme de Villehardouin du Fayet. |

| Elle est | brésilienne. / célibataire. / veuve. / remariée. / étudiante. |

| Elle | est / travaille / ne travaille pas | en grève / ruinée / — / concierge / comtesse | au / à / — / dans / chez | un restau-U / Monoprix / Panthéon / Renault / la fac / un cinéma / un théâtre | depuis | cinquante ans. / deux jours. / hier. / un an. / sa naissance. |

| Elle | est / fait semblant / a l'air / se promène dans les rues | — / d'être / — | pauvre / riche |

		un	galettes bretonnes	énorme(s).
		deux	loisirs	américain(e)(s).
		d'	jeunes gens	très gentil(le)(s).
	s'ennuie	de	chien(s)	très riche(s).
mais elle	n'a pas	—	appartement	qui s'habille(nt) chez Dior.
parce qu'elle	a	du	fille(s)	danois(e)(s).
	cherche	de la	mari(s)	—.
		des	restau-U	
		son	fils	
		sa	patins à roulettes	
		ses	professeur de karaté	

Elle va

trouver
- un sac avec beaucoup d'argent.
- un petit ami.
- un mari.
- un chien très gentil.
- du courrier.
- une carte postale de sa fille.

- être professeur à la Sorbonne.
- épouser Robert.
- suivre Robert.
- tuer Robert.
- faire la grève pendant encore 10 ans.
- se reposer sur un banc.
- se perdre dans le brouillard.
- avoir beaucoup de chance.

Elle vient de / d'

- se perdre dans les rues du Quartier latin.
- se ruiner en aspirine.
- attraper un rhume.
- choisir une jupe rouge chez Saint-Laurent.

rencontrer
- un monsieur très riche.
- le père de Mireille.
- un grand explorateur.

sortir
- de l'Institut d'Art et d'Archéologie.
- d'un bar.
- de l'hôpital.

- manifester devant le Ministère.

12.48 Journal de Marie-Laure

Attention au soleil!

1. Marie-Laure pense à ses grandes vacances. Pourquoi préfère-t-elle aller dans le Sud-Ouest?
2. Pourquoi sa mère s'inquiète-t-elle?
3. Quelles sont les caractéristiques d'une bonne crème solaire efficace?
4. Combien coûte un tube de crème solaire, selon Marie-Laure? Est-ce qu'elle trouve que c'est cher?

La manif

1. Comment Marie-Laure passe-t-elle sa journée du 1er mai?
2. Indiquez les endroits où elle va, les gens qu'elle voit et ce qu'ils font.
3. Pourquoi les manifestants protestent-ils contre Le Pen?
4. En quoi est-ce que les slogans vous aident à comprendre la position politique de Le Pen et des manifestants?

PRÉPARATION À LA LECTURE ET À L'ÉCRITURE

12.49 Lecture et interprétation

Lisez le document 1 (livre de textes, leçon 12) et complétez le texte suivant.

Il y a deux sortes de rencontres: les rencontres importantes, celles qui comptent, et les rencontres sans importance, celles qui ne _____ pas. D'après Nathalie Sarraute, les rencontres qui comptent ne sont jamais dues au hasard, elles ne sont pas

_____ .

12.50 Entraînement à la lecture

Lisez le document 1. Puis relisez la section 7 du texte de l'histoire.

Maintenant, imaginez que vous êtes Saint-Exupéry. Quelle remarque allez-vous faire sur Mireille et Robert dans cette scène?

_____

_____

12.51 Entraînement à la lecture

Lisez le document 2, "Lieux de rencontre," dans votre livre de textes, leçon 12. Puis lisez le texte suivant, complétez et répondez aux questions.

1. Un café est un <u>lieu</u> de rencontre, un espace où les individus peuvent aller pour se rencontrer. Tout le monde peut aller dans un café, c'est un _____ public. Les boîtes et les clubs de vacances sont aussi des _____ publics . . . et des _____ de rencontre.

2. Les sites de rencontres sur Internet permettent de présélectionner les partenaires potentiels en fonction de différents critères, par exemple des critères

_____

_____

_____ .

3. Quels sont les avantages de Facebook, Myspace et Twitter? _____

_____

_____

_____

_____ .

4. Les cafés, les clubs de vacances sont des lieux réels, physiques, mais Twitter et Facebook ne sont pas matériellement réels, ils sont _____ .

12.52 Entraînement à la lecture: Prévisions météorologiques

Etudiez la carte météorologique dans le livre de textes, leçon 12 (document 3), et répondez aux questions suivantes.

1. Quel temps va-t-il faire le 15 février à 13 heures sur la Méditerranée?

   Il va faire _____ .

2. Quel temps va-t-il faire dans les montagnes du Jura?

   _____ .

3. Quel temps va-t-il faire dans le Massif Central?

   _____ .

4. Quel temps va-t-il faire en Bretagne?

   _____ .

5. Quel temps fait-il ici, aujourd'hui?

   _____ .

6. Quel temps va-t-il faire demain, d'après vous?

   _____ .

7. A votre avis, quel temps fait-il en Angleterre, en ce moment?

   _____ .

12.53 Entraînement à la lecture

A. Lisez le document 4A.

1. Contre quoi les étudiants se mobilisent-ils? La guerre en Irak? La politique raciale du Front National?

   _____ .

2. Qu'est-ce que les étudiants vont faire le 5 mars 2009?

   _____ .

3. En France les universités dépendent du Ministère de l'éducation nationale; elles sont donc publiques et essentiellement gratuites (voir le document 3A de la leçon 19). Selon ce tract de 2009, le président Nicolas Sarkozy voulait changer le caractère public de l'université et lui imposer un système de financement privé; il voulait _____ l'université. Quel modèle cherchait-il à imiter en particulier?

   _____ .

4. La privatisation de l'université française n'est pas une source de satisfaction pour ces manifestants; au contraire, c'est une dégradation, une humiliation. C'est honteux, c'est une _____ !

5. Qu'est-ce que le président de Harvard dit pour justifier l'augmentation des frais de scolarité?

   _____

   _____ .

6. Les manifestants ne veulent pas détruire l'université; ils veulent la _____ .

B. Lisez le document 5.

Il y a deux "suis" dans les deux dernières lignes. Est-ce que le premier "suis" est une forme du verbe *être* ou du verbe *suivre*? _____

Et le second? _____

12.54 Lecture et interprétation

Relisez les sections 3 et 6 du texte de la leçon 12, puis examinez le document 6 et répondez aux questions suivantes.

1. Qu'est-ce que ce docteur est obligé de faire pour appeler ses clients?

   Il est obligé de _____ .

2. Pourquoi? Quel est le problème de ses clients?

   Ses clients _____ .

LEÇON

13

ASSIMILATION DU TEXTE

🎧 13.1 Mise en œuvre

Ecoutez le texte et la mise en œuvre dans l'enregistrement sonore. Répétez et répondez suivant les indications.

🎧 13.2 Compréhension auditive

Phase 1: Regardez les images et répétez les énoncés que vous entendez.

1. ___

2. ___

3. ___

4. ___

5. ___

6. ___

Phase 2: Ecrivez la lettre de chaque énoncé que vous entendez sous l'image qui lui correspond le mieux.

🎧 13.3 Compréhension auditive et production orale

Ecoutez les dialogues suivants. Après chaque dialogue, vous allez entendre une question. Répondez à la question.

1. Qu'est-ce que le jeune homme demande à la jeune fille?
2. Pourquoi la jeune fille n'a-t-elle pas de feu?
3. Pourquoi Jean-Luc a-t-il raison de faire du droit?
4. Pourquoi est-ce que toutes les filles font des maths, aujourd'hui, d'après Jean-Pierre?
5. Que fait la jeune fille rousse comme études?

🎧 13.4 Production orale

Ecoutez les dialogues suivants. Vous allez jouer le rôle du deuxième personnage. Vous entendrez le dialogue une fois, puis vous entendrez ce que dit le deuxième personnage trois fois. Puis vous entendrez ce que dit le premier personnage, et vous jouerez le rôle du deuxième.

1. Jean-Pierre: Pardon, Mademoiselle, vous avez du feu?
   Annick: (. . .)
2. Jean-Pierre: Qu'est-ce que tu fais comme études?
   Jean-Luc: (. . .)
3. Jean-Pierre: Je ne veux pas me décider trop jeune. C'est trop dangereux.
   Jean-Luc: (. . .)
4. Jean-Pierre: Eh bien, dites donc, ça ne va pas vite! Ça fait longtemps que vous attendez?
   Jean-Luc: (. . .)
5. Jean-Pierre: Je ne peux pas rester, moi! J'ai un rendez-vous avec une fille superbe à l'Escholier. Je me sauve!
   Annick: (. . .)

PRÉPARATION À LA COMMUNICATION

🎧 13.5 Observation: Prononciation; la semi-voyelle /j/

xo
rien

Le mot rien a une syllabe. Le premier son est la consonne /r/, le dernier son est la voyelle /ɛ̃/ (représentée par en) et entre les deux il y a un troisième son /j/ (représenté par la lettre i) qui n'est pas vraiment une voyelle mais qui n'est pas vraiment une consonne non plus. C'est un son qui est à la fois voyelle et consonne. Disons que c'est une **semi-voyelle**.

Remarquez que dans rien, il n'y a pas de séparation entre la semi-voyelle /j/ et la voyelle /ɛ̃/. On passe directement du son /j/ au son /ɛ̃/.

🎧 13.6 Activation orale: Prononciation; la semi-voyelle /j/

Ecoutez et répétez.

rien	premier	hier
bien	dernier	ciel
Tiens!	escalier	violet
Viens!	chemisier	mieux
chien	courrier	

🎧 13.7 Observation: Protestations

Pour protester, vous pouvez dire:

Eh, là! Qu'est-ce que c'est que ça?	Attendez, comme tout le monde!	Si on ne peut plus fumer!
Pas de resquille!	(. . .), comme tout le monde!	Si on ne peut plus (. . .)!
Pas de ça!	Oh, là, là!	Où va-t-on?
Pas de (. . .)	Si on ne peut plus resquiller!	Où allons-nous?
A la queue, comme tout le monde!	Si on ne peut plus draguer!	

🎧 13.8 Activation orale: Protestations

Ecoutez et répétez en imitant le modèle aussi exactement que possible.

🎧 13.9 Observation: Décision et indécision

indécision	décision
Je ne sais pas. . . .	Bon, eh bien. . . .
Peut-être. . . .	Voilà!
Ça dépend. . . .	Ça y est!
Il faut voir. . . .	C'est décidé!
Je ne suis pas très fixé(e). . . .	
Je ne suis pas décidé(e). . . .	
Je ne veux pas me décider trop tôt!	

🎧 13.10 Activation orale: Indécision

Ecoutez et répétez en imitant le modèle aussi exactement que possible.

🎧 13.11 Observation: Accord, approbation

Pour approuver, vous pouvez dire:

C'est ça!

Bien sûr!

Très bien!

D'accord!

Tu as raison!

Tu as bien raison!

Certainement!

Absolument!

C'est une idée!

C'est une bonne idée!

C'est une excellente idée!

Parfait!

🎧 13.12 Activation orale: Accord, approbation

Répondez en indiquant votre approbation.

Exemple:
Un ami vous dit:
1. Moi, je ne fume pas!

Qu'est-ce que vous pouvez dire pour approuver?

2. Attends-moi là, je reviens tout de suite!
3. Allons passer l'été à Saint-Tropez!
4. Moi, je crois que je vais faire du droit, parce que le droit, ça mène à tout!
5. Bon, eh bien, je vais à la queue!

🎧 13.13 Observation: Le temps qui passe; *dernier, prochain*

passé			présent	futur		
2011	avril 2012	mardi 8 mai 2012	mardi 15 mai 2012	mardi 22 mai 2012	juin 2012	2013
l'année **dernière**	le mois **dernier**	mardi **dernier**	**aujourd'hui**	mardi **prochain**	le mois **prochain**	l'année **prochaine**
		la semaine **dernière**	**cette** semaine	la semaine **prochaine**		
			ce mois-**ci**			
			cette année			

🎧 13.14 Activation orale: Le temps qui passe; *prochain*

Répondez selon l'exemple.

Exemple:
Vous entendez: 1. C'est cet été que vous allez en
  Patagonie?
Vous répondez: Non, l'été prochain.

2. C'est cette semaine que vous allez à Saint-Tropez?
3. C'est cette année que tu commences ta médecine?
4. C'est ce mercredi que tu as rendez-vous avec Mireille?

🎧 13.15 Observation: Etudes

Quand on fait des études, on peut faire:

du droit	médecine
de la sociologie	HEC
de la psychologie	Polytechnique (l'X)
des mathématiques	les Langues-O.
de la médecine	Agro
de la physique	Normale Sup.
de l'astrophysique	l'ENA
de l'histoire de l'art	etc.
etc.	

Notez: HEC, l'X, Agro, Normale Sup. sont des "grandes écoles," des écoles d'enseignement supérieur où on entre par concours.

HEC = L'Ecole des hautes études commerciales
L'X = L'Ecole polytechnique
Les Langues-O. = L'Institut national des langues et civilisations orientales (INALCO)
Agro = L'Institut d'agronomie
Normale Sup. = L'Ecole normale supérieure
L'ENA = L'Ecole nationale d'administration

🎧 13.16 Activation orale: Etudes

Répondez selon les exemples.

Exemples:
Vous entendez: 1. L'informatique, ça
  vous intéresse?
Vous répondez: Oui, je crois que
  je vais faire de l'informatique.
  (Parce que l'informatique est une
  matière.)

Vous entendez: 2. L'ENA, ça vous
  intéresse?
Vous répondez: Oui je crois que je
  vais faire l'ENA. (Parce que l'ENA
  est une institution, une "grande
  école.")

3. La sociologie, ça t'intéresse?
4. Le russe intéresse Colette?
5. Les Langues-O. intéressent Colette?
6. Les maths vous intéressent?
7. HEC, ça vous intéresse?

🎧 13.17 Observation: Absence et abondance; *manquer*

Regardez bien:

lundi mardi   jeudi vendredi samedi dimanche

Il manque un jour (mercredi).

Et ici:

1 2 3 4 5 6   8 9 10

Il manque un *chiffre* (le 7).

présence	absence
Tout le monde est là: il ne manque personne.	Tout le monde n'est pas là: il manque quelqu'un.
Tout est là: il ne manque rien.	Tout n'est pas là: il manque quelque chose.

abondance	manque
Il y a assez de temps: le temps ne manque pas.	Il n'y a pas assez de temps: le temps manque.
Ce n'est pas le temps qui manque!	C'est le temps qui manque!

🎧 13.18 Activation orale: Absence et abondance

Répondez selon les exemples.

Exemples:
Vous entendez: 1. Il y a beaucoup de trucs!
Vous dites: Ce ne sont pas les trucs qui manquent.

Vous entendez: 2. On ne peut pas faire de ski; il n'y a pas de neige cet hiver.
Vous dites: C'est la neige qui manque.

3. Il y a beaucoup de fils à papa à Saint-Tropez.
4. Il y a beaucoup de soleil à Saint-Tropez.
5. Il y a beaucoup de cafés à Saint-Tropez.
6. Il y a beaucoup de dragueurs à Saint-Tropez.
7. On ne peut pas aller en vacances. On n'a pas assez de temps!
8. Moi, je veux bien aller à Saint-Tropez, mais on n'a pas assez d'argent!

🎧 13.19 Activation: Dictée

Ecoutez et complétez. Vous entendrez le texte deux fois.

En classe

1. —Alors, tout le monde est là? _____
_____ ?

—Si, _____ . Marie-Laure est
absente. Elle a mal à la gorge.

2. —Alors, vous avez beaucoup de travail?
—Oh, là, là, oui! _____
_____ !

🎧 13.20 Activation: Dictée; *Il en reste; personne, une personne* (révision)

Ecoutez et complétez. Vous entendrez le texte deux fois.

A la fac

—Il y a trois _____ qui
_____ devant un bureau.
_____ entre dans le bureau.
Combien _____ devant
le bureau?

—Eh bien, il _____ deux!
—Bon, maintenant, ces _____ entrent
dans le bureau. Qui est-ce qu'il y a devant le bureau?
—Il _____ ! Il _____
_____ !

🎧 13.21 Observation: Formes masculines et féminines (révision et extension)

féminin	masculin	féminin	masculin
russe	russe	puante	puant
sexiste	sexiste	passante	passant
impossible	impossible	élégante	élégant
formidable	formidable	collante	collant
drôle	drôle		
violette	violet	resquilleuse	resquilleur
		dragueuse	dragueur
bleue	bleu	idiote	idiot
étonnée	étonné	verte	vert
principale	principal	couverte	couvert
noire	noir	courte	court
mexicaine	mexicain	veuve	veuf
prochaine	prochain	neuve	neuf
		inoffensive	inoffensif
copine	copain		
maline*	malin		
affreuse	affreux	sourde	sourd
matheuse	matheux	froide	froid
dangereuse	dangereux	chaude	chaud
première	premier	nouvelle	nouveau
dernière	dernier	belle	beau
chère	cher		

*On dit aussi maligne.

🎧 13.22 Activation orale: Formes masculines et féminines

Mettez au féminin selon l'exemple.

Exemple:

Vous entendez: 1. Nous allons avoir un nouveau garçon dans l'histoire.

Vous dites: Nous allons avoir une nouvelle fille dans l'histoire.

2. C'est un dragueur.
3. Il n'est pas très beau.
4. Il est puant, ce garçon!
5. Il est un peu resquilleur.
6. Je ne le trouve pas très malin.
7. On dit qu'il est dangereux.
8. En fait, il est assez inoffensif.
9. C'est un bon copain.

🎧 13.23 Observation: Discrimination; *lequel/celui*

Voici deux foulards. *Lequel préférez-vous? Celui-ci ou celui-là?*

	question	réponse
masculin singulier	Lequel?	Celui-ci!
féminin singulier	Laquelle?	Celle-ci!
masculin pluriel	Lesquels?	Ceux-ci!
féminin pluriel	Lesquelles?	Celles-ci!

13.24 Observation: Discrimination; *lequel/quel*

quel + nom	
Quel foulard préférez-vous?	
lequel = pronom	
Lequel préférez-vous?	

Remarquez que quel (quelle, quels, quelles) est utilisé avec un nom (ici, foulard). Quel fonctionne comme un adjectif ou un article. Remarquez que lequel (laquelle, lesquels, lesquelles) est utilisé sans nom. Lequel remplace un nom. Lequel fonctionne comme un pronom.

13.25 Observation: Discrimination; *celui/ce*

ce + nom	
Tu préfères **ce** foulard?	
celui-ci = pronom	
Tu préfères **celui-ci**?	

Remarquez que ce (cet, cette, ces) est utilisé avec un nom. Ce fonctionne comme un article ou un adjectif. Remarquez que celui-ci (celle-ci, ceux-ci, celles-ci) est utilisé sans nom. Celui-ci remplace un nom. Celui-ci fonctionne comme un pronom.

13.26 Observation: Discrimination; *celui-ci, celui-là, celui de, celui qui*

celui
Prends **celui-ci**.
Prends **celui-là**.
Prends **celui de** Mireille.
Prends **celui qui** est bleu.

Remarquez que celui (celle, ceux, celles) n'est pas utilisé seul. Celui est suivi de -ci, -là, de . . . , qui . . . , etc.

13.27 Activation écrite: *Lequel, quel, celui*

Complétez les phrases suivantes en utilisant la forme convenable de lequel ou de quel pour la question, et la forme convenable de celui pour la réponse.

1. —_____ robe préférez-vous?

   —Je préfère _____-ci.

   —Et toi, _____ préfères-tu?

   —_____-là!

2. —_____ chemisier va avec cette jupe?

   —Je trouve que _____-ci va bien avec la rouge.

3. —Tiens, il y a des foulards, là, qui viennent sûrement de chez Dior.

   —Ah, oui? _____ ?

   —_____-là.

4. —Tu vois ces deux filles, là-bas?

   —_____ ?

   —_____ qui traversent la cour. Je crois que ce sont les sœurs de Mireille.

13.28 Activation écrite: *Lequel/celui*

Complétez le dialogue suivant avec la forme convenable de lequel et de celui.

—Je vois un garçon superbe!

—Où ça?

—Là-bas, dans la cour.

—_____ ? _____ qui porte le jean gris et le

pull bleu?

—Non, pas _____-là, l'autre, à côté!

—Ah, le blond?

—Non, _____ à côté de la rousse avec la robe vio-

lette. Il n'est pas mal, hein?

13.29 Observation: Réalité et simulation

réalité	simulation
Il tombe **pour de vrai.**	Il **fait semblant** de tomber.
Il cherche **vraiment.**	Il **fait semblant** de chercher.

13.30 Observation: Apparence et simulation

apparence (C'est peut-être vrai.)	simulation (Ce n'est pas vrai.)
Il a l'air malade.	Il fait semblant d'être malade.
Il a l'air de comprendre.	Il fait semblant de comprendre.

13.31 Activation orale: Apparence et simulation

Complétez selon l'exemple.

Exemple:
Vous entendez: 1. Il n'est pas malade!
Vous dites: Mais il fait semblant d'être malade!

2. Ils ne comprennent pas.
3. Nous ne comprenons pas.
4. Il ne tombe pas vraiment.
5. Il ne la connaît pas.
6. Elle n'est pas vraiment pressée.

13.32 Observation: Attente; *attendre, faire la queue*, présent de l'indicatif

	attendre		faire	la queue
j'	attends	je	fais	la queue
tu	attends	tu	fais	la queue
il	attend	il	fait	la queue
nous	attendons	nous	faisons	la queue
vous	attendez	vous	faites	la queue
ils	attendent	ils	font	la queue

13.33 Activation orale: *Attendre, faire la queue*

Répondez selon l'exemple.

Exemple:
Vous entendez: 1. Jean-Luc attend?
Vous répondez: Oui, il fait la queue.

2. Annick attend?
3. Les jeunes gens attendent?
4. Tu attends?
5. Vous attendez, tous les deux?

13.34 Activation orale: Dialogue entre le professeur et une jeune fille

Vous allez entendre une conversation entre le professeur et une jeune fille. Écoutez attentivement. Vous allez apprendre les réponses de la jeune fille.

Le professeur: Quel âge avez-vous?
La jeune fille: **J'ai 21 ans.**
Le professeur: Vous êtes étudiante?
La jeune fille: **Oui, je suis à l'université.**

Le professeur: Qu'est-ce que vous faites comme études?
La jeune fille: **Je fais des lettres.**
Le professeur: Et que pensez-vous de la psychanalyse?
La jeune fille: **La psychanalyse? C'est intéressant.**

EXERCICES-TESTS

🎧 13.35 Exercice-test: Masculin et féminin des adjectifs

Déterminez si les phrases que vous entendez parlent d'un jeune homme ou d'une jeune fille. Cochez la case appropriée.

	1	2	3	4	5	6	7	8	9	10	11	12	13	14	15	16
un jeune homme	X	X		X				X		X	X		X	X		X
une jeune fille			X		X	X	X		X			X			X	

Vérifiez. Si vous avez fait des fautes, travaillez les sections 13.21 et 13.22 dans votre cahier d'exercices.

13.36 Exercice-test: Formes de *ce (cette), celui (celle), quel (quelle), lequel (laquelle)*

Complétez.

1. —Quand est-ce que vous allez à Saint-Tropez? La semaine prochaine?

   —Non, c'est _____ semaine que j'y vais.

2. —C'est le mois prochain que vous partez pour la Patagonie?

   —Non, non, c'est _____ mois-ci!

3. Il y a des rousses qui sont russes, mais _____ rousse-ci n'est pas russe, elle est roumaine.

4. Il y a des rousses qui sont russes, mais _____-ci n'est pas russe, elle est roumaine.

5. Il y a des garçons qui sont roux, mais _____-ci est blond.

6. Les yeux de Mireille sont bleu-gris. _____ de sa petite sœur sont bleus.

7. —Ah! Vous connaissez une des sœurs de Mireille? _____ connaissez-vous, la petite ou l'autre?

   —Je connais _____ qui est mariée, Cécile.

8. Vous connaissez les oncles de Mireille? _____ préférez-vous, Guillaume ou l'autre?

9. Vous aimez le cinéma? _____ films préférez-vous, les films japonais ou les films anglais?

10. Vous avez vu un film de Truffaut? _____ avez-vous vu? *Baisers volés* ou *Jules et Jim*?

11. —Vous connaissez ce truc?

    —_____ truc?

12. —Vous connaissez cette histoire?

    —_____ histoire?

13. —Vous connaissez ces Anglaises?

    —_____ Anglaises? Je ne connais pas d'Anglaises, moi!

14. —Vous connaissez ces Japonais?

    —_____ Japonais?

15. —Tu vois ces filles, là-bas?

    —_____? Celles qui parlent au beau brun, dans la cour?

Vérifiez. Si vous avez fait des fautes, travaillez les sections 13.23 à 13.28 dans votre cahier d'exercices.

LIBÉRATION DE L'EXPRESSION

13.37 Mise en question

Relisez le texte de la leçon; lisez les questions de la mise en question qui suit la mise en œuvre dans votre livre de textes. Réfléchissez à ces questions et essayez d'y répondre.

13.38 Mots en liberté

Qu'est-ce qu'on peut laisser tomber?

On peut laisser tomber des petits pains au chocolat, des Evian-Fruité, un bébé, de l'argent. . . .

Trouvez encore au moins cinq possibilités.

Qu'est-ce qu'on peut porter?

On peut porter un imper noir, une jupe, une veste, des lunettes. . . .

Trouvez encore au moins cinq possibilités.

13.39 Mise en scène et réinvention de l'histoire

Vous rencontrez une personne formidable. Mais vous ne la connaissez pas. Imaginez un dialogue entre vous et cette personne. Donnez au moins trois répliques pour vous et trois répliques pour l'autre personne. Par exemple:

Vous:

Vous venez souvent ici?

Vous avez du feu?

Est-ce que vous êtes riche?

Vous allez de quel côté? Est-ce que je peux vous accompagner?

Il fait beau, vous ne trouvez pas?

Tiens, c'est vous? Qu'est-ce que vous faites ici?

Je suis professeur à la Sorbonne. Et vous?

Je suis très riche, et célibataire. Et vous?

L'autre personne:

Oui, je viens souvent ici.

Je ne fume pas.

Je suis Ministre de la Santé, je déteste la fumée.

Oui, j'ai du feu.

Je connais ce truc, c'est un peu élémentaire!

Ça ne marche pas, votre truc!

J'attends quelqu'un (mon petit ami, mon père, ma femme . . .).

Je suis marié(e).

Ça ne mène à rien, votre truc.

13.40 Mise en scène et réinvention de l'histoire

Faites le portrait . . . physique et moral . . . de Jean-Pierre Bourdon. Comment le trouvez-vous? Est-ce qu'il est grand, beau, roux ou brun? Est-ce qu'il est modeste, poli, inoffensif? Qu'est-ce qu'il fait pour engager la conversation? Qu'est-ce qu'il va être?

13.41 Mise en scène et réinvention de l'histoire

Qui est l'homme en noir? D'où vient-il? Qu'est-ce qu'il fait à la Sorbonne?

C'est
| le ministre de la Santé.
| le père de Robert.
| le 2ème mari (argentin) de la mère de Robert.
| un étudiant.
| un terroriste suédois.
| un agent de police arménien.
| un détective anglais.
| Pierre Capretz déguisé.

Il vient
| du Brésil.
| d'Argentine.
| de Norvège.
| d'Italie.
| de Russie.
| des Etats-Unis.

Il fait semblant d'être
| polonais.
| communiste.
| médecin.
| professeur de latin.
| gentil.
| idiot.
| sourd.
| inoffensif.

Il est à Paris depuis
| une heure.
| la guerre.
| l'an dernier.
| 1917.
| la semaine dernière.

Mais il est
| psychiatre.
| basque.
| médecin.
| professeur de karaté.
| ingénieur.
| très dangereux.

Il va
| faire son beurre.
| trouver une femme.
| faire des études à HEC.
| faire du droit.
| organiser des manifestations.
| faire une révolution.

tuer
| Robert.
| le ministre.
| Mireille.

Il a
| 40
| 44
| 29
| 36
| ans.

Essayez de continuer l'invention.

13.42 Journal de Marie-Laure

Téléphone portable

1. Qu'est-ce que Marie-Laure est en train de faire quand le téléphone sonne? Pourquoi?
2. Où va-t-elle pour voir qui lui parle au téléphone? Qui est-ce qu'elle voit? Où?
3. Qu'est-ce que Marie-Laure pense du téléphone portable? Pourquoi? Etes-vous d'accord?
4. Et vous, que faites-vous avec votre portable?

Marie-Laure s'interroge sur son avenir

1. Marie-Laure se pose des questions sur son avenir. De quoi est-elle sûre? Pourquoi?
2. En France, avec une note de 10/20, on réussit à son bac (mention passable). Si on a entre 12 et 13,99, on a mention assez bien, entre 14 et 15,99 mention bien, entre 16 et 17,99 mention très bien, et entre 18 et 20 mention très bien avec les félicitations du jury. A votre avis, quelle note Marie-Laure va-t-elle avoir?
3. A l'âge de 18 ans, Marie-Laure n'est pas sûre du métier qu'elle veut faire. Quelles sont les suggestions des membres de sa famille? Est-ce qu'elles intéressent Marie-Laure? Elle a l'air de préférer quel métier? Pourquoi?

PRÉPARATION À LA LECTURE ET À L'ÉCRITURE

13.43 Lecture et déduction

Lisez attentivement le texte de la leçon 12 dans votre livre de textes. Etudiez le document 1 de la leçon 13 ("La Sorbonne"). Observez le plan de la Sorbonne et tracez l'itinéraire de Mireille et celui de Robert. Par quelle rue Mireille arrive-t-elle? Et Robert? Par où passe Mireille? Et Robert, par où entre-t-il dans la Sorbonne? Souvenez-vous que les deux itinéraires doivent se rencontrer dans la cour de la Sorbonne.

13.44 Entraînement à la lecture

Relisez la section 5 du texte de la leçon 13. Lisez le document 2. Maintenant, imaginez un instant que vous êtes Jean-Pierre et que vous connaissez bien Alphonse Allais. Jean-Luc vous demande impertinemment votre âge. Qu'est-ce que vous pouvez lui répondre?

_____

_____

_____

13.45 Entraînement à la lecture

Lisez le document 3, livre de textes, leçon 13, et essayez de deviner de quoi il s'agit.

Pour vous aider: C'est un article vestimentaire (pour homme). Les dames portent des chemisiers. Que portent les hommes?

_____

13.46 Lecture et calcul

Lisez le document 5, "Entrer à l'X."

1. Vous avez votre baccalauréat; vous avez fait deux ans de "taupe" (classe préparatoire à Polytechnique) au lycée Henri-IV à Paris. Vous vous présentez au concours. Combien de chances avez-vous d' "intégrer" (d'entrer à Polytechnique)?

_____

2. Combien de candidats étrangers sont acceptés à l'X?

_____

3. Quel âge faut-il avoir pour y entrer?

_____

13.47 Entraînement à la lecture

Lisez le document 6, "La Santé physique et mentale des Français."

1. En 2009, quelle est l'espérance de vie pour les Français et les Françaises?

_____

_____

2. Qui a le record mondial de longévité? A quel âge cette personne est-elle morte?

_____

3. Qu'est-ce qui prouve que les Français n'ont pas l'impression de vivre mieux?

_____

4. Citez deux manifestations extérieures du mal-être de certains Français.

_____

_____

5. Dans la vidéo, Jean-Pierre dit que les psy font leur beurre (voyez le section 5 du texte). Pouvez-vous trouver l'explication dans ce document "La Santé physique et mentale des Français"?

_____

_____

13.48 Entraînement à la lecture et expansion du vocabulaire

Regardez le document 8B, puis lisez et complétez le texte suivant.

Sur ce dessin, vous voyez quatre personnages: un officier de marine et trois marins. Ils sont sur le pont d'un bateau. L'officier montre son doigt à un marin. Il n'est pas content; il dit qu'il a de la _____ sur le doigt. Les marins trouvent qu'il exagère. Ils pensent qu'avec l'eau de la mer et la pluie, il ne peut pas y avoir de _____ sur le pont du bateau!

Lisez le document 8C et complétez.

Je vais vous dire un secret; je vais vous confesser quelque chose; je vais vous <u>avouer</u> quelque chose: je vais vous faire un _____ .

Je n'aime pas être malade; je ne supporte pas la maladie. Je ne supporte pas qu'on parle de maladie: si on parle de maladie, je tombe malade: rien que d'en parler, ça me _____ .

13.49 Lecture et interprétation

Lisez le document 10. Essayez de comprendre l'essentiel et de répondre aux questions suivantes.

Le premier passage est écrit au passé. Tous les verbes sont au passé. Dans ce passage, Simone de Beauvoir raconte sa rencontre avec un jeune philosophe, Pierre Nodier.

1. Est-ce que Simone de Beauvoir trouve les étudiants qu'elle rencontre à la Sorbonne intéressants? Comment les trouve-t-elle?

   _____

2. Quel cours suit-elle à la Sorbonne?

   _____

3. Faites le portrait du jeune homme que Simone de Beauvoir rencontre. _____

   _____

4. D'après vous, qui est la jeune fille brune dont parle Simone de Beauvoir?

   _____

5. Qu'est-ce qui impressionne Simone de Beauvoir chez le jeune homme? Ses yeux bleus, son costume noir, son chapeau noir, son air d'autorité, son sourire?

   _____

6. Où est-ce qu'elle lui parle pour la première fois?

   _____

7. Où est-ce qu'elle se promène avec lui pour la première fois?

   _____

8. Est-ce que Simone de Beauvoir est fille unique?

   _____

9. Est-ce qu'elle est plus jeune ou plus âgée que le jeune homme?

   _____

13.50 Pratique de l'écriture

Faites le portrait de Jean-Pierre. Qui est-il? Que pensez-vous de lui? Ecrivez de 50 à 75 mots.

_____

_____

_____

_____

_____

14

ASSIMILATION DU TEXTE

🎧 **14.1 Mise en œuvre**

Ecoutez le texte et la mise en œuvre dans l'enregistrement sonore. Répétez et répondez suivant les indications.

🎧 **14.2 Compréhension auditive**

Phase 1: Regardez les images et répétez les énoncés que vous entendez.

1. B

2. E

3. D

4. A

5. E

6. C

Phase 2: Ecrivez la lettre de chaque énoncé que vous entendez sous l'image qui lui correspond le mieux.

🎧 14.3 Production orale

Ecoutez les dialogues suivants. Vous allez jouer le rôle du deuxième personnage. Vous entendrez le dialogue une fois, puis vous entendrez ce que dit le deuxième personnage trois fois. Puis vous entendrez ce que dit le premier personnage, et vous jouerez le rôle du deuxième.

1. Robert: Il fait vraiment beau, vous ne trouvez pas?
   Mireille: (. . .)
2. Robert: Vous êtes étudiante?
   Mireille: (. . .)
3. Robert: Moi, je viens des Etats-Unis.
   Mireille: (. . .)
4. Mireille: Ah! votre mère est française?
   Robert: (. . .)
5. Mireille: Il y a longtemps que vous êtes en France?
   Robert: (. . .)
6. Mireille: Et vous habitez où? A la Cité-U?
   Robert: (. . .)
7. Mireille: Et vous venez souvent en France?
   Robert: (. . .)

PRÉPARATION À LA COMMUNICATION

🎧 14.4 Observation: Prononciation; le son /i/

Ecoutez.

cérémonie	gastronomie	Il est midi à Paris.
sympathie	psychologie	Vive la vie!
astronomie	Etats-Unis	C'est gentil ici!

Notez que le son /i/ est fermé et long. C'est le même au début, au milieu, et à la fin d'un mot.

🎧 14.5 Activation orale: Prononciation; le son /i/

Ecoutez et répétez.

il	matinée	Paris
idée	mérite	petit
image	Amérique	midi
histoire	président	ici

Notez que le son /i/ est très nettement distinct du son /e/ et du son /ɛ/.

Ecoutez et répétez.

il elle / le Berry le béret / le ferry Léo Ferré / Annie année

Ecoutez et répétez.

le Berry   le ferry   la psychanalyse   vas-y!   Yvonne

Notez que le son /i/ est quelquefois représenté par la lettre y.

🎧 14.6 Observation: Evénements

—Il se passe quelque chose.
—Qu'est-ce qui se passe?
—Je ne sais pas ce qui se passe.

—Qu'est-ce qu'il y a?
—Je ne sais pas ce qu'il y a.
—De quoi s'agit-il?
—Je ne sais pas de quoi il s'agit.

🎧 14.7 Observation: Réactions à un compliment

C'est gentil, mais . . . tu exagères!
Tu es gentil, mais . . . tu dis ça pour me faire plaisir!
Tu es gentille, mais . . . je ne te crois pas!

Vous êtes bien gentil de dire ça, mais . . . je ne sais pas si je dois vous croire.
Vous êtes bien gentille de dire ça, mais . . . je n'ai aucun mérite.

◁» 14.8 Observation: Degrés de politesse

0	Je vous accompagne.
1	Je vous accompagne?
2	Est-ce que je peux vous accompagner?
3	Est-ce que vous me permettez de vous accompagner?
4	Est-ce que je peux me permettre de vous accompagner?
5	Est-ce que vous voudriez bien me permettre de vous accompagner?

Notez que la première phrase peut ne pas être polie du tout, suivant la situation et le ton de la voix. La dernière phrase est la quintessence de la politesse. Notez que, d'une façon générale, plus la formule est polie, plus elle est longue.

◁» 14.9 Observation: Le bien et le mal; approbation et désapprobation; le vrai et le faux; accord et désaccord; *avoir raison, avoir tort*

approbation/désapprobation
—Je fais du sport. —Vous **avez raison**! C'est bon pour la santé!
—Je fume. —Vous **avez tort**! Ce n'est pas bon pour la santé!

accord/désaccord
—Moi, je dis que Robert est stupide. —Oui, c'est vrai, il est stupide. Tu **as raison**.
—Moi, je dis que Robert est stupide. —Mais non! C'est faux! Tu **as tort**!

	avoir		raison		avoir		tort
J'	**ai**		**raison**, non?	J'	**ai**		**tort**, mais. . . .
Tu	**as**	bien	**raison**!	Tu	**as**		**tort**!
Il	**a**	peut-être	**raison**.	Il	n'**a**	pas	**tort**!
Nous	**avons**	toujours	**raison**.	Nous	**avons**		**tort**?
Vous	**avez**	sûrement	**raison**.	Vous	n'**avez**	pas	**tort**!
Ils	**ont**		**raison**.	Ils	**ont**		**tort**!

Notez que, dans une discussion, vous avez toujours raison, et l'autre a toujours tort.

◁» 14.10 Activation orale: Approbation et désapprobation

Répondez affirmativement ou négativement selon les indications écrites.

Exemples:

Vous entendez: 1. Robert pense que Mireille est sympathique.

Vous voyez: C'est vrai; elle est sympathique.

Vous dites: Il a raison.

Vous entendez: 2. Mireille pense que Robert est étudiant.

Vous voyez: Ce n'est pas vrai.

Vous dites: Elle a tort!

3. Mais ce n'est pas vrai.

4. Ce n'est pas vrai non plus.

5. C'est vrai.

6. C'est vrai; elle est très gentille.

🎧 14.11 Activation: Dictée

Ecoutez et complétez.

1. Marie-Laure offre des bonbons à sa mère.

   Marie-Laure: Tu veux un bonbon?

   Mme Belleau: Non, merci.

   Marie-Laure: Tu ___as tort___, ils sont très bons.

2. Marie-Laure annonce qu'elle va se coucher.

   Marie-Laure: Bon, je vais me coucher.

   Mme Belleau: Tu ___as raison___. Bonsoir, ma puce.

14.12 Activation écrite: *Avoir raison, avoir tort*

Lisez les phrases suivantes et complétez-les en utilisant avoir raison ou tort.

1. Quand Robert voit Mireille, it pense tout de suite qu'elle est étudiante. Il ___a raison___.

2. Mireille pense que Robert parle très bien français, qu'il n'a pas d'accent du tout. Elle ___a raison___.

3. Elle pense qu'il habite à la Cité Universitaire. Elle ___a tort___.

4. Elle pense que le père de Robert est peut-être mort. Elle ___a tort___.

5. Le père de Robert fume de gros cigares. Il ___a tort___ (parce que c'est très mauvais pour la santé).

6. La mère de Robert pensait qu'il n'y avait rien d'intéressant en Amérique Latine. Elle ___avait tort___.

7. Il y a des gens qui disent qu'être gardien de nuit est un sot métier. Ils ___ont tort___ (parce qu'il n'y a pas de sot métier!).

8. —Vous êtes remarquable! Extraordinaire!

   —Vous ___avez raison___. Je suis remarquable et extraordinaire. . . .

🎧 14.13 Observation: *Dire*

—Qu'est-ce que tu **dis?**
—Qui? Moi? Je ne **dis** rien!
—**Dis** quelque chose!
—Pourquoi? Je n'ai rien à **dire!**

—"Il n'y a pas de sot métier" comme **dit** Tante Georgette!
—Qu'est-ce que Tante Georgette **dit?**
—Elle **dit** qu'il n'y a pas de sot métier, que tous les métiers sont honorables.

—Oui, oui, je veux bien vous permettre de m'accompagner . . . comme vous **dites!**
—On ne **dit** pas ça? On ne peut pas **dire** ça? Ça ne se **dit** pas?
—Si, si, on **dit** ça! C'est très correct, mais c'est un peu cérémonieux.

—Vous êtes sympa . . . je veux **dire** "sympathique."
—"Sympa," ça veut **dire** "sympathique"?
—Ben, oui!
—Et "pétaouchnic," qu'est-ce que ça veut **dire?**
—Ça ne veut rien **dire!** Ça n'existe pas!

dire	
je **dis**	nous **disons**
tu **dis**	vous **dites**
il **dit**	ils **disent**

Comparez.

dire	vous **dites**
faire	vous **faites**
être	vous **êtes**

🎧 14.14 Activation: Dictée

Ecoutez et complétez. Vous entendrez le passage trois fois.

Robert: Vous ___etes___ étudiante?

Mireille: ___Oui___.

Robert: Qu'est-ce que ___vous faites___?

Mireille: Je fais de l'histoire de l'art.

Robert: ___Qu'est ce que___ vous ___dites___?

Mireille: ___je fais de l'histoire de l'art___.

🎧 14.15 Activation orale: *Dire*

Transformez selon les exemples.

Exemples:

Vous entendez: 1. Elle parle beaucoup!

Vous dites: Oui, mais elle dit des choses intéressantes.

Vous entendez: 2. Je parle beaucoup!

Vous dites: Oui, mais vous dites des choses intéressantes.

3. Robert parle beaucoup.
4. Nous parlons beaucoup, mon frère et moi.
5. Les sœurs de Mireille parlent beaucoup.
6. Et toi, tu parles beaucoup.
7. Mireille parle beaucoup?

🎧 14.16 Observation: Qu'est-ce que *parler* veut dire?

Comparez.

parler + *adverbe*	**dire** + *objet*
Parle!	Dis quelque chose!
Parlez français!	Dites quelque chose en français!
Il parle vite.	On ne comprend pas ce qu'il dit.
Elle parle peu.	Elle ne dit rien.
Il parle bien.	Oui, mais qu'est-ce qu'il dit?
Il ne parle pas beaucoup.	Mais il dit des choses intéressantes.
Il parle russe.	Alors, je ne comprends pas ce qu'il dit.

Notez que dire est utilisé avec quelque chose et des choses intéressantes, qui fonctionnent dans la phrase comme des objets (des compléments d'objet direct). Avec parler, on trouve vite, peu, bien, français, etc., qui indiquent des manières, des façons de parler. Ce ne sont pas des objets. Ce sont des adverbes.

14.17 Activation écrite: *Parler, dire*

Complétez avec la forme appropriée du verbe parler ou du verbe dire.

1. —Vous ___parlez___ français?

—Bien sûr, je ___parle___ français; très bien, même!

—Alors, pourquoi est-ce que vous ne ___parlez___ pas?

—Je ne ___parle___ pas parce que je n'ai rien à ___dire___.

2. —Son père ___parle___ très bien espagnol.

—Qu'est-ce que vous ___dites___?

—Je ___dis___ que son père ___parle___ très bien espagnol.

3. Robert ne ___parle___ pas beaucoup. Mais quand il ___parle___, il ___dit___ des choses intéressantes.

4. Si vous avez quelque chose à ___dire___, ___dites___-le tout de suite. Mais c'est inutile de ___parler___ si c'est pour ___dir___ des choses stupides!

🎧 14.18 Observation: Le temps qui passe; *c'est* + jour ou saison/*il est* + heure

C'est . . .		Il est . . .	
C'est le 29 mai.	C'est le matin.	Il est 10h 50.	Il est 3h.
C'est le printemps.	C'est le soir.	Il est 11h 10.	Il est 7h.
C'est l'été.	C'est lundi.	Il est midi.	Il est 8h.

🎧 14.19 Observation: Le temps qui passe; le jour et la nuit; matin, midi, et soir

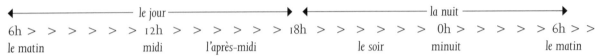

🎧 14.20 Observation: Le temps qui passe; *jour/journée, matin/matinée, soir/soirée*

	quand?	combien de temps?	
Ousmane va à la bibli	**le jour.**	Il passe **la journée**	à la bibli.
Il va à la bibli	**le matin.**	Il passe **la matinée**	à la bibli.
Il va à la bibli	**le soir.**	Il passe **la soirée**	à la bibli.
Il va à la bibli	**l'après-midi.**	Il passe **l'après-midi**	à la bibli.
Il va à la bibli	**la nuit.**	Il passe **la nuit**	à la bibli.[1]

Notez que le jour, le matin, et le soir indiquent un moment de la journée, une heure. La journée, la matinée, et la soirée insistent sur la durée.

1. Il est gardien de nuit, sans doute!

🎧 14.21 Activation orale: Le temps qui passe

Répondez selon l'exemple.

Exemple:
Vous entendez: 1. Mireille va à la fac le jour?
Vous répondez: Oui, elle passe la journée à la fac.

2. Robert va au cinéma le soir?
3. Les amis de Mireille vont au Luxembourg l'après-midi?
4. Ousmane va à la bibli le matin?
5. Robert va au Quartier latin la nuit?

14.22 Activation écrite: *Il est, c'est; matinée, soirée;* le jour et l'heure

Complétez.

1. Quand Robert arrive à Paris, _C'est le_ 28 mai. _c'est_ le mois de mai. _c'est le_ printemps. Quand il arrive à l'aéroport Charles de Gaulle, _il est_ 8 heures du matin.

2. Il prend un taxi pour aller au Quartier latin. Quand il arrive à l'hôtel, _il est_ 9 heures et quart, heure de Paris. _c'_ est le matin. Mais à New-York _il est_ est 3 heures et quart du matin. _c'est_ la nuit.

3. Quand Mireille rencontre Robert, dans la cour de la Sorbonne, _c'est_ le 29 mai. _il est_ 11 heures moins le quart. _C'est_ une belle _matinée_ de printemps.

4. Quand Robert écrit une carte postale à sa mère, à la terrasse d'un café de la place Saint-Michel, _il est_ 6 heures. _c'est le_ soir. _c'est_ une belle _soirée_ de printemps.

🎧 14.23 Observation: *Vivre* et *habiter*

Le père de Robert n'est pas mort.
Il   **vit** toujours.
Il est   **vivant.**
Il est en **vie.**

Mireille **vit** à Paris.
Elle   **vit** avec ses parents.
Elle   **vit** chez ses parents.

Elle **habite** à Paris.
Elle **habite** avec ses parents.
Elle **habite** chez ses parents.
Elle **habite** rue de Vaugirard.
Elle **habite** au 18, rue de Vaugirard.

🎧 14.24 Observation: *Vivre,* présent de l'indicatif

vivre	
je **vis**	nous **vivons**
tu **vis**	vous **vivez**
il **vit**	ils **vivent**

🎧 14.25 Activation orale: *Vivre*

Répondez selon l'exemple.

Exemple:
Vous entendez: 1. Mireille est parisienne?
Vous répondez: Oui, elle vit à Paris.

2. Les parents de Mireille sont parisiens?
3. Vous êtes parisiens, vous deux?
4. Tu es parisien?
5. Mme Belleau est parisienne?

🎧 14.26 Observation: Habitude; *avoir l'habitude de* + infinitif

Elle va	souvent	au Luxembourg.
Elle a l'habitude d'**aller**		au Luxembourg.
Elle travaille souvent		à la bibilothèque.
Elle a l'habitude de **travailler**		à la bibilothèque.

Mireille connaît bien Paris. Elle *a l'habitude de* Paris. (Bien sûr, puisqu'elle habite à Paris!)
Mireille prend souvent le métro. Elle *a l'habitude de* **prendre** le métro.

🎧 14.27 Activation orale: Habitude

Répondez selon l'exemple.

Exemple:
Vous entendez: 1. Tu travailles souvent à la bibliothèque?
Vous répondez: Oui, j'ai l'habitude de travailler à la bibliothèque.

2. Mireille va au cinéma le soir?
3. Robert prend souvent l'autobus?
4. Mireille rencontre souvent ses amis à la Sorbonne?
5. Vous étudiez le soir, vous deux?

🎧 14.28 Observation: Formes verbales; présent de l'indicatif, personnes du singulier et du pluriel

Rappelez-vous la conjugaison du verbe travailler.

travailler	
je **travaille**	nous **travaillons**
tu **travailles**	vous **travaillez**
il **travaille**	
ils **travaillent**	

Notez que, du point de vue de la prononciation, il y a une seule forme pour les trois personnes du singulier et la 3ème personne du pluriel. La 1ère et la 2ème personnes du pluriel sont constituées par la forme commune ci-dessus plus le son /ɔ̃/ (-ons) pour la 1ère personne du pluriel et le son /e/ (-ez) pour la 2ème personne du pluriel. Si vous connaissez une de ces formes, vous pouvez prédire les cinq autres. Cela est vrai d'un très grand nombre de verbes (la majorité des verbes en -er et quelques autres).

⌔ 14.29 Activation orale: Formes verbales

Répondez selon les exemples.

Exemples:

Vous entendez: 1. Qui est-ce qui travaille, ici?
Vous voyez: Nous!
Vous dites: Nous, nous travaillons!

Vous entendez: 2. Qui est-ce qui crie comme ça?
Vous voyez: Ce sont les manifestants!
Vous dites: Ce sont les manifestants qui crient!

3. Nous!
4. Vous!
5. Nous!
6. C'est vous!
7. C'est nous!
8. Vous!
9. C'est Mireille!
10. C'est vous!
11. Nous!

⌔ 14.30 Observation: Le temps qui passe; le temps passé, l'imparfait de l'indicatif

présent	passé
Maintenant, Robert **est** grand; il **a** 21 ans; il **passe** ses vacances en France.	Quand il **était** petit, quand il **avait** 7 ou 8 ans, il **passait** ses vacances aux Bermudes.

Il était, il avait, et il passait indiquent le passé. Ce sont des verbes à l'imparfait de l'indicatif.

⌔ 14.31 Observation: Formation de l'imparfait; radical

présent	imparfait
nous **av**ons	nous **av**ions il **av**ait

Les formes de l'imparfait (avions, avait) ont le même radical que la 1ère personne du pluriel du présent (avons). Cela est vrai de tous les verbes, à l'exception du verbe être. Si vous connaissez la 1ère personne du pluriel du présent d'un verbe, vous pouvez prédire toutes les personnes de l'imparfait . . . à condition de connaître les terminaisons de l'imparfait. Pour cela, voir ci-dessous.

⌔ 14.32 Observation: Terminaisons de l'imparfait

Comparez.

imparfait		
avoir	**être**	**travailler**
j' av**ais**	j' ét**ais**	je travaill**ais**
tu av**ais**	tu ét**ais**	tu travaill**ais**
il av**ait**	il ét**ait**	il travaill**ait**
nous av**ions**	nous ét**ions**	nous travaill**ions**
vous av**iez**	vous ét**iez**	vous travaill**iez**
ils av**aient**	ils ét**aient**	ils travaill**aient**

Remarquez que les terminaisons sont les mêmes pour avoir, être, et travailler. Ce sont les mêmes pour tous les autres verbes. Donc, si vous connaissez les formes de l'imparfait du verbe être (ou avoir, ou travailler), et si vous vous rappelez que le radical de l'imparfait est le même que le radical de la 1ère personne du pluriel du présent, vous pouvez former toutes les personnes de l'imparfait de tous les verbes à condition de connaître le présent.

Exemples. Verbe aller. La 1ère personne du pluriel est allons. Le radical est all-. Vous ajoutez à ce radical les terminaisons de l'imparfait: -ais, -ais, -ait, –ions, -iez, et -aient; j'allais, tu allais, il allait, etc.

Verbe comprendre. La 1ère personne du pluriel du présent est comprenons. Le radical est compren-. Imparfait: je comprenais, tu comprenais, il comprenait, etc.

Notez le -ons et le -ez caractéristiques des 1ère et 2ème personnes du pluriel.

🎧 14.33 Activation: Discrimination auditive; terminaisons de l'imparfait

Ecoutez les phrases suivantes et déterminez si elles sont au présent ou au passé (imparfait). Cochez la case appropriée.

	1	2	3	4	5	6	7	8	9	10	11	12	13	14	15	16	17	18	19	20
présent	/		/	/		/		/						/			/			
imparfait		✓			✓		✓		✓		✓	✓	✓		✓	✓		✓	✓	✓

🎧 14.34 Activation: Dictée; *avoir* et *être* à l'imparfait

Ecoutez et complétez.

1. Quand Robert __étais__ petit, il __avait__ l'habitude de passer ses vacances aux Bermudes ou en Amérique Latine, où son père __avait__ des intérets.

2. Et vous? Quand vous __étiez__ petit, où est-ce que vous __aviez__ l'habitude de passer vos vacances?

3. Moi? Quand j'__étais__ petit, j'__avais__ l'habitude de passer mes vacances à la Martinique.

14.35 Activation écrite: Formes de l'imparfait

Complétez.

1. Nous savons tous que la terre est ronde. Autrefois, on ne le __savait__ pas.

2. Aujourd'hui, nous n'écrivons plus; nous téléphonons. Mais autrefois, on __ecrivait__. On ne __téléphonait__ pas.

3. Aujourd'hui, nous faisons nos devoirs à l'ordinateur. Autrefois, on __faisait__ ses devoirs avec un stylo et du papier.

4. Aujourd'hui, nous vivons dans de grandes villes inhumaines. Autrefois, les gens __vivaient__ plutôt dans de petits villages.

5. Aujourd'hui, nous apprenons le russe, l'italien, ou l'allemand. Autrefois, on __apprenait__ plutôt le latin et le grec.

6. Mon mari et moi, nous ne faisons plus de sport, mais il y a quelques années, nous __faisons__ beaucoup de ski.

7. Maintenant nous avons le temps de lire. Avant, nous n'__avions__ pas le temps.

8. Nous allons au cinéma deux ou trois fois par semaine. Autrefois, nous y __allions__ deux ou trois fois par an!

9. Maintenant, nous venons en France l'été. Autrefois, nous __venions__ plutôt au printemps.

10. Nous connaissons tous Mireille. Mais il y a un an, vous ne la __connaissiez__ pas.

11. Nous savons qu'elle fait de l'histoire de l'art. Mais il y a un an, vous ne le __saviez__ pas! Robert non plus ne le __savait__ pas.

14.36 Activation écrite: Formes de l'imparfait

Relisez le texte de la leçon 14 et les sections 6 et 7 du texte de la leçon 12 dans le livre de textes. Puis lisez et complétez le texte suivant qui parle, au passé, de la rencontre de Robert et de Mireille.

C'était une merveilleuse matinée de printemps. Il _faisait_ vraiment très beau. Il y _avait_ une grève d'étudiants, évidemment. Des manifestants _criaient_ des phrases incompréhensibles dans les rues. Vers 11 heures moins 10, une jeune fille blonde _était_ dans la cour de la Sorbonne. Elle portait une jupe rouge et un pull blanc. Elle _souriait_ à un jeune homme brun. La jeune fille _était_ étudiante. Elle _faisait_ de l'histoire de l'art. (En fait, elle _venait_ de sortir de l'Institut d'Art et d'Archéologie.) Le jeune homme _venait_ des Etats-Unis . . . et,

en fait, il _était_ américain. Mais il _parlait_ très bien français. Il n' _avait_ pas d'accent du tout! En fait, sa mère _était_ française et, quand il _était_ petit, sa mère et lui _parlaient_ toujours français. Il _était_ à Paris depuis la veille. C' _était_ la première fois qu'il _venait_ en France, parce que son père, qui _travaillait_ dans une banque, n' _aimait_ pas beaucoup la France. Alors, ils _passaient_ leurs vacances aux Bermudes ou en Amérique Latine. Son père n' _était_ pas mort; il _vivait_ toujours. Mais ses parents _étaient_ divorcés et sa mere _était_ remariée avec un Argentin. Alors, les Bermudes, les vacances en famille . . . tout ça . . . c' _était_ le passé. . . .

14.37 Activation écrite: Formes de l'imparfait

Lisez et complétez le texte suivant.
(Attention: Souvenez-vous que vous êtes grands maintenant; vous n'êtes plus petits, donc tout ça, c'est au passé!)

1. Voyons . . . et vous, quand vous _étiez_ petit ou petite, est-ce que vous _viviez_ avec vos parents? Est-ce que vos parents _étaient_ célibataires ou divorcés, comme les parents de Robert?

2. Est-ce que vous _alliez_ à l'école, comme Marie-Laure?

3. Est-ce que vous _aviez_ des sœurs, comme Mireille?

4. Dans quelle ville est-ce que vous _habitiez_ ?

5. Quelle langue est-ce que vous _parliez_ avec vos parents?

6. Quel sport est-ce que vous _faisiez_ ?

7. A quels jeux est-ce que vous _jouiez_ ? Aux cartes, aux échecs, aux dames, aux portraits?

14.38 Activation écrite: Formes de l'imparfait

Parlez de votre passé, du temps où vous étiez enfant. Pour cela, vous pouvez répondre aux questions de l'exercice précédent.

Quand j'étais enfant, _____

_____

_____

_____

_____

_____

14.39 Activation écrite: *Vivre, habiter;* imparfait; possessifs; pronoms (révision)

Complétez.

1. Quand Robert était un petit garçon, ses parents n' _étaient_ pas divorcés, et Robert _vivait_ avec _eux_ . Maintenant ses parents sont divorcés, Robert est un grand jeune homme, il ne _vit_ plus avec _ces_ parents. _Son_ père _vit_ aux Etats-Unis, mais _sa_ mère _vit_ en Argentine.

2. Les parents de Mireille _vivent_ à Paris. Mireille _vit_ avec _eux_ .

3. —Et vous, où _vivez_ -vous? En France? Aux Etats-Unis? Vous _vivez_ avec _vos_ parents?

   —Je _____ .

14.40 Observation: Formes masculines et féminines (révision et extension)

masculin	féminin	masculin	féminin
luxueux silencieux cérémonieux merveilleux	luxueuse silencieuse cérémonieuse merveilleuse	cher caissier banquier	chère caissière banquière
vivant président excellent	vivante présidente excellente	gardien parisien	gardienne parisienne
propre sale sympathique	propre sale sympathique	franc	franche
bon marché	bon marché		

14.41 Activation orale: Formes masculines et féminines

Mettez au féminin selon l'exemple.

Exemple:
Vous entendez: 1. Robert est un garçon cérémonieux.
Vous dites: Mireille est une fille cérémonieuse.

2. Son père est gardien.
3. Son frère est parisien.
4. Il est plutôt silencieux.
5. Mon oncle est caissier.
6. Il est président d'une banque.
7. Robert est un garçon très vivant.
8. Il est aussi très sympathique.
9. Il est franc.
10. Son cousin est italien.

14.42 Activation orale: Dialogue entre Robert et Mireille

Ecoutez cet échange entre Robert et Mireille. Vous allez apprendre les répliques de Mireille.

Robert: Il fait vraiment beau, vous ne trouvez pas?
Mireille: **Oui, c'est une belle matinée.**
Robert: Vous êtes étudiante?
Mireille: **Oui, je fais de l'histoire de l'art.**
Robert: Moi, je viens des Etats-Unis.
Mireille: **Ah, vous êtes américain!**
Robert: Oui.
Mireille: **Eh bien, vous n'avez pas d'accent du tout pour un Américain!**

EXERCICES-TESTS

14.43 Exercice-test: *Parler/dire*

Complétez.

1. Mireille est bavarde. Elle _____ beaucoup.

2. Je suis complètement sourd! Qu'est-ce que vous _____ ? _____ plus fort!

3. Nous commençons à _____ français!

4. Les Canadiens francophones _____ "char" pour "voiture."

Vérifiez. Si vous avez fait des fautes, travaillez les sections 14.13 à 14.17 dans votre cahier d'exercices.

🎧 14.44 Exercice-test: Présent/imparfait

Déterminez si les phrases que vous entendez sont au présent ou au passé (imparfait). Cochez la case qui convient.

	1	2	3	4	5	6	7	8	9	10	11	12
présent												
passé												

Vérifiez. Si vous avez fait des fautes, travaillez les sections 14.30 à 14.34 dans votre cahier d'exercices.

14.45 Exercice-test: Formes de l'imparfait

Complétez.

1. Le père de Robert habite New-York? Je croyais qu'il _____ Chicago.

2. La mère de Robert vit en Argentine? Je pensais qu'elle _____ au Brésil.

3. Les manifestants sont dans la cour de la Sorbonne? Je croyais qu'ils _____ dans la rue.

4. Vous travaillez chez Renault? Je croyais que vous _____ chez Citroën.

5. Tu vas en France? Je croyais que tu _____ aux Bermudes.

6. Vous avez deux sœurs? Je croyais que vous _____ un frère.

7. Mireille fait de l'histoire de l'art? Je croyais qu'elle _____ de l'informatique.

8. Vous êtes gardien de nuit? Je croyais que vous _____ caissier.

9. Vous habitez à l'hôtel? Je croyais que vous _____ à la Cité.

10. Vous venez du Luxembourg? Je croyais que vous _____ de la fac.

Vérifiez. Si vous avez fait des fautes, travaillez les sections 14.30 à 14.39 dans votre cahier d'exercices.

🎧 14.46 Exercice-test: Masculin et féminin des adjectifs

Déterminez si les phrases que vous allez entendre parlent d'un masculin ou d'un féminin. Cochez la case qui convient.

	1	2	3	4	5	6	7	8	9	10
masculin										
féminin										

Vérifiez. Si vous avez fait des fautes, travaillez les sections 14.40 et 14.41 dans votre cahier d'exercices.

LIBÉRATION DE L'EXPRESSION

14.47 Mise en question

Relisez le texte de la leçon; lisez les questions de la mise en question qui suit la mise en œuvre dans votre livre de textes. Réfléchissez à ces questions et essayez d'y répondre.

14.48 Mots en liberté

Qu'est-ce qu'on peut avoir l'habitude de
    faire?
On peut avoir l'habitude de fumer, de
    jouer au tennis, de draguer, de se lever
    à midi. . . .

Trouvez encore cinq possibilités.

14.49 Mise en scène et réinvention de l'histoire

Vous êtes Robert. Vous venez de remarquer Mireille dans la cour de la Sorbonne. Vous avez engagé la conversation (c'était le plus difficile!). Maintenant, essayez de continuer.

Mireille: Quelle belle matinée!
Vous: (. . .)
Mireille: Vous êtes étudiant à la Sorbonne?
Vous: (. . .)
Mireille: Vous n'êtes pas français?
Vous: (. . .)

Mireille: Eh bien, vous n'avez pas d'accent du tout pour un étranger!
Vous: (. . .)
Mireille: Il y a longtemps que vous êtes en France?
Vous: (. . .)
Mireille: Où est-ce que vous habitez?
Vous: (. . .)
Mireille: Vous venez souvent en France?
Vous: (. . .)

14.50 Mise en scène et réinvention de l'histoire

Imaginez une conversation entre Jean-Pierre Bourdon et un psychiatre. Vous pouvez utiliser les possibilités suivantes, ou inventer, si vous préférez.

Le psychiatre:
C'est la première fois que vous venez voir un psychiatre?

Jean-Pierre:
| Oui.
| Non.
| Oui et non.

Le psychiatre:
Pourquoi êtes-vous ici? De quoi s'agit-il?

Jean-Pierre:

Les jeunes filles		formidable,
Ma mère	me trouve	inoffensif,
Mon père	me trouvent	détestable,
Mes amis		sexiste,
		fascinant,
		trop bavard,

	elles	
et je suis sûr qu'	ils	se trompe.
	il	se trompent.
	elle	

Le psychiatre:
Pourquoi?

Jean-Pierre:

	je viens d'entrer à Polytechnique.
	j'ai un chien qui m'adore.
	j'ai bon caractère.
	je me lève à 6h tous les matins.
Parce que	je ne fume pas.
	je suis sympa.
	je suis inscrit au MLF.
	je vis avec ma mère.
	je suis très beau.

Le psychiatre:
Est-ce que vous avez des problèmes?

Jean-Pierre:

	je n'ai pas de chance aux cartes;	
	mes parents sont divorcés;	
	ma mère est remariée;	
Non,	mon père ne m'aime pas;	à part ça, ça va.
	mes cinq sœurs sont mortes;	
	je déteste les romans d'amour;	
	j'adore les boules de gomme;	

Le psychiatre:
Et alors?

Jean-Pierre:
Alors . . . je vous embête?

Le psychiatre:
| Non.
| Pas du tout.
| Pour être franc, oui, beaucoup.
| Un peu, mais c'est mon métier.

Quand vous étiez petit, vous aviez des problèmes?

Jean-Pierre:
J'oublie.

Le psychiatre:
| Vous avez raison, il faut oublier.
| Mais il ne fait pas oublier! Souvenez-vous!
| Je vais vous dire: vous avez des complexes.
| Bon, eh bien, ça suffit comme ça!
| Ça fait une demi-heure que je vous écoute!
| Ça fait 100€.
| | la semaine prochaine.
| Revenez | mercredi prochain.
| | demain; c'est grave!
| Ne revenez pas; ce n'est pas grave.

14.51 Journal de Marie-Laure

Mélanie part au Togo

1. Qu'est-ce qui se passe le 21 août 2002?
2. Qu'est-ce que Marie-Laure aimerait bien faire, elle aussi?
3. Qu'est-ce que Marie-Laure va aller visiter?
4. A votre avis, quelle est la langue officielle au Togo?
5. Faites un peu de recherche et trouvez ce qu'on peut faire en vacances au Togo.

Le viaduc de Millau

1. Pourquoi Mélanie et Marie-Laure sont-elles allées dans le Sud?
2. Que peut-on faire dans l'Aveyron?
3. Pourquoi ce nouveau viaduc est-il si impressionnant?
4. Qu'est-ce qu'on n'aime pas quand on a le vertige?
5. Est-ce qu'on traverse ce pont gratuitement?

PRÉPARATION À LA LECTURE ET À L'ÉCRITURE

14.52 Entraînement à la lecture et expansion du vocabulaire

Ce sont trois vers d'un poème de _____ . Le poète est amoureux. Il trouve que le <u>temps</u> _____ trop vite. Les beaux jours, les délices de l'amour, le bonheur ne durent pas longtemps. (Voyez Ronsard, leçon 11, document 3C.) Le poète veut arrêter le _____ . Les gens marchent, les autos roulent, les avions <u>volent</u>. Les oiseaux, les avions qui <u>volent</u> vont très vite. Le temps aussi _____ , parce qu'il va vite.

14.53 Entraînement à la lecture

Lisez le document 2C et complétez le texte suivant.

Il y a des gens qui se demandent s'il y a une <u>vie</u> après la mort. Coluche se demande s'il y a une <u>vie</u> _____ la mort. (Quand on a des difficultés, quand on a trop de travail, quand on est fatigué, stressé, on dit "Ah! Ce n'est pas une _____ !")

14.54 Entraînement à la lecture

Lisez le document 4. Essayez de comprendre et de répondre aux questions suivantes:

1. Le nombre des divorces augmente, mais qu'est-ce qui se multiplie aussi?

   _____

2. Qu'est-ce que la vie à deux limite en particulier? Est-ce une considération secondaire dans la société moderne?

   _____

   _____

3. Qu'est-ce qui explique la fréquence du divorce? Comment savons-nous que le divorce ne représente pas nécessairement le rejet de la vie de couple?

   _____

   _____

   _____

4. Qui accepte de moins en moins les contraintes du mariage? Pourquoi?

   _____

   _____

14.55 Entraînement à la lecture

Lisez le document 5 et répondez.

1. Pourquoi la Barbie divorcée coûte-t-elle beaucoup plus cher que la Barbie ballerine?

   _____

   _____

   _____

2. Vous êtes Barbie qui divorce: quelles autres possessions de Ken allez-vous demander?

   _____

   _____

   _____

3. Il y a Barbie fashionista, Barbie au gymnase: quelles autres Barbie peut-on inventer?

   _____

   _____

4. Vous êtes Marie-Laure: quelle Barbie allez-vous choisir? Pourquoi?

   _____

   _____

   _____

14.56 Entraînement à la lecture et expansion du vocabulaire

Lisez le document 6 ("Evidemment" et "Très mémorable rencontre de Marie-Antoinette et d'Astérix dans les jardins élyséens par un beau jour de l'éternel printemps"). Puis lisez le texte suivant.

Cette rencontre se passe dans l'autre monde, c'est-à-dire dans le monde des morts, des morts vertueux, évidemment, ce qu'on appelle les Champs-Elysées dans la religion gréco-romaine, et le paradis dans la religion chrétienne.

Tous les Français connaissent Astérix; c'est le héros d'une série de bandes dessinées (voir leçon 7, documents 4, 5, 6 et 7). Astérix habite en Gaule (la France d'aujourd'hui) au 1er siècle avant l'ère chrétienne.

Marie-Antoinette est une des reines de France. C'est la femme de Louis XVI. Elle est autrichienne; elle est née à Vienne. Elle a la réputation d'être un peu frivole. Elle est toujours représentée avec des coiffures très compliquées et très hautes (c'est la mode de l'époque). Elle passe son temps au château de Versailles. Elle joue à la fermière dans le parc du château, où elle se promène avec son ami Fersen, un maréchal suédois. On ne l'aime pas beaucoup. Pendant la Révolution, elle est arrêtée, enfermée dans la prison de la Conciergerie, à Paris, et guillotinée en 1793, comme son mari, le roi Louis XVI (voir leçon 8), sur la place Royale (aujourd'hui place de la Concorde), à l'entrée de l'avenue des Champs-Elysées.

Le café Procope est le plus ancien café de Paris, dans le quartier de Saint-Germain-des-Prés. Il date du XVIIIe siècle. C'est aujourd'hui un restaurant.

Maintenant relisez le document 6 et répondez aux questions suivantes.

1. Dans la mythologie grecque, les héros, après leur mort, vont aux _____ .

   Dans la religion chrétienne, les gens vertueux, après leur mort, vont au _____ .

2. Quand il y a du soleil, on dit que le soleil _____ .

3. Les rois habitent dans des _____ , comme le Louvre ou Versailles.

4. Les gens qui chantent des chansons sont des _____ _____ .

5. Astérix voit une trace sur le cou de Mari e-Antoinette; c'est une _____ rouge. (C'est la trace de la guillotine. . . .)

6. Quand Robert et Mireille sont assis sur un banc, au jardin du Luxembourg, Mireille se lève et s'en va parce qu'elle se _____ qu'elle devait amener sa petite sœur à son cours de danse. Quand Astérix voit une ligne rouge sur le cou de Marie-Antoinette, ça lui _____ qu'elle a été guillotinée pendant la Révolution.

7. Même si on n'est pas royaliste, le souvenir de l'exécution de Marie-Antoinette et de Louis XVI n'est pas agréable. Cette exécution est un incident _____ de l'histoire de France.

8. Louis XVI était roi de France et Marie-Antoinette était _____ de France.

9. Marie-Antoinette sait un peu le latin, mais pas très bien; son latin est un peu _____ .

10. Le Président de la République gouverne; le roi _____ .

11. A Paris, il y a une grande allée plantée d'arbres qui s'appelle le _____ la Reine.

12. Je perds la tête! J'oublie tout! Je ne sais plus où j'ai _____ .

14.57 Pratique de l'écriture

Relisez le texte de la leçon 14 dans votre livre de textes. Répondez aux questions suivantes pour en produire un petit résumé.

1. Où est Robert? Et Mireille? Quel temps fait-il?

_____

2. De quoi parle Robert pour engager la conversation?

_____

3. Quel compliment Mireille fait-elle à Robert sur son français? Pourquoi n'est-il pas étonnant que Robert parle bien français? _____

_____

_____

4. Depuis quand est-il en France? Où habite-t-il? Est-ce qu'il vient souvent en France? Où passait-il ses vacances quand il était petit? _____

_____

_____

5. Que fait son père? _____

_____

6. Qu'est-ce que Robert propose de faire avec Mireille? Qu'est-ce que Mireille propose? Qu'est-ce qu'ils font au jardin du Luxembourg? _____

_____

_____

7. Pourquoi Mireille part-elle après quelques minutes? Où va-t-elle? _____

_____

8. Où va Robert? Qu'est-ce qu'il fait? _____

14.58 Pratique de l'écriture

Dans la matinée du 29 mai, Mireille rencontre deux jeunes gens, Jean-Pierre et Robert. Comparez les deux rencontres et les deux jeunes gens.
Ecrivez de 75 à 100 mots.

_____

_____

_____

_____

_____

_____

_____

_____

_____

_____

LEÇON
15

ASSIMILATION DU TEXTE

🎧 15.1 Mise en œuvre

Ecoutez le texte et la mise en œuvre dans l'enregistrement sonore. Répétez et répondez suivant les indications.

🎧 15.2 Compréhension auditive

Phase 1: Regardez les images et répétez les énoncés que vous entendez.

1. G

2. F

3. E

4. A

5. D

6. B

Phase 2: Ecrivez la lettre de chaque énoncé que vous entendez sous l'image qui lui correspond le mieux.

☊ 15.3 Compréhension auditive et production orale

Ecoutez les dialogues suivants, et répondez aux questions.

1. Qu'est-ce que Mireille propose à Robert?
2. Que fait le père de Robert?
3. Est-ce que le père de Robert donne beaucoup d'argent à son fils?
4. Robert connaît-il beaucoup de gens à Paris?
5. Pourquoi Mireille dit-elle: "Quelle coïncidence!"
6. Que fait la mère de Mireille?
7. Quand Mireille fait-elle du karaté?

☊ 15.4 Production orale

Ecoutez les dialogues suivants. Vous allez jouer le rôle du deuxième personnage.

1. Mireille: Tiens, c'est vous? Qu'est-ce que vous faites là?
   Robert: (. . .)
2. Robert: Vous la connaissez?
   Mireille: (. . .)
3. Mireille: Mais dites-moi, si votre père est banquier, vous devez être riche. Alors pourquoi descendez-vous dans un petit hôtel minable?
   Robert: (. . .)
4. Marie-Laure: Vous êtes le petit ami de Mireille? Vous êtes anglais?
   Robert: (. . .)

PRÉPARATION À LA COMMUNICATION

☊ 15.5 Activation orale: Prononciation; le son /r/ (révision)

Ecoutez et répétez.

un timbre	une boîte aux lettres	votre anniversaire
votre marraine	leur chirurgien	mardi
mercredi	leur meilleur ami	Je vais faire un tour.
par avion	Ça alors!	C'est formidable!
mystère	Pas encore!	derrière le Louvre

☊ 15.6 Observation: Degrés d'assentiment

		—Vous la connaissez?	—Vous aimez ça?
1.		—Oui, je la connais un peu.	—Oui, j'aime assez ça.
2.		—Oui, je la connais.	—Oui, j'aime ça.
3.		—Oui, je la connais très bien!	—Oui, j'aime beaucoup ça.
4.		—Si je la connais? Oh, là, là! Bien sûr que je la connais!	—Si j'aime ça? Oh, là, là! Bien sûr que j'aime ça!
5.		—Je ne connais qu'elle!	—J'adore ça!

☊ 15.7 Observation: Certitude et incertitude

certitude		incertitude	
Mais oui!	Evidemment!	Peut-être. . . .	On se sait jamais!
Bien sûr!	C'est évident!	C'est possible.	On ne peut pas savoir!
C'est sûr et certain!	Sans aucun doute!	Ce n'est pas impossible!	Sans doute. . . .
Absolument!		Faut voir. . . .	

15.8 Activation: Compréhension auditive; degrés d'assentiment; certitude, incertitude

Choisissez la meilleure réponse aux questions que vous allez entendre en entourant a, b, ou c d'un cercle.

Exemple:
Vous entendez: 1. Mireille fait des études?
Vous voyez:
    a. On ne peut pas savoir.
    b. C'est possible.
    (c.) Mais oui!

Vous entourez *c* d'un cercle (puisque nous savons très bien que Mireille fait des études).

2. a. C'est sûr et certain.
    (b.) On ne sait jamais.
    c. Sans aucun doute.

3. (a.) Bien sûr qu'elle les connaît.
    b. Elle les connaît un peu.
    c. Peut-être.

4. a. Evidemment.
    b. Sans doute.
    (c.) Bien sûr que non.

5. a. Elle le connaît très bien.
    (b.) Elle le connaît un peu.
    c. Ce n'est pas impossible.

15.9 Observation: Calendrier (révision et extension)

—C'est quand, votre anniversaire?
—C'est **en** juillet,   **au** mois de juillet,   **le**   6   juillet.

en	au	le		
en janvier	**au** mois de janvier	**le** dimanche	1er	janvier
en février	**au** mois de février	**le** lundi	2	février
en mars	**au** mois de mars	**le** mardi	5	mars
en avril	**au** mois d' avril	**le** mercredi	9	avril
en mai	**au** mois de mai	**le** jeudi	10	mai
en juin	**au** mois de juin	**le** vendredi	22	juin
en juillet	**au** mois de juillet	**le** samedi	14	juillet
en août	**au** mois d' août	**le** dimanche	31	août
en septembre	**au** mois de septembre	**le** lundi	15	septembre
en octobre	**au** mois d' octobre	**le** mardi	6	octobre
en novembre	**au** mois de novembre	**le** mercredi	11	novembre
en décembre	**au** mois de décembre	**le** jeudi	25	décembre

à
à Noël
à Pâques
à mon anniversaire

15.10 Activation orale: Calendrier

Répondez selon l'exemple.

Exemple:
Vous entendez: 1. C'est quand, l'anniversaire de Robert?
Vous voyez: 23 octobre
Vous répondez: Son anniversaire est en octobre; c'est le 23 octobre.

2. 3 janvier
3. 21 juin
4. (?)
5. (?)

🎧 15.11 Observation: Comptes et dépenses; argent européen

pièces	billets
une pièce de 1 centime*	un billet de 5 euros
une pièce de 2 centimes	un billet de 10 euros
une pièce de 5 centimes	un billet de 20 euros
une pièce de 10 centimes	un billet de 50 euros
une pièce de 20 centimes	un billet de 100 euros
une pièce de 50 centimes	un billet de 200 euros
une pièce de 1 euro	un billet de 500 euros
une pièce de 2 euros	

*Dans la plupart des pays de la Communauté européenne on dit "cent" pour la pièce d'un centième d'euro. Mais en français "cent" veut dire 100, alors dans les pays francophones on dit "centime."

🎧 15.12 Observation: Achat
Dans un bureau de tabac

La cliente:
| Je voudrais un timbre.
| Est-ce que vous avez des timbres?
| Est-ce que je pourrais avoir un timbre, s'il vous plaît?
| Un timbre, s'il vous plaît.

Le buraliste:
Voilà.

La cliente:
| C'est combien?
| Ça fait combien?
| Je vous dois combien?
| Combien est-ce que je vous dois?

Le buraliste:
| Un euro soixante-quinze.
| C'est un euro soixante-quinze.
| Ça fait un euro soixante-quinze.

🎧 15.13 Activation: Dictée; comptes et dépenses

Ecrivez en chiffres les prix que vous entendez.

1. —Elle fait combien, cette jupe?
   —____49____ €.

2. —Il fait combien, ce pull?
   —___60___ € __50__.

3. —C'est combien, une lettre pour les Etats-Unis?
   —____84____ centimes.

4. —Une lettre pour la France, s'il vous plaît. C'est combien?
   —____51____ centimes, service rapide (arrivée le surlendemain); ___60___ centimes, service prioritaire (arrivée le lendemain).

5. —Vous avez des foulards Hermès?
   —Oui, vous en avez à ___235___ € et à ___470___ €.

15.14 Activation écrite: Comptes et dépenses; achat

Pour chacune des sommes de l'exercice 15.13, combien de billets et de pièces est-ce que vous allez donner pour votre achat?

Exemple:
1. 49€: Deux billets de 20€, un billet de 5€, et deux pièces de 2€.

2. __60,50__: un billet de 50 un billet de 10€, et une pièce 50 centimes

3. __0,80€__: une pièce de 50 centimes, une pièce de 20 centimes, une pièce de 5 cent et 4 pièces d'un cent

4. __0,57__: une pièce de 5, cent une pièce de 2 centimes et une pièce de 2 cent

5. __60 €__: Une pièce de 50 centimes 20€ et une une pièce de 10 centimes.

__235__: 1 billet de 10€, et un billet de 5€

__470__ = 2 billets de 200€, un billet de 200€ un billet de 50€ et de 20€

🎧 15.15 Observation: Approximation

Ça coûte quinze euros soixante . . .
    une quinzaine d'euros.

Ça coûte quarante-deux euros . . .
    une quarantaine d'euros.

Ça coûte mille cinquante euros . . .
    un millier d'euros.

nombre précis		nombre approximatif	
10	dix	une	dizaine
12	douze	une	douzaine
15	quinze	une	quinzaine
20	vingt	une	vingtaine
30	trente	une	trentaine
40	quarante	une	quarantaine
50	cinquante	une	cinquantaine
60	soixante	une	soixantaine
100	cent	une	centaine
1.000	mille	un	millier

🎧 15.16 Activation orale: Approximation

Transformez selon les exemples.

Exemples:
Vous entendez: 1. Ça fait combien?
Vous voyez: 20,40€
Vous dites: Une vingtaine d'euros.

Vous entendez: 2. Il y avait beaucoup
    de monde à votre anniversaire?
Vous voyez: 62 personnes.
Vous dites: Une soixantaine de
    personnes.

3. 1.020€
4. 43€
5. 15,60€
6. 54 personnes
7. 33 personnes
8. 102 personnes

🎧 15.17 Observation: Où? A quel endroit?

à Paris
à Saint-Tropez

au Quartier latin
au jardin du Luxembourg
au Louvre
au Sénat
au bureau
au bureau de poste
à la maison
à l'école
à la fac
à la Sorbonne

dans la cour de la Sorbonne
dans la rue

sur la place
sur le pont
sur un banc

sous les arcades
sous le pont

au bout du pont
au bout de la rue

derrière le Louvre
devant   le Louvre

en face du Louvre
en face de la Sorbonne

à droite du Louvre
à gauche du Louvre

à côté   du Louvre
tout près du Louvre

là-bas
plus loin

en montant
en descendant

quai de Grenelle
rue de Vaugirard
59, quai de Grenelle
18, rue de Vaugirard

🎧 15.18 Activation orale et écrite: Où? A quel endroit?

Répondez selon l'exemple.

Exemple:
Vous voyez: 1. Vous en avez un _~~dans~~_ la rue des
  Ecoles.
Vous entendez: Est-ce qu'il y a un bureau de tabac près
  d'ici?
Vous répondez: Vous en avez un dans la rue des Ecoles.
Vous écrivez: <u>dans</u>

2. Vous en avez un à gauche _en_ descendant la rue.
3. Tenez, il y en a un _sur_ la place là-bas.
4. Nous avons rendez-vous _au_ jardin du Luxembourg, près _de_ la fontaine Médicis.
5. Bien sûr qu'elle fait des études! Elle est étudiante
   _à_ la Sorbonne.
6. Si je le connais? Bien sûr que je le connais. J'habite
   rue de Vaugirard, en face _du_ Sénat.
7. Il est _au_ Quartier latin.
8. Elle le rencontre _dans_ la cour de la Sorbonne.

🎧 15.19 Observation: Promenades; *mener, amener, emmener, promener*

1. Tante Georgette et Fido au Luxembourg. Fido va devant, Tante Georgette le suit: C'est Fido qui **mène**
   Tante Georgette.
2. Tante Georgette va devant, Fido
   suit derrière: C'est Tante Georgette
   qui **mène** Fido.
3. Fido est malade. Tante Georgette
   l'**amène** chez le vétérinaire.
4. Tante Georgette va faire un
   voyage. Elle prend Fido avec elle.
   Elle l'**emmène**.

5. Fido veut sortir. Tante Georgette
   va le **promener** au Luxembourg.
   Tante Georgette et Fido **se promènent** au Luxembourg.

-mener
mener
a**mener**
em**mener**
pro**mener**
se pro**mener**

Rappel: *Elle aime se promener.*
         Elle   se promène.

*Il y a un changement de voyelle dans le radi-
cal, suivant que la dernière voyelle est dans
une syllabe ouverte (promener) ou fermée
(promène). Cela est vrai pour tous ces
verbes.*

🎧 15.20 Activation: Dictée; promenades

Ecoutez et complétez.

1. Fido a des complexes. Tante Georgette
   l'_amene_ chez le psychiatre.
2. Il fait trop froid. Tante Georgette ne veut pas
   promener Fido au Luxembourg.
3. Fido veut rentrer à la maison. C'est lui qui
   mene Tante Georgette, et elle le suit.

4. Il fait beau. Tante Georgette et Fido _se promène_
   au Luxembourg par une belle matinée de printemps.
5. Tante Georgette doit partir en voyage. Elle ne veut
   pas laisser Fido seul. Elle l'_emmène_ avec elle aux
   Bermudes.

⌒ 15.21 Observation: *Du, des;* contraction de *de* avec les articles *le* et *les* (révision et extension)

de + le = du	de + les = des
le Luxembourg	**les** Etats-Unis
le jardin **du** Luxembourg	Il vient **des** Etats-Unis.
Elle vient **du** Luxembourg.	
le temps	**les** timbres.
Elle a **du** temps.	Il voudrait **des** timbres.
le sport	
Elle fait **du** sport.	

Notez que du remplace de suivi de l'article défini le, et des remplace de suivi de l'article défini les.

⌒ 15.22 Observation: *Au, aux;* contraction de *à* avec les articles *le* et *les* (révision et extension)

à + le = au	à + les = aux
le bridge	**les** échecs
Elle joue **au** bridge.	Elle joue **aux** échecs.
le Luxembourg	**les** Etats-Unis
Elle va **au** Luxembourg.	Elle va **aux** Etats-Unis.

Notez que au remplace à suivi de l'article défini le, et aux remplace à suivi de l'article défini les.

⌒ 15.23 Observation: Contractions avec *de* et *à* (tableau récapitulatif)

pas de contractions	contractions
de + article défini *la* = **de la**	*de* + article défini *le* = **du**
de + article défini *l'* = **de l'**	*de* + article défini *les* = **des**
à + article défini *la* = **à la**	*à* + article défini *le* = **au**
à + article défini *l'* = **à l'**	*à* + article défini *les* = **aux**

⌒ 15.24 Activation orale: Contractions avec *à*

Répondez selon l'exemple.

Robert et Mireille vont se retrouver. C'est sûr et certain! Mais où est-ce qu'ils vont se retrouver?

Exemple:
Vous entendez: 1. Je préfère la bibliothèque.
Vous dites: Ils vont se retrouver à la bibliothèque.

2. Je préfère le Luxembourg.
3. Je préfère le Quartier latin.
4. Je préfère la Sorbonne.
5. Je préfère le restaurant universitaire.
6. Je préfère l'appartement de Mireille.
7. Je préfère le cinéma.
8. Je préfère la terrasse d'un café.
9. Je préfère les Etats-Unis.

⌒ 15.25 Activation orale: Contractions avec *de*

Répondez selon l'exemple.

Exemple:
Vous entendez: 1. Mais où étais-tu? Tu étais à l'hôtel?
Vous répondez: Oui, je viens de l'hôtel.

2. Tu étais au restaurant?
3. Tu étais au Quartier latin?
4. Tu étais à la Cité Universitaire?
5. Tu étais au cinéma?
6. Tu étais à la banque?
7. Tu étais au bureau?
8. Tu étais à la maison?
9. Tu étais à la douane?
10. Tu étais aux Etats-Unis?

15.26 Activation écrite: Contractions avec *à* et *de; amener, emmener, promener*

Lisez et complétez.

Elémentaire, mon cher Watson!

1. —Tiens, regarde, c'est Tante Georgette! Qu'est-ce qu'elle fait? Elle se promène? Je me demande d'où elle vient. Qu'est-ce que tu crois, elle vient _du_ restaurant? _de la_ bibliothèque? _des_ Champs-Elysées? _du_ Louvre? _de l'_ Opéra? _de la_ Tour Eiffel? _des_ Halles? _de l'_ île Saint-Louis? _du_ Quartier latin? _du_ bureau de tabac? _de_ Institut d'Art et d'Archéologie? _l'_ aéroport?

   —Mais non, elle sort de chez elle!

2. —Ah, oui? Et où va-t-elle? Elle va _au_ restaurant? _a la_ bibli? _a la_ fac? Elle va voir Robert _a l'_ hôtel le Home Latin? Elle va suivre un cours _a la_ Sorbonne? Elle va jouer _au_ bridge avec Tonton Guillaume? _aux_ échecs avec Monsieur Belleau? _a la_ pelote basque avec le Professeur Irrigaray? Elle va faire _du_ vélo? _du_ cheval dans les allées _du_ Luxembourg? _De la_ planche à voile sur le bassin? _Du_ deltaplane à la Tour Eiffel? _Du_ ski en Patagonie? Elle va faire _du_ russe _aux_ Langues-O? Ou _de l'_ italien _a la_ Sorbonne? Elle va faire _des_ maths avec Monsieur Delapierre? Ou elle va voir *Le Genou de Claire* _au_ ciné-club? Ou bien elle va passer quelques jours _aux_ Bermudes?

3. —Mais non, regarde: elle est avec Fido. Fido déteste les voyages; elle ne l' _emmène_ jamais en voyage.

   —Ah, bon! Alors elle _promène_ Fido, tout simplement.

   —Non, Fido est malade; elle l' _amène_ chez le vétérinaire.

   —J'espère que ce n'est pas grave!

🎧 15.27 Observation: *En* (révision et extension)

	en		quantité
—Je voudrais des		timbres.	
—Combien	en	voulez-vous?	
—J'	en	voudrais	**deux**.
—Il reste des		timbres?	
—Oui, il	en	reste	**une dizaine**.
—Elle fait du		sport?	
—Oui, elle	en	fait.	
Elle	en	fait	**beaucoup**.
—Où y a-t-il une		boîte aux lettres?	
—Il y	en	a	**une** à droite.
Vous	en	avez	**deux** dans la rue.

		en	*verbe*	quantité	
Vous		en	avez	**une**	à droite.
Vous	allez	en	voir	**deux**	en montant.
Il	y	en	a	**deux**	là-bas.
Il	y	en	a	**quatre**	sur la place.
Il	y	en	a	**une dizaine**	dans la rue.
Il	y	en	a	**beaucoup**	dans le quartier.
Il n'	y	en	a	**pas**	ici.

🎧 15.28 Activation orale: *En*

Répondez selon les exemples.

Exemples:

Vous entendez: 1. Y a-t-il un bureau de poste dans le quartier?

Vous voyez: 0

Vous répondez: Non, il n'y en a pas dans le quartier.

Vous entendez: 2. Il reste des boules de gomme?

Vous voyez: beaucoup

Vous répondez: Oui, il en reste beaucoup.

3. 0
4. une centaine
5. beaucoup
6. quatre
7. une
8. un peu
9. une dizaine
10. deux ou trois

🎧 15.29 Activation écrite: *En*

Complétez.

1. —Y a-t-il un pilote dans l'avion?

—Mais oui, il y _en_ même deux! Pas dé panique!

2. —Y a-t-il un médecin dans la salle?

—Non, mais à l'hôpital _il y en a_ une dizaine en permanence.

3. —Où y a-t-il un bureau de poste?

—Vous _en_ avez _un_ en montant à droite.

4. —Vous avez des timbres Ecopli à 55 centimes?

J'_en_ voudrais trois, s'il vous plaît.

5. —Où y a-t-il une boîte aux lettres?

—Vous _en avez une_ en face.

6. —Je n'ai plus de boules de gomme! Je _vais en_ acheter.

🎧 15.30 Observation: Formes verbales; présent de l'indicatif (révision et extension)

sourire		étudier		s'	ennuyer		croire		voir
je **souris**		j' **étudie**		je m' **ennuie**		je **crois**		je **vois**
tu **souris**		tu **étudies**		tu t' **ennuies**		tu **crois**		tu **vois**
il **sourit**		il **étudie**		il s' **ennuie**		il **croit**		il **voit**
ils **sourient**		ils **étudient**		ils s' **ennuient**		ils **croient**		ils **voient**
nous **sourions**		nous **étudions**		nous nous **ennuyons**		nous **croyons**		nous **voyons**
vous **souriez**		vous **étudiez**		vous vous **ennuyez**		vous **croyez**		vous **voyez**

Dans tous ces verbes, il y a, au point de vue du son, une seule forme pour les trois personnes du singulier et la 3ème personne du pluriel. Les 1ère et 2ème personnes du pluriel sont formées par l'addition de /ɔ̃/ *(-ons) et de* /e/ *(-ez) à cette forme commune, mais ici ces terminaisons sont précédées d'une semi-voyelle* /j/.

🎧 15.31 Activation orale et écrite: Formes verbales

Ecoutez et complétez les phrases suivantes selon l'exemple.

Exemple:
Vous entendez: 1. —Mireille sourit.
                —Ah? A qui?
Vous voyez: Elle _____ à Robert.
Vous dites: Elle sourit à Robert.
Et vous écrivez: sourit.

2. Robert _____sourit_____, lui aussi.

3. Bien sûr, nous _____sourions_____ tout le temps.

4. Oui, nous _____etudions_____ à la Sorbonne, nous aussi.

5. Oui, ils _____erudient_____ à la Sorbonne, eux aussi.

6. Qui est-ce que vous _____voyez_____ ?

7. Vraiment? Vous _____croyez_____ que c'est elle?

8. Tous les jeunes gens s'_____ennuient_____ aujourd'hui!

9. Vous vous _____ennuyez_____, vous?

🎧 15.32 Observation: Consonne supplémentaire aux personnes du pluriel

sortir	connaître	choisir
je **sors**	je **connais**	je **choisis**
tu **sors**	tu **connais**	tu **choisis**
il **sort**	il **connaît**	il **choisit**
nous **sortons**	nous **connaissons**	nous **choisissons**
vous **sortez**	vous **connaissez**	vous **choisissez**
ils **sortent**	ils **connaissent**	ils **choisissent**

🎧 15.33 Activation orale et écrite: Formes verbales; consonne supplémentaire aux personnes du pluriel

Ecoutez, répondez, et complétez selon l'exemple.

Exemple:
Vous entendez: 1. Vous savez où est la place Saint-Michel?
Vous voyez: Mais oui, bien sûr que je _sais_ où est la place Saint-Michel. Vous ne _savez_ pas où c'est?
Vous dites: Mais oui, bien sûr que je sais où est la place Saint-Michel. Vous ne savez pas où c'est?
Vous écrivez: sais, savez

2. Mais si, vous la _connaissez_ ! C'est la petite blonde qui fait de l'histoire de l'art! Tout le monde la _connaît_ au Quartier! Ousmane et Hubert la _connaissent_ très bien!

3. A quelle heure vous _sortez_ vous? Mireille _sort_ vers 5 heures. Colette et Ousmane _sortent_ à 6 heures.

4. Moi aussi, je _pars_. Eux aussi, ils _partent_. Allez, on _part_ tous!

🎧 15.34 Activation: Dictée; formes de l'imparfait (révision)

Ecoutez et complétez. Vous entendrez le texte deux fois.

Spleen

—Qu'est-ce que vous _faisiez_ hier soir à la terrasse de l'Escholier? Vous _attendiez_ quelqu'un? Vous _aviez_ l'air si triste!

—Je ne _faisais_ rien. Je m'_ennuyais_. Je _pensais_ à vous. Je vous _attendais_. J'_avais_ envie de vous voir. Je _regardais_ les gens qui _passaient_. Je me _demandais_ si vous alliez passer. Il y _avait_ une jeune fille qui vous _ressemblait_, à la table à côté. Elle _souriait_ un peu comme vous. Mais ce n'_était_ pas vous. J'_avais_ l'air triste parce que j'_étais_ triste!

15.35 Activation écrite: Formes du présent et de l'imparfait (révision)

Complétez.

1. —Vous allez souvent à l'Escholier?

   —Non, je n'y _vais_ presque jamais. Mais quand j'_étais_ étudiant, j'y _allais_ presque tous les jours.

2. —Vous connaissez Marc et Catherine?

   —Oui, je les _connais_ depuis longtemps. Nous nous _connaissons_ déjà quand nous _étions_ enfants. Ce _sont_ des amis d'enfance. Nous habitions au 18, rue de Vaugirard, et eux, ils _habitaient_ au 36. Nous jouions aux échecs ensemble.

   —Ah, vous savez jouer aux échecs?

   —Oui, bien sûr, je _sais_ jouer aux échecs. Je _savais_ déjà jouer aux échecs quand j'_avais_ cinq ans!

3. —Vous écrivez souvent à votre mère?

   —Non, je lui _écris_ quand j'_ai_ quelque chose d'important à dire. Mais quand j'_étais_ étudiant à l'université, l'année dernière, je lui _écrivais_ presque tous les jours.

4. —Qu'est-ce que vous voulez faire?

   —Maintenant, je _veux_ faire médecine. Mais quand j'_étais_ petite, je _voulais_ être astronaute.

5. —Vous croyiez au Père Noël quand vous _étiez_ petit?

   —Mais oui, bien sûr que j'y _croyais_! Et j'y _crois_ toujours!

6. —Excusez-moi, je dois amener ma petite sœur à sa leçon de danse.

   —Je croyais que c'était hier que vous _deviez_ l'y amener!

7. —Votre sœur Cécile est blonde, n'est-ce pas?

   —Oui, mais l'année dernière elle _était_ brune!

⌒ 15.36 Dialogue entre Marie-Laure et Robert

Vous allez entendre un dialogue entre Marie-Laure et Robert. Ecoutez bien. Vous allez apprendre les répliques de Robert.

Marie-Laure: Vous êtes le petit ami de Mireille? Vous êtes anglais?
Robert: **Pourquoi, j'ai l'air anglais?**
Marie-Laure: Non.

Robert: **Alors qu'est-ce que je suis? Japonais, espagnol, italien?**
Marie-Laure: Américain.
Robert: **Comment t'appelles-tu?**
Marie-Laure: Marie-Laure. Et vous, vous vous appelez comment?
Robert: **Robert.**

EXERCICES-TESTS

15.37 Exercice-test: Calendrier

Complétez.

1. —C'est quand, la fête nationale, en France?

   —Eh bien, c'est _____ juillet; _____ mois _____ juillet; _____ 14 juillet.

2. —Et qu'est-ce que vous avez comme vacances _____ Noël?

   —On a une semaine _____ décembre, et quelques jours _____ janvier.

Vérifiez. Si vous avez fait des fautes, travaillez les sections 15.9 et 15.10 dans votre cahier d'exercices.

15.38 Exercice-test: Où? A quel endroit?

Complétez.

1. —Où vas-tu?

   —D'abord _____ bibliothèque, et puis _____ bureau de poste, et enfin _____ Mireille, _____ de Vaugirard.

2. —Bon, alors, rendez-vous dans une heure et demie _____ la place devant _____ Louvre.

   —En face _____ la porte?

   —Oui, _____ droite _____ la statue.

Vérifiez. Si vous avez fait des fautes, travaillez les sections 15.17 et 15.18 dans votre cahier d'exercices.

15.39 Exercice-test: Contractions

Complétez avec la forme appropriée de du, de la, de l', des; au, à la, à l', ou aux.

1. Je viens _____ fac.

2. Il vient _____ Etats-Unis?

3. Je vais _____ Luxembourg.

4. Tu veux jouer _____ cartes?

5. Je vais _____ hôtel?

6. Tu viens _____ hôtel?

7. Tu viens _____ Luxembourg?

8. Tu vas _____ fac?

Vérifiez. Si vous avez fait des fautes, travaillez les sections 15.21 à 15.25 dans votre cahier d'exercices.

🎧 15.40 Exercice-test: Formes verbales; personnes du singulier et du pluriel

Complétez selon l'exemple.

Vous entendez: Vous souriez?
Vous écrivez: Non, je ne <u>souris</u> pas!

1. Non, je n'_____ pas.

2. Non, je ne m'_____ pas.

3. Non, je ne _____ pas.

4. Non, je ne le _____ pas.

5. Non, je ne _____ pas.

6. Non, je ne _____ pas.

7. Non, je ne _____ pas.

8. Non, je ne _____ pas.

Vérifiez. Si vous avez fait des fautes, travaillez les sections 15.30 à 15.33 dans votre cahier d'exercices.

LIBÉRATION DE L'EXPRESSION

15.41 Mise en question

Relisez le texte de la leçon; lisez les questions de la mise en question qui suit la mise en œuvre dans votre livre de textes. Réfléchissez à ces questions et essayez d'y répondre.

15.42 Mots en liberté

Imaginez que vous êtes en France. Où pouvez-vous être?
Par exemple, vous pouvez être à la Sorbonne, chez Dior, à Monoprix, au bureau de poste, à la Tour Eiffel, chez le chirurgien. . . .

Trouvez encore au moins six possibilités.

Qu'est-ce qu'on peut faire avec quelqu'un?
Par exemple, on peut amener quelqu'un chez le médecin, faire un tour avec quelqu'un, dépenser de l'argent pour quelqu'un. . . .

Trouvez encore au moins six possibilités.

15.43 Mise en scène et réinvention de l'histoire

Décrivez une fête d'anniversaire.

C'est l'anniversaire de | mon / ma | petit ami. / petite amie. / marraine. / parrain. / chat. / chatte. / père. / mère. / tante. / ami d'enfance. / amie d'enfance.

Il est / Elle est / C'est un / C'est une | étudiant. / étudiante. / médecin. / chirurgien. / banquier. / argentin. / argentine. / russe. / sénégalais. / sénégalaise. / canadien. / siamois. / siamoise.

Il est né / Elle est née | au mois de | janvier. / février (etc.)

Il	va avoir	98	ans.
Elle		40	
		12	
		2	

Il va y avoir	un	dizaine	d'invités.
	une	vingtaine	
		soixantaine	
		millier	

Je ne vais pas y aller	tout seul.
	toute seule.

Je vais emmener	mon	psychiatre.
	ma	papa.
		petit ami.
		petite amie.
		femme.
		mari.
		chirurgien.
		chien.

Comme cadeau, je vais apporter	un	briquet.
	une	galettes (bretonnes).
	des	livre.
		chat.
		planche à voile.
		moto.
		timbres (rares).
		boules de gomme.
		robe.
		foulard.
		pull.

Je vais dépenser	le moins possible.
	25 euros.
	50 euros.
	100 euros.
	200 euros.
	2.000 euros
	20.000 euros.
	une fortune.

15.44 Mise en scène et reinvention de l'histoire

La mère de Robert arrive à Paris au moment où Robert et Mireille se rencontrent. Quelle coïncidence! Elle se promène au jardin du Luxembourg, avec son amie d'enfance, Mme Courtois, et les deux femmes rencontrent Robert et Mireille. Imaginez leur conversation.

Robert:
Maman! Qu'est-ce que tu fais ici? Quelle coïncidence!

Mme Bellarosa:

Je	viens faire des études d'histoire de l'art.
	déteste l'Argentine.
	ne peux rien te dire: mystère et boule de gomme.
	ne sais pas, je me cherche. . . .
	veux être indépendante.
	fais un tour.
	viens acheter quelques robes.
	ne veux pas que tu parles à cette jeune fille.
	veux absolument te parler.

Mme Courtois:
Robert! Qu'est-ce que vous faites avec Mireille?

Robert:

Je	viens de faire sa connaissance.	
	l'adore.	
	la trouve	très bien.
		minable.
		bête comme ses pieds.
	me promène avec elle, c'est tout!	
	l'amène chez vous.	
	vais l'épouser.	
	viens de l'épouser.	

Mme Courtois:

Quelle	coïncidence!
	horreur!

Mme Bellarosa:

C'est	idiot.
	une bonne idée.
	magnifique.
	horrible.
	affreux.
	impossible.
	classique.

Vous êtes	un joli couple, c'est très bien!
	frère et sœur, c'est une longue histoire. . . .

Vous pouvez continuer l'invention de l'histoire, si vous voulez. . . .

15.45 Journal de Marie-Laure

Mireille est collée

1. Mireille est collée à son examen? Pourquoi est-ce que c'est étonnant?
2. Comment est le prof d'art grec?
3. A votre avis, est-ce que Robert est responsable de l'échec de Mireille?
4. Que pensez-vous de la note de Marie-Laure en histoire?

Affranchissement pour l'étranger

1. Pourquoi la lettre de Marie-Laure lui est-elle revenue?
2. D'après Marie-Laure, les employés de la Poste sont-ils sympathiques?
3. A votre avis, de quoi Marie-Laure parle-t-elle dans sa lettre à Mélanie?

PRÉPARATION À LA LECTURE ET À L'ÉCRITURE

15.46 Entraînement à la lecture

Lisez le texte du document 1 (livre de textes, leçon 15) sur le Quartier latin. Observez le plan du Quartier latin.

Cherchez: la Seine, l'île de la Cité, Notre-Dame, le boulevard Saint-Michel, la place Saint-Michel, la Sorbonne, la rue Soufflot, le Panthéon, les arènes de Lutèce, Paris VI, et Paris VII.

Revoyez la vidéo de la leçon 2.

Tracez, sur le plan du Quartier latin, l'itinéraire de Mireille: Elle sort de chez elle, rue de Vaugirard. Elle achète un journal au kiosque de Mme Rosa, entre la rue de Vaugirard et la rue Racine. Elle achète un livre italien (*La Divine Comédie*) chez Gibert, place Saint-Michel. Elle remonte le boulevard Saint-Michel. Elle prend la rue des Ecoles. Elle entre dans la Sorbonne par la porte de la rue des Ecoles.

15.47 Lecture et interprétation

Lisez les documents 2A et 2J.

Comparez ces deux textes. D'après Marcel Aymé, quand est-ce que l'argent n'a pas d'odeur?

_____

Quand est-ce qu'il a une mauvaise odeur?

_____

15.48 Lecture et interprétation

Lisez les documents 2B et 2C. Relisez le texte de la leçon 15, sections 5 et 6. Complétez et répondez.

Sacha Guitry et Alexandre Dumas semblent d'accord pour dire, cyniquement, qu'il faut vivre avec l'argent

_____ . Est-ce que Robert est d'accord?

Qu'est-ce qu'il en pense? Qu'est-ce qu'il fait, lui-même?

_____

_____

_____

Et vous, qu'est-ce que vous en pensez? Avec quel argent vivez-vous? _____

_____

_____

_____

15.49 Entraînement à la lecture

Relisez les documents 2C et 2M.

Comparez Sacha Guitry et Molière. Qu'est-ce qu'ils ont de commun?

_____

_____

_____

15.50 Entraînement à la lecture

A. Lisez les documents 2D, 2E, et 2G.

Etudiez les opinions de Tante Georgette, Jules Renard, et Henri de Régnier sur l'argent et le bonheur, et dites qui est d'accord avec qui, et qui n'est pas d'accord.

_____

_____

_____

_____

_____

_____

_____

_____

B. Relisez les documents 2A à 2L.

Qui est-ce qui est contre l'argent? Qui est-ce qui est pour? Qui critique l'argent comme un mal, quelque chose de mauvais, et qui l'accepte?

_____

_____

15.51 Lecture et interprétation

Relisez l'ensemble du document 2.

De toutes ces opinions sur l'argent, laquelle vous semble la plus vraie, la plus juste, la plus incontestable? Pourquoi?

_____

_____

15.52 Lecture et interprétation

Lisez les documents 3A et 3B et essayez de répondre aux questions:

1. Qu'est-ce qui n'était pas acceptable autrefois mais qui est devenu plus acceptable maintenant?

   _____

   _____

2. Quelle est la première chose qu'une majorité de Français aimeraient avoir pour être heureux?

   _____

3. Avec qui ne faut-il pas trop parler d'argent?

   _____

   _____

4. Dans un supermarché, on voit des produits exposés pour attirer l'attention du consommateur: ce sont des <u>étalages</u>; les produits sont <u>étalés</u> devant le client pour l'impressionner. Dans le domaine de l'argent, qu'est-ce qui est considéré comme "bling-bling"?

   _____

5. A qui les parents donnent-ils de l'argent de poche?

   _____

6. Que font les jeunes avec leur argent de poche?

   _____

7. Et que font-ils avec l'argent qu'ils mettent dans leur tirelire (c'est-à-dire dans une pochette spéciale ou une petite banque portable où ils accumulent leurs économies)?

   _____

15.53 Lecture et interprétation

Lisez le document 5 dans votre livre de textes, leçon 15. C'est un petit poème de Jean Tardieu, un poète contemporain. Lisez le texte suivant. Essayez de comprendre et complétez.

1. Le titre de ce poème est "Récatonpilu." Il y a, en français, un nom, un substantif, qui est <u>la récapitulation.</u> Il y a aussi un verbe: <u>récapituler</u> (je récapitule, récapitulons, etc.).

   D'après vous, est-ce que <u>récatonpilu</u> est un mot qui existe, ou est-ce que c'est un mot inventé?

   _____

2. Le sous-titre du poème est "le jeu du poulet." C'est un jeu! Le poète parle d'un jeu, il invente des mots. . . . D'après vous, est-ce que ça va être un poème entièrement sérieux, en partie sérieux ou pas du tout sérieux?

   Ça va être _____ .

3. Le poème a été écrit pour un certain Nicolas; il est <u>dédié</u> à un certain Nicolas.

   D'après vous, ce Nicolas est un monsieur, un petit garçon, une dame, un chien?

   C'est probablement _____ .

4. Qu'est-ce que c'est qu'<u>un jeu imprévu</u>?

   Observez ce petit dialogue, et complétez:

   —On joue aux portraits, aux échecs, aux dames, aux cartes?

   —Jouons à locomotivu!

   —Locomotivu?!!?! C'est un jeu _____ !
      Qu'est-ce que c'est que ça? Je ne connais pas! C'est curieux!

   Notez que s'il est vrai que <u>locomotivu</u> est un mot qui n'existe pas, un mot bizarre, un mot _____ , les enfants aiment bien jouer à la <u>locomotive,</u> au train.

5. Un <u>coq</u> est un oiseau fier et combatif qui fait "cocorico!" Dans la famille Coq, le coq est le papa, la <u>poule</u> est la maman, et le fils est le _____ .

6. Le renard est un animal qui aime bien manger les <u>poulets.</u> Il <u>court</u> après les poulets, il chasse les poulets pour les manger. (Le poulet _____ aussi!)

7. Quand on n'est pas pressé, on marche; on ne va pas très vite. Mais quand on est pressé, on _____ et on va plus _____ . Quand on est pressé, il vaut mieux <u>courir.</u>

8. Quand on <u>court</u> très vite, beaucoup, longtemps, on <u>s'essouffle</u>; on a des problèmes de respiration! Quand on respire avec difficulté, quand on s'_____ , il ne faut pas continuer à _____ , il faut s'arrêter.

15.54 Lecture et interprétation

A. Lisez le texte du document 6, la chanson de Françoise Hardy, et complétez les phrases suivantes.

Dans cette chanson, la chanteuse fait une comparaison entre sa situation personnelle et la situation des autres jeunes gens de son âge. Par exemple, les autres marchent dans la rue deux par deux, mais la jeune fille qui chante n'est pas en couple; elle est solitaire, elle va

_____ .

Elle est triste, mélancolique; elle souffre psychologiquement, spirituellement; elle a l'âme _____ .

Dans sa peine, la chanteuse ne voit pas de différence entre le jour et la nuit. A son avis ses jours et ses nuits sont complètement similaires, comparables; ils sont

_____ en tous points.

Les autres jeunes amoureux sont optimistes, confiants. Ils ne sont pas intimidés par l'avenir, par ce qui va peut-être arriver demain; ils sont sans souci, sans

_____ du lendemain.

B. Complétez.

1. Trouvez les mots et expressions qui expriment la mélancolie et la solitude de la chanteuse:

_____

_____

_____

_____

_____

_____

2. Cherchez les mots et expressions qui parlent des autres jeunes et de leur situation personnelle:

_____

_____

_____

_____

_____

_____

_____

3. A la fin de la chanson, la chanteuse imagine un futur où elle aussi aura un amoureux ("les yeux dans *ses* yeux / Et la main dans *sa* main"). Vous avez sans doute remarqué un changement dans les verbes de cette partie de la chanson: ce sont des verbes conjugués au <u>futur</u>. Cherchez tous les verbes au futur dans la dernière strophe et donnez les infinitifs qui correspondent:

futur *du verbe*	infinitif
brillera	briller
_____	_____
_____	_____
_____	_____

LEÇON 16

ASSIMILATION DU TEXTE

🎧 16.1 Mise en œuvre

Ecoutez le texte et la mise en œuvre dans l'enregistrement sonore. Répétez et répondez suivant les indications.

🎧 16.2 Compréhension auditive

Phase 1: Regardez les images et répétez les énoncés que vous entendez.

Phase 2: Ecrivez la lettre de chaque énoncé que vous entendez sous l'image qui lui correspond le mieux.

1. B

2. D

3. E

4. A

5. E

6. C

🎧 16.3 Production orale

Ecoutez les dialogues suivants. Vous allez jouer le rôle du deuxième personnage.

1. Mireille: Où est Marie-Laure?
   Robert: (. . .)
2. Robert: Est-ce que vous connaissez le Pays Basque?
   Mireille: (. . .)
3. Mireille: Pourquoi vous me demandez ça?
   Robert: (. . .)
4. Mireille: Et vos grands-parents, où sont-ils maintenant?
   Robert: (. . .)
5. Robert: Je vais aller chez les Courtois demain. Vous n'avez pas envie d'aller les voir demain, par hasard?
   Mireille: (. . .)
6. Mireille: Mais dites-moi, avec tout ça, comment vous appelez-vous?
   Robert: (. . .)

PRÉPARATION À LA COMMUNICATION

🎧 16.4 Observation: Prononciation; /s/ et /z/

Ecoutez.

/s/				/z/		
gosse	sous	question	célèbre	oiseau	profitez-en!	aux Etats-Unis
tissu	siècle	poste	c'est tout	magasin	allez-y!	aux Antilles
bassin	sale	rester	en face	allusion	des étudiants	de faux amis
				visiter	les enfants	de beaux idiots

Ils sont deux garçons.   Ils ont deux garçons.

🎧 16.5 Activation orale: Prononciation; /s/ et /z/

Ecoutez et répétez.

assis	sympa	mystère	agaçant	hasard	leurs amis	six ans
passé	souvent	juste	tout ça	choisir	vos histoires	dix ans

Ils sont deux garçons.   Ils ont deux garçons.

🎧 16.6 Observation: Absence; *aucun, aucune*

	masculin		féminin	
1	Il y a	un rapport.	Il y a	une ressemblance.
0	Il n'y a **pas**	**de** rapport.	Il n'y a **pas**	**de** ressemblance.
−1	Il n'y a	**aucun** rapport.	Il n'y a	**aucune** ressemblance.
−2	Il n'y a **absolument**	**aucun** rapport.	Il n'y a **absolument**	**aucune** ressemblance.

Notez que aucun est un mot négatif qui s'accorde en genre avec le nom auquel il se rapporte (masculin: aucun; féminin: aucune).

🎧 16.7 Observation: Pour parler d'un endroit; *on y va, on y est, y*

—Vous connaissez **le Pays Basque?**
—Oui, nous **y** allons tous les étés.
—Et **Chartres**, vous connaissez?
—Oui. Il **y** a une très belle cathédrale.
—Vous n'allez pas **chez les Courtois?**
—Je peux **y** aller un autre jour.

y = *un endroit où on va*	y = *un endroit où on est*
—Je vais aller à Chartres.	—Il y a longtemps que vous êtes en France?
—Moi aussi, je veux **y** aller.	—Ben, non; ça fait deux jours que j'**y** suis.

Notez que y est placé devant le verbe.

🎧 16.8 Activation orale: Pour parler d'un endroit

Répondez selon l'exemple.

Exemple:
Vous entendez: 1. Mireille va au Pays Basque?
Vous répondez: Oui, elle y va.

2. Robert va en France?
3. Robert et Mireille vont au Luxembourg?
4. Et Marie-Laure, elle va aussi au Luxembourg?

5. Vous allez à Chartres, vous deux?
6. Les parents de Robert vont en Amérique Latine?
7. Tu vas au cinéma quelquefois?
8. Robert va aller chez les Courtois?
9. Mireille doit aller au musée de Chartres?
10. Robert veut aller à Chartres aussi?

🎧 16.9 Observation: Obligation et supposition; *devoir* au présent

devoir = *obligation*
—Je **dois** aller à Chartres demain. Mireille **doit** aller à Chartres. Il lui faut aller à Chartres. (C'est utile pour ses études.) C'est une obligation, une nécessité. On **doit** travailler pour apprendre le français. Pour apprendre le français, il faut travailler. C'est une nécessité.

devoir = *supposition*
—Si votre père est banquier, vous **devez** être riche! Mireille suppose que Robert **doit** être riche puisque son père est banquier. C'est une supposition.

Notez que dois, doit, et devez sont des formes du verbe devoir.

devoir	
je **dois**	nous **devons**
tu **dois**	vous **devez**
il **doit**	
ils **doivent**	

Le verbe devoir indique une obligation, une nécessité: Je dois aller à Chartres. Il peut aussi indiquer une supposition, une probabilité: Robert doit être riche!

🎧 16.10 Activation orale: *Devoir*

Répondez selon l'exemple.

Exemple:

Vous entendez: 1. Tu crois que j'ai envie de rentrer?

Vous répondez: Non, mais tu dois rentrer!

2. Vous croyez que nous avons envie de rentrer?
3. Il a envie d'aller à la bibli?
4. Elle a envie d'y aller?
5. Ils ont envie d'aller au cours?
6. Tu as envie de travailler?
7. Vous avez envie de partir, vous deux?

🎧 16.11 Observation: Le temps qui passe

passé	*présent*		*futur*	

> > > > > > > > > > > • >

tout à l'heure	maintenant	tout de suite	**tout à l'heure**	plus tard

Notez que tout à l'heure se réfère au futur mais aussi au passé.

🎧 16.12 Observation: Le temps qui passe; *après-demain, avant-hier*

passé		*présent*	*futur*	
(mardi)	(mercredi)	(jeudi)	(vendredi)	(samedi)

> > > > > > > > > > > > > > > > > > > • >

avant-hier	hier	aujourd'hui	demain	**après-demain**

🎧 16.13 Activation: Dictée

Ecoutez et complétez le texte ci-dessous. C'est une carte postale de Robert à sa mère.

Ma chère maman,

Je suis arrivé à Paris ___hier___ . ___Aujord hui___ j'ai rencontré une étudiante en histoire de l'art à la Sorbonne.

J'espère aller à Chartres avec elle ___demain___ ou ___après-demain___ .

          Bons baisers, Robert

🎧 16.14 Observation: Le temps qui passe; les années et les siècles

années	siècles	**au** + *siècle*	
De 2000 à 2099, c'est **le** XXIème	siècle.	**au** XXIème	siècle
De 1900 à 1999, c'est **le** XXème	siècle.	**au** XXème	siècle
De 1800 à 1899, c'est **le** XIXème	siècle.	**au** XIXème	siècle
De 1700 à 1799, c'est **le** XVIIIème	siècle.	**au** XVIIIème	siècle
De 1600 à 1699, c'est **le** XVIIème	siècle.	**au** XVIIème	siècle
De 1500 à 1599, c'est **le** XVIème	siècle.	**au** XVIème	siècle, etc.

⌂ 16.15 Observation: Le temps qui passe; imparfait et passé composé

Considérez cette phrase:

Autrefois, nous   allions   à Belle-Ile-en-Mer;
mais l'été dernier, nous *sommes allés* à Saint-Jean-de-Luz.

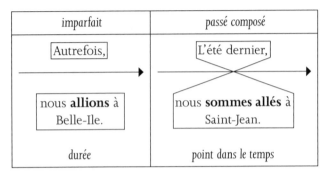

imparfait	passé composé
Autrefois,	L'été dernier,
nous **allions** à Belle-Ile.	nous **sommes allés** à Saint-Jean.
durée	point dans le temps

*Nous allions est à l'**imparfait**. Nous sommes allés est au **passé composé**. Nous allions est considéré comme une action étendue sur une période de temps, une action qui a duré, qui a continué pendant toute la période de temps en question (autrefois = le passé, l'enfance de Mireille, toute la période où Mireille était petite). C'est une action qui est considérée dans son extension, dans sa durée.*

Nous sommes allés est présenté comme un événement nouveau, qui s'est passé l'été dernier et qui est considéré comme un point dans le temps et non comme une durée.

Autres exemples:

1. Ma mère *est née* pendant que mes   (point)
   grands-parents étaient à La Rochelle.   (durée)

2. Ma mère *a rencontré* Mme Courtois   (point)
   pendant que mes grands-parents étaient   (durée)
   à Bayonne.

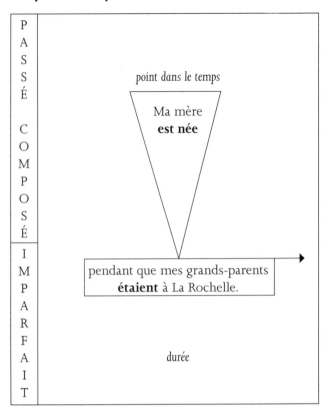

3. Mes grands-parents *sont morts*   (point)
   quand j'avais quatre ou cinq ans.   (durée)

4. Mon bateau était au milieu du basin   (durée)
   tout à l'heure, et puis il *est revenu*.   (point)

La distinction entre imparfait et passé composé est difficile à faire. Nous étudierons ce problème plus tard (leçon 32).

16.16 Activation écrite: Imparfait et passé composé

Relisez le texte de la leçon 16. Lisez le texte ci-dessous. Les verbes soulignés sont au passé composé. Complétez avec des verbes à l'imparfait.

1. Marie-Laure <u>a dit</u> à Mireille que sa
   mère la ___cherchait___ . Mais ce
   n' ___était avait___ pas vrai. Mireille <u>est allée</u>
   chez elle, mais il n'y ___avait___ personne
   à la maison. Sa mère ___était___ à son
   bureau, comme d'habitude.

2. Marie-Laure <u>est allée</u> jouer avec son bateau parce qu'il
   ___y avait___ du vent.

3. Quand Mireille ___était___ petite, les Belleau ___allaient___ toujours en Bretagne, en
   été. C' ___était___ leur habitude. Mais l'été dernier ils
   <u>sont allés</u> au Pays Basque.

4. En Bretagne, ils ___faisaient___ de la voile;
   ils ___attrapaient___ des crabes. Et quand il
   ___pleuvait___ , ils ___jouaient___ aux
   portraits ou ils ___allaient___ voir de vieux
   films au ciné-club.

🎧 16.17 Observation: Volonté; *vouloir* et *pouvoir* (révision et extension)

présent de l'indicatif				
pouvoir				**vouloir**
Vous	**pouvez**	si	vous	**voulez.**
Nous	**pouvons**	si	nous	**voulons.**
Ils	**peuvent**	s'	ils	**veulent.**
Tu	**peux**	si	tu	**veux.**
Je	**peux**	si	je	**veux.**
Elle	**peut**	si	elle	**veut.**
On	**peut**	si	on	**veut.**

Pour les esprits curieux et exigeants: vouloir bien.

Est-ce que vous voulez bien me permettre. . . .
Est-ce que vous voudriez bien me permettre. . . .

Notez que voudriez est aussi une forme du verbe vouloir (souvent utilisée dans les formules de politesse) qui sera étudiée plus tard.

🎧 16.18 Observation: Permission et possibilité; *pouvoir*

permission	possibilité
—Est-ce que je **peux** vous accompagner? —Oui, bien sûr, vous **pouvez** . . . je vous **permets**.	—Tu **peux** travailler, toi, avec ce bruit? —Non, ce n'est pas **possible!**

🎧 16.19 Activation orale: *Vouloir*, présent de l'indicatif

Répondez selon l'exemple.

Exemple:
Vous entendez: 1. Vos parents ont de l'argent?
Vous dites: Oui, mais nous voulons être indépendants.

2. Tes parents ont de l'argent?
3. Les parents de Robert ont de l'argent?
4. Les parents de Mireille ont de l'argent?

🎧 16.20 Activation orale: *Pouvoir*, présent de l'indicatif

Répondez selon l'exemple.

Exemple:
Vous entendez: 1. Vous m'accompagnez, tous les deux?
Vous répondez: Non, nous ne pouvons pas.

2. Tu m'accompagnes?
3. Robert t'accompagne?
4. Votre sœur vous accompagne?
5. Vos amis nous accompagnent?

🎧 16.21 Activation orale: *Vouloir, pouvoir*

Répondez selon l'exemple.

Exemple:
Vous entendez: 1. Nous pouvons vous accompagner?
Vous répondez: Oui, si vous voulez, vous pouvez!

2. Je peux t'accompagner?
3. Robert peut nous accompagner?
4. Nous pouvons venir à Chartres avec vous?
5. Mes amis peuvent venir, eux aussi?

🎧 16.22 Observation: Envies

		avoir	envie	+	de	+	infinitif	
Marie-Laure		a	envie		d'		aller	jouer.
Elle		a	envie		de		jouer	aux portraits.
Elle		a	envie		de		faire	du karaté.
Elle	n'	a pas	envie		de		travailler.	
Elle		a	envie		de		manger	du chocolat.

		avoir	envie	+	de	+	nom
Elle		a	envie		de		chocolat.

	en					
Elle	n'	a pas	envie	de	travailler.
Elle	n' en a pas	envie.			

Notez que avoir envie peut être suivi de de + un verbe à l'infinitif, ou de de + un nom. Avoir envie peut être précédé de en.

🎧 16.23 Activation orale: *Avoir envie de*

Répondez selon l'exemple.

Exemple:
Vous entendez: 1. Tu viens avec
    nous?
Vous dites: Oui, j'ai envie de venir.

2. Robert va à Chartres?
3. Tu pars?
4. Tu restes?
5. Les parents de Mireille vont au
    Pays Basque cet été?
6. Et vous deux, vous y allez aussi?
7. Et toi, tu restes à Paris?

🎧 16.24 Activation orale: *Avoir envie de*

Répondez selon l'exemple.

Exemple:
Vous entendez: 1. Tu viens?
Vous dites: Non, je n'ai pas envie de
    venir.

2. Robert va au Louvre cet
    après-midi?
3. Vous jouez aux portraits, tous les
    trois?
4. Tes sœurs viennent avec nous?
5. Marie-Laure travaille?

🎧 16.25 Observation: Profiter des circonstances

Il fait beau.

Tante Georgette		profite	**du beau temps**	pour promener Fido.
Tante Georgette	**en**	profite		pour promener Fido.

Notez que profiter est suivi de de ou précédé de en.

🎧 16.26 Activation orale: *Profiter de . . . pour*

Répondez selon l'exemple.

Exemple:
Vous entendez: 1. Il y a du vent.
Allons faire du bateau.
Vous dites: Profitons du vent pour
aller faire du bateau.

2. Il y a du soleil. Allons faire du bateau.
3. Il y a de la neige. Allons faire du ski.
4. Il fait beau. Allons à Chartres.
5. Nous avons des vacances. Allons au Pays Basque.
6. Il y a du vent. Allons faire de la voile.

🎧 16.27 Activation orale: *En profiter pour*

Répondez selon l'exemple.

Exemple:
Vous entendez: 1. Il fait beau. Robert va se promener.
Vous dites: Il en profite pour aller se promener.

2. Il fait beau. Mireille fait du bateau.
3. Il fait mauvais. Ils vont au cinéma.
4. Il fait mauvais. Je travaille.
5. Il y a de la neige. Mireille lit Tolstoï.

🎧 16.28 Observation: Connaissance; *connaître* et *savoir* (révision)

connaître		
—Vous	**connaissez**	le Pays Basque?
—Oui, je le	**connais**	très bien, J'y vais tous les étés.
—Vous	**connaissez**	la tante de Mireille?
—Oui, je la	**connais**	très bien. Je la vois très souvent.
—Vous	**connaissez**	Rémy Belleau?
—Non . . . je	**connais**	son nom, c'est tout.
—Vous	**connaissez**	Paris?
—Oui, je	**connais**	très bien. Ça fait 20 ans que j'y habite.

savoir	
—Vous **savez**	où est le Pays Basque?
	—Oui, c'est dans le Sud-Ouest de la France.
—Vous **savez**	comment s'appelle la tante de Mireille?
	—Oui, elle s'appelle Georgette.
—Vous **savez**	qui est Rémy Belleau?
	—Oui, c'est un poète du XVIème siècle.
—Vous **savez**	combien font 12 fois 12?
	—Oui, ça fait 144.

🎧 16.29 Observation: *Connaître* et *savoir*, présent de l'indicatif (récapitulation)

connaître		savoir	
je **connais**	nous **connaissons**	je **sais**	nous **savons**
tu **connais**	vous **connaissez**	tu **sais**	vous **savez**
il **connaît**	ils **connaissent**	il **sait**	ils **savent**

16.30 Activation écrite: *Connaître* et *savoir*

Complétez.

1. —Vous connaissez le Quartier latin?
   —Oui, je le _Connais_ très bien. Tous les
   étudiants le _connaissent_.

2. —Vous savez où se trouve la Sorbonne?
   —Bien sûr, je _sais_ où c'est!

3. —Vous savez où habite Mireille?
   —Non, moi, je ne _sais_ pas. Robert le
   sait peut-être. Hubert et Colette le
   savent sûrement. Demandez-leur.

4. —Robert connaît Mme Courtois?
   —Non, il ne la _connaît_ pas. Les parents de
   Mireille la _connaissent_ très bien. Nous, nous
   ne la _connaissons_ pas du tout.

🎧 16.31 Observation: *Voir, croire, essayer,* présent de l'indicatif

voir	croire	essayer
je **vois**	je **crois**	j' **essaie**
tu **vois**	tu **crois**	tu **essaies**
il **voit**	il **croit**	il **essaie**
ils **voient**	ils **croient**	ils **essaient**
nous **voyons**	nous **croyons**	nous **essayons**
vous **voyez**	vous **croyez**	vous **essayez**

Remarquez que les infinitifs de voir et croire ont des terminaisons différentes, mais les deux verbes ont des conjugaisons identiques au présent de l'indicatif. Notez que, au point de vue de la prononciation, les trois personnes du singulier et la 3ème personne du pluriel sont identiques. Notez qu'il y a une semi-voyelle /j/ additionnelle à la 1ère et à la 2ème personne du pluriel.

🎧 16.32 Observation: *Venir, tenir, comprendre,* présent de l'indicatif; trois voyelles différentes au radical

Comparez.

venir		
je **viens**		nous **venons**
tu **viens**		vous **venez**
il **vient**	ils **viennent**	

tenir		
je **tiens**		nous **tenons**
tu **tiens**		vous **tenez**
il **tient**	ils **tiennent**	

comprendre		
je **comprends**		nous **comprenons**
tu **comprends**		vous **comprenez**
il **comprend**	ils **comprennent**	

Notez que dans je viens, tu viens, et il vient, la voyelle du radical est la même. Mais la voyelle du radical est différente dans ils viennent. (La voyelle est nasale dans je viens, tu viens, et il vient, dénasalisée dans ils viennent.) Dans nous venons et vous venez, la voyelle du radical est encore différente. Au total il y a donc trois voyelles différentes dans le radical de ce verbe au présent de l'indicatif.

Cela est vrai pour tenir et aussi pour comprendre, et évidemment pour tous les verbes formés sur venir (revenir, se souvenir, devenir, etc.), sur tenir (soutenir, appartenir, retenir, contenir, etc.), et sur prendre (surprendre, reprendre, apprendre, etc.).

🎧 16.33 Activation orale: Formes verbales; présent de l'indicatif

Répondez selon l'exemple.

Exemple:

Vous entendez: 1. Vous me croyez?

Vous voyez: Mais oui!

Je . . .

Les autres aussi . . .

Nous . . . tous!

Vous dites: Mais oui! Je vous crois!

Les autres aussi vous croient! Nous vous croyons tous!

2. Vous essayez?

3. Vous venez?

4. Vous comprenez?

16.34 Activation écrite: *Croire, comprendre, essayer,* présent de l'indicatif

Complétez.

La vie est dure, ma pauvre Marie-Laure!

1. Marie-Laure: Tu ne me crois pas! Papa et Maman ne

   me _____croient_____ pas! Cécile non plus ne

   me _____croit_____ pas! Pourquoi est-ce que

   vous ne me _____croyez_____ pas?

   Mireille: Tu sais pourquoi nous ne te

   _____croyons_____ pas? Eh bien, c'est parce que

   tu racontes des _____histoires_____ !   ✓

2. Marie-Laure: Vous ne me comprenez pas! Tu ne me

   _____comprends_____ pas! Papa et Maman ne me

   _____comprennent_____ pas! Personne ne

   me _____comprend_____ . . . sauf Robert!

   Mireille: Mais si, nous te _____comprenons_____ !

3. Marie-Laure: Non, vous n'essayez même pas!

   Mireille: Mais si, nous _____essayons_____ ! Papa

   et Maman _____essaient_____ ! Moi aussi,

   j'_____essaie_____ ! Mais c'est difficile, tu

   sais!

16.35 Activation écrite: Contractions (révision)

Complétez avec la forme appropriée de à la, à l', au, aux, de la, de l', du, ou des.

1. —Qui est Madame Courtois? Vous la connaissez?

   —C'est une amie d'enfance _____de la_____

   mère de Mireille.

2. —Le Home Latin? Qu'est-ce que c'est que ça?

   —C'est le nom d'un hôtel près _____de la_____

   Sorbonne.

3. Mireille est dans la cour _____de l'_____

   Sorbonne.

   Elle venait _____du_____ Luxembourg.

   Robert, lui, venait _____du_____ boulevard

   Saint-Michel.

4. Vous avez l'adresse _____de la_____ marraine

   de Mireille?   ✓

   Vous avez le numéro de téléphone _____des_____

   parents de Mireille?

   Vous avez le numéro de téléphone _____du_____

   père de Robert?

   Vous avez le nom _____de l'_____ ami

   brésilien de Robert?

5. Robert a envie d'aller _____au_____ Pays Basque.

   Mireille a envie d'aller _____aux_____ Etats-Unis.

   —Vous allez _____à l'_____ hôtel?

   —Non, je vais _____à la_____ banque. Vous m'accompagnez?

   —Non, je ne peux pas. Je vais _____à l'_____ Institut.

🎧 16.36 Activation: Dictée

Ecoutez et complétez le texte ci-dessous.

Invitation au voyage

—Vous avez vu beaucoup de cathédrales?

—Je _crois_ que j'_en_ ai vu deux ou trois.

—Chartres, vous _connaissez_?

—Oui, enfin. . . . Je _connais_ le nom. . . . Je _sais_ qu'il y a une très belle cathédrale, mais je n'_y_ suis jamais allé. Vous n'_avez_ pas _envie_ d'_y_ aller avec moi, par hasard?

—Oh, oui! J'_en ai envie_!

—Eh bien, alors, allons-_y_ lundi! Vous _voulez_ bien?

—Lundi, je ne _peux_ pas. Je _dois_ finir un travail pour mon cours d'histoire de l'art. Mais _allez-y_ tout seul!

—Oh, non! Je n'_ai aucune envie d'aller_ tout seul. Si _j'y vais_ tout seul, je _vais m'ennuyer_. _Essayer_ donc de finir votre travail pendant le week-end!

16.37 Activation écrite: Formes verbales, vocabulaire (récapitulation)

Relisez le texte de la leçon 16 et le texte de la leçon 9 (section 8) et essayez de compléter le dialogue suivant. Notez que les verbes soulignés sont au passé composé.

Les hasards de la navigation

Mireille: Qu'est-ce que c'est que ça? "Mon bateau est en _panne_! Il est au milieu du bassin, il ne _veut_ pas revenir!"

Marie-Laure: Ce n'est pas de ma _faute_ s'il n'est plus au milieu du bassin! Maintenant, il n'est plus au milieu du bassin, mais tout à l'heure, il

y était! C'est vrai! Ce n'est pas une _blague_! Tout à l'heure, il n'y _avait_ pas de vent, alors il ne _voulait_ pas revenir! Maintenant, le vent <u>est revenu,</u> et le bateau aussi!

Mireille: Alors, pourquoi est-ce que tu <u>es venue</u> nous chercher, puisque le bateau <u>est revenu?</u>

Marie-Laure: Parce que je ne _savais_ pas qu'il était revenu! Je _croyais_ qu'il était encore au milieu du bassin. Je ne _pouvais_ pas savoir qu'il allait revenir tout seul!

🎧 16.38 Activation orale: Dialogue entre Marie-Laure et Mireille

Vous allez entendre un dialogue entre Marie-Laure et Mireille. Ecoutez bien. Vous allez apprendre les répliques de Mireille.

Marie-Laure: Mireille!
Mireille: **Quoi? Qu'est-ce qu'il y a encore?**
Marie-Laure: Je suis en panne . . .

Mireille: **Tu es en panne?**
Marie-Laure: Oui, mon bateau n'avance plus. Il n'y a plus de vent, et il est au milieu du bassin, il ne revient pas! . . . Viens!
Mireille: **Oh, écoute, tu m'embêtes! Débrouille-toi!**

EXERCICES-TESTS

16.39 Exercice-test: Les pronoms *y* et *en*

Complétez.

1. —Marie-Laure est au Luxembourg?
   —Oui, elle _____ est en ce moment.
2. —Vous allez en Bretagne, l'été prochain?
   —Non, nous n' _____ allons pas.
3. —Vous avez envie d'aller chercher mon bateau
   au milieu du bassin?
   —Non, je n' _____ ai pas envie du tout!

4. —Profitez du beau temps pour aller à Chartres!
   —Oui, bonne idée! Je vais _____ profiter pour
   _____ aller!

Vérifiez. Si vous avez fait des fautes, travaillez les sections 16.7, 16.8, et 16.22 à 16.27 dans votre cahier d'exercices.

🎧 16.40 Exercice-test: Formes verbales

Répondez selon l'exemple.

Exemple:
Vous entendez: Vous allez à Chartres?
Vous écrivez: Oui, je <u>vais</u> à Chartres.

1. Oui, je _____ .
2. Oui, je _____ venir.
3. Oui, je _____ venir.
4. Oui, je _____ venir.
5. Oui, je _____ l'heure qu'il est.

6. Oui, je _____ !
7. Oui, je _____ Marie-Laure.
8. Oui, je _____ !
9. Oui, je _____ le bateau!
10. Oui, j' _____ !

Vérifiez. Si vous avez fait des fautes, travaillez les sections 16.9, 16.10, 16.17 à 16.21, et 16.28 à 16.34 dans votre cahier d'exercices.

🎧 16.41 Exercice-test: Formes verbales

Répondez selon l'exemple.

Vous entendez: Tu vas à Chartres?
Vous écrivez: Non! Vous <u>allez</u> à Chartres, vous?

1. Non! Vous _____ , vous?
2. Non! Vous _____ venir, vous?
3. Non! Vous _____ venir, vous?
4. Non! Vous _____ venir, vous?
5. Non! Vous _____ l'heure qu'il est, vous?

6. Non! Vous _____ , vous?
7. Non! Vous _____ Marie-Laure, vous?
8. Non! Vous _____ , vous?
9. Non! Vous _____ le bateau, vous?
10. Non! Vous _____ , vous?

Vérifiez. Si vous avez fait des fautes, travaillez les sections 16.9, 16.17 à 16.21, et 16.28 à 16.34 dans votre cahier d'exercices.

LIBÉRATION DE L'EXPRESSION

16.42 Mise en question

Relisez le texte de la leçon; lisez les questions de la mise en question qui suit la mise en œuvre dans votre livre de textes. Réfléchissez à ces questions et essayez d'y répondre.

16.43 Mots en liberté

De quoi peut-on profiter?
On peut profiter du mauvais temps pour aller au
    musée. . . .

Trouvez encore au moins quatre possibilités.

Qu'est-ce qui peut être en panne?
Une moto peut être en panne. . . .

Trouvez encore au moins trois possibilités.

16.44 Mise en scène et réinvention de l'histoire

Imaginez que vous êtes Robert. Vous rencontrez Marie-Laure près du bassin du Luxembourg. Inventez une conversation entre vous et Marie-Laure.

1. Vous lui demandez comment elle s'appelle.
   Elle vous répond.

2. Vous lui demandez quel âge elle a.
   Elle vous répond (elle vous dit son âge vrai . . . ou elle
       invente . . .).

3. Elle veut savoir quelle est votre nationalité.
   Vous lui répondez, peut-être en inventant une fausse
       nationalité.
   Elle est étonnée, elle trouve ça bizarre, parce que vous
       n'avez pas l'air. . . .

4. Vous lui demandez ce qu'elle fait, si elle joue à . . .
   (cherchez plusieurs possibilités).

5. Elle vous dit qu'elle joue avec son bateau.

6. Vous admirez le bateau. Vous lui demandez si elle l'a
       depuis longtemps.
   Elle vous répond. (C'est peut-être un cadeau de Tante
       Georgette . . .).

7. Vous parlez du temps qu'il fait, en particulier du vent:

   $\left|\begin{array}{l} \text{Il y en a} \\ \text{Il n'y en a pas} \end{array}\right.$ $\left|\begin{array}{l} \text{un peu.} \\ \text{beaucoup.} \\ \text{assez.} \\ \text{trop.} \end{array}\right.$

8. Elle dit qu'elle va $\left|\begin{array}{l} \text{rentrer chez elle.} \\ \text{profiter du vent.} \\ \text{aller à l'école.} \\ \text{aller à son cours de danse.} \end{array}\right.$

   Vous lui répondez.

9. Elle vous appelle parce que son bateau est en panne.

10. Vous lui dites $\left|\begin{array}{l} \text{que c'est dommage.} \\ \text{que ça ne vous intéresse pas.} \\ \text{que le vent va revenir.} \\ \text{que vous venez.} \\ \text{que vous allez arranger ça.} \\ \text{de se débrouiller.} \\ \text{d'aller chercher sa sœur.} \\ \text{qu'elle vous embête.} \\ \text{qu'elle est agaçante.} \\ \text{qu'elle se moque de vous.} \end{array}\right.$

16.45 Journal de Marie-Laure

Un nouvel élève

1. Comment est le nouvel élève dans la classe de Marie-Laure?
2. Que dit Chantal à propos de Malik?

3. Qu'est-ce qu'on fait avec les mots quand on parle en verlan?
4. Faites une liste de ce que les parents de Malik vendent.
5. "Le soir, c'est ouf ce qu'il y a de keufs dans le tromé à Paris!" Traduisez en bon français.

PRÉPARATION À LA LECTURE ET À L'ÉCRITURE

16.46 Entraînement à la lecture

Lisez les documents 1A et 1B. Répondez aux questions suivantes.

1. D'après le document 1B, est-ce que le roseau est un arbre solide, robuste ou, au contraire, une plante plutôt fragile?

C'est _____ .

2. D'après Pascal, est-ce que l'homme est supérieur ou inférieur au roseau? Pourquoi?

Il est _____ parce qu'il _____

_____ .

3. D'après ces deux textes, quelle est la caractéristique essentielle de l'homme?

C'est un être qui _____ .

16.47 Entraînement à la lecture et expansion du vocabulaire

Lisez le document 3, "Belle-Ile ou Pays Basque?" Puis répondez et complétez.

1. A l'époque de cette conversation téléphonique, est-ce que Mireille connaît le Pays Basque? Pourquoi? (Voyez le texte de la leçon 16, section 4.)

_____

_____ .

Est-ce que Mme Courtois connaît Belle-Ile? Pourquoi? (Voyez la section 2.)

_____

_____ .

Pourquoi Mme Courtois connaît-elle bien le Pays Basque? (Voyez les sections 3 et 8, et aussi le texte de la leçon, section 5.)

_____

_____ .

2. Où est le Pays Basque? (Voyez la section 2.)

_____

Qu'est-ce qu'on dit de quelqu'un qui parle très mal français? (Voyez la section 3.)

_____

3. Qui est Maurice Ravel? Un joueur de pelote basque, un compositeur, ou un danseur? (Voyez la section 5.)

_____

4. Qu'est-ce qu'on pêche aujourd'hui au Pays Basque?

_____

Quels personnages pittoresques est-ce qu'on peut rencontrer dans les montagnes du Pays Basque? (Voyez la section 6.)

_____

_____

5. Pourquoi le berger basque voulait-il épouser Mme Courtois? (Voyez la section 7.)

_____

6. Qui est-ce qui s'est marié à Saint-Jean-de-Luz? (Voyez la section 7.)

_____

Pourquoi ce mariage a-t-il eu lieu à Saint-Jean-de-Luz plutôt qu'ailleurs? (Voyez la section 2.)

_____

7. Pourquoi les "baïonnettes" s'appellent-elles comme ça? (Voyez la section 8.)

_____

8. A votre avis, pourquoi Mireille va-t-elle accepter l'idée d'aller passer ses vacances au Pays Basque? A cause de quoi? Qu'est-ce qui l'intéresse?

_____

_____

_____

9. _Vocabulaire: Relisez la section 3 et complétez._

En Hongrie, on parle _____ .

En Finlande, on parle _____ .

En Suède, on parle _____ .

En Chine, on parle _____ .

Et au Danemark, _____ .

16.48 Entraînement à la lecture et expansion du vocabulaire

Regardez le document 2 et répondez.

1. Les Basques portent traditionnellement sur la tête des bérets en laine qui sont connus pour leur qualité exceptionnelle. Ils sont de quelles couleurs sur ces photos?

_____

2. Un mariage royal a eu lieu à Saint-Jean-de-Luz en 1660. (Voyez le texte du document 3, section 7.) Quelle photo se rapporte à cet événement?

_____

3. Comparez la plage à Biarritz à la plage à Saint-Jean-de-Luz. Relisez le document 3, section 8: Quelle plage préfère Madame Courtois? Pourquoi? Et vous, quelle plage préférez-vous? Pourquoi?

_____

_____

4. Selon l'affiche du chemin de fer, quels sports peut-on pratiquer à Biarritz? Est-ce qu'on peut y aller en train seulement en été? _____

_____

5. Trois de ces photos portent sur la nourriture. A l'aide des explications de Madame Courtois (document 3, section 4), répondez aux questions suivantes.

Dans quel plat trouve-t-on du piment?

Qu'est-ce que c'est que la pipérade?

Avec quoi est-ce qu'on mange du fromage de lait de brebis?

_____

_____

_____

16.49 Lecture et interprétation

Lisez le document 4, complétez les phrases suivantes et répondez.

1. En 1604, des émigrés français ont établi une colonie qui s'appelait _____ et qui
   regroupait trois régions, aujourd'hui les trois pro-
   vinces maritimes de la _____ , du
   _____ et de l'Ile-_____
   _____ .

2. Pourquoi Louis XIV a-t-il envoyé les "filles du Roy" à
   la Nouvelle-France? _____
   _____
   _____

3. Quel a été l'effet sur la population acadienne de
   l'arrivée des filles du Roy en Nouvelle-France?
   _____
   _____
   _____

4. En 1713, l'Acadie est devenue une colonie
   _____ et la "Nouvelle-France" est devenue la "_____".

5. En 1755, la majorité des Acadiens ont été chassés de
   la colonie. Cette déportation en masse ("Le Grand
   _____") représente ce qu'on appelle
   aujourd'hui une campagne de _____
   _____ .

6. Aux Etats-Unis on trouve aujourd'hui les descendants des Acadiens dans deux états de Nouvelle
   Angleterre—le _____ et le
   _____— et, dans le sud du pays,
   en _____ .

7. Aujourd'hui, il y a deux langues officielles
   au Canada—_____ et
   _____—excepté au Québec, où la
   seule langue officielle est _____ .

16.50 Lecture et interprétation

Lisez le document 5, "Mon Pays," puis complétez.

Le Québec est connu pour ses hivers enneigés. Dans
cette chanson Vigneault célèbre la fusion du vent et de
la neige en hiver; c'est comme une cérémonie, une sorte
de mariage où la neige _____ au vent.

Quand il fait très froid, la neige ressemble à de la
poudre, elle est poudreuse. En québécois on appelle ça

de la _____ . C'est dans ce pays
de poudre, tout blanc, que son père a construit sa maison, et le chanteur, son fils, promet de continuer une
tradition d'hospitalité qui va inspirer les amis à venir
s'installer à côté de lui, dans ce pays de froideur et de
neige.

LEÇON

17

ASSIMILATION DU TEXTE

🎧 17.1 Mise en œuvre

Ecoutez le texte et la mise en œuvre dans l'enregistrement sonore. Répétez et répondez suivant les indications.

🎧 17.2 Compréhension auditive

Phase 1: Regardez les images ci-dessous. Ecoutez et répétez les énoncés qui leur correspondent.

Phase 2: Ecrivez la lettre qui identifie chaque passage que vous entendez sous l'image qui lui correspond.

1. _F_

2. _D_

3. _B_

4. _E_

5. _C_

6. _A_

🎧 17.3 Compréhension auditive et production orale

Ecoutez les passages suivants, et répondez aux questions.

1. Comment s'écrit le nom de Robert? Avec un y ou avec un i?
2. D'après Mireille, est-ce que l'orthographe est importante?
3. Pourquoi Robert remarque-t-il le nom de Bouvier?
4. Qu'est-ce que Mireille voulait être quand elle était petite?
5. Et Robert, qu'est-ce qu'il voulait être quand il avait huit ou neuf ans?
6. Qu'est-ce qu'ils pensent de ces idées, maintenant?

🎧 17.4 Production orale

Ecoutez les dialogues suivants. Vous allez jouer le rôle du deuxième personnage.

1. Mireille: Vous vous appelez Taylor? Mais ça veut dire "tailleur," ça, en anglais.
   Robert: (. . .)
2. Mireille: Et puis, il y a aussi Berger, comme celui qui s'occupe des moutons, et puis Mineur, Marin. . . .
   Robert: (. . .)
3. Mireille: Cette gamine est insupportable! Heureusement qu'elle sait nager!
   Robert: (. . .)
4. Robert: Ou bien, elle va faire de l'exploration sous-marine avec l'équipe de Cousteau!
   Mireille: (. . .)

PRÉPARATION À LA COMMUNICATION

🎧 17.5 Activation orale: Prononciation; accent tonique (révision)

Ecoutez et répétez. (Rappelez-vous qu'il n'y a pas d'accent tonique à l'intérieur des mots. Il y a un léger accent tonique sur la dernière syllabe d'un groupe rythmique—ou d'un mot isolé.)

un message	un portrait	un poète	pendant	une profession	possible
un bassin	un enfant	un pédant	stupide	une allusion	impossible
un champion	un acteur	un service	profiter	une cathédrale	
une question	une personne	une terrasse	la médecine	indépendant	

🎧 17.6 Observation: Métiers au masculin et au féminin

masculin	féminin	masculin	féminin
un berg**er**	une berg**ère**	un infirm**ier**	une infirm**ière**
un boulang**er**	une boulang**ère**	un ferm**ier**	une ferm**ière**
un bouch**er**	une bouch**ère**	un ouvr**ier**	une ouvr**ière**

Comparez avec cher/chère et premier/première.

Notez que certains noms de métier masculins qui se terminent en -er ou -ier n'ont pas de forme féminine courante. C'est le cas, par exemple, de charpentier, charbonnier, bouvier, chevrier, forestier, et pompier.

Pour les esprits curieux et exigeants:
Notez que le féminin couturière correspond au masculin couturier, mais couturier et couturière sont deux métiers assez différents. Un couturier crée des vêtements pour femmes, très chers; Christian Dior, Yves Saint-Laurent, et Sonia Rykiel sont des couturiers. Une couturière est une ouvrière qui fait ou modifie des vêtements.

Couturier est une profession plus prestigieuse que couturière: On parle en général de grands couturiers et de petites couturières. Coco Chanel, Schiaparelli, Sonia Rykiel, Agnès B., et Madame Grès, qui sont des femmes, ne sont pas des couturières, mais de grands couturiers.

🎧 17.7 Activation orale: Métiers au masculin et au féminin

Répondez selon l'exemple.

Exemple:
Vous entendez: 1. Il est fermier.
Vous dites: Elle est fermière.

2. Il est ouvrier.
3. Il est berger.
4. Il est boucher.
5. Il est infirmier.
6. Il est boulanger.
7. C'est un couturier.

🎧 17.8 Observation: Métiers au masculin et au féminin

masculin	féminin
un pharmacie**n**	une pharmacie**nne**
un technicie**n**	une technicie**nne**
un esthéticie**n**	une esthéticie**nne**
un informaticie**n**	une informaticie**nne**
un musicie**n**	une musicie**nne**

Comparez avec canadien/canadienne.
Notez que beaucoup de noms de profession en -cien sont récents. Ils ont généralement un équivalent féminin.

🎧 17.9 Activation orale: Métiers au masculin et au féminin

Répondez selon l'exemple.

Exemple:
Vous entendez: 1. Il est technicien.
Vous dites: Elle est technicienne.

2. Il est acteur.
3. Il est musicien.
4. Il est informaticien.
5. Il est pharmacien.
6. Il est conducteur de tracteur.
7. C'est un aviateur.
8. C'est un grand explorateur.

🎧 17.10 Observation: Métiers au masculin et au féminin

masculin	féminin
Il est pompier.	Elle est pompier.
Il est chirurgien.	Elle est chirurgien.
Il est médecin.	Elle est médecin.

Pour un certain nombre de professions, on emploie la forme masculine, même en parlant d'une femme. Les noms de profession employés dans l'exercice suivant appartiennent à cette catégorie.
Pour les esprits curieux et exigeants:
Notez que la médecine, nom féminin, n'est pas une femme mais la discipline, la profession. Pour être médecin, il faut étudier la médecine; il faut aller à la Faculté de Médecine; il faut faire médecine; il faut faire des études de médecine.

🎧 17.11 Activation orale: Métiers au masculin et au féminin

Répondez selon l'exemple.

Exemple:
Vous entendez: 1. Il est pompier.
Vous dites: Elle est pompier.

2. Il est ingénieur (chez Renault).
3. Il est chef de service (au Ministère).
4. Il est médecin.
5. Il est agent de police.

17.12 Activation écrite: Métiers (révision et extension); indicatif présent

Il n'y a pas de sot métier!

A. Lisez le texte suivant. Essayez de deviner de quels métiers il s'agit.

Il y a des gens qui ont un restaurant.

Il y en d'autres qui font de la recherche au Centre National de la Recherche Scientifique.

Il y a des gens qui louent des voitures.

Autrefois, il y avait des gens qui louaient des chaises au Luxembourg ou dans d'autres jardins publics.

Il y en a d'autres qui décorent les appartements et les maisons.

Il y a des gens qui conduisent des tracteurs.

Il y a des gens qui produisent des melons ou des tomates.

Il y en a qui dirigent une entreprise.

Il y a des gens qui composent de la musique.

Il y en a qui travaillent dans une mine pour extraire du charbon.

D'autres transportent des marchandises.

Il y a des gens qui cultivent la terre.

Il y a des gens qui cultivent la vigne pour faire du vin.

Il y a des gens qui cultivent des fleurs.

Il y a des gens qui conduisent des camions.

Il y en a qui assurent contre les incendies, les accidents, la maladie.

Il y en a qui chantent dans les rues ou à l'Opéra.

Il y en a qui naviguent sur des bateaux.

D'autres élèvent des chiens ou des chevaux.

Il y a des hommes et des femmes qui font des massages aux gens qui ont mal au dos.

Il y a des gens qui construisent des avions.

B. Maintenant, répondez aux questions suivantes.

1. —Qu'est-ce que c'est qu'une productrice de melons?
   —C'est une femme qui __produit des melons__

2. —Qu'est-ce que c'est qu'un chercheur?
   —C'est quelqu'un qui __fait de la__ __recherche__.

3. —Qu'est-ce que c'est qu'un conducteur de tracteur?
   —C'est un homme qui __conduit un tracteur__

4. —Qu'est-ce que c'est qu'une décoratrice?
   — __C'est une femme qui décore des appartements ou des maison__.

5. —Qu'est-ce que c'est qu'une loueuse de chaises?
   — __C'est une femme qui loue des chaises__

6. —Qu'est-ce que c'est qu'une directrice d'école?
   — __C'est une femme qui dirige une école__.

7. —Qu'est-ce que c'est qu'un restaurateur?
   — __C'est quelqu'un qui a un restaurant__

8. —Et un compositeur?
   — __C'est quelqu'un qui compose de la musique__

9. —Et un éleveur de chiens?
   — __C'est un homme qui élève des chiens__.

10. —Qu'est-ce que c'est qu'un navigateur?
    — __C'est un homme qui navigue sur un bateau__.

11. —Qu'est-ce que c'est qu'une chanteuse d'opéra?
    — __C'est une femme qui chante à l'opéra__.

12. —Qu'est-ce que c'est qu'un masseur?
    — __C'est quelqu'un qui fait des massages__

13. —Qu'est-ce que c'est qu'un assureur?
    — __Quelqu'un qui assure contre les incendies les accidents__

14. —Qu'est-ce que c'est qu'un viticulteur?
    — __Quelqu'un qui cultive la vigne__

15. —Qu'est-ce que c'est qu'un horticulteur?
    — __Quelqu'un qui cultive des fleurs__.

16. —Qu'est-ce que c'est qu'un transporteur?
    — __Quelqu'un qui transporte des marchandises__

17. —Qu'est-ce que c'est qu'un mineur?
    — __Quelqu'un qui travaille dans une mine__

18. —Et un constructeur d'avions?
    — __Quelqu'un qui construit des avions__

17.13 Activation écrite: Métiers (révision et extension); présent de l'indicatif

A. Lisez le texte suivant. Essayez de deviner de quoi il s'agit.

Il y a des hommes et des femmes qui s'occupent des
malades dans un hôpital ou une infirmerie.

Il y a des gens qui font et qui vendent des fromages.

Il y a des gens qui travaillent dans la police.

Et d'autres dans une banque.

Il y a des gens qui vendent des épices, du sucre, du chocolat, des conserves, et d'autres produits alimentaires
dans une épicerie.

Il y en a qui vendent des bijoux dans une bijouterie.

Il y en a qui vendent de la viande de porc, du saucisson,
du pâté, du jambon dans une charcuterie.

Il y en a aussi qui vendent des tripes, des cervelles, des
rognons et d'autres abats.

Il y en a qui combattent les incendies.

Il y en a qui ont un hôtel.

D'autres travaillent à la poste.

Il y en a qui font et vendent du pain dans une
boulangerie.

D'autres vendent de la viande de bœuf ou d'agneau dans
une boucherie.

D'autres vendent du charbon.

D'autres, du lait.

D'autres font et vendent du chocolat.

D'autres vendent de la crème.

D'autres, des fruits.

Et d'autres encore, du poisson.

D'autres font et vendent de la pâtisserie.

Et d'autres, des glaces à la vanille, au chocolat, au café.

Et puis il y en a qui s'occupent des moutons.

D'autres, des vaches.

Et d'autres, des chèvres.

B. Maintenant, répondez aux questions suivantes.

1. —Qu'est-ce que c'est qu'une bergère?

   —C'est une femme qui _S'occupe de moutons_

2. —Qu'est-ce que c'est qu'un vacher?

   — _C'est un homme qui s'occupe des vaches_

3. —Qu'est-ce que c'est qu'un boucher?

   —_Un homme qui vend de la viande_

4. —Et un boulanger?

   —_Un homme qui fait et vend du pain_

5. —Qu'est-ce que c'est qu'un fromager?

   —_Quelqu'un qui fait et vend du pain_

6. —Qu'est-ce que c'est qu'un crémier?

   —_Quelqu'un qui vend de la crème_

7. —Et un chocolatier?

   —_Quelqu'un qui fait et vend de chocolate_

8. —Un laitier?

   —_Quelqu'un qui vend du lait_

9. —Un épicier?

   —_Quelqu'un qui vend des produites alimentaires_

10. —Un policier?

    —_Quelqu'un qui travaille dans la Police_

11. —Un infirmier?

    —_Un homme qui s'occupe des malada_

12. —Un tripier?

    —_Quelqu'un qui vend des tripes_

13. —Qu'est-ce que c'est qu'un postier?

    —_Un homme qui travaille a la poste_

14. —Qu'est-ce que c'est qu'un hôtelier?

    —_Quelqu'un qui a un hôtel_

15. —Qu'est-ce que c'est qu'un charcutier?

    —_Quelqu'un qui vend des porc y du jambon_

16. —Et un bijoutier?

    —_Quelqu'un qui vend des bijoux_

⌕ 17.14 Observation: Identification et description

identification	description		
—Tu connais ce monsieur là-bas? —C'est un chirurgien. C'est un ami des parents de Mireille.	—Il est sympathique. —Il est grand. —Il est blond.	—Il est chirurgien. —Il est fils unique.	—Il est célibataire. —Il est comte.

⌕ 17.15 Observation: Identification et description

identification (nom)	description (adjectif)

—Qui est-ce?
        —**C'est** ma cousine.
	—Comment est-elle?
	        —**Elle est** sympathique.

—Qui est-ce?
        —**C'est** un ami de Papa.
	—Comment est-il?
	        —**Il est** très gentil.

—Qui est-ce?
        —**C'est** un ingénieur.
	—Qu'est-ce qu'il fait?
	        —**Il est** ingénieur.

—**C'est** ton frère? —Non, **c'est** le frère de Marc.	—**Il est** marié? —Non, **il est** célibataire.
—**C'est** ton frère? —Non, **c'est** un ami.	—Il a des frères? —Non, **il est** fils unique.

Notez que dans la première colonne, nous avons c'est suivi d'un déterminant (un, ma). Dans la deuxième colonne, nous avons il (elle) est, et pas de déterminant.

Pour les esprits curieux et exigeants:

Notez que dans la première colonne, c'est est suivi d'un nom (avec un déterminant). Dans la deuxième colonne, il (elle) est est suivi d'un adjectif ou d'un nom qui fonctionne comme un adjectif: ingénieur, fils unique sans déterminants fonctionnent comme des adjectifs.

⌕ 17.16 Activation orale: Identification et description; *c'est/il est*

Choisissez la question qui correspond à la réponse que vous entendez.

Exemples:
Vous entendez: 1. C'est un grand chirurgien.
Vous dites: Qui est-ce?
Et vous cochez la case correspondante.

Vous entendez: 2. Il est chirurgien.
Vous dites: Qu'est-ce qu'il fait?
Et vous cochez la case correspondante.

Vous entendez: 3. Il est sympathique.
Vous dites: Comment est-il?
Et vous cochez la case correspondante.

	1	2	3	4	5	6	7	8	9	10	11	12	13	14
Qui est-ce?	X			✓	✓				✓	✓			✓	
Qu'est-ce qu'il fait?		X				✓	✓				✓	✓		
Comment est-il?			X					✓						✓

🎧 17.17 Activation orale et écrite: Identification et description

Ecoutez les questions, puis complétez les réponses suivantes en employ-
ant c'est un (une) ou bien il (elle) est.

1. ___C'est un___ cousin.

2. ___il est___ médecin.

3. Non, ___il est___ célibataire.

4. ___C'est une___ amie de ma mère.

5. Oui, ___elle est___ informaticienne.

6. Non, ___elle est___ divorcée.

17.18 Activation écrite: Identification et description; *c'est/elle est*

Complétez.

1. —Vous connaissez Mireille?

   —Oui, je la connais très bien. ___C'___ est la meilleure amie de ma sœur.

2. —Comment est-elle?

   — ___elle___ est vraiment très sympathique.

3. —Et au physique?

   — ___elle___ est blonde et plutôt petite. ___C'___
   est une belle blonde aux yeux bleus, bleu-gris
   plutôt.

4. —Et cette petite fille, vous la connaissez?

   —Marie-Laure? Bien sûr que je la connais!
   ___C'___ est la petite sœur de Mireille.
   ___elle___ est insupportable!

🎧 17.19 Observation: Connaissance et savoir (révision et extension)

connaître		savoir	
Vous ne devez **connaître**	personne à Paris!	—Pourquoi me demandez-vous ça?	
Robert **connaît**	Mireille, c'est tout.	—Oh, pour **savoir.**	
Vous **connaissez**	Mme Courtois?	C'est intéressant, vous **savez!**	
Si je la **connais!**	C'est ma marraine!	Oui, je **sais,**	
Je la **connais,**	cette rousse.	je **sais**	que c'est intéressant.
Jean-Pierre **connaît**	tous les grands couturiers de Paris.	Tout le monde **sait**	que *tailleur* s'écrit avec deux l.
Robert ne **connaît**	pas bien Paris: il vient d'arriver.	Je ne **sais**	pas ce qu'il y a.
Mireille **connaît**	Paris; elle y habite depuis longtemps.	Je ne **sais**	pas ce qui se passe.
Je **connais**	ça!	Je ne **sais**	pas ce qu'ils disent.
Je le **connais,**	ce truc!	Je ne **sais**	pas pourquoi ils manifestent.
		Je ne **sais**	pas ce que je vais faire.
		Je ne **sais**	pas si elle fait du russe ou de l'anthropologie.
		Yvonne ne **sait**	pas jouer aux portraits.
		Tu ne **sais**	pas lire!
		Marie-Laure **sait**	compter jusqu'à 9.999.
		Non, je ne **sais**	pas le français . . . pas encore; mais je l'apprends.

🎧 17.20 Observation: Connaissance et savoir

Comparez.

	connaître	objet
Vous	connaissez	**ces jeunes gens?**
Elle	connaît	**Mme Courtois.**
Je	connais	**cette fille.**
Vous	connaissez	**Chartres?**
Elle	connaît	**le Pays Basque.**

	savoir	objet
Non, je ne	sais pas	**qui ils sont.**
Je ne	sais pas	**pourquoi ils manifestent.**
Elle	sait	**qui c'est.**
Elle	sait	**où elle habite.**
Mais je ne	sais pas	**si elle fait du russe.**
Non. Mais je	sais	**qu'il y a une cathédrale.**
Mais elle ne	sait pas	**le basque.**

Comparez les objets de connaître et de savoir. Notez que les objets de connaître sont des noms (jeunes gens, Chartres). Les objets de savoir sont souvent des propositions avec un verbe (qui ils sont, écrire, lire). Quand l'objet de savoir est un nom, ce nom représente quelque chose qu'on peut apprendre (par exemple une langue: le basque, le français).

Pour les esprits curieux et exigeants:

Remarquez qu'on connaît des personnes (Mme Courtois) et des endroits (le Pays Basque). Connaître suggère une simple familiarité; c'est le résultat d'une expérience, d'un contact. Il n'est pas nécessaire d'apprendre, d'étudier pour connaître.

Savoir implique une opération intellectuelle; on sait ce qu'on a appris. On sait lire, écrire, et compter parce qu'on a appris à lire, à écrire, et à compter. On sait une langue, le basque, le français. Pour savoir lire, il faut apprendre à lire; pour savoir le français, il faut apprendre le français. Je sais qu'il y a une cathédrale à Chartres parce que je l'ai appris: je l'ai lu, on me l'a dit, ou j'ai remarqué son existence.

17.21 Activation écrite: Connaissance et savoir

Complétez les phrases suivantes avec les formes convenables de savoir ou connaître.

1. —Vous _connaissez_ Belle-Ile-en-Mer?

   —Non, je n'y suis jamais allé, mais je _sais_ que c'est en Bretagne.

2. —Est-ce que Robert _connaît_ Madame Courtois?

   —Non, mais il _sait_ où elle habite.

3. —Robert _sait_ bien le français!

—C'est normal, sa mère est française.

   —Vous la _connaissez_, sa mère?

   —Non, mais je _sais_ qu'elle est remariée avec un Argentin.

4. —Vous _connaissez_ la mère de Mireille?

   —Non, mais je _connais_ son père.

   —Et sa sœur Cécile, vous la _connaissez_?

   —Non, mais je _sais_ qu'elle est mariée.

🎧 17.22 Observation: Les uns et les autres; *on* (révision et extension)

En France,	les gens	parlent	français.
En France,	tout le monde	parle	français.
En France,	**on**	parle	français.
. . . les idées qu'	**on**	a	
quand	**on**	est	petit.
	On	ne dit	pas ça.

On est un équivalent de tout le monde, les gens en général. C'est un pronom sujet de la 3ème personne du singulier.

Mon frère et moi, nous habitons au Quartier latin.
Mon frère et moi, **on** habite au Quartier latin.

Dans le style familier, on peut être un équivalent de nous.

🎧 17.23 Activation orale: *On*

Transformez les stéréotypes suivants selon l'exemple.

Exemple:
Vous entendez: 1. Les Français aiment bien manger.
Vous dites: En France, on aime bien manger.

2. Les Français ne voyagent pas beaucoup.
3. Les Français ont mauvais caractère.
4. Les Français vont souvent en vacances.
5. Les Français ne font pas de sport.
6. Les Français sont moqueurs.
7. Les Français ne travaillent pas beaucoup.

🎧 17.24 Observation: Ce qui se dit, ce qui se fait; verbes réfléchis à sens passif

	objet		sujet	
1. On dit	**ça.**	2. **Ça**	se dit.
3. On fait	**ça.**	4. **Ça**	se fait.
5. On mange	**les crevettes.**	6. **Les crevettes**	se mangent.[1]

1. C'est même très bon!

Les phrases 2, 4, et 6 sont équivalentes aux phrases 1, 3, et 5. Notez que, dans les phrases 2, 4, et 6, le verbe est employé avec un pronom réfléchi (se).

De même:

Ça ne s'écrit pas de la même façon est équivalent à On n'écrit pas ça de la même façon. Ça ne se fait plus est équivalent à On ne fait plus ça.

🎧 17.25 Activation orale: Ce qui se dit, ce qui se fait; verbes réfléchis à sens passif

Répondez selon l'exemple.

Exemple:
Vous entendez: 1. On trouve encore des bergères?
Vous dites: Oui, ça se trouve!

2. On dit ça?
3. On ne dit pas ça?
4. On fait ça?
5. On écrit ça avec un y?
6. On écrit Taylor avec un y?
7. On écrit tailleur avec deux l?
8. On voit ça?

17.26 Activation écrite: Ce qui se fait, ce qui se dit; verbes réfléchis à sens passif

Lisez, essayez de comprendre, et complétez selon l'exemple.

Exemple:
Vous voyez: On écrit *Papa* comme ça se prononce.
Vous écrivez: *Papa* s'écrit comme ça se prononce.

1. On écrit *tailleur* avec deux l.
   Tailleur <u>s'écrit</u> avec deux l.

2. Dans *un bœuf*, au singulier, on prononce le f; mais dans *des bœufs*, au pluriel, le f <u>ne se prononce pas</u>.

3. On achète le pain chez le boulanger.
   <u>le pain s'achète chez le boulger</u>

4. Aujourd'hui on ne dit plus *aviateur*.
   Aviateur <u>ne se dit plus</u> beaucoup. (On dit plutôt "pilote.")

5. On fait des rencontres intéressantes au jardin du Luxembourg.
   Les rencontres intéressantes <u>se font</u> au Luxembourg (ou dans la cour de la Sorbonne!).

6. On pêche les crevettes à marée basse.
   Les crevettes <u>se pêchent</u> à marée basse.

7. Autrefois, les dames portaient des crinolines. C'était la mode. Aujourd'hui, la crinoline <u>ne se porte plus</u>; ce n'est plus la mode.

8. Vous ne voulez pas vous décider trop jeune? Oui, on comprend ça, <u>ça se comprend</u> . . . c'est trop dangereux!

9. Vous êtes très intelligents! On voit ça tout de suite!
   <u>Ça se voit</u> tout de suite!

🎧 17.27 Observation: Autrefois et maintenant; imparfait (révision)

imparfait	présent
Autrefois, il y **avait** des bouviers.	Maintenant, il n'y **a** plus de bouviers.
Autrefois, nous **allions** en Bretagne.	Maintenant, nous n'**allons** plus en Bretagne.
Quand j'**étais** petit, je **voulais** être pompier.	Maintenant, je ne **veux** plus être pompier.
Autrefois, on **faisait** ça.	Maintenant, on ne **fait** plus ça.

Avait, allions, étais, voulais, et faisait sont des verbes qui se réfèrent au passé. Ces verbes sont à l'imparfait. Vous vous rappelez que l'imparfait est formé sur le radical de la 1ère personne du pluriel du présent:

présent:	nous	allons
	nous	faisons
imparfait:	nous	allions
	on	faisait

🎧 17.28 Observation: Comment c'était autrefois; imparfait du verbe *être*

Comparez.

faire			être		
présent		imparfait	présent		imparfait
nous **fais**ons	nous	**fais**ions	nous sommes	nous	**ét**ions
vous **fais**tes	vous	**fais**iez	vous **êt**es	vous	**ét**iez
	ils	**fais**aient		ils	**ét**aient
	il	**fais**ait		il	**ét**ait
	tu	**fais**ais		tu	**ét**ais
	je	**fais**ais		j'	**ét**ais

Les terminaisons de l'imparfait du verbe être sont les mêmes que pour tous les autres verbes. Mais l'imparfait du verbe être n'est pas formé sur le radical de la 1ère personne du pluriel du présent. Il est formé sur le radical de la 2ème personne du pluriel du présent.

Pour les esprits curieux et exigeants:
Notez le changement de voyelle. Au présent, la première syllabe est fermée:

êtes

La voyelle est ouverte. Elle est représentée par ê.
    A l'imparfait la première syllabe est ouverte:

é tiez

La voyelle est fermée. Elle est représentée par é.

🎧 17.29 Observation: Autrefois et maintenant; imparfait et présent

Observez les différences de prononciation entre le présent et l'imparfait du verbe parler.

présent	je parle	tu parles	il parle	ils parlent
imparfait	je parlais	tu parlais	il parlait	ils parlaient

Pour les personnes du singulier et la 3ème personne du pluriel, nous avons le son /ə/ au présent et le son /ɛ/ à l'imparfait.

présent	nous parlons	vous parlez
imparfait	nous parlions	vous parliez

Notez que pour la 1ère et la 2ème personne du pluriel, il y a une semi-voyelle /j/ additionnelle à l'imparfait.

Observez maintenant la différence de prononciation des terminaisons des 2èmes personnes.

imparfait	présent	imparfait
tu parlais	vous parlez	vous parliez
tu voulais	vous voulez	vous vouliez

∩ 17.30 Activation orale: Formes de l'imparfait

Répondez selon l'exemple.

Exemple:
Vous entendez: 1. C'est ce que nous voulons.
Vous dites: Et c'est ce qu'il voulait lui aussi.

2. C'est ce que nous attendons.
3. C'est ce que nous cherchons.
4. C'est ce que nous préférons.
5. C'est ce que nous croyons.
6. C'est ce que nous disons.
7. C'est ce que nous faisons.
8. C'est ce que nous voulons.

∩ 17.31 Activation orale: Formes de l'imparfait

Répondez selon l'exemple.

Exemple:
Vous entendez: 1. Maintenant, je ne veux plus être pompier.
Vous dites: Mais quand j'étais petit(e), je voulais être pompier.

2. Maintenant, ça ne m'intéresse plus.
3. Maintenant, nous n'allons plus en Bretagne.
4. Maintenant, ce n'est plus à la mode.
5. Maintenant, je n'aime plus la Bretagne.
6. Maintenant, je n'ai plus envie d'y aller.
7. Maintenant, nous n'habitons plus à Paris.
8. Maintenant, mon père ne travaille plus à Paris.
9. Maintenant, on ne fait plus ça.
10. Maintenant, l'ami de Robert ne croit plus en Dieu.

∩ 17.32 Activation orale: Formes de l'imparfait

Répondez selon l'exemple.

Exemple:
Vous entendez: 1. Vous étiez à Saint-Tropez l'année dernière?
Vous répondez: Non, je n'étais pas à Saint-Tropez.

2. Est-ce que vous étiez en France l'année dernière?
3. Est-ce que Robert était en France l'année dernière?
4. Est-ce que vous connaissiez Mireille l'année dernière?
5. Est-ce que Robert connaissait Mireille l'année dernière?
6. Est-ce que Robert était à l'Université l'année dernière?
7. Est-ce que vous étudiiez le français l'année dernière?
8. Est-ce que vous saviez beaucoup de français l'année dernière?
9. Est-ce que vous faisiez du russe l'année dernière?
10. Est-ce que vous étiez marié l'année dernière?
11. Est-ce que nous étions en France l'année dernière?
12. Est-ce que nous connaissions Mireille l'année dernière?
13. Est-ce que Robert et Mireille étaient à Saint-Tropez l'année dernière?
14. Est-ce que Robert et Mireille se connaissaient l'année dernière?

∩ 17.33 Observation: Négation; *ne . . . plus*

1.   Robert **ne passe pas** ses vacances en Bretagne.
2. Autrefois, Mireille **passait** ses vacances en Bretagne. Maintenant, elle **ne passe plus** ses vacances en Bretagne. C'est fini.

Robert ne passe pas et elle ne passe plus *sont deux expressions négatives.*
    La négation 1 est une négation simple. Elle n'indique pas de changement.
La négation 2 indique un changement: Autrefois, elle passait ses vacances en Bretagne, maintenant, elle ne les y passe plus.

	ne	verbe	pas / plus	
On		dit		ça.
On	ne	dit	pas	ça.
On	ne	dit	plus	ça.
Elle	y	passe		ses vacances.
Elle	n'y	passe	pas	ses vacances.
Elle	n'y	passe	plus	ses vacances.

Notez que plus occupe la même place que pas.

🎧 17.34 Activation orale: Négation; *ne . . . plus*

Répondez selon l'exemple.

Exemple:

Vous entendez: 1. Vous n'alliez pas aux Bermudes
    autrefois?

Vous répondez: Si, mais nous n'y allons plus.

2. Vous n'alliez pas en Bretagne autrefois?
3. Vous n'habitiez pas à Chartres autrefois?
4. Vous n'étiez pas à la fac autrefois?
5. Vous n'étiez pas à la Cité Universitaire autrefois?
6. Vous ne mangiez pas au restau-U autrefois?
7. Vous ne descendiez pas au Home Latin autrefois?

🎧 17.35 Activation orale: Négation; *ne . . . plus*

Répondez selon l'exemple.

Exemple:

Vous entendez: 1. Elle faisait du karaté autrefois?

Vous répondez: Oui, mais elle n'en fait plus.

2. Il y avait un boulanger ici autrefois?
3. Il y avait un boucher ici autrefois?
4. Il y avait un charbonnier ici autrefois?
5. Il y avait un pharmacien ici autrefois?
6. Il y avait un tailleur ici autrefois?

🎧 17.36 Activation orale: Négation; *ne . . . plus*

Répondez selon l'exemple.

Exemple:

Vous entendez: 1. Quand il était petit, il voulait être
    pompier.

Vous dites: Mais maintenant, il ne veut plus être
    pompier.

2. Quand elle était petite, elle voulait être infirmière.
3. Quand elle était petite, elle voulait être actrice.
4. Quand il était petit, il voulait être marin.
5. Quand nous étions petits, nous voulions être peintres
    (comme Boucher!).
6. Quand elles étaient petites, elles voulaient être
    aviatrices (comme Hélène Boucher).

🎧 17.37 Activation: Dictée

Ecoutez et complétez. Vous entendrez le passage trois fois.

—Oh, là, là, ____regarde____-moi ça! Allez, ____rentre____ à la ~~maison~~, va ____te changer____ ____tu vas____ ; ____un rhume____ attraper ____gravata____ !

🎧 17.38 Activation orale: Dialogue entre Mireille et Robert

Vous allez entendre un dialogue entre Mireille et Robert. Ecoutez bien.
Vous allez apprendre les répliques de Robert.

Mireille: Vous vous appelez Taylor? Mais ça veut dire
    tailleur, ça, en anglais.

Robert: **Euh . . . je ne sais pas . . .**

Mireille: Mais si! *Tailor*, ça veut dire tailleur en anglais.

Robert: **Oui . . . euh, non! . . . Bien sûr, mais je veux
    dire . . . mon nom s'écrit avec un y, et le mot
    anglais pour tailleur s'écrit avec un i.**

EXERCICES-TESTS

17.39 Exercice-test: Métiers au masculin et au féminin

Répondez selon l'exemple.

Exemple:
Vous voyez: Il est berger.
Vous écrivez: Elle est <u>bergère</u>.

1. Il est fermier. Elle est _____ .

2. Il est boulanger. Elle est _____ .

3. Il est pharmacien. Elle est _____ .

4. Il est aviateur. Elle est _____ .

5. Il est médecin. Elle est _____ .

Vérifiez. Si vous avez fait des fautes, travaillez les sections 17.6 à 17.13 dans votre cahier d'exercices.

17.40 Exercice-test: Identification et description

Complétez en utilisant c'est ou il/elle est suivant le cas.

1. _____ un Américain.

2. _____ française.

3. _____ brun.

4. _____ une belle blonde.

5. _____ la sœur de Marie-Laure.

Vérifiez. Si vous avez fait des fautes, travaillez les sections 17.14 à 17.18 dans votre cahier d'exercices.

17.41 Exercice-test: *Connaître* et *savoir*

Complétez.

1. Vous _____ où est Marie-Laure?

2. Marie-Laure? Je ne _____ pas Marie-Laure.

3. Robert ne _____ personne à Paris.

4. Mais il _____ le français.

5. Elles ne _____ pas si elles vont pouvoir venir.

Vérifiez. Si vous avez fait des fautes, travaillez les sections 17.19 à 17.21 dans votre cahier d'exercices.

17.42 Exercice-test: Formes de l'imparfait

Complétez selon l'exemple.

Exemple:
Vous voyez: Tu ne joues plus?
Vous écrivez: Tu <u>jouais</u> tout à l'heure!

1. Robert et Mireille ne discutent plus? Ils _____ tout à l'heure!

2. Mireille n'est plus au Luxembourg? Elle _____ au Luxembourg tout à l'heure!

3. Vous ne le savez plus? Vous le _____ tout à l'heure!

4. Elle n'a plus de boules de gomme? Elle _____ des boules de gomme tout à l'heure!

5. Tu ne veux plus rentrer? Tu _____ rentrer tout à l'heure!

6. Vous ne travaillez plus? Vous _____ tout à l'heure!

7. Vous ne faites rien? Vous _____ quelque chose tout à l'heure!

8. Robert ne va pas explorer le Quartier latin? Il _____ explorer le Quartier latin tout à l'heure!

Vérifiez. Si vous avez fait des fautes, travaillez les sections 17.27 à 17.32 dans votre cahier d'exercices.

LIBÉRATION DE L'EXPRESSION

17.43 Mise en question

Relisez le texte de la leçon; lisez les questions de la mise en question qui suit la mise en œuvre dans votre livre de textes. Réfléchissez à ces questions et essayez d'y répondre.

17.44 Mots en liberté

Qu'est-ce qu'on peut être?
On peut être informaticien, pharmacienne, professeur, actrice. . . .

Trouvez encore au moins dix possibilités.

Qu'est-ce qu'on peut savoir?
On peut savoir le grec, la table de multiplication, quel jour on est, que Marie-Laure a dix ans, que les psychiatres font leur beurre. . . .

Trouvez encore au moins huit possibilités.

Qu'est-ce qu'on peut connaître?
On peut connaître la Cité Universitaire, Marienbad, Tonton Guillaume. . . .

Trouvez encore au moins cinq possibilités.

Variantes:
Qui ou qu'est-ce que Robert connaît? Qu'est-ce que Robert sait?
Qui ou qu'est-ce que Mireille connaît? Qu'est-ce que Mireille sait?
Qui ou qu'est-ce que vous connaissez? Qu'est-ce que vous savez? (Ne dites pas tout ce que vous pouvez dire. Choisissez. Ne dites que ce que vous voulez bien dire.)

17.45 Mise en scène et réinvention de l'histoire

Imaginez une conversation entre Robert et Mireille. Notez que vous allez changer leurs noms de famille; ils ne vont plus s'appeler Belleau et Taylor.

Mireille:
Quand vous étiez petit, qu'est-ce que vous aimiez faire?

Robert:

J'aimais | lire des livres de philosophie.
écrire des romans.
plonger.
nager.
faire des blagues à mes cousines.
ranconter des histoires bizarres.
manger.
m'amuser.
travailler. | Et vous?

Mireille:
Moi, j'aimais (. . .) Et qu'est-ce que vous vouliez être?

Robert:

Je voulais être | informaticien.
mathématicien.
ingénieur.
astronome.
gastronome.
paranoïaque.
infirmier.
cuisinier. | Et vous?

Mireille:
Moi, je voulais être (. . .).

Robert:
Et vous voulez toujours être (. . .)?

Mireille:
Oui (. . .) | Mais, dites-moi, avec tout ça,
Non (. . .) | comment vous appelez-vous?

Robert:

Je m'appelle Robert | Charbonnier.
Mineur.
Bouvier.
Charpentier.
Boulanger.
Chevrier.
Berger.
Marin.
Marchand.
Messager.
Boucher.

Mireille:
Ah, mais c'est un nom de métier, ça!

Un (. . .), c'est quelqu'un qui | fait des charpentes.
vend du charbon.
porte des messages.
fait du commerce.
travaille sur un bateau.
s'occupe | des bœufs.
des moutons.
des chèvres.
fait du pain.
vend de la viande.
travaille dans une mine.

Robert:
Oui, c'est peut-être que mon arrière-arrière-arrière-grand-père était (. . .). Et vous, comment vous appelez-vous?

Mireille:
Moi, je m'appelle (. . .).

Robert:
Ah, quelle coïncidence! Vous aussi, vous avez un nom de famille qui est aussi un nom de métier! Le (. . .), c'est celui qui (. . .).

Mireille:
Oui, c'est vrai, mais je crois que mon arrière-arrière-arrière-grand-père n'était pas (. . .).

Il était plutôt | banquier.
pharmacien.
médecin.
chirurgien.
professeur.
peintre.
compositeur.
coiffeur.

Robert:
Ah, oui? Alors, je vais vous appeler Mireille (. . .).

17.46 Journal de Marie-Laure

C'est Maman qui fait tout

1. Pourquoi Mme Belleau est-elle crevée?
2. Quelle est la seule chose que Mme Belleau ne fait pas?
3. Le mari de Marie-Laure sera-t-il comme son père?
4. Qu'est-ce que Mireille a toujours une bonne excuse pour ne pas faire?
5. Qu'est-ce que Marie-Laure fait pour aider sa mère?
6. Et vous, que faites-vous pour aider vos parents?
7. Que fait M. Belleau dans la maison?

PRÉPARATION À LA LECTURE ET À L'ÉCRITURE

17.47 Entraînement à la lecture

Lisez d'abord le document 1 dans le livre de textes, leçon 17, "Mon Ministre des finances." Lisez ensuite le texte suivant.

Si vous voulez être riche, si vous voulez vivre richement, c'est facile: Vous <u>volez</u> le camion des pompiers. Vous ne l'achetez pas (c'est trop cher), vous le prenez (quand les pompiers ne regardent pas).

Vous achetez un petit <u>singe</u> (un petit macaque, un petit babouin). Personne ne <u>se doute</u> à qui ça sert, personne ne sait qui peut utiliser ce camion et ce singe, personne n'a de soupçons, personne ne vous soupçonne, vous n'êtes pas suspect, vous ne causez pas de suspicion.

Vous circulez en ville (avec votre camion et votre singe). Quand vous voyez une fenêtre ouverte, vous dressez l'échelle, le petit singe monte à l'échelle. Il arrive à la fenêtre ouverte. Il y a une <u>barre d'appui</u> à la fenêtre, une barre horizontale, pour s'appuyer quand on regarde par la fenêtre.

Le petit singe <u>enjambe</u> la barre d'appui, il passe la jambe par-dessus la barre, et il entre dans la pièce. Il <u>rafle</u> ce qu'il trouve, il vole ce qu'il trouve, il prend ce qu'il voit.

Depuis que nous utilisons le camion des pompiers,

le petit singe et moi vivons richement . . . et discrètement, comme <u>il sied</u> à des gentlemen. Les gentlemen doivent être discrets; la discrétion <u>sied</u> aux gentlemen. Nous sommes discrets, nous ne faisons pas de bruit, sauf quand je dresse l'échelle (le moteur fait un peu de bruit). C'est <u>une idée géniale</u>, une idée de génie, une idée remarquable!

Maintenant relisez le document 1 et répondez aux questions suivantes.

1. Quelle est l'idée géniale que Boris Vian a eue?

   _____

   _____

2. Comment les rôles sont-ils distribués dans l'équipe?

   Qui est-ce qui dresse l'échelle? _____

   Qui est-ce qui monte à l'échelle? _____

3. Comment les gentlemen vivent-ils? _____

   _____

17.48 Entraînement à la lecture et expansion du vocabulaire

Regardez le document 2. Observez les dessins, répondez, et complétez.

1. Dessin A. Où est le pompier? _____

   _____ . Il y a une maison qui <u>brûle</u>.

   C'est un incendie. Le pompier tient un grand tuyau. Il

   essaie d'<u>éteindre l'incendie.</u> Mais il y a un problème:

   la maison est en flammes, elle <u>brûle</u>, et l'échelle

   _____ aussi.

2. Dessin B. Il y a un <u>incendie</u>. La maison <u>brûle</u>. Il y

   a <u>le feu</u>. De la fumée et des flammes sortent des

   fenêtres. Mais les pompiers n'essaient pas d'<u>éteindre</u>

   l'_____ . Pourquoi n'essaient-ils pas?

   Quel temps fait-il? _____

3. Dessin C. Qu'est-ce que le pompier fait?

   _____

4. Et que fait la dame?

   Elle en _____ pour

   _____ le portefeuille du pompier.

   (Relisez les sections 2 et 3 de la leçon 16 dans le livre

   de textes.)

5. Dessin D. Regardez cette fenêtre qui crache des

   flammes et de la fumée: il y a un <u>incendie</u>. Que fait le

   pompier?

   _____ .

Lisez le document 3.

6. Qu'est-ce qu'on crie quand il y a un incendie?

   _____

17.49 Entraînement à la lecture et expansion du vocabulaire

Lisez le document 4. Répondez et complétez.

Je <u>vois</u> mal, je suis myope; j'ai une mauvaise

_____ . Les <u>conducteurs</u> de camions de pompiers

ont l'habitude de <u>conduire</u> à toute vitesse.

Il n'est pas prudent de _____ quand on a

une mauvaise _____ ; on risque d'avoir un acci-

dent. Le nombre des conducteurs qui ont mauvaise vue

_____ parce qu'ils sont tués dans des accidents.

17.50 Entraînement à la lecture et expansion du vocabulaire

Lisez le document 5, "Les Français en vue." Répondez et complétez.

1. Pour déterminer quelles personnalités le public admirait le plus, on a fait une enquête, un _____ , où on a demandé aux gens leurs opinions individuelles.

2. Quel sport pratiquait Yannick Noah? Quelles sont ses origines?

   _____

   _____

3. Et Zinédine Zidane, quel sport pratiquait-il? D'où vient sa famille?

   _____

   _____

4. "Zizou" a aidé l'équipe française de football à gagner la Coupe du monde en envoyant deux fois le ballon dans le _____ . Dans un match de foot, c'est très souvent avec le pied qu'on marque un _____ , mais on peut aussi en marquer avec la _____ , comme l'a fait Zidane. C'est l'équipe qui a marqué le plus de _____ qui gagne le match. (Dans la vie aussi, il est important d'avoir un objectif, un _____ .)

5. Quand une femme tombe enceinte—quand elle va avoir un bébé—son ventre devient petit à petit plus gros; elle est en état de _____ . Quand cet état est interrompu volontairement, cela s'appelle un IVG—c'est le terme médical— ou, plus populairement, un _____ . L'IVG a été légalisée en France par la loi _____ , nommée pour Simone Veil. Quand elle était ministre, Mme Veil travaillait au _____ de la _____—comme la mère de Mireille, tiens! (Quelle coïncidence!)

17.51 Lecture de la lecture

Lisez le document 6, "Les Baleines." Puis lisez le texte suivant et complétez.

Autrefois on pêchait les baleines, on allait à la chasse à la baleine. Moby Dick était une baleine.

—Est-ce qu'on chassait les baleines près des côtes de Bretagne?

—Non, il fallait aller très _____ .

—Qui est-ce qui partait sur les bateaux pour aller chasser les baleines?

—Les _____ .

—Quand les matelots partaient si loin, qui est-ce que ça faisait pleurer, les matelots ou leurs fiancées?

—_____ (et peut-être aussi les matelots . . .).

—Les marquis, les comtes, les vicomtes, les ducs sont de grands _____ .

—Les grands seigneurs portaient des vêtements très élaborés, décorés avec des _____ .

—Mais beaucoup de grands seigneurs ne respectaient pas la religion; ils _____ sur elle.

—Dans la religion catholique on appelle la mère de Jésus la _____ .

—Les marins, les matelots bretons étaient très religieux; ils croyaient en Dieu, ils avaient la _____ .

—Maintenant, on ne parle plus de Jésus et des grands seigneurs, ils ne sont plus importants. Il n'y a plus de Jésus ni de grands seigneurs qui _____ .

—Maintenant, il n'y a plus de roi en France, il y a un _____ de la République.

17.52 Entraînement à la lecture et expansion du vocabulaire

Lisez le document 7, "Arthur tombe dans le bassin." Répondez et complétez.

1. Qui est Hélène?

   _____

2. Arthur a <u>commencé</u> à faire glou-glou: il s'est

   _____ faire glou-glou, parce qu'il commençait à

   se noyer.

3. Les éclairs, les choux à la crème, les tartes

   sont des _____ . On achète les

   _____ dans les pâtisseries.

4. En été, le soleil se _____ vers 9 heures du soir.

   Je suis fatigué; je vais me _____ .

5. C'est bien d'avoir dit ça; c'est gentil; c'est _____ .

—Je vais dire à Maman que c'est toi qui as poussé
Arthur dans le bassin!

—Oh! Ce n'est pas bien de <u>rapporter</u>! Ce n'est pas beau!
Et Maman a horreur des _____ .

—Si tu pousses ton petit frère dans le bassin, tu vas
avoir une _____ terrible!

—J'ai mal au derrière parce que papa m'a donné une
_____ terrible!

—Je suis très en colère contre ma petite sœur parce
qu'elle m'a serré le cou avec sa corde à sauter. Elle m'a
fait très mal, alors je lui en _____ . Je
la pousserai dans le bassin à la prochaine occasion!

17.53 Entraînement à la lecture, interprétation, et pratique de l'écriture

A. Etudiez le document 8, "Les Filles," et complétez.

1. Dans le refrain de sa chanson, le chanteur
   —un garçon—dit qu'il est fasciné par les filles.
   Il veut les étudier mais aussi les surveiller, les
   _____ . C'est sa mission, mais c'est aussi
   sa doctrine, son _____ .

2. Le chanteur dit qu'il faut éviter de faire des généralisations: après tout, à toute règle il y a des exceptions
   —beaucoup d'exceptions, _____
   d'exceptions. (Dans la section 7 du texte de la leçon
   13, Jean-Pierre Bourdon, cet autre spécialiste des
   filles, dit qu'il y a _____ de trucs pour engager la conversation avec quelqu'un qu'on ne connaît
   pas.)

3. Le chanteur parle de la santé physique des filles: elles
   ne vont pas bien; elles se plaignent parce qu'elles
   ont mal au _____ ou à la _____ .
   Ou bien parce qu'elles ont la nausée et ont envie de
   vomir: alors, elles sont écœurées, elles ont mal au
   _____ .

4. Il dit que les filles collectionnent des petits objets
   insignifiants, des _____ , qu'elles gardent

avec des messages (des _____) dans des
boîtes à chaussures.

5. Selon le chanteur, les filles ont tendance à mo-
   nopoliser la salle de bains: elles ne sont pas
   pressées, elles prennent leur temps, elles

   _____ .

6. Les filles ne jettent pas leurs affaires pêle-mêle
   par terre ou sur une chaise; elles mettent leurs
   vêtements en ordre, en piles régulières; elles les

   _____ .

7. Les garçons aiment faire du bruit; leur instrument
   de musique préféré est un instrument à percussion
   qu'ils peuvent frapper bruyamment. Les filles sont
   plus calmes; alors, battre un _____ les
   intéresse rarement.

8. Les filles ont une relation compliquée avec leurs
   mères. Quand une mère agace sa fille au téléphone, la
   fille _____ et coupe la communication.
   Que fait-elle le lendemain pour rétablir le contact
   avec sa mère?

   _____ .

9. Et bien sûr, les filles sont impatientes avec les garçons; elles les critiquent, elles leur font des _____ .

_____

_____

_____

B. *Réfléchissez au portrait des filles présenté dans cette chanson, et formulez vos réponses aux questions suivantes.*

1. Est-ce que ce catalogue des activités habituelles des filles vous semble juste et exact, ou est-ce plutôt un ensemble de clichés? Donnez trois exemples pour illustrer votre point de vue.

_____

_____

_____

_____

_____

2. A votre avis, quand le chanteur dit qu'il ne faut pas généraliser, qu'il y a plein d'exceptions, est-ce qu'il est sincère? Expliquez.

_____

_____

3. Vous êtes Marie-Laure. Ecrivez une chanson parallèle où vous parlez des garçons.

_____

_____

_____

_____

_____

_____

_____

_____

_____

_____

_____

17.54 Entraînement à la lecture et interprétation

Etudiez le document 9, "Agrippine," et répondez ou complétez.

1. Sur la première image, il y a une jeune fille ou une jeune femme et un petit _____ . Il travaille. Il fait une dictée.

2. Qui est la jeune fille ou jeune femme? C'est sa mère ou sa sœur? (Observez les images 7 à 12 avant de répondre.)

   _____ .

3. Comment s'appelle-t-elle? _____

4. D'après le petit garçon, qui a dit que <u>girafe</u> s'écrivait avec <u>ph</u>, une amie ou un professeur?

   _____

5. Observez l'image 6. Agrippine veut donner une gifle au petit garçon. Elle le menace. Elle parle très mal. Elle est très vulgaire. Elle ne dit pas "une gifle"; elle dit "un pain." Elle ne dit pas "sur la figure"; mais "sur la gue," ce qui veut dire "sur la gueule." C'est très vulgaire. (Les animaux ont une "gueule," mais les personnes ont un "visage," une "figure.")

6. Lisez le texte de l'image 7. La mère <u>paie</u> Agrippine; elle lui donne de l'argent. Pourquoi est-ce qu'elle la paie?

   Elle la paie pour _____

   _____ .

7. Maintenant regardez l'image 6. Qu'est-ce qu'Agrippine fait (ou qu'est-ce qu'elle va faire)? Elle va _____ son petit frère.

8. Revenez à l'image 7. Qu'est-ce qu'Agrippine dit? Est-ce qu'elle dit que son petit frère a l'esprit vif ou qu'il est stupide? _____ .

9. Dans l'image 8, la mère continue la dictée. La dictée parle d'un éléphant. Qu'est-ce que l'éléphant fait? Marie-Laure <u>chante</u> ou <u>crie</u>, le chien <u>aboie</u>, le loup <u>hurle</u>, et l'éléphant _____ .

10. Dans l'image 10, Agrippine dit que son petit frère est un <u>menteur</u>, qu'il <u>ment</u>, qu'il ne dit pas la vérité. Elle est furieuse; elle dit qu'elle va le <u>tuer</u>. Mais elle parle argot, elle parle vulgairement: elle dit qu'elle va le

    _____ .

11. Observez l'image 11. Dans son argot, dans son langage vulgaire, Agrippine ne dit pas "un enfant," elle dit: "_____." La mère fait une petite rectification: Elle n'a pas <u>un</u> enfant stupide, elle en a

    _____ .

12. Image 12: d'après le petit garçon, qui est responsable?

    _____ .

17.55 Pratique de l'écriture

Relisez le petit texte de Boris Vian, "Mon Ministre des finances" (document 1) et imitez ce texte pour imaginer une réponse de Robert à la question de Mireille:

Mireille: Votre père ne vous donne pas d'argent? Mais alors comment faites-vous? De quoi vivez-vous?

Robert: Eh bien, vous voyez, j'ai un vieux camion des pompiers, alors, je _____

_____

_____

_____

_____

(Faites autant de petites variantes que possible; supprimez le petit singe. . . .)

LEÇON 18

ASSIMILATION DU TEXTE

🎧 18.1 Mise en œuvre

Ecoutez le texte et la mise en œuvre dans l'enregistrement sonore. Répétez et répondez suivant les indications.

🎧 18.2 Compréhension auditive

Phase 1: Regardez les images et répétez les phrases que vous entendez.

Phase 2: Ecrivez la lettre de chaque phrase que vous entendez sous l'image qui lui correspond le mieux.

1. _G_   2. _E_   3. _C_

4. _I_   5. _G_   6. _E_

7. _B_   8. _H_   9. _D_

🎧 18.3 Compréhension auditive et production orale

Ecoutez les phrases suivantes. Après chaque phrase vous allez entendre une question. Répondez à la question.

1. Est-ce que c'est facile d'aller à Rome?
2. Est-ce que c'est bien, le sport? Est-ce que c'est utile?
3. Est-ce qu'on sait toujours comment les choses vont tourner?
4. Est-ce qu'on sait toujours ce qui va se passer?
5. Est-ce qu'on peut toujours être sûr de tout?
6. Est-ce qu'on peut toujours faire ce qu'on veut dans la vie?

PRÉPARATION À LA COMMUNICATION

🎧 18.4 Observation: Prononciation; voyelles non-diphtonguées

Ecoutez.

idée

Vous remarquez que dans le mot idée il y a deux voyelles, /i/ et /e/. Chacune de ces voyelles est "pure"; il n'y a pas de "mélange," de passage d'un son de voyelle à un autre. Chaque son de voyelle est court, net, et pur.

🎧 18.5 Activation: Prononciation; voyelles non-diphtonguées

Ecoutez et répétez les mots et expressions suivants. Faites attention aux parties en italiques; prononcez un son de voyelle court et net.

idée	été	mouton	porte	poste	bizarre
bébé	café	journée	rapport	mot	bras

Ça ne veut rien dire.
C'est le nom de ma mère.

Qu'est-ce que vous allez faire?
C'est une femme d'affaires.

Il fabrique des autos.
Sur les grandes routes.

🎧 18.6 Observation: Les personnes et leurs professions

Il vend des **bijoux.**
Il est   **bijoutier.**
Il a   une **bijouterie.**

Il vend de   la viande.
Il est   **boucher.**
Il a   une **boucherie.**

Il vend du   pain.
Il est   **boulanger.**
Il a   une **boulangerie.**

personne	être	dans	profession
Les industriels	**sont**	**dans** l'	industrie.
Les hommes et les femmes d'affaires	**sont**	**dans** les	affaires.
Les commerçants	**sont**	**dans** le	commerce.
Les agriculteurs	**sont**	**dans** l'	agriculture.
Les enseignants	**sont**	**dans** l'	enseignement.
Les magistrats	**sont**	**dans** la	magistrature.
Les militaires	**sont**	**dans** l'	armée.
Les marins	**sont**	**dans** la	marine.
Les ambassadeurs	**sont**	**dans** la	diplomatie.
Les agents d'assurances	**sont**	**dans** les	assurances.
Les cinéastes	**sont**	**dans** le	cinéma.

Notez que le nom de la profession est précédé de l'article défini.

18.7 Activation orale: Les personnes et leurs professions

Répondez selon l'exemple.

Exemple:
Vous entendez: 1. Quand on est marin . . .
Vous dites: . . . on est dans la marine.

2. Quand on est cinéaste . . .
3. Quand on est militaire . . .
4. Quand on est enseignant . . .
5. Quand on est ambassadeur . . .
6. Quand on est magistrat . . .

18.8 Observation: Professions; ce qu'on peut faire

personne	faire de + article	profession
Les hommes et les femmes d'affaires	**font des**	affaires.
Les commerçants	**font du**	commerce.
Les enseignants	**font de l'**	enseignement.
Les cinéastes	**font du**	cinéma.
Les hommes politiques	**font de la**	politique.
Les peintres	**font de la**	peinture.
Les étudiants	**font des**	études.

Notez que le nom de la profession est précédé de de + l'article défini. Comparez avec faire du sport, de la voile, etc. Notez que faire de . . . n'est pas utilisé avec tous les noms de professions.

18.9 Observation: Professionnels et amateurs

amateur			professionnel		
Elle	**joue du**	violon.	Elle	**est**	violoniste.
Il	**joue du**	piano.	Il	**est**	pianiste.
Elle	**joue de la**	flûte.	Elle	**est**	flûtiste.
Il	**joue de la**	trompette.	Il	**est**	trompettiste.
Elle	**fait de la**	photo.	Elle	**est**	photographe.
Il	**fait de la**	peinture.	Il	**est**	peintre.
Il	**fait de la**	boxe.	Il	**est**	boxeur.

Pour les esprits curieux et exigeants:

Notez qu'un violoniste professionnel joue forcément du violon. Mais quelqu'un qui joue du violon n'est pas forcément un violoniste professionnel. C'est peut-être un simple amateur. Si on vous dit, "Il joue du violon," il est probable qu'il s'agit d'un amateur. Si on vous dit, "Il est violoniste," il est sûr et certain que c'est un professionnel.

18.10 Activation: Compréhension auditive; professionnels et amateurs

Déterminez si les phrases que vous allez entendre parlent de professionnels ou d'amateurs. Cochez la case appropriée.

	1	2	3	4	5	6	7	8
professionnel	✓			✓	✓			✓
amateur		✓	✓		✓	✓	✓	

🔊 18.11 Observation: Professions; masculin et féminin

masculin	féminin	
Il est violoniste.	Elle est violoniste.	C'est une violoniste.
Il est pianiste.	Elle est pianiste.	C'est une pianiste.
Il est flûtiste.	Elle est flûtiste.	C'est une flûtiste.
Il est photographe.	Elle est photographe.	C'est une photographe.
Il est cinéaste.	Elle est cinéaste.	C'est une cinéaste.
Il est enseignant.	Elle est enseignante.	C'est une enseignante.
Il est commerçant.	Elle est commerçante.	C'est une commerçante.
Il est avocat.	Elle est avocate.	C'est une avocate.
Il est masseur.	Elle est masseuse.	C'est une masseuse.
Il est peintre.	Elle est peintre.	C'est une femme peintre.
Il est magistrat.	Elle est magistrat.	C'est une femme magistrat.
Il est juge.	Elle est juge.	C'est une femme juge.

Depuis quelques temps il y a des pressions pour féminiser les noms de métiers qui souvent n'existaient qu'à la forme masculine. De nos jours, les femmes sont avocates, chirurgiennes, gardiennes de la paix, conservatrices de musée, banquières, magistrates, etc. Pour certains métiers, la forme féminisée n'est pas tout à fait rentrée dans le vocabulaire courant, comme par exemple: auteure, professeure, écrivaine, colonelle, rabinne, pompière.

Notez que elle est peut être suivi de tous les noms de profession (à la forme féminine, quand il y a une forme féminine différente de la forme masculine). Les choses sont plus compliquées avec c'est une. Pour simplifier les choses vous pouvez éviter c'est une et utiliser elle est.

🔊 18.12 Activation orale: Professions; masculin et féminin

Répondez selon les exemples.

Exemples:

Vous entendez: 1. Elle est masseuse.
Vous dites: Son mari est masseur.

Vous entendez: 2. Il est enseignant.
Vous dites: Sa femme est enseignante.

3. Il est magistrat.
4. Il est commerçant.
5. Il est cinéaste.
6. Il est avocat.
7. Elle est violoniste.
8. Elle est enseignante.
9. Elle est femme d'affaires.

18.13 Activation écrite: Métiers; présent de l'indicatif

Il n'y a pas de sot métier!

A. Lisez et essayez de comprendre de quoi il s'agit:

Il y a des gens qui écrivent des articles pour des journaux.
Il y en a qui tiennent un bureau de tabac.
Il y a des hommes et des femmes qui anesthésient les patients avant une opération chirurgicale.
Il y en a qui font du trapèze dans un cirque.
Il y en a qui examinent les yeux.
Il y a des hommes et des femmes qui jouent du piano.
D'autres jouent du violon ou du violoncelle.
D'autres, de la flûte ou de la trompette.
D'autres soignent les dents.
D'autres font de la recherche en biologie.

B. Maintenant, répondez aux questions:

1. Qu'est-ce que c'est qu'une buraliste?
   Une femme qui tient bureau de tabac

2. Qu'est-ce que c'est qu'une anesthésiste?
   Une femme qui anesthésie des patients

3. Qu'est-ce que c'est qu'un oculiste?
   Quelqu'un qui examine les yeux

4. Qu'est-ce que c'est qu'une trapéziste?
   Une femme qui fait du trapèze

5. Qu'est-ce que c'est qu'une biologiste?
   Une femme qui fait de la recherche en biologie

6. Qu'est-ce que c'est qu'une dentiste?
   Une femme qui soigne les dents

7. Qu'est-ce que c'est qu'une journaliste?
   Une femme qui écrit des articles pour des journaux

18.14 Activation écrite: Métiers; présent de l'indicatif

A. Lisez et essayez de comprendre:

Il y a des hommes et des femmes qui jouent de la
   musique.
D'autres travaillent dans l'informatique, avec des
   ordinateurs.
Il y a des gens qui font des opérations chirurgicales.
D'autres font de la recherche en physique.
Il y en a qui font de la mécanique.
Il y en a qui font des installations électriques.
D'autres vendent des produits pharmaceutiques.
Il y a des gens qui font de la politique.
D'autres s'occupent de l'esthétique des visages.

B. Maintenant, répondez:

1. Qu'est-ce que c'est qu'une informaticienne?
   Une femme qui travaille avec des ordinateurs

2. Qu'est-ce que c'est qu'une musicienne?
   Une femme qui joue de la musique

3. Qu'est-ce que c'est qu'un mécanicien?
   Un homme qui fait de la mécanique

4. Qu'est-ce que c'est qu'un chirurgien?
   Quelqu'un qui fait des opérations chirurgicales

5. Qu'est-ce que c'est qu'une esthéticienne?
   Une femme qui s'occupe de l'esthétique de visage

6. Qu'est-ce que c'est qu'une pharmacienne?
   Une femme qui vend des produits pharmacy

7. Qu'est-ce que c'est qu'un physicien?
   Quelqu'un qui à fait de la recherche en physique

8. Qu'est-ce que c'est qu'un électricien?
   Quelqu'un qui fait des installtions electrics.

9. Qu'est-ce que c'est qu'un politicien?
   Quelqu'un qui fait de la politique

18.15 Activation écrite: Métiers; présent de l'indicatif

A. Lisez:

Il y a des hommes et des femmes qui écrivent des livres.
Il y en a qui écrivent spécialement des romans.
D'autres s'occupent des livres dans une bibliothèque.
Et d'autres vendent des livres dans une librairie.
Il y en a qui font du commerce.
D'autres font la cuisine dans un restaurant.
D'autres conduisent un taxi.

B. Maintenant, répondez:

1. Qu'est-ce que c'est qu'un écrivain?
   Quelqu'un écrit

2. Qu'est-ce que c'est qu'une romancière?
   Une femme qui écrit des romans.

3. Qu'est-ce que c'est qu'une libraire?
   Une femme qui vend des livres une librairi

4. Qu'est-ce que c'est qu'une bibliothécaire?
   Une femme qui s'occupe des livres, une bibloteche

5. Qu'est-ce que c'est qu'un chauffeur de taxi?
   conduit un taxi

6. Qu'est-ce que c'est qu'une commerçante?
   qui fait du commerce

7. Qu'est-ce que c'est qu'un cuisinier?
   _____

🎧 18.16 Observation: *A la maison, chez soi*

Quand il pleut,	on	reste	à la maison.
			pronom
	On	reste	chez **soi**.
	Je	reste	chez **moi**.
	Tu	restes	chez **toi**.
	Il	reste	chez **lui**.
	Elle	reste	chez **elle**.
	Nous	restons	chez **nous**.
	Vous	restez	chez **vous**.
	Ils	restent	chez **eux**.
	Elles	restent	chez **elles**.

Pour les esprits curieux et exigeants:

Notez que à la maison veut dire en général chez nous. Par exemple, si Marie-Laure dit: "Tante Georgette est à la maison," il est probable que Tante Georgette n'est pas chez elle mais chez Marie-Laure, c'est-à-dire chez les Belleau.

🎧 18.17 Activation orale: Pronoms accentués (révision)

Répondez selon l'exemple.

Exemple:
Vous entendez: 1. Où vas-tu?
Vous dites: Ben, chez moi!

2. Où va Jean-Pierre?
3. Où vont-elles?
4. Où allez-vous, tous les deux?
5. Où vont-ils?
6. Où vas-tu?

🎧 18.18 Observation: Pour répondre aux gens qui vous embêtent

Marie-Laure dérange Mireille	réponse de Mireille
Elle **la** dérange.	Tu **me** déranges!
	Ne **me** dérange pas!
Elle **l'** ennuie.	Tu **m'** ennuies!
	Ne **m'** ennuie pas!
Elle **l'** agace.	Tu **m'** agaces!
	Ne **m'** agace pas!
Elle **l'** embête.	Tu **m'** embêtes!
	Ne **m'** embête pas!
Elle ne **la** laisse pas tranquille.	Tu ne **me** laisses pas tranquille!
	Laisse-**moi** tranquille!

🎧 18.19 Observation: Ordres; impératifs positifs et négatifs

Ne m'embête pas!
Laisse-moi tranquille!

Ces phrases sont des ordres. Ces ordres sont exprimés par des verbes à l'impératif. Ne m'embête pas! est un ordre négatif. L'aspect négatif est exprimé par ne . . . pas.

🎧 18.20 Activation: Dictée

Ecoutez et complétez. Vous entendrez le texte deux fois.

Mireille: Arrête, _____ ! Mais ce que tu _____ agaçante! Je _____ ,

si tu _____ , ça va mal finir! Arrête, tu m'_____ ? _____ , tu m'_____ !

🎧 18.21 Observation: Ordres; impératifs et pronoms personnels

objet
1. Tu embêtes ta sœur.
2. Tu **l'** embêtes.
3. Ne **l'** embête pas!
4. Laisse-**la** tranquille.

Dans les phrases 2, 3, et 4, l' ou la est un pronom personnel qui représente Mireille. Le pronom personnel est généralement placé devant le verbe (phrases 2 et 3), mais il est placé après le verbe dans le cas d'un impératif positif (phrase 4).

🎧 18.22 Observation: Impératifs et pronoms

négatif		positif	
pronom	verbe	verbe	pronom
1. Ne **me** dérange pas!		Laisse- **moi** tranquille!	
2. Ne **le** dérange pas!		Laisse- **le** tranquille!	
3. Ne **la** dérange pas!		Laisse- **la** tranquille!	
4. Ne **les** dérange pas!		Laisse- **les** tranquilles!	
5. Ne **nous** dérange pas!		Laisse- **nous** tranquilles!	
6. Ne **vous** dérangez pas!		Dérangez- **vous!**	
7. Ne **te** dérange pas!		Dérange- **toi!**	

Notez que, dans le cas d'un impératif positif, le pronom personnel est placé après le verbe; me est remplacé par moi et te par toi.

Pour les esprits curieux et exigeants:

Notez que, dans les phrases 6 et 7, te, toi, et vous sont des pronoms réfléchis. Le sens de déranger est différent: "Dérange-toi!" veut dire: "Lève-toi et va ouvrir la porte!" par exemple.

🎧 18.23 Activation: Dictée

Ecoutez et complétez. Vous entendrez le passage deux fois.

Marie-Laure (dans un arbre): Aide-moi, je ne _____

_____ descendre.

Mireille: Tu t'es débrouillée pour monter,

_____ pour _____ .

Marie-Laure: _____ !

Mireille: _____ toute seule.

Marie-Laure: Vieux chameau!

🎧 18.24 Activation orale: Impératif négatif et pronoms

Répondez selon l'exemple.

Exemple:
Vous entendez: 1. Tu me déranges!
Vous dites: Ne me dérange pas!

2. Tu ennuies Mireille!
3. Tu ennuies tes sœurs!
4. Tu nous embêtes!
5. Tu m'embêtes!
6. Tu déranges ton père.

⌕ 18.25 Activation orale: Impératif positif et pronoms

Répondez selon l'exemple.

Exemple:
Vous entendez: 1. Ne la dérange pas!
Vous dites: Laisse-la tranquille!

2. Ne dérange pas tes sœurs!
3. Ne dérange pas Robert!
4. Ne me dérange pas!
5. Ne nous dérange pas!
6. Ne dérange pas Mireille!

18.26 Activation écrite: Impératif et pronoms

Complétez en utilisant les verbes soulignés à l'impératif avec les pronoms qui conviennent.

Cette gamine est impossible!

Mireille: Marie-Laure, qu'est-ce que tu fais?

Marie-Laure: . . .

Mireille: Marie-Laure, tu vas <u>me répondre</u>? _____ tout de suite!

Marie-Laure: Tu <u>m'embêtes</u>! Ne _____ pas! Je suis occupée. Tu ne <u>me laisses</u> jamais tranquille! _____ tranquille, pour une fois!

Mireille: Marie-Laure, je te demande de <u>m'écouter</u>! _____ ! Marie-Laure, je te dis de <u>t'approcher</u>! _____ ! Je veux te voir! Oh, mais tu es trempée! Il faut <u>te changer</u>. Allez, _____ tout de suite, s'il te plaît. Tu vas attraper froid! Je vais <u>appeler le docteur</u>.

Marie-Laure: Non, ne _____ pas. Ce n'est rien.

Mireille: Mais qu'est-ce qui t'est arrivé? Tu vas <u>le dire</u>?

Marie-Laure: . . .

Mireille: Eh bien, _____ !

Marie-Laure: Je vais <u>te le dire</u>, mais ne _____ pas à Papa et Maman. Je suis tombée dans le bassin.

Mireille: C'est malin! Tu <u>as fini tes devoirs</u>?

Marie-Laure: Pas tout à fait.

Mireille: Alors, _____ tout de suite.

Marie-Laure: J'ai <u>une fable à apprendre</u>.

Mireille: Eh bien, _____ !

Marie-Laure: Elle est difficile!

Mireille: Tu veux que je <u>t'aide</u>?

Marie-Laure: Oui, _____ .

Mireille: Bon, je vais t'aider, mais tu vas me donner tes chocolats!

Marie-Laure: Tous?

Mireille: Oui!

Marie-Laure: Alors, ne _____ pas! Je préfère apprendre ma fable toute seule!

⌕ 18.27 Observation: Expression de la propriété; *être à, appartenir à,* possessifs

Le bateau est à Marie-Laure.	C'est le bateau de Marie-Laure.	Il	appartient à Marie-Laure.
Le bateau est **à elle**.	C'est **son** bateau.	Il **lui**	appartient.
Le bateau est **à lui**.	C'est **son** bateau.	Il **lui**	appartient.
Le bateau est **à moi**.	C'est **mon** bateau.	Il **m'**	appartient.
Le bateau est **à toi**.	C'est **ton** bateau.	Il **t'**	appartient.
Le bateau est **à elles**.	C'est **leur** bateau.	Il **leur**	appartient.
Le bateau est **à eux**.	C'est **leur** bateau.	Il **leur**	appartient.
Le bateau est **à nous**.	C'est **notre** bateau.	Il **nous**	appartient.
Le bateau est **à vous**.	C'est **votre** bateau.	Il **vous**	appartient.

🎧 18.28 Activation orale: Possessifs (révision)

Répondez selon l'exemple.

Exemple:
Vous entendez: 1. Ce bateau est à vous?
Vous dites: Oui, c'est notre bateau.

2. Ce bateau est à Marie-Laure?
3. Ce banc est à Robert et Mireille?
4. Ce livre est à Robert?
5. Ce briquet est à toi?
6. Ces cigarettes sont à toi?
7. Ces cigarettes sont à Jean-Pierre?
8. Ces bateaux sont aux enfants?

🎧 18.29 Observation: Compléments d'objet indirect

Mireille regarde			Robert.
(sujet)	(verbe)	→	(objet direct)
Mireille sourit		**à**	Robert.
(sujet)	(verbe)	→	(objet indirect)

Notez qu'il n'y a rien entre regarde et son objet (Robert), mais qu'il y a un à entre sourit et son objet (Robert).

Pour les esprits curieux et exigeants:

On peut dire que l'action du verbe regarde s'exerce directement sur son objet. Il s'agit d'une action directe sur l'objet. L'objet répond à la question "quoi?" Elle regarde quoi? Qu'est-ce qu'elle regarde? Robert.

Dans la deuxième phrase, il y a un rapport différent entre le verbe et l'objet. Il s'agit d'un autre genre d'action qui est indiqué par à. L'objet répond à la question "à qui?" Elle sourit à qui? A Robert.

🎧 18.30 Observation: Pronoms compléments d'objet indirect

	pronom	verbe	nom objet indirect		pronom	verbe	nom objet indirect
Le bateau		appartient	**à Marie-Laure.**	Tu		ressembles	**à ta sœur.**
Il	**lui**	appartient.		Tu	**lui**	ressembles.	
Il		demande du feu	**à la jeune fille.**	Je vais		téléphoner	**à ces gens.**
Il	**lui**	demande du feu.		Je vais	**leur**	téléphoner.	
Elle		sourit	**à Robert.**				
Elle	**lui**	sourit.					

Lui et leur sont des compléments d'objet indirect des verbes appartenir, demander, sourire, ressembler, et téléphoner. Notez qu'ils sont placés devant ces verbes.

🎧 18.31 Observation: Pronoms objets directs et indirects

Comparez.

objets directs		objets indirects	
Elle **la**	regarde.	Elle **lui**	sourit.
Elle **le**	regarde.	Elle **lui**	sourit.
Elle **les**	regarde.	Elle **leur**	sourit.
Elle **me**	regarde.	Elle **me**	sourit.
Elle **te**	regarde.	Elle **te**	sourit.
Elle **nous**	regarde.	Elle **nous**	sourit.
Elle **vous**	regarde.	Elle **vous**	sourit.

Notez que les pronoms objets directs et indirects sont différents aux 3èmes personnes, mais identiques aux 1ères et 2èmes personnes.

∿ 18.32 Activation orale: Pronoms objets indirects

Répondez selon l'exemple.

Exemple:
Vous entendez: 1. C'est votre banc?
Vous dites: Non! Il ne nous appartient pas!

2. C'est le banc de Mireille?
3. C'est le banc de Robert?
4. C'est ton bateau?
5. C'est mon banc!
6. C'est notre banc!

18.33 Activation écrite: Pronoms objets directs et indirects

Complétez.

1. Est-ce que Mireille répond à Jean-Pierre?

   Non, elle ne _____ répond pas.

2. Est-ce que Robert parle à Mireille?

   Oui, il _____ parle.

3. Est-ce que Marie-Laure dérange Mireille?

   Eh oui, elle _____ dérange!

4. Je te dérange?

   Oui! Tu _____ déranges!

5. Est-ce que le banc appartient à Mireille?

   Non, il ne _____ appartient pas.

6. Est-ce que la politique intéresse Marie-Laure?

   Non, ça ne _____ intéresse pas.

7. Les autos supportent les mains froides?

   Oui, elles _____ supportent très bien!

8. Est-ce que Jean-Pierre parle aux jeunes filles?

   Oui, il _____ parle.

18.34 Activation écrite: Pronoms objets directs et indirects

Lisez et complétez.

Un Tonton gâteau

1. Tonton Guillaume est très gentil avec Marie-Laure. Il _____ adore! Il _____ écoute toujours avec plaisir; il _____ trouve très intelligente. Il _____ parle gentiment. Il _____ sourit. Il _____ répond toujours quand elle _____ pose des questions.

2. Il _____ défend quand Mireille _____ embête. Il _____ téléphone souvent pour _____ inviter à prendre le thé chez Angelina. Il _____ amène au Guignol. Il _____ accompagne à son cours de danse. Il vient _____ chercher pour faire des promenades en voiture.

3. Il _____ aide à faire des puzzles. Il _____ raconte des histoires. Il _____ fait beaucoup de cadeaux. Il _____ donne des bateaux. Il _____ apporte des chocolats.

4. Quand il est en voyage, il _____ écrit, il _____ envoie des cartes postales. Quelquefois, il _____ emmène avec _____ quand il part en voyage.

🎧 18.35 Observation: *Toujours, quelquefois, jamais*

Quand on a du talent,	on ne	réussit pas	**toujours.**
Mais	on	réussit	**quelquefois.**
Sans talent,	on ne	réussit	**jamais.**
	—Ça	marche	**quelquefois?**
—Oui,	ça	marche	**toujours.**
—Non,	ça ne	marche pas	**toujours.**
—Non,	ça ne	marche	**jamais!**

ne	*verbe*	
Ça	marche.	
Ça **ne**	marche **pas.**	
Ça **ne**	marche **plus.**	
Ça **ne**	marche **jamais.**	

Notez que jamais occupe la même place que pas et plus.

Notez que jamais est un mot négatif. C'est le contraire de toujours et de quelquefois.

🎧 18.36 Activation: Dictée

Écoutez et complétez. Vous entendrez le passage deux fois.

Mireille: Mais où vas-tu comme ça?

Hubert: Eh, tu vois . . .

Mireille: Tu _____ à la fac?

Hubert: _____ . Mais _____ aujourd'hui.

🎧 18.37 Activation orale: Négation; *pas, plus, jamais*

Répondez selon les exemples.

Exemples:
Vous entendez: 1. Marie-Laure est là?
Vous dites: Non, elle n'est pas là.

Vous entendez: 2. Marie-Laure est encore là?
Vous dites: Non, elle n'est plus là.

Vous entendez: 3. Marie-Laure est là, quelquefois?
Vous dites: Non, elle n'est jamais là!

4. Vous sortez quelquefois?
5. Ça marche encore?
6. Tu travailles encore?

7. Vous acceptez?
8. Tu comprends?
9. Elle comprend quelquefois?
10. Tu sors encore?
11. Tu viens?
12. Vous allez à la Closerie des Lilas, quelquefois?

18.38 Activation écrite: Formes de l'imparfait (révision)

Relisez les textes des leçons 17 et 18, puis lisez le texte suivant. Essayez de trouver les verbes qui conviennent pour le compléter.
Ecrivez ces verbes à l'imparfait.

Un rêve de Marie-Laure

La nuit dernière, j'ai fait un rêve. J'ai rêvé que j'_____ à la fac. Je n'_____ jamais mes leçons, mais je les _____ toujours. Mireille, elle, _____ à la petite école. Elle ne _____ jamais ses leçons. Elle _____ toujours des zéros! Papa et Maman _____ à Chicago (ils _____ de la saucisse aux abattoirs). Mireille, Cécile, et moi, nous _____ seules à la maison. Pour manger, nous _____ des macaronis au chocolat tous les jours. (J'adore le chocolat!) Quand il _____ beau, nous _____ au jardin du Luxembourg pour nager dans le bassin. A marée basse, nous _____ des crevettes et quelque-fois, même, nous _____ des crabes énormes, gros comme ça! Mais on ne les _____ pas, parce que les crabes du jardin du Luxembourg ne sont pas bons à manger. Dans mon rêve, Tante Georgette _____ pompier. Elle _____ un énorme camion des pompiers qui _____ à toute vitesse dans les rues et qui _____ un bruit terrible. Elle _____ en haut d'échelles immenses, elle _____ dans des fenêtres ouvertes qui _____ des nuages de fumée, et elle _____ des tas de bébés endormis. Tonton Guillaume _____ du violon dans les rues pour gagner un peu d'argent. Robert _____ masseur. Il _____ les gens qui _____ mal au dos. Mais il ne _____ pas très bien parce qu'il _____ les mains froides, comme Papa, et les clients n'_____ pas ça. Plus tard, dans mon rêve, j'_____ plombier. Je _____ très bien. Je _____ beaucoup d'argent. Si je n'_____ pas envie de travailler, quand des clients m'_____ , je _____ que j'_____ trop occupée et je _____ tranquillement chez moi. Je _____ des chocolats en lisant des romans d'aventures. La belle vie, quoi!

🎧 18.39 Activation orale: Dialogue entre Mireille et Marie-Laure

Ecoutez cet échange entre Mireille et Marie-Laure. Apprenez les répliques de Marie-Laure.

Mireille: Mais tu es encore là, toi? Qu'est-ce que tu fais là? Tu sais tes leçons pour demain?
Marie-Laure: **Ouais . . .**

Mireille: Et tu as fait tes devoirs?
Marie-Laure: **Ouais . . .**
Mireille: Et tu les as finis?
Marie-Laure: **Presque.**
Mireille: Alors, va les finir. Tout de suite.
Marie-Laure: **Oh, ce que tu peux être embêtante, toi!**

EXERCICES-TESTS

18.40 Exercice-test: Pronoms accentués

Complétez.

1. Je rentre chez _____ .

2. Vous rentrez chez _____ ?

3. Robert est rentré chez _____ .

4. Les manifestants sont rentrés chez _____ .

5. Mireille et Marie-Laure sont rentrées chez

_____ .

6. On rentre chez _____ .

Vérifiez. Si vous avez fait des fautes, travaillez les sections 18.16 et 18.17 dans votre cahier d'exercices.

🎧 18.41 Exercice-test: Impératif négatif et pronoms objets directs

Complétez selon l'exemple.

Exemple:
Vous entendez: Tu m'embêtes!
Vous écrivez: Ne <u>m'</u>embête pas!

1. Ne _____ dérange pas!

2. Ne _____ dérange pas!

3. Ne _____ embête pas!

4. Ne _____ suis pas!

5. Ne _____ suis pas!

Vérifiez. Si vous avez fait des fautes, travaillez les sections 18.18 à 18.24 dans votre cahier d'exercices.

18.42 Exercice-test: Impératif positif et pronoms objets directs et indirects

Complétez.

1. Tu ne me regardes pas! Regarde-_____ !

2. Tu ne parles pas à Robert? Parle-_____ !

3. Tu ne téléphones pas à tes parents?

   Téléphone-_____ !

4. Tu ne nous téléphones jamais! Téléphone-_____ !

5. Tu ne souris pas à Mireille? Souris-_____ !

6. Tu ne laisses jamais tes sœurs tranquilles!

   Laisse-_____ tranquilles!

Vérifiez. Si vous avez fait des fautes, travaillez les sections 18.25 à 18.33 dans votre cahier d'exercices.

LIBÉRATION DE L'EXPRESSION

18.43 Mise en question

Relisez le texte de la leçon; lisez les questions de la mise en question qui suit la mise en œuvre dans votre livre de textes. Réfléchissez à ces questions et essayez d'y répondre.

18.44 Mots en liberté

Qu'est-ce qu'on peut devenir?
On peut devenir Président de la République, avocate, gangster. . . .

Trouvez encore au moins huit possibilités.

Qu'est-ce qu'on peut faire?
On peut faire de la saucisse, du cinéma, des jupes, du karaté. . . .

Trouvez encore au moins huit possibilités.

18.45 Mise en scène et réinvention de l'histoire

Vous êtes Robert (ou Mireille, ou les deux). Vous êtes sur un banc au jardin du Luxembourg et vous bavardez.

Vous parlez du nom de famille de Robert.

Vous jouez à trouver le plus grand nombre possible de noms de famille qui sont aussi des noms de métiers.

Vous parlez de ce que vos amis et vos parents voulaient faire quand ils étaient petits, et de ce qu'ils font maintenant.

Marie-Laure, ou un passant, intervient pour donner d'autres exemples.

Vous dites ce que vous allez faire.

Vous invitez Mireille (ou Marie-Laure, ou le passant) à la Closerie des Lilas.

18.46 Mise en scène et réinvention de l'histoire

Imaginez une conversation entre Robert et Marie-Laure. Marie-Laure dit ce qu'elle veut être, et explique pourquoi.

1. Robert demande à Marie-Laure ce qu'elle veut être.
2. Marie-Laure dit qu'elle veut être plombier, et explique pourquoi.
3. Robert demande si elle veut être avocate.
4. Marie-Laure dit oui . . . avocate, ce n'est pas mal . . . mais. . . .
5. Marie-Laure explique que sénateur, ce n'est pas mal non plus, parce que. . . .

18.47 Mise en scène et réinvention de l'histoire

Imaginez une conversation entre Mireille et Robert.

Dites où ils sont (à la bibliothèque, à la terrasse d'un café, dans la cour de la Sorbonne, au Home Latin, chez Mireille, à Monoprix, à l'Escholier, au cinéma, dans une voiture de police . . .).

Dites ce qu'ils font (Robert est étudiant, militaire, agent de police, marin, masseur. . . . Mireille est étudiante en médecine, infirmière, conductrice d'autobus . . .).

Imaginez ce que Robert voulait être quand il était petit (pompier, professeur, magistrat, masseur, mineur, explorateur . . .).

Imaginez ce que Mireille voulait faire quand elle était petite (être dans les affaires, l'armée, la couture, la magistrature, l'industrie . . .).

Et vous, qu'est-ce que vous voulez faire?

18.48 Mise en scène et réinvention de l'histoire

Apportez quelques détails supplémentaires à l'histoire de Robert et Mireille. Racontez:

Robert et Mireille vont prendre quelque chose à la Closerie des Lilas. L'ennui, c'est qu'ils ne savent pas qu'un gangster les attend.

Ce gangster est
| américain.
| français.
| chinois.
| allemand.

Il vient d'arriver de
| Pékin.
| Bonn.
| Chicago.
| Marseille.

Il est | petit | | très costaud.
| moyen | et | très maigre.
| grand | | ni gros ni mince.
| | | très méchant.
| | | très sympa.

C'est le représentant
| d'un grand industriel belge.
| du chef des gangsters américains.
| du Président de la République de Pétaouchnoc.
| d'une chirurgienne mexicaine.

Il fait semblant d'être
| boucher.
| magistrat.
| masseur.
| garçon de café.
| sénateur.
| prêtre.
| charpentier.

Tout le monde le prend pour un
| pianiste.
| industriel.
| gangster.
| violoniste.
| professeur de karaté.

Il cherche | Robert | | | le | ennuyer.
| Marie-Laure | pour | la | tuer.
| Mireille | | lui | donner un message.
| | | l' | faire un massage.
| | | en | proposer une affaire.
| | | | faire de la saucisse.
| | | | donner de l'argent.
| | | | prendre son argent.

18.49 Journal de Marie-Laure

JD fait de l'informatique

1. Pourquoi Jean-Denis change-t-il de boulot?
2. Qu'est-ce qu'il aimerait trouver comme nouvel emploi?
3. A votre avis, quels sont les avantages d'un travail d'informaticien?
4. Pourquoi Marie-Laure aimait-elle mieux l'ancien boulot de Jean-Denis?
5. Selon vous, est-il préférable d'avoir un métier où on gagne beaucoup d'argent ou un métier que l'on aime réellement?

Il y en a marre de la politique. Il est temps que ça change!

1. Pourquoi Marie-Laure n'est-elle pas contente de l'élection de Sarkozy?
2. Quel changement aimerait-elle voir en politique?
3. A votre avis, Marie-Laure est-elle sérieuse ou pas quand elle dit qu'elle aimerait devenir Présidente de la République française?

PRÉPARATION À LA LECTURE ET À L'ÉCRITURE

18.50 Entraînement à la lecture

Lisez d'abord le document 1, "Nationale Sept." Puis lisez le texte suivant et complétez.

1. La route nationale Nº 7 est une des grandes routes de France. Elle va de Paris à Marseille, Cannes, et Nice (dans le Midi) par la vallée du Rhône. Elle est parallèle à l'autoroute A7. Les routes françaises sont souvent bordées d'arbres, qui sont très souvent des _____ , surtout dans le Midi.

2. C'est un routier qui parle, un conducteur de <u>gros camions</u>. Il conduit un poids-_____ , un gros camion de vingt _____ (et aussi vingt pneus).

3. Il ne s'intéresse pas aux coqs, aux poules, aux poulets qui traversent la route; les poulets n'ont pas d'importance pour lui: il se moque des poulets, il se "_____" des poulets! (Il parle argot, il est vulgaire!)

4. Les poulets, les petits oiseaux dans les arbres, ce n'est pas ça qui l'intéresse; ce n'est pas ça qu'il aime: ce n'est pas ça qui lui _____ .

5. Ce qui l'intéresse, ce qu'il aime, c'est un vingt-tonnes, un poids-lourd, un gros camion qui _____ de la fumée et du feu; un gros camion qui fait beaucoup de bruit, des bruits d'explosion: un gros camion qui _____ .

6. Il aime ça parce que ça lui confère un certain prestige; ça lui donne de l'importance: ça le _____ quand une fille le regarde passer.

7. Quelquefois, un des vingt pneus crève, il explose: il _____ . Il faut changer le pneu qui a sauté.

8. Quand le routier change un pneu, les gens le regardent. Il est fier, il aime ça; ça le pose. Il montre ses bras robustes avec des poils noirs. Il crache son bout de cigarette: son _____ . Il pose pour les gens qui le regardent; il prend des attitudes. Il montre aux gens qu'il est très fort, que c'est lui qui commande, qu'il contrôle cet énorme camion, les gros pneus, et même le feu, le feu de sa cigarette et le feu que le camion crache.

18.51 Entraînement à la lecture

Lisez le document 2, "Les Amoureux des bancs publics." Lisez le texte suivant et complétez.

Les amoureux s'embrassent sur les bancs publics: ils se
_____ . (C'est du langage familier.) Ça
choque un peu les passants bourgeois, qui regardent les
amoureux d'un _____ oblique. Mais le
chanteur trouve leurs jeunes visages agréables: pour lui,
ils ont des petites _____ sympathiques.
(C'est encore du langage familier.)

Les amoureux parlent du futur, de l'avenir. Plus tard,
dans le futur, quand ils seront mariés, ils auront un
appartement, avec une chambre bleue. Ils seront bien
dans cet appartement. Le soir, elle va faire de la couture,
elle va faire une jupe ou une robe, ou elle va coudre un
bouton.

18.52 Lecture et expansion du vocabulaire

Etudiez le document 3, "Quand un vicomte rencontre un bouvier," dans votre livre de textes, et complétez les réponses aux questions suivantes.

1. Est-ce qu'il y avait des bouviers à l'époque de Victor
   Hugo? _____

2. A l'époque de Victor Hugo, est-ce qu'Arthur, Alfred,
   et Alphonse étaient considérés comme des prénoms
   traditionnellement aristocratiques ou plébéiens?

   _____

3. Toujours à l'époque de Victor Hugo, est-ce que
   Thomas, Pierre, ou Jacques étaient des prénoms traditionnellement campagnards et populaires, ou élégants
   et aristocratiques?

   _____

4. Quel est le phénomène de "déplacement" dont parle
   Victor Hugo? C'est que des prénoms comme Thomas,
   Pierre, et Jacques deviennent des prénoms

   _____ .

5. —Son nom est Frédéric?
   — Oui, il se _____ Frédéric.

18.53 Entraînement à la lecture et à l'écriture

Lisez le document 5, "La Cote des métiers." Répondez et complétez.

1. La valeur relative des métiers s'appelle la
_____ des métiers; elle évolue selon les circonstances d'une société.

2. Qu'est-ce que les avocats, les médecins, les architectes ont en commun dans la société contemporaine?

_____
_____
_____

3. Qu'est-ce que les journalistes, les experts, les consultants ont en commun?

_____
_____
_____

4. Regardez le document 8 de la leçon 18. Le docteur Çiva donne des massages et manipule les os des gens qui ont des problèmes ostéopathiques. Que fait-il comme métier?

Il est masseur- _____ .

5. Le kinésithérapeute travaille de ses mains. Citez deux autres métiers "manuels."

_____
_____

6. La kinésithérapie est maintenant un métier plus respectable, et plus rémunérateur, qu'autrefois. Pourquoi?

_____
_____

7. Aider les personnes handicapées ou âgées, c'est aussi un métier qui a été revalorisé. De quel changement social ce métier profite-t-il?

_____
_____
_____

8. Marie-Laure dit dans cette leçon (section 4) qu'elle va peut-être être plombier. Est-ce un bon choix dans la société d'aujourd'hui? Expliquez.

_____
_____
_____
_____

9. A votre avis, est-ce que plombier était considéré comme un métier valorisant quand Marie-Laure a dit ça? Est-ce qu'elle était entièrement sérieuse quand elle a dit ça?

_____
_____
_____

10. A votre avis, qu'est-ce qui est préférable, la flexibilité d'un contrat à durée déterminée (c'est-à-dire, sans garantie de permanence) ou la stabilité d'un contrat à durée indéterminée (c'est-à-dire, permanent)?

_____
_____
_____

11. Pourquoi l'économie favorise-t-elle aujourd'hui les contrats à durée déterminée et l'emploi à temps partiel?

_____
_____

12. Le télétravail prend de l'importance; il augmente, il est en pleine progression, en pleine
_____ , favorisée par l'évolution de la technologie.

13. Et vous, quels métiers, ou quelles catégories de métiers, vous attirent? Pourquoi?

_____
_____
_____

18.54 Lecture et interprétation

Lisez le document 6, "Il n'y a pas de sous-métier." Puis lisez et complétez le texte suivant.

I. a. Vous vous rappelez ce que dit Mireille, quand Robert lui dit que son père est vice-président d'une banque? (leçon 14). Elle dit: "Ah! Il n'y a pas de _____ métier!" Elle veut dire que tous les métiers sont aussi respectables les uns que les autres. Il n'y a pas de métiers supérieurs ou inférieurs aux autres.

Dans l'armée française, il y a des lieutenants et des sous-lieutenants. Qui est le supérieur et qui est l'inférieur? Le sous-lieutenant est _____ au lieutenant. Un sous-métier serait un métier _____ aux autres.

b. Les Bali ont déjà rencontré des vendeurs. Ils ont un peu d'expérience des vendeurs. Ils ont déjà approché des vendeurs. Ce n'est pas la première fois qu'ils _____ un vendeur.

c. Le vendeur a dit que c'était <u>sûr</u> que les enfants allaient faire des progrès, apprendre beaucoup de choses. Il l'a <u>assuré</u>. Il l'a <u>promis</u>. Il l'a _____ .

2. a. Djuliane a été <u>très content</u> de rencontrer un monsieur qui avait une si bonne éducation, il a été _____ .

b. Quand vous parlez, les gens <u>ne font pas attention</u> . . . ils s'en _____ !

c. Les gens ne fonctionnent pas très bien. Ils sont _____ .

3. a. Dans l'encyclopédie, il y a des <u>dessins explicatifs très simples</u>; ce sont des _____ .

b. Le vendeur assure, promet, jure qu'il dit la vérité. Il jure que ce qu'il dit est vrai. Il jure qu'il ne _____ pas. S'il ment, il accepte que sa mère meure à l'instant! Ça prouve qu'il ne ment pas, parce que personne n'accepte de voir sa mère mourir.

4. Dans l'encyclopédie, il y a des chapitres où on parle des moteurs à explosion. Il y a quatre phases dans le fonctionnement d'un moteur à explosion: l'admission des gaz dans le cylindre; la compression des gaz; l'explosion; l'échappement des gaz. Dans un moteur à deux temps, ces quatre phases sont réalisées dans deux mouvements complets du piston.

5. a. Le vendeur <u>criait très fort</u>: "Il _____ ."

b. Le vendeur dit que l'encyclopédie n'est pas très chère. Il faut payer quelques francs tous les mois pendant un an . . . et un peu plus; un peu plus d'un an, mais pas beaucoup plus, un tout petit peu: des poussières. (Un grain de poussière c'est tout petit, c'est minuscule.)

6. a. Les Bali ont accepté d'<u>acheter</u> l'encyclopédie. Ils ont conclu le _____ .

b. L'encyclopédie est divisée en plusieurs <u>volumes</u>; ce n'est pas un seul <u>livre</u>, ce sont plusieurs _____ . Les Bali n'ont pas beaucoup de livres. Pour eux, les _____ sont précieux. Massouda les a mis dans un _____ bien fermé pour les protéger.

c. Qu'est-ce que Massouda va faire si quelqu'un touche les livres? Quelle va être la punition? Qu'est-ce qu'elle va lui enlever? Elle va lui enlever _____ !

LEÇON

19

ASSIMILATION DU TEXTE

🎧 19.1 Mise en œuvre

Ecoutez la mise en œuvre du texte dans l'enregistrement sonore. Répétez et répondez suivant les indications.

🎧 19.2 Compréhension auditive

Phase 1: Regardez les images ci-dessous;
écoutez et répétez les énoncés correspondants.

Phase 2: Ecrivez la lettre qui identifie chaque
énoncé que vous entendez sous l'image à
laquelle il correspond le mieux.

1. ___

2. ___

3. ___

4. ___

5. ___

6. ___

🎧 19.3 Compréhension auditive et production orale

Vous allez entendre de courts passages suivis d'une question. Répondez
oralement à la question.

1. Pourquoi est-ce que Mireille montre l'Institut d'Art et
   d'Archéologie à Robert?
2. Pourquoi est-ce que Robert avait 5h 15 à sa montre, et
   non 11 heures et quart?
3. Est-ce que Mireille est déjà venue à la Closerie des
   Lilas?
4. Où est-ce que Mireille va quand elle veut prendre un
   café avec des copains?

5. Pourquoi est-ce que Mireille ne veut pas prendre de
   whisky?
6. Pourquoi est-ce qu'elle ne veut pas prendre de
   Pernod?
7. Pourquoi est-ce que Mireille a failli rater son bac?
   A cause de la botanique?
8. Pourquoi est-ce qu'elle préfère être à la fac qu'au
   lycée?

PRÉPARATION À LA COMMUNICATION

🎧 19.4 Observation: Prononciation; le son /r/ (révision)

Rappelez-vous que pour prononcer le son /r/ la pointe de la langue reste
appuyée contre les dents inférieures.

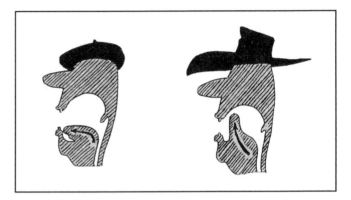

🎧 19.5 Activation: Discrimination auditive; le son /r/

Vous allez entendre douze énoncés. Certains contiennent le son /r/; d'autres pas. Pour chaque énoncé, indiquez s'il contient le son /r/
ou pas en cochant la case appropriée.

	1	2	3	4	5	6	7	8	9	10	11	12
/r/												
pas de /r/												

🎧 19.6 Activation orale: Prononciation; le son /r/

Ecoutez et répétez:

une montre
un peintre étranger
les interro écrites
à peu près

le programme des lettres
une horloge
un travail énorme

une école privée
c'est presque ça
un cours sur l'art grec

L'institutrice nous a montré des reproductions de fresques.

Transportée d'admiration, j'ai entrepris de couvrir de fresques les murs de ma chambre.

19.7 Observation: Question d'identification

	comme	*nom*
Qu'est-ce qu'il y a	**comme**	apéritifs bien français?
Qu'est-ce que vous suivez	**comme**	cours?
Qu'est-ce que vous faites	**comme**	études?
Qu'est-ce que vous faites	**comme**	langue étrangère?
Qu'est-ce que vous faites	**comme**	métier?
Qu'est-ce qu'il y a	**comme**	choix?

19.8 Activation orale: Question d'identification

Répondez selon l'exemple.

Exemple:
Vous entendez: 1. Il y a des apéritifs français?
Vous dites: Qu'est-ce qu'il y a comme apéritifs français?

2. Vous connaissez des peintres d'avant-garde?
3. Vous connaissez des rois de France?
4. Vous avez fait des sciences naturelles?
5. Vous faites des études?
6. Vous faites une langue étrangère?
7. Vous faites du sport?

19.9 Observation: Différents degrés d'accord et de désaccord

questions	degrés	réponses
Vous aimez ça? Ça vous plaît? Vous êtes d'accord?	−1	Ah, non, alors! Pas du tout! Pas le moins du monde! Absolument pas! Vous pensez bien que non! Pensez-vous! Nullement.
	0	Oui . . . enfin A peu près. D'une façon générale, oui!
	+1	Oui. Bien sûr. Mais certainement! Evidemment! Absolument! Vous pensez bien que oui! Ça, on peut le dire! Ça, oui, alors!

🎧 19.10 Observation: Le temps qui passe

questions	réponses
—Quelle heure est-il?	—Il est six heures.
—Vous avez l'heure?	—Il doit être vers six heures, six heures et demie.
—Vous savez quelle heure il est?	—Excusez-moi, mais je n'ai pas l'heure.
—Vous pouvez me dire quelle heure il est?	—Je n'ai pas de portable.
—Pourriez-vous me dire quelle heure il est?	—Je n'ai pas de montre.
—Pourriez-vous me dire l'heure qu'il est?	—Ma montre ne marche pas.
	—Ma montre est arrêtée.
	—Il n'y a pas d'horloge ici.
	—Il n'y a pas d'heure pour les braves!

🎧 19.11 Observation: Le temps qui passe; décalage horaire

—Quand il est midi à Paris, il est dix-huit heures à Bombay, et six heures à New York.
—Il y a six heures de décalage entre Paris et New York?
—Oui, il y a six heures de différence.

🎧 19.12 Observation: Le temps qui passe; l'heure, la demie, et le quart

	1	2
12h	midi	douze heures
12h 15	midi et quart	douze heures quinze
12h 20	midi vingt	douze heures vingt
12h 30	midi et demie	douze heures trente
12h 40	une heure moins vingt	douze heures quarante
12h 45	une heure moins le quart	douze heures quarante-cinq
12h 55	une heure moins cinq	douze heures cinquante-cinq
1h 00	une heure	treize heures
. . .	. . .	. . .
6h 00	six heures	dix-huit heures
. . .	. . .	. . .
12h 01	minuit une	zéro heure une

Notez que la colonne 1 représente le langage courant, familier. La colonne 2 représente un langage plus précis, comme celui des horaires de trains ou d'avions.

🎧 19.13 Activation orale et écrite: L'heure

Ecoutez et écrivez les heures indiquées.

Rapport sur trois personnages suspects

Le 30 mai, Robert est sorti de son hôtel à _____ du matin. Il est entré dans un bureau de tabac à _____ . Il s'est assis à la terrasse de l'Escholier à _____ . Mireille est passée devant le café à _____ . Ils se sont assis sur un banc du Luxembourg à _____ .

Marie-Laure est arrivée à _____ . Elle est tombée dans le bassin à _____ . Robert a invité Mireille à aller à la Closerie des Lilas à _____ . Ils sont passés devant l'Institut d'Art et d'Archéologie à _____ . Ils se sont assis à la terrasse de la Closerie à _____ .

∩ 19.14 Activation orale: L'heure

Vous voyez six horloges qui indiquent des heures différentes. Dites l'heure qu'il est à chacune de ces horloges (utilisez le langage courant).
Vérifiez vos réponses avec l'enregistrement.

∩ 19.15 Activation orale: L'heure

Observez l'horaire des trains Paris-Chartres ci-dessous, et dites à quelle heure il y a un train pour Chartres. Utilisez le langage précis des horaires.
Vérifiez vos réponses avec l'enregistrement.

Nº du train	6511	6519	6523	6531	3633	3645	6573	6577	6579
Paris-Montp.	06.26	08.28	09.37	13.58	17.10	19.34	22.43	00.01	00.51
Chartres	07.34	09.29	10.42	15.03	18.07	20.36	23.41	01.14	02.04

∩ 19.16 Activation orale: L'heure

Robert ne comprend pas très bien le langage précis des horaires.
Traduisez pour lui les heures suivantes en langage courant.
Vérifiez avec l'enregistrement.

A. 17 heures 15
B. 23 heures 20
C. 0 heure 10
D. 12 heures 30
E. 13 heures 45
F. 15 heures 55

🎧 19.17 Observation: Le temps qui passe; le passé composé

	auxiliaire	participe passé	
Robert	**a**	**invité**	Mireille.
Ça m'	**a**	**plu.**	
Elle nous	**a**	**montré**	des reproductions.
Ils	**ont**	**traversé**	le jardin.
J'	**ai**	**fait**	du français.
Vous	**avez**	**continué?**	
Ils	**sont**	**arrivés**	à la Closerie.
Ils se	**sont**	**assis**	à la terrasse.

Ces phrases se réfèrent au passé. Les verbes sont au passé. Mais ces verbes (a invité, a plu, etc.) ne sont pas des imparfaits. Ce sont des **passés composés.**

Notez que ces verbes sont composés de deux mots, un auxiliaire et un participe passé. Notez que a, ont, ai, et avez sont des formes d'avoir (au présent de l'indicatif), et que sont est une forme d'être (au présent de l'indicatif).

En conclusion, le passé composé est formé d'un auxiliaire (avoir ou être, au présent de l'indicatif) et du participe passé du verbe (invité, plu, montré, etc.).

🎧 19.18 Observation: Le temps qui passe; conjugaison du passé composé

continuer			arriver		
	auxiliaire **avoir**	participe *passé*		auxiliaire **être**	participe *passé*
j'	**ai**	**continué**	je	**suis**	**arrivé**
tu	**as**	**continué**	tu	**es**	**arrivé**
elle	**a**	**continué**	elle	**est**	**arrivée**
nous	**avons**	**continué**	nous	**sommes**	**arrivés**
vous	**avez**	**continué**	vous	**êtes**	**arrivés**
ils	**ont**	**continué**	ils	**sont**	**arrivés**

Notez que les formes des participes passés ci-contre sont identiques du point de vue de la prononciation (même si vous observez quelques variations orthographiques dans le cas de arrivé).

🎧 19.19 Activation: Dictée; passé composé; auxiliaires *avoir* et *être*

Ecoutez, et écrivez les formes de l'auxiliaire être ou de l'auxiliaire avoir.

1. Robert _____ arrivé en France il y a deux jours.
2. Il _____ descendu dans un petit hôtel du Quartier latin.
3. Le lendemain, il _____ allé explorer le Quartier.
4. Il _____ vu des manifestants.
5. Ces manifestants _____ entrés dans la cour de la Sorbonne.
6. Robert les _____ suivis.
7. Il _____ entré avec eux dans la cour de la Sorbonne.
8. Il y _____ rencontré une étudiante qui lui _____ tout de suite plu.
9. Il lui _____ souri.
10. Elle lui _____ rendu son sourire.
11. Ils _____ parlé ensemble un moment.
12. Puis, ils _____ allés au jardin du Luxembourg.
13. Mais la jeune fille _____ partie soudainement.
14. Robert _____ resté seul sur son banc.
15. Un peu plus tard, il _____ allé prendre un café, place Saint-Michel.
16. Il _____ écrit une carte postale à sa mère.

🔊 19.20 Activation orale: Le passé composé

Dans cet exercice, vous allez utiliser des verbes au passé composé. Pour cela, il faut:

1. identifier l'auxiliaire, *être* ou *avoir*;
2. identifier la forme du participe passé.

Exemple:
Vous entendez: 1. Vous avez suivi des cours d'art?
Vous remarquez que l'auxiliaire est *avoir*, et que le participe passé est *suivi*.
Vous dites donc: Oui, j'ai suivi des cours d'art.

2. Vous avez fait des maths?
3. Vous avez aimé les maths?
4. Vous avez appris l'anglais?
5. Vous avez suivi des cours de français?
6. Vous avez étudié l'histoire?
7. Vous êtes allé à l'école?
8. Vous avez compris la leçon?
9. Vous avez failli rater des examens?
10. Vous avez raté des examens?
11. Vous avez réussi à vos examens?
12. Vous êtes allé à la Closerie?
13. Vous êtes passé devant l'Institut?
14. Vous vous êtes assis à la terrasse?
15. Vous avez pris un kir?

19.21 Activation écrite: Le passé composé

Observez les auxiliaires utilisés et les formes des participes passés de chaque verbe, puis complétez les phrases suivantes. Notez que vous devez quelquefois écrire l'auxiliaire seul, et quelquefois l'auxiliaire et le participe passé.

1. J'ai traversé le jardin du Luxembourg vers 10 heures. Mireille et Robert l'_____ traversé vers 10 heures et demie.

2. Je suis passé devant l'Institut d'Art et d'Archéologie vers 10 heures et quart. Mireille et Robert _____ passés devant l'Institut vers 11 heures moins le quart.

3. Je suis arrivé à la Closerie des Lilas vers 11 heures. Mireille et Robert _____ arrivés à la Closerie vers 11 heures et quart.

4. J'ai pris un Dubonnet. Mireille et Robert _____ des kirs.

5. J'ai parlé de la pluie et du beau temps avec le garçon. Mireille et Robert _____ de leurs études.

6. Moi, au lycée, j'ai fait la section "sciences." Mireille, elle, _____ la section "lettres."

7. J'ai suivi des cours de trigonométrie. Elle _____ des cours d'anglais.

8. Je suis parti vers une heure. Mireille et Robert _____ partis vers midi et demie.

🔊 19.22 Activation orale: Le passé composé

Répondez selon l'exemple.

Exemple:
Vous entendez: 1. Tu sais le latin?
Vous dites: Non, mais j'ai suivi un cours de latin.

2. Tu sais le français?
3. Il sait l'allemand?
4. Vous savez le latin, vous deux?
5. Vos parents savent le japonais?

◖◗ 19.23 Activation orale: Le passé composé

Répondez selon l'exemple.

Exemple:

Vous entendez: 1. Vous allez vous spécialiser en physique nucléaire?

Vous dites: Non, nous avons choisi "lettres."

2. Tu vas te spécialiser en chimie?
3. Il va faire de la biologie?
4. Ils vont faire des sciences?
5. Vous allez vous spécialiser en astrophysique, vous deux?

◖◗ 19.24 Activation orale: Le passé composé

Répondez selon l'exemple.

Exemple:

Vous entendez: 1. Qu'est-ce que vous prenez?

Vous dites: Nous avons commandé un kir.

2. Qu'est-ce que tu prends, toi?
3. Qu'est-ce que Mireille prend?
4. Qu'est-ce que Mireille et Robert prennent?
5. Qu'est-ce que vous prenez, vous deux?

19.25 Activation écrite: Auxiliaires du passé composé; imparfait; *savoir, connaître*

Relisez les sections 1 et 2 du texte de la leçon 19. Déterminez quels verbes sont à l'imparfait et quels verbes sont au passé composé; quel est l'auxiliaire (avoir ou être) des verbes au passé composé.

Puis, lisez le texte ci-dessous, et complétez-le avec les formes verbales qui conviennent.

Robert: Hier, je suis allé au jardin du Luxembourg avec une jeune fille charmante qui s'appelle Rémy . . . non, Méry . . . non, Mireille Belleau. Nous avons eu une conversation passionnante sur ce que nous _____ faire quand nous _____ petits, sur le cinéma, les affaires, l'armée, et la magistrature . . . et puis je l'_____ invitée à aller prendre quelque chose à la Closerie des Lilas. Nous _____ traversé le jardin, nous _____ passés devant l'Institut d'Art et d'Archéologie et nous nous _____ assis à la terrasse de la Closerie.

Le narrateur: Robert et Mireille _____ allés à la Closerie des Lilas. Robert _____ voulu aller à la Closerie simplement parce qu'il ne _____ pas beaucoup de cafés à Paris, mais il _____ la Closerie parce qu'il _____ qu'Hemingway y _____ quand il _____ à Paris, dans les années 20. Mireille _____ toujours aimé le dessin. Déjà, quand elle _____ à l'école maternelle, elle _____ avec délices les doigts dans les pots de couleurs et _____ d'admirables tableaux abstraits. Elle _____ imbattable en peinture, la championne de la classe! Elle _____ gardé le titre jusqu'à la fin de l'école maternelle.

◖◗ 19.26 Observation: Dérivés de *prendre*

. . . +	**prendre**	
Je vais	**prendre**	un kir.
	Reprenons	la conversation.
Elle a	**appris**	l'anglais en Angleterre.
On ne la	**comprend**	pas.
C'est une artiste	**incomprise.**	
Elle a	**entrepris**	de couvrir les murs de fresques.

19.27 Activation écrite: *Prendre* et dérivés

Complétez avec des mots de la même famille que prendre.

1. Mireille a _____ de couvrir de fresques les murs de sa chambre.

2. Répétez, s'il vous plaît. Je n'ai pas _____ la question.

3. Les grands artistes sont toujours _____ .

4. Elle sait l'anglais. Elle l'a _____ en Angleterre.

5. Robert et Mireille ont _____ un Dubonnet à la Closerie des Lilas.

6. Ils ont _____ la conversation interrompue.

🎧 19.28 Observation: *Plaire*

sujet		objet (direct)		sujet	objet (indirect)	**plaire**
Mireille	trouve	Robert	sympa.	Robert	**lui**	plaît.
Robert	trouve	Mireille	sympa.	Mireille	**lui**	plaît.
Les Belleau	trouvent	Robert	gentil.	Robert	**leur**	plaît.
Robert	trouve	les Belleau	agréables.	Les Belleau	**lui**	plaisent.
Je	trouve	les Belleau	agréables.	Les Belleau	**me**	plaisent.
Tu	trouves	Mireille	sympa?	Elle	**te**	plaît?
Nous	trouvons	Mireille	gentille.	Mireille	**nous**	plaît.
Vous	trouvez	Mireille	agréable?	Mireille	**vous**	plaît?

🎧 19.29 Observation: *Plaire*, présent et passé composé

présent	
J'aime la botanique.	Ça me **plaît.**
passé composé	
J'ai trouvé ça intéressant.	Ça m'a **plu.**

Notez qu'au passé composé, plaire est conjugué avec l'auxiliaire avoir. Le participe passé de plaire est plu.

🎧 19.30 Observation: *Plaire*

sujet	objet	sujet	objet

sujet		objet	sujet		objet
Mireille	trouve	Robert sympa.	Elle	le	trouve sympa.
Robert	**plaît**	à Mireille.	Il	lui	**plaît.**
Mireille	aime	les sciences naturelles.	Elle	les	aime.
Les sciences naturelles	**plaisent**	à Mireille.	Elles	lui	**plaisent.**

🎧 19.31 Activation orale: *Plaire,* présent de l'indicatif

Répondez selon les exemples.

Exemples:
Vous entendez: 1. Comment vos enfants trouvent-ils les maths?
Vous dites: Ça leur plaît!

Vous entendez: 2. Alors, comment trouvez-vous le kir?
Vous dites: Ça me plaît!

3. Comment votre fille trouve-t-elle le français?
4. Et vous deux, comment trouvez-vous le français?
5. Alors, comment votre fils trouve-t-il la physique?
6. Comment vos parents trouvent-ils Paris?
7. Et toi, comment trouves-tu Paris?

🎧 19.32 Activation orale: *Plaire,* passé composé

Répondez selon l'exemple.

Exemple:
Vous entendez: 1. Vous avez fait des maths? Vous avez aimé ça?
Vous dites: Oui, ça m'a plu.

2. Tu as aimé les maths, toi?
3. Et vous deux, vous avez aimé ça?
4. Vos enfants ont aimé la chimie?
5. Votre fils a aimé le latin?
6. Votre fille a aimé la physique?

🎧 19.33 Activation orale: *Plaire,* présent de l'indicatif

Répondez selon les exemples.

Exemples:
Vous entendez: 1. Comment trouves-tu le nouveau prof de maths?
Vous dites: Il me plaît assez!

Vous entendez: 2. Comment trouves-tu les Parisiennes?
Vous dites: Elles me plaisent assez.

3. Comment trouves-tu Robert?
4. Comment trouves-tu Mireille?
5. Comment trouves-tu les parents de Mireille?
6. Comment trouves-tu ses sœurs?
7. Et moi, comment me trouves-tu?

🎧 19.34 Activation orale: *Plaire,* passé composé

Répondez selon l'exemple.

Exemple:
Vous entendez: 1. Tu as rencontré le nouvel ami de Mireille?
Vous dites: Oui, il m'a beaucoup plu!

2. Tu as rencontré la cousine de Mireille?
3. Tu as rencontré ses parents?
4. Tu as vu ses sœurs?
5. Tu as vu son oncle?
6. Tu as rencontré ses cousines?

19.35 Activation écrite: *Plaire*

Lisez le texte suivant, et trouvez les formes du verbe plaire qui conviennent pour le compléter. N'oubliez pas les pronoms.

Notes de Robert pour son journal

J'ai rencontré une jeune fille au Quartier latin. Elle s'appelle Mireille. Elle est gentille, intelligente . . . elle _____ assez! Mais je ne sais pas si je _____ , moi. Je l'ai invitée à la Closerie des Lilas. La Closerie _____ ; la terrasse est très agréable. Il y a beaucoup de bruit avec toutes les voitures qui passent sur le boulevard, mais ça fait assez chic. J'espère que ça _____ Mireille. Nous avons pris des kirs qui _____ tellement _____ que nous en avons pris deux autres!

Quand elle était petite, Mireille aimait beaucoup Matisse. Elle a vu des peintures murales de Matisse qui _____ tellement _____ que, quand elle est rentrée chez elle, elle a peint des fresques sur les murs de sa chambre. Mais ses parents n'ont pas aimé ça. Ses fresques ne _____ pas _____ ! Ils ont même été furieux quand ils les ont vues.

Mireille a fait de la botanique au lycée; _____ . Elle était très forte en botanique. Maintenant, elle est à la fac. Tous ses cours _____ . Elle a surtout un prof d'art grec qui _____ beaucoup! Elle dit qu'il est formidablement beau et intelligent . . . hmm! Moi, ça ne _____ pas beaucoup!

19.36 Observation: D'une façon ou d'une autre; adverbes

adjectifs	adverbes
D'une façon **générale** on fait des langues étrangères au lycée.	**Généralement,** on fait des langues étrangères au lycée.
En France, on fait du français. C'est **naturel**! C'est **évident**!	En France, on fait du français. **Naturellement**! **Evidemment**!
On fait des maths. C'est **obligatoire**.	On fait des maths, **obligatoirement.**
Mireille a été obligée de faire des maths. Elle trouve ça **malheureux**.	Elle a été obligée de faire des maths . . . **malheureusement**!
Elle n'a pas raté son bac. C'est **heureux**!	Elle a eu son bac, **heureusement**!
Au lycée, on fait un travail **énorme**.	Au lycée, on travaille **énormément.**

Notez que les mots en **caractères gras** dans la première colonne donnent une information sur un nom (un travail énorme) ou sur un pronom (c'est naturel). Ce sont des adjectifs. Les mots en caractères gras dans la deuxième colonne donnent une information supplémentaire sur un verbe (on travaille énormément). Ce sont des adverbes.

Observez.

généralement	évidemment
naturellement	énormément
obligatoirement	

Notez que beaucoup d'adverbes se terminent en -ment.

⌒ 19.37 Observation: Adverbes et adjectifs

adjectif masculin	général	naturel	malheureux	obligatoire
adjectif féminin	générale	naturelle	malheureuse	obligatoire
adverbe	générale**ment**	naturelle**ment**	malheureuse**ment**	obligatoire**ment**

Notez que beaucoup d'adverbes sont formés en ajoutant -ment à la forme féminine de l'adjectif.

19.38 Activation écrite: Adverbes

Complétez selon l'exemple.

Exemple:

1. Nous faisons un travail énorme. Nous travaillons
   <u>énormément</u>.

2. Il est lent! Il travaille _____ !

3. Elle a l'esprit rapide. Elle comprend
   _____ !

4. Elle dessine d'une façon admirable. Elle dessine
   _____ !

5. Il a répondu d'une façon très spirituelle. Il a répondu
   très _____ .

⌒ 19.39 Activation orale: *Naturellement, malheureusement, heureusement, énormément*

Répondez selon les exemples.

Exemples:

Vous entendez: 1. Est-ce qu'on fait du français dans les
écoles françaises?
Vous répondez: Ben, oui! Naturellement!

Vous entendez: 2. Vous étiez nulle en maths?
Vous répondez: Ben, oui, malheureusement!

Vous entendez: 3. Vous étiez bonne en maths?
Vous répondez: Ben, oui! Heureusement!

Vous entendez: 4. Vous avez beaucoup d'amis?
Vous répondez: Oh, oui! Enormément!

5. Est-ce qu'on fait de l'anglais dans les écoles
anglaises?
6. Est-ce qu'on parle chinois en Chine?
7. Oh! Vous avez raté votre bac?
8. Vous étiez nul en chimie?
9. Mais la chimie était obligatoire?
10. Vous étiez bonne en français?
11. Vous avez réussi à votre examen?
12. Vous avez eu votre bac?
13. Vous avez beaucoup travaillé?
14. Il y a beaucoup de travail au lycée?
15. On étudie beaucoup de matières au lycée?

19.40 Activation écrite: *Savoir* et *connaître* (révision)

Complétez le texte suivant avec les formes de savoir ou de connaître qui conviennent.

1. Robert commence à _____ le Quartier latin. Il _____ que c'est le quartier des étudiants.

2. Il ne _____ pas l'Institut d'Art et d'Archéologie, mais maintenant il _____ que Mireille y suit un cours d'art grec.

3. Il _____ la Closerie des Lilas parce qu'il _____ que Scott Fitzgerald y venait.

4. Mireille _____ les noms de tout un tas d'apéritifs, le Saint-Raphaël, le pineau, le Byrrh, mais elle _____ aussi que l'alcool n'est pas bon pour la santé. (Sa mère est chef de service au Ministère de la Santé!)

5. Robert ne _____ pas quoi prendre . . . alors il prend la même chose que Mireille.

6. Robert _____ Matisse, il en a entendu parler; il _____ que c'est un peintre moderne.

7. Il ne _____ pas qu'en France toutes les écoles publiques sont à peu près pareilles.

8. Il _____ un peu l'histoire européenne parce qu'il a suivi un cours à l'école secondaire.

9. Il n'a pas l'air de _____ qu'en France l'histoire est obligatoire.

10. Est-ce que Mireille _____ le latin? Nous _____ qu'elle a fait du latin . . . mais nous ne _____ pas si elle le _____ vraiment. On peut faire six ans de latin sans le _____ vraiment! D'ailleurs, il y a tellement de matières au programme qu'on ne _____ jamais rien à fond.

🎧 19.41 Activation orale et écrite: Dictée et compréhension

1. Ecoutez et complétez. Vous entendrez le passage deux fois.

Au travail, Marie-Laure!

Mireille: Qu'est-ce que _____ , Marie-Laure?

Marie-Laure: _____ .

Mireille: Tu n'as _____ ? Mais _____ quelque chose! Je ne _____ pas, moi, _____ !

2. Maintenant, répondez aux questions:

1. Qu'est-ce que Marie-Laure fait?
   _____ .

2. Qu'est-ce que Mireille lui dit de faire?
   Elle lui dit _____ .

🎧 19.42 Activation orale: Dialogue entre Mireille et le garçon

Ecoutez le dialogue suivant entre le garçon de café et Mireille. Vous allez apprendre le rôle de Mireille.

Le garçon: Qu'est-ce que je vous sers?
Mireille: **Qu'est-ce que vous avez comme apéritifs bien français?**
Le garçon: Vous avez le Dubonnet, le Martini . . .

Mireille: **C'est italien, ça, non?**
Le garçon: L'Ambassadeur, le Pernod, le Ricard . . .
Mireille: **Le Pernod, j'adore ça, mais c'est un peu trop fort.**
Le garçon: La Suze, le pineau des Charentes, le Saint-Raphaël, le Byrrh, le kir . . .
Mireille: **C'est ça, je vais prendre un kir!**

EXERCICES-TESTS

🎧 19.43 Exercice-test: Passé composé; les auxiliaires

Répondez selon l'exemple.

Exemple:
Vous entendez: Marie-Laure est partie?
Vous écrivez: Oui, elle <u>est</u> partie.

1. Oui, nous l'_____ trouvé gentil.

2. Oui, j'_____ passé la douane.

3. Oui, nous _____ pris un kir.

4. Oui, je _____ allée à la Closerie.

5. Oui, je me _____ amusée.

Vérifiez. Si vous avez fait des fautes, travaillez les sections 19.17 à 19.25 dans votre cahier d'exercices.

19.44 Exercice-test: *Plaire,* présent de l'indicatif; pronoms objets indirects

Répondez selon l'exemple.

Exemple:
Vous voyez: Mireille aime la botanique.
Vous écrivez: Ça <u>lui</u> plaît.

1. Marie-Laure aime l'eau. Ça _____ plaît.

2. J'aime le kir. Ça _____ plaît.

3. Tu aimes le kir? Ça _____ plaît?

4. Robert aime le kir. Ça _____ plaît.

5. Vous aimez le kir? Ça _____ plaît?

6. Robert et Mireille aiment le Luxembourg. Ça

_____ plaît.

Vérifiez. Si vous avez fait des fautes, travaillez les sections 19.28 à 19.35 dans votre cahier d'exercices.

19.45 Exercice-test: *Plaire,* passé composé; pronoms objets indirects

Répondez selon l'exemple.

Exemple:
Vous voyez: Robert a vu Mireille?
Vous écrivez: Oui, <u>elle lui</u> a plu.

1. Robert a vu les Courtois?

Oui, _____ plu.

2. Robert t'a vu?

Oui, et _____ plu!

3. Robert vous a vus, tous les deux?

Oui, et _____

plu. . . .

4. Tu as vu Robert?

Oui, _____ plu.

5. Vous avez vu Robert, tous les

deux?

Oui, _____ plu.

Vérifiez. Si vous avez fait des fautes, travaillez les sections 19.28 à 19.35 dans votre cahier d'exercices.

19.46 Exercice-test: Adverbes

Complétez selon l'exemple.

Exemple:
Vous voyez: En général, Marie-Laure est insupportable.
Vous écrivez: <u>Généralement</u>, Marie-Laure est insupportable.

1. Marie-Laure est sage. Elle joue _____ .

2. C'est rare! Ça arrive _____ !

3. Ce n'est pas normal! _____ ,

ça n'arrive jamais!

4. C'est malheureux, mais ça arrive!

_____ ça arrive!

Vérifiez. Si vous avez fait des fautes, travaillez les sections 19.36 à 19.39 dans votre cahier d'exercices.

LIBÉRATION DE L'EXPRESSION

19.47 Mise en question

Relisez le texte de la leçon; lisez les questions de la mise en question qui suit la mise en œuvre dans votre livre de textes. Réfléchissez à ces questions et essayez d'y répondre.

19.48 Mots en liberté

Donnez une ou plusieurs réponses aux questions suivantes.

1. Vous êtes au café. Mireille vient de commander un kir, ou un café, ou un whisky. Vous ne savez pas que prendre. Qu'est-ce que vous dites?
2. Vous voulez savoir l'heure. Vous n'avez pas de portable. Vous n'avez pas de montre. Qu'est-ce que vous dites?
3. Quelqu'un vous demande l'heure. Qu'est-ce que vous dites?
4. Vous êtes à Paris pour la première fois. On vous demande si vous êtes déjà venu. Qu'est-ce que vous dites?

19.49 Mots en liberté

Au lycée, en France, qu'est-ce qu'on peut faire?

On peut faire de l'espagnol, de la géographie, du grec. . . .

Trouvez au moins huit autres matières.

Qu'est-ce qu'on peut prendre?

Trouvez au moins trois possibilités.

Qu'est-ce qu'on peut apprendre?

Trouvez au moins trois possibilités.

Qu'est-ce qu'on peut comprendre?

Trouvez au moins trois possibilités.

19.50 Mise en scène et réinvention de l'histoire

Vous êtes à Paris. Vous avez rencontré Mireille ou Robert. Racontez ce que vous avez fait. Vous pouvez choisir parmi les possibilités suivantes ou imaginer d'autres possibilités.

J'ai invité | Mireille / Robert | à | prendre quelque chose / regarder | le soleil / les fleurs / les bateaux

avec moi | à la Closerie des Lilas / dans un petit bistro du Quartier / sur un banc / à Saint-Tropez / au jardin du Luxembourg

parce que / parce qu' | il y a beaucoup de monde. / je n'aime pas les cafés. / je ne connais pas de café. / il faisait beau. / c'est chic. / c'est cher. / ce n'est pas cher. / je connaissais le café à cause d'Hemingway. / il y a des bateaux, des yachts.

Il était | minuit. / midi. / deux heures du matin.

Nous avons pris | un café. / un apéritif bien français. / un whisky. / un kir. / la même chose.

| Robert Mireille | est | un(e) grand(e) artiste incompris(e). plombier. étudiant(e). champion(ne) | de pelote basque. de natation. d'échecs. | Il Elle | adore | Matisse. les tableaux abstraits. les fresques murales. la peinture. le dessin. l'histoire. la philosophie. les langues étrangères. l'art grec. |
| | | avocat(e). au Conseil d'Etat. médecin. riche. pauvre. | | | | |

| Il Elle | est allé(e) | dans une école | publique. privée. | Il Elle | est | très spirituel(le). beau comme un dieu. très belle. imbattable en histoire. un(e) pauvre petit(e) étudiant(e). nul(le) en tout. sans intérêt. |
| | | au lycée. à l'université. | | | | |

| | | Je me suis beaucoup | amusé(e). ennuyé(e). |

19.51 Journal de Marie-Laure

On n'est plus tranquille!

1. Qu'est-ce que Marie-Laure entend dans la rue?
2. Que pense-t-elle des gens qui téléphonent dans la rue?

3. D'après Marie-Laure, qu'est-ce que l'homme au portable n'aurait pas dû dire? Que vaut-il mieux dire à la place?
4. Quand vous utilisez votre portable dans un endroit public, faites-vous attention à ce que vous dites? Y a-t-il des sujets dont vous ne parlez pas dans un lieu public? Lesquels?

PRÉPARATION À LA LECTURE ET À L'ÉCRITURE

19.52 Lecture et mise en œuvre du vocabulaire

Relisez les textes de la leçon 17 (sections 5 et 6) et de la leçon 19 (section 4). Puis, lisez les trois phrases suivantes et complétez-les. Utilisez le même verbe (à la forme convenable) dans chacune de ces phrases.

1. Robert voulait être pompier pour

_____ au milieu des flammes et

sauver du feu les femmes, les enfants, et les vieilles

grands-mères. (Les autres peuvent se débrouiller tout

seuls.)

2. Au jardin d'enfants, Mireille adorait

_____ les doigts dans les pots de

couleurs.

3. Marie-Laure va sûrement être championne de nata-

tion. Elle _____ déjà très bien!

19.53 Entraînement à la lecture et expansion du vocabulaire

Lisez le document 1. Observez le document 2. Observez aussi le document 8 dans la leçon 13, et revoyez l'exercice 13.48. Puis complétez le texte suivant.

Dans le document 2, la scène se passe sur un

_____ . Il y a deux personnages; un

_____ et un _____ de marine. Ces deux

personnages sont dans la _____ . (Ils ne sont

pas dans l'aviation ou l'armée de terre.) Le marin ne fait

pas de la peinture; il met de l'_____

dans un moteur.

19.54 Lecture et interprétation

Lisez le document 3, "L'école à trois temps," de la leçon 19 dans le livre de textes. Complétez.

1. En ce qui concerne l'enseignement public en France, le bon côté des choses, c'est qu'il ne coûte rien: il est

   _____ .

2. Selon Mireille (voyez la section 5 du texte de la leçon 19), pourquoi est-ce que toutes les écoles en France sont plus ou moins semblables ?

   _____

   _____

3. Lisez le document 3B. Le système de l'éducation publique semble présenter beaucoup d'avantages, mais pour deux catégories d'étudiants il est mal adapté; ce sont des groupes _____ .

   Quels sont ces groupes défavorisés et mal intégrés?

   _____

   _____

   Qu'est-ce qui manque dans beaucoup d'écoles françaises pour intégrer correctement les étudiants handicapés?

   _____

   _____

   _____

Est-ce que dans votre école on a trouvé des solutions pour intégrer ce groupe défavorisé? Expliquez.

   _____

   _____

4. Regardez le document 3A. Au deuxième cycle de l'enseignement secondaire, les lycéens ont quel âge ?

   _____

   Avant de pouvoir faire des études supérieures, les élèves sont obligés de passer quel examen?

   _____

   Voyez ce que dit Mireille du baccalauréat dans les sections 7 et 8 du texte de la leçon 19. Est-ce un petit exercice de peu d'importance? Quelle matière a presque empêché Mireille de réussir au bac?

   _____

   _____

5. Au niveau de l'enseignement supérieur, les étudiants ont un choix varié de domaines. Par exemple, si on veut être dans le commerce, on va probablement choisir _____ . Si on veut entrer à l'École des _____ , ce n'est pas pour travailler dans les mines comme mineur, mais plutôt pour devenir ingénieur. Si on s'intéresse à la science politique et aux relations internationales, on va probablement essayer de se faire accepter à

   _____ . Beaucoup d'hommes et de femmes politiques dans l'administration française sont diplômés de _____ .

Et n'oublions pas l'amie de Jean-Pierre Bourdon
qui se spécialise en informatique et vient d'entrer à
_____ (voyez la section 5 de la leçon
13).

6. Evidemment, ces institutions font une sélection
pour avoir les étudiants les plus sérieux. Est-ce que
vous vous rappelez la proportion des candidats
au concours d'entrée à l'École Polytechnique qui
sont reçus? (Voyez le document 5 de la leçon 13.)
_____

7. Consultez le document 3C. Dans quelle matière les
filles ont-elles de meilleurs résultats que les garçons à
l'école? _____ A partir de quel
âge? _____
Au lycée, sont-elles plus fortes que les garçons en
maths? _____
_____

Qui réussit le plus souvent au bac, les filles ou les
garçons? _____
Comment le chanteur Garou explique-t-il ce phénomène? (Voyez le document 9 de la leçon 17.)
_____
_____

Et vous, comment l'expliquez-vous? _____
_____
_____
_____
_____
_____
_____
_____
_____

19.55 Lecture, interprétation, expansion du vocabulaire, et pratique de l'écriture

*Lisez le document 4, "Le téléphone mobile" de la leçon 19 dans le livre
de textes. Complétez.*

1. Mireille fait du karaté parce que ça peut être utile,
ça peut <u>servir</u>. Robert <u>se sert</u> d'un stylo pour communiquer avec sa maman; il <u>s'en sert</u> pour écrire une
carte postale. Les Français utilisent leurs téléphones
portables pour téléphoner, bien sûr, mais ils s'en
_____ pour faire beaucoup d'autres
choses aussi. Quoi, par exemple? Citez trois activités.
_____
_____
_____
_____

2. Les téléphones portables permettent de prendre des
photos au moyen d'un code digital binaire basé sur
des nombres: le résultat, c'est des photos _____
_____ . (Les CD audio aussi sont
encodés, enregistrés numériquement.)

3. Pour filmer une scène en vidéo il faut un appareil qui
capte l'image. Les portables permettent d'<u>enregistrer</u>
l'image au moyen d'un _____
vidéo intégré au téléphone. Ils permettent aussi de
visionner les vidéos. Regarder une vidéo, c'est une
sorte de lecture, et pour cela il faut un téléphone avec
un _____ vidéo intégré.

4. Pour écouter les .mp3 aussi il faut un
_____ .mp3 intégré. Par
exemple, aujourd'hui les téléphones mobiles permettent d'écouter de la musique en se promenant,
en se <u>baladant</u>: ils ont un _____
intégré.

5. Si vous voulez utiliser votre portable pour déterminer votre position sur le globe ou chercher votre
route, il faut une connexion satellite; c'est alors le
_____ qui détermine votre position et
indique votre chemin.

6. Est-ce que les jeunes Français préfèrent envoyer des e-mails (des courriels), ou bien des textos et des tweets? Pourquoi? Trouvez trois explications.

_____

_____

_____

_____

_____

_____

7. Identifiez cinq situations où l'utilisation du portable peut créer des tensions.

_____

_____

_____

_____

_____

_____

_____

_____

8. Vous êtes Georges, le cousin de Mireille, ou Yvonne, sa cousine. Imaginez deux petits dialogues entre vous et votre grand-père:

a. Vous devez remercier votre marraine pour le cadeau qu'elle vous a envoyé. Vous décidez de lui téléphoner à l'heure du dîner.

_____

_____

_____

_____

_____

_____

b. Vous parlez très fort à votre copine au téléphone.

_____

_____

_____

_____

_____

_____

19.56 Entraînement à la lecture

Lisez le document 7 dans le livre de textes; essayez de trouver les mots qui conviennent pour compléter le texte ci-dessous.

1. Un éléphant, c'est un animal énorme. Et cet animal énorme a un nez énorme, très long. Ce nez énormément long s'appelle une _____ . Il y a aussi un instrument qui s'appelle une trompe et qui sert à faire du bruit, pour appeler les gens, par exemple. Et il y a un instrument de musique qui s'appelle une trompette, parce que c'est une sorte de petite _____ .

2. Quand Marie-Laure croit que Robert est anglais, elle se _____ . (En effet, il n'est pas anglais: il est américain.) Quand elle dit à Mireille que Mme Belleau la cherche, elle _____ Mireille. (Marie-Laure ne _____ pas! Elle sait très bien que Mme Belleau ne cherche pas Mireille!) Elle lui fait une blague, elle _____ .

3. Il est vrai qu'un éléphant a une _____ . Et sa _____ est très longue. Mais un éléphant, ça ne trompe pas plus qu'un autre animal.

19.57 Lecture et interprétation

A. Relisez la section 6 du texte de cette leçon. Puis lisez le document 6A.

En quoi est-ce que Marguerite Yourcenar est d'accord, ou pas d'accord, avec ce que Mireille et Robert disent de l'histoire?

_____

_____

_____

_____

_____

_____

Lisez les documents 6C et 6E.

En quoi Mérimée et Tocqueville semblent-ils être d'accord avec Robert?

_____

_____

_____

_____

Lisez le document 6D.

Si ce que disent Robert et Marguerite Yourcenar, d'une part, et Fénelon, d'autre part, est vrai, qu'est-ce qu'il faut conclure?

_____

_____

B. Lisez le document 6B, puis le texte suivant, et complétez.

Ce que l'Histoire raconte ressemble à un roman; mais c'est un roman qui a existé. L'histoire que raconte un roman n'a pas existé, mais c'est une histoire qui _____ exister. Ce n'est pas une vraie histoire, mais c'est une histoire qui aurait pu _____ vraie.

C. Si on est d'accord avec ce que Robert, Marguerite Yourcenar, Alexis de Tocqueville, Fénelon, Mérimée, et Norge disent de l'histoire, eh bien, il faut conclure que l'histoire, ça _____ énormément.

19.58 Lecture et expansion du vocabulaire

A. Lisez le document 6F, puis lisez le texte suivant et complétez-le.

L'Histoire, c'est un peu comme le carton. Il y a un certain rapport entre l'Histoire et le carton. Le carton, comme le papier, le papier-mâché, n'est pas une matière vivante, c'est une matière inerte, morte. L'Histoire non plus, ce n'est pas _____ , c'est mort, passé. L'Histoire est conservée dans des papiers, des documents classés dans des cartons dans des archives. Le papier, le carton, ce n'est pas très excitant, ce n'est pas très appétissant, ce n'est pas très bon. Ça a mauvais goût. L'Histoire a le même _____ que le _____ .

Les rois de l'Histoire ressemblent aux rois des jeux de cartes. Ils n'ont pas l'air réel, ils ne sont pas vivants. Ce sont des effigies, des images, des représentations simplifiées, un peu naïves et conventionnelles. Les rois de l'Histoire se suivent (Louis I, Louis II, Louis III . . .) comme les _____ d'un jeu de piquet (roi de cœur, roi de trèfle, _____ de pique, _____ de carreau).

Chez l'épicier, on trouve des marchandises exotiques: du café, du chocolat, du cacao, de la vanille, du thé . . . mais l'épicier n'est pas un homme poétique. Il met sur ses marchandises une étiquette, un petit rectangle de papier ou de _____ qui indique les prix: café: 4,50€, cacao: 3,25€. Les dates de l'Histoire ne sont pas très poétiques non plus, surtout quand il faut les apprendre: Marignan: 1515; Austerlitz: 1805; Waterloo: 1815.

Les bouteilles de vin aussi ont des étiquettes avec des _____ : Chablis 1983, Château-Margaux 1955,

Château-Lafite 1966. On conserve les bouteilles de vin dans des caves, bien classées, comme des documents historiques dans des archives. Mais dans les caves, il y a aussi des bouteilles vides, avec des _____ et des dates qui ne représentent plus rien. Les personnages de l'Histoire sont comme des bouteilles _____ , ils ont perdu leur substance. Ils sont comme des statues avec une étiquette qui donne leur nom et deux dates.

B. Maintenant, complétez les passages suivants en utilisant le même mot (et l'article qui convient).

1. Pour apprendre le français, nous inventons _____ . C'est _____ de deux jeunes gens.

2. Qu'est-ce que vous me racontez là? Ce n'est pas vrai du tout! C'est complètement faux! C'est _____ inventée de toutes pièces.

3. Au lycée, on apprend _____ de France, on étudie _____ du Moyen Age, les Temps Modernes, l'Epoque contemporaine, etc.

4. Tout le monde sait bien que ça n'a jamais existé, toutes _____ de _____ !

5. Excusez-moi! J'ai eu tort de dire ça! D'accord! Mais enfin, ce n'est pas si grave que ça! On ne va pas en faire toute une _____ !

6. Oh, là, là, quelle _____ ! Ça a fait un vrai scandale.

19.59 Lecture, interprétation, et expansion du vocabulaire

Lisez les documents 8A, 8B, et 8C. Puis répondez et complétez.

1. Qui est le plus malin, le renard ou le corbeau?

   _____

2. Quel moyen le renard utilise-t-il pour avoir le fromage? Il utilise la _____ .

3. Les oiseaux se _____ sur les arbres.

4. Marie-Laure a une bouche. Les chiens ont une gueule et les oiseaux ont un _____ .

5. Le renard a senti le fromage. Il a été alléché par l'_____ du fromage.

6. —Ah, quel beau ramage!

   —Ce sont les _____ des oiseaux qui gazouillent dans les arbres.

7. Les chiens ont des poils. Les oiseaux, eux, ont des

   _____ .

8. Les oiseaux qui habitent dans un bois sont les _____ de ce bois. Les gens qui habitent dans un hôtel sont les _____ de cet hôtel. Les gens que vous avez invités chez vous sont vos

   _____ .

9. Observez le mot "hôte"; il y a un accent circonflexe (^) sur le o. C'est une orthographe moderne. Autrefois le mot se prononçait et s'écrivait avec un s: "hoste." Observez le mot "hôtel." Comment ce mot se prononçait-il et s'écrivait-il autrefois?

   _____

19.60 Entraînement à la lecture, expansion du vocabulaire, et interprétation

Lisez le document 9, "Les Bonbons," de la leçon 19. Complétez et répondez.

1. Le garçon de la chanson offre des _____ à la fille. Il ne lui apporte pas de fleurs, parce que les fleurs sont fragiles et éphémères; elles se conservent difficilement: elles sont _____ .

2. C'est regrettable, parce que les fleurs sont plus présentables que les bonbons, surtout les très jeunes fleurs qui ne sont pas encore ouvertes, les fleurs en _____ . C'est ce genre de fleurs qu'on met dans une boutonnière—la petite ouverture dans une veste ou jaquette où on peut passer un bouton (pour fermer le vêtement)—ou une petite fleur en bouton (pour faire joli).

3. Quelle activité le garçon propose-t-il à la jeune fille? Est-ce que cela vous semble un passe-temps particulièrement fascinant? Expliquez. _____

   _____

   _____

4. Le jeune homme de la chanson ne tutoie pas la jeune fille; il lui dit _____ , comme Robert quand il rencontre Mireille. C'est poli et respectueux, bien sûr. Quand il parle de la maman de la jeune fille, le jeune homme de la chanson ne dit pas "votre mère," mais "_____ votre mère." Ça, c'est très, très poli—un peu trop poli, peut-être. Comparez le jeune homme ici avec Robert qui demande d'une façon compliquée s'il peut accompagner Mireille chez elle (voyez la section 6 de la leçon 14). Mireille sourit parce qu'elle le trouve un peu affecté, un peu ridicule même: "Vous avez l'air si _____ ," dit-elle.

5. A votre avis, le jeune homme de la chanson et Robert sont-ils cérémonieux pour les mêmes raisons? Expliquez. _____

   _____

   _____

   _____

6. La jeune fille de la chanson se promène à côté du garçon; elle le tient par le bras, elle est _____ à son bras, suspendue à son bras. Et le garçon a l'air satisfait et content de lui; il est _____ d'avoir une fille pendue à son bras.

7. Il remarque que les gens dans la rue ne le regardent pas directement; ils le regardent _____, obliquement. Le spectacle du jeune homme avec son air fier amuse certains passants, qui _____ derrière lui. Le jeune homme explique cela en disant que le monde est plein de gens moqueurs et impolis, des _____, qui rient parce qu'ils sont mal intentionnés (et probablement jaloux). A votre avis, le jeune homme a-t-il raison? Expliquez. _____

_____

_____

_____

8. Qui est Germaine, probablement? Comparez Germaine à la première jeune fille, au physique et au moral. _____

_____

_____

_____

9. Quand il voit arriver Léon, le jeune homme demande si la jeune fille veut qu'il la laisse, qu'il donne sa place à Léon, qu'il lui _____ la place. La jeune fille semble préférer Léon: pourquoi, à votre avis? _____

_____

_____

_____

_____

10. Le jeune homme est d'accord avec la jeune fille que Germaine, la rousse, est "cruelle." Alors, à votre avis, pourquoi lui offre-t-il ses bonbons à la fin de la chanson?

_____

_____

_____

_____

_____

LEÇON

20

ASSIMILATION DU TEXTE

🎧 20.1 Mise en œuvre

Ecoutez le texte et la mise en œuvre dans l'enregistrement sonore. Répétez et répondez suivant les indications.

🎧 20.2 Compréhension auditive

Phase 1: Regardez les images ci-dessous; écoutez et répétez les passages qui leur correspondent.

Phase 2: Ecrivez la lettre qui identifie chaque passage que vous entendez sous l'image qui lui correspond le mieux.

1. ___

2. ___

3. ___

4. ___

5. ___

6. ___

🎧 20.3 Compréhension auditive et production orale

Vous allez entendre de courts passages suivis d'une question. Répondez oralement à la question.

1. Pourquoi Mireille dit-elle que ce n'est pas grave?
2. Pourquoi est-ce qu'on n'est jamais libre au lycée?
3. Pourquoi est-ce que le garçon n'a pas connu Hemingway?
4. Pourquoi est-ce que le garçon n'a pas lu Hemingway?
5. Comment le garçon sait-il qu'Hemingway était un grand écrivain?
6. Pourquoi Robert s'est-il mis en congé?
7. Comment Robert a-t-il appris à lire?

PRÉPARATION À LA COMMUNICATION

🎧 20.4 Observation: Prononciation; le son /a/

Ecoutez.

hasard
talent
accent

*Notez que le /a/ français est plus antérieur que le /a/ anglais (il est prononcé plus **avant** dans la bouche).*

🎧 20.5 Activation orale: Prononciation; le son /a/

Ecoutez et répétez.

dollar
par hasard
garçon
ça va partir
album

talent
relaxe
accent
Ce n'est pas grave.
Naturellement!
Imagine!

travail
Sans blague!
mal adapté
la classe terminale
facile

🎧 20.6 Activation orale: Prononciation; le son /a/ et le son /ã/

Ecoutez et répétez.

attendre
entendre
passer
penser

🎧 20.7 Activation: Discrimination auditive; le son /a/ et le son /ã/

Vous allez entendre 16 phrases. Indiquez s'il s'agit du verbe attendre ou du verbe entendre en cochant la case qui convient.

	1	2	3	4	5	6	7	8	9	10	11	12	13	14	15	16
attendre																
entendre																

🎧 20.8 Observation: *Attendre* et *entendre*

Comparez.

présent				passé composé					
j'	attends	j'	entends	j'	ai	attendu	j'	ai	entendu
tu	attends	tu	entends	tu	as	attendu	tu	as	entendu
elle	attend	elle	entend	elle	a	attendu	elle	a	entendu
nous	attendons	nous	entendons	nous	avons	attendu	nous	avons	entendu
vous	attendez	vous	entendez	vous	avez	attendu	vous	avez	entendu
ils	attendent	ils	entendent	ils	ont	attendu	ils	ont	entendu

🎧 20.9 Activation orale: *Attendre*, présent de l'indicatif

Répondez selon l'exemple.

Exemple:
Vous entendez: 1. Tu restes là?
Vous répondez: Oui, j'attends quelqu'un.

2. Vous restez là, vous deux?
3. Elle reste là?
4. Tes parents restent là?
5. Tu restes là?

🎧 20.10 Activation orale: *Attendre*, passé composé

Répondez selon l'exemple.

Exemple:
Vous entendez: 1. Tu es parti?
Vous répondez: Non, j'ai attendu.

2. Vous êtes partis, vous deux?
3. Il est parti?
4. Elles sont parties?
5. Tu es parti, toi?

🎧 20.11 Activation: Dictée; *attendre, entendre, quelqu'un, quelque chose, personne, rien*

Ecoutez et complétez.

1. —Tiens, c'est vous? Qu'est-ce que vous faites là? Vous
   _____?
   —Non, non, je _____.
   Je me repose.

2. —Qu'est-ce que vous _____?
   —Moi? Je _____!
   —Eh bien, alors, allez-y! Commencez!

3. —Chut! Ecoute! Tu _____?
   —Quoi? Vous _____,
   vous? Moi, je _____!
   —Mais tu es sourd, ma parole! Tu
   _____ _____?
   —Mais non, je vous assure!

🎧 20.12 Observation: Excuses

excuses

—**Excusez-moi!**
—**Je suis désolée!**

réponses

—**Ce n'est pas grave.**
—**Ce n'est rien.**
—**Ça n'a pas d'importance.**
—**Ne vous dérangez pas.**

—**Laissez! Laissez!**
—**Je vous en prie!** (. . . ne vous excusez pas!)

🎧 20.13 Observation: Surprise et incrédulité

—Je viens de voir Hemingway . . .

—Non!
—Pas possible!
—Ce n'est pas possible!
—Vraiment?

—C'est vrai?
—Vous êtes sûr?
—Sans blague!
—Tiens!
—C'est bizarre!
—Ça m'étonne!

—Vous m'étonnez!
—Vous devez vous tromper!
—Vous avez bu!
—Vous buvez trop!
—Vous vous moquez de moi!

🎧 20.14 Observation: Dénégation

—Vous vous moquez de moi!

—Qui, moi?
—Mais non!

—Pas du tout!
—Moi? Jamais!
—Jamais de la vie!

🎧 20.15 Observation: Moquerie

Tu	te	moques	de moi!	Mais non,	je ne **me moque** pas	de toi!
Vous	vous	moquez	de moi!		je ne **me moque** pas	de vous.
Vous	vous	moquez toujours	de moi!		je ne **me moque** pas	d'elle.
					je ne **me moque** pas	de lui.
					je ne **me moque** pas	d'eux.
					je ne **me moque** pas	d'elles.
					je ne **me moque**	de personne.
					je ne **me moque** jamais	de personne.

🎧 20.16 Activation orale: *Se moquer de;* pronoms accentués (révision)

Répondez selon l'exemple.

Exemple:
Vous entendez: 1. Robert n'est pas content . . .
Vous dites: . . . parce que Mireille se moque de lui.

2. Il n'est pas content . . .
3. Colette n'est pas contente . . .
4. Les gens ne sont pas contents . . .
5. Mes amis et moi, nous ne sommes pas contents . . .
6. Vous non plus, vous n'êtes pas contents . . .
7. Tu n'es pas content . . .
8. Les amies de Mireille ne sont pas contentes . . .

🎧 20.17 Activation orale: *Se moquer de;* pronoms accentués (révision)

Répondez selon l'exemple.

Exemple:
Vous entendez: 1. Pourquoi tu te moques de moi, comme ça?
Vous répondez: Moi? Mais je ne me moque pas de toi!

2. Pourquoi est-ce que tu te moques de Robert, comme ça?
3. Pourquoi est-ce que tu te moques de tes sœurs, comme ça?
4. Pourquoi est-ce que tu te moques des gens, comme ça?

5. Pourquoi est-ce que Mireille se moque de moi, comme ça?
6. Pourquoi est-ce que Mireille se moque de Robert, comme ça?
7. Pourquoi est-ce que Mireille se moque des gens, comme ça?
8. Pourquoi est-ce que ces gens se moquent de moi, comme ça?
9. Pourquoi est-ce que ces gens se moquent de Robert, comme ça?

🎧 20.18 Observation: *Jamais/toujours*

—On est **toujours** dérangé!
—C'est bien vrai! On **n'**est **jamais** tranquille!

—Il y a **toujours** quelque chose à faire!
—Mais non! Il **n'**y a **jamais** rien à faire!

—Tu te moques **toujours** de tout le monde!
—Mais non! Je **ne** me moque **jamais** de personne!

🎧 20.19 Activation orale: *Jamais/toujours*

Répondez selon l'exemple.

Exemple:
Vous entendez: 1. Il a toujours de bonnes notes.
Vous dites: Mais non! Il n'a jamais de bonnes notes!

2. Vous avez toujours de bonnes notes!
3. Mais si, vous avez toujours eu de bonnes notes!

4. Vous vous moquez toujours de moi!
5. Elle se moque toujours de lui!
6. Elle se moque toujours de nous!
7. Elle fait toujours ce qu'elle veut!
8. Vous faites toujours ce que vous voulez!
9. Vous avez toujours aimé les maths!
10. Vous êtes toujours en vacances!

🎧 20.20 Activation orale: *Jamais/toujours; rien/quelque chose*

Répondez selon l'exemple.

Exemple:
Vous entendez: 1. Vous n'avez jamais rien à faire!
Vous dites: Mais si, j'ai toujours quelque chose à faire!

2. Elle n'a jamais rien à faire!
3. Je n'ai jamais rien à dire!
4. Il n'a jamais rien à faire!
5. Il n'y a jamais rien à voir!
6. Il n'y a jamais rien d'intéressant!

🎧 20.21 Activation orale: *Jamais/toujours; personne/tout le monde*

Répondez selon l'exemple.

Exemple:
Vous entendez: 1. Elle se moque toujours de tout le monde.
Vous dites: Elle? Mais non, elle ne se moque jamais de personne!

2. Tu te moques toujours de tout le monde!
3. Vous vous moquez toujours de tout le monde, vous deux!
4. Tu connais tout le monde!
5. Tu parles à tout le monde!
6. Tu parles toujours à tout le monde!

🎧 20.22 Observation: Apprentissage

						verbe à (infinitif)
			nom			
Marie-Laure	apprend	**ses**	**leçons.**	Il	apprend	**à nager.**
Mireille	apprend	**l'**	**italien.**	Il a	appris	**à lire.**
Vous	apprenez	**le**	**français.**	Il a	appris	**à écrire.**

🎧 20.23 Activation orale: Apprentissage

Répondez selon les exemples.

Exemples:

Vous entendez: 1. Robert sait lire?

Vous répondez: Oui! Il a appris à lire tout seul!

Vous entendez: 2. Robert sait le français?

Vous répondez: Oui! Il a appris le français tout seul!

3. Robert sait jouer du violon?
4. Il sait jouer aux échecs?
5. Il sait l'anglais?
6. Et vous, vous savez l'anglais?
7. Vous savez le français?
8. Vous savez conduire?
9. Et Robert, il sait conduire?
10. Vos enfants savent nager?

🎧 20.24 Observation: Le meilleur et le pire

	C'est . . .
-2	le **pire** élève de la classe.
-1	un **mauvais** élève.
0	un élève **moyen.**
+1	un **bon** élève.
+2	le **meilleur** élève de la classe.

🎧 20.25 Observation: Questions de temps

Il y a toujours quelque chose à faire! Vous savez ce que c'est . . . !

On	n'a	pas **une minute** à soi!
Je	n'ai	pas **une minute** à moi!
Tu	n'as	pas **une minute** à toi!
Elles	n'ont	pas **une minute** à elles!
Ils	n'ont	pas **une minute** à eux!
Il	n'a	pas **une minute** à lui!
Elle	n'a	pas **une minute** à elle!
Nous	n'avons	pas **une minute** à nous!

—Je n'**ai** jamais **le temps de** lire!

—Mais, il faut **prendre le temps de** lire!

—Oui, mais on ne fait pas ce qu'on veut!

Je ne fais pas ce que je veux!

Nous ne faisons pas ce que nous voulons!

🎧 20.26 Activation orale: *Avoir le temps de*

Répondez selon l'exemple.

Exemple:

Vous entendez: 1. Pourquoi est-ce que le garçon de la Closerie ne lit pas?

Vous répondez: Il n'a pas le temps de lire!

2. Pourquoi est-ce que tu ne lis pas?
3. Pourquoi est-ce que vous ne lisez pas, vous deux?
4. Pourquoi est-ce que vos enfants ne lisent pas?
5. Pourquoi est-ce que votre fille ne lit pas?
6. Pourquoi est-ce que vos parents ne partent pas en vacances?
7. Pourquoi est-ce que vous ne faites pas du karaté?

🎧 20.27 Activation orale: *Ne pas avoir une minute à soi*

Répondez selon l'exemple.

Exemple:
Vous entendez: 1. Pourquoi est-ce que le garçon de la
  Closerie ne lit pas?
Vous répondez: Ah! Il n'a pas une minute à lui!

2. Pourquoi est-ce que tu ne lis pas?
3. Pourquoi est-ce que vos parents ne lisent pas?
4. Pourquoi est-ce que vos filles ne lisent pas?
5. Pourquoi est-ce que vous ne lisez pas, vous deux?
6. Pourquoi est-ce que votre fils ne lit pas?

🎧 20.28 Activation orale: *Faire ce qu'on veut*

Répondez selon l'exemple.

Exemple:
Vous entendez: 1. Pourquoi est-ce que le garçon de la
  Closerie ne prend pas le temps de lire?
Vous répondez: Eh! Il ne fait pas ce qu'il veut!

2. Pourquoi est-ce que tu ne prends pas le temps de lire?
3. Pourquoi est-ce que vos parents ne prennent pas le
  temps de voyager?
4. Pourquoi est-ce que vous ne prenez pas le temps de
  voyager, vous deux?

20.29 Activation écrite: Passé composé, négation, pronoms

Lisez et complétez.

Extrait du journal de Mireille

Ce matin, j'_____ ma jupe rouge. Je _____ mise parce que je n'avais rien d'autre à mettre! Je _____

allée à la fac. Puis je _____ passée devant l'Escholier. A la terrasse, j'_____ vu un jeune Américain que

j'_____ rencontré dans la cour de la Sorbonne. Nous _____ allés au Luco. Nous nous _____ assis

sur un banc et nous _____ parlé de choses et d'autres. Ce n'était pas très intéressant. Marie-Laure _____

venue nous embêter cinq ou six fois, mais je commençais à m'ennuyer sérieusement. Heureusement, l'Américain

_____ invitée à aller prendre quelque chose à la Closerie. Encore un snob! Mais, comme je n'avais rien à faire,

j'_____ accepté. Il ne connaît pas Paris. Il vient d'arriver. Je _____ montré l'Institut d'Art et d'Archéologie.

Nous _____ commandé des kirs. Je crois que j'_____ bu au moins deux ou trois, tellement je m'ennuyais!

L'Américain _____ parlé d'Hemingway. (Vous connaissez? Il paraît qu'il allait souvent à la Closerie. Maman

_____ un livre de lui.) Le garçon a dit qu'il buvait beaucoup. Il ne _____ pas connu. C'était avant son

temps. Mais il _____ entendu parler. Je crois que l'Américain est étudiant . . . d'après ce qu'il dit . . . mais il

_____ en congé pour un an! Commode! Je me demande si c'est un garçon sérieux! Il dit qu'il _____

toujours _____ à tous ses examens, qu'il _____ le meilleur élève de sa classe! Faut voir! J'ai mes doutes!

Ce qu'il y a de sûr, c'est qu'il _____ jamais _____ le prix de modestie!

◠ 20.30 Observation: *Réfléchir, choisir, finir*

Comparez.

réfléchir		choisir		finir	
présent					
je	réfléchis	je	choisis	je	finis
tu	réfléchis	tu	choisis	tu	finis
elle	réfléchit	elle	choisit	elle	finit
nous	réfléchissons	nous	choisissons	nous	finissons
vous	réfléchissez	vous	choisissez	vous	finissez
ils	réfléchissent	ils	choisissent	ils	finissent
passé composé					
j'	ai réfléchi	j'	ai choisi	j'	ai fini
tu	as réfléchi	tu	as choisi	tu	as fini
elle	a réfléchi	elle	a choisi	elle	a fini
nous	avons réfléchi	nous	avons choisi	nous	avons fini
vous	avez réfléchi	vous	avez choisi	vous	avez fini
ils	ont réfléchi	ils	ont choisi	ils	ont fini

◠ 20.31 Observation: *Mettre*

Mireille (dans sa chambre): Voyons, qu'est-ce que je **mets?** Hier, j'**ai mis** ma jupe rouge. . . . Je n'ai rien à me **mettre!**

Le garçon à la Closerie des Lilas: Hemingway **se mettait** toujours à cette table. . . .
Robert: Je **me suis mis** en congé.

présent		*passé composé*							
je	mets	J'	ai	mis une jupe.	Je	me	suis	mis en congé.	
tu	mets	Tu	as	mis une jupe.	Tu	t'	es	mis en congé.	
elle	met	Elle	a	mis une jupe.	Il	s'	est	mis en congé.	
nous	mettons	Nous	avons	mis une jupe.	Nous	nous	sommes	mis en congé.	
vous	mettez	Vous	avez	mis une jupe.	Vous	vous	êtes	mis en congé.	
ils	mettent	Elles	ont	mis une jupe.	Ils	se	sont	mis en congé.	

◠ 20.32 Observation: *Boire*

—Qu'est-ce qu'on va **boire?**
—Qu'est-ce que vous **buvez,** vous?
—Moi, je **bois** un kir.
—Tu **bois** beaucoup!
—Qui, moi? Mais, je n'**ai** rien **bu!**
—Il paraît qu'Hemingway **buvait** beaucoup.

présent		*imparfait*		*passé composé*		
je	bois	je	buvais	j'	ai	bu
tu	bois	tu	buvais	tu	as	bu
il	boit	il	buvait	il	a	bu
ils	boivent	ils	buvaient	ils	ont	bu
nous	buvons	nous	buvions	nous	avons	bu
vous	buvez	vous	buviez	vous	avez	bu

20.33 Activation écrite: *Réfléchir, réussir, choisir, finir, mettre, boire*

Complétez.

1. —Il faut réfléchir!

   —Mais nous _____ beaucoup!

2. —Alors, vous avez fini?

   —Oui, oui! Une minute! Nous _____

   tout de suite.

3. —Il faut beaucoup travailler pour réussir.

   —Oui, mais ils travaillent beaucoup et ils

   _____ !

4. —Oh, cette jupe rouge, je ne la mets jamais!

   —Vous ne la _____ jamais? Sans

   blague!

5. Aujourd'hui, Mireille _____ sa jupe rouge. Elle

   dit qu'elle ne la _____ jamais, mais ce n'est

pas vrai. Elle n'est pas comme ces femmes qui ne

_____ jamais deux fois la même

robe!

6. —Qu'est-ce qu'ils boivent?

   —Un kir. Et vous, qu'est-ce que vous

   _____ ?

   —Moi, je ne _____ rien.

7. —Qu'est-ce que vous choisissez, un an de fac ou un

   an de vacances? Réfléchissez bien!

   —Bon, attendez . . . je _____

   . . . eh bien, ça y est! J'_____ : je

   _____ un an de vacances.

🎧 20.34 Observation: Passé composé

	avoir	
J'	**ai** bu	un kir.
Je l'	**ai** connu.	
Je l'	**ai** vu.	
Je l'	**ai** lu.	
J'en	**ai** entendu	parler.

Notez que ces verbes sont au passé composé. Ils sont conjugués avec l'auxiliaire avoir.

	auxiliaire avoir
avoir	J' **ai** toujours **eu** de bonnes notes.
être	J' **ai** toujours **été** bon élève.

Notez que le verbe avoir (j'ai eu) et le verbe être (j'ai été) sont conjugués avec l'auxiliaire avoir. Un très grand nombre de verbes sont conjugués avec l'auxiliaire avoir.

🎧 20.35 Observation: Passé composé et pronoms

présent	Mireille	apprend l'italien.	Elle	**l'**	apprend.
passé composé	Elle	a appris l'anglais.	Elle	**l'**	a appris.
présent	Le garçon	parle à Robert et Mireille.	Il	**leur**	parle.
passé composé	Il	a parlé à Robert et Mireille.	Il	**leur**	a parlé.
présent	J'	ai assez de tout ça!	J'	**en**	ai assez!
passé composé	J'	ai eu assez de tout ça!	J'	**en**	ai eu assez!

*Au présent (et à tous les temps simples), les pronoms personnels objets (et aussi en et y) sont placés devant le verbe. Au passé composé (et à tous les temps composés), les pronoms personnels objets (et aussi en et y) sont placés devant **l'auxiliaire.***

🎧 20.36 Activation orale: Passé composé et pronoms

Répondez selon les exemples.

Exemples:

Vous entendez: 1. Vous avez choisi vos cours?
Vous répondez: Oui, je les ai choisis.

Vous entendez: 2. Vos enfants ont fait des maths?
Vous répondez: Oui, ils en ont fait.

Vous entendez: 3. Il a parlé à Mireille?
Vous répondez: Oui, il lui a parlé.

4. Vous avez choisi vos cours, vous deux?
5. Tu as fini tes devoirs?
6. Mireille a eu son bac?
7. Elle a raté son interro de maths?
9. Ils sont allés en France?
10. Vous avez entendu parler de Saint-Tropez?
11. Vous y êtes allé?
12. Tu as bu ton kir?
13. Vous avez parlé aux parents de Mireille?

20.37 Activation écrite: Passé composé et pronoms

Complétez avec la forme convenable du passé composé des verbes soulignés. Utilisez des pronoms, y, ou en, chaque fois que c'est nécessaire.

Quand il faut, il faut!

1. Nous étions là, à la terrasse de la Closerie des Lilas
   . . . il fallait <u>boire</u> quelque chose. Alors,
   j'_____ un kir.

2. Il fallait <u>parler</u>. Alors, nous _____ de
   nos études.

3. Au lycée, il fallait <u>travailler</u>! Nous _____
   _____ .

4. Il fallait <u>lire</u> Hemingway. Je _____ .

5. Il fallait <u>apprendre</u> l'anglais. Je _____ .

6. Il fallait <u>savoir</u> le latin. Je _____
   (plus ou moins . . .).

7. Il fallait <u>avoir</u> de bonnes notes en français.
   J'_____ .

8. Il fallait <u>avoir</u> des prix en fin d'année.
   J'_____ plusieurs!

9. Il fallait <u>n'avoir jamais</u> de zéro. Je
   _____ .

10. Il fallait <u>être</u> bonne élève. Je _____ .

11. Il fallait <u>avoir</u> mon bac. Je _____ .

12. Et puis il a fallu <u>aller</u> à la fac.
    J'_____ allée.

13. Je devais vous <u>rencontrer</u>. (C'était écrit!) Je
    _____ .

14. J'ai dû vous <u>écouter</u>. Je _____ .
    J'ai beaucoup de mérite! Vous ne trouvez pas?

⌒ 20.38 Observation: Passé composé, négation, et pronoms

ne		pas	
Je	**n'** ai	**pas**	connu Hemingway.
Je	**ne** l'ai	**pas**	connu.

*Au passé composé (et à tous les temps composés), ne est placé devant **l'auxiliaire** et pas est placé juste après **l'auxiliaire**. Le pronom personnel objet est placé entre ne et **l'auxiliaire**.*

⌒ 20.39 Activation orale: Passé composé et négation

Répondez selon l'exemple.

Exemple:
Vous entendez: 1. Moi, j'ai fait des maths.
Vous ajoutez: . . . je n'ai pas aimé ça.

2. Si je comprends bien, tu as fait de l'histoire, mais . . .
3. Vous avez suivi le cours de zoologie, vous deux . . .
4. Ils ont suivi un cours de botanique . . .
5. Elle a fait de la trigonométrie . . .

⌒ 20.40 Activation orale: Passé composé et négation

Répondez selon l'exemple.

Exemple:
Vous entendez: 1. Tu jouais du violon quand tu étais jeune?
Vous ajoutez: Oui, mais je n'ai pas continué.

2. Il jouait du violon quand il était jeune?
3. Votre mère faisait sa médecine quand elle était étudiante?
4. Vous faisiez de la peinture, vous deux, quand vous étiez jeunes?
5. J'étais très beau à vingt ans!

⌒ 20.41 Activation orale: Passé composé, négation, et pronoms

Répondez selon l'exemple.

Exemple:
Vous entendez: 1. Vos enfants ont fait de l'allemand?
Vous répondez: Non, ils n'en ont pas fait.

2. Vous avez fini vos devoirs, vous deux?
3. Est-ce que Mireille a eu le prix de mathématiques?
4. Tu as lu les romans d'Hemingway, toi?

5. Est-ce que le garçon de la Closerie a connu Hemingway?
6. Est-ce qu'il l'a lu?
7. Est-ce que vous avez entendu parler de Marienbad?
8. Est-ce que vous y êtes allé?
9. Est-ce que vos filles ont fait de l'histoire de l'art?
10. Est-ce que Robert a parlé aux parents de Mireille?

20.42 Activation écrite: Passé composé, négations, et pronoms

Complétez.

1. Robert et Mireille _____ pas rencontrés à la Closerie. Non, ils se sont rencontrés à la Sorbonne.

2. Ils ont passé un long moment à parler au Luxembourg, mais ils _____ pas restés; ils sont allés à la Closerie.

3. Le garçon leur a recommandé plusieurs apéritifs, mais ils _____ pas essayés. Ils ont pris des kirs.

4. Mireille a parlé de son amour de la peinture. Quand elle était toute petite, elle a peint des fresques sur les murs de sa chambre, mais ses parents _____ pas aimées. Elle avait beaucoup

de talent, mais ses parents _____ pas compris!

5. Elle a parlé de ses études: "Au lycée, j'ai étudié beaucoup de matières différentes, mais je _____ jamais étudiées à fond. On ne peut pas. Il y en a trop." Elle sait un peu d'anglais, mais le peu qu'elle sait, elle _____ pas appris au lycée. "Je ne sais pas le grec; je _____ jamais fait. On nous a parlé des philosophes grecs, mais nous _____ jamais lus."

6. Le garçon leur a parlé d'Hemingway. Il _____ pas connu; il _____ jamais rencontré et il _____ pas lu, non plus. Mais il en a entendu parler.

◑ 20.43 Activation orale: Dialogue entre Robert et Mireille

Ecoutez ce court échange entre Robert et Mireille. Ensuite, vous allez jouer le rôle de Mireille.

Robert: J'ai appris à lire presque tout seul.
Mireille: **Sans blague! Et à écrire aussi? Vous avez appris à écrire tout seul?**

Robert: Oui! Et j'ai toujours été un des meilleurs élèves de ma classe.
Mireille: **Et vous avez eu aussi le prix de modestie?**
Robert: Voilà encore que vous vous moquez de moi!
Mireille: **Moi? Pas du tout! Jamais de la vie!**

EXERCICES-TESTS

20.44 Exercice-test: *Se moquer de;* pronoms accentués

Complétez.

1. Qu'est-ce que j'ai fait? Pourquoi est-ce qu'elle se moque _____ ?

2. Qu'est-ce qu'elle a fait? Pourquoi est-ce que tu te moques _____ ?

3. Qu'est-ce que tu as fait? Pourquoi est-ce qu'elle se moque _____ ?

4. Qu'est-ce que vous avez fait? Pourquoi est-ce qu'elle se moque _____ ?

5. Qu'est-ce qu'ils ont fait? Pourquoi est-ce qu'elle se moque _____ ?

6. Qu'est-ce qu'il a fait? Pourquoi est-ce qu'elle se moque _____ ?

7. Qu'est-ce que nous avons fait? Pourquoi est-ce qu'elle se moque _____ ?

8. Qu'est-ce qu'elles ont fait? Pourquoi est-ce qu'elle se moque _____ ?

Vérifiez. Si vous avez fait des fautes, travaillez les sections 20.15 à 20.17 dans votre cahier d'exercices.

20.45 Exercice-test: Négations; *pas, plus, jamais, rien, personne*

Répondez négativement aux questions suivantes.

1. Marie-Laure est là?

   Non, elle _____ là.

2. Vous entendez quelque chose?

   Non, je _____ .

3. Vous connaissez quelqu'un, ici?

   Non, je _____ ici.

4. Vous allez encore en Bretagne?

   Non, nous _____ en

   Bretagne.

5. Vous ratez vos examens, quelquefois?

   Non! Je _____ mes

   examens!

Vérifiez. Si vous avez fait des fautes, travaillez les sections 20.18 à 20.21 dans votre cahier d'exercices.

20.46 Exercice-test: Passé composé, négations, et pronoms

Mettez les phrases suivantes au passé composé selon l'exemple.

Exemple:
Vous voyez: Vous prenez un kir?
Vous écrivez: Vous avez pris un kir?

1. Je vous attends.

   Je _____ .

2. Vous entendez ça?

   Vous _____ ça?

3. Il réfléchit.

   Il _____ .

4. Je ne lis pas Hemingway.

   Je _____ Hemingway.

5. Vous choisissez Lettres ou Sciences?

   Vous _____ Lettres ou Sciences?

6. Tu ne lui parles pas?

   Tu _____ ?

7. J'ai une bonne note.

   J'_____ une bonne note.

8. Il va à l'université?

   Il _____ à l'université?

9. Elle apprend l'italien.

   Elle _____ l'italien.

10. Ils ne boivent pas de Pernod.

    Ils _____ de Pernod.

11. Tu ne mets pas ta jupe rouge?

    Tu _____ ta jupe rouge?

12. Je finis!

    J'_____ !

Vérifiez. Si vous avez fait des fautes, travaillez les sections 20.8 à 20.10, 20.22, 20.23, et 20.30 à 20.42 dans votre cahier d'exercices.

LIBÉRATION DE L'EXPRESSION

20.47 Mise en question

Relisez le texte de la leçon; lisez les questions de la mise en question qui suit la mise en œuvre dans votre livre de textes. Réfléchissez à ces questions et essayez d'y répondre.

20.48 Mots en liberté

1. Vous avez laissé tomber un peu de kir sur la jupe de Mireille . . . ou bien vous avez marché sur le pied de Mireille. Qu'est-ce que vous dites?
2. Robert s'excuse, parce qu'il a laissé tomber du kir sur votre jupe. Qu'est-ce que vous dites?
3. Le garçon se précipite pour vous aider. Qu'est-ce que vous dites?
4. Le garçon vous dit qu'il a connu Hemingway. Vous êtes étonné(e). Qu'est-ce que vous dites?
5. Robert vous dit qu'il a appris à lire et à écrire tout seul. Vous êtes très étonné(e). Qu'est-ce que vous dites?
6. On vous propose un kir . . . ou autre chose. Vous voulez accepter. Qu'est-ce que vous dites?
7. Robert dit que vous vous moquez de lui. Vous protestez! Qu'est-ce que vous dites?

20.49 Mots en liberté

Qu'est-ce qu'on peut prendre?
Qu'est-ce qu'on peut apprendre?
Qu'est-ce qu'on peut comprendre?

Trouvez au moins trois possibilités pour chaque verbe.

20.50 Mise en scène et réinvention de l'histoire

Imaginez que vous êtes à la terrasse de la Closerie des Lilas avec Robert ou Mireille. Vous parlez de vous, de vos études. Dites ce que vous voulez, mais vous pouvez utiliser les suggestions suivantes. Vous pouvez dire la vérité, ou inventer votre personnage.

(Note: Dans ces suggestions, on utilise soit les formes féminines, soit les formes masculines. Faites les corrections nécessaires: utilisez les formes féminines si vous êtes du sexe féminin, et les formes masculines si vous êtes du sexe masculin.) D'abord, dites ce que vous êtes.

Qu'est-ce que vous êtes? Vous avez un métier?

Je suis plombier, avocat, ingénieur, pharmacien, aviatrice, mineur, infirmier, actrice, compositeur, champion de natation, pompier, violoniste, commerçant, dans les affaires, militaire, magistrat, banquier, athlète professionnel. . . .

Vous êtes étudiant? Vous étudiez dans une école publique, privée?

Vous êtes à l'université? Vous étudiez en ce moment? Vous n'êtes jamais allé à l'université? Vous allez aller à l'université? Vous étudiez chez vous? A l'université?

Vous avez quitté l'université après un an, deux ans, trois ans, dix ans d'études? Vous êtes en congé?

Pourquoi avez-vous quitté l'université? Vous en aviez assez des études? Vous n'aimez pas les études? Vous trouvez qu'on enseigne des choses inutiles? Que l'enseignement n'est pas adapté à la vie moderne, qu'il est trop dirigiste?

Vous travaillez en ce moment? Vous n'avez pas le temps d'étudier? Vous n'avez pas une minute à vous? Mais vous prenez le temps d'étudier? Vous avez des enfants qui sont agaçants et fatigants? Heureusement? Malheureusement?

Vous n'avez pas assez d'argent pour vous inscrire à l'université? Vous suivez combien de cours? Est-ce que c'est cher? C'est combien pour un cours?

Est-ce que vous savez ce que vous voulez faire? Est-ce que vous savez où vous en êtes? Est-ce que vous voulez réfléchir à votre situation? Faire le point? Est-ce que vous voulez continuer à faire ce que vous faites, ou est-ce que vous voulez faire autre chose?

Est-ce que vous êtes bon élève? Est-ce que vous étudiez beaucoup? Est-ce que vous comprenez vite? Est-ce que vous êtes doué? Surdoué? Moyen? Est-ce que vous étiez une bonne élève, une mauvaise élève, une élève moyenne à l'école primaire?

Et à l'école secondaire? Vous étiez la meilleure élève de la classe? Une des meilleures élèves? La pire élève de la classe? Est-ce que vous avez toujours eu de bonnes notes? Est-ce que vous avez toujours réussi à tous vos examens? Est-ce que vous avez raté des examens? En quoi étiez-vous bonne? En maths? En anglais . . . ? En quoi étiez-vous nulle? En quoi étiez-vous moyenne? Quelles matières est-ce que vous préfériez?

Est-ce que vous lisez beaucoup? Est-ce que vous aimez lire? Vous aimez lire, mais vous ne faites pas ce que vous voulez? Vous n'avez pas le temps de lire? Qu'est-ce que vous lisez? Vous avez lu Hemingway, Shakespeare, Nabokov, Hugo, Cervantès, Tolstoï, Jean-Paul Sartre?

Est-ce que vous avez connu Tchékov? Non? Pourquoi? Vous êtes trop jeune? Vous n'êtes jamais allé en Russie?

Est-ce que vous avez entendu parler de Marcel Proust? De quel écrivain français avez-vous entendu parler?

Bon, eh bien, quelle heure est-il maintenant? Qu'est-ce que vous allez boire?

20.51 Journal de Marie-Laure

Le 11 septembre 2001

1. Que fait Marie-Laure pour essayer de dormir?
2. Pourquoi est-ce qu'elle n'arrive pas à dormir? Qu'est-ce qu'elle a vu à la télé?
3. Qu'ont fait les deux avions?
4. Est-ce que c'était un accident?
5. Qu'est-ce que Marie-Laure a fait le lendemain?

PRÉPARATION À LA LECTURE ET À L'ÉCRITURE

20.52 Entraînement à la lecture

Lisez le document 2 de la leçon 20 dans votre livre de textes.

A votre avis, est-ce que la citation de Jules Renard a été écrite avant ou après le vers de Musset? _____

Laquelle de ces deux citations est humoristique? _____

20.53 Entraînement à la lecture et expansion du vocabulaire

Lisez d'abord le document 3 de la leçon 20, "Le Pélican," de Robert Desnos. Lisez ensuite le texte suivant et complétez.

1. Les animaux ovipares se reproduisent par les œufs.

   Les animaux ovipares pondent des œufs.

   Les petits naissent d'un œuf; ils sortent d'un œuf.

   Les oiseaux sont des animaux ovipares.

   Donc, les oiseaux _____ des œufs.

   Les poules, les poulets, et les coqs sont des oiseaux.

   Donc, les poules pondent des _____ .

2. Une poule pond un œuf. Un petit poulet naît de cet œuf. Le petit poulet devient une poule. Cette poule _____ un œuf. Un petit poulet _____ de cet œuf, etc. Ça peut continuer longtemps. Mais si on fait une omelette avec l'œuf que la poule vient de pondre, le cycle s'arrête.

3. Arrêtez! Ce petit jeu a duré trop longtemps!

   Au lycée, les cours _____ 55 minutes.

   Mais le cours de danse de Marie-Laure _____ 1 heure et quart.

20.54 Lecture, interprétation, et entraînement à l'écriture

Lisez la chanson de Brassens dans le document 4. Lisez ensuite les textes suivants et répondez aux questions.

1. Le gui, une petite plante qui est verte en hiver, est un symbole de prospérité et de longue vie. Selon la tradition, une branche de gui est suspendue au-dessus d'une porte le 31 décembre, juste avant le nouvel an. Si on s'embrasse à minuit sous le gui, cela porte bonheur. L'expression *au gui l'an neuf* fait allusion aux fêtes de la nouvelle année. Elle vient de "O ghel an heu," que s'exclamaient (en breton) les druides de l'époque préchrétienne pour annoncer le solstice d'hiver, le retour du soleil et le réveil de la nature.

2. Une cane, la femelle du canard, est un oiseau, comme le pélican (voyez le document 3 de cette leçon, et l'exercice 20.53) et le poulet (voyez le document 5 de la leçon 15, et l'exercice 15.53). Qu'est-ce que la cane de Jeanne avait fait la veille?

   _____

   _____

3. De quoi la cane de Jeanne est-elle morte?

   _____

   _____

4. Pourquoi est-ce nous qui avons les plumes et l'œuf?

   _____

   _____

5. La cane de Jeanne est un oiseau, mais elle est décrite en termes humains. Trouvez deux exemples de cet anthropomorphisme.

   _____

   _____

   _____

   _____

6. "Morbleu" est une très ancienne expression de surprise ou d'indignation qui a disparu de la langue de tous les jours. Quand on le dit aujourd'hui c'est pour exprimer une fausse surprise et donner à la situation une importance qu'elle ne mérite pas. Pourquoi à votre avis Brassens a-t-il mis cette expression à la fin de sa petite lamentation funéraire?

   _____

   _____

   _____

   _____

20.55 Lecture et interprétation

Lisez le document 5 de la leçon 20, "Les Français lisent-ils?"

Cherchez la réponse aux questions suivantes.

1. Qu'est-ce que les Français font moins qu'il y a 20 ans? Qu'est-ce qu'ils font plus? _____

   _____

2. Qu'est-ce qui pourrait réduire la baisse du taux de lecture? _____

   _____

3. Qu'est-ce que les jeunes lisent?

   _____

   _____

4. Qui est-ce qui lit le plus de romans?

   _____

   _____

   Maintenant lisez le document 6, "Que lisent les Français?" et répondez.

5. Citez deux pays européens où les gens dépensent plus de 100€ pour les livres par an.

   _____

   _____

20.56 Lecture, interprétation, et expansion du vocabulaire

A. Lisez le document 7 de la leçon 20. C'est un article de journal qui parle des étudiants qui sont obligés de travailler pendant leurs études. Puis, lisez le texte suivant, et complétez-le.

1. Le <u>collège</u> correspond aux classes de 6ème, 5ème, 4ème, et 3ème. La plupart des élèves entrent au collège à 11 ans. Le <u>lycée</u> correspond aux classes de seconde, 1ère, et terminale. La plupart des élèves entrent au _____ à 15 ans. Est-ce que des élèves de 17 ans sont plutôt des collégiens ou des lycéens? _____ .

2. Quelqu'un qui fait du ski est un skieur. Quelqu'un qui resquille est un resquilleur. Quelqu'un qui travaille est un

   _____ .

3. La France est divisée administrativement en 101 <u>départements</u> et 27 régions. La ville de Vénissieux se trouve dans le département du Rhône au sud de Lyon, dans la région Rhône-Alpes. En fait, Lyon et la banlieue de Vénissieux se trouvent tous les deux dans le _____ du Rhône. Tremblay-en-France est une commune au nord-est de Paris, dans la région de l'Ile-de-France. Tremblay se situe dans le _____ de Seine-Saint-Denis.

4. Autour de Lyon (et des autres grandes villes comme Paris et Marseille), on trouve des <u>banlieues</u>, des agglomérations urbaines où les gens vivent et travaillent. Vénissieux est une _____ au sud de Lyon. Mireille n'habite pas dans une _____ puisqu'elle habite à Paris.

5. Ismaïl et Corinne travaillent pour gagner de l'argent. Cet argent leur est nécessaire. C'est un besoin. Quand on est lycéen, l'argent est un _____ constant. Payer ses sorties, ses vêtements sont aussi des _____ impératifs.

6. Ismaïl donne une partie de l'argent qu'il gagne à ses parents parce qu'ils ne sont pas riches. Sa mère fait des ménages et donc elle ne _____ pas beaucoup d'argent. Le père d'Ismaïl est au chômage, la mère de Corinne est sans emploi, alors ils ne _____ rien.

7. En général, je me couche à 11 heures du soir, mais quand je suis très fatigué, je _____ à 9h. Ismaïl dit que pour lui, la _____ , c'est une question d'habitude.

8. Pour construire une maison, il faut un permis de construire; pour conduire une voiture, il faut

   _____ .

9. Au lycée, les élèves qui font des études et qui travaillent en même temps n'ont pas la vie facile. Ils s'absentent et finissent parfois par abandonner leurs études. Quand on n'est pas présent en classe, on est _____ . Quand on s'absente trop souvent, on doit _____ .

10. Quand les élèves travaillent en dehors du lycée, leurs notes sont moins bonnes. Pourtant, Corinne qui fait _____ en revenant de la pizzeria où elle travaille tous les soirs, réussit à avoir _____ _____ .

B. *Maintenant, répondez aux questions suivantes.*

1. Où habite Ismaïl? Où habite Corinne? A Paris?

   _____

2. Où est Tremblay-en-France, par rapport à Paris?

   _____

   _____

3. Où est Vénissieux par rapport à Lyon?

   _____

4. Qu'est-ce qui montre que la famille de Corinne est modeste?

   _____

   _____

   _____

5. Comment savez-vous que la famille d'Ismaïl n'est pas riche du tout?

   _____

6. Quel genre de travail font les lycéens et les lycéennes qui travaillent?

   _____

   _____

   _____

7. Ismaïl gagne 240€ pour une semaine de travail de 25 heures. Calculez combien il gagne de l'heure.

   _____

8. A quel âge pensez-vous qu'on peut commencer à travailler légalement, en France?

   _____

9. Pourquoi est-ce que les proviseurs n'aiment pas que les lycéens travaillent?

   _____

   _____

10. Les proviseurs essaient de persuader les étudiants qui s'absentent souvent de venir régulièrement en classe. Est-ce qu'ils réussissent, en général? Pourquoi?

    _____

    _____

    _____

    _____

11. Combien de lycéens travaillent parce que leurs parents "les y incitent"—les poussent—à le faire?

    _____

12. Combien d'heures Corinne travaille-t-elle par semaine?

    _____

20.57 Pratique de l'écriture

Et vous, est-ce que vous êtes, ou est-ce que vous étiez, un(e) lycéen(ne) qui travaille? D'après votre expérience ou celle de vos amis, est-ce que c'est facile de faire des études et de travailler en même temps? Pourquoi? Ecrivez de 50 à 100 mots.

_____

_____

_____

_____

_____

20.58 Entraînement à la lecture: Observation et interprétation

Etudiez le document 10 de la leçon 20, "Les Champions." Lisez les bulles de cette bande dessinée. Répondez aux questions ou complétez.

Il y a deux enfants: un petit garçon et une petite fille.

1. Le petit garçon n'est pas content parce que son copain Dugommeau est plus fort que lui en _____ . Il est frustré, alors il emploie un mot vulgaire et appelle Dugommeau un individu répugnant, un _____ . (Il parle mal, ce petit garçon!)

2. Dugommeau a eu une meilleure note que lui en calcul. Il a eu 8. Est-ce que c'est 8 sur 20 ou 8 sur 10? _____

3. L'année dernière, Dugommeau et lui étaient ex-aequo, ils avaient toujours les mêmes notes. Pourquoi est-ce que Dugommeau est plus fort que lui en calcul, maintenant? _____ _____

4. Qu'est-ce que le petit garçon va faire, pendant les vacances, pour pouvoir battre Dugommeau en calcul?

   _____

5. Dans quelle matière est-ce que la petite fille a des problèmes?

   _____

6. Pour l'orthographe et la lecture, le petit garçon n'a pas de problème, "pasque chuis en avance" (en bon français: " _____ que je _____ en avance") sur les autres élèves. Il a de la chance: il a du _____ .

7. L'ambition du petit garçon, c'est d'entrer au

   _____ .

8. Sa sœur pourra entrer au lycée si elle travaille: si elle _____ .

9. Comment la petite fille explique-t-elle le succès scolaire du petit garçon et de sa sœur?

   _____

10. Le petit garçon a du _____ parce que sa mère le fait _____ tous les week-ends.

11. La petite fille n'a pas de _____ parce que ses parents ne la font pas travailler. Ils ne s'occupent pas de ses études. Ça ne les intéresse pas: ils s'_____ ! (La petite fille parle mal, elle aussi!)

12. Qu'est-ce que les enfants vont manger pour leur goûter?

    _____

13. Regardez la dernière bulle de la bande dessinée. Après une journée de compétition à l'école, est-ce que le goûter est un moment de repos? Expliquez.

    _____
    _____
    _____
    _____

LEÇON

21

ASSIMILATION DU TEXTE

🎧 21.1 Mise en œuvre

Ecoutez le texte et la mise en œuvre dans l'enregistrement sonore. Répétez et répondez suivant les indications.

🎧 21.2 Compréhension auditive

Phase 1: Regardez les images et répétez les énoncés que vous entendez.

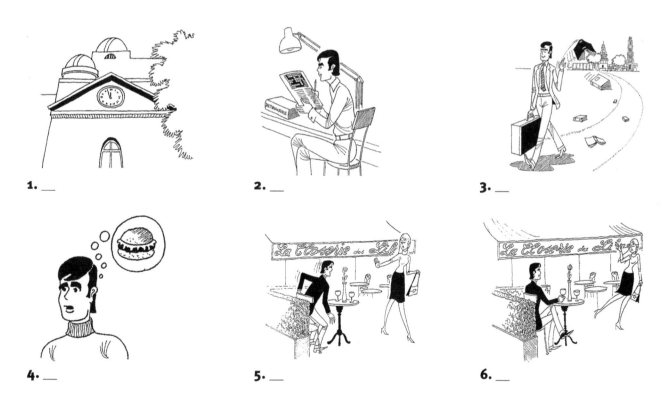

1. ___   2. ___   3. ___

4. ___   5. ___   6. ___

Phase 2: Ecrivez la lettre de chaque énoncé que vous entendez sous l'image qui lui correspond le mieux.

∩ 21.3 Compréhension auditive et production orale

Ecoutez les dialogues suivants. Après chaque dialogue vous allez entendre une question. Répondez à la question.

1. Est-ce que les ordinateurs font des opérations tout seuls?
2. Quand est-ce que la chimie peut servir, d'après Mireille?
3. Pour quelles raisons est-ce qu'on apprend le latin, d'après Mireille?
4. Qu'est-ce que Robert trouve plus utile que le latin comme exercice mental?
5. Pourquoi Robert invite-t-il Mireille à déjeuner?

∩ 21.4 Production orale

Ecoutez les dialogues suivants. Vous allez jouer le rôle du second personnage.

1. Mireille: Alors, comme ça, vous trouvez qu'on enseigne beaucoup de choses inutiles? Quoi, par exemple?
   Robert: (. . .)

2. Robert: Même au Home Latin, en plein Quartier latin, on ne parle pas latin!
   Mireille: (. . .)

3. Mireille: Heureusement que la culture, c'est ce qui reste quand on a tout oublié!
   Robert: (. . .)

4. Mireille: Quelle heure est-il? Vous avez l'heure?
   Robert: (. . .)

5. Robert: Il est midi moins cinq.
   Mireille: (. . .)

PRÉPARATION À LA COMMUNICATION

∩ 21.5 Observation: Prononciation; syllabes ouvertes (révision)

Vous vous rappelez qu'en français on tend à diviser la chaîne parlée en syllabes "ouvertes" (c'est-à-dire des syllabes terminées par un son de voyelle). On tend à séparer les voyelles de la consonne suivante. Il n'y a pas d'anticipation de la consonne.

Observez la division en syllabes dans la phrase suivante:

Je me suis /z/a ssis à la te rrasse.

Toutes les syllabes, à l'exception de la dernière (-rrasse), sont des syllabes ouvertes.

∩ 21.6 Activation orale: Prononciation; syllabes ouvertes

Répétez les phrases suivantes en séparant légèrement les syllabes.

Les ma thé ma tiques, la gé o mé trie,

la tri go no mé trie, c'est /t/u tile!

On /n/a pprend le la tin.

Vous /z/a vez fait du la tin?

Vous /z/en /n/a vez vu, vous, des si rènes?

Eh bien, vous /z/êtes sen ten cieuse!

E lle est /t/a llée chez /z/elle.

Mes pa rents m'a ttend dent à mi di.

Quand /t/y a llez vous?

21.7 Observation: *Même*

Il en faut, des industriels, des agriculteurs, des commerçants . . . et **même** des militaires!

Même si on n'apprend rien à fond, ça doit faire beaucoup de travail!

Même les romans, ce n'est pas la vie! Ce n'est que de la fiction!

Mais enfin, **quand même,** il y a une belle littérature latine.

Aujourd'hui, **même** les curés disent la messe en français!

21.8 Activation écrite: *Même*

Complétez.

1. D'ailleurs, _____ si vous parliez latin, avec qui pourriez-vous parler?

2. Ce n'est _____ plus la peine d'apprendre à compter!

3. Que voulez-vous, je suis doué! Mes profs disaient _____ que j'étais surdoué. . . .

4. J'ai eu tous les prix . . . _____ le prix de modestie!

5. Ils ont bu des kirs. Ils en ont _____ bu trois!

6. Robert a donné à Mireille plusieurs raisons de déjeuner avec lui. Mais _____ avec toutes ces bonnes raisons, elle n'a pas pu accepter.

21.9 Observation: Masculin et féminin

masculin	intellectu**el**	spiritu**el**	artifici**el**	ré**el**	professionn**el**
féminin	intellectu**elle**	spiritu**elle**	articifi**elle**	ré**elle**	professionn**elle**

masculin	génér**al**	norm**al**	nation**al**	internation**al**	ment**al**
féminin	génér**ale**	norm**ale**	nation**ale**	internation**ale**	ment**ale**

21.10 Observation: Masculin et féminin

une	addi**tion**	**une**	fic**tion**	**une**	conversa**tion**	**une**	éduca**tion**
une	soustrac**tion**	**une**	na**tion**	**une**	admira**tion**	**une**	explora**tion**
une	multiplica**tion**	**la**	nota**tion**	**une**	reproduc**tion**	**une**	interroga**tion**

Notez que tous ces noms se terminent par -tion, et qu'ils sont **féminins.** *Notez que -tion se prononce* /siɔ̃/.

21.11 Observation: Masculin et féminin

la	zoolog**ie**	**la**	géolog**ie**	**la**	psycholog**ie**	**la**	physiolog**ie**
la	philosoph**ie**	**la**	géograph**ie**	**la**	photograph**ie**	**la**	chim**ie**

Notez que tous ces noms se terminent par -ie, et qu'ils sont **féminins.**

21.12 Activation écrite: Masculin et féminin

Complétez avec la forme convenable de l'article défini (le, la, les) ou indéfini (un, une, des).

1. Excusez-moi, je file. Je dois rentrer à la maison. J'ai _____ interrogation écrite à préparer pour demain.

2. Robert invite Mireille à déjeuner parce qu'il veut continuer _____ conversation.

3. Les mots croisés, c'est _____ bon exercice mental!

4. Il a étudié _____ philosophie à l'université, mais maintenant il est berger dans les Pyrénées Orientales.

5. J'ai toujours eu horreur de _____ chimie, à cause des mauvaises odeurs.

6. Je préfère _____ parfum délicat des fleurs. D'ailleurs, j'ai eu _____ bonne note en botanique, à cause des fleurs.

7. _____ cours d'art grec que Mireille suit à la Sorbonne est exceptionnel.

8. Robert trouve que Mireille a _____ admiration excessive pour son professeur d'art grec.

9. C'est vrai que Mme Belleau cherche Mireille? Non, c'est _____ histoire que Marie-Laure a inventée.

10. Mais voyons, Marie-Laure, arrête de pleurer comme ça! Ce n'est pas _____ tragédie. On va l'arranger, ton bateau!

11. L'histoire est arrangée pour vous faire adopter les préjugés de votre nation. C'est _____ fiction, _____ manipulation.

12. Robert aime _____ géométrie parce que c'est _____ excellente discipline intellectuelle.

🎧 21.13 Observation: Utilité

servir
A quoi ça **sert?**
Ça **sert à** quoi?
A quoi est-ce que ça **sert?**
Bah! Ça ne **sert à** rien!
Mais si, ça peut **servir** . . .
Ça **sert à** fabriquer des explosifs!

Le verbe servir est utilisé pour parler d'utilité:

Ça sert à quelque chose: c'est utile.
Ça ne sert à rien: ce n'est pas utile.

Comparez.

servir	sortir	partir	sentir
je sers	je sors	je pars	je sens
tu sers	tu sors	tu pars	tu sens
elle sert	il sort	elle part	ça sent
nous servons	nous sortons	nous partons	nous sentons
vous servez	vous sortez	vous partez	vous sentez
ils servent	ils sortent	ils partent	ils sentent

🎧 21.14 Activation orale: Utilité

Répondez selon les exemples.

Exemples:

Vous entendez: 1. Une calculatrice, est-ce que c'est utile?

Vous voyez: Oui, pour faire des additions, des soustractions, etc.

Vous répondez: Oui, ça sert à faire des additions, des soustractions, etc.

Vous entendez: 2. Une fleur, est-ce que c'est utile?

Vous voyez: Non.

Vous répondez: Non, ça ne sert à rien (mais ça sent bon).

3. Oui, pour lire.

4. Oui, pour écrire.

5. Non.

6. Oui, pour faire des multiplications, des divisions, etc.

7. Non.

8. Oui, pour savoir l'heure.

🎧 21.15 Activation orale: Utilité; *servir*

Pour chaque expression, trouvez une expression équivalente, selon les exemples.

Exemples:

Vous entendez: 1. Est-ce que les mathématiques sont utiles?

Vous dites: A quoi servent les mathématiques?

Vous entendez: 2. Les mathématiques ne sont pas utiles.

Vous dites: Les mathématiques ne servent à rien.

3. Est-ce que l'histoire de l'art est utile?

4. Non, ce n'est pas utile.

5. Est-ce que les professeurs sont utiles?

6. Les professeurs ne sont pas utiles.

7. Est-ce que nous sommes utiles, nous?

8. Nous ne sommes pas utiles.

🎧 21.16 Observation: *Faire croire, faire rire*

	faire	infinitif	
	faire		
L'histoire veut vous	**faire**	**croire**	que votre pays a toujours raison.
Robert veut	**faire**	**croire**	à Mireille qu'il est surdoué.
Mirelle	**fait**	**rire**	Robert avec sa "discipline intellectuelle."
Vous me	**faites**	**rire**	avec votre "discipline intellectuelle."
C'est amusant. Ça me	**fait**	**rire.**	

sujet			objet direct		
Je	trouve	ça drôle.	Ça **me**	fait rire.	
Les gens	trouvent	ça drôle.	Ça **les**	fait rire.	
Tu	trouves	ça drôle?	Ça **te**	fait rire?	
Elle	trouve	ça drôle.	Ça **la**	fait rire.	
Nous	trouvons	ça drôle.	Ça **nous**	fait rire.	
Vous	trouvez	ça drôle?	Ça **vous**	fait rire?	

objet direct			sujet		
Je **te**	trouve drôle.		**Tu**	me fais	rire.
Je **vous**	trouve drôle.		**Vous**	me faites	rire.
Je **les**	trouve drôles.		**Ils**	me font	rire.

🎧 21.17 Activation orale: *Faire rire*

Répondez selon l'exemple.

Exemple:
Vous entendez: 1. Je vous trouve amusant.
Vous dites: Vous me faites rire.

2. Elle vous trouve amusant.
3. Il vous trouve amusant.
4. Les gens vous trouvent drôle.
5. Elle me trouve amusant.
6. Mes amis me trouvent ridicule.

🎧 21.18 Observation: Ce qu'on peut avoir

	avoir *nom*	
Robert	**a**	faim.
J'	**ai**	raison.
Vous	**avez**	tort.
Elle	**a**	horreur de la chimie.

Vous vous rappelez qu'on peut aussi avoir . . .

vingt ans,
le temps,
de la fortune,
envie de partir,
mal à la gorge,
le teint frais,
l'air fragile,
l'air de s'ennuyer

et beaucoup d'autres choses.

🎧 21.19 Activation orale: Ce qu'on peut avoir

Répondez selon l'exemple.

Exemple:
Vous entendez: 1. Vous vous trompez!
Vous dites: Non, j'ai raison!

2. Mireille se trompe.
3. Les manifestants se trompent.
4. Je me trompe, moi?
5. Vous vous trompez, vous deux!

🎧 21.20 Activation orale: Ce qu'on peut avoir

Répondez selon l'exemple.

Exemple:
Vous entendez: 1. J'ai horreur du latin!
Vous dites: Tu as tort, c'est intéressant!

2. Mireille a horreur de la chimie.
3. Jean-Pierre a horreur des maths.
4. Nous avons horreur de la philosophie.
5. Mes parents ont horreur du cinéma.

🎧 21.21 Activation orale: Ce qu'on peut avoir

Répondez selon les exemples.

Exemples:
Vous entendez: 1. Mireille n'est peut-être pas pressée . . .
Vous dites: Mais elle a l'air pressée.

Vous entendez: 2. Tu ne t'ennuies peut-être pas . . .
Vous dites: Mais tu as l'air de t'ennuyer.

3. Mireille n'est peut-être pas fragile . . .
4. Tu n'aimes peut-être pas ça . . .
5. Il n'a peut-être pas faim . . .
6. Vous n'avez peut-être pas faim . . .
7. Ils ne savent peut-être pas ce qu'ils font . . .
8. Tu ne sais peut-être pas ce que tu fais . . .

21.22 Activation écrite: *Avoir raison, avoir tort*

Relisez les textes des leçons 13, 14, 15, et 21 (section 6) et complétez.

1. Tu fais du droit? Tu _____ , parce que le droit mène à tout!

2. Vous faites de l'histoire de l'art? Vous _____ , parce que l'histoire de l'art ne mène à rien!

3. Elle veut faire de l'informatique? Elle _____ , c'est un truc qui a de l'avenir!

4. Ils n'ont pas encore décidé ce qu'ils veulent faire? Ils _____ ; c'est dangereux de se décider trop tôt!

5. Mireille ne sait pas pourquoi les manifestants manifestent, mais elle est sûre qu'ils _____ . Elle leur donne _____ . Mais elle leur donne peut-être _____ à tort! Elle ne peut pas vraiment savoir s'ils ont _____ ou raison, puisqu'elle ne sait pas pourquoi ils manifestent. Elle a peut-être _____ de leur donner raison!

6. Mireille pense que Robert est américain. Elle _____ . Elle a de bonnes _____ de le penser. Mais quand elle pense que son père est mort, elle _____ ; elle se trompe.

7. Jean-Pierre est persuadé que les filles ne sont là que pour lui tomber dans les bras. Il _____ . Il a le _____ de croire que les filles sont faites pour lui tomber dans les bras.

8. Annick pense que Jean-Pierre n'est pas très sympathique. Elle _____ .

9. Jean-Luc ne donne pas _____ à Jean-Pierre mais il ne lui donne pas _____ non plus.

10. Robert a l'air de croire que toutes les Parisiennes portent des jupes rouges . . . évidemment il _____ .

11. —Le père de Robert a de l'argent, mais Robert veut être indépendant. Qu'en pensez-vous?

    —Il _____ de vouloir être indépendant.

12. Mireille suppose que Robert ne connaît personne à Paris. Elle _____ .

13. Tante Georgette dit que le karaté peut toujours servir. Elle _____ .

14. Marie-Laure a dit à Mireille que Mme Belleau la cherchait. Mireille est allée à la maison mais il n'y avait personne. Quand elle revient au Luxembourg, elle n'est pas contente du tout! Elle a de bonnes _____ d'être furieuse: Marie-Laure s'est moquée d'elle; elle lui a fait une blague stupide.

15. Tonton Guillaume adore Marie-Laure. Quand Marie-Laure et Mireille ne sont pas d'accord, il donne toujours _____ à Marie-Laure.

16. Mireille dit que Marie-Laure est insupportable. Elle _____ !

17. Jean-Luc fume. Il _____ parce que ce n'est pas bon pour la santé.

18. —Marie-Laure pense qu'un plombier gagne plus qu'un ingénieur chez Renault. Qu'en pensez-vous?

    —Je crois qu'elle _____ .

19. —L'ami de Robert ne croit plus en Dieu. Qu'en pensez-vous?

    —Il _____ parce que Dieu _____ .

20. —Robert pense que faire du cinéma, c'est mieux que d'être magistrat. Qu'en pensez-vous?

    —Je pense qu'il _____ .

21. Maintenant, avec les ordinateurs et les calculettes électroniques, il n'y a plus de _____ d'apprendre à compter.

22. Il y a plusieurs _____ (bonnes ou mauvaises) d'apprendre le latin. A tort ou à _____ , il y a des gens qui font du latin.

23. Robert a beaucoup de bonnes _____ pour inviter Mireille à déjeuner, mais elle ne peut pas accepter.

◑ 21.23 Observation: *Recevoir*

Comparez.

recevoir	devoir	recevoir	devoir
présent		*passé composé*	
je reçois	je dois	j' ai reçu	j' ai dû
tu reçois	tu dois	tu as reçu	tu as dû
elle reçoit	elle doit	elle a reçu	elle a dû
elles reçoivent	elles doivent	elles ont reçu	elles ont dû
nous recevons	nous devons	nous avons reçu	nous avons dû
vous recevez	vous devez	vous avez reçu	vous avez dû

◑ 21.24 Activation orale: *Recevoir*

Répondez selon l'exemple.

Exemple:
Vous entendez: 1. Elle est très cultivée.
Vous dites: Oui, elle a reçu une très bonne éducation.

2. Hubert est très cultivé.
3. Que vous êtes cultivés, vous deux!
4. Mireille et ses sœurs sont très cultivées.
5. Que tu es cultivé!

◑ 21.25 Observation: *Savoir* + infinitif

	savoir infinitif		
Il faut	**savoir**	**compter.**	
Est-ce que vous	**savez**	**faire**	une addition?
Est-ce qu'il	**sait**	**programmer**	un ordinateur?
Est-ce que tu	**sais**	**fabriquer**	des explosifs?

Le verbe savoir + un infinitif est utilisé pour parler de compétence.

◑ 21.26 Activation orale: *Savoir* + infinitif

Répondez selon l'exemple.

Exemple:
Vous entendez: 1. Je vais vous apprendre à jouer aux échecs.
Vous dites: Il y a longtemps que je sais jouer aux échecs!

2. Nous allons lui apprendre à écrire.
3. Nous allons lui apprendre à nager.
4. Je vais vous apprendre à faire des explosifs.
5. Je vais leur apprendre à conduire.
6. Mireille va t'apprendre à danser.
7. Robert va t'apprendre à faire de la planche à voile.

🎧 21.27 Observation: *S'y mettre*

Ce que vous pouvez être sentencieuse, quand **vous vous y mettez!**

Ce que tu peux être agaçante, quand **tu t'y mets!**

Il n'aime pas travailler, mais quand **il s'y met,** il travaille vite et bien.

Allez! Au travail! Il faut **s'y mettre!**

	se	mettre	à	
Je vais	me	mettre	au	travail.
Je vais	me	mettre	à	travailler.
Mireille	s'	est mise	à	l'italien.
Elle	s'	est mise	à	apprendre l'italien.

	y	
Elle s'	est mise	à apprendre l'italien.
Elle s'**y**	est mise.	

🎧 21.28 Activation orale: *S'y mettre*

Répondez selon l'exemple.

Exemple:

Vous entendez: 1. Ce que vous êtes drôle!

Vous dites: Oui, je peux être très drôle quand je m'y mets.

2. Ce que Robert est cérémonieux!
3. Ce que Mireille est sentencieuse!
4. Ce que vous êtes embêtants, tous les deux!
5. Ce que tu es agaçant!
6. Ce que les professeurs sont embêtants!
7. Ce que vous êtes spirituels, tous les deux!
8. Ce que les parents sont autoritaires!

🎧 21.29 Activation orale: *S'y mettre*

Répondez selon l'exemple.

Exemple:

Vous entendez: 1. Tu te mets à l'italien?

Vous dites: Oui, je m'y mets.

2. Tu te mets à l'informatique?
3. Tu te mets au bridge?
4. Robert se met aux échecs?
5. Vous vous mettez au latin, tous les deux?
6. Les sœurs de Mireille se mettent au ski, maintenant?
7. Les Belleau se mettent aux mots croisés, maintenant?

🎧 21.30 Activation orale: Passé composé et négation (révision)

Répondez selon l'exemple.

Exemple:

Vous entendez: 1. Nous sommes partis.

Vous dites: Nous n'avons pas attendu.

2. Ils sont partis.
3. Je suis parti.
4. Mireille est partie.
5. Robert est parti.

🎧 21.31 Activation orale: Passé composé et négation; *pouvoir* (révision)

Répondez selon l'exemple.

Exemple:

Vous entendez: 1. Il a invité Mireille à déjeuner.

Vous ajoutez: Malheureusement, elle n'a pas pu accepter.

2. Elle a invité Robert à l'accompagner à Chartres.
3. Mireille m'a invité à aller la voir.
4. Les Courtois nous ont invités à aller les voir.
5. J'ai invité les parents de Mireille à dîner.

🎧 21.32 Activation orale: Passé composé, négation, et pronoms (révision)

Répondez selon l'exemple.

Exemple:
Vous entendez: 1. Nous sommes partis sans Robert.
Vous dites: Nous ne l'avons pas attendu.

2. Nous sommes partis sans Robert et Mireille.
3. Nous sommes partis sans eux.
4. Je suis parti sans Mireille.
5. Ils sont partis sans elle.
6. Ils sont partis sans nous.

🎧 21.33 Observation: Accord du participe passé; auxiliaire *avoir*

	objet direct		objet direct	accord
1. Robert	a invité **Hubert.**	2. Il **l'**	a invit**é.**
3. Il	a invité **Mireille.**	4. Il **l'**	a invit**ée.**
5. Il	a invité **Mireille et Hubert.**	6. Il **les**	a invit**és.**
7. Il	a invité **Mireille et Colette.**	8. Il **les**	a invit**ées.**

Notez les points suivants:

• *Les verbes des phrases 1 à 8 sont tous au **passé composé.***

• *L'auxiliaire est avoir.*

• *Dans les phrases 1, 3, 5, et 7, l'objet direct est placé **après le verbe.***

• *Les participes passés (invité) dans les phrases 1, 3, 5, et 7 sont tous identiques. Il n'y a pas d'accord.*

• *Dans les phrases 2, 4, 6, et 8, l'objet direct (l', les) est placé **avant le verbe.***

• *Les participes passés **ne sont pas** identiques. Il y a accord.*

Dans 4, le participe passé (invitée) est au féminin singulier.
Dans 6, le participe passé (invités) est au masculin pluriel.
Dans 8, le participe passé (invitées) est au féminin pluriel.

• *Les participes passés s'accordent avec **l'objet direct placé avant le verbe.***

• *Remarquez que, dans ce cas, la prononciation est la même pour invité, invitée, invités, et invitées.*

pas d'accord	accord
Mireille a mis son pull blanc.	Elle **l'**a mis.
Elle a mis sa jupe rouge.	Elle **l'**a mis**e.**

*Remarquez que, dans ce cas, la prononciation est **différente.** (Dans mis, le s n'est pas prononcé. Dans mise, il est prononcé comme /z/.)*

21.34 Activation écrite: Compléments d'objet directs

Lisez ce que dit Mireille et répondez aux questions.

1. Mireille: Quelqu'un a pris mon roman policier!

   Qu'est-ce que quelqu'un a pris?

   _____

2. Mireille: C'est Marie-Laure qui l'a pris, évidemment!

   Qu'est-ce que l' représente?

   _____

3. Mireille: C'est un garçon que j'ai rencontré à la Sorbonne.

   Qu'est-ce que que représente?

   _____

Notez que les mots que vous avez écrits représentent des compléments d'objet directs.

21.35 Activation écrite: Accord du participe passé; auxiliaire *avoir*

Complétez. (Observez les compléments d'objet directs soulignés.)

1. Qui est-ce qui a pris <u>mon violon</u>?

   C'est toi qui l'as _____ ?

2. Qui est-ce qui a pris <u>ma flûte</u>?

   C'est toi qui l'as _____ ?

3. Vous avez compris <u>la leçon</u>?

   Vous l'avez _____ ?

4. Tu as appris <u>ta fable</u>?

   Tu l'as _____ ?

5. Mireille a étudié <u>le latin</u>.

   Elle l'a _____ pendant six ans.

6. Elle a étudié <u>la philosophie</u>.

   Elle l'a _____ un an seulement.

7. Elle a étudié <u>les philosophes grecs</u>.

   Elle <u>les</u> a _____ en traduction.

8. Elle a étudié <u>les sciences naturelles</u>.

   Elle <u>les</u> a _____ au lycée.

9. Elle a aimé <u>la tragédie de Racine</u> qu'elle a lue.

   Elle a aimé <u>toutes les comédies de Molière</u> qu'elle

   _____ .

10. Elle a adoré <u>le roman de Le Clézio</u> qu'elle

    _____ .

11. Elle a beaucoup aimé <u>tous les films de Truffaut</u>

    qu'elle _____ .

12. Ce matin, elle a _____ <u>sa jupe rouge</u>.

13. Elle l'a _____ presque tous les jours,

    cette semaine.

14. Elle a toujours _____ <u>de bonnes

    notes</u> en botanique.

15. Elle est très fière des <u>bonnes notes</u> qu'elle

    _____ .

16. J'ai vu Mireille et sa petite sœur. Je <u>les</u>

    _____ au Luco.

21.36 Activation écrite: Accord du participe passé; auxiliaire *avoir*

Complétez en faisant l'accord du participe passé là où il est nécessaire. Notez que les objets directs sont soulignés pour vous faciliter les choses.

1. J'ai commencé_____ <u>mes études</u> à l'école

   maternelle. Je <u>les</u> ai continué_____ au lycée. Je <u>les</u> ai

   terminé_____ l'année dernière.

2. J'ai toujours aimé_____ <u>la peinture</u>.

3. J'ai commencé_____ <u>une magnifique fresque</u>.

   Mais mes parents ne l'ont pas apprécié_____ du tout.

   D'ailleurs, je ne l'ai jamais terminé_____ .

4. Je ne sais pas le latin. Pourtant, je l'ai étudié_____

   pendant six ans.

5. J'ai beaucoup de devoirs à faire. Je ne <u>les</u> ai pas

   encore fait_____ .

🎧 21.37 Activation: Dictée

Ecoutez et complétez. Vous entendrez le texte trois fois.

A. Pas possible! Mireille a changé de jupe!

Colette: Tu _____ jupe?

Mireille: Comment _____ ?

Colette: Elle _____ . _____ chic.

   Ça _____ au moins de _____ Dior!

Mireille: Ouais . . . Pas _____ .

Colette: Elle _____ quand même.

Mireille: Je _____ aussi.

B. Mais oui, Mireille a deux jupes!

Mireille: _____

   _____ ?

Colette: _____ .

Mireille: _____ , hein?

ᘯ 21.38 Activation orale: Dialogue entre Robert et Mireille

Vous allez entendre un dialogue entre Robert et Mireille. Ecoutez bien.
Vous allez apprendre les répliques de Robert. Ils parlent des études;
Robert dit que le latin ne sert à rien parce qu'on ne le parle plus.

Mireille: D'accord, oui! Personne ne parle plus latin;
même les curés disent la messe en français, maintenant. Mais on apprend le latin pour d'autres
raisons . . .

Robert: **Ah, oui? Et pourquoi, dites-moi?**

Mireille: Eh bien, pour mieux savoir le français. Et puis
pour la discipline intellectuelle . . .

Robert: **Discipline intellectuelle! Vous me faites rire
avec votre discipline intellectuelle!**

EXERCICES-TESTS

21.39 Exercice-test: Masculin et féminin

Complétez selon l'exemple.

Exemple:
C'est <u>une</u> petit<u>e</u> fill<u>e</u> très gentil<u>le</u>.

1. C'est _____ excellent_____ exercice
   mental_____ .

2. C'est _____ reproduction très
   professionnel_____ .

3. C'est _____ philosophie existentiel_____ .

4. C'est _____ comédie très spirituel_____ .

Vérifiez. Si vous avez fait des fautes, travaillez les sections 21.9 à 21.12
dans votre cahier d'exercices.

21.40 Exercice-test: Formes verbales

Complétez.

1. Je pars. Et vous, vous _____ aussi?

2. Je sors. Et vous, vous _____ aussi?

3. A quoi sert la chimie? A quoi _____ les
   mathématiques?

4. Je ne fais rien. Et vous, vous _____ quelque
   chose?

5. Je dois travailler. Et vous, vous _____ travailler
   aussi?

6. Vous recevez beaucoup de courrier? Moi, je ne
   _____ jamais rien.

7. J'ai faim. Vous n'_____ pas faim aussi, par
   hasard?

8. Tu ne sais pas lire? A ton âge? Les enfants ne
   _____ plus rien faire aujourd'hui.

Vérifiez. Si vous avez fait des fautes, travaillez les sections 21.13 à
21.26 dans votre cahier d'exercices.

21.41 Exercice-test: Accord du participe passé; auxiliaire *avoir*

Complétez.

1. Mireille a toujours eu_____ de bonnes notes en
   botanique.

2. Elle a toujours aimé_____ la botanique. Elle l'a
   toujours adoré_____ .

3. Robert a rencontré_____ les Courtois. Il les a
   rencontré_____ hier.

Vérifiez. Si vous avez fait des fautes, travaillez les sections 21.33 à
21.36 dans votre cahier d'exercices.

LIBÉRATION DE L'EXPRESSION

21.42 Mise en question

Relisez le texte de la leçon; lisez les questions de la mise en question qui suit la mise en œuvre dans votre livre de textes. Réfléchissez à ces questions et essayez d'y répondre.

21.43 Mots en liberté

Qu'est ce qu'on peut avoir?

On peut avoir horreur du chocolat, l'air stupide, une grand-mère pharmacienne, la gorge rouge. . . .

Trouvez encore au moins dix possibilités.

S'il est programmé comme il faut, qu'est-ce qu'un ordinateur peut faire?

Il peut compter, faire une addition, écrire une lettre, même se tromper!

Trouvez encore au moins quatre possibilités.

De quoi peut-on avoir horreur?

On peut avoir horreur des ordinateurs, des dragueurs, du latin, des mots croisés, des mots en liberté. . . .

Trouvez encore au moins huit possibilités.

21.44 Mise en scène

X: vous êtes Robert. Y: vous êtes Mireille. Z: vous êtes le garçon.

X, vous invitez Mireille à prendre quelque chose.

Y, vous demandez à Robert comment il connaît la Closerie.

Z, vous demandez aux jeunes gens ce qu'ils vont prendre.

Y, vous demandez à Robert ce qu'il pense de l'enseignement que l'on donne dans les écoles secondaires.

X et Y, vous parlez des mathématiques, de la chimie, du latin, de la littérature, de l'histoire, des langues modernes, de la physique.

Y, vous demandez à Robert s'il est tombé d'un balcon.

X, vous invitez Mireille à déjeuner.

Y, vous refusez. Vous demandez l'heure.

X, vous répondez.

Y, vous dites que vous allez partir.

X et Y, vous vous dites au revoir.

21.45 Mise en scène et réinvention de l'histoire

Vous êtes Mireille. Robert critique systématiquement toutes les disciplines, et vous êtes obligée de lui répondre.

Robert: La géométrie, le calcul intégral, le calcul différentiel, à quoi ça sert?

Vous: (. . .)

Robert: Mais on a des ordinateurs maintenant pour faire ça!

Vous: (. . .)

Robert: Et la chimie, par exemple, à quoi ça sert? Vous aimez la chimie?

Vous: (. . .)

21.46 Mise en scène et réinvention de l'histoire

Deux jeunes gens (ça peut être vous et quelqu'un d'autre) vont prendre quelque chose à la Closerie des Lilas (à l'Escholier, ailleurs).

Quelle heure est-il?

Imaginez ce qu'ils commandent.

Ils parlent de leurs études. Où ont-ils fait leurs études? Dans quelle école est-ce qu'ils sont allés?

Qu'est-ce qu'ils pensent de leurs écoles, de l'enseignement en France, aux Etats-Unis (il y a moins de travail, de devoirs à faire à la maison, il y a plus ou moins de choix . . .)?

Quelles matières sont obligatoires?

Quels cours ont-ils suivis? Quelles matières ont-ils aimées?

En quoi étaient-ils bons, mauvais?

Qu'est-ce qu'ils pensent des diverses matières qu'on enseigne?

Quelles langues savent-ils? Où les ont-ils apprises?

Vont-ils déjeuner (dîner, aller au cinéma, se promener . . .) ensemble?

L'un d'eux doit partir. Pourquoi? (Il a un rendez-vous? Avec qui? Il doit amener sa sœur à l'hôpital, il a des devoirs à faire? La conversation l'ennuie? Quelle autre raison peut-il avoir?)

21.47 Mise en scène et réinvention de l'histoire

Quand Robert avait dix ans, il est tombé d'un balcon à la Nouvelle-Orléans. Racontez comment ça s'est passé.

Robert était | en vacances. / à l'école. / en prison.

Ses parents | faisaient un voyage d'affaires. / venaient de divorcer. / n'étaient pas divorcés. / voulaient divorcer. / voulaient le tuer. / avaient des intérêts dans les Bayous.

Ils étaient à la Nouvelle-Orléans pour | explorer le Quartier français. / voir le Mardi-Gras. / manger chez Galatoire. / abandonner Robert. / l'inscrire dans une école privée. / voir une tragédie classique.

Il | y avait de la neige. / faisait beau. / n'y avait pas un nuage. / y avait trois cumulus et un cirrus. / faisait un temps affreux. / y avait une grève | de pompiers. / de tramways. / de boulangers. || y avait beaucoup de vent. / pleuvait.

C'était | l'automne. / le jour de Noël. / l'anniversaire | de / du / de la | chien de Robert. / mère de Robert. / Robert. / George Washington. || une belle matinée de printemps. / une affreuse nuit d'hiver.

Si Robert est tombé, c'est la faute | de / du | son père. / sa mère. / l'homme en noir. / chien. / vent. / soleil. / son professeur.

Il est tombé | parce que / parce qu' | il a glissé. / sa mère a fait du bruit. / il s'est penché. / son père l'a laissé tomber. / son professeur de piano est entré. / il a voulu faire du saut en longueur et le balcon était trop court. / il jouait au pompier. / il a voulu plonger par une fenêtre ouverte.

A l'hôpital, Robert | avait / faisait / jouait | du / de la / des / aux / à la / au | visions. / mal | à la / au | gorge. / tête. / cou. || mots croisés. / portraits. / blagues | à ses / aux | infirmières. / médecins. / parents. || violon. / piano. / échecs. / bridge.

Depuis | ce jour-là / cet accident / cette chute | il | rêve qu'il est | un oiseau. / champion de saut à la perche. / le Niagara. / Isaac Newton. || a des complexes. / a horreur | des balcons. / des arbres. / des fenêtres. || ne monte jamais au premier étage.

Il | a mauvais caractère. / a l'esprit moins rapide. / est surdoué. / est autoritaire et mal adapté. / est bête comme ses pieds. / est vache. / n'a plus toutes ses dents. / a la tête carrée.

21.48 Journal de Marie Laure

La statue de Montaigne

1. Pourquoi la statue de marbre a-t-elle dû être remplacée?
2. D'après ce qu'on dit, que se passe-t-il si on embrasse le pied droit de la statue de bronze?
3. Comment sait-on que beaucoup d'étudiants ont besoin de chance pour leurs examens?

4. Iriez-vous embrasser ce pied? Pourquoi ou pourquoi pas?
5. Pourquoi Marie-Laure préférait-elle la statue de marbre?
6. Avez-vous un objet ou une habitude qui vous porte bonheur? Décrivez.
7. Réfléchissez et citez deux porte-bonheur et deux porte-malheur.

PRÉPARATION À LA LECTURE ET À L'ÉCRITURE

21.49 Entraînement à la lecture et expansion du vocabulaire

1. Lisez les documents 3A et 3B de la leçon 21 dans votre livre de textes, et complétez.

   D'après Rabelais (1494–1553), la _____ est dangereuse si elle n'est pas accompagnée de valeurs morales, de conscience. (Dans la langue du XVIème siècle de Rabelais et de Montaigne, "science" voulait dire les connaissances, le savoir en général; la notion d'un savoir proprement "scientifique" est plus moderne.)

2. Lisez le document 3C.

   Qu'est-ce que Mireille dit qui ressemble à ça? (Voyez la section 7 du texte de la leçon 21.)

   _____

   _____

   Relisez document 3C et essayez de compléter ce vers d'Apollinaire: Les jours s'en vont, je _____ .

3. Lisez le document 3D.

   D'après Montesquieu, l'enseignant ne doit jamais avoir _____ . C'est une exigence de son métier.

4. Lisez le document 3E.

   D'après Montesquieu, qu'est-ce qui est le plus difficile, enseigner ce qu'on sait, ou enseigner ce qu'on ne sait pas?

   _____

5. Lisez le document 3F et complétez.

   Si on veut être propre, il faut changer de _____ . Si on veut être honnête, il faut changer d'_____ .

   Honnête est une orthographe moderne. Autrefois, le mot s'écrivait "_____ ."

6. Lisez le document 3G et répondez.

   Est-ce que Lautréamont est d'accord avec Robert? (Voyez la section 1 du texte de la leçon 21.)

   _____

   Pourquoi Lautréamont aime-t-il faire des mathématiques? A quoi est-ce que ça peut lui servir?

   _____

21.50 Lecture et expansion du vocabulaire

Lisez le document 4A, "Réforme de l'enseignement: les institutions."
Puis lisez le texte suivant et complétez.

1. Ce qui se passe dans le présent, les événements d'aujourd'hui, c'est l'actualité quotidienne; les journaux, les nouvelles télévisées, et des sites web nous apprennent ce qui se passe actuellement, en ce moment, à l'heure actuelle. Dans le cas de l'enseignement supérieur en France, une des crises principales est l'austérité budgétaire _____ .

2. D'ailleurs, le mot crise est d'une fréquence exceptionnelle en français. On ne parle pas de dépression économique, mais plutôt de "crise;" par exemple, on parle de la _____ américaine de 1929. On parle aussi de _____ de l'énergie; et chaque fois qu'on change de gouvernement, on a une _____ ministérielle. Quand un Français est furieux, il "pique une _____ ." Quand ses neveux et nièces l'agacent trop, Tante Georgette fait une _____ de nerfs. Enfin, quand Monsieur Courtois a fait des excès gastronomiques, il n'a pas une hépatite, mais une _____ de foie (et il risque même une _____ cardiaque.)

3. Une solution au problème de l'insuffisance des budgets serait d'augmenter le financement public des universités; cette solution est rejetée parce que la _____ est déjà trop _____ .

4. Une autre option serait d'imposer aux étudiants des frais de scolarité plus élevées, mais c'est une mesure difficile à prendre tant que les conditions de cette scolarité ne seront pas _____ .

5. L'option retenue par le gouvernement est la recherche de financements privés. Les universités peuvent donc chercher de l'argent dans le secteur _____ . C'est la solution de la _____ . (Voir le document 4A de la leçon 12.)

6. Cependant certains craignent que cette privatisation place l'université au service du _____ ; ils insistent pour que l'enseignement supérieur reste fidèle au modèle _____ français et que l'université reste _____ et _____ .

Maintenant lisez le document 4B, "Réforme de l'enseignement: les programmes," et complétez.

7. Les programmes d'enseignement sont très importants; ils sont appliqués dans tous les établissements scolaires publics et privés dans toute la France. C'est sur ces _____ que portent les examens qui donnent accès aux diplômes. Avec ce système, un _____ peut être conféré à Paris, Marseille, Bordeaux, Strasbourg, ou ailleurs, il a toujours la même valeur.

8. Montaigne (1533–1592) est un bon exemple de ces Français qui ont beaucoup d'idées—et très précises—sur ce que doit être l'éducation. Ce n'était pourtant pas un spécialiste de l'_____ . Dans ses *Essais*, il a traité de tous les sujets, des cannibales à l'amour.

21.51 Lecture et interprétation

Lisez le document 1 et complétez.

Remarquez que ce que dit l'ami Ernest n'est vrai que si c'est une montre avec un cadran à aiguilles: si c'est une montre à cadran digital, elle ne donne l'heure exacte qu'_____ fois par jour. Dans un cas comme dans l'autre, l'ennui, c'est qu'on ne sait pas _____ elle donne l'heure exacte.

21.52 Lecture et analyse grammaticale

Lisez le document 2, "Hommage à Gertrude Stein." Puis lisez le texte suivant et complétez.

"Quelle heure est-il?" est une question. C'est aussi une _____ , avec un sujet (<u>heure</u>) et un _____ (<u>est</u>).

"Quelle heure est-il" est "Quelle heure est-il." Evidemment! ("A rose is a rose is a rose.")

"Quelle heure est-il" n'est pas "heure est-il." C'est évident!

"Quelle heure est-il est une question" est une phrase, avec un _____ (<u>Quelle heure est-il</u>) et un verbe (<u>est</u>).

"Quelle heure est-il est une phrase" n'est pas une _____ . (C'est une affirmation.)

"Quelle heure est-il?" est une _____ , et "Il est douze heures trente à Paris" est une réponse à cette question. C'est simple, non?

21.53 Lecture et interprétation

Relisez le texte de la leçon 20, section 5, et le texte de la leçon 21, sections 1 à 8. Puis lisez le document 8 de la leçon 20, "Tout le monde n'est pas content de l'éducation qu'il a reçue," et répondez aux questions suivantes.

1. En quoi Sartre semble-t-il assez d'accord avec Robert?

   _____

   _____

2. *Relisez ce que dit Mireille dans la section 7 de la leçon 19.* En quoi Muriel est-elle d'accord avec Mireille?

   _____

   _____

3. Sur quels points Isabelle est-elle d'accord avec Robert?

   _____

   _____

Et Jacqueline?

_____

_____

Et Gilles?

_____

_____

4. A propos de l'enseignement des langues, sur quel point Jacqueline, Isabelle, et Muriel sont-elles d'accord avec Robert?

   _____

   _____

   _____

21.54 Lecture, interprétation, et expansion du vocabulaire

Etudiez le document 3A de la leçon 21 dans votre livre de textes.

1. D'après cette phrase, est-ce que vous pensez que Montaigne est pour ou contre la science?

   Il est _____ .

   Il n'est pas d'accord avec Robert, puisque Robert a l'air d'être _____ certaines sciences, comme la physique ou la chimie.

2. Montaigne parle de la science, du savoir en général. D'après lui, la science est un ornement appréciable. Des fleurs sur une table ou sur une robe, des peintures sur un plafond, des bijoux sont des _____ .

   Quand on sait beaucoup de choses, ça orne l'esprit; on est plus brillant dans la conversation.

3. Le savoir (la science) est un _____ de l'esprit, mais c'est aussi un instrument très utile. Montaigne dit que le savoir, la science en général, servent beaucoup: ils sont "de merveilleux service."

Les outils du charpentier sont utiles: ils servent à construire des charpentes. Les outils du plombier sont utiles: ils _____ à installer ou réparer les tuyaux, etc. D'après Montaigne, la science est un _____ qui sert beaucoup.

21.55 Lecture, interprétation, et entraînement à l'écriture

Lisez le document 5 de la leçon 21 et répondez aux questions suivantes.

1. De quoi les Français ont-ils pris conscience?

_____

_____

2. Qu'est-ce que 45% des Français sont capables de faire?

_____

_____

3. Quelle est la langue étrangère la plus étudiée en France?

_____

_____

4. Regardez la fin du document 6 de la leçon 20. Les statistiques des livres publiés en traduction en France montrent qu'une grande majorité ont été écrits en quelle langue d'origine? Pourquoi, à votre avis?

_____

_____

5. Dans combien de pays européens le français occupe-t-il la seconde place? Citez quelques pays.

_____

_____

_____

6. Le français est la seconde langue étrangère dans plusieurs pays européens mais en Angleterre il occupe la première place. Pourquoi, à votre avis?

_____

_____

_____

_____

_____

_____

21.56 Lecture et interprétation

Regardez les documents 6 et 7 de la leçon 21. Puis répondez aux questions suivantes.

A. Pouvez-vous expliquer les dessins suivants du document 6?

Vache hip-hop _____

_____

Meuh croisés _____

_____

Wache _____

_____

B. Pourquoi Robert n'est-il plus fasciné par la conversation dans le dessin du document 7?

_____

21.57 Pratique de l'écriture

Relisez le texte des leçons 19, 20, et 21, puis écrivez de 50 à 75 mots sur vos études. Cherchez dans les textes des modèles de phrases et des mots que vous pouvez utiliser.

(Quels cours avez-vous suivis? Quels cours suivez-vous? Qu'est-ce que vous aimez? Qu'est-ce que vous n'aimez pas? Pourquoi? Qu'est-ce que vous pensez de l'éducation que vous recevez ou que vous avez reçue?)

_____

_____

_____

_____

_____

_____

_____

_____

_____

_____

_____

_____

_____

_____

Arrêtez-vous là! Boileau a dit que, pour bien écrire, il fallait savoir se limiter: "Qui ne sait se borner ne sut jamais écrire" (L'Art poétique).

LEÇON 22

ASSIMILATION DU TEXTE

🎧 22.1 Mise en œuvre

Ecoutez le texte et la mise en œuvre dans l'enregistrement sonore. Répétez et répondez suivant les indications.

🎧 22.2 Compréhension auditive

Phase 1: Regardez les images et répétez les énoncés que vous entendez.

1. ___

2. ___

3. ___

4. ___

Phase 2: Ecrivez la lettre de chaque énoncé que vous entendez sous l'image qui lui correspond le mieux.

🎧 22.3 Production orale

Ecoutez les dialogues suivants. Vous allez jouer le rôle du second personnage.

1. Robert: Est-ce que je peux téléphoner?
   Le garçon: (. . .)
2. Robert: Je voudrais téléphoner.
   Le garçon: (. . .)
3. Mme Courtois: Ah, Robert! Comment allez-vous, mon cher petit? Il y a longtemps que vous êtes arrivé?
   Robert: (. . .)
4. Robert: Je suis arrivé avant-hier.
   Mme Courtois: (. . .)
5. La serveuse: Et pour Monsieur, qu'est-ce que ça sera?
   Robert: (. . .)
6. Robert: Mais alors, pourquoi est-ce que je suis venu ici?
   Marie-Laure: (. . .)

PRÉPARATION À LA COMMUNICATION

🎧 22.4 Activation orale: Prononciation; le son /y/

Ecoutez et répétez.

Ça, c'est le plus dur!
Votre maman n'est pas venue!
Je suis sûre que tu vas me faire un
  infarctus!
Alors, c'est entendu?

Vous en voulez une?
Qu'est-ce que vous avez bu?
Vous avez vu ce monsieur?
Il est descendu derrière moi.
Je ne l'ai pas connu, je ne l'ai pas lu,
  mais j'en ai entendu parler.

🎧 22.5 Observation: Repas

noms		
Le **petit déjeuner:**	8h du matin.
Le	**déjeuner:**	midi
Le	**dîner:**	8h du soir

verbes	
Nous **prenons notre petit déjeuner**	à 8h (du matin).
Nous **déjeunons**	à midi.
Nous **dînons**	à 8h (du soir).

🎧 22.6 Activation orale: Repas

Répondez selon l'exemple.

Exemple:
Vous entendez: 1. Il est 8 heures du matin!
Vous dites: C'est l'heure du petit déjeuner.

2. Il est midi!
3. Il est 8 heures du soir!
4. Il est 8 heures du matin!

🎧 22.7 Activation orale: Repas

Répondez selon l'exemple.

Exemple:
Vous entendez: 1. Il est midi. Qu'est-ce que Mireille va
  faire?
Vous dites: Elle va déjeuner.

2. Il est 8 heures du matin. Qu'est-ce que Mireille va
  faire?
3. Il est 8 heures du soir. Qu'est-ce que Mireille va faire? *elle*
4. Il est midi. Qu'est-ce que Mireille va faire? *elle va déjeuner va dîner*
5. Il est 8 heures du matin. Qu'est-ce que Mireille va
  prendre? *elle va prendre le petit déjeuner*

🎧 22.8 Observation: *Faire plaisir*

J'aime **faire plaisir** aux gens.
Ta lettre m'**a fait** très **plaisir.**
Ça m'**a fait plaisir** de recevoir ta lettre.
Les lettres **font** toujours **plaisir.**
Ah, quel **plaisir** de vous voir!
Ça me **fait plaisir** de vous voir!

Notez que faire plaisir peut être utilisé avec de + infinitif (Ça fait plaisir de voir ça!) et avec un objet indirect (Ça fait plaisir aux gens; ça leur fait plaisir).

🎧 22.9 Activation orale: *Faire plaisir*

Répondez selon l'exemple.

Exemple:
Vous entendez: 1. Ils ont reçu ta lettre.
Vous dites: Elle leur a fait plaisir.

2. J'ai reçu ton cadeau.
3. Nous avons reçu tes chocolats.
4. Robert a reçu mon coup de téléphone.
5. Mireille a reçu votre télégramme.
6. Les Belleau ont reçu ma lettre.

🎧 22.10 Observation: Communications téléphoniques

Robert: Allô, Mireille?
Mireille: C'est moi!

Robert: Allô, Mme Courtois?
Mme Courtois: C'est moi-même!

Hubert: Allô, Mireille?
Marie-Laure: Ne quitte pas, je te la passe.

Robert: Allô, Mme Courtois?
La bonne: Attendez, ne quittez pas, je vous la passe.

🎧 22.11 Activation orale: Communications téléphoniques

Ecoutez les dialogues suivants. Vous allez entendre chaque dialogue en entier une fois. Puis, vous allez jouer le rôle du personnage qui répond au téléphone.

Exemple:

Vous entendez: 1. Allô, est-ce que je peux parler à Mme Boulanger?

Vous répondez: C'est moi-même!

2. —Allô, est-ce que je peux parler à ta sœur?
3. —Allô, est-ce que je peux parler à votre sœur?
4. —Allô, est-ce que je pourrais parler à votre frère?
5. —Allô, je voudrais parler à Mlle Belleau, s'il vous plaît.
6. —Allô, Monsieur Belleau?
7. —Est-ce que je pourrais parler au Capitaine Nemo?

🎧 22.12 Observation: Communications téléphoniques; *appeler, rappeler*

Je viens d'**appeler** Mireille. Elle n'est pas là.
Je vais la **rappeler** dans une heure.

Rappelez-vous qu'il a un changement de voyelle entre rappelle et rappelez. Notez qu'il y a aussi un changement orthographique:
rappelle
rappelez

rappeler			
Je	te	**rappelle**	dans une heure.
Tu	me	**rappelles**	dans une heure?
Elle	nous	**rappelle**	dans une heure.
Ils	nous	**rappellent**	dans une heure.
Vous	nous	**rappelez**	dans une heure?
Nous	vous	**rappelons**	dans une heure.

🎧 22.13 Activation orale: Communications téléphoniques; *appeler, rappeler*

Répondez selon l'exemple.

Exemple:

Vous entendez: 1. Allô, je peux parler à Mireille?

Vous dites: Ah, je regrette, elle n'est pas là. Rappelle-la dans une heure!

2. Allô, je peux parler à Robert?
3. Allô, je peux parler à ta sœur?
4. Allô, je peux parler à tes parents?
5. Allô, je peux parler à ton père?

🎧 22.14 Activation: Dictée; communications téléphoniques

Ecoutez et complétez. Vous entendrez chaque passage trois fois.

La ligne est mauvaise

Marie-Laure: Allô, oui? Mireille? Ah, ne

_____ pas, je vous la

_____ .

Mireille: Allô?

Ghislaine: Allô? Allô . . . Je t'entends très mal.

Ecoute, je _____ et

je _____ . . . . Allô, tu

m'_____ ?

Message secret

Marie-Laure: Allô, Mireille? Ah, non, elle n'est pas là.

Est-ce que vous voulez _____

_____ ? _____ .

Allô, oui? C'est quoi, le _____ ? Le

tailleur dit bonjour à l'infirmière et à l'actrice? Bon, je

lui _____ le message.

22.15 Observation: Le temps qui passe; *se dépêcher, être en retard*

—Pourquoi est-ce que tu te dépêches comme ça?
—Je suis en retard!

—Ne te dépêche pas comme ça!
—Je vais être en retard!

—Dépêchons-nous! Nous allons être en retard!
—Ça ne sert à rien de vous dépêcher, maintenant. C'est trop tard.
—Ce n'est pas la peine de se dépêcher. Nous ne sommes pas en retard.

22.16 Activation orale: Le temps qui passe; *se dépêcher, être en retard*

Répondez selon les exemples.

Exemples:
Vous entendez: 1. Dépêchez-vous!
Vous dites: Vous êtes en retard!

Vous entendez: 2. Ne vous dépêchez pas!
Vous dites: Vous n'êtes pas en retard.

3. Dépêche-toi! — *Tu etez en retard*
4. Dépêchons-nous! — *nous sommes en retard*
5. Ne te dépêche pas! *tu ne pas en retard*
6. Ne nous dépêchons pas! *nous ne somme pa*
7. Dépêchez-vous! *vous etezou en retard*
8. Ne vous dépêchez pas! *nous etez pa*

22.17 Activation orale: Le temps qui passe; *se dépêcher, être en retard*

Répondez selon les exemples.

Exemples:
Vous entendez: 1. Vous êtes en retard!
Vous dites: Dépêchez-vous!

Vous entendez: 2. Vous n'êtes pas en retard!
Vous dites: Ne vous dépêchez pas!

Depeche-toi   *Tu n'es pas en retard*
3. Tu es en retard!
4. Nous sommes en retard! *nous ne somme pas en retard*
5. Nous ne sommes pas en retard! *dpechez*
6. Tu n'es pas en retard!
7. Vous n'êtes pas en retard!
8. Vous êtes en retard.

22.18 Activation orale: Le temps qui passe; *se dépêcher, être en retard*

Répondez selon l'exemple.

Exemple:
Vous entendez: 1. Je suis en retard!
Vous dites: Je me dépêche.

2. Mireille est en retard. *Mireille est depecho*
3. Robert est en retard. *Robert est depeche*
4. Nous sommes en retard. *depechez nous*
5. Robert et Mireille sont en retard. *sou'le depech*
6. Mireille et Marie-Laure sont en retard.

22.19 Activation: Dictée

Ecoutez et complétez. Vous entendrez chaque passage trois fois.

L'heure, c'est l'heure

Marie-Laure (à Robert): Eh bien, _____ , hein! On avait dit 2 heures, et il est 2 heures et quart!

Toujours pressée!

Mireille: Bon, alors, tu te dépêches?

Marie-Laure: Ouais, je _____ . Voilà, voilà, j'arrive.

J'aimerais te voir à ma place!

Mireille: Eh bien, tu _____ encore _____ ? _____ un peu!

Marie-Laure: J'aimerais t'y voir, toi, avec dix problèmes à _____ ! J'aimerais _____ !

⌂ 22.20 Observation: Passé composé des verbes réfléchis

	pronom réfléchi	auxiliaire être		
Vous	**vous**	**êtes**	mis	en congé?
Ils	**se**	**sont**	assis	à la terrasse.
Je	**me**	**suis**	dépêché.	
Ils	**se**	**sont**	arrêtés.	
Nous	**nous**	**sommes**	promenés.	

*Notez que ces verbes sont **réfléchis** (ils sont utilisés avec un pronom réfléchi), et qu'ils sont conjugués avec l'auxiliaire être. Tous les verbes réfléchis sont conjugués avec être aux temps composés.*

⌂ 22.21 Observation: Conjugaison d'un verbe réfléchi au passé composé

		auxiliaire être	participe passé
je	me	**suis**	**arrêté**
tu	t'	**es**	**arrêté**
elle	s'	**est**	**arrêtée**
nous	nous	**sommes**	**arrêté(e)s**
vous	vous	**êtes**	**arrêté(es)**
elles	se	**sont**	**arrêtées**

⌂ 22.22 Activation orale: Conjugaison d'un verbe réfléchi au passé composé

Répondez selon l'exemple.

Exemple:

Vous entendez: 1. Vous allez voir: Robert et Mireille vont se rencontrer!

Vous dites: Ça y est! Ils se sont rencontrés!

2. Vous allez voir: elle va s'arrêter devant un tableau d'affichage!
3. Robert va s'approcher!
4. Ils vont se sourire!
5. Ils vont se décider à parler!
6. Ils vont se parler!

🎧 22.23 Observation: Accord du participe passé dans les verbes réfléchis

objet direct	objet direct
1. Elle a mis **ses lunettes.**	2. Elle **s'** est mise au travail.

Dans la phrase 1, ses lunettes est l'objet direct du verbe. Dans la phrase 2, le pronom réfléchi s' est l'objet direct du verbe.

		objet direct	accord	
Robert:	Je	**me**	suis	mis	au travail.
	Il	**s'**	est	mis	au travail.
Mireille:	Je	**me**	suis	mis**e**	au travail.
	Elle	**s'**	est	mis**e**	au travail.
Robert et Mireille:	Nous	**nous**	sommes	mis	au travail.
	Ils	**se**	sont	mis	au travail.
Colette et Mireille:	Nous	**nous**	sommes	mis**es**	au travail.
	Elles	**se**	sont	mis**es**	au travail.

Dans les temps composés, les participes passés des verbes réfléchis s'accordent avec l'objet direct placé avant le verbe. Cet objet direct est souvent le pronom réfléchi. Quand il est féminin pluriel, par exemple, le participe a la terminaison -es (elles se sont mises).

accord		
	objet direct	
Marie-Laure	**s'**	est lavé**e.**

pas d'accord		
	objet indirect	objet direct
Marie-Laure	**s'**	est lavé **les mains.**

accord		
	objet indirect	objet direct
Marie-Laure	**se**	**les** est lavé**es.**

Remarquez que, quand il y a un objet direct placé après le verbe (les mains), il n'y a pas d'accord.

22.24 Activation écrite: Accord du participe passé dans les verbes réfléchis

Complétez.

1. Ils se sont ennuyé_____ .

2. Ils se sont reconnu_____ .

3. Elles se sont assis_____ .

4. Elle s'est specialisé_____ en anatomie.

5. Vous vous êtes decidé_____ , vous deux?

6. Il s'est assis_____ .

22.25 Activation écrite: *Recevoir, écrire,* passé composé

Lisez et complétez.

Conversation téléphonique

1. Mme Courtois: Ah, mon petit Robert, c'est vous? Quelle coïncidence! Justement, hier, nous _____ une lettre de votre mère. Oui, oui, elle nous _____ pour nous annoncer votre arrivée à Paris. Oui, oui, sa lettre est arrivée hier, mais elle l'_____ il y a 15 jours! Oui, oui, 15 jours! Ah, la poste ne va pas vite! Vous avez de ses nouvelles? Vous en _____ récemment? Non?

2. Robert: Non, ma mère n'_____ pas souvent. Moi, non plus, je dois dire, je n'_____ pas souvent. Nous n'_____ pas beaucoup dans la famille. Je n'aime pas _____ , mais j'aime bien _____ des lettres, pourtant! Mais comme je n'_____ pas de lettres, je n'_____ pas non plus!

3. Mme Courtois: C'est comme nous, nous ne _____ plus de lettres! Et nous n'_____ pas non plus. Aujourd'hui, on n'_____ plus! On téléphone, ou on envoie des textos!

22.26 Activation écrite: Contractions avec *à* et *de* (révision)

Relisez le texte de la leçon 22 et complétez les phrases suivantes.

1. —La petite souris, où est-elle?
   — _____ chapelle!

2. A midi cinq, Robert est seul _____ terrasse de la Closerie. Il a mis sa montre _____ française.

3. Le téléphone est _____ sous-sol, à côté _____ toilettes. L'escalier est _____ fond _____ salle.

4. Robert essaie de mettre une pièce dans la fente _____ appareil.

5. Ça ne marche pas. Alors, il sort _____ cabine.

6. —Mme Courtois est sortie, mais elle va rentrer tout _____ heure.
   —Ah, bon. Merci, _____ revoir.

7. Robert marche le long _____ boulevard Montparnasse.

8. Vous avez _____ monnaie? Il faut _____ pièces de 50 centimes, 1€, ou 2€.

9. Moi, je ne voyage pas. Je reste _____ maison!

10. C'est à côté _____ Nikko, l'hôtel japonais.

11. Robert revient _____ jardin _____ Luxembourg.

12. Je suis _____ l'école primaire! Je fais _____ anglais, mais ce n'est pas sérieux!

13. Moi, je bois _____ Orangina.

🎧 22.27 Observation: Verbes conjugués avec *être* aux temps composés

	auxiliaire **être**	participe *passé*	
Robert et Mireille	**sont**	**partis**	du Luxembourg.
Ils	**sont**	**passés**	devant l'Institut.
Ils	**sont**	**arrivés**	à la Closerie.
Robert	**est**	**allé**	téléphoner.
Il	**est**	**descendu**	au sous-sol.
Il	**est**	**entré**	dans la cabine.
Il	**est**	**remonté**	pour acheter un jeton.
Il	**est**	**redescendu.**	
Il	**est**	**revenu**	dans la cabine.
Il	**est**	**tombé**	d'un balcon.
Il	**est**	**resté**	longtemps à l'hôpital.
Il	**est**	**né.**	
Il	**est**	**mort.**	

Les verbes ci-dessus sont conjugués, aux temps composés, avec l'auxiliaire être.

Pour les esprits curieux:

Notez que tous ces verbes sont des verbes intransitifs: ils sont utilisés **sans objet direct.** Tous ces verbes indiquent un mouvement, un passage (aller et partir, évidemment, mais aussi naître et mourir: passage de l'existence à la non-existence) ou une absence de passage (rester). En plus des verbes réfléchis (qui sont tous conjugués avec être), il y a une quinzaine de ces verbes intransitifs qui sont conjugués avec être. Tous les autres verbes sont conjugués avec avoir.

🎧 22.28 Observation: Verbes conjugués avec *avoir* ou *être* aux temps composés

	être		
Mireille	**est**	passée	devant l'Institut.
	avoir		*objet direct*
Elle	**a**	passé	**deux ans** en Angleterre.

Notez que les verbes (non-réfléchis) utilisés avec un objet direct sont conjugués avec avoir. Les verbes non-réfléchis conjugués avec être sont tous utilisés sans objet direct.

🎧 22.29 Activation orale: Passé composé; auxiliaire *être*

Répondez selon l'exemple.

Exemple:

Vous entendez: 1. Vous allez voir! Robert va aller téléphoner.

Vous dites: Ça y est! Il est allé téléphoner.

2. Il descend au sous-sol.
3. Il entre dans la cabine.
4. Il sort de la cabine.
5. Il remonte dans la salle.
6. Il revient dans la cabine.
7. Il ressort de la cabine.

🎧 22.30 Activation orale: Passé composé; auxiliaire *être*

Répondez selon l'exemple.

Exemple:

Vous entendez: 1. Vous n'étiez pas chez vous, hier soir!

Vous dites: Non, hier nous sommes sortis. Nous sommes allés au cinéma.

2. Tu n'étais pas chez toi, hier soir!
3. Robert n'était pas chez lui, hier soir!
4. Vous n'étiez pas chez vous, hier soir, tous les deux!
5. Colette et Mireille n'étaient pas chez elles, hier soir!
6. Ils n'étaient pas chez eux, hier soir!

∩ 22.31 Activation orale: Passé composé; auxiliaire *être*

Répondez selon l'exemple.

Exemple:
Vous entendez: 1. Vous allez venir?
Vous dites: Non, nous sommes déjà
  venus deux fois. (Ça suffit comme
  ça!)

2. Tu vas venir?
3. Je vais venir, si tu veux.
4. Il va venir?
5. Nous allons venir, si tu veux.
6. Ils vont venir?

∩ 22.32 Observation: Accord des participes dans les verbes conjugués avec *être*

	auxiliaire **être**	accord	
Ils	**sont**	passé**s**	devant l'Institut.
Elle	**est**	parti**e**.	
Elles	**sont**	arrivé**es**.	
Mireille: Je	**suis**	revenu**e**.	

*Notez que les participes passés des verbes (non-réfléchis) conjugués avec
être s'accordent avec* **le sujet.**

22.33 Activation écrite: Accord des participes; verbes conjugués avec *être*

Complétez.

1. Mireille est né_____ rue de Vaugirard.
2. Robert est né_____ aux Etats-Unis.
3. Ils sont allés_____ à la Closerie des Lilas.
4. Elles sont sorti_____ tôt.
5. Elles ne sont pas resté_____ longtemps.
6. Robert est arrivé_____ un lundi.
7. Mireille et Cécile sont montées_____ à la tour Eiffel.
8. Les parents de Robert sont parti_____ hier.
9. Sa grand-mère est morte_____ l'année dernière.
10. Ses grands-parents sont mort_____ il y a longtemps.

22.34 Activation écrite: Accord du participe passé; auxiliaire *avoir* (révision)

*Lisez le texte suivant. (Essayez de comprendre de quoi il s'agit.) Ensuite,
complétez-le. Les compléments d'objet directs des verbes sont soulignés
pour vous aider.*

1. J'ai rencontré <u>une jeune Française</u> très sympathique. Je l'_____ dans la cour de la Sorbonne.
2. Plus tard, je l'_____ qui passait devant l'Escholier où je buvais un Perrier en pensant à elle.
3. Plus tard, nous avons _____ de choses et d'autres sur un banc au Luco. Il y avait aussi sa petite sœur.
4. Je l'_____ à aller boire quelque chose à la Closerie des Lilas.
5. Sa petite sœur voulait venir, elle aussi, mais elle n'a pas _____ venir parce qu'elle avait <u>des devoirs</u> à faire et elle ne <u>les</u> avait pas _____ .
6. A la Closerie, nous avons commandé <u>des kirs</u>, et nous <u>les</u> _____ , naturellement!
7. Elle m'a parlé des livres d'Hemingway, mais je crois qu'elle ne <u>les</u> _____ jamais _____ !
8. J'ai dit beaucoup de choses intéressantes, mais je ne sais pas si <u>toutes les choses que</u> j'_____ lui ont plu.
9. Je l'_____ à déjeuner.
10. Mais, malgré <u>toutes les bonnes raisons que</u> je lui _____ , elle n'a pas accepté. Tant pis!
    . . . ou plutôt, tant mieux! Parce qu'un déjeuner à la Closerie des Lilas, ça doit être joliment cher!

22.35 Activation écrite: Révision du vocabulaire, passé composé, accord du participe

Relisez le texte de la leçon 21. Lisez le texte suivant, et essayez de deviner de quoi il s'agit. Puis essayez de trouver dans les leçons que vous avez étudiées (en particulier la leçon 21) les mots et expressions nécessaires pour le compléter.

1. Mireille: Ce matin, j'_____ une heure à la Closerie des Lilas avec le jeune Américain que j'_____ hier dans la cour de la Sorbonne. Il a _____ être brillant pour m'impressionner en critiquant l'éducation, du moins l'éducation qu'il a _____ . Moi, je suis assez contente de l'éducation que _____ . Lui, non. Il _____ tout critiqué, des sciences à la littérature.

2. D'après lui, en littérature, on ne parle que de choses qui _____ jamais _____ . Il m'_____ demandé: "Vous _____ , vous, des sirènes?" Bien sûr, j'_____ que non! C'est vrai que je _____ de sirènes! Enfin, je veux dire que, des sirènes, je n'_____ jamais _____ dans la nature, des vraies.

3. Il _____ un cours d'histoire européenne quand il était à l'école secondaire. Ça ne _____ pas plu. Parce qu'il y avait trop de rois! Pourtant, tous ces rois, ce sont des personnages réels, des gens qui _____ !

4. Il n'aime pas les vers non plus. Il dit que personne _____ jamais _____ en vers, comme dans les tragédies de Racine. . . . C'est peut-être vrai, mais ce n'est pas une raison.

5. Il n'aime pas la façon dont on enseigne les langues. Il dit qu'il _____ l'allemand pendant trois ans, qu'il _____ de très bons profs d'allemand, mais qu'il n'_____ jamais _____ dire deux phrases en allemand. . . . C'est peut-être de sa faute; peut-être qu'il n'a pas beaucoup _____ ! Ou alors, il n'est pas très _____ ! Moi, j'_____ six ans de latin. Je crois que je _____ un peu de latin. Mais il est vrai que je n'_____ jamais _____ latin avec personne.

6. Je lui _____ de la littérature latine. Il m'a _____ : "Vous _____ rire, avec votre belle littérature latine! La littérature latine, c'est très joli, mais qui la lit? Vous _____ , vous, la littérature latine?" Il est vrai que je n'_____ pas _____ beaucoup . . . même en traduction!

7. Il dit que la chimie ne _____ rien! Je lui _____ que ça _____ faire des explosifs. Alors il _____ : "Vous _____ souvent, vous, des explosifs?" En fait, je n'_____ jamais _____ . Mais ça ne fait rien. . . . On ne sait jamais. . . . Ça peut toujours _____ , comme dit Tante Georgette, qui, elle, je pense, n'_____ jamais _____ d'explosifs de sa vie!

8. Il trouve que la physique, non plus, ne _____ rien. Il _____ dit: "Ecoutez, à l'école, j'_____ un cours de physique. Nous _____ la loi de la chute des corps. Je l'_____ , comme tout le monde. Eh bien, huit jours plus tard, à la Nouvelle-Orléans, je _____ d'un balcon . . . et je _____ trois mois à l'hôpital! Alors, vous voyez, savoir la loi de la chute des corps ne _____ empêché de tomber!

9. Non, je vous le dis, toutes ces belles choses que j'_____ ne m'_____ jamais _____ à rien!"

10. Il a peut-être _____ . Je ne sais pas. Mais moi, je crois que j'_____ beaucoup de choses; et s'il est vrai que la culture c'est ce qui reste quand on _____ , eh bien, je crois que je suis une fille très cultivée.

22.36 Activation écrite: *De, du, de la, de l', des, en* (révision)

Complétez.

1. —Est-ce que la petite souris achète de la dentelle?

   —Non, mais elle _____ fait.

2. —Combien de kirs Robert a-t-il bus?

   —Eh bien, il doit _____ avoir bu _____ , si j'ai bien compté.

3. —Est-ce qu'il y a une cabine téléphonique?

   —Oui, Monsieur, vous _____ avez _____ au sous-sol.

4. Vous avez _____ jetons? J'_____ voudrais _____ , s'il vous plaît.

5. Robert cherche une cabine. Il _____ voit _____ sur le boulevard Montparnasse. "Ah, tiens! _____ voilà _____ !"

6. —Celle-ci marche avec _____ pièces. Vous avez _____ monnaie?

   —Ah, non, je n'ai pas _____ monnaie du tout.

7. Je ne reçois jamais _____ lettres. Je dois dire que je n'_____ écris pas non plus!

8. —Je vous donne un verre de beaujolais?

   —Non, merci. Je ne bois jamais _____ vin. Je bois _____ Orangina ou _____ eau. Les jeunes ne boivent plus _____ alcool!

🎧 22.37 Activation orale: Dialogue entre Robert et le garçon

Vous allez entendre un dialogue entre Robert et le garçon. Ecoutez bien. Vous allez apprendre les répliques du garçon.

Robert: Est-ce que je peux téléphoner?
Le garçon: **Oui, Monsieur, au sous-sol, à côté des toilettes.**
Robert: Ce n'est pas pour les toilettes, c'est pour télé-phoner . . . Je voudrais téléphoner.

Le garçon: **Oui, Monsieur. Les cabines téléphoniques sont au sous-sol, à côté des toilettes.**
Robert: Ah! Au sous-sol!
Le garçon: **Oui, Monsieur, au sous-sol, en bas, à côté des toilettes . . . au fond de la salle, à droite.**

EXERCICES-TESTS

22.38 Exercice-test: Passé composé; auxiliaires

Complétez avec une forme d'être ou d'avoir selon le cas.

1. Robert _est_ arrivé à Paris.
2. Il _a_ trouvé un hôtel.
3. Il n' _est_ pas allé à la Cité Universitaire.
4. Le lendemain, il _a_ décidé d'explorer le Quartier latin.
5. Il _est_ entré (par hasard) dans la cour de la Sorbonne.
6. Il _a_ remarqué une jeune fille.
7. Il s' _est_ décidé à lui parler.
8. Ils _ont_ engagé la conversation.
9. Puis ils se _sont_ promenés au Luxembourg.
10. Ils _sont_ restés longtemps à bavarder.

Vérifiez. Si vous avez fait des fautes, travaillez les sections 22.20 à 22.31 dans votre cahier d'exercices.

22.39 Exercice-test: Passé composé; accord du participe passé

Complétez si nécessaire.

1. Mireille et Marie-Laure sont né_es_ à Paris.

2. Elles ont toujours habité_____ rue de Vaugirard.

3. Les Belleau ne sont jamais allé_s_____ aux Etats-Unis.

4. Mais ils ont passé_____ des vacances en Bretagne et au Pays Basque.

5. Mme Belleau a connu_____ Mme Courtois quand elles faisaient leur médecine.

6. Elle lui a demandé_____ d'être la marraine de Mireille.

7. Elles se sont beaucoup vu_es_____ quand Mireille était petite.

8. Mireille a téléphoné_____ à Mme Courtois.

9. Mme Courtois a été_____ ravie, parce qu'elle venait de parler à Robert.

10. Elle les a invité_s_____ à dîner tous les deux.

Vérifiez. Si vous avez fait des fautes, travaillez les sections 22.23, 22.24, et 22.32 à 22.35 dans votre cahier d'exercices.

LIBÉRATION DE L'EXPRESSION

22.40 Mise en question

Relisez le texte de la leçon; lisez les questions de la mise en question qui suit la mise en œuvre dans votre livre de textes. Réfléchissez à ces questions et essayez d'y répondre.

22.41 Mots en liberté

Qu'est-ce qu'il faut avoir pour téléphoner?
Il faut avoir une carte magnétique, une cabine téléphonique. . . .

Trouvez trois autres possibilités. (C'est difficile, mais vous devez pouvoir trouver au moins deux possibilités.)

Qu'est-ce que vous pouvez faire si vous êtes en vacances à Paris, un beau jour de printemps, vers midi?
Vous pouvez prendre un Orangina à la terrasse d'un café, faire la sieste sur un banc du Luxembourg, téléphoner à votre mère. . . .

Trouvez encore au moins six possibilités.

22.42 Mise en scène et reinvention de l'histoire

Vous êtes le garçon de la Closerie des Lilas. Robert vous pose des questions. Reconstituez une conversation entre vous et Robert. Bien sûr, vous pouvez imiter le dialogue de l'histoire. Vous pouvez aussi inventer un peu, si vous voulez.

Robert: Pardon, Monsieur, est-ce que je peux téléphoner?
Vous: Oui. . . .
Robert: C'est à côté de quoi?
Vous: (. . .)
Robert: Les toilettes? Non, non, c'est pour téléphoner!
Vous: (. . .)
Robert: Qu'est-ce qu'il faut pour téléphoner?
Vous: (. . .)
Robert: Je n'en ai pas. Qu'est-ce que je fais?
Vous: (. . .)

22.43 Discussion

Revoyez la scène où Robert paie les consommations à la Closerie des Lilas.

Est-ce que le garçon lui fait payer ce qu'il doit?
Est-ce que le garçon se trompe?
Est-ce qu'il trompe Robert?

Essayez de faire le calcul. Combien de kirs Robert doit-il payer? Combien paie-t-il? Combien y a-t-il pour le service?
Combien coûte chaque kir? Observez l'attitude du garçon.
Alors, qu'est-ce que vous en pensez?

22.44 Mise en scène et réinvention de l'histoire

Robert téléphone à Mme Courtois. Inventez une conversation entre Mme Courtois et Robert. Vous pouvez utiliser les suggestions ci-dessous. Vous pouvez utiliser plusieurs suggestions du même groupe. Vous pouvez aussi inventer d'autres possibilités.

Mme Courtois:
Ah, Robert! Comment allez-vous? Vous avez fait
    un bon voyage?

Robert:

Oui, | j'ai fait un voyage | horrible.
Non, | | merveilleux.
| | plutôt ennuyeux.
| | très intéressant.

Mme Courtois:
Vous n'êtes pas trop fatigué avec le décalage horaire?

Robert:
| Quel décalage horaire?
| Il y a un décalage horaire?
| Mais quelle heure est-il?
| Il n'est pas 6 heures?
| Ce n'est pas dimanche, aujourd'hui?
| Aujourd'hui, c'est hier?
| Quel jour sommes-nous? C'est demain?
| Ma montre ne marche pas.

Mme Courtois:
Ah, vous devez être très fatigué! Oui, il y a six heures
    de différence. Je le sais parce que mon mari voyage
    beaucoup. Il y a longtemps que vous êtes arrivé?

Robert:
| Dix minutes.
| Deux mois.
| Trois semaines.
| Une heure.
| Je suis arrivé | hier.
| | avant-hier.
| | ce matin.

Mme Courtois:
Et qu'est-ce que vous avez fait depuis que vous êtes à
    Paris?

Robert:
| La queue | pour téléphoner.
| | pour un taxi.
| Rien.
| J'ai bu un kir.
| J'ai cherché un hôtel.

Mme Courtois:
C'est tout?

Robert:
| Oui . . .
| Oui, enfin, presque;
| Pas vraiment;

j'ai aussi | exploré | le Quartier latin.
je suis aussi | | les bijouteries de la place Vendôme.
je me suis | | le métro.
| allé au Louvre.
| fait la connaissance | de la Vénus de Milo.
| | d'une jeune fille blonde.
| | d'un gardien du Louvre.
| | d'un garçon de café.
| | d'une bonne portugaise.
| promené | au Luxembourg.
| | dans le rues.
| suivi | des manifestants.
| | un chien parisien qui connaissait
| | très bien Paris.
| | une vieille dame avec un gros sac.
| | un homme bizarre tout en noir.
| | un cours de karaté.
| fabriqué quelques explosifs, parce que
| ça peut toujours servir. . . .

Mme Courtois:
Ah, mais c'est très bien! Je vois que vous ne vous êtes pas ennuyé!
    Moi, je m'ennuie un peu, vous savez . . .

avec | Minouche | je ne peux rien faire!
| Fido |

| Minouche | c'est | mon | arrière-petite-fille.
| Fido | | ma | mari.
| | | notre | chien.
| | | | chienne.
| | | | chat.
| | | | chatte.
| | | | petit ami.

Et votre maman, qu'est-ce qu'elle fait?

Robert:

Elle fabrique	de la	aspirine	
	de l'	saucisse	
	des	autos	
		huile solaire	en Australie.
Elle s'occupe de ses		bœufs	à Tokyo.
		intérêts	à Rome.
		moutons	à Chicago.
		chèvres	en Argentine.
Elle dirige	une banque		en Suisse.
	un Monoprix		en Belgique.
	un abattoir		au Japon.
	l'armée		au Canada.
	les affaires		dans le Montana.
	l'enseignement		au Tibet.
	l'agriculture		au Brésil.
Elle est dans		yachts	en Israël.
	le commerce	des / du lunettes	à Londres.
		briquets	
		jeans	
		café	

Mme Courtois:
Est-ce qu'elle est heureuse?

Robert:
Oui, très!
Je crois . . .
Je ne crois pas.
Je ne sais pas.

Elle

		divorcer de son deuxième mari.	
		se remarier.	
	avoir	un bébé de son troisième mari.	
		un infarctus.	
		une cinquième fille.	
		un rhume.	
vient de / d'	épouser un	danseur de tango	fascinant.
		fils à papa	superbe.
		frère de papa	bête comme ses pieds.
		boucher	très riche.
		intellectuel	charmant.
		plombier	insupportable.
		pharmacien	incompris.
		artiste	sentencieux.
		vieux banquier	
		jeune ingénieur	
	se ruiner au poker.		

voit un psychanalyste.
s'occupe des enfants de son cinquième mari.
fait de la peinture. / danse.
lit Hemingway. / les philosophes hindous. / grecs. / Sartre.
écrit un roman.
travaille dans un hôpital.

Mme Courtois:
Mais c'est très intéressant! Venez donc dîner demain soir. Vous raconterez tout ça à mon mari. Il sera ravi!

22.45 Journal de Marie-Laure

Des portables partout

1. A partir de quand a-t-on commencé à voir en France des tas de gens avec un portable?
2. Pourquoi Marie-Laure a-t-elle pensé que cette personne était malade?
3. Quelle a été la réaction de cette femme quand Marie-Laure a voulu l'aider?
4. A quoi Marie-Laure compare-t-elle les gens qui utilisent leur portable dans la rue?
5. D'après vous, quels sont les lieux où on devrait éviter d'utiliser son portable?

Il n'y a plus de jetons?

1. A quoi servait ce truc rond que Marie-Laure a trouvé au fond d'un tiroir?
2. Pourquoi les jetons de téléphone sont-ils pratiquement inutiles maintenant?
3. Comment Mireille traite-t-elle sa sœur?
4. Pourquoi n'y a-t-il plus beaucoup de cabines téléphoniques?
5. Des nouvelles cabines ont été installées à titre expérimental. Qu'est-ce qu'elles ont de particulier?

PRÉPARATION À LA LECTURE ET À L'ÉCRITURE

22.46 Lecture et interprétation

Lisez le document 1 de la leçon 22, "Les Repas chez soi et à l'extérieur" dans votre livre de textes. Relisez le texte de la leçon, section 8. Puis répondez aux questions suivantes.

1. Où Mireille déjeune-t-elle, en général?

   _____

2. Qu'est-ce qui a beaucoup augmenté depuis 1965?

   _____

3. Est-ce que le temps consacré aux repas pris à l'extérieur augmente ou diminue?

   _____

4. Quelle est la durée moyenne d'un dîner pris chez soi en semaine? Et le week-end?

   _____

5. Où les Français dépensent-ils la moitié de leur budget de restauration rapide?

   _____

6. Où la plupart des gens qui déjeunent à l'extérieur mangent-ils, dans un restaurant ou dans une cafétéria collective?

   _____

7. Qu'est-ce qui fait concurrence à la restauration rapide?

   _____

8. Regardez la main gauche du monsieur dans le dessin du document 1 de la leçon 7, et expliquez ce que c'est probablement qu'un repas pris "sur le pouce."

   _____

   _____

   _____

   _____

22.47 Lecture et interprétation

Lisez le document 2 de la leçon 22, "La Consommation d'alcool," et répondez.

1. Dans quels pays la consommation d'alcool est-elle plus élevée qu'en France? _____

   _____

2. En France, y avait-il plus ou moins de gens qui buvaient du vin en 2010 qu'en 1990? _____

   _____

22.48 Lecture et interprétation

Lisez le document 3 de la leçon 22, "La Nouvelle Cabine téléphonique," et essayez de répondre aux questions suivantes.

1. De quoi y a-t-il le plus en France depuis 1998— des cabines téléphoniques, des portables ou des habitants? _____

2. Par quoi les cabines téléphoniques classiques sont-elles remplacées? _____ _____

3. Aujourd'hui les cabines téléphoniques peuvent vous dépanner si votre portable ne fonctionne pas (s'il est _____ , par exemple).

4. Quel détail mécanique les cabines "nouvelle génération" ont-elles en commun avec les téléphones mobiles? _____ _____

5. Qu'est-ce que les cabines interactives expérimentales permettent de faire gratuitement pendant 10 minutes? _____ _____

22.49 Lecture et expansion du vocabulaire

Relisez le texte de la leçon 19, section 2. Lisez le document 5 de la leçon 22, "Le Bistro."

A. Répondez aux questions suivantes.

1. Est-ce que la Closerie des Lilas est un bistro? Pourquoi? _____ _____

2. Dans la mémoire collective des Français il y a deux guerres importantes: la Première Guerre mondiale (1914–1918)—la "Grande Guerre"—et la Seconde Guerre mondiale (1939–1944). Quand le bistro est-il devenu à la mode? _____

3. Dans un bistro, qui est-ce qui fait la cuisine? _____

4. Que fait le patron? _____

5. Qui est-ce qui sert les clients? _____

6. Où est le téléphone? Au sous-sol? _____

7. Qu'est-ce qui se passe quand le bistro commence à être connu? _____ _____

B. Complétez.

1. On a passé un liquide, une sorte de peinture brun-rouge sur les murs du bistro: les murs sont _____ de cette couleur bistre.

2. Dans un bistro ou dans un bar, on peut boire un verre assis à une table, ou debout au _____ .

3. Le dessus du comptoir est souvent fait en _____ , une sorte de métal, pas très dur et lourd, qui ressemble au plomb.

4. Autrefois on faisait des plats et des pots en _____ . Le bronze est un mélange de cuivre et d'_____ .

5. Le dessus des tables du bistro est en _____ . Le _____ est une sorte de pierre, souvent blanche, quelquefois avec des veines de couleur, dont on fait des statues. La Vénus de Milo et la Victoire de Samothrace sont en _____ .

6. Aujourd'hui, quand l'appartement est sale, on passe l'aspirateur. Autrefois, on balayait avec un _____ . Et on mettait les balais dans le placard aux _____ quand on ne s'en servait pas.

7. Par terre, il y avait du <u>carrelage</u>, des <u>carreaux</u> en terre cuite. Avant de <u>balayer</u> le <u>carrelage</u>, on le saupoudrait de _____ de bois, de poussière de bois. (On peut couper le bois avec une <u>scie</u>. Quand on <u>scie</u> du bois, les dents de la <u>scie</u> font de la poussière de bois: de la _____ de bois.)

8. Le dessus des tables qui sont sur la terrasse est en _____ ; c'est du fer en feuille mince.

9. Sur le trottoir, autour de la terrasse du bistro (et de la Closerie des Lilas, aussi . . .), il y a des _____ , de petits arbres, des arbustes, plantés dans des caisses.

10. On ne peut pas aller au bistro à pied! Il est très loin d'ici! Il est au _____ !

11. Hemingway, Scott Fitzgerald, et Gertrude Stein avaient l'<u>habitude</u> d'aller à la Closerie des Lilas: c'étaient des _____ de la Closerie.

12. Le patron du bistro était très relaxe. Il ne portait pas de veston: il était en _____ .

13. Autrefois le bistro était pittoresque. Maintenant il est devenu <u>laid</u>: il s'est _____ .

14. Il n'a plus le même charme: le charme est _____ .

22.50 Lecture, interprétation, et expansion du vocabulaire

Lisez le document 6, "Une Visite médicale." Répondez et complétez.

1. Cette visite médicale se passe dans une école primaire en Afrique du Nord. Où a-t-elle lieu? Dans la salle de classe, à l'infirmerie?

   _____

2. Pourquoi les enfants pensent-ils qu'il faut porter des lunettes pour devenir intelligent?

   _____

3. Il n'y voit plus: il a perdu la _____ , il est devenu _____ .

4. Il y a des enfants qui font semblant d'avoir une mauvaise vue, mais ils ne sont pas vraiment aveugles: ils ne sont pas aveugles pour de _____ .

22.51 Lecture et interprétation

Lisez le document 7, "Le Chat." Relisez le texte de la leçon 22, section 7. Répondez aux questions.

1. Qu'est-ce qu'Apollinaire et Mme Courtois ont en commun?

   _____

2. Pourquoi Apollinaire souhaite-t-il avoir toujours des amis?

   _____

22.52 Lecture et interprétation

Relisez la section 9 du texte de la leçon 22. Observez la première photo qui illustre cette section. Puis, observez le document 8, "Naufragés," et répondez aux questions suivantes.

(Un naufrage, c'est la destruction d'un bateau par un accident de navigation; les victimes d'un naufrage sont donc des naufragés.)

Où est l'homme en noir, et que fait-il? Où sont les deux personnages sur leur petite île déserte, et que font-ils?

_____

_____

22.53 Lecture et expansion du vocabulaire

Lisez le document 9, "Il y a quelqu'un derrière." Puis, répondez ou complétez.

Normalement, vous voyez une personne si elle est

_____ vous; mais vous ne la voyez pas si elle est

_____ vous. Si vous voulez voir quelqu'un qui

est derrière vous, qu'est-ce que vous faites?

_____

Si vous marchez dans la rue, et que quelqu'un marche derrière vous, on peut dire que cette personne vous

_____ . Si vous essayez d'expliquer à quelqu'un quelque chose de très compliqué, si vos explications ne sont pas très claires, cette personne se perd dans vos explications: elle ne vous _____ pas. Si quelqu'un fait ou dit des choses bizarres, si quelqu'un a l'air malade mentalement, on dit quelquefois qu'il est

_____ .

LEÇON

23

ASSIMILATION DU TEXTE

🎧 23.1 Mise en œuvre

Ecoutez le texte et la mise en œuvre dans l'enregistrement sonore. Répétez et répondez suivant les indications.

🎧 23.2 Compréhension auditive

Phase 1: Regardez les images et répétez les énoncés que vous entendez.

1. __

2. __

3. __

4. __

5. __

6. __

Phase 2: Ecrivez la lettre de chaque énoncé que vous entendez sous l'image qui lui correspond le mieux.

🎧 23.3 Compréhension auditive et production orale

Ecoutez les passages suivants et répondez aux questions.

1. Sur qui Robert est-il tombé la première fois qu'il a appelé les Courtois?
2. Qui était cette dame?
3. Pourquoi Robert a-t-il eu du mal à comprendre Mme Courtois au téléphone?
4. Pourquoi les Courtois ne peuvent-ils pas voir Robert aujourd'hui ou demain?

23.4 Production orale

Ecoutez les dialogues suivants. Vous allez jouer le rôle du second personnage.

1. Mireille: Mais qu'est-ce que vous avez? Vous avez l'air bizarre!
   Marie-Laure: (. . .)
2. Robert: J'ai retéléphoné un peu plus tard. Cette fois, j'ai eu Mme Courtois. J'ai eu aussi du mal à la comprendre.
   Mireille: (. . .)

3. Robert: Eh bien alors, puisque Mme Courtois est votre marraine, vous ne pouvez pas vous faire inviter à dîner, après demain?
   Mireille: (. . .)
4. Le voisin: Mme Courtois, ce n'est pas ici, non. Vous vous êtes trompé de porte. Mme Courtois, c'est à côté, la porte à côté . . . juste ici.
   Robert: (. . .)
5. Robert: Excusez-moi, Monsieur.
   Le voisin: (. . .)

PRÉPARATION À LA COMMUNICATION

23.5 Activation orale: Prononciation; accent tonique (révision)

Rappelez-vous qu'il n'y a pas d'accent tonique à l'intérieur d'un groupe rythmique. Il y a un léger accent tonique à la fin d'un groupe rythmique. Répétez les phrases suivantes en plaçant un léger accent tonique seulement à la fin du groupe.

Elle m'a invité.
Elle m'a invité à dîner.
Elle m'a invité à dîner après-demain.

Il voyage.
Il voyage beaucoup.
Il voyage beaucoup pour ses affaires.

Je ne sais *pas*.
Je ne sais pas si je serai libre.
Je ne sais pas si je serai libre demain.

23.6 Observation: Politesses

excuses	réponses
—Oh, excusez-moi! Je suis désolé! Je vous demande pardon!	—Ce n'est rien. Ne vous excusez pas; il n'y a pas de quoi. Ce n'est pas grave. Il n'y a pas de mal.

23.7 Activation orale: Politesses

Choisissez la meilleure réponse à donner dans les situations suivantes.

Exemple:
Vous entendez: 1. Excusez-moi!
Vous voyez:
   a. Il faut voir.
   b. Vous avez raison.
   c. Ne vous excusez pas, il n'y a pas de quoi.
Vous répondez: Ne vous excusez pas, il n'y a pas de quoi. Et vous entourez *c* d'un cercle.

2. a. Déjeuner? Avec vous? Vous me faites rire!
   b. Ça dépend.
   c. Bien sûr que vous pouvez m'inviter!

3. a. Il faut voir.
   b. Oui, j'aime assez ça.
   c. Si j'aime ça? Mais bien sûr que j'aime ça!

4. a. Je suis désolé.
   b. Ce n'est pas grave.
   c. Je ne sais pas, il faut voir.

5. a. Il n'y a pas de mal.
   b. C'est décidé?
   c. Tu as raison, c'est une bonne idée.

⌒ 23.8 Observation: Apparences et réalité

apparence	réalité
—Vous avez l'air bien pessimiste! —Mme Courtois a l'accent portugais?	—Je ne suis pas pessimiste du tout! —Pourtant elle n'est pas portugaise!

⌒ 23.9 Activation orale: Apparences et réalité

Répondez selon les exemples.

Exemples:

Vous entendez: 1. Il a l'air bizarre.
Vous dites: Pourtant il n'est pas bizarre du tout.

Vous entendez: 2. Il a un accent américain.
Vous dites: Pourtant il n'est pas américain.

3. Il a l'air stupide. *il n'est pas*
4. Elle a l'air intelligent. *elle n'est pas*
5. Ils ont l'air sportif. *ils n'sont pas*
6. Elles ont l'air riche. *elles n'ont pas*
7. Elle a l'air fragile. *elle n'e pas fragile*
8. Nous avons l'air costaud.
9. Elle a l'air anglais.
10. Elle a l'air mexicain.

11. Il a l'air portugais.
12. Elle a un accent portugais.
13. Elle a un accent français.
14. Elle a un accent américain.
15. Elle a un accent allemand.
16. Elles ont un accent japonais.
17. Elles ont un accent suédois.
18. Elle a un accent étranger.

Pourtant n'a/n'est verb
n' japonais

⌒ 23.10 Observation: Rencontres

J' **ai**	**vu**	Hubert à la fac.
J' **ai**	**rencontré**	Hubert à la fac.
Je **suis**	**tombé sur**	Hubert à la fac.

⌒ 23.11 Activation orale: Rencontres; *tomber sur*

Répondez selon l'exemple.

Exemple:

Vous entendez: 1. Tu as vu Hubert?
Vous dites: Oui, je suis tombé sur lui à la fac (dans la rue, au Luxembourg, etc.).

je suis lui sur a/a/a

2. Tu as vu Mireille?
3. Tu as vu mes parents?
4. Vous avez vu les sœurs de Mireille? *d'Mireille*
5. Vous avez vu ma sœur?
6. Ils ont vu les Courtois?
7. Ils ont vu Tante Georgette?

⌒ 23.12 Observation: Incertitude, inquiétude

Je **me** **demande** où est Mireille.
Je **me** **demande** ce qu'elle fait.
Je **me** **demande** si elle sera chez les Courtois.

Je **me le demande!**

🎧 23.13 Activation orale: Incertitude, inquiétude; *se demander*

Répondez selon l'exemple.

Exemple:
Vous entendez: 1. Je ne sais pas ce
qui va se passer.
Vous dites: Je me demande ce qui va
se passer.

2. Il ne sait pas si Mireille sera là.
3. Nous ne savons pas si *nous nous* *demay* Mireille sera là.
4. Ils ne savent pas si Mireille sera là. *il se dema*
5. Je ne sais pas pourquoi ils font ça.
6. Nous ne savons pas où est Mireille. *nous nous*

7. Robert ne sait pas où elle est.
8. Nous ne savons pas ce qui va se passer.
9. Je ne sais pas si Mireille va venir.
10. Elle ne sait pas comment tout ça va finir.

🎧 23.14 Observation: Inquiétude

Je suis très inquiet.
Je suis très inquiète.

Je m'en fais.
Je m'en fais beaucoup.

Je ne suis pas tranquille.

🎧 23.15 Activation orale: Inquiétude; *s'en faire*   *il s'en fait*

Répondez selon l'exemple.

Exemple:
Vous entendez: 1. Elle n'est pas tranquille du tout.
Vous dites: Elle s'en fait beaucoup.

2. Robert n'est pas tranquille.
3. Nous ne sommes pas tranquilles du tout.
4. Tes parents ne sont pas tranquilles du tout.
5. Je ne suis pas tranquille du tout!

🎧 23.16 Observation: Optimisme, pessimisme

optimisme	pessimisme
Ça va aller mieux!	Ça ne va pas!
Tout va bien!	Ça ne va pas fort!
Tout ira bien!	Ça ne va pas mieux!
Ne vous en faites pas!	Où allons-nous!
Dans la vie, il ne faut pas s'en faire.	Nous allons à la catastrophe!
Moi, je ne m'en fais pas!	Vous verrez, tout ça finira mal!
Ne t'inquiète pas!	Tu verras, tout finira mal!
Ne vous inquiétez pas!	Je suis inquiet (inquiète).
Il n'y aura pas de problèmes.	Il y a toujours des problèmes.
Ça ne fera pas un pli.	Il y aura toujours des problèmes.
Ne t'en fais pas!	Ça va mal!
Tout s'arrangera!	Ça ne s'arrange pas!
Ça finit toujours par s'arranger!	Ça finit toujours par s'arranger . . . bien . . . ou mal!

🎧 23.17 Activation orale: Optimisme, pessimisme

Vous allez entendre une série de dialogues entre un optimiste et un pessimiste. Ecoutez chaque dialogue en entier une fois. Ensuite, jouez le rôle de l'optimiste.

Exemple:
Vous entendez:
1. —Je suis inquiet.
   —Ne vous inquiétez pas!
Vous entendez: Je suis inquiet.
Vous dites: Ne vous inquiétez pas!

2. —Nous allons à la catastrophe!
3. —Vous verrez, tout ça finira mal.

⌕ 23.18 Activation orale: Optimisme, pessimisme

Vous allez entendre une deuxième série de dialogues entre un optimiste et un pessimiste. Cette fois-ci, vous allez jouer le rôle du pessimiste. Ecoutez chaque dialogue en entier une fois. Ensuite, à vous de jouer.

1. —Tout ira bien.
2. —Il n'y aura pas de problèmes.
3. —Tout s'arrangera.

23.19 Activation écrite: *Prendre* et dérivés (révision)

Complétez les phrases suivantes avec des verbes de la même famille.

1. On peut _____ quelque chose à la terrasse de la Closerie des Lilas.

2. On peut _____ une conversation interrompue.

3. On peut _____ ses études après un an de congé à Paris.

4. On peut _____ l'anglais, le russe, le japonais, à lire . . .

5. On peut _____ de couvrir de fresques les murs de sa chambre.

6. "Il n'est pas besoin d'espérer pour _____ ." (Tante Georgette)

7. On peut _____ un problème, une question, les gens, le français. . . .

⌕ 23.20 Activation orale: *Savoir, dépendre,* pronoms accentués (révision)

Répondez selon l'exemple.

Exemple:
Vous entendez: 1. Alors, quand venez-vous nous voir?
Vous dites: Nous ne savons pas; ça ne dépend pas de nous.

2. Alors, quand viens-tu nous voir?
3. Alors, quand Mireille vient-elle nous voir?
4. Et Robert?
5. Et tes parents, quand vont-ils venir?
6. Alors, quand Georgette et ta mère viennent-elles nous voir?

Bon! Mais alors, de qui est-ce que ça dépend?

⌕ 23.21 Observation: Présent, futur immédiat, futur

présent	Tout	s'arrange.
futur immédiat	Tout va	s'arranger.
futur	Tout	s'arrangera.

passé   présent ·   futur immédiat   futur

< < < < < < < < < < • >

🎧 23.22 Observation: Formes du futur

Tout ira bien!	Je verrai.	Ça ne fera pas un pli.
Tout ça finira mal!	Nous serons ravis!	Vous trouverez?
Il n'y aura pas de problèmes.		

Tous ces verbes sont au futur. Notez qu'il y a un r dans tous ces verbes. Ce r est caractéristique des formes du futur.

endings for future tense.

🎧 23.23 Observation: Futurs "réguliers"; verbes en -ir

finir (futur)		avoir (présent)	
je finirai		j'	ai
tu finiras		tu	as
elle finira		elle	a
nous finirons		nous	avons
vous finirez		vous	avez
ils finiront		ils	ont

Notez que le radical du futur est identique à l'infinitif. Les terminaisons du futur sont identiques aux terminaisons du présent du verbe avoir.

🎧 23.24 Observation: Futurs "réguliers"; verbes en -er et -re

trouver		comprendre	
je	trouverai	je	comprendrai
tu	trouveras	tu	comprendras
il	trouvera	il	comprendra
nous	trouverons	nous	comprendrons
vous	trouverez	vous	comprendrez
elles	trouveront	elles	comprendront

Notez que dans les verbes en -er, comme trouver, le radical du futur est identique à l'infinitif au point de vue de l'orthographe, mais il y a une différence au point de vue de la prononciation.

Dans les verbes en -re, comme comprendre, le radical du futur est bien identique à l'infinitif au point de vue de la prononciation, mais il y a une différence au point de vue de l'orthographe: le -e final de l'infinitif est absent au futur.

🎧 23.25 Activation: Discrimination auditive; perception du futur

Indiquez si les phrases que vous allez entendre sont au présent ou au futur.

	1	2	3	4	5	6	7	8	9	10	11	12	13	14	15	16	17	18	19	20
présent	√			√		√		√			√		√	√		√		√		√
futur		√	√		√		√		√			√			√		√		√	

🎧 23.26 Activation orale: Futur

Répondez selon l'exemple.

Exemple:

Vous entendez: 1. Je vais téléphoner
tout de suite.

Vous·dites: Non! Tu téléphoneras
plus tard!

2. Je vais finir tout de suite.
3. Tu vas finir tout de suite?
4. Vous allez finir tout de suite?
5. Ils vont partir tout de suite?
6. Nous allons partir!
7. On va manger tout de suite?

8. Tu vas apprendre ta leçon
tout de suite!
9. Tu vas rentrer tout de suite?
10. Vous allez vous décider tout de
suite?

🎧 23.27 Activation orale: Futur

Répondez selon l'exemple.

Exemple:

Vous entendez: 1. Je me demande si
Mireille va être là.

Vous dites: Oui, bien sûr, elle sera là.

2. Je me demande si elle va
téléphoner.
3. Je me demande s'ils vont finir ce
soir.
4. Je me demande si je vais
comprendre.
5. Je me demande si ça va s'arranger.

6. Je me demande si elle va trouver
le temps!
7. Je me demande s'ils vont partir.
8. Je me demande si je vais dormir.
9. Je me demande si ça va marcher.

23.28 Activation écrite: Futur et pronoms personnels

Complétez avec les verbes au futur et les pronoms personnels appropriés.

1. —Passez donc nous voir!

   —D'accord, nous _____ ce soir.

2. On ne peut pas prendre le métro; il y a une
   grève! Nous _____ la voiture.

3. —A quelle heure pensez-vous arriver?

   —Nous _____ vers 5 ou 6 heures.
   Attendez-nous!

   —D'accord, nous _____ .

   —Si nous sommes un peu en retard, ne vous inquiétez pas.

   —Non, non, je ne m'_____ pas!

4. —Tu as invité les Belleau?

   —Non . . . nous _____ la semaine
   prochaine.

5. —Ça, c'est un truc qui marche à tous les coups!

   —Oui, mais cette fois-ci, ça ne _____
   pas! Je le sais!

6. —Tu as parlé à tes parents?

   —Non, je _____ ce soir.

7. Il faut essayer. Si vous essayez de comprendre,
   vous _____ .

8. S'ils ne veulent pas comprendre, ils ne
   _____ pas!

9. —Maman, Marie-Laure regarde la télé et elle n'a
   pas fini ses devoirs.

   —Ça ne fait rien, elle _____
   demain; c'est mercredi.

10. Ah, vous riez? Eh bien, attendez ce soir! Ce soir,
    c'est moi qui _____ . Et rira bien qui
    _____ le dernier!

23.29 Activation écrite: Passé composé (révision)

Relisez le texte de la leçon 21 (section 8) et celui de la leçon 22. Puis, lisez le texte suivant et essayez de trouver les mots nécessaires pour le compléter. Attention aux auxiliaires des passés composés et aux accords des participes passés.

Journal de Robert

1. J'_____ passé un agréable moment avec Mireille à la Closerie des Lilas. Nous _____ trois kirs. Je l'_____ à déjeuner, mais elle n'_____ pas _____ .

2. A midi cinq, elle _____ . (Elle _____ déjeuner chez elle.) Il était six heures cinq à ma montre. (J'avais l'heure de New-York.) J'_____ ma montre à l'heure française.

3. J'_____ le garçon. Je lui _____ si je pouvais téléphoner. Il _____ que la cabine téléphonique était au sous-sol. Je me _____ levé, _____ traversé la salle et _____ au sous-sol. _____ entré dans la cabine et _____ essayé de mettre une pièce dans la fente de l'appareil. Je n'_____ pas réussi.

4. Je _____ sorti de la cabine et _____ _____ dans la salle. _____ à la caisse et _____ un jeton. Je _____ au sous-sol.

5. Cette fois, ça _____ . _____ fait le numéro. Ça _____ sonné. C'est la bonne qui _____ . Elle m'a dit: "Madame _____ . Elle _____ promener Minouche, mais elle va rentrer pour déjeuner." J'ai raccroché et _____ de la cabine. _____ aperçu un étrange homme en noir; j'ai l'impression qu'il _____ suit. (Je me demande bien pourquoi!)

6. _____ à ma table. _____ payé les consommations. Ça _____ soixante-quinze francs.

7. Je _____ parti et je _____ promené sur le boulevard Montparnasse. _____ cherché une cabine téléphonique. J'en _____ trouvé une. Il fallait des pièces. Je n'en avais pas. Un passant _____ de la monnaie. J'ai enfin _____ téléphoner. C'est encore la bonne portugaise qui _____ , mais elle _____ passé Mme Courtois.

8. Mme Courtois a dit, "Mon mari n'est pas là. Il _____ parti en voyage. Non, je ne _____ pas suivi. Je _____ restée à la maison. Je _____ pas accompagné. Non, je _____ pas pu! Minouche était malade . . . Je _____ chez le vétérinaire.

9. Nous _____ une lettre de votre maman. Elle nous _____ très plaisir. Pourquoi est-ce qu'elle _____ avec vous? Elle _____ en Argentine? Quel dommage!"

10. Elle _____ à dîner pour après-demain.

11. A midi 45, j'avais très faim. _____ un café-restaurant et je _____ assis à une table libre. _____ un jambon de pays et un verre de beaujolais. Puis, _____ continué ma promenade et je _____ au Luxembourg. Marie-Laure _____ peu après.

12. Pendant que nous parlions, elle _____ un monsieur bizarre qui se cachait derrière un arbre. Je crois bien que c'est celui que _____ à la Closerie des Lilas!

23.30 Activation écrite: *Le, la, les, de, du, de la, des* (révision)

Lisez, et complétez avec l'article qui convient.

1. Dans ___la___ famille Belleau, on dit que
Tante Georgette déteste ___des___ enfants. Elle
trouve ___des___ enfants agaçants et fatigants.

2. Mme Courtois adore ___les___ chats.
M. Courtois adore ___la___ bonne cuisine. Il con-
naît tous ___les___ grands restaurants de France.
Mme Courtois fait très bien ___la___ cuisine.

3. Mireille dit que _____ chimie, c'est
_____ cuisine du diable.

4. Les Belleau ont _____ enfants (ils ont
trois filles). Les Courtois ont _____ chats, mais
il n'ont pas _____enfants. Ils n'ont jamais eu
_____enfants.

5. Les Belleau n'ont pas _____ fils. Les parents
de Robert n'ont jamais eu _____ filles.

6. Mireille a _____ sœurs. Mais Robert
n'a pas _____ sœurs, ni _____ frères,
d'ailleurs. Il est fils unique.

7. Marie-Laure: Vous avez bu _____ kirs?
Moi, je ne bois pas _____alcool; je bois
_____Orangina. _____alcool, c'est très
mauvais pour _____ santé, vous savez!

8. Marie-Laure: J'ai _____ devoirs à faire!
_____ devoirs à la maison, c'est ce qu'il y a de
plus embêtant!

9. La Victoire de Samothrace n'a pas _____
tête. La tante Amélie n'a pas _____ menton.

10. Robert n'a pas _____ barbe, mais le Moïse de
Michel-Ange a _____ barbe.

11. La Vénus de Milo n'a pas _____ bras. Mais
Mireille a _____ bras. L'oncle Henri n'a pas
_____ cheveux. Mais Mireille a _____
cheveux (ils sont blonds, longs, et fins). Elle a
_____ yeux bleus (les deux), et _____
doigts longs et fins (tous les dix).

12. Ah, vous tombez bien! Vous avez _____ chance!
Oh, vous tombez mal! Vous n'avez pas _____
chance!

13. Vous avez vu _____ centaures, vous? Non,
bien sûr! _____ centaures, ça n'existe pas! Il
n'y a pas _____ sirènes non plus . . . sauf sur
les voitures de police pour faire _____ bruit et
empêcher _____ gens de dormir!

14. Il y a _____ tragédies en vers, mais il y a aussi
_____ comédies en vers.

15. — _____ gens critiquent toujours _____
éducation qu'ils ont reçue!
—Mais non, il y a _____ gens qui en sont
plutôt satisfaits!

🎧 23.31 Dialogue entre Robert et le voisin des Courtois

Vous allez entendre un dialogue entre Robert et le voisin des Courtois. Ecoutez bien. Vous allez apprendre les répliques du voisin.

Robert: Pardon, Monsieur, Madame Courtois, c'est bien ici?

Le voisin: **Ah, non, Monsieur; non. Vous vous êtes trompé de porte. C'est à côté.**

Robert: Je suis désolé de vous avoir dérangé. Excusez-moi.

Le voisin: **Ce n'est pas grave, Monsieur, il n'y a pas de mal. Au revoir, Monsieur.**

EXERCICES-TESTS

🎧 23.32 Exercice-test: Optimisme, pessimisme

Déterminez si les énoncés que vous allez entendre sont dits par un
optimiste ou par un pessimiste. Cochez la case appropriée.

	1	2	3	4	5	6	7	8
optimiste								
pessimiste								

*Vérifiez. Si vous avez fait des fautes, travaillez les sections 23.16 à
23.18 dans votre cahier d'exercices.*

🎧 23.33 Exercice-test: Perception du futur

Déterminez si les phrases que vous entendez sont au présent ou au futur.
Cochez la case appropriée.

	1	2	3	4	5	6	7	8	9	10
présent			✓			✓	✓	✓		
futur	✓	✓		✓	✓				✓	✓

*Vérifiez. Si vous avez fait des fautes, travaillez
les sections 23.16 à 23.18 et 23.21 à 23.28
dans votre cahier d'exercices.*

23.34 Exercice-test: Formes du futur; futurs réguliers

Complétez selon l'exemple.

Exemple:
Je n'ai pas encore trouvé, mais je <u>trouverai</u> sûrement.

1. Ils n'ont pas encore fini, mais ils

   _____ bientôt.

2. Vous n'avez pas encore compris, mais vous

   _____ un jour!

3. Nous ne sommes pas encore partis; nous

   _____ la semaine prochaine.

4. Je n'ai pas téléphoné, et je ne _____

   pas.

5. Tu es sorti hier soir, tu ne _____

   pas ce soir!

*Vérifiez. Si vous avez fait des fautes, travaillez les sections 23.21 à
23.28 dans votre cahier d'exercices.*

LIBÉRATION DE L'EXPRESSION

23.35 Mise en question

Relisez le texte de la leçon; lisez les questions de la mise en question qui suit la mise en œuvre dans votre livre de textes. Réfléchissez à ces questions et essayez d'y répondre.

23.36 Mots en liberté

Pour quoi peut-on avoir une passion?

On peut avoir une passion pour le kir, la philosophie, la cuisine, la cuisinière. . . .

Trouvez encore au moins huit possibilités. (C'est facile, même si vous n'êtes pas très passionné!)

Qu'est-ce qu'on peut voir à Paris?

On peut voir Beaubourg, la Victoire de Samothrace (mais pas sa tête), Mme Courtois, la Défense, des bonnes portugaises, des cafés avec des terrasses. . . .

Trouvez encore au moins huit possibilités. (C'est très facile, même si vous n'avez aucune imagination!)

Qu'est-ce qu'on peut dire quand on est optimiste?

On peut dire: "Sept heures moins 5! Ça va, j'ai le temps." "Mireille sera là. J'en suis sûr."

Trouvez encore au moins deux possibilités.

Qu'est-ce qu'on peut dire quand on est pessimiste?

On peut dire: "Cinq heures et demie! Oh, là, là, je vais être en retard pour le dîner!" "Monsieur Courtois aura sûrement un infarctus pendant le dîner." "Les Courtois ne vont pas servir de vin."

Trouvez encore au moins trois possibilités.

23.37 Mise en scène et réinvention de l'histoire

1. *Personnages: Marie-Laure, Mireille, Robert*

   Mireille trouve Robert et Marie-Laure qui parlent tranquillement sur un banc. Elle demande ce qu'ils font. Elle essaie de faire partir Marie-Laure. Elle lui dit d'aller faire ses devoirs à la maison, ou d'aller jouer au bassin. Marie-Laure n'est pas d'accord. Elle trouve des raisons pour rester.

2. *Personnages: Mireille, Robert*

   Robert raconte les difficultés qu'il a eues pour avoir Madame Courtois au téléphone, puis pour comprendre ce que disaient la bonne et Madame Courtois. Mireille pose des questions, commente, parle des Courtois.

   Robert suggère à Mireille de se faire inviter en même temps que lui. Mireille répond.

3. *Personnages: Robert, des passants*

   Robert est perdu. Il arrête des passants pour leur demander son chemin.

4. *Personnages: Robert, une dame, un monsieur, une jeune fille, un jeune homme, ou une petite fille*

   Robert se trompe de porte. Quelqu'un ouvre. Ce n'est pas Madame Courtois. Qui est-ce?

23.38 Mise en scène et réinvention de l'histoire

Reconstituez une conversation entre M. Courtois (optimiste) et Mme Courtois (pessimiste). Ils ont un petit problème: Minouche est malade!

Mme Courtois: Qu'est-ce qu'on va faire? Minouche (. . .).

M. Courtois: Mais Bobonne, (. . .), ce n'est pas grave!

Mme Courtois: Mais si! Tu vas voir! Ça (. . .).

M. Courtois: Mais non, voyons! Ça ne (. . .).

Mme Courtois: Ah, je suis très (. . .).

M. Courtois: Ne t'en fais pas, tout (. . .). Il n'y a pas de (. . .). Tu es trop (. . .).

Mme Courtois: (. . .)

23.39 Mise en scène et réinvention de l'histoire

Imaginez que Mme Courtois raconte sa vie à Robert. Vous pouvez utiliser les possibilités suivantes ou en inventer d'autres.

Je suis née
- à Paris.
- à Caracas.
- à Valparaiso.
- à Marseille.
- à Cognac.
- au Pays Basque.

Mon père était
- informaticien.
- douanier.
- distillateur.
- plombier.
- bijoutier.
- marin.
- marchand de tissus.
- vétérinaire.
- astronome.
- gastronome.
- pharmacien.
- ambassadeur.

Il
- voyageait / mangeait / se fatiguait | beaucoup.
- vendait / faisait | beaucoup de
  - tuyaux.
  - calculs.
  - héroïne.
  - montres.
  - dentelle.
  - cognac.
  - multiplications.
  - boules de gomme.
  - saucisse.
  - mouton.

Ma mère
- était
  - violoniste
  - couturière
  - professeur
  - médecin
  - cuisinière
  - caissière
  - chef de service
  - infirmière

  dans / à / chez | la / un / — / une / l'
  - Renault.
  - ministère.
  - hôpital.
  - banque.
  - restaurant.
  - musée.
  - faculté.
  - curé.
  - Courrèges.
- est morte / est partie
  - à ma naissance.
  - quand j'avais dix ans.
- avait
  - — beaucoup
    - des / de / d'
      - argent.
      - amis.
      - préjugés.
      - illusions.
      - talent.
      - bijoux.
    - intérêts en Patagonie.
  - six enfants d'un premier mariage.

Mes parents
- ont divorcé / sont partis / sont morts
  - en Bretagne.
  - au Japon.
  - en Patagonie.
  - quand j'avais cinq ans.

Je suis restée chez
- une tante.
- mes grands-parents.
- une sœur plus âgée.

Je suis allée dans une école
- publique.
- privée.

J'étais
- très mauvaise élève.
- très bonne élève.
- très douée.
- insupportable.
- nulle en tout.
- très bonne en
  - biologie et zoologie.
  - maths.
  - chimie.
  - tennis.

Ensuite, j'ai fait des études	de chimie. de médecine. de pharmacie. de philosophie. de physique. d'astronomie.

J'ai rencontré	un caissier le frère de Jacques le prof de maths de Jacques

à dans	une banque. un match de tennis. la Fac de Médecine. la Fac des Sciences. la Closerie des Lilas. une cabine téléphonique.

Il	était inbattable. allait à l'Observatoire. buvait un kir. suivait un cours d'anatomie.
	cherchait : une formule d'explosif. un numéro de téléphone sa chatte. l'adresse d'un restaurant. n'avait pas de monnaie.

Je l' lui ai	présenté le chat de mes grands-parents. présenté à ma tante qui avait cinq chats. souri. invité à déjeuner. donné : une pièce de deux euros. mon numéro. suivi. demandé l'heure. plu.

J'ai quitté	l'université ma tante mes grands-parents ma sœur	quelques mois plus tard. le lendemain. un an plus tard.

J'ai épousé	le frère de Jacques. le prof de maths de Jacques. un riche banquier. un vétérinaire.

Mais il était	trop nerveux. trop bavard. ennuyeux. fatigant. trop pessimiste. plein de complexes. toujours en voyage. agaçant.

Alors j'ai divorcé et j'ai épousé Jacques.

23.40 Journal de Marie-Laure

Départ de Concepción et Habiba

1. Pourquoi Concepción a-t-elle décidé de retourner au Portugal?
2. Dans quel état Marraine Courtois se trouve-t-elle depuis son départ?
3. Comment est la nouvelle femme de ménage des Courtois?
4. Qu'est-ce que Marie-Laure pense d'Habiba?
5. À votre avis, pourquoi Habiba a-t-elle étudié en arabe et aussi en français? Y a-t-il un lien entre la France et la Tunisie? Avant d'être un pays indépendant, est-ce que la Tunisie a été une colonie ou bien un protectorat français?
6. Faites un peu de recherche. Que peut-on faire en vacances en Tunisie?

On a volé la Joconde!

1. Pourquoi les corvées retombent-elles toujours sur Marie-Laure?
2. Pourquoi Marie-Laure va-t-elle au Louvre et avec qui?
3. Qu'est-ce que Marie-Laure ne retrouve pas au musée?
4. Où est la Joconde?
5. Quel genre de corvées devez-vous faire chez vous?
6. Quelle(s) corvée(s) détestez-vous?
7. A votre avis, est-ce bien la dernière fois que Marie-Laure rend service?

PRÉPARATION À LA LECTURE ET À L'ÉCRITURE

23.41 Pratique de l'écriture

Relisez les sections 5 à 9 du texte de la leçon 23. Puis résumez et racontez (au présent) la promenade de Robert à travers Paris et son arrivée chez les Courtois. N'écrivez pas plus de 100 à 150 mots.

_____

_____

_____

_____

_____

_____

_____

_____

_____

_____

_____

_____

_____

_____

_____

_____

_____

_____

_____

23.42 Lecture et orientation

Observez le document 1 de la leçon 23, "Traversée de Paris," dans votre livre de textes. Relisez le texte de la leçon 23, sections 6, 7, et 8. Puis tracez, sur le plan de Paris, l'itinéraire approximatif de Robert. Il part du Home Latin, rue du Sommerard, dans le Quartier latin, à la limite du 5ème et du 6ème arrondissement. Il va dans l'île Saint-Louis, passe devant l'Hôtel de Ville, etc. . . .

23.43 Lecture et pratique de l'écriture

Lisez le document 2, "Un jour, tu verras." Ecrivez une adaptation de cette chanson: C'est Robert qui prédit sa rencontre future avec Mireille. (Où est-ce qu'ils se rencontreront? Qu'est-ce qui les guidera? Qui est-ce qui représentera le hasard? Qui sourira à qui? Où est-ce qu'ils iront la main dans la main?)

_____

_____

_____

_____

_____

_____

_____

_____

23.44 Lecture, interprétation, et expansion du vocabulaire

Lisez le document 3A.

1. Qu'est-ce qu'il vaut mieux être, mort ou guéri?

   _____ .

2. Le cardinal de Richelieu est mort; donc, le docteur Chicot ne l'a pas _____ .

3. Comment appelle-t-on un cardinal?

   _____ .

4. Et un médecin? _____ .

Lisez les documents 3C et 3D.

5. Quelle expression de Tante Georgette est-ce que Tonton Guillaume utilise quand Marie-Laure se moque de lui? _____

   _____ .

6. Et quand Marie-Laure lui demande si quelqu'un aura la bonne idée de lui donner une boîte de chocolats pour son anniversaire? _____

Lisez le document 3E.

7. Tante Georgette, qui a lu ces vers de Sully Prudhomme, dit: "Ne remettez pas à

   _____ ce que vous pouvez faire

   _____ ."

   Et aussi:

   "L'enfer est pavé de _____ intentions."

Lisez le document 3F.

8. Et vous, qu'est-ce que vous serez dans dix ans?

   _____

23.45 Lecture et interprétation

Relisez la section 3 du texte de la leçon 23. Lisez ensuite le document 4. Maintenant, répondez à la question suivante:

Qu'est-ce que l'Infante et Mme Courtois ont en commun?

_____

_____

_____

23.46 Lecture et expansion du vocabulaire

Lisez le document 5 de la leçon 23 et complétez les phrases suivantes.

Pendant longtemps, l'image de _____ a été très positive en France.

Ceux qui buvaient bien étaient considérés comme des

_____ .

Pour certains, donner aux enfants la possibilité de goûter du vin, c'était _____ .

La moitié des Français pensent que boire du vin peut représenter _____ pour la santé.

Les _____ ne sont pas des boissons alcoolisées.

23.47 Lecture et interprétation

Lisez le document 6 de la leçon 23 et répondez aux questions suivantes.

1. Qu'est-ce que les hommes achètent de plus en plus?

_____

2. Est-ce que les hommes n'utilisent que des produits pour hommes? Expliquez.

_____

_____

3. Quels changements dans la société française aident à comprendre pourquoi de plus en plus d'hommes font attention à leur beauté physique?

_____

_____

23.48 Lecture et interprétation

Relisez la section 2 du texte de la leçon 23. Observez le document 7. Répondez aux questions suivantes.

Qu'est-ce que la dame qui téléphone, dans le dessin, et Madame Courtois ont en commun?

_____

Quelle différence voyez-vous entre elles?

_____

_____

23.49 Lecture et interprétation

Lisez le document 9. Relisez le texte de la leçon 23, section 5.

1. Récrivez la remarque des Goncourt en fonction de ce que Robert a entendu au Louvre.

_____

_____

Lisez les documents 10A, 10B, 10C et 10D. Répondez aux questions suivantes.

2. Qu'est-ce qu'un célibataire peut faire s'il décide qu'il a eu tort de rester célibataire?

_____

3. Qu'est-ce qu'on peut dire si on a fait une bêtise?

_____

_____

4. Est-ce que les rois sont infaillibles?

Non, ils _____ .

23.50 Lecture, interprétation, et expansion du vocabulaire

Faites une première lecture du document 8, "Le Pont Mirabeau." Essayez de comprendre de quoi il s'agit, quel en est le thème général. Puis complétez le texte suivant.

1. Le poète est triste: il a beaucoup de _____ .

2. Le temps passe; il s'en _____ . Les jours s'en _____ . L'amour passe; les amours s'_____ . La Seine coule sous le pont et _____ vers la mer.

3. Je ne m'en vais pas; je reste. Tout passe; le temps, l'eau de la Seine, les amours s'en vont, mais le poète reste: il _____ .

4. Quand deux amoureux se regardent face à face, les mains dans les mains, leurs bras forment un _____ inverti, une image-miroir, comme le reflet du pont Mirabeau dans la Seine.

5. Les regards des amoureux _____ sous le pont inverti de leurs bras, comme un liquide, une onde, une vague sur la Seine.

6. L'eau de la Seine coule, elle court; c'est une eau _____ .

7. Le temps passé ne _____ pas. Les amours passées ne _____ pas, non plus.

8. L'eau de la Seine ne coule pas très vite; elle coule lentement. La Seine n'est pas rapide; elle est _____ .

9. A la fin du poème, le poète reste, il demeure. Mais son poème, "Le Pont Mirabeau," qui est maintenant fini, demeure aussi, comme un _____ entre le poète et ses lecteurs.

23.51 Lecture et initiation au passé simple

A. Lisez le document 11.

C'est un récit, un texte narratif qui rapporte des événements **passés**. Tous les verbes de la narration sont au **passé**.

Notez tous les verbes qui sont au **passé composé**, et tous ceux qui sont à l'**imparfait**.

Il reste des verbes qui ne sont ni au passé composé, ni à l'imparfait, ni au plus-que-parfait. Cherchez-les. Le premier est dit, le second est s'étonna. Ecrivez les autres:

dit, s'étonna, _____ , _____ , _____ ,

_____ , _____ , _____ .

(Vous devriez en trouver 6.)

Certains de ces verbes (comme dit, *obéit*) ressemblent à des présents, mais ce sont des *passés*. D'autres (comme *s'étonna, s'absorba, trouva, revint*) ont des formes différentes du présent et de l'imparfait.

Ces verbes sont au **passé simple**.

Le **passé simple** est utilisé dans les textes **narratifs, écrits au passé**. Il n'est pratiquement **jamais** utilisé dans la **langue parlée**.

L'essentiel, pour vous, c'est de savoir le reconnaître. Pour la plupart des verbes, c'est assez facile. Il est évident que dit est le verbe *dire*; s'étonna, le verbe *s'étonner*; trouva, le verbe *trouver*. Pour d'autres, c'est moins évident. Par exemple, prit est le passé simple du verbe *prendre*; revint, du verbe _____ .

B. Relisez maintenant le document 10A de la leçon 13 dans votre livre de textes (rencontre de Simone de Beauvoir et du jeune philosophe Pierre Nodier à la Sorbonne).

Cherchez les verbes au passé simple et essayez de deviner quel est l'infinitif de chacun de ces verbes.

passé simple		infinitif	passé simple		infinitif
j'approchai	:	approcher	parurent	:	paraître
remarquai	:	_____	se mirent	:	se _____
étincelèrent	:	_____	_____	:	_____
_____	:	_____	_____	:	_____
_____	:	_____	_____	:	_____

Il doit y en avoir une dizaine en tout. Est-ce que vous avez deviné quel est l'infinitif de fis ("Je fis quelques pas")? C'est faire.

LEÇON
24

ASSIMILATION DU TEXTE

🎧 24.1 Mise en œuvre

Ecoutez le texte et la mise en œuvre dans l'enregistrement sonore. Répétez et répondez suivant les indications.

🎧 24.2 Compréhension auditive

Phase 1: Regardez les images ci-dessous, et écoutez les textes qui leur correspondent.

1. ___

2. ___

3. ___

4. ___

5. ___

6. ___

7. ___

Phase 2: Ecrivez la lettre qui identifie chaque texte que vous entendez sous la photo correspondante.

⌔ 24.3 Compréhension auditive

Phase 1: Regardez les photos ci-dessous et écoutez les textes qui leur correspondent.

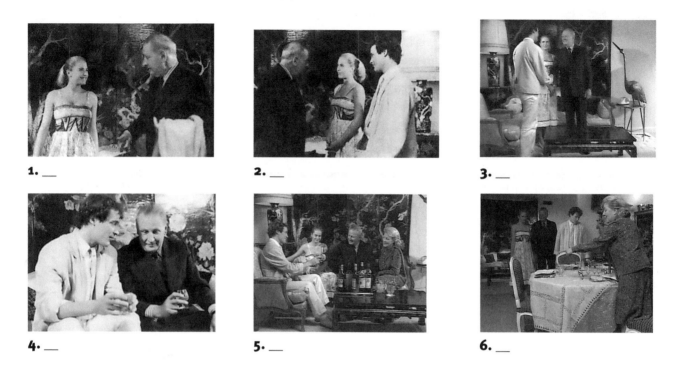

1. __   2. __   3. __

4. __   5. __   6. __

Phase 2: Ecrivez la lettre qui identifie chaque texte que vous entendez sous la photo qui lui correspond le mieux.

⌔ 24.4 Production orale

Ecoutez les dialogues suivants. Vous allez jouer le rôle du second personnage.

1. Mireille: Allô, Marraine?
   Mme Courtois: (. . .)
2. Mireille: Mais, Marraine, je ne sais pas si je pourrai!
   Mme Courtois: (. . .)
3. M. Courtois: Voyons, qu'est-ce que je vous sers? Whisky, Campari, xérès, banyuls, pastis, Cinzano, Américano, porto?
   Robert: (. . .)
4. M. Courtois: Ah! Du potage!
   Mme Courtois: (. . .)
5. M. Courtois: Mais, Monsieur Taylor, vous ne buvez pas! Regardez Mireille!
   Mireille: (. . .)
6. Mireille: Hmmm . . . ce gigot est fameux!
   Mme Courtois: (. . .)
7. M. Courtois: Concepción, attention de ne pas renverser la crème renversée!
   Mme Courtois: (. . .)
8. M. Courtois: Mais ne partez pas encore, vous avez le temps! Vous prendrez bien encore un peu d'armagnac! N'est-ce pas qu'il est bon!
   Robert: (. . .)
9. Robert: Quand est-ce que je pourrai vous revoir?
   Mireille: (. . .)

PRÉPARATION À LA COMMUNICATION

🎧 24.5 Observation: Prononciation; /ə/ instable

Ecoutez.

à d<s>e</s>main   viens donc demain

Vous remarquez que le mot demain n'est pas prononcé de la même façon dans les deux cas. Dans le premier, le /ə/ n'est pas prononcé. Dans le deuxième, il est prononcé. Observez les exemples suivants:

ma p<s>e</s>tite Minouche	ma chère petite Minouche
mon p<s>e</s>tit pastis	mon cher petit pastis
sûr<s>e</s>ment	justement
Surtout n<s>e</s> manque pas d'y aller.	Il ne manque pas d'y aller.
Je n'aime pas l<s>e</s> gigot.	J'aime le gigot.
Il faudra m<s>e</s> donner son adresse.	Téléphonez-moi pour me donner son adresse.

Dans la première colonne, le /ə/ n'est pas prononcé. (Deux consonnes prononcées se suivent: il n'y a pas de difficulté.) Dans la deuxième colonne, le /ə/ est prononcé (pour éviter trois consonnes qui se suivent, ce qui est difficile à prononcer).

🎧 24.6 Activation orale: Prononciation; /ə/ instable

Observez si /ə/ est prononcé ou non, et répétez.

Qu'est-ce que tu deviens?
Je ne sais pas.
Donne-lui un coup de téléphone
   demain.
Il sera ravi de faire ta connaissance.
Qu'est-ce que je peux vous offrir?
Qu'est-ce que je te donne?
Quand est-ce que je pourrai te voir?

🎧 24.7 Observation: Appréciation

C'est exquis!	Cet armagnac est extraordinaire!	*C'est ce qu'on dit quand on est invité. . . .*
C'est délicieux!	C'est le poisson que je préfère!	
Votre potage est délicieux!	C'est ce que je préfère!	
Ce gigot est fameux!	C'est mon dessert préféré!	
C'est une merveille!	Oh moi, j'ai un faible pour le chablis!	

🎧 24.8 Observation: Recommandation

Goûtez!	*C'est ce qu'on peut dire quand on offre ou propose quelque chose.*
Goûtez-moi ça!	
Je crois que ça vous plaira!	
Vous m'en direz des nouvelles!	
Vous ne trouverez pas mieux!	

◖◗ 24.9 Activation: Discrimination auditive; appréciation ou recommandation

*Pour chaque énoncé que vous allez enten-
dre, déterminez s'il s'agit d'une appréciation
ou d'une recommandation. Cochez la case
appropriée.*

	1	2	3	4	5	6	7	8
appréciation								
recommandation								

◖◗ 24.10 Observation: Remerciements

Quel délicieux repas!
Quelle charmante soirée!
Je ne sais comment vous remercier!
Tout était vraiment exquis!
Merci encore!

C'est ce qu'on peut dire quand on s'en va après un bon repas.

◖◗ 24.11 Activation: Dictée; remerciements

Ecoutez et complétez.

1. _____ encore. Tout était _____

   _____ .

2. Quelle _____ soirée!

3. Je ne sais comment vous _____ .

◖◗ 24.12 Observation: Questions de service

C'est un libre-**service.**
C'est un bon restaurant, mais le **service** n'est pas rapide!
Le **service** est compris: 15%.

J'ai un petit boucher qui me **sert** très bien.

Laissez-moi vous **servir!**
Je vous **sers!**

Servez-vous!
Tu veux **te servir** de haricots?

Mme Courtois nous **a servi** un excellent repas!
Elle **a servi** un gigot avec des haricots.
M. Courtois **a servi** un bordeaux avec le gigot.

24.13 Activation écrite: Questions de service

Complétez les phrases suivantes.

1. Mme Courtois a un petit boucher qui la

   _____ très bien.

2. C'est un libre-_____ . On se sert soi-même.

3. Le _____ est compris.

4. Un peu de haricots? Laissez-moi vous

   _____ .

5. Quel vin faut-il _____ avec le fromage?

6. Si vous voulez de la salade, _____-vous!

◖◗ 24.14 Activation orale et écrite: Communications téléphoniques

*Ecoutez Mireille qui répond au téléphone, puis répondez aux questions
suivantes. Ecrivez vos réponses. Vous entendrez le texte deux fois.*

1. Pourquoi Mireille dit-elle "zut"?

   _____

2. Pourquoi dit-elle que la personne qui téléphone

   tombe mal?

   _____

3. Où va Mireille?

   _____

4. Pourquoi ne peut-elle pas parler maintenant?

   _____

   _____

5. Qu'est-ce qu'elle fera, ce soir?

   _____

🎧 24.15 Activation: Dictée

Ecoutez et complétez. Vous entendrez le texte trois fois.

Qu'est-ce que vous devenez?

Mireille: Salut! _____ qu'on ne

s'est pas vus. Qu'est-ce que tu _____ ?

Ousmane: Ben, tu vois, _____ .

_____ ,

_____ . La routine, quoi!

_____ , qu'est-ce que _____ ?

Mireille: Ben, moi, c'est pareil. Je travaille, je _____

_____ , je prends des

cours d'italien, et je _____ même du karaté,

_____ . Rien de sensation-

nel, quoi!

🎧 24.16 Observation: Le plus-que-parfait

Quand Robert est arrivé chez les Courtois, vendredi soir, Mireille n'était pas là. . . . (Mais Mireille avait téléphoné à Mme Courtois le jeudi matin. Ça faisait des semaines qu'elle n'avait pas vu sa marraine.)

présent	Ce soir (vendredi), Robert et Mireille **dînent** chez les Courtois.
passé	Mme Courtois **a invité** Mireille le jeudi. Et elle **avait invité** Robert le mercredi.

Avait invité est un *plus-que-parfait*. C'est un temps composé. Il est composé d'un auxiliaire (avoir ou être) à l'imparfait (ici, avait) et du participe passé du verbe (ici, invité).

plus-que-parfait	passé composé	présent
Elle avait invité Robert le mercredi.	Elle a invité Mireille le jeudi.	Ils dînent chez les Courtois le vendredi.

Jeudi est le passé par rapport à vendredi. Mercredi est le passé par rapport à jeudi. Mercredi est donc un "double passé" par rapport à vendredi. Le plus-que-parfait indique un "double passé," un passé dans le passé.

🎧 24.17 Activation: Compréhension auditive; le plus-que-parfait

Vous allez entendre une série de phrases au passé. Pour chaque phrase, déterminez s'il s'agit d'un passé composé ou d'un plus-que-parfait, et cochez la case appropriée.

	1	2	3	4	5	6	7	8
passé composé								
plus-que-parfait								

24.18 Observation: Expression du futur

Nous **aurons** un jeune Américain charmant.
Il **sera** ravi de faire ta connaissance.
Ce **sera** plus simple!
Nous vous **retiendrons** à dîner.
Je ne sais pas si je **pourrai**.
Il **faudra** me donner des tuyaux!
Concepción, quand vous **voudrez**!

Toutes ces phrases se réfèrent au futur.

24.19 Observation: Futur; radicaux irréguliers

futur			infinitif
Nous	**essaierons.**		essayer
Vous vous	**ennuierez.**		s'ennuyer
Nous	**mourrons**	un jour.	mourir
Il	**courra.**		courir
Je ne	**pourrai**	pas!	pouvoir
Vous	**verrez!**		voir
Il	**sera**	ravi!	être
Il	**fera**	beau.	faire
Il	**pleuvra.**		pleuvoir
Elle	**devra**	partir.	devoir
Il	**voudra**	partir.	vouloir
Il	**faudra**	venir.	falloir
Nous	**aurons**	un jeune Américain.	avoir
Je le	**saurai.**		savoir
Ils	**viendront**	tous les deux.	venir
Nous vous	**retiendrons**	à dîner.	retenir
J'	**irai**	aux Etats-Unis.	aller
J'	**irai**	en septembre.	

*Notez que le radical du futur de ces verbes est **irrégulier** (il est différent du radical de l'infinitif).*

Remarquez que le radical du futur (régulier ou irrégulier) contient toujours un r (aurons, sera, faudra) ou deux r (verrez, pourrai). Le son /r/ avant la terminaison est donc une caractéristique générale du futur.

*Même pour les verbes qui ont un radical irrégulier, les terminaisons sont parfaitement régulières. Donc, si vous connaissez **une** forme du futur d'un verbe, vous pouvez former toutes les autres formes en parfaite confiance.*

Notez qu'on n'utilise pas y devant les formes du futur d'aller. Par exemple:
—Vous allez aller aux Etats-Unis?
—Oui, j'irai en septembre.

🎧 24.20 Activation orale: Futurs irréguliers

Répondez selon l'exemple.

Exemple:

Vous entendez: 1. Je me demande si nous allons avoir le temps.

Vous dites: Bien sûr que nous aurons le temps!

2. Je me demande si Mireille va essayer de contacter Mme Courtois.

   elle essaierais

3. Robert se demande si les Courtois vont être gentils avec lui.

   serons
   sera

4. Robert se demande si Mireille va devoir rentrer chez elle à midi.

   devras

5. Robert se demande si Mireille va venir chez les Courtois.

6. Il se demande si Mme Courtois va retenir Mireille à dîner.

7. Robert se demande s'il va falloir partir avec M. Courtois.

8. Robert se demande s'il va revoir Mireille.

9. Je me demande si Robert va pouvoir trouver le numéro de téléphone de Mireille.

10. Je me demande s'il va faire beau demain.

🎧 24.21 Activation orale: Futurs irréguliers

Répondez selon l'exemple.

Exemple:

Vous entendez: 1. Mireille et Robert vont aller au cinéma?

Vous dites: Mais non, ils n'iront pas au cinéma.

2. Robert va s'ennuyer chez les Courtois? *il ne s'ennuiera pas.*

3. Robert va mourir de faim? *il ne mourra pas de faim...*

4. Les Courtois vont savoir que Mireille et Robert se connaissent? *il ne sauront pas, .*

5. Robert va pouvoir partir seul avec Mireille?

   il ne pourra partir seul...

🎧 24.22 Activation orale: Formes du futur

Répondez selon l'exemple.

Exemple:

Vous entendez: 1. Je ne peux pas aller chez les Courtois; ils ne m'ont pas invité.

Vous dites: J'irai chez les Courtois quand ils m'inviteront.

2. Il ne peut pas aller en France; il ne sait pas le français.

3. Je ne peux pas lui en parler; il n'est pas revenu de voyage.

4. On ne peut pas servir; M. Courtois n'est pas là.

5. On ne peut pas passer à table; ce n'est pas prêt!

6. On ne peut pas passer à table; il n'est pas huit heures.

7. On ne peut pas passer à table; le gigot n'est pas cuit!

8. On ne peut pas aller à Chartres; il ne fait pas beau.

9. Robert ne peut pas demander son numéro à Mireille; ils ne sont pas seuls!

10. Je ne peux pas lui donner mon adresse; il ne me l'a pas demandée.

11. Je ne peux pas lui en parler; je ne le vois jamais!

Homework
check email
for handout
answer questions →Monday.
→ Vocab quiz. L. 24
Spelling to order of dîner.

24.23 Activation écrite: Formes du futur

Lisez le texte suivant. Essayez de trouver, dans la liste ci-dessous, le verbe qui donnera un sens à chaque phrase, mettez-le au futur, et complétez.

aller	changer de	faire	parler	sonner
apprendre	conduire	s'habiller	partir	sourire
s'approcher	dire	jouer	passer	travailler
arriver	donner	lire	porter	voir
attendre	emmener	se marier	regarder	
avoir	être	s'occuper de	rester	

L'avenir selon Marie-Laure

1. Un jour, je <u>serai</u> à la maison, je _____ la télévision. Le téléphone _____ . Une voix _____ : "Allô, je suis bien chez les Belleau?" Je dirai: "Oui, Monsieur," parce que ce _____ une voix d'homme, jeune, mais grave. La voix _____ : "Ah, que je suis content! Parce que ça fait une éternité que je cherche partout une jeune fille, qui s'appelle Belleau, qui a les cheveux longs et blonds, les doigts longs et fins, un très joli sourire, qui est plutôt petite, très sportive, très gentille, et surtout merveilleusement intelligente . . ." Je _____ : "C'est moi! Vous tombez bien; vous avez de la chance, parce que j'ai deux sœurs qui sont blondes aussi!"

2. Le lendemain, nous _____ rendez-vous au Luxembourg. Je l'_____ , assise sur un banc, près du bassin. Il _____ un temps magnifique. Il y _____ des fleurs et des petits oiseaux. Il _____ tout de suite après moi. Il _____ beau comme un dieu. Grand, mince, élégant. Il _____ une veste Ted Lapidus et une cravate Hermès. Il me sourira. Je lui _____ . Nous nous _____ un moment en silence. Puis, il me _____ : "Permettez-moi de me présenter: je suis le Prince Raskolnikoff. Mon père est président-directeur général de Renault." Nous _____ de choses et d'autres; de la pluie et du beau temps, de nos études. Puis, nous _____ boire des Orangina à la terrasse de la Closerie des Lilas.

3. La semaine suivante, nous nous _____ à Notre-Dame. Ce _____ une belle cérémonie, avec des orgues et tous nos amis. Je _____ une robe blanche très longue avec beaucoup de dentelle partout. Tonton Guillaume nous _____ un très beau yacht tout blanc, en cadeau de mariage. Et mon beau-père, le père de mon mari, nous _____ une magnifique voiture de sport rouge, une Alpine, que je _____ à toute vitesse dans les rues en faisant beaucoup de bruit.

4. Nous _____ beaucoup d'enfants. Enfin, pas trop! Disons deux au maximum. A cause de la surpopulation. Nous _____ beaucoup d'argent: Mon beau-père nous en _____ . Et puis, les grands-parents de mon mari lui _____ 25.000€ tous les ans à Noël, et aussi pour son anniversaire.

5. Mon mari s'_____ des enfants. Moi, je _____ un peu, au Ministère de la Santé. Mais pas tous les jours. Parce que ce _____ moi, le ministre. Alors, je _____ des ordres à tout le monde, mais personne ne me _____ d'ordres, puisque je _____ le chef. Je _____ au Ministère une ou deux fois par semaine, entre 10 heures et 11 heures du matin, pour donner mes ordres. Et le reste du temps, je _____ au tennis avec Hubert.

6. Si nous avons envie de faire du ski, mon mari et moi, nous _____ l'avion et nous _____ en Patagonie. Et si nous avons envie de faire la sieste au soleil, nous _____ à Saint-Tropez. Nous n'_____ pas

les enfants. (En vacances, les enfants sont fatigants et agaçants.) Ils _____ chez Tante Georgette. Ça lui

_____ sûrement plaisir, puisqu'elle n'a pas d'enfants, la pauvre!

7. Nos enfants n' _____ pas à l'école. C'est trop ennuyeux d'aller à l'école. Ils _____ avec leurs

bateaux au Luxembourg quand il _____ beau, et quand il _____ mauvais, ils _____ des puzzles

ou des mots croisés. C'est un excellent exercice mental. Ils _____ à lire tout seuls. Ils _____

tout un tas de livres intéressants, *Tintin*, *Astérix*, *Les Misérables*, *A La Recherche du temps perdu*, *Derrida*, *Babar* . . . et ils

_____ plus de mots qu'à l'école!

8. Moi, je m'_____ chez Sonia Rykiel, Dior, Agnès B., et Christian Lacroix. J'_____ 365 robes.

Je _____ robe tous les jours, sauf les années bissextiles.

9. Un jour que je _____ une robe Dior, très belle, blanche avec de l'or, je _____ , dans une allée du

Luxembourg, sous un marronnier en fleurs, un jeune homme extraordinairement beau. Il me _____ . Il

s'_____ de moi et il me _____ : "Je vous aime. A l'instant où je vous ai vue, je suis tombé amoureux

de vous." Je lui _____ : "Vous tombez mal; je suis mariée." Il me _____ de divorcer et de l'épouser.

Je lui _____ : "Non." Je _____ et il _____ seul sous son marronnier à pleurer. Et chaque fois que je

_____ par là, je le _____ debout sous son marronnier en train de pleurer. Il ne _____ rien. Je ne

_____ rien. Ce _____ triste et beau.

24.24 Activation écrite: Futur et pronoms

Complétez.

1. —Je regrette, je n'ai plus de timbres à 3€.

   —Est-ce que vous _____ demain?

2. Je ne peux pas voir les Courtois aujourd'hui. Je

   _____ demain.

3. Allez donc voir les Courtois! Je suis sûre qu'ils

   _____ ravis de vous voir.

4. Mireille n'était pas à la bibli hier. Est-ce qu'elle

   _____ cet après midi?

5. —Mireille, tu viens manger?

   —Non, je _____ plus tard! Je n'ai pas

   le temps maintenant!

6. Monsieur Courtois n'est jamais allé aux Etats-Unis,

   mais il _____ en septembre.

7. C'est une question de volonté. Si tu veux réussir, tu

   _____ ! C'est aussi simple que ça!

8. —Marie-Laure, tu as fait tes devoirs?

   —Non, je _____ après le dîner.

24.25 Activation écrite: Présent, passé, futur; *tomber*

Complétez.

1. La vieille dame a laissé _____ son sac de pommes de terre.

2. Patatras! Ça y est! Le plateau du goûter _____ !

3. Robert (*à la réception de l'hôtel*): Je voudrais une chambre avec douche, et sans balcon, parce que j'ai l'habitude de _____ des balcons.

4. Notre hôtel n'est pas très confortable. Il y a beaucoup de bruit. Nous _____ _____ ! Je crois que nous allons changer d'hôtel. J'espère que nous _____ mieux la prochaine fois.

5. Robert: Je suis allé voir les Courtois, avant-hier. Il n'y avait personne.

   Marie-Laure: Vous _____ ! Il fallait téléphoner avant d'y aller!

6. Mireille: Marraine, je crois que je vais venir dîner ce soir.

   Mme Courtois: Ah, tu ne pouvais pas mieux _____ ! Justement nous aurons un jeune Américain tout à fait charmant.

7. Robert: Je suis allé voir les Courtois, hier soir; justement Mireille était chez eux!

   Marie-Laure: Eh bien, vous _____ ! Parce qu'elle n'y va pas souvent. Quelle coïncidence!

8. Robert et Mireille sont allés prendre un verre à la Closerie des Lilas. Ils _____ sur Hubert qui buvait un whisky entre deux parties de tennis! Encore une coïncidence!

24.26 Observation: *Qui* pronom relatif

who

	antécédent	pronom sujet		verbe	
	. . . M. Taylor,	**qui**	nous	arrive	des Etats-Unis.
	. . . un petit boucher	**qui**	me	sert	très bien.
	. . . une bonne	**qui**		est	une excellente cuisinière.
	. . . un repas	**qui**	se	termine	par une crème renversée.
	. . . des choses	**qui**	n'	existent	pas.

*Qui est un pronom relatif. Il remplace les noms M. Taylor, boucher, bonne, repas, et choses. Ces noms sont les **antécédents** du pronom qui. Qui peut remplacer des personnes (M. Taylor, un boucher, une bonne) ou des choses (un repas, des choses).*

Qui est invariable. Il peut représenter un masculin (un boucher) ou un féminin (une bonne), un singulier (un repas) ou un pluriel (des choses). Il n'y a pas d'élision avec qui. Qui est le sujet du verbe qui suit (arrive, sert, est . . .).

🎧 24.27 Activation orale: *Qui* pronom relatif

Répondez selon l'exemple.

Exemple:
Vous entendez: 1. Robert va chez les Courtois le surlendemain. C'est un vendredi.
Vous dites: Robert va chez les Courtois le surlendemain,
qui est un vendredi.

2. Mme Courtois a une bonne. C'est une excellente
cuisinière.
3. Nous aurons un jeune Américain. Il est charmant.
4. Nous aurons un jeune Américain. Il ne connaît
personne.
5. Nous aurons un jeune Américain. Il sera ravi de faire
ta connaissance.
6. On sert un potage. Il est excellent.
7. M. Courtois sert un Château-Lafite. C'est une
merveille!
8. J'ai mangé à Dijon des œufs brouillés. C'étaient des
merveilles!

🎧 24.28 Observation: *Que* pronom relatif

antécédent	pronom objet direct		verbe
. . . le chablis	**que**	tu	aimes.
. . . le boucher	**que**	Mme Courtois	a découvert.
. . . la crème	**qu'**	elle	a servie.
. . . les vins	**que**	M. Courtois	a servis.

*Que est un pronom relatif. Il remplace des personnes (le boucher)
ou des choses (le chablis, la crème).*

*Que est invariable. Il peut représenter un masculin (un bou-
cher) ou un féminin (la crème), un singulier (le chablis) ou un
pluriel (les vins). Il y a élision avec que (la crème qu'elle a servie).
Que est le complément d'objet direct des verbes aimes, a découvert, a servie, et a servis.*

🎧 24.29 Activation orale: *Que* pronom relatif

Répondez selon l'exemple.

Exemple:
Vous entendez: 1. —Mireille a donné son numéro de
téléphone à Robert, mais il ne se le rappelle plus.
—Qu'est-ce qu'il ne se rappelle plus?
Vous dites: Eh bien, le numéro que Mireille lui a donné!

2. —Mireille a donné son adresse à Robert, mais il
ne se la rappelle plus.
—Qu'est-ce qu'il ne se rappelle plus?
3. —Robert doit aller voir des gens. Ils habitent rue
d'Assas.
—Qui habite rue d'Assas?
4. —Robert connaît des gens. Ils s'appellent
Courtois.
—Qui est-ce qui s'appelle Courtois?

5. —Les Courtois ont invité un jeune Américain. Il
est charmant.
—Qui est-ce qui est charmant?
6. —Les Courtois connaissent un Américain. Il
s'appelle Robert.
—Qui est-ce qui s'appelle Robert?
7. —Mme Courtois a servi un rôti de bœuf. Il était
exquis.
—Qu'est-ce qui était exquis?
8. —Robert a bu un Château-Margaux chez les
Courtois. Il était excellent.
—Qu'est-ce qui était excellent?
9. —J'ai mangé des œufs aux truffes. Ils n'étaient pas
fameux.
—Qu'est-ce qui n'était pas fameux?
10. —Mireille porte une jupe rouge. Cette jupe plaît
beaucoup à Robert.
—Qu'est-ce qui plaît à Robert?

24.30 Activation écrite: Pronoms relatifs

Complétez.

1. Robert va chez les Courtois le surlendemain, ___qui___ est un vendredi.

2. Mme Courtois a une bonne portugaise ___qui___ est aussi une excellente cuisinière.

3. M. Courtois sert un Château-Lafite ___que___ tout le monde goûte dans un silence religieux.

4. C'est un vin ___qu'___ on ne boit pas tous les jours.

5. Les Courtois sont des gens ___qui___ font bien les choses.

6. Ce sont des gens ___que___ Robert sera heureux de connaître.

24.31 Activation écrite: Pronoms relatifs

Complétez les phrases suivantes en utilisant qui, que, *ou* qu' *selon le cas.*

La jeune fille ___qui___ se trouvait dans la cour de la Sorbonne et ___que___ Robert a rencontrée, c'est Mireille. Les paroles ___qu'___ils ont échangées n'ont pas beaucoup d'intérêt. Ils sont allés s'asseoir dans le jardin du Luxembourg ___que___ Mireille aime bien et ___que___ a semblé fort agréable à Robert. Par une remarquable coïncidence, ___que___il faut admirer, et ___que___ nous admirons tous, la marraine de Mireille est une personne ___qu'___ la mère de Robert connaissait dans son enfance, et ___qui___ est restée son amie. Cette personne, ___qui___ est maintenant mariée à un certain M. Courtois, est une dame un peu nerveuse, ___qui___ n'a pas d'enfants, ___qui___ aime les chats, et ___qui___ a une bonne portugaise ___qu'___elle considère comme une merveilleuse cuisinière. M. Courtois, ___qui___ doit aller aux Etats-Unis en automne pour ses affaires, est un gourmet ___qui___ a une véritable obsession gastronomique! Il demande à Robert de lui donner l'adresse des bons restaurants ___qu'___il connaît à New-York. En fait, les restaurants ___que___ Robert connaît à New-York sont tous médiocres. La gastronomie est une passion ___que___ Robert ignore. Pourtant, il apprécie le repas ___que___ Mme Courtois a préparé. D'abord un potage, ___que___ Robert trouve fort bon; puis un gigot ___qu'___il trouve un peu trop cuit; des fromages ___que___ ne lui plaisent pas du tout. Mais nous n'allons pas décrire tous les repas ___que___ Robert va prendre en France. C'est un sujet ___que___ manque d'intérêt pour beaucoup de gens.

🎧 24.32 Observation: Place des pronoms objets directs (révision)

	indicatif		impératif	
	pronom	verbe	verbe	pronom
Il faut	l'	excuser, le pauvre!	Excusez-	le!
Il faut	l'	excuser, la pauvre!	Excusez-	la!
Il faut	nous	excuser.	Excusez-	nous!
Il faut	vous	excuser.	Excusez-	vous!
Il faut	les	excuser.	Excusez-	les!
Il faut	m'	excuser.	Excusez-	moi!
Il faut	t'	excuser.	Excuse-	toi!

Rappelez-vous que les pronoms objets se placent après l'impératif.
Notez les formes moi et toi après l'impératif.

24.33 Activation orale: Impératif et pronoms (révision)

Répondez selon l'exemple.

Exemple:

Vous entendez: 1. Nous retenons Robert et Mireille à dîner?

Vous ajoutez (avec conviction): Oui! (Allons!) Retenons-les à dîner!

2. Nous invitons ce Monsieur Taylor?
3. Nous invitons Mireille?
4. Nous invitons les Belleau?
5. Tu essaies le fromage de chèvre? Il est fameux.
6. Tu goûtes le bordeaux? Il est extraordinaire.

7. Tu goûtes ma crème renversée? Elle est particulièrement réussie.
8. Mangez ces quatre haricots! Je ne vais pas garder ça pour demain!
9. Tu reconduis Monsieur?
10. Tu reconduis Mireille chez elle?
11. Tu reconduis ces jeunes gens?
12. Vous accompagnez Mireille?
13. Vous m'invitez à dîner?
14. Vous m'accompagnez?
15. Tu t'excuses?
16. Tu t'assieds?

24.34 Activation écrite: Impératif et pronoms

Complétez selon l'exemple.

Exemple:

Vous voyez: Vous ne goûtez pas le Château-Margaux?

Vous écrivez: Goûtez-le, il est délicieux!

1. On nous permet d'utiliser le futur.

   _____ !

2. Vous n'avez pas étudié votre leçon?

   _____ !

3. Vous ne m'avez pas présenté.

   _____ !

4. Vous voulez continuer la conversation? Eh bien,

   _____ !

5. Il faut les attendre. _____ !

6. Il faut m'excuser d'être en retard.

   _____ ! Ce n'est pas ma faute!

24.35 Activation écrite: Accord des participes passés (révision)

Déterminez de quoi il s'agit dans les phrases de la colonne de gauche. Choisissez une réponse dans la colonne de droite.
(Examinez attentivement les terminaisons des participes passés.)

1. Il les a raccompagnées.   ___ A. Mireille.
2. Il l'a raccompagné.   ___ B. Robert.
3. Il les a raccompagnés.   ___ C. Robert et Mireille.
4. Il l'a raccompagnée.   ___ D. Les sœurs de Mireille.
5. Je l'ai goûtée.   ___ E. Le bourgogne.
6. Je l'ai goûté.   ___ F. La crème.
7. Je les ai goûtés.   ___ G. Les pommes de terre rissolées.
8. Je les ai goûtées.   ___ H. Les haricots verts.

24.36 Activation écrite: *Du, de la, des, de l', de, en* (révision)

Complétez le texte suivant en utilisant du, de l', de la, des, de, en, selon ce que le texte demande.

Mercredi à midi, Robert a suivi le conseil de Mireille: il est resté à la Closerie des Lilas pour déjeuner. Il mourait de faim. D'abord, il a pris _____ potage. Puis il a demandé _____ œufs brouillés aux truffes, mais il n'y _____ avait pas. Alors, il a pris _____ poisson (une sole meunière), et _____ viande (un steak); il a aussi pris _____ légumes: _____ pommes de terre rissolées et _____ carottes à la crème. Il a pris _____ fromage, puis _____ fruits. Il a pris _____ vin blanc avec le poisson, et _____ vin rouge avec son steak. Il a demandé _____ eau, mais le garçon n'_____ a jamais apporté. Robert n'a pas pris _____ café, mais il a commandé un Grand Marnier. Il en a eu pour 125€!

🎧 24.37 Activation orale: Dialogue entre Mme Courtois et Robert

Vous allez entendre un dialogue entre Mme Courtois et Robert. Ecoutez bien. Vous allez apprendre les répliques de Robert.

Mme Courtois: Vous partez déjà?
Robert: **J'espère que vous m'excuserez . . . mais avec le décalage horaire . . .**
Mme Courtois: Ça fait combien entre New-York et Paris? Cinq heures? Six heures?
Robert: **Six heures. Je tombe de sommeil.**
Mme Courtois: Mais ne partez pas encore! Vous avez le temps! Vous ne voulez pas prendre encore un peu d'armagnac?
Robert: **Non, merci. Il est très bon, mais il faut vraiment que je rentre.**

EXERCICES-TESTS

24.38 Exercice-test: Formes du futur; futurs irréguliers

Complétez selon l'exemple.

Exemple:
Vous voyez: ça va marcher?
Vous écrivez: Oui, ça <u>marchera</u>.

1. Il va essayer?   Oui, il _____ .
2. On va le savoir!   On le _____ !
3. Vous allez venir?   Oui, nous _____ .
4. Tu vas le faire?   Oui, je le _____ .
5. Tu vas pouvoir le faire?   Oui, je _____ le faire!
6. Ça va être possible?   Bien sûr, ça _____ possible.
7. On va s'ennuyer. . . .   Mais non, on ne _____ pas!
8. Tu vas voir!   Tu _____ !
9. Il ne va pas pleuvoir.   Il ne _____ pas.
10. Ils vont avoir beau temps.   Ils _____ beau temps.
11. Il va vouloir nous raccompagner? Oui, il _____ nous raccompagner.
12. Vous allez y aller?   Oui, nous _____ .

Vérifiez. Si vous avez fait des fautes, travaillez les sections 24.18 à 24.24 das votre cahier d'exercices.

24.39 Exercice-test: Pronoms relatifs; *qui, que, qu'*

Complétez.

1. Mireille a téléphoné à Mme Courtois, _____ est sa marraine.

2. Mme Courtois a invité un jeune homme _____ Mireille connaît.

3. Mme Courtois a une chatte _____ elle adore.

4. Robert a beaucoup aimé le gazpacho _____ Mme Courtois a servi.

5. M. Courtois a servi des vins _____ étaient extraordinaires.

Vérifiez. Si vous avez fait des fautes, travaillez les sections 24.26 à 24.31 dans votre cahier d'exercices.

LIBÉRATION DE L'EXPRESSION

24.40 Mise en question

Relisez le texte de la leçon; lisez les questions de la mise en question qui suit la mise en œuvre dans votre livre de textes. Réfléchissez à ces questions et essayez d'y répondre.

24.41 Mots en liberté

Qu'est-ce qu'on peut offrir comme apéritif?
On peut offrir un scotch bien tassé, une larme de whisky avec un gros glaçon, un peu de vin blanc. . . .

Trouvez encore au moins quatre possibilités.

Qu'est-ce qu'on peut servir au dîner?
On peut servir un gazpacho, du poisson, un bordeaux rouge. . . .

Trouvez encore au moins six possibilités.

24.42 Mise en scène et réinvention de l'histoire

1. *Personnages: Mireille, Mme Courtois*
   Mireille téléphone à sa marraine.

2. *Personnages: Mireille, Mme Courtois, Robert*
   Mireille arrive chez les Courtois. Mme Courtois lui présente Robert. Robert et Mireille font semblant de ne pas se connaître.

3. *Personnages: Mireille, Mme Courtois, Robert, M. Courtois*
   Mme Courtois s'excuse et va à la cuisine. M. Courtois arrive. Mireille lui présente Robert. M. Courtois dit qu'il va aller aux Etats-Unis. Il offre quelque chose à boire.

4. *Personnages: Mireille, Mme Courtois, Robert, M. Courtois*
   On parle du temps, de la circulation, des restaurants.

5. *Personnages: Mireille, Mme Courtois, Robert, M. Courtois*
   Robert prend congé. Il remercie. M. Courtois propose de raccompagner Robert et Mireille. Ils protestent. M. Courtois insiste. Robert et Mireille disent au revoir à Mme Courtois.

6. *Personnages: Mireille, Robert*
   Robert raccompagne Mireille jusqu'à sa porte. Il veut la revoir. Elle lui dit de téléphoner. Elle lui donne le numéro. Ils se disent au revoir.

7. *Personnages: Mireille, Ghislaine*
   Elles parlent de la cuisine anglaise.

24.43 Mise en scène et réinvention de l'histoire

Vous êtes Robert chez les Courtois. M. et Mme Courtois vous posent des questions.

M. Courtois: Robert, qu'est-ce que je peux vous offrir? Whisky, Campari, xérès?

Vous: (. . .)

M. Courtois: Comment le voulez-vous?

Vous: (. . .)

Mme Courtois: Où avez-vous mangé depuis que vous êtes à Paris?

Vous: (. . .)

Mme Courtois: Qu'est-ce que vous avez mangé?

Vous: (. . .)

24.44 Réinvention de l'histoire

Robert est invité chez les Courtois.

Avec qui? (Seul; il y a aussi Mireille, Marie-Laure, Ousmane, M. et Mme Belleau, Hubert, Jean-Pierre Bourdon, Tante Georgette, Fido.)

Qui sont les Courtois? Comment sont les Courtois? Au physique, au moral? Est-ce qu'ils travaillent? Qu'est-ce qu'ils font? Et Minouche?

Et les autres invités?

Où ont-ils dîné? Chez les Courtois? Au restaurant? La bonne des Courtois s'est mise en congé? Elle fait la grève?

Qui est-ce qui a fait la cuisine? M. Courtois?

Qu'est-ce qu'ils ont mangé? C'était comment?

De quoi ont-ils parlé? Du temps, de leurs professions, de leurs familles, de la mère de Robert, des chats, des chiens?

Comment Robert est-il parti? (Seul, avec Mireille, avec quelqu'un d'autre); comment est-il rentré à son hôtel?

Après le repas, qu'est-ce que les invités ont dit? (Du repas, des Courtois, des autres invités . . .)

24.45 Mise en scène et réinvention de l'histoire

Imaginez une variante du dîner chez les Courtois.

D'abord, Robert s'est trompé
| de tour. |
| d'étage. |
| de porte. |
| de jour. |
| d'heure. |

Quand Robert arrive, c'est M. Courtois qui ouvre la porte.

Mme Courtois
est
allée	dîner chez les Belleau.
	chercher du pain.
	voir sa mère malade, au Pays Basque.
chez le vétérinaire avec Minouche.
en voyage.
à l'hôpital.
à son cours de danse.

a
| une migraine horrible. |
| un match de bridge. |
| oublié Robert. |

Concepción
est
| fait la grève. |
| à une manifestation. |
| au mariage de son fils. |
| partie au Portugal. |
| s'est mise en congé. |
| a quitté les Courtois. |

On sonne. Ce n'est pas Mireille.

C'est
| le plombier. |
| le mari de Concepción. |
| le vétérinaire. |
| un agent de police. |
| un prêtre. |

Il vient
| chercher | M. Courtois / Concepción. |
| se faire inviter. |
| demander | de l'aspirine. / de l'argent. |
| arranger les toilettes. |

On sonne encore. Ce n'est pas Mireille. C'est un homme tout en noir.

M. Courtois | ne le connaît pas.
            | l'a invité à dîner.

C'est | le psychiatre de Mme Courtois.
      | le petit ami de Mme Courtois.
      | un cousin australien de M. Courtois.
      | un gangster italien.
      | Pierre Capretz.

M. Courtois sert | des pommes de terre | cru | —.
                 | des haricorts verts | carbonisé | -e.
                 | de la tête de veau | saignant | -s.
                 | des pieds de porc | à point | -es.
                 | de la saucisse | en conserve |
                 | du gigot | |
                 | des truites | |

et dit,

Vers | 8h du soir | Robert se lève pour partir,
     | 10 heures
     | minuit
     | deux heures du matin
     | cinq heures du matin

quelle | charmante
       | affreuse
       | horrible | soirée!
       | intéressante

vos invités | étaient | charmants.
les haricots | | sympathiques.
            | | fascinants.
            | | bêtes comme leurs pieds.
            | | bizarres.
            | | pas très réussis.
            | | exquis.
            | | délicieux.
            | | mauvais.

24.46 Journal de Marie-Laure

Minouche a disparu

1. Pourquoi Marraine Courtois a-t-elle été emmenée à l'hôpital?
2. Où Marraine Courtois a-t-elle cherché Minouche?
3. Qu'est-ce que les médecins donnent à Marraine Courtois?
4. Quelle supposition Marie-Laure fait-elle pour expliquer la disparition de Minouche? Est-ce plausible?
5. Y a-t-il d'autres suppositions que l'on pourrait faire pour expliquer sa disparition?

PRÉPARATION À LA LECTURE ET À L'ÉCRITURE

24.47 Lecture et interprétation

Relisez le texte de la leçon 24, section 8, pour bien vous rappeler le point de vue de chaque personnage; regardez les illustrations et explications du vocabulaire de cette section; et étudiez le document 1, "Dordogne-Périgord." Puis complétez ou répondez.

1. Regardez la première illustration du document 1. La Dordogne est un département situé dans la région de l'Aquitaine, mais c'est aussi une rivière qui se jette dans un fleuve, la _____ , qui va des Pyrénées à l'Atlantique.

2. Monsieur Courtois est un <u>bon vivant</u>, il aime <u>bien vivre</u>. Il apprécie la région de la Dordogne et du Périgord parce qu'on y trouve les meilleurs champignons (les _____ et les _____ , en particulier) et d'excellents _____ d'oie.

3. Madame Courtois aime aussi cette région parce qu'elle est très _____ . En effet, Monpazier, en _____ , avec sa place centrale entourée d'arcades des XIVème et XVIIIème siècles, et la Roque-Gageac, sur la _____ , un village au pied d'une falaise (une sorte de mur de rocher), figurent sur une liste officielle des 156 "Plus Beaux Villages de France."

4. Mireille, qui a toujours aimé le dessin et la peinture et qui étudie _____ à la Sorbonne, s'intéresse plutôt aux _____ préhistoriques, aux énormes cavités dans le rocher où, à l'intérieur, elle pourrait admirer les _____ , qui datent de 15.000 ans avant l'ère chrétienne.

5. En 1868 en Dordogne, dans une cavité de la falaise des Eyzies, on a découvert cinq squelettes d'un peuple préhistorique auquel on a donné le nom "Homme de Cro-Magnon." Marie-Laure, cette impertinente, se moque de Mireille en la comparant à l'homme de Cro-Magnon (voyez la section 13 de la leçon 8): "Elle _____ ," dit la petite sœur.

24.48 Lecture, interprétation, et expansion du vocabulaire

Lisez les documents 2A et 2B de la leçon 24 dans votre livre de textes. Relisez le texte de la leçon 24, section 4.

1. Qu'est-ce que M. Courtois veut que Robert lui donne? _____ sur les Etats-Unis. Ça, ce sont des renseignements.

   Mais il y a toutes sortes de tuyaux, des tuyaux de pipe, des tuyaux d'arrosage pour arroser le jardin, des tuyaux d'incendie pour éteindre les incendies (voyez leçon 17, documents 2A et 2D), et les tuyaux de poêle. Ceux-là sont fameux parce qu'ils donnent aux gamins d'école primaire l'occasion de faire un jeu de mots: "Comment vas-tu . . . yau de poêle?" C'est un peu bête: ce n'est pas très _____ .

2. Jacques Lacan était un psychanalyste très connu. Les psychologues s'intéressent surtout au conscient; les psychanalystes s'intéressent davantage à l'_____ . Si Marie-Laure dit "Comment vas-tu . . . yau de poêle?" tout le monde est d'accord pour dire que c'est un jeu de mots stupide. Mais si c'est une vedette de la psychanalyse qui _____ cette phrase du haut de sa chaire au Collège de France, en disant que c'est de l'inconscient, tout le monde s'y intéresse, ça _____ dans l'auditoire une grande attention.

3. Beaucoup de gens pensaient que Lacan avait du génie: ils avaient _____ en son génie. C'est pour ça que Lacan pouvait se _____ de dire n'importe quoi et tout le monde trouvait ça génial.

   Vous vous rappelez qui a dit "Je pense, donc je suis"? C'est _____ (voyez leçon 16, document 1).

24.49 Lecture, interprétation, expansion du vocabulaire, et pratique de l'écriture

Lisez le document 3 de la leçon 24, "Les Animaux familiers." Puis, complétez les phrases suivantes et répondez.

1. Un animal qui est considéré comme un membre de la <u>famille</u> est un animal _____ .

2. En plus des chats et des chiens, les familles françaises possèdent:

   des animaux aquatiques, c'est-à-dire des
   _____ ;

   d'autres mammifères terrestres, par exemple des
   _____ ;

   des animaux aériens, c'est-à-dire des _____ .
   Quels oiseaux pouvez-vous nommer? (Voyez le document 5 de la leçon 15 et les documents 3 et 4 de la leçon 20.) _____

   _____

   _____

   _____

   _____

3. D'un certain point de vue les canes et les pélicans se ressemblent: ce sont tous les deux des oiseaux _____ .
   Les poulets, non; ce sont des oiseaux
   _____ .

4. Quelqu'un qui habite dans une ville est un <u>citadin.</u> Est-ce que la majorité des Français habitent à la campagne ou en ville? _____
   Est-ce que cela aide à comprendre pourquoi les Français ont plus de chats que de chiens? Expliquez.

   _____

   _____

   _____

   _____

   _____

5. Dans le passé, les chats et les chiens rendaient <u>service</u>, ils avaient une fonction, ils

   _____ à quelque chose. Les chiens protégeaient la maison, ils la défendaient, ils la
   _____ . Les chats chassaient les rats pour les manger ou les tuer; ils servaient ainsi à _____ des rats.
   (Quand on ne veut plus avoir un objet, on s'en
   _____ .)

6. De nos jours, les chats et les chiens offrent d'autres avantages: ils sont <u>affectueux,</u> ils montrent de l'<u>affection</u>; c'est un avantage d'ordre _____ . Selon cet article, quels sont les deux groupes pour qui cet avantage justifie la possession d'un animal? _____

   _____

   _____

7. Les animaux familiers sont aussi un prétexte à la rencontre et à la convivialité. Les gens qui promènent leur chien ont plus de chances de _____ et de
   _____ que s'ils n'étaient pas accompagnés de leur animal.

8. Les étrangers sont souvent un peu surpris de voir les Français traiter leurs animaux comme des êtres _____ . Madame Courtois, par exemple, croit que Minouche est malade (elle a la _____), alors elle l'emmène chez le docteur pour animaux, le
   _____ . (Voyez la section 2 de la leçon 23.)

9. Qu'est-ce qui peut aussi surprendre les étrangers dans la façon dont les Français s'occupent de leurs animaux familiers? Trouvez trois exemples.

   _____

   _____

   _____

   _____

10. Lisez le Journal de Marie-Laure pour février 1989 dans cette leçon. Est-ce que la réaction de Mme Courtois devant la disparition de Minouche vous semble normale, ou exagérée? Expliquez. (Et n'oubliez pas de lire la suite du journal dans la leçon 25!)

_____

_____

_____

_____

11. Faites un sondage où vous demandez qui possède au moins un animal familier, puis analysez et expliquez les résultats. Quels animaux familiers sont les plus représentés? Pourquoi, à votre avis?

_____

_____

_____

_____

_____

24.50 Lecture et interprétation

1. *Lisez les documents 4A, 4B, et 4E.*

Qu'est-ce que Rabelais et Baudelaire ont en commun?

_____

2. *Lisez les documents 4C et 4D.*

Est-ce qu'il faut être un peu sorcier pour faire de la bonne cuisine? Est-ce que la cuisine est de la magie? Est-ce que la sorcellerie est quelque chose de simple ou de compliqué? D'après vous, est-ce que l'écrivain Colette et le compositeur Erik Satie sont d'accord ou pas? Expliquez.

_____

_____

_____

_____

24.51 Lecture et interprétation

Lisez le document 5, "Le Vin et le lait."

1. Quels sont les trois produits que les Français considèrent comme spécifiquement français?

_____

2. Quelle est la boisson typique, "totem," des Hollandais? _____

Et celle des Anglais? _____

Et celle des Français? _____

3. D'après le philosophe Bachelard, le vin est associé, dans l'inconscient collectif des Français, au soleil et à la terre; il est donc essentiellement _____ , tandis que l'eau est essentiellement _____ .

24.52 Lecture et interprétation

Lisez le document 7.

Comment Alexandre Dumas père a-t-il gagné des millions?

_____

Pourquoi Alexandre Dumas fils a-t-il décidé de faire de la littérature?

_____

_____

24.53 Lecture, interprétation, et expansion du vocabulaire

Lisez le document 8.

1. Dans les charcuteries, on vend du pâté de porc, du pâté de foie, du pâté de canard, des pâtés de foie gras . . . Mais on ne donne pas de pâté aux chiens. On leur donne de la _____ .

2. En hiver, où fait-il plus froid, en général? Dedans ou dehors? _____
   Mais s'il fait trop chaud dans la maison, en été, par exemple, il vaut mieux aller _____ .

3. Une côtelette de mouton, c'est de la viande, comme le gigot de mouton. On achète ça à la _____ . (Voyez leçon 17, section 2, et leçon 24, section 7.) Le bifteck, c'est aussi de la _____ (de bœuf).

24.54 Lecture, interprétation, et expansion du vocabulaire

Lisez le document 9, "Habitation et circulation."

1. L'habitation est quelque chose de très important: il ne faut pas la _____ . Il ne faut pas la sacrifier à la circulation.

2. On a construit des voies de circulation, pour les voitures, sur les bords de la Seine: les _____ de la Seine sont transformées en routes.

LEÇON

25

ASSIMILATION DU TEXTE

🎧 25.1 Mise en œuvre

Ecoutez le texte et la mise en œuvre dans l'enregistrement sonore. Répétez et répondez suivant les indications.

🎧 25.2 Compréhension auditive

Phase 1: Regardez les images et répétez les énoncés que vous entendez.

Phase 2: Ecrivez la lettre de chaque énoncé que vous entendez sous l'image qui lui correspond le mieux.

1. __

2. __

3. __

4. __

5. __

6. __

7. __

8. __

🎧 25.3 Compréhension auditive

Phase 1: Regardez les photos ci-dessous, et écoutez les passages du film qui leur correspondent.

1. __   **2.** __   **3.** __

4. __   **5.** __   **6.** __

Phase 2: Regardez les images, écoutez les passages du film, et écrivez la lettre qui identifie chaque passage sous l'image qui lui correspond le mieux.

🎧 25.4 Compréhension auditive et production orale

Ecoutez les dialogues suivants. Après chaque dialogue, vous allez entendre une question. Répondez à la question.

1. Qu'est-ce que Robert commande?
2. Qu'est-ce qu'il prend comme boisson?
3. Pourquoi Tante Georgette veut-elle faire changer son verre?
4. Pourquoi Tante Georgette fait-elle rapporter sa côtelette à la cuisine?
5. Pourquoi Tante Georgette demande-t-elle au garçon de remporter les petits pois?
6. Pourquoi est-ce que le brie ne lui plaît pas?
7. Pourquoi est-ce que le camembert ne lui plaît pas?
8. Et le pain, pourquoi est-ce qu'il ne lui plaît pas?

🎧 25.5 Production orale

Ecoutez les dialogues suivants. Vous allez jouer le rôle du second personnage.

1. La réception: Oui, Monsieur. Thé, café, ou chocolat?
   Robert: (. . .)
2. Le marchand: Oh, là, vous n'avez pas de monnaie?
   Robert: (. . .)
3. Tante Georgette: Vous m'apporterez une tête de veau.
   Le garçon: (. . .)
4. Le garçon: Bien, Madame. Une côtelette d'agneau.
   Tante Georgette: (. . .)
5. Le garçon: Voilà votre côtelette, Madame. J'espère que, cette fois, elle sera assez cuite pour vous.
   Tante Georgette: (. . .)

PRÉPARATION À LA COMMUNICATION

◖ 25.6 Observation: Prononciation; détente des consonnes et des semi-consonnes finales

Observez les consonnes finales dans les mots suivants.

Mademoiselle	Madame	il déjeune	du cantal
Mireille	comme	pleine	sale
la vaisselle	film	jaune	quel animal

Vous remarquez que les consonnes finales françaises sont suivies d'une détente, c'est-à-dire que les organes articulatoires ne restent pas fermés dans la position consonne, mais se relâchent pour laisser passer un léger son vocalique.

◖ 25.7 Activation orale: Prononciation; détente des consonnes finales

Répétez les expressions suivantes en marquant la détente des consonnes finales (mais n'exagérez pas quand même!).

Regardez la salade; elle est belle!	Cette assiette est sale.	Ça m'est égal!
Descendez à Saint-Michel.	Changez-moi cette nappe!	C'est normal!
C'est facile!		

◖ 25.8 Observation: *Frais*

frais ≠ pas frais, vieux				
Le poisson	**frais**	est bon.		
La viande	**fraîche**	est bonne.		
Le poisson pas	**frais,**			
la viande pas	**fraîche**	ne sont pas bons.	Ils sentent mauvais; ils ont mauvais goût.	
Quand le pain est	**frais,**	il est bon;	il a bon goût.	
Quand le pain n'est pas	**frais,**	il n'est pas bon;	il est dur; il n'a pas bon goût.	
frais ≠ fait				
Le fromage trop	**frais**	n'est pas bon.	Il n'a pas de goût;	il est dur.hard
Le fromage trop	**fait**	n'est pas bon.	Il a trop de goût;	il sent mauvais.
frais ≠ en conserve				
Les légumes	**frais**	sont bons;	ils ont bon goût.	
Les légumes	**en conserve**	sont moins bons;	ils ont moins bon goût.	

25.9 Activation: Compréhension auditive; *frais, fait, en conserve*

Vous allez entendre huit énoncés. Déterminez
laquelle des trois phrases que vous voyez correspond le mieux à chacun de ces énoncés, et
cochez la case appropriée.

	I	2	3	4	5	6	7	8
Il est dur!	✓	✓	✓			~~✓~~		
Il sent mauvais! Il pue!				✓			~~✓~~	✓
C'est de la conserve!					✓		✓	

25.10 Observation: Impératif (révision)

Comparez.

présent			impératif	
Vous ne	**faites**	rien?	**Faites**	quelque chose!
Tu ne	**fais**	rien?	**Fais**	quelque chose!
Vous ne	**prenez**	rien?	**Prenez**	quelque chose!
Tu ne	**prends**	rien?	**Prends**	quelque chose!
Vous ne	**buvez**	rien?	**Buvez**	quelque chose!
Tu ne	**bois**	rien?	**Bois**	quelque chose!
Vous ne	**mangez**	rien?	**Mangez**	quelque chose!
Tu ne	**manges**	rien?	**Mange**	quelque chose!

A l'exception de quelques verbes (comme être, avoir, savoir, et
vouloir) les formes de l'impératif sont identiques aux formes cor-
respondantes du présent de l'indicatif.

Remarque orthographique: pour les verbes en -er, la 2ème personne du
singulier de l'impératif s'écrit sans -s.

25.11 Activation: Dictée

Ecoutez et complétez. Vous entendrez le texte trois fois.

Mme Belleau: _____ , _____ ton pull.

Marie-Laure: Mais il ne _____ pas froid!

Mme Belleau: Ça ne _____ rien, _____

quand même, on ne _____ jamais.

25.12 Observation: Repas (révision et extension)

	repas	heure
Marie-Laure	**prend son petit déjeuner**	vers 7 heures (du matin).
Elle	**déjeune**	vers midi et demi.
Elle	**goûte**	vers 4 heures.
Mme Belleau	**prend le thé**	vers 5 heures.
Les Belleau	**dînent**	vers 7 heures et demie (du soir).

🎧 25.13 Activation orale: Repas

Ecoutez et répondez selon les exemples.

Exemples:
Vous entendez: 1. Marie-Laure, il est 7 heures du matin!
Vous dites: Viens prendre ton petit déjeuner.

Vous entendez: 2. Les enfants, il est midi et demi!
Vous dites: Venez déjeuner.

3. Les enfants, il est 4h!
4. Marie-Laure et Mireille, il est 8 heures du soir.
5. Robert, qu'est-ce que tu fais au lit? Il est presque 9 heures du matin!
6. Mireille, les invités sont là depuis une demi-heure. Il est 5h et demie . . .
7. Chéri, il est midi et demi.

🎧 25.14 Observation: Toilette

	pronom réfléchi		article défini	
Robert	**se**	brosse	**les**	dents.
Marie-Laure	**se**	lave	**les**	mains.
Je	**me**	coupe	**les**	ongles.

🎧 25.15 Activation orale: Toilette

Répondez selon l'exemple.

Exemple:
Vous entendez: 1. Marie-Laure! Tu n'es pas réveillée?
Vous dites: Allons! Réveille-toi!

2. Tu n'es pas levée!
3. Tu ne t'es pas lavée!
4. Tu ne t'es pas lavé les mains!

5. Tu ne t'es pas brossé les cheveux!
6. Tu ne t'es pas brossé les dents!
7. Alors, les enfants, vous n'êtes pas réveillées!
8. Alors, les enfants, vous n'êtes pas habillées!
9. Alors, les enfants, vous ne vous êtes pas brossé les dents!
10. Alors, les enfants, vous ne vous êtes pas coupé les ongles!

🎧 25.16 Observation: Impératif et pronoms, *en, y*

					verbe
1.		Mange		cette côtelette!		Mange-**la!**
2. Ne	mange	pas	cette côtelette!	Ne	**la**	mange pas!
3.		Prends		du vin!		Prends-**en!**
4. Ne	prends	pas	de vin!	N'	**en**	prends pas!
5.		Allez		à ce restaurant!		Allez-**y!**
6. N'	allez	pas	à ce restaurant!	N'	**y**	allez pas!

*Les pronoms personnels, en, et y se placent **après** le verbe dans les expressions impératives positives (1, 3, 5) et **avant** le verbe dans les expressions impératives négatives (2, 4, 6).*

🎧 25.17 Observation: Impératif, 2ème personne du singulier; *en, y*

impératif	
Prends du fromage!	Prends-**en!**
Bois du vin!	Bois-**en!**
Mange des fruits!	Manges-**en!**
Va au restaurant!	Vas-**y!**

Remarquez qu'il y a toujours un -s à la 2ème personne du singulier de l'impératif devant en et y.

🎧 25.18 Activation orale: Impératif, 2ème personne du singulier; *en, y*

Répondez selon les exemples.

Exemples:

Vous entendez: 1. Je peux manger des fruits?
Vous dites: Mais oui, (bien sûr,) manges-en.

Vous entendez: 2. Je peux aller au cinéma, ce soir?
Vous dites: Oui, vas-y (si tu veux)!

3. Je peux prendre des pommes de terre?
4. Je peux reprendre de la salade?
5. Je peux aller chez les Courtois?
6. Je peux manger du fromage?
7. Je peux aller à la plage?
8. J'achète de la viande?
9. J'achète du vin?
10. J'achète des œufs?
11. Je peux aller au café?

🎧 25.19 Observation: *En* partitif (révision)

	partitif	**en**
Robert a repris	**du gigot.**	
1.		Il **en** a repris.
Je ne veux pas	**de vin.**	
2.		N' **en** apportez pas.
Je n'ai pas	**de pain.**	
3.		Apportez- **en.**

Vous avez déjà pu observer que:

- En remplace une expression partitive (du, de la, ou des + nom).
- De façon générale, en (comme les pronoms personnels objets) se place **devant le verbe** (1, 2).
- Par exception, en (comme les pronoms personnels objets) se place **après le verbe** dans les expressions impératives positives (3).

🎧 25.20 Activation orale: *En* partitif

Répondez selon l'exemple.

Exemple:

Vous entendez: 1. Il reste encore de la tête de veau?
Vous dites: Non, il n'en reste plus.

2. Il leur reste encore du fromage?
3. Il vous reste encore des pieds de porc?
4. Vous avez encore du lapin à la moutarde?
5. Vous avez encore du gigot?
6. Il te reste du pain?
7. Il lui reste des boules de gomme?
8. Tu veux encore des petits pois?
9. Vous voulez encore des haricots verts?
10. Robert veut encore de la viande?

∩ 25.21 Activation orale: Impératif et pronoms personnels objets indirects (révision)

Répondez selon l'exemple.

Exemple:
Vous entendez: 1. Je veux une fourchette propre!
Vous dites: Apportez-moi une fourchette propre!

2. Elle veut une côtelette à point.
3. Nous voudrions des pieds de porc.
4. Ce monsieur veut de la tête de veau.
5. Ces dames veulent le plateau de fromages.
6. Ces messieurs voudraient du pain.
7. Je veux un couteau qui coupe!

∩ 25.22 Activation orale: Impératif et pronoms personnels objets indirects (révision)

Répondez selon l'exemple.

Exemple:
Vous entendez: 1. L'assiette de cette dame est sale!
Vous dites: Changez-lui son assiette.

2. Mon assiette est sale.
3. Les verres de ces messieurs sont pleins de rouge à lèvres!
4. La nappe de ces dames est déchirée.
5. La serviette de cette dame est déchirée.
6. Le couteau de ce monsieur ne coupe pas.

∩ 25.23 Activation orale: Impératif et pronoms personnels objets indirects (révision)

Répondez selon l'exemple.

Exemple:
Vous entendez: 1. Elle veut une autre assiette.
Vous dites: Donnez-lui une autre assiette.

2. Cette dame veut une autre serviette.
3. Je veux une autre assiette.
4. Nous voulons d'autres verres!
5. Ces messieurs veulent une autre nappe.
6. Ce monsieur veut un autre verre.
7. Je veux une autre table!

25.24 Activation écrite: Impératif et pronoms (révision)

Allons, voyons, Guillaume!

Guillaume a invité sa sœur Georgette à dîner avec lui au restaurant. L'imprudent! Georgette, impérieuse comme toujours, fait un emploi massif de l'impératif. Ces impératifs ont été enlevés du texte suivant. Rétablissez-les, et ajoutez les pronoms nécessaires.

Exemple:

Vous voyez: Alors, ce maître d'hôtel, il vient ou il ne vient pas? Nous n'allons pas l'attendre pour nous asseoir! _____

Vous écrivez: Asseyons-nous!

Maintenant, continuez sur ce modèle.

Et le garçon, où est-il? Tu ne l'appelles pas? _____ , donc! (Le garçon passe près de Georgette.) Garçon, vous n'apportez pas le menu? _____ tout de suite. (Le garçon apporte le menu.) Et la carte des vins, vous ne l'avez pas apportée? _____ ! (Guillaume hésite entre le potage et un hors-d'œuvre.) Mais enfin, tu ne vas pas te décider? _____ ! (Le garçon verse un peu de vin à Guillaume.) Il attend que tu goûtes le vin. Allons,

_____ , voyons! (Un peu plus tard:) Tu trouves ce vin buvable, toi? J'espère que tu vas le refuser! Vas-y! _____ ! Dis-_____ que tu es chevalier du Tastevin; montre-_____ ta carte; et demande-_____ de nous apporter une autre bouteille. Et puis, dis-_____ aussi d'apporter de l'eau. (Georgette prend les choses en main.) Mais enfin, garçon, l'eau, quand est-ce que vous allez nous l'apporter? _____ une carafe d'eau immédiatement. (A Guillaume:) Cette côtelette n'est pas cuite. Je vais lui dire de la remporter à la cuisine. Garçon, cette côtelette n'est pas cuite, _____ à la cuisine. . . . Alors, quand est-ce que tu vas te décider à demander l'addition? _____ ! On ne va pas rester ici toute la nuit! Cette addition, tu feras bien de la vérifier. _____ . Je suis sûre qu'ils se sont trompés. Tu veux laisser un pourboire au garçon! Bon, mais _____ un tout petit pourboire. Parce que, vraiment, comme service, ça laisse à désirer!

🎧 25.25 Observation: Place de *en* et des pronoms personnels

	pronom	en	
—Je n'ai pas de pain. Apportez-	m'	en.	
—Je	vous	en	apporte tout de suite.
—Elle n'a pas de pain. Apportez-	lui	en.	
—Je	lui	en	apporte tout de suite.

Remarquez que, quand il est utilisé avec un pronom, en est placé **après** le pronom.

◖◗ 25.26 Observation: *En* et expression quantitative ou qualitative

		en	+ *expression*	
Je voudrais du vin.	Apportez-moi		**une bouteille**	de vin.
	Apportez-m'	**en**	**une bouteille.**	
Je voudrais des côtelettes.	Apportez-moi		**deux**	côtelettes.
	Apportez-m'	**en**	**deux.**	
Ce verre n'est pas propre.	Apportez-moi		**un autre**	verre.
	Apportez-m'	**en**	**un autre.**	
Ces côtelettes sont carbonisées.	Apportez-moi		**d'autres**	côtelettes.
	Apportez-m'	**en**	**d'autres.**	

◖◗ 25.27 Activation orale: *En* + *un autre, une autre, d'autre,* ou *d'autres*

Répondez selon l'exemple.

Exemple:
Vous entendez: 1. Cette côtelette est carbonisée!
Vous dites: Apportez-m'en une autre!

2. Le verre est sale!
3. Ma fourchette n'est pas propre!
4. Nos serviettes sont déchirées!
5. La serviette de cette dame est déchirée!
6. Le pain de ces messieurs n'est pas frais!
7. Mon couteau ne coupe pas.
8. Nos couteaux ne coupent pas.
9. La côtelette de Tante Georgette est carbonisée.
10. Les petits pois de ces messieurs ne sont pas frais.

25.28 Activation écrite: *En* + *un autre, une autre, d'autre,* ou *d'autres*

Complétez selon le modèle de l'exercice précédent.

1. Mon verre est sale!

   Apportez-_____ .

2. Nos serviettes sont déchirées!

   Apportez-_____ .

3. Le pain de ces dames n'est pas frais!

   Apportez-_____ .

4. Nos couteaux ne coupent pas!

   Apportez-_____ .

5. La truite de ce monsieur est carbonisée!

   Apportez-_____ .

6. Le verre de ce monsieur est sale.

   Apportez-_____ .

7. Le camembert de cette dame est trop fait.

   Apportez-_____ .

8. Mes petits pois sont carbonisés!

   Apportez-_____ .

🎧 25.29 Observation: Pronoms personnels explétifs

Pour les esprits exigeants et curieux:

Tante Georgette dit:

Regardez-**moi** cette serviette!
Remportez-**moi** ces petits pois!

Le pronom moi n'est pas nécessaire dans ces phrases. On peut dire:

Regardez cette serviette!
Remportez ces petits pois!

Tante Georgette utilise ces pronoms pour donner plus de force à l'expression de son indignation.

Autre exemple (c'est un enseignant autoritaire qui parle):

Etudiez-**moi** cette leçon pour demain!

🎧 25.30 Activation orale: Pronoms démonstratifs *celui-ci, celle-ci, ceux-ci, celles-ci;* pronoms objets indirects (révision)

Répondez selon l'exemple.

Exemple:
Vous entendez: 1. Apportez-moi un autre verre.
Vous dites: Celui-ci ne me plaît pas.

2. Apportez-moi un autre pied de porc.
3. Apportez un autre pied de porc à cette dame.
4. Apportez-moi d'autres petits pois.
5. Apportez-moi une autre côtelette.
6. Apportez-moi un autre plateau de fromages.
7. Apportez un autre plateau de fromages à ces messieurs.
8. Apportez-nous d'autres haricots verts.
9. Apportez donc une autre tête de veau à ce monsieur.

25.31 Activation écrite: Pronoms démonstratifs *celui-ci, celle-ci, ceux-ci, celles-ci;* pronoms objets indirects (révision)

Complétez selon le modèle de l'exercice précédent.

1. Apportez un autre pied de porc à cette dame.

   _____ ne _____ plaît pas!

2. Apportez-moi d'autres haricots verts!

   _____ ne _____ plaisent pas!

3. Apportez-nous une autre tête de veau!

   _____ ne _____ plaît pas!

4. Apportez d'autres fleurs à ces dames!

   _____ ne _____ plaisent pas!

25.32 Activation écrite: Pronoms démonstratifs (révision)

Lisez et complétez le récit suivant en utilisant celui, celle, ceux, celles, selon ce que le texte demande.

Georgette n'a pas de chance!

Au restaurant, Guillaume et Georgette ont, par pure coïncidence, commandé les mêmes plats. Ils ont d'abord pris des huîtres. _____ de Guillaume étaient fraîches et grasses. _____ de Georgette étaient sèches et maigres. Puis est venu le potage. _____ de Guillaume était parfait; _____ de Georgette était froid. Ils ont ensuite commandé une côtelette de mouton. _____ de Guillaume était à point et tendre.

_____ de Georgette était dure et carbonisée. Avec la côtelette, ils ont demandé des petits pois. _____ de Guillaume étaient d'un beau vert, _____ de Georgette étaient durs comme de la pierre. Comme fromage, ils ont choisi du brie. _____ de Guillaume était parfaitement à point; mais _____ de Georgette était sec comme du plâtre. Enfin, leur dessert a été une crème renversée. _____ de Guillaume était couverte de caramel, mais il n'y en avait pas du tout sur _____ de Georgette.

25.33 Activation écrite: Pronoms démonstratifs (révision)

Complétez.

1. Ces œufs brouillés aux truffes sont loin d'être aussi bons que _____ j'ai mangés à Dijon!

2. Apportez-moi une autre côtelette. _____ est complètement carbonisée!

3. Ah! Du brie de Meaux! C'est _____ je préfère.

4. Ces petits pois ne sont certainement pas aussi frais que _____ nous allions chercher nous-mêmes dans le jardin de ma grand-mère!

5. Les croissants d'aujourd'hui ne sont pas aussi frais que _____ hier!

6. Ils ne mettent pas beaucoup de fromage sur leurs croque-monsieur, ici; je préfère _____ en face.

7. —Vous voulez un fromage? Je vous donne ce camembert?
   —Non, montrez-moi plutôt _____ est à côté, là.

8. Mme Courtois prend toujours de la moutarde de Meaux. C'est _____ M. Courtois préfère.

9. Ah, la confiture de mirabelle! C'est _____ ma mère achetait toujours pour mon goûter.

10. —Tiens, il y a une dame, là . . . je crois que c'est la tante de Mireille.
    —Laquelle? _____ mange de la tête de veau?
    —Non, _____ d'à côté; _____ n'a pas l'air content.

11. Dites, vous n'avez pas un autre billet de 20€? _____ vous venez de me donner est tout déchiré.

25.34 Activation écrite: Formes du futur (révision)

Imaginez que vous irez en France l'année prochaine. Les choses se passeront pour vous à peu près comme elles se sont passées pour Robert. Vous rencontrerez un charmant jeune homme ou une charmante jeune fille dans la cour de la Sorbonne. Transformez le récit des aventures de Robert en vous substituant à lui.

Exemple:
Vous voyez: Pour aller à Paris, Robert a pris l'avion. Arrivé à Paris, il a passé la douane.
Vous écrivez: Pour aller à Paris, je prendrai l'avion. Arrivé(e) à Paris, je passerai la douane.

Robert n'est pas allé à la Cité Universitaire, comme ses compagnons de voyage. Il est descendu dans un petit hôtel du Quartier latin. Aussitôt arrivé, il a écrit une carte postale à sa mère. Le lendemain, il est sorti de bonne heure. Il est allé se promener sur le boulevard Saint-Michel. Il a vu des étudiants qui manifestaient contre le ministre de l'Education nationale. Il les a suivis jusque dans la cour de la Sorbonne. Là, il a rencontré une jeune fille avec qui il a engagé la conversation. La jeune fille l'a félicité sur la qualité de son accent. Juste à ce moment-là, une voiture de police est passée. Pendant une minute, ils n'ont rien dit. Ils se sont regardés. Elle lui a souri, il lui a rendu son sourire. Puis, la jeune fille lui a posé beaucoup de questions sur sa famille et sur lui-même. Finalement, ils se sont dit leurs noms: Robert et Mireille. Mireille lui a demandé d'aller avec elle au Luxembourg. Ils se sont installés sur un banc. Ils ont parlé abondamment de leurs projets d'avenir. Puis Robert a invité Mireille à prendre quelque chose à la Closerie des Lilas. Qu'est-ce qu'elle a fait? Elle a accepté. Là, ils ont parlé de leurs études. La conversation a été fascinante. Robert a critiqué tous les systèmes d'éducation. Puis il a téléphoné à Mme Courtois, une amie de sa mère, qui était aussi, par une coïncidence commode, la marraine de Mireille. Mme Courtois l'a invité à dîner pour le surlendemain. Mireille a réussi à se faire inviter, elle aussi. Ils se sont rencontrés chez les Courtois et ont fait semblant de ne pas se connaître. Le repas a été fort agréable. M. Courtois a insisté pour les reconduire chacun chez eux, mais ils n'ont pas accepté. Ils sont partis ensemble, et ont passé le reste de la nuit dans une discothèque à Saint-Germain.

_____

_____

_____

_____

_____

_____

_____

_____

_____

_____

_____

_____

_____

_____

_____

_____

_____

_____

_____

_____

_____

_____

_____

_____

25.35 Activation écrite: Passé composé, articles, pronoms, adjectifs possessifs (révision)

Relisez le texte de la leçon 25 et complétez le texte suivant.

Journal de Robert

Samedi, 2 juin.

1. Ce matin, je _____ réveillé vers 8 heures. Je _____ levé. J'_____ par la fenêtre. Je _____ étiré. J'_____ une douche. Je _____ rasé. En _____ rasant, je _____ coupé. Je _____ brossé _____ dents. Je _____ cheveux. Je _____ _____ ongles.

2. J'_____ mon petit déjeuner. Je _____ demandé si j'allais prendre _____ café, _____ thé, ou _____ chocolat. D'abord, j'_____ demandé _____ thé, puis j'_____ changé d'idée et j'_____ pris du café au lait. Je _____ habillé et j'_____ attendu _____ petit déjeuner.

3. C'est la femme de chambre qui _____ apporté. Je _____ allé _____ prendre sur le balcon, parce que _____ chambre est vraiment petite! Je _____ servi de café. Il y avait deux morceaux de sucre, mais je _____ qu'un.

4. Je n'avais rien à faire, alors je ne _____ pas dépêché. Je _____ promener dans les rues. Je _____ devant une boulangerie. J'_____ vu _____ brioches. J'aime beaucoup _____ brioches, mais je _____ pas acheté parce que je n'avais pas faim.

5. Un marchand de fromages _____ proposé un très beau camembert. J'aime beaucoup _____ camembert mais, bien sûr, je ne _____ acheté! J'_____ continué ma promenade. Je _____ devant la mosquée de Paris. Je _____ arrivé à l'île-Saint-Louis. J'ai _____ la place des Vosges, puis je _____ installé à une table dans un petit restaurant.

6. Le garçon _____ proposé un apéritif, mais je _____ . A la table voisine, il y avait une dame d'un certain âge un peu bizarre. Quand je _____ vue, je ne sais pas pourquoi j'_____ tout de suite pensé à cette Mireille Belleau _____ j'ai _____ dans la cour de la Sorbonne, il y a quelques jours. Peut-être qu'elle _____ ressemble un peu.

7. Elle _____ beaucoup regardé pendant tout le repas. Moi aussi, je _____ beaucoup _____ parce qu'elle m'amusait. Elle a commandé une côtelette. Quand le garçon _____ apportée, cette côtelette ne _____ pas plu. Elle _____ demandé _____ garçon de _____ rapporter à la cuisine. Elle trouvait qu'elle n'était pas assez _____ . Et quand le garçon _____ rapportée, elle _____ trouvée trop cuite.

8. Je crois qu'elle _____ rouspété et embêté le garçon pendant tout le repas pour attirer _____ attention. Je crois qu'elle avait envie de _____ parler.

25.36 Activation écrite: Formes verbales, articles et partitifs, pronoms (révision)

Lisez, essayez de deviner quels sont les mots qui manquent, et complétez.

Journal de Tante Georgette

1. Hier soir, j'_____ dîné au restaurant. J'_____ allée seule. Fido ne _____ pas accompagnée. Il n'_____ pas voulu venir. Il était un peu fatigué. Il _____ resté à la maison, devant la télé. Il _____ regardé un vieux film de *Rintintin*. Moi, je trouve ça un peu bébête, mais lui, ça _____ plaît beaucoup. Qu'est-ce que vous voulez, chacun son goût. Les goûts, ça ne _____ discute pas!

2. Au restaurant, je venais juste de m'asseoir quand un jeune homme brun, très bien, _____ entré. Il _____ venu s'asseoir à la table juste à côté de la mienne. Je crois que je _____ déjà vu quelque part. Il _____ beaucoup regardée pendant tout le repas. Je crois qu'il avait envie de _____ parler, mais il n'_____ pas osé.

3. Je voulais manger _____ tête de veau. Malheureusement, il n'_____ avait plus. Dommage. Heureusement, je ne _____ pas difficile. J'_____ pris une côtelette d'agneau. Quand le garçon _____ apportée, elle n'était pas tout à fait _____ , mais il _____ très gentiment _____ à la cuisine, et, quand il _____ rapportée, elle était parfaite. C'est un très gentil garçon, très obligeant et très poli. Je n'_____ pas pris _____ fromage. Je n'_____ jamais le soir, parce que ça m'empêche de dormir.

4. J'aime bien _____ petit restaurant parce qu'il _____ très simple, pas prétentieux du tout. Ils font _____ bonne cuisine, simple, traditionnelle, la cuisine _____ j'aime. Il y a toujours _____ tête de veau, _____ pieds de porc, _____ tripes à la mode de Caen, _____ lapin à la moutarde. Ce qu'on appelle de la cuisine bourgeoise!

🎧 25.37 Activation orale: Dialogue entre Tante Georgette et le garçon

Vous allez entendre un dialogue entre Tante Georgette et un garçon. Ecoutez bien. Vous allez apprendre les réponses de Tante Georgette.

Le garçon: Je suis désolé, Madame, il n'y a plus de tête de veau.

Georgette: **Quoi! Il n'y a plus de tête de veau?**

Le garçon: Non, Madame, je regrette.

Georgette: **Et ce monsieur, là, qu'est-ce qu'il mange? Ce n'est pas de la tête de veau?**

Le garçon: C'était la dernière. Il n'y en a plus à la cuisine. Mais nous avons un très bon pied de porc.

Georgette: **Je ne veux pas de pied de porc, je veux de la tête de veau!**

Le garçon: Je regrette, Madame. . . . Le lapin à la moutarde est très bien. . . .

Georgette: **La moutarde, elle me monte au nez, hein!**

EXERCICES-TESTS

25.38 Exercice-test: Impératif et pronoms

Répondez selon l'exemple.

Exemple:
Vous voyez: Tu ne bois pas ton café?
Vous écrivez: <u>Bois-le!</u>

1. Tu ne reprends pas de haricots?

_____ !

2. Tu ne vas pas au cinéma?

_____ !

3. Tu ne raccompagnes pas les Courtois?

_____ !

4. Tu ne téléphones pas à ta marraine?

_____ !

5. Tu ne t'arrêtes pas?

_____ !

6. Tu ne fais pas de sport?

_____ !

Vérifiez. Si vous avez fait des fautes, travaillez les sections 25.10 et 25.16 à 25.24 dans votre cahier d'exercices.

25.39 Exercice-test: Pronoms objets directs et indirects; *en* et *y*

Remplacez les noms soulignés par des pronoms.

1. Je téléphone à <u>mes parents</u>?

Je _____ téléphone?

2. Je vais au <u>Luxembourg</u>.

J'_____ vais.

3. Vous voulez du <u>gazpacho</u>?

Vous _____ voulez?

4. Vous aimez le <u>gazpacho</u>?

Vous _____ aimez?

5. Mireille n'est pas <u>à la fac</u>.

Elle _____ est pas.

6. Je ne veux pas de <u>tête de veau</u>.

Je _____ veux pas.

7. Tu n'as pas parlé à <u>Mireille</u>?

Tu _____ as pas parlé?

8. Tu n'as pas servi <u>le gigot</u>?

Tu _____ as pas servi?

Vérifiez. Si vous avez fait des fautes, travaillez les sections 25.16 à 25.24 dans votre cahier d'exercices.

25.40 Exercice-test: *En* et pronoms personnels

Répondez selon l'exemple.

Exemple:
Vous voyez: Il vous reste du lapin à la moutarde?
Vous écrivez: Oui, il <u>nous en</u> reste.

1. —Vous avez donné de la tête de veau à ce monsieur?

—Oui, je _____ ai donné.

2. —Tu m'as donné du pain?

—Oui, je _____ ai donné.

3. —Vous avez donné du pain aux clients?

—Oui, je _____ ai donné.

4. —Le garçon t'a donné de la moutarde?

—Oui, il _____ a donné.

Vérifiez. Si vous avez fait des fautes, travaillez les sections 25.25 à 25.28 dans votre cahier d'exercices.

25.41 Exercice-test: Impératif et pronoms; *en* et déterminants

Répondez selon l'exemple.

Exemple:
Vous voyez: Apportez-moi un autre couteau.
Vous écrivez: Apportez-<u>m'en un autre.</u>

1. Apportez-lui d'autres haricots.

   Apportez-_____ .

2. Apportez-moi un deuxième verre.

   Apportez-_____ .

3. Donnez-moi une bouteille de chablis.

   Donnez-_____ .

Vérifiez. Si vous avez fait des fautes, travaillez les sections 25.25 à 25.28 dans votre cahier d'exercices.

LIBÉRATION DE L'EXPRESSION

25.42 Mise en question

Relisez le texte de la leçon; lisez les questions de la mise en question qui suit la mise en œuvre dans votre livre de textes. Réfléchissez à ces questions et essayez d'y répondre.

25.43 Mots en liberté

Il est 7 heures du matin. Qu'est-ce qu'on peut faire?
On peut se réveiller, se coucher, rester au lit, se laver les cheveux, se raser (si on a de la barbe), lire le journal. . . .

Trouvez encore au moins six possibilités.

Qu'est-ce qu'il est préférable de ne pas commander pour le petit déjeuner?
Il est préférable de ne pas commander une tête de veau, un armagnac, un confit d'oie aux cèpes. . . .

Trouvez encore au moins six possibilités.

25.44 Mise en scène et reinvention de l'histoire

Tante Georgette est au restaurant. Reconstituez une conversation entre elle et le garçon.

Le garçon: Excusez-moi, vous n'avez pas de verre. En voilà un.
Tante Georgette: (. . .)!
Le garçon: Excusez-moi, je vais en chercher un autre. Et votre fourchette, elle est propre?
Tante Georgette: (. . .)
Le garçon: Qu'est-ce que vous prenez?
Tante Georgette: (. . .)
Le garçon: Je suis désolé, mais il n'y en a plus.
Tante Georgette: Alors (. . .)
Le garçon: Ah, nous n'en avons plus . . . mais le lapin à la moutarde est très bien.
Tante Georgette: (. . .)

25.45 Mise en scène et reinvention de l'histoire

Personnages: Robert, Tante Georgette, le garçon
   Imaginez une conversation entre Tante Georgette et Robert au restaurant.

1. Par exemple, Tante Georgette engage la conversation? Comment? Considérations météorologiques? Elle demande à Robert s'il vient souvent, s'il connaît ce restaurant, s'il est américain, s'il y a longtemps qu'il est à Paris, si ça lui plaît, ce qu'il a vu, etc.
2. Robert demande si elle connaît le restaurant, comment c'est, ce qu'ils ont d'intéressant, ce qu'elle recommande.
3. Elle parle de ce qu'elle a mangé, de ce qu'elle va commander.
4. Le garçon arrive, il demande à Robert ce qu'il va prendre.
5. Robert commande. Tante Georgette donne son avis. Elle défend les intérêts de Robert, demande au garçon de changer le verre de Robert, son assiette, etc.
6. Robert pense qu'il a déjà vu Tante Georgette. Où? A la Sorbonne? Elle est prof? Au bureau de tabac? Elle vend des timbres? A la Closerie des Lilas? Elle habite au Home Latin? Près du Luxembourg?
7. Robert parle de Mireille. Quelle coïncidence! Ils parlent de Mireille. . . . Qu'est-ce que Tante Georgette va dire de Mireille?

25.46 Mise en scène et réinvention de l'histoire

Imaginez une version différente du dialogue entre Tante Georgette et le garçon. Utilisez les suggestions suivantes, ou inventez-en d'autres.

Tante Georgette:
Garçon! Regardez-moi ce verre! Il est plein de rouge
    à lèvres!

Le garçon:

En effet! . . .	c'est du rouge Gros Bisou,	
	mais c'est le vôtre,	
Mais . . . c'est votre couleur,		Madame!
C'est une illusion,		
Je vais le laver tout de suite,		

Tante Georgette:
Garçon! Regardez cette assiette! Elle est sale!

Le garçon:
Ce n'est rien, Madame, c'est de la tête de veau.
Vous êtes sûre? Je ne vois rien . . .
Ce n'est pas grave. Juste un peu de moutarde.
Le marron, là? Ce n'est rien; c'est du chocolat.

Tante Georgette:
Garçon! Regardez cette fourchette! Elle est pleine de
    jaune d'œuf!

Le garçon:
En effet, Madame, c'est du jaune d'œuf.
Nous n'avons plus de blanc.
C'est une spécialité de la maison: la fourchette au jaune
    d'œuf . . .
Je vous apporte un peu de jambon pour accompagner
    l'œuf?
Je vais vous la changer tout de suite.

Tante Georgette:
Mais enfin, c'est incroyable! On ne lave plus la vaisselle
    dans cette maison!

Le garçon:

	Tous les mercredis . . .
	C'est tellement ennuyeux . . .
Mais si, Madame!	On n'a pas le temps!
Non, Madame!	On n'a pas que ça à faire!
	Ça ne sert à rien: il faut
	recommencer tous les jours!

Tante Georgette:
Garçon! Regardez cette serviette! Elle est toute déchirée!

Le garçon:
Elle est très ancienne! Elle a appartenu à Sarah
    Bernhardt.
C'est de la dentelle (d'Echiré . . .)!
C'est pour l'été: c'est plus frais, plus léger . . .
Je vais l'arranger.

Tante Georgette:
Ce couteau ne coupe pas! Vous n'avez pas de couteaux
    qui coupent?!

Le garçon:
Non, Madame, c'est trop dangereux!
Si, Madame, nous avons aussi des couteaux qui
    coupent.
C'est la viande qui est un peu dure. . . .
Je vous en apporte un autre.

Tante Georgette:
Garçon! Vous m'apporterez une tête de veau!

Le garçon:
Ah, je suis désolé, Madame, nous n'avons plus de tête de
    veau.

		hamburger du chef.
Mais nous avons	le	pied de porc grillé.
	des	pieds de mouton en salade.
		côtelettes d'agneau.

Tante Georgette:
S'il n'y a pas tête de veau, je veux un lapin à la
    moutarde!

Le garçon:
Il n'y en a plus non plus, mais il y a beaucoup d'autres
    restaurants dans le quartier, et particulièrement un
    excellent restau-U juste à côté.

Tante Georgette:

	supporte pas la cuisine des restau-U.
	horreur des restau-U.
Je ne	suis pas étudiante, jeune homme!
J'ai	perdu ma carte d'étudiante.
	suis pas inscrite à la fac.

25.47 Journal de Marie-Laure

On a retrouvé Minouche!

1. Où a-t-on retrouvé Minouche?
2. Comment l'attitude de Marraine Courtois a-t-elle changé envers sa chatte?
3. Comparez l'attitude de Marraine et Parrain Courtois.
4. Qu'est-ce que Minouche a eu 8 semaines plus tard?
5. Qu'est-ce que Marraine Courtois fait pour placer les chatons?
6. Y a-t-il d'autres endroits où on peut mettre une annonce quand on donne ou qu'on vend quelque chose?

Les abats, y'a que ça!

1. De quoi Marie-Laure avait-elle horreur quand elle était petite?
2. Qu'est-ce qu'elle trouvait dégoûtant mais qu'elle trouve délicieux maintenant?
3. Quelle mauvaise surprise Tonton Guillaume a-t-il eue en sortant du restaurant?
4. Qu'est-ce que vous n'aimiez pas manger quand vous étiez petit(e)?
5. Est-ce toujours le cas maintenant?
6. Quand vous voyagez dans un pays étranger, êtes-vous en général plutôt aventurier dans le domaine de la cuisine ou préférez-vous manger ce que vous connaissez?

PRÉPARATION À LA LECTURE ET À L'ÉCRITURE

25.48 Lecture et interprétation

Observez le dessin ci-dessous.
Maintenant, complétez:

Qui sont les personnages? _____

_____

Où sont-ils? _____

_____

Qu'est-ce qu'ils font? _____

Qu'est-ce qu'il y a derrière eux, derrière l'arbre? C'est un bouc, c'est-à-dire le mâle de la _____ . Les boucs ont la réputation de sentir mauvais, d'avoir une odeur désagréable et très forte. Maintenant, que pensent (ou que disent) les deux personnages?

_____

_____

25.49 Entraînement à la lecture, interprétation, et expansion du vocabulaire

Lisez le document 2, "Croyances," de la leçon 25. Puis complétez et répondez.

1. Les religions sont des _____ , puisque leurs fidèles croient à un certain nombre de doctrines et de règles morales. On les appelle aussi des _____ parce que quand les croyants déclarent leur adhésion à une religion ils font une confession de leur foi.

2. La France n'est pas une société théocratique comme l'Arabie saoudite ou l'Iran; une loi votée en 1905 établit la séparation des églises et de l'état et inaugure la _____ . C'est grâce à cette loi que l'enseignement dans les écoles publiques est _____ , c'est-à-dire indépendant des doctrines de la religion (voyez le document 3A de la leçon 19).

3. Quelle est la proportion de catholiques en France? _____ . Et la proportion de protestants? _____ . Est-ce que la proportion de protestants est plus grande en France qu'en Europe, ou plus petite? _____ .

Y a-t-il plus de juifs en France qu'en Angleterre, ou

moins? _____ .

En France, y a-t-il plus de protestants ou de musul-

mans? _____ .

4. Pourquoi pour certains Français non musulmans, la

présence de musulmans immigrés est-elle une source

de tension? _____

_____

_____

5. De quoi est-ce que les musulmans immigrés se plai-

gnent, eux? _____

_____

_____

6. Selon l'article, est-ce qu'on peut espérer une solution à

ce problème? Expliquez. _____

_____

_____

25.50 Entraînement à la lecture

Lisez le document 3 de la leçon 25 dans votre livre de textes, "Le Sucre et la petite cuillère," et complétez ou répondez.

1. Quel est celui des deux amoureux qui est mort?

_____

2. Il y a deux sortes de "cafés": Il y a le café <u>qu'on boit</u>

dans une tasse, et il y a le café <u>où on va</u> pour boire

un café . . . ou autre chose.

Les amoureux se rencontrent souvent sur un banc

public dans un jardin public, mais quelquefois

ils se donnent _____ dans un

_____ .

25.51 Entraînement à la lecture et expansion du vocabulaire

A. Lisez le "Déjeuner du matin" de Prévert (document 4). Lisez les phrases suivantes et complétez.

1. Quand il fait froid, il faut <u>allumer</u> le chauffage.

Quand il fait nuit, on peut _____ l'électricité.

Quand on allume une cigarette, le tabac brûle. Ça

fait de la _____ . Quand le tabac a brûlé, il

reste de la _____ . On met la cendre dans un

_____ .[1]

2. Quand il fait froid, on met un gros <u>manteau</u>

d'hiver. Quand il fait chaud, on ne met pas de

_____ . Et quand il pleut, on met un

_____ .

B. Essayez de répondre.

1. D'après vous, qui est le personnage qui dit "je" dans

le poème de Prévert? _____

2. Qui est "il"? _____

3. Pourquoi est-ce que le personnage qui dit "je" pleure?

_____

Relisez la section 2 du texte de la leçon 25. Comparez le petit déjeuner de Robert avec celui du personnage de Prévert. Quelles sont les similarités? Quelles sont les différences?

_____

_____

_____

_____

_____

1. N'oubliez pas que selon la loi no. 91.32, "Fumer provoque des maladies graves."

25.52 Entraînement à la lecture

Lisez le document 5, "Le Petit Déjeuner d'Azouz," et complétez ou répondez.

1. Qu'est-ce que la mère d'Azouz prépare pour le petit déjeuner?

_____

2. Avec quoi est-ce que c'est fait?

_____

3. Au bord de la mer, il y a presque toujours un peu de vent: c'est la _____ marine. Au bord de la mer, ça sent le sel, parce que la mer est salée. Le large, c'est la mer, loin du bord.

4. Le matin, l'herbe est souvent couverte de gouttes d'eau: c'est la _____ .

25.53 Lecture, interprétation, et expansion du vocabulaire

Lisez le document 6, "Recette du lapin à la moutarde."

1. Pour préparer un lapin à la moutarde, il faut _____ le lapin de moutarde.

2. Autrefois, les murs des bistros étaient souvent _____ d'une couleur bistre, brun rouge. (Voyez leçon 22, document 5.)

3. On place des bardes de lard <u>autour</u> du lapin enduit de moutarde: on _____ le lapin avec les bardes de lard.

4. On fait cuire le lapin dans le _____ . On fait aussi cuire la crème renversée dans le four (voyez leçon 24, document 6). Mais on fait cuire la crème renversée <u>à four doux</u>, et on peut faire cuire le lapin à la moutarde _____ chaud.

25.54 Entraînement à la lecture, interprétation, et expansion du vocabulaire

Lisez le document 8 de la leçon 25, "Madeleine." Puis, complétez et répondez.

1. Qui est Madeleine, à votre avis? Est-ce la sœur du chanteur? Sa cousine? _____

_____

2. Dans "Les Bonbons" de Jacques Brel (voyez le document 9 de la leçon 19), le chanteur offre des chocolats à sa petite amie, bien que les fleurs soient plus "présentables," comme il dit. Dans "Madeleine" il n'a pas apporté des bonbons mais l'alternative plus présentable: des _____ , plus spécifiquement des _____ . (Vous vous rappelez sûrement que le restaurant où vont Robert et Mireille à la leçon 22 s'appelle La Closerie des _____ .)

3. Dans l'esprit de beaucoup de Français, l'Amérique représente non seulement les Etats-Unis mais la totalité des continents nord- et sud-américains. Du XVème siècle jusqu'à la révolution américaine, l'*Amérique* désigne le Nouveau Monde, un lieu exotique et fabuleux décrit dans les récits de voyage des explorateurs français et les aventures pittoresques de romans comme *Atala* et *René* de François-René de Châteaubriand. Ici, "mon _____ à moi" suggère un idéal personnel rêvé, une sorte de terre promise.

   Semblablement, quand le chanteur dit que Madeleine est "tout ça" pour lui, c'est une sorte de superlatif qu'il utilise parce qu'il ne trouve pas le mot juste pour exprimer son amour.

4. Quand il se rend compte que Madeleine ne viendra pas au rendez-vous, le chanteur comprend que son rêve d'aller ensemble au cinéma est fini, perdu: c'est _____ pour le cinéma.

5. Qui est Eugène, à votre avis? _____

6. Est-ce que le chanteur veut aller au cinéma avec Madeleine parce qu'il aime les films? Expliquez. _____

   _____

7. A votre avis, Madeleine aime-t-elle en réalité toutes les activités que le chanteur affirme qu'elle aime, ou est-ce qu'il se fait des illusions? Expliquez.

   _____

   _____

8. A votre avis, pourquoi est-ce que le chanteur nous explique que les trois cousins de Madeleine pensent qu'elle est "trop bien" pour lui? _____

   _____

   _____

25.55 Pratique de l'écriture

Relisez le document 8, "Madeleine," et le document 9 de la leçon 19, "Les Bonbons." Faites une comparaison entre les personnages qui disent "je" dans les deux chansons. Qu'est-ce qu'ils ont en commun? En quoi sont-ils différents? Ont-ils tous les deux le même succès auprès des femmes? Pourquoi?

_____

_____

_____

_____

_____

_____

_____

_____

_____

_____

25.56 Interprétation et pratique de l'écriture

Revoyez le début de la vidéo de la leçon 25 (la promenade de Robert), puis observez les photos du document 1 et essayez d'écrire tout ce que vous pouvez sur le Marais.

_____

_____

_____

_____

_____

_____

_____

_____

_____

LEÇON
26

ASSIMILATION DU TEXTE

🎧 26.1 Mise en œuvre

Ecoutez le texte et la mise en œuvre dans l'enregistrement sonore. Répétez et répondez suivant les indications.

🎧 26.2 Compréhension auditive

Phase 1: Regardez les images ci-dessous, et répétez les passages que vous entendez.

1. ___

2. ___

3. ___

4. ___

5. ___

6. ___

Phase 2: Regardez les images ci-dessus, et écrivez la lettre qui identifie chaque passage que vous entendez sous l'image qui lui correspond le mieux.

🎧 26.3 Production orale

Ecoutez les dialogues suivants. Vous allez jouer le rôle du deuxième personnage.

1. Robert: C'est quoi, ça?
   La vendeuse: (. . .)
2. La vendeuse: C'est pour emporter?
   Robert: (. . .)
3. Jean-Denis: Alors, chérie, qu'est-ce qui te tente?
   Cécile: (. . .)

4. Le garçon: Vous avez choisi?
   Cécile: (. . .)
5. Cécile: Je crois que je vais prendre une petite grillade . . . une entrecôte.
   Jean-Denis: (. . .)
6. Le garçon: Vous désirez un dessert?
   Cécile: (. . .)

PRÉPARATION À LA COMMUNICATION

🎧 26.4 Observation: Prononciation; pas d'explosion après /p/, /t/, et /k/

Ecoutez les mots suivants. Notez qu'il n'y a pas d'explosion après les consonnes /p/, /t/, et /k/; la voyelle suit immédiatement.

Paris	carte	temple
pas de deux	Canada	thon
pâtisserie	coup	tomate
parti	câpres	total

🎧 26.5 Activation orale: Prononciation; pas d'explosion après /p/, /t/, et /k/

Comme c'est commode!	Je ne peux pas.	une purée de thon aux tomates
Qu'est-ce qu'ils ont comme canards!	Très peu pour moi!	Je te connais, toi!
C'est comme ça!	pas de poulet	Qu'est-ce qui te tente?

🎧 26.6 Observation: Prononciation; /s/ et /z/ (révision et extension)

Ecoutez.

un poisson	un dessert
un poison	un désert

Notez la différence de prononciation. Il ne faut pas confondre poisson et poison. Quand il est frais, le poisson est bon. Le poison est toujours mauvais—il est quelquefois mortel. Quand le poisson n'est pas frais, c'est du poison! C'est dangereux.

Les gâteaux, les glaces, les sorbets, et les mousses au chocolat sont des desserts. Le Sahara, en Afrique, et le désert de Gobi, en Asie, sont des déserts. Les dattes sont un dessert qu'on trouve dans certains déserts (du moins, dans les oasis . . .).

🎧 26.7 Observation: Pour commander dans un restaurant

Est-ce que je pourrais avoir	un steak au poivre, s'il vous plaît?
Moi, je voudrais	un steak au poivre, s'il vous plaît.
Je prendrai	un steak au poivre, s'il vous plaît.
Pour moi, ce sera	un steak au poivre, s'il vous plaît.
Apportez-moi	un steak au poivre, s'il vous plaît.
Vous m'apporterez	un steak au poivre, s'il vous plaît!
	Un steak au poivre, s'il vous plaît!

			futur	
Jean-Denis:	Vous m'	**apporterez**	la carte des vins, s'il vous plaît.
	Vous nous	**apporterez**	une demi-bouteille de muscadet.
	Et vous nous	**apporterez**	deux express . . . et l'addition.

Vous remarquerez que Jean-Denis utilise surtout le futur.

🎧 26.8 Observation: Degrés de cuisson (bœuf)

degré	cuisson
o	cru
1	bleu
2	saignant
3	à point
4	bien cuit
5	carbonisé!

Si vous commandez un steak tartare ou du carpaccio, vous aurez de la viande crue.

Si vous voulez de la viande très peu cuite il faut demander un steak bleu.

🎧 26.9 Activation: Discrimination auditive; degrés de cuisson

	1	2	3	4	5	6
cru						
bleu						
saignant						
à point						
bien cuit						
carbonisé						

Ecoutez les phrases suivantes où il s'agit de degrés de cuisson différents. Pour chaque phrase, déterminez si on parle de viande crue, bleue, saignante, à point, bien cuite, ou carbonisée. Cochez la case appropriée.

🎧 26.10 Activation: Discrimination auditive; devinette culinaire

	1	2	3	4	5	6	7	8	9	10	11	12	13	14	15	16	17	18	19	20	21	22	23	24	25
de la viande	✓	✓	✓		✓			✓											✓						
du poisson				✓																	✓		✓		
un légume						✓								✓						✓				✓	
un fromage									✓		✓					✓									
un dessert										✓					✓		✓					✓			
un vin											✓		✓			✓									✓

*Imaginez que vous êtes au restaurant. On va vous proposer un certain nombre de choses. Vous ne savez peut-être pas exactement ce que c'est. . . . Mais il faut d'abord deviner si c'est un plat de viande (de la viande), du poisson, un légume, un fromage, un dessert, ou un vin. Pour chaque chose qu'on vous propose, **dites** ce que c'est (par exemple, "C'est de la viande"), et cochez la case appropriée.*

🎧 26.11 Observation: Restriction; *ne . . . que*

	ne	*verbe*	**que**	
Georgette:	Vous **n'**	avez	**que**	ça comme fromages?
Cécile:	Je **ne**	veux	**qu'**	une petite omelette; c'est tout!

Notez que ne . . . que indique une restriction. C'est une négation avec une exception: Je ne veux qu'une omelette veut dire: Je ne veux rien . . . à l'exception d'une omelette.

Remarquez que ne est placé devant le verbe, et que est placé devant l'expression qui représente l'exception (ça, une petite omelette).

🎧 26.12 Activation: Dictée; restriction *ne . . . que*

Ecoutez et complétez. Vous entendrez chaque passage deux fois.

Histoire de bonbons

Mireille: Tiens, donne-moi la boîte de bonbons.

Marie-Laure: Ils sont à moi, ces bonbons.

Mireille: Oh, donne, je _____ ,

je te promets.

Au scrabble

Marie-Laure: Il _____

lettre, et je _____ arrive _____ à la placer!

🎧 26.13 Activation orale: Restriction; *ne . . . que*

Répondez selon l'exemple.

Exemple:

Vous entendez: 1. Qu'est-ce que vous avez pris, à part le cassoulet?

Vous dites: Nous n'avons pris que le cassoulet.

2. Qu'est-ce que tu prends, à part le cassoulet?
3. Qu'est-ce que tu as pris avec la choucroute?
4. Qu'est-ce qu'il y a comme viande, à part le steak?

5. Qu'est-ce que vous avez comme fromages, à part le cantal?
6. Qu'est-ce qu'il reste comme desserts, à part la mousse au chocolat?
7. Mireille a deux sœurs ou trois sœurs?
8. Les Belleau ont 3 enfants ou 4 enfants?
9. Ils ont une voiture ou deux voitures?
10. Marie-Laure a dix ans ou onze ans?

26.14 Activation écrite: Restriction; *ne . . . que*

Lisez les petits textes ci-dessous et complétez-les en indiquant une restriction.

1. Mireille n'a pas besoin de suivre de régime. Elle est plutôt mince. Elle ne pèse pas beaucoup. Elle _____ 54 kilos. Elle n'est pas très grande non plus. Elle _____ mesure _____ 1m 64.

2. —Je ne mange jamais de viandes en sauces. Je _____ des grillades.

   —Moi, je suis végétarienne. Je ne mange jamais de viande. Je _____ des légumes.

3. Tante Georgette ne boit pas de vin. Elle _____ _____ de l'eau. Tonton Guillaume ne boit jamais d'eau. Il _____ du vin, ce qui est très mauvais pour la santé.

4. —Vous avez bu du vin?

   —Oui, mais nous _____ une demi-bouteille à nous deux; c'est raisonnable!

5. —Je ne veux pas grand-chose; je vais juste prendre une petite omelette.

   —Si tu _____ omelette, dans une heure tu vas mourir de faim.

6. Nous _____ prendrons _____ un seul dessert. Nous allons partager.

7. Je bois très peu de vin blanc. Je _____ _____ avec le poisson.

8. Nous ne prenons jamais de café le soir. Nous _____ à midi.

9. Tante Georgette ne mange jamais de tête de veau chez elle. (C'est trop long à préparer.) Elle _____ au restaurant. (Quand il y en a!)

10. Je n'aime pas le steak quand il est trop cuit. Je _____ quand il est vraiment bleu.

11. Marie-Laure ne va pas au Luxembourg tous les jours. Elle _____ le mercredi. Et encore, elle n'y va pas tous les mercredis. Elle _____ quand il fait beau. Elle ne joue pas avec n'importe qui. Elle _____ avec ses copines.

🎧 26.15 Observation: *Porter, apporter, rapporter, emporter, remporter*

Au restaurant, le garçon traverse la salle; il **porte** des plats sur un plateau.

Le garçon **apporte** son assiette de saumon cru à Cécile.

Cécile a fini son saumon; le garçon **emporte** l'assiette vide.

Le garçon **emporte** l'assiette de Tante Georgette, mais Tante Georgette n'a pas fini. Elle dit: "Garçon, **rapportez**-moi cette assiette, je n'ai pas fini ma tête de veau!" Le garçon la **rapporte** à Tante Georgette.

Tante Georgette trouve que la côtelette n'est pas assez cuite; le garçon **remporte** la côtelette à la cuisine.

porter
porter
ap**porter**
rap**porter**
em**porter**
rem**porter**

26.16 Activation écrite: *Porter, apporter, rapporter, emporter, remporter*

Complétez.

1. Garçon, voulez-vous nous _____ la carte des vins, s'il vous plaît?

2. J'ai fini de manger. Vous pouvez _____ l'assiette.

3. Mais non, je n'ai pas fini mon vin. _____ -moi mon verre!

4. Garçon, _____ ces petits pois à la cuisine. Ce ne sont pas des petits pois frais. C'est de la conserve, ça!

5. Le garçon _____ tous les plats sur son plateau.

🎧 26.17 Activation: Dictée

Ecoutez et complétez. Vous entendrez le texte trois fois.

M. Belleau: _____ ton bateau, je vais _____ . . . . Voilà, c'est _____ .

Marie-Laure: Bon, je vais me coucher. Bonsoir, Maman; bonsoir, Papa.

Mme Belleau: _____ ! Tu ne vas pas _____ là!

🎧 26.18 Observation: Totalité, partie

	totalité
Le chat a mangé	**le** fromage.
(Le chat a mangé tout	le fromage: il n'en reste plus.)
	partie
Le chat a mangé	**du** fromage.
(Le chat a mangé une partie	du fromage: il en reste encore.)

L'article défini indique qu'on parle d'un **tout***. L'article partitif indique qu'on parle d'une* **partie***.*

🎧 26.19 Activation orale: Totalité, partie

Répondez selon l'exemple.

Exemple:
Vous entendez: 1. Robert trouve le gigot excellent.
Vous dites: Il reprend du gigot.

2. Il trouve le gazpacho délicieux.
3. Mireille trouve la soupe délicieuse.
4. Robert trouve l'armagnac extraordinaire.

5. Il aime bien le porto.
6. M. Courtois trouve la truite excellente.
7. Mireille trouve le camembert particulièrement bon.
8. Mme Courtois trouve les pommes de terre très bonnes.
9. Mireille adore la crème renversée.
10. Robert trouve le bordeaux excellent.

🎧 26.20 Activation orale: *En* (révision)

Répondez selon l'exemple.

Exemple:
Vous entendez: 1. Ils n'ont pas de bière?
Vous dites d'abord: Non, ils n'en ont pas.
Puis vous rectifiez: Si, ils en ont!

2. Ils ont du vin?
3. Ils n'ont pas de moulin-à-vent?
4. Ils n'ont pas d'Orangina?
5. Ils ont de l'eau Perrier?
6. Ils ont des fromages?
7. Ils ont des fruits?
8. Il n'y a pas de framboises?
9. Il n'y a pas de mousse au chocolat?

10. Il y a des huîtres en cette saison?
11. Vous avez eu du dessert?
12. Vous avez eu du gâteau?
13. Vous n'avez pas eu de glace?
14. Vous avez pris des légumes?
15. Ils n'ont pas pris de fromage?
16. Ils ont pris du café?
17. Ils n'ont pas pris de cognac?

26.21 Activation écrite: Pronoms, *en*, *y* (révision)

Complétez.

1. Le dimanche, il y a des gens qui vont à l'église. Il y _____ a aussi qui n'_____ vont pas.

2. Il y a des gens qui achètent des gâteaux. Il y a aussi des gens qui n'_____ achètent pas.

3. Robert voit une pâtisserie. Il _____ entre.

4. Il y a des religieuses. Il _____ au chocolat et au café.

5. Il _____ achète _____ au café.

6. Il mange sa religieuse. Il _____ mange tout de suite.

7. Il y a aussi des tartes au citron, mais il n'_____ pas.

8. Il n'a pas de guide des restaurants. Il _____ achète _____ .

9. Il y a là-dedans des tas d'excellents restaurants. Il _____ choisit _____ et il _____ va.

10. On lui apporte le menu. Il _____ consulte.

11. Le garçon lui propose des apéritifs. Il _____ prend pas.

12. Le garçon _____ apporte à la table voisine.

13. A cette table, il _____ une jeune femme blonde. Robert _____ regarde avec beaucoup d'intérêt parce qu'elle _____ rappelle Mireille. Malheureusement, il ne _____ voit que de dos. Mais ça, c'est une autre histoire. Nous n' _____ parlerons pas ici.

26.22 Observation: Expressions de quantité

quantité						
une	**carafe**	d'	eau	une	**douzaine** d'	huîtres
un	**pichet**	de	vin	une	**douzaine** d'	œufs
une	**assiette**	de	potage	une	**tranche** de	jambon
une	**cuillerée**	d'	huile	une	**livre** de	beurre (500 g.)
un	**morceau**	de	pain	un	**kilo** de	pommes (1.000 g.)
une	**douzaine**	d'	escargots	une	**boîte** de	marrons glacés

26.23 Observation: Expressions de quantité

	quantité (nom)	de		quantité (adverbe)	de	
un	**peu**	de vin		**assez**	de	vin
une	**goutte**	de vin		**trop**	de	vin
un	**doigt**	de vin		**beaucoup**	de	vin
un	**verre**	de vin		**énormément**	de	vin
une	**demi-bouteille**	de vin	*half bottle*	**plein**	de	vin
une	**bouteille**	de vin (75 cl)				
un	**litre**	de vin (100 cl)				

Notez que les noms et les adverbs qui indiquent une quantité sont suivis de *de*, sans article défini.

🎧 26.24 Activation orale: Expressions de quantité

Répondez selon l'exemple.

Exemple:
Vous entendez: 1. De la sauce?
Vous dites: Oui, je prendrai un peu
    de sauce.

2. Du pain?
3. De l'eau?
4. Du potage?
5. De la salade?

6. Du fromage?
7. De la crème?
8. Du café?

🎧 26.25 Activation orale: Expressions de quantité

Répondez selon l'exemple.

Exemple:
Vous entendez: 1. J'achète du vin?
Vous dites: Oui, achète une bouteille
    de vin.

2. J'achète du porto?
3. J'achète de l'eau minérale?
4. J'achète de l'armagnac?
5. J'achète du whisky?

6. J'achète de l'huile?
7. J'achète du cognac?
8. J'achète du Cinzano?

🎧 26.26 Observation: Alternance /ə/, /ɛ/ (révision)

*Vous vous rappelez qu'il y a un changement de voyelle dans
certains verbes . . . comme, par exemple, les verbes se rappeler
et se promener.*

je me rappelle   nous nous rappelons
tu te promènes   vous vous promenez

Cela est vrai aussi pour le verbe acheter.

/ɛ/ devant le son /ə/		/ə/ devant un son de voyelle	
Robert	ach**è**te un gâteau.	Il va	ach**e**ter un gâteau.
Il	ach**è**tera une voiture.	Il a	ach**e**té un guide.
Il	ach**è**terait une voiture si . . .	Il	ach**e**tait des timbres.
Tu	ach**è**tes quelque chose?	Vous	ach**e**tez quelque chose?
J'	ach**è**te tout!	Non, nous n'	ach**e**tons rien.

Notez qu'on trouve le son /ɛ/ devant un son /ə/. Mais on trouve le son /ə/ devant un autre son de voyelle.

🎧 26.27 Activation orale: Alternance /ə/, /ɛ/

Répondez selon l'exemple.

Exemple:
Vous entendez: 1. Vous vous rappelez le numéro de
    Mireille?
Vous dites: Moi? Je ne me rappelle rien!

2. Vous vous promenez souvent au Luxembourg?
3. Vous avez acheté le journal?
4. Vous vous rappelez l'adresse de Mireille?
5. Alors, qu'est-ce que vous achetez?

🎧 26.28 Activation orale: Alternance /ə/, /ɛ/

Répondez selon l'exemple.

Exemple:
Vous entendez: 1. Appelle Ghislaine!
Vous dites: Non, je n'ai pas envie de l'appeler!

2. Appelle-moi ce soir!
3. Lève-toi!

4. Achète le journal!
5. Promène-toi!
6. Amène Fido au Luxembourg!
7. Achète-toi une robe!
8. Achète-toi des boules de gomme!
9. Achète des boules de gomme à Marie-Laure!

26.29 Activation écrite: Alternance /ə/, /ɛ/

Complétez.

/ɛ/	/ə/
1. —Tu n'emmènes pas Fido au cinéma? S'il n'aime pas le film, tu le ramèneras à la maison!	—Non! La dernière fois que je l'ai _____ , il a pleuré pendant la moitié du film; j'ai dû le _____ à la maison avant la fin.
2. —Allô, Mireille? C'est Tante Georgette. Dis-moi, je dois aller chez le docteur, et ne veux pas laisser Fido seul à la maison. Je te l'amène?	—Bien sûr! Tu peux me l'_____ quand tu voudras. Il regardera la télé avec moi.
3. —Ben, tu sais bien que j'_____ tout à Monoprix!	—Quelle belle robe! Où l'as-tu achetée? —Vraiment? Nous, nous n'_____ rien à Monoprix!
4. —Je me _____ vers 6 ou 7h.	—A quelle heure vous levez-vous?
5. —Combien tu pèses, toi? —Eh bien, dis donc! Moi, je _____ au moins 75 kilos!	—Ben, je dois _____ dans les 60 ou 62 kilos!
6. —Ah, zut! Non, je ne me le _____ déjà plus!	—Vous vous rappelez le numéro de Mireille?
7. —Oui, bien sûr; _____-moi quand tu voudras.	—Je peux t'appeler, ce soir?

🎧 26.30 Observation: Substances et préparations

substance			préparation		
de la graisse	**d'**	oie	du café	**au**	lait
de l'huile	**d'**	olive	un lapin	**à la**	moutarde
de la graisse	**de**	porc	un steak	**au**	poivre
un jaune	**d'**	œuf	des œufs	**à la**	neige
une côtelette	**de**	mouton	un chou	**à la**	crème
un gigot	**d'**	agneau	un éclair	**au**	café
un pied	**de**	porc	une mousse	**au**	chocolat
une tête	**de**	veau	une charlotte	**aux**	poires
une purée	**de**	thon	une tarte	**aux**	fraises
un filet	**d'**	anchois	une tarte	**au**	citron
du magret	**de**	canard	du canard	**aux**	olives
des aiguillettes	**de**	canard	du canard	**à l'**	orange
du confit	**de**	canard	du canard	**aux**	navets
du foie gras	**de**	canard	du canard	**aux**	cerises

*Dans les exemples ci contre, de indique l'origine, la substance; à + **article défini** indique une préparation, une variété, un parfum, un assaisonnement.*

26.31 Activation écrite: Substances et préparations

Complétez.

1. C'est un excellent restaurant. Ils ont beaucoup de choses au menu. Par exemple, regardez ce qu'ils ont comme canards! Canard ___aux___ olives, canard ___à l'___ orange, aiguillettes ___de___ canard, magret ___de___ canard, et canard ___aux___ navets.

2. Et si vous n'aimez pas le canard, il y a d'autres possibilités: omelette ___de___ fines herbes, côtelette ___de___ mouton, steak ___au___ poivre, lapin ___à la___ moutarde, gigot ___d'___ agneau, tête ___de___ veau.

3. Et n'oublions pas les desserts: mousse ___au___ chocolat, éclairs ___au___ café, œufs ___à la___ neige, tarte ___aux___ poires, tarte ___au___ citron.

26.32 Observation et activation écrite: Terminaisons du présent de l'indicatif; personnes du singulier (révision)

Observez et complétez.

manger	je <u>mange</u> trop	tu <u>manges</u> trop	il <u>mange</u> trop
dépenser	je <u>*dépense*</u> trop	tu <u>*dépenses*</u> trop	il <u>*dépenses*</u> trop
oublier	j'<u>*oublie*</u>	tu <u>*oublies*</u>	il <u>*oublie*</u>
s'inscrire	je m'<u>inscris</u>	tu t'<u>inscris</u>	il s'<u>inscrit</u>
vivre	je <u>*vis*</u> toujours	tu <u>*vis*</u> toujours	il <u>*vit*</u> toujours
sourire	je <u>*souris*</u>	tu <u>*souris*</u>	il <u>*sourit*</u>
suivre	je les <u>*suis*</u>	tu les <u>*suis*</u>	il les <u>*suit*</u>
choisir	je <u>*choisis*</u> ça	tu <u>*choisis*</u> ça	il <u>*choisit*</u> ça
devoir	je <u>dois</u> y aller	tu <u>dois</u> y aller	il <u>doit</u> y aller
voir	je <u>*vois*</u>	tu <u>*vois*</u>	il <u>*voit*</u>
croire	je <u>*crois*</u>	tu <u>*crois*</u>	il <u>*croit*</u>
boire	je <u>*bois*</u>	tu <u>*bois*</u>	il <u>*boit*</u>
faire	je le <u>fais</u>	tu le <u>fais</u>	il le <u>fait</u>
connaître	je <u>*connais*</u> ça	tu <u>*connais*</u> ça	il <u>*connaît*</u> ça
savoir	je le <u>*savois*</u>	tu le <u>*savois*</u>	il le <u>*savoit*</u>
venir	je <u>viens</u>	tu <u>viens</u>	il <u>vient</u>
prévenir	je vous <u>*préviens*</u>	tu le <u>*préviens*</u>	il nous <u>*prévient*</u>
se souvenir	je me <u>*souviens*</u>	tu te <u>*souviens*</u>	il se <u>*souvient*</u>
intervenir	j'<u>*interviens*</u>	tu <u>*interviens*</u>	il <u>*intervient*</u>
pouvoir	je <u>peux</u>	tu <u>peux</u>	il <u>peut</u>
vouloir	je <u>*veux*</u>	tu <u>*veux*</u>	il <u>*veut*</u>

Notez que, pour les verbes en -er, les terminaisons caractéristiques (du point de vue de l'orthographe) sont:

- 1ère personne du singulier: -e
- 2ème personne du singulier: -es
- 3ème personne du singulier: -e
  (Evidemment aller est une exception.)

terminaisons orthographiques, personnes du singulier			
	1ère personne	2ème personne	3ème personne
verbes en -er	-e	-es	-e
autres verbes	-s (-x)	-s (-x)	-t (-d)

Pour les autres verbes:

- 1ère personne du singulier: -s (ou -x)
- 2ème personne du singulier: -s (ou -x)
- 3ème personne du singulier: -t (ou -d)
  (Evidemment avoir est une exception.)

26.33 Observation et activation écrite: Terminaisons du présent de l'indicatif; personnes du pluriel (révision)

Observez et complétez.

rester	nous <u>restons</u> ici	vous <u>restez</u> ici	ils <u>restent</u> ici
dépenser	nous _____ trop	vous _____ trop	ils _____ trop
oublier	nous _____	vous _____	ils _____
sourire	nous _____	vous _____	ils _____
suivre	nous _____	vous _____	ils _____
vivre	nous _____	vous _____	ils _____
s'inscrire	nous nous <u>inscrivons</u>	vous vous <u>inscrivez</u>	ils s'<u>inscrivent</u>
écrire	nous _____	vous _____	ils _____
voir	nous <u>voyons</u>	vous <u>voyez</u>	ils <u>voient</u>
croire	nous _____	vous _____	ils _____
choisir	nous <u>choisissons</u>	vous <u>choisissez</u>	ils <u>choisissent</u>
finir	nous _____	vous _____	ils _____
se réunir	nous nous _____	vous vous _____	ils se _____
pouvoir	nous <u>pouvons</u>	vous <u>pouvez</u>	ils <u>peuvent</u>
vouloir	nous _____	vous _____	ils _____
venir	nous <u>venons</u>	vous <u>venez</u>	ils <u>viennent</u>
prévenir	nous _____	vous _____	ils _____
se souvenir	nous nous _____	vous vous _____	ils se _____
prendre	nous <u>prenons</u>	vous <u>prenez</u>	ils <u>prennent</u>
comprendre	nous _____	vous _____	ils _____
apprendre	nous _____	vous _____	ils _____

26.34 Activation écrite: Présent de l'indicatif; personnes du pluriel

Complétez.

on peut	nous pouvons	vous pouvez	ils peuvent
il veut	nous voulons	vous _____	ils _____
on doit	nous devons	vous _____	ils _____
on voit	nous voyons	vous _____	ils _____
il croit	nous _____	vous _____	ils _____
on vient	nous venons	vous _____	ils viennent
il tient	nous _____	vous _____	ils _____
il se souvient	nous nous _____	vous vous _____	ils se _____
il prend	nous prenons	vous _____	ils prennent
on comprend	nous _____	vous _____	ils _____

26.35 Activation écrite: Présent de l'indicatif (révision)

Complétez.

1. Qu'est-ce qu'ils prennent? De la tête de veau?

   Vous en _____ , vous? Oui? Bon, alors nous

   _____ tous de la tête de veau! Garçon, quatre

   têtes de veau!

2. Nous venons. Marc et Catherine _____ ,

   eux aussi.

3. Nous ne pouvons pas y aller. Hubert et Mireille

   ne _____ pas non plus. Mais vous, vous

   _____ , j'espère!

4. —Vous voyez ce que je veux dire!

   —Non, nous ne _____ pas du tout!

   —Non? Je suis sûr qu'Ousmane et Hubert _____

   très bien ce que je veux dire!

5. —Qu'est-ce que vous apprenez à l'école?

   —Eh bien, nous _____ des fa-

   bles de la Fontaine. Tous les petits Français

   _____ des fables de la Fontaine!

6. —Faites quelque chose!

   —Les autres ne _____ rien; nous ne _____

   rien, nous non plus!

7. —Mais dites quelque chose, au moins!

   —Pourquoi? Les autres ne _____ rien, nous ne

   _____ rien non plus!

8. —Intervenez, voyons!

   —Non! Les autres n'_____ pas; nous

   n'_____ pas!

26.36 Activation écrite: Formes du présent et de l'impératif (révision)

Lisez les phrases suivantes. Essayez de trouver les mots qui manquent et écrivez les verbes au présent (ou à l'impératif).

1. —Moi, je <u>trouve</u> ça drôle. Toi, non? Tu ne
   _____ pas ça drôle?

2. —Vous me faites <u>rire</u>!
   —Eh bien, _____ , si vous voulez! Moi, je
   ne _____ pas. Il n'y a que les sots qui
   _____ des choses sérieuses!

3. —Essayez donc un peu de <u>comprendre</u>! Vous
   ne me _____ pas!
   —Mais si, je vous _____ !
   —Non! Hubert, Ousmane me _____ ,
   eux. Pas vous!

4. —Mais non, vous _____ tort de <u>croire</u> ça!
   —Je ne le _____ pas, je le <u>sais</u>!
   —Non, vous _____ que vous le _____ !
   Les gens _____ toujours qu'ils _____ !

5. —Je n'arrive jamais à <u>finir</u> ce que j'entreprends. Il
   y a des gens qui _____ tout ce
   qu'ils commencent. Moi, je ne _____ jamais
   rien!
   —Peut-être, mais vous _____ par m'ennuyer!

6. —Mais dites-moi, il faut de l'argent pour <u>vivre</u>!
   De quoi _____-vous?
   —Je _____ comme je peux; je me débrouille. Il
   y a beaucoup de gens qui _____ avec
   très peu d'argent.

7. —J'espère que je ne vais pas <u>oublier</u> d'acheter
   le bifteck pour Fido! Ces temps-ci, j'_____
   tout! Vous, les jeunes, vous avez bonne mémoire,
   vous n'_____ rien. Mais les gens de mon
   âge _____ tout!

8. —Je n'arrive pas à <u>me souvenir</u> des choses. Il y
   a des gens qui _____
   de tout. Moi, je ne _____ de rien!
   Monsieur Courtois, lui, _____
   d'œufs brouillés qu'il a mangés il y a dix ans! Vous
   _____ de ce que vous avez
   mangé hier, vous?

9. —Je vais <u>écrire</u> à ma mère pour lui raconter
   tout ça.
   —Vous lui _____ souvent?
   —Non, je dois admettre que je ne _____
   pas souvent. . . . Vous, vous _____ souvent à vos parents?
   —Non, je ne _____ pas très souvent . . .
   il faut dire que j'<u>habite</u> avec eux.
   —Ah, vous _____ chez vos parents?
   —Oui! Vous savez, il y a beaucoup de jeunes
   qui _____ chez leurs parents. D'après
   les statistiques, la moitié des jeunes de 22 ans
   _____ encore chez leurs parents. C'est le
   cas pour six garçons sur dix et près de cinq filles
   sur six.

10. —On s'inscrit au cours de karaté?
    —Si vous _____ ,
    je _____ aussi.
    —D'accord, _____-nous! Ça peut
    toujours <u>servir</u>.
    —Oui, le sport _____ toujours à quelque chose.
    Il n'y a que les maths qui ne _____ à
    rien!
    —Ça, c'est vous qui le _____ ! Je crois que vous
    _____ tort!

11. —Il ne faut pas <u>s'en faire</u>! Pourquoi vous
    _____ comme
    ça? Vous êtes comme Mme Courtois qui
    _____ toujours. Moi aussi,
    d'ailleurs, je _____ toujours! Nous
    _____ tous sans raison!
    Il y a pourtant des gens qui ne _____ pas!
    Regardez Cécile et Jean-Denis, par exemple, ils
    vont dîner au restaurant. . . . Ils ne _____
    pas, eux!

12. Les sénateurs <u>se réunissent</u> au Palais du Luxembourg
    et ils <u>jouent</u> à faire des lois. Mes copines et moi,
    nous _____ au jardin du
    Luxembourg et nous _____ au bassin avec nos
    bateaux.

26.37 Activation écrite: Formes du présent (révision)

Robert a passé toute la journée à se promener seul dans Paris. Le soir, il est allé dîner dans un restaurant, seul. En revenant à son hôtel, il rêve. . . . Il imagine qu'il passe toutes ses journées avec Mireille, qu'ils se promènent tous les jours ensemble, qu'ils vont au restaurant ensemble. . . . Il écrit, dans sa tête, une lettre imaginaire à sa mère.

Lisez le texte de Robert ci-dessous, et essayez de trouver les mots nécessaires pour le compléter. Ce sont surtout des verbes au présent. Relisez le texte de la leçon 26, en particulier les sections 1, 2, 3, 4, 6, et 8. Cela vous aidera.

Ma chère maman,

1. Depuis que j'ai rencontré cette jeune fille à la Sorbonne, la vie est merveilleuse. Je la _____ tous les jours. Nous _____ dans les rues de Paris.

2. Nous _____ devant les pâtisseries, nous _____ les gâteaux dans la vitrine. Ils _____ tous l'air tellement bons que nous ne _____ pas lequel nous _____ .

3. Enfin, nous _____ à entrer. Quel choix! C'est bien difficile de choisir. Le dimanche, nous _____ toujours des religieuses. Mireille _____ toujours une religieuse au chocolat, et moi, je _____ une religieuse au café. Nous les _____ tout de suite. Ça _____ 5€.

4. Puis, nous _____ où nous _____ aller pour déjeuner. Nous _____ un guide des restaurants. Nous en _____ un et nous y _____ à pied. C'est tellement plus agréable que le métro! (Mireille _____

que le métro, c'est très bien, parce qu'elle ne s'y _____ jamais—elle dit que c'est impossible de se perdre dans le métro de Paris—mais moi, je _____ toujours!)

5. Beaucoup de gens _____ des apéritifs; nous _____ , nous aussi, quelquefois; des kirs surtout. Nous _____ le menu. Les restaurants _____ tout un tas de plats qui s'_____ "Mireille." Nous _____ toujours faim, parce que nous _____ beaucoup dans les rues.

6. Heureusement, Mireille ne _____ pas de régime. Elle n'en _____ pas besoin. Elle est plutôt mince, elle _____ la taille fine; elle ne _____ que 54 kilos; et elle _____ beaucoup de sport. Alors, nous _____ manger autant que nous _____ .

7. Nous _____ par des huîtres ou du saumon cru, nous continuons avec des grillades et nous _____ avec des coupes Privas. C'est le pied! (C'est une expression que je viens d'apprendre. Je crois que ça veut dire que c'est très bien, très agréable. Ça n'a rien à voir avec les pieds de porc grillés qui, d'après Mireille, sont très bons aussi, avec de la moutarde.)

🎧 26.38 Activation orale: Dialogue entre le garçon et Cécile

Vous allez entendre un dialogue entre un garçon et Cécile. Vous allez apprendre les répliques de Cécile.

Le garçon: Vous avez choisi?
Cécile: **Je crois que je vais prendre une petite grillade. Une entrecôte.**
Le garçon: Et comme cuisson pour la grillade?
Cécile: **A point, s'il vous plaît.**
Le garçon: Et pour commencer?
Cécile: **Pour moi, euh . . . une assiette de saumon cru.**

EXERCICES-TESTS

🎧 26.39 Exercice-test: Nourritures

Dans les passages que vous allez entendre, déterminez si on parle d'un plat de viande ou de poisson, d'un légume, d'un fromage, d'un dessert, ou d'un vin. Cochez la case appropriée.

	1	2	3	4	5	6	7	8	9	10	11	12	13	14	15
de la viande			✓	✓						✓	✓			✓	
du poisson															
un légume	✓				✓	✓						✓			
un fromage							✓		✓				✓		
un dessert		✓													✓
un vin								✓							

Vérifiez. Si vous avez fait plus de deux fautes, travaillez les sections 26.7 à 26.10 dans votre cahier d'exercices.

26.40 Exercice-test: Restriction; *ne . . . que*

Complétez les réponses aux questions suivantes.

1. —Vous avez beaucoup mangé?

   —Non, je _____une petite salade.

2. —Alors, qu'est-ce qu'on prend? Une choucroute et

   deux cassoulets?

   —Non, on _____un cassoulet.

3. —Tu veux les huîtres et aussi les escargots?

   —Non, non, je _____ les huîtres!

Vérifiez. Si vous avez fait des fautes, travaillez les sections 26.11 à 26.14 dans votre cahier d'exercices.

26.41 Exercice-test: Totalité, partie; expressions de quantité, substances, et préparations

Complétez.

1. Vous avez _____ escargots?

2. Non, je regrette, nous n'avons plus _____escargots.

3. Donnez-moi une douzaine _____huîtres.

4. Voulez-vous une autre tranche _____ gigot?

5. Oui, merci. J'adore _____ gigot.

6. Je vous donne aussi un peu _____ petits pois?

7. Non, merci. J'ai pris beaucoup _____ petits pois

   la première fois.

8. J'ai tout mangé. J'ai même fini _____ haricots.

9. Je vous donne une petite côtelette _____

   mouton?

10. Comment trouvez-vous ma mousse _____

    chocolat?

Vérifiez. Si vous avez fait des fautes, travaillez les sections 26.18, 26.19, 26.22 à 26.25, 26.30, et 26.31 dans votre cahier d'exercices.

26.42 Exercice-test: Présent de l'indicatif

Complétez.

1. Je ne vois rien. Vous _____ quelque chose?

2. Je ne peux pas. Vous _____ , vous?

3. Je viens! Vous _____ aussi?

4. Je ne sais rien. Vous _____ quelque chose?

5. Je reste. Vous _____ aussi?

6. Je n'écris jamais. Vous _____ , vous?

7. Non, je ne prends rien. Vous _____ quelque chose?

8. Je choisis, moi, si vous ne _____ pas.

Vérifiez. Si vous avez fait des fautes, travaillez les sections 26.32 à 26.37 dans votre cahier d'exercices.

LIBÉRATION DE L'EXPRESSION

26.43 Mise en question

Relisez le texte de la leçon; lisez les questions de la mise en question qui suit la mise en œuvre dans votre livre de textes. Réfléchissez à ces questions et essayez d'y répondre.

26.44 Mots en liberté

Qu'est-ce qu'on peut prendre dans un restaurant, comme plat principal?

On peut prendre des aiguillettes de canard aux cerises, un cassoulet, des tomates farcies, une omelette. . . .

Trouvez encore au moins six possibilités.

Et comme dessert?

On peut prendre des œufs à la neige, un sorbet poire, des fruits. . . .

Trouvez encore au moins cinq possibilités.

26.45 Mise en scène et réinvention de l'histoire

Robert est au restaurant. Il pose toutes sortes de questions au garçon. Reconstituez un dialogue entre Robert et le garçon.

Robert: Comment est la choucroute? De quoi est-elle garnie?

Le garçon: (. . .)

Robert: Vous avez du canard? Qu'est-ce que vous avez comme canard?

Le garçon: (. . .)

Robert: Pourquoi est-ce que vous avez tous ces plats qui s'appellent Mireille?

Le garçon: (. . .)

Robert: Qu'est-ce que c'est, les œufs farcis à la Mireille?

Le garçon: (. . .)

Robert: Hmm, les anchois, c'est trop salé. Et ce poulet Mireille?

Le garçon: (. . .)

Robert: C'est très intéressant. Je vais prendre. . . .

26.46 Mise en scène et réinvention de l'histoire

Imaginez que Robert est au restaurant. Inventez un dialogue entre Robert et le garçon. Vous pouvez utiliser les suggestions suivantes et choisir d'après vos goûts, ou inventer.

Le garçon:
Bonjour, Monsieur. Est-ce que vous désirez un apéritif?

Robert:
Non, je ne bois que du vin.
Non, je ne bois que de l'eau.
Non, je ne bois jamais d'alcool.
Non, je ne crois pas.

Oui, je prendrais bien | un whisky / un Campari / un Martini / un Dubonnet / un Pernod / un porto / un kir | avec des glaçons. / sans eau. / avec un peu d'eau.

Le garçon:
Qu'est-ce que vous prendrez pour commencer?

Robert:
Une douzaine d'escargots.
Une demi-douzaine d'huîtres.
Deux douzaines d'huîtres.
Un jambon de pays.
Des hors-d'œuvres variés.
Un foie gras de canard.
Des œufs farcis Mireille.
Des filets d'anchois aux câpres.
Des crevettes grises.

Le garçon:
Je regrette, Monsieur, il n'y en a plus.

Robert:
Ah! Alors je prendrai | des crevettes roses. / des filets d'anchois aux œufs durs. / une assiette de saumon cru. / un foie gras d'oie. / une salade de tomates. / une demi-douzaine d'escargots. / un jambon de pays. / une douzaine d'huîtres.

Le garçon:
Malheureusement, c'est terminé. Nous n'en avons plus.

Robert:
Bon, alors je ne prendrai rien pour commencer.

Apportez-moi | un cassoulet. / une choucroute garnie. / une saucisse de Toulouse grillée. / un canard aux olives. / une omelette aux fines herbes. / un poulet sauté. / des aubergines provençales. / un steak au poivre.

Le garçon:
Oh, c'est bien lourd, Monsieur; et d'ailleurs, il n'y en a plus à la cuisine.

Robert:
Alors je prendrai | un magret de canard. / une entrecôte à point. / une tranche de thon grillé aux tomates. / les aiguillettes de canard aux cerises. / une grillade saignante. / une choucroute de poissons. / une tête de veau. / une truite au bleu.

Le garçon:
C'est très difficile à digérer, Monsieur; et de toute façon, il n'en reste plus!

Robert:
Alors donnez-moi | un pied de porc grillé. / un lapin à la moutarde. / un canard à l'orange. / un plat du jour. / un confit d'oie. / un steak au poivre. / un rôti de porc. / un lapin sauté aux tomates.

Le garçon:
Je suis désolé, Monsieur, c'est terminé . . . et, entre nous, ce n'était pas frais.

Robert:

Mais c'est incroyable! Puisque c'est comme ça, je ne mangerai rien. Apportez-moi quelque chose à boire . . .

> . . . une bouteille
> . . . une demi-bouteille
>
> de
>
> moulin-à-vent.
> beaujolais-villages.
> bourgogne aligoté.
> bordeaux supérieur.
> réserve du patron.
> rouge.
> blanc.
> muscadet.

Le garçon:

Je regrette, Monsieur, nous n'en avons pas.

Robert:

Alors, apportez-moi de l'eau . . . juste un verre d'eau . . .

Le garçon:

Il n'y en a plus, Monsieur, je suis vraiment désolé.

26.47 Journal de Marie-Laure

Interdiction de fumer!

1. Pourquoi est-ce que Tonton Guillaume téléphone à Marie-Laure? Où vont-ils?
2. Qu'est-ce que Tonton Guillaume a l'habitude de faire à la fin du repas? Pourquoi?
3. Le serveur arrive à la fin du repas pour parler à Tonton Guillaume. Que dit-il et pourquoi est-il indigné?
4. Qu'est-ce qui est interdit depuis le 1er janvier 2008?
5. Pourquoi Tonton Guillaume veut-il émigrer?
6. Selon vous, l'interdiction de fumer dans les lieux publics, est-ce une bonne idée ou pas? Défendez votre opinion.

Restaurant japonais

1. En général, quels plats Marie-Laure préfère-t-elle manger? La cuisine traditionnelle française ou certains plats un peu exotiques?
2. Comment est le restaurant japonais où Mireille emmène Marie-Laure? Faites une description.
3. Comment fait-on l'addition dans ce restaurant?
4. Qu'est-ce que Marie-Laure pense de Mireille après cette invitation?
5. D'après vous, quelles sont les qualités d'un bon restaurant? Qu'est-ce qui vous paraît le plus important?

PRÉPARATION À LA LECTURE ET À L'ÉCRITURE

26.48 Lecture, interprétation, et expansion du vocabulaire

Lisez le document 2 de la leçon 26 dans votre livre de textes, "Pour un art poétique." Puis, lisez le texte suivant et complétez.

1. Ce texte est un art poétique. Un art poétique, c'est un ensemble de recettes pour faire de la poésie. C'est un peu comme un art culinaire. Un art culinaire, c'est un ensemble de _____ pour faire la _____ , pour préparer de bons plats.

2. Pour écrire un bon poème, il faut prendre des mots (d'abord un, puis deux . . .). Puis il faut faire _____ ces mots. (Les mots crus ne sont pas bons; ils ne sont pas raffinés; le cuit est plus civilisé que le cru.) Il faut préparer les mots, il faut faire une petite cuisine.

3. Pour faire _____ les mots, il faut les mettre sur le feu, il faut les faire chauffer, lentement, doucement, avec précaution. Il faut les faire chauffer à _____ doux, à petit _____ .

4. Pour réussir un bon poème et une bonne sauce, il faut avoir le temps, il ne faut pas aller trop vite, il faut du travail, de la technique. (Le feu, c'est la technique, la civilisation.) Pour faire un poème, il faut d'abord des mots. Il faut aussi de l'innocence, de la naïveté, il faut y mettre beaucoup d'innocence, un grand _____ d'innocence. Mais il faut aussi y mettre un peu de signification: un peu de _____ .

5. Pour donner bon goût à un plat, on verse dessus une sauce. La sauce rend le plat plus intéressant, plus piquant. Pour être bon, pour être intéressant, pour être piquant, un poème doit être un peu énigmatique, un peu ambigu, mystérieux: il faut y verser un peu de _____ énigmatique.

6. Enfin, il faut verser dessus quelque chose pour décorer . . . une poudre d'étoiles. Les étoiles, ça va rendre le poème brillant. Et puis, il faut partir; il faut mettre les _____ , comme un bateau qui s'en va. Il faut abandonner le poème; il faut être absent du poème.

26.49 Lecture, interprétation, et expansion du vocabulaire

Lisez le document 4, "Pour faire le portrait d'un oiseau." Puis, répondez ou complétez.

1. En général, on écrit sur du papier et on peint sur une _____ .

2. En général, un bois est moins grand qu'une _____ . Il ne faut pas parler, il ne faut pas faire de bruit, il ne faut pas faire de mouvements, il faut rester immobile: il faut rester sans _____ . (Parce que si on _____ ou si on fait du bruit, l'oiseau va avoir peur.)

3. On écrit avec un crayon ou avec un stylo, une pointe Bic ou un feutre, mais on peint avec un _____ .

4. Si on fait une faute, une erreur, en écrivant, il faut effacer la faute. Quand on écrit au crayon, on peut _____ avec une gomme.

5. Il faut _____ les barreaux de la cage pour avoir un oiseau en liberté, libre dans son habitat naturel.

6. Il faut effacer la cage, mais il faut faire attention de ne pas effacer les plumes de l'oiseau. Parce qu'un oiseau sans plumes, ce n'est pas joli! Les chiens, les chats ont des poils, et les oiseaux ont des _____ .

7. L'ensemble des plumes d'un oiseau, c'est son plumage (voyez leçon 19, document 8); l'ensemble des feuilles d'un arbre, c'est son _____ .

8. Au soleil, on voit la _____ qui flotte dans l'air.

9. A la fin d'une lettre, on écrit son nom: on _____ . Aujourd'hui on écrit avec un stylo; autrefois, on écrivait avec une _____ d'oiseau (en général une plume d'oie).

10. Un tableau est presque toujours rectangulaire: il a quatre _____ . On ne signe pas au milieu du tableau, on signe dans un _____ . (En général, en bas, à droite.)

26.50 Lecture, interprétation, et expansion du vocabulaire

Lisez le document 5, "La Guerre de la faim." Répondez et complétez.

1. Combien d'enfants y a-t-il, probablement, dans la famille Bali?

   _____

2. Parmi les enfants Bali, il y a deux petites filles qui ont le même âge. Elles sont nées le même jour: ce sont des sœurs _____ .

3. Dans la famille Bali qu'est-ce qu'on considère comme les meilleurs morceaux d'une poule?

   _____

   Et le plus mauvais morceau?

   _____

4. La poule que les Bali doivent se partager n'est pas grosse, elle n'est pas bien grasse: elle est

   _____ .

5. Le chien a toujours très faim; il meurt de faim; il crève de faim: c'est un _____ . Il mange voracement: il s'envoie les pattes de la poule entre les _____ . (Les _____ sont à la base des dents; elles sont rouges ou roses.)

6. Quand il faut diviser équitablement une toute petite poule en huit, ce n'est pas facile! Ce n'est pas du _____ . Marie-Laure a beaucoup de travail à faire à la maison. Quand elle a un devoir de maths, un devoir de français à faire, une leçon d'histoire et une fable à apprendre le même soir, je vous jure, ce n'est pas du _____ !

26.51 Lecture, interprétation, et expansion du vocabulaire

Lisez le document 6.

1. Comment préférez-vous les œufs, avec ou sans sel?

   _____

2. Et les baisers, avec ou sans moustache?

   _____

   (Remarquez que "tous les goûts sont dans la nature," comme dit Tante Georgette.)

26.52 Lecture, interprétation, et expansion du vocabulaire

Lisez le document 7.

1. D'après Barthes, est-ce que la nature du bifteck est d'être très cuit, ou saignant?

   _____

2. Le _____ circule dans les artères et les veines. Si on se coupe une veine, le _____ coule. On saigne.

3. Si le bifteck est très peu cuit, il est _____ . Il est d'une couleur rouge très foncée, un peu violet, ou violine; on dit qu'il est bleu.

4. Quand on dit qu'un bifteck est "à point," est-ce que ça veut dire qu'il est cuit exactement comme il faut, à la perfection, ou qu'il est déjà presque trop cuit, qu'il ne doit pas être plus cuit, qu'il est à la limite?

   _____

5. Dans les bons restaurants, est-ce que le bifteck est plat, ou cubique et épais? Juteux ou sec?

   _____

6. Qu'est-ce qui accompagne traditionnellement le bifteck?

   _____

26.53 Lecture, interprétation, et expansion du vocabulaire

Lisez le document 10 de la leçon 26 et regardez le dessin de Maja dans le document 11. Puis, complétez et répondez.

1. Pour calmer un très jeune enfant, on peut le mettre dans un petit lit, un <u>berceau</u>, qu'on peut pousser doucement d'un côté et de l'autre, dans un mouvement de va-et-vient. (On peut en même temps chanter une <u>berceuse</u>, une chanson douce et rythmique, pour l'endormir.) Dans son poème, Verlaine parle d'un arbre—un palmier—qu'il voit de sa fenêtre et qui _____ sa palme.

2. Dans l'arbre il y a aussi un oiseau qui chante une lamentation, une _____ .

3. Le poète entend un bruit mélangé de voix et de sons de la rue. C'est un bruit tranquille qui évoque la paix—une rumeur _____ .

4. Dans le dessin du document 11, l'homme à la fenêtre entend aussi une _____ . Il regarde à gauche mais c'est trop tard; il ne voit rien. Pourquoi, à votre avis?_____

_____

_____

_____

_____

_____

_____

26.54 Lecture, interprétation, et pratique de l'écriture

Relisez la recette du poulet sauté Mireille (section 5 du texte de la leçon 26).
Lisez le document 8, "Recette des filets de maquereaux Mireille," et comparez les deux recettes.

Qu'est-ce qu'elles ont en commun? Qu'est-ce qui caractérise la préparation à la Mireille?

_____

_____

_____

_____

_____

_____

_____

Keys

LESSON 2

2.2 Aural comprehension

1. A; 2. E; 3. F; 4. B; 5. C; 6. G; 7. D

2.3 Aural comprehension

1. b; 2. c; 3. b; 4. a; 5. b; 6. c; 7. b;
8. c; 9. a; 10. b

2.8 Activation

tu: 2, 3, 4, 5, 6, 8, 9, 10, 11, 14, 15
vous: 1, 7, 12, 13
vous, tu, tu, tu, vous

2.11 Activation

2. Elle; 3. Nous; 4. Il; 5. Elles; 6. Je;
7. Ils; 8. Ils

2.13 Activation

2. va; 3. va; 4. vais; 5. allons; 6. vont;
7. vont

2.16 Activation

1. voyons, on, rencontre, non, mon;
2. cours, où, boulevard, Ousmane,
toutou, ouh, pourquoi

2.17 Activation: Dictation

1. Bonjour; Ça va; Ça va
2. Bonjour; allez-vous; vais; merci
3. Nous allons

2.18 Activation: Dictation

B. 1. allez-vous; Je vais; Elle va
2. Tu vas; je vais
3. allez; je vais; vous allez
4. Vous allez; nous allons; Ils vont
à la fac

2.19 Activation

1. je vais bien; tu vas bien
2. je vais bien; vous allez bien
3. ça va
4. Je vais
5. Nous allons
6. Ils vont
7. allons apprendre

2.21 Activation

1. vais; suis
2. va; va; suis; va; est
3. va; suis
4. suis

2.23 Activation: Aural comprehension

positif (oui): 3, 5, 8, 9, 11, 12, 13
négatif (non): 1, 2, 4, 6, 7, 10, 14

2.25 Self-testing exercise

1. il; 2. elle; 3. je; 4. ils; 5. nous;
6. elles; 7. je; 8. Tu

2.26 Self-testing exercise

1. vas; 2. va; 3. allez; 4. vais; 5. vont;
6. allons

2.27 Self-testing exercise

1. b; 2. a; 3. c; 4. b; 5. c; 6. a

2.31 Reading and inference

1. Oui, Non, Oui; 2. Non, Oui, Non

2.32 Reading and inference

elle, est, à, amis, un, va, pas, une, la,
bon, chien, bien, à

2.33 Reading and inference

1. étudiante; 2. Elle apprend; 3. Elle
va, italien; 4. pressée, est; 5. café;
6. amis; 7. ami, Hubert; 8. tennis;
9. étudiant; 10. va à la bibliothèque; 11. vont au; 12. la rue des
Ecoles; 13. Fido; 14. Non, il va
bien; 15. elle est fatiguée

2.34 Reading and inference

1. pays, proches; 2. autrefois; 3.
défini; 4. état, état, Etats; 5. élu, élu

2.35 Reading and inference

1. journal, journal; 2. heures, va, fac,
fatiguée; 3. à, à, français, espagnol,
apprendre; 4. aller, parle, fatiguée;
5. aller, à la; 6. heures, aller, aller,
téléphoner, aller

LESSON 3

3.2 Aural comprehension

1. A; 2. B; 3. F; 4. C; 5. E; 6. D

3.5 Activation: Aural comprehension

oui: 4, 8, 10
une histoire: 1, 5
nous: 2, 6, 9
pour apprendre le français: 3, 7

3.9 Activation: Aural discrimination

il: 2, 3, 6, 7, 10, 13, 14, 16
elle: 1, 4, 5, 8, 9, 11, 12, 15

3.15 Activation

no /n/: un professeur, un petit peu,
un jeu, un petit garçon, un petit
ours
/n/: un éléphant, un homme, un
animal, un orchestre

3.16 Activation: Aural discrimination

un: 1, 3, 6, 7, 10, 11, 12
une: 2, 4, 5, 8, 9

3.18 Activation: Aural discrimination

le: 1, 2, 3, 5, 9, 11
la: 4, 6, 7, 8, 10, 12

3.21 Activation: Dictation

un ami, une amie, des amis

3.26 Activation

un, italien, une, un, chilien, un, une, brésilienne, une, un, anglais, un, une, libanaise, une, un, américain, un, une, marocaine

3.28 Activation: Dictation

re; re; re; er; er; er; oir; oir; ir

3.33 Activation: Dictation

1. vas, vais promener; 2. va aller; 3. des, espère, vas, donner; vas, manger; pas; vas, malade; 4. vas choisir

3.34 Activation

1. allons apprendre; 2. va proposer; 3. va être; 4. allons choisir; 5. vont avoir; 6. allons inventer; 7. vont aller

3.35 Activation: Dictation

1. amusant, Elle; 2. vais, raconter une

3.36 Activation: Dictation

vas, inventer; Un; Bonjour; Ça va; Ça va, Et vous; il est

3.38 Self-testing exercise

oui: 4, 7, 8
nous: 3, 5
le français: 2
parce que ça va être utile: 1, 6

3.39 Self-testing exercise

1. des, un, une; 2. Le, l', La; 3. Les, des, des, Les

3.40 Self-testing exercise

1. Italien; 2. Américain; 3. Anglais; 4. Français; 5. Norvégien; 6. Africain; 7. Antillais; 8. chien

3.44 Reading and inference

2. C'est l'histoire d'un petit ours; 3. C'est l'histoire d'une petite fille; 4. C'est l'histoire d'un éléphant; 5. C'est l'histoire de deux jeunes gens (d'un jeune homme et d'une jeune fille); 6. C'est l'histoire d'une petite fille; 7. C'est; 8. C'est un animal; 9. C'est un animal; 10. C'est un animal

3.45 Reading and inference

2. C'est une jeune fille; 3. C'est un éléphant; 4. C'est un petit ours; 5. C'est une petite fille; 6. C'est une jeune fille; 7. C'est un jeune homme; 8. C'est un petit garçon; 9. C'est une petite fille; 10. C'est un petit garçon; 11. C'est un petit garçon

3.46 Reading and inference

1. des comédiens; 2. ce sont des musiciens; 3. ce sont des; 4. ce sont des; 5. ce sont des histoires

3.47 Reading and inference

2. C'est le jeune homme; 3. C'est le jeune homme de l'histoire; 4. C'est la jeune fille de l'histoire

3.48 Reading and inference

2. parlent anglais; 3. Les, parlent français; 4. Les, parlent japonais; 5. Les, parlent portugais 6. Les, parlent italien; 7. Les, parlent norvégien; 8. Les, parlent espagnol; 9. Les, parlent espagnol; 10. Les, parlent suédois; 11. Les, parlent danois; 12. Les, parlent chinois; 13. les, parlent swahili; 14. Le, français; 15. parle français; 16. parle (. . .)

3.49 Reading and inference

2. une; 3. Le, est une langue; 4. L', est une langue; 5. Le, est un;

6. La, le, des; 7. Le, est un; 8. Le, le, des

3.50 Reading and inference

1. pays, voyager, étudier; 2. l'euro, conversion, facile; 3. environnemental, le changement climatique; 4. identité

3.51 Reading and inference

1. Il veut apprendre l'arabe; 2. en Afrique; 3. En Afrique; 4. on parle français; 5. être malade

3.52 Reading and inference

1. 3.000 kilomètres; 2. souris; 3. ordinateur; 4. blague; 5. petit à petit

LESSON 4

4.2 Aural comprehension

1. D; 2. A; 3. H; 4. G; 5. E; 6. B; 7. F; 8. C

4.8 Activation

1. collaboration, anticipation, continuons, invention, voyons, commençons, non, bon, maison; 2. étudiants, apprendre, français, aventures, dépend, fantastique, anticipation, anglais(e), commençons, maintenant, gens, cambodgien(ne), évidemment, je prends; 3. américain, maintenant, bien, brésilien, rien, cambodgien, cubain, latin, train

4.11 Activation: Aural comprehension

décision: 2, 3, 5
indécision: 1, 4

4.14 Activation: Aural comprehension

masculin: 1, 4, 5, 8, 9, 11, 13, 14, 17, 20
féminin: 2, 3, 6, 7, 10, 12, 15, 16, 18, 19

4.15 Activation: Dictation

3. une; 4. un; 5. le; 6. une; 7. un;
8. une; 9. un; 10. une; 11. un;
12. le; 13. le; 14. une; 15. la;
16. un; 17. une; 18. le; 19. le; 20. la

4.17 Activation

L': 1, 2, 4, 7, 8, 10
Le: 3
La: 5, 6, 9

4.21 Activation

No liaison: des voyages, les romans,
vous préférez, vous n'aimez pas,
les films, les comédies, les tragédies, les drames, vous pouvez,
nous sommes, vous partez, vous
n'avez rien, vous prenez
Liaison: des étudiants, des amis,
des aventures, vous aimez, les
histoires, vous êtes, vous allez, les
étudiants

4.22 Activation: Dictation

l', L', J', les

4.25 Activation: Aural comprehension

une jeune fille: 2, 3, 6, 9, 10
un jeune homme: 1, 4, 5, 7, 8

4.27 Activation: Dictation

Elle, -e: 1, 4, 5
Elle, -ne: 7, 9, 11
Il: 2, 3, 6, 8, 10, 12

4.28 Activation

1. française; 2. anglaise; 3. américaine; 4. japonaise; 5. mexicaine;
6. italien, une ville italienne;
7. On parle suédois puisque c'est
une ville (la capitale) suédoise;
8. On parle finlandais puisque
c'est une ville (la capitale) finlan-
daise; 9. On parle français puisque
c'est une ville française

4.30 Activation: Dictation

1. La; 2. Les, -s, -s, -s; 3. L';
4. Les, -s, -s; 5. Le; 6. Les, -s; 7. L';
8. Les, -s

4.31 Activation

mexicain, la, chinois, un, la, française, brésiliennes, italien, un
restaurant, les, indiennes

4.39 Activation: Dictation

1. vas être; 2. suis

4.40 Activation

1. suis; 2. es; 3. est; 4. sont;
5. sommes; 6. êtes

4.41 Activation

1. brésilienne, sont brésiliens; 2. est
italien, sont italiens; 3. sont,
L', française; 4. suis; 5. êtes,
sommes; 6. Le, portugais; 7. un,
une, charmante; 8. marseillais;
9. alsacienne

4.42 Activation: Dictation and comprehension

Vous aimez les romans d'amour?
2. Oui, un peu, mais pas trop.

4.44 Self-testing exercise

masculin: 1, 4, 6, 7, 8, 10
féminin: 2, 3, 5, 9

4.45 Self-testing exercise

1. êtes; 2. est; 3. sont; 4. suis;
5. sommes; 6. es

4.50 Reading and inference

1. le, l', le, la; 2. l', une, un, L',
étudiante, va, la, Le, étudiant, va,
la, la; 3. Les, gens, la, ils, la, Le,
ils; 4. vont, aller, le, l', va, un, l',
l'étudiante, vont, le (un), le (un),
les, sont

4.51 Reading and inference

1. sommes; 2. arrivons; 3. suis;
4. est américaine (norvé-
gienne . . .); 5. est danois
(anglais . . .); 6. parlons; 7. étudier;
8. êtes; 9. êtes; 10. êtes; 11. allez;
12. vais; 13. allons; 14. vont

4.52 Reading and inference

sont, parlent, est, parle, suis, parle,
êtes, parlez, parler, allons, êtes,
sommes

4.53 Reading and inference

1. villes; 2. les étudiants; 3. français,
canadien; 4. architecte, construit,
suisse; 5. sud, Paris; 6. au centre;
7. Au Quartier latin

4.54 Reading and inference

1. A 7 heures 55; 2. c'est obligatoire;
3. "Non, Monsieur, je n'ai pas de
cigarettes américaines"; 4. (Il va
aller manger) un hamburger (avec
un café); 5. c'est plus prudent;
6. un autobus, ou un train, ou un
taxi; 7. (Il va sûrement rencontrer)
une jeune fille française formidable; 8. mère est française

LESSON 5

5.2 Aural comprehension

1. A; 2. C; 3. D; 4. B; 5. E

5.8 Activation: Aural comprehension

A. 6; B. 11; C. 25; D. 13; E. 21; F. 2;
G. 12; H. 16; I. 28; J. 7; K. 20; L. 8;
M. 22; N. 5; O. 15; P. 23; Q. 10;
R. 4; S. 9; T. 26; U. 3

5.15 Activation

2. ai; 3. a; 4. a; 5. ont; 6. ont; 7. avez

5.26 Activation

1. écouter; 2. regarder; 3. Il faut; 4. Il
faut; 5. essayer; 6. essayer; 7. avoir;
8. être; 9. inventer; 10. choisir;
11. donner; 12. voir; 13. avoir;
14. parler

5.28 Activation: Aural comprehension

oui: 1, 3, 6, 7, 8, 10, 11, 15, 16
non: 2, 4, 5, 9, 12, 13, 14, 17

5.30 Activation: Dictation

tu, ne travailles pas, travaille, Il faut travailler

5.33 Activation: Dictation

Vous êtes, tous les deux; Oui, nous sommes mariés; Et toi, tu es; Non, je ne suis pas mariée

5.34 Activation

1. ne vont pas; 2. ils ne vont pas avoir d'; 3. ils ne vont pas avoir d'; 4. il ne va pas avoir de sœurs; 5. il ne va pas avoir de frères; 6. ils ne vont pas avoir d'argent; 7. ne va pas avoir de; 8. elle ne va pas avoir de parents; 9. ils ne vont pas se rencontrer; 10. pas inventer d'histoire; 11. n'aime pas les

5.36 Self-testing exercise

5; 22; 17; 13; 11; 3; 6; 16

5.37 Self-testing exercise

1. ai; 2. avons; 3. a; 4. ont; 5. avez

5.38 Self-testing exercise

1. Passons; 2. Passe; 3. Va; 4. Continuez; 5. Continue

5.39 Self-testing exercise

1. n'allons pas à la fac; 2. ne va pas bien; 3. n'a pas de; 4. n'a pas d'; 5. n'a pas de

5.45 Reading and inference

1. Annie; 2. Il y a plus de Pierre; Valérie; 4. Patrick; 5. à la fois; 6. à la mode (en 2011)

5.46 Reading and inference

1. prénom du Midi; 2. provençal; 3. Charles; 4. Frédéric; 5. Mireille Balin, Mireille Darc; 6. Mireille Nguimgo, Mireille Derebona-Ngaisset

5.47 Reading and inference

aime, reine, XVIème arrondissement

5.48 Reading and inference

1. Jacques Prévert; 2. curieux; 5. C'est un prénom; 6. Deux; 7. Marie; 8. C'est un prénom de fille; 9. Napoléon

5.49 Reading and inference

1. à temps partiel; 2. chômeurs; 3. moyen, moyenne; 4. salariés, stressés

5.50 Reading and inference

1. elle a, Elle a; 2. prendre; 4. faire

LEÇON 6

6.6 Activation

Aujourd'hui, discuter, une, plutôt, du

6.10 Activation

1. a l'air grand(e), ont l'air, sont pas; 2. ont l'air, sont; 3. ai l'air, l'air gentil, avons pas l'air, sommes

6.12 Activation: Discrimination auditive

masculin: 2, 3, 5, 8, 9
féminin: 1, 4, 6, 7, 10

6.13 Activation: Discrimination auditive

masculin: 1, 3, 4, 5, 7
féminin: 2, 6, 8

6.16 Activation: Dictée

Oui, elle a l'esprit; elle est très; elle est très sociable; Un peu moqueuse; elle n'est pas méchante

6.19 Activation

1. longs; 2. blonde; 3. longs, fins; 4. fine; 5. grande, petite; 6. courts, épais; 7. épaisse; 8. sportif; 9. vif; 10. vif, vif

6.25 Activation

1. le, font; 2. le, fais; 3. le, fait; 4. faites; 5. faire, fais

6.28 Activation

1. Est-ce qu'elle va être; 2. Est-ce qu'elle aime; 3. Est-ce qu'il va; 4. est-ce que; 5. Où est-ce qu'ils

6.32 Exercice-test

1. 46; 2. 51; 3. 23; 4. 20; 5. 44; 6. 57

6.33 Exercice-test

masculin: 2, 3, 5, 8, 9, 10
féminin: 1, 4, 6, 7

6.34 Exercice-test

1. fait du; 2. font pas de; 3. faisons de l'; 4. fais pas de; 5. faites du

6.41 Entraînement à la lecture

1. ignore, souviens, aimés, absents (exilés); 2. *blonde* rime avec *monde*; Ça n'a pas d'importance; 3. Blonde; le visage (ovale) allongé; Vermeilles (rouges)

6.42 Entraînement à la lecture

1. La voile, la planche à voile, l'aviron, le canoë, le kayak, le tennis et le cheval (On peut faire de la voile, de la planche à voile, de l'aviron, du canoë, du kayak, du tennis, du cheval)
2. mince, beaucoup de charme, bon physique, brun, beaux yeux, aime la musique, la voile, l'alpinisme, le ski, cherche (une) jeune fille de 20 à 25 ans, simple, intelligente, sympathique, dynamique, sportive, pour (passer des) vacances dans les Alpes

6.43 Entraînement à la lecture

1. le football; 2. supporters; 3. bleu, blanc, rouge, français; 4. la Coupe du monde; 5. nombreuses; 6. de la gymnastique, du yoga, de la danse, de la natation, de la randonnée à pied; 7. gymnastique, randonnée pédestre, natation; 8. pratiqué, course, Tour de France; 9. de glisse

LEÇON 7

7.2 Compréhension auditive

1. A; 2. F; 3. E; 4. C; 5. D; 6. B

7.7 Activation

1. américain, voulez, ses, des, les;
2. être, mais, en fait, vrai, roulette, sieste

7.9 Activation: Compréhension auditive

1. 18; 2. 33; 3. 21; 4. 94; 5. 69; 6. 82;
7. 71

7.10 Activation: Compréhension auditive

1. 19; 2. 22; 3. 10; 4. 52; 5. 51; 6. 69;
7. 55; 8. 93

7.12 Activation: Discrimination auditive

masculin: 1, 3, 4, 6, 7, 11, 14, 15
féminin: 2, 5, 8, 9, 10, 12, 13, 16

7.19 Activation

1. excellente patineuse; 2. bonne skieuse; 3. bon nageur; 4. grande voyageuse

7.20 Activation: Dictée

1. carrées, carré; 2. divorcés, remariée, remarié; 3. noire, noirs;
4. distingués, distinguée; 5. jolie, joli

7.22 Activation: Discrimination auditive

déclaration: 1, 3, 5, 6, 8, 11
interrogation: 2, 4, 7, 9, 10, 12

7.27 Activation

3. Que dites-vous; 4. Que proposez-vous; 5. Allons-nous avoir;
6. va-t-il être; 7. Va-t-il être;
8. préférez-vous; 9. Ses parents sont-ils américains; 10. Ont-ils;
11. Travaillent-ils

7.29 Activation: Compréhension auditive

1. a; 2. b; 3. a; 4. b; 5. a; 6. b; 7. b; 8. a

7.33 Activation: Dictée

a l'air; Il est très gentil; il est; ski; en tennis; Il n'a pas l'air; sportif

7.35 Exercice-test

1. $24 + 48 = 72$; 2. $11 + 19 = 30$;
3. $57 + 4 = 61$; 4. $90 + 6 = 96$

7.36 Exercice-test

1. moqueur; 2. intelligente; 3. brune;
4. robuste; 5. bonne patineuse

7.37 Exercice-test

déclaration: 3, 4, 7, 9
interrogation: 1, 2, 5, 6, 8, 10

7.44 Lecture et interprétation

1. différents, américaine, français;
2. grande, que, gros, mince, minces, être, blond, blonds, avoir, roux, qu', rousse, de; 3. bleus, un, marron, les, marron; 4. que, gentille, méchant, gentil; 5. est-ce que, anglais, américaine, qu'est-ce qu', français, puisqu', français, qui est-ce qui, la jeune fille, français, être

7.45 Entraînement à la lecture

1. Ils grandissent; une coupe femme
2. Non, il était fils unique; Ils se ressemblent beaucoup

7.46 Entraînement à la lecture

1. 1. ancêtres, ancêtres, ancêtre, ancêtres; 2. manuel, manuel;
3. coq, aigle; 4. grands; 5. bruns, longs, moustaches; Non, ils ont les yeux bleus; 6. combats, courageux, audacieux, endurants;
7. instables, découragés; 8. plaisanteries, chants, danses
2. rigoler, boire, râleurs, bagarreurs, copains

7.47 Entraînement à la lecture

1. personnage, personnage;
2. époque, époque, époque;
3. défauts

LEÇON 8

8.4 Discrimination auditive

tutu: 1, 4, 6, 9, 10, 11
toutou: 2, 3, 5, 7, 8, 12

8.8 Activation

23, 46, 69, 92, 115

8.15 Activation

1. j'ai du courage; 2. n'a pas de courage; 3. n'ai pas de travail; 4. elle a du travail; 5. a de l'argent, de la;
6. n'a pas d'argent, n'a pas de;
7. a des relations, a de la; 8. elle n'a pas de relations, n'a pas de;
9. elle a des cousins; 10. elle n'a pas de frères; 11. avoir des; 12. n'ai pas de

8.23 Activation

1. mon cousin; 2. ma cousine; 3. sa tante; 4. sa grand-mère; 5. son oncle; 6. son arrière-grand-mère;
7. ses grands-parents; 8. Non, c'est ma tante; 9. Non, c'est mon cousin; 10. Non, c'est mon oncle;
11. mon arrière-grand-mère;
12. mes cousines; 13. ma; 14. mon

8.26 Activation: Dictée

mari est mort; oui; Il est mort; de la guerre de 14

8.28 Exercice-test

1. 800; 2. 1214; 3. 1598; 4. 1685;
5. 1789

8.29 Exercice-test

1. ont de l'; 2. n'a pas d'; 3. avons du, des; 4. ai des amis, ai de la

8.30 Exercice-test

Ses; Son; Sa; ses; son; sa

8.36 Pratique de l'écriture

1. cousin; 2. ta cousine; 3. ta mère; 4. ta tante; 5. tes oncles; 6. tes grands-pères; 7. ta grand-mère; 8. ton arrière-grand-mère; 9. ta sœur

8.37 Pratique de l'écriture

1. le père; 2. sa mère; 3. C'est sa grand-mère; 4. ses grands-parents; 5. C'est sa sœur; 6. Ce sont ses frères; 7. Parce qu'il est mort

8.38 Entraînement à la lecture

hais, parents, parents, amis, parents, sort

8.39 Lecture et interprétation

belle, 17, s'appellent, le père, l'arrière-arrière-grand-père, le grand-père, le grand-père

8.40 Lecture et déduction

1. large; 2. à la mairie; 3. valeur; 4. pacsé; 5. commune; 6. reconnaît; 7. étroits; 8. petits-enfants; 9. seuls; 10. un seul parent

8.41 Lecture et déduction

2. Anatole et Jeanne Belleau, Léon et Louise Pothier; 3. Adolphe et Eugénie Belleau, M. et Mme Langlois, Edouard et Lucie Pothier, M. et Mme Thomas; 4. Cécile et Jean-Denis Labrousse, Mireille Belleau, Marie-Laure Belleau; 5. pas de petits-enfants 6. Georgette Belleau, Paulette et Victor Buisson, Armand et Arlette Belleau, Guillaume Belleau, Henri et Juliette Pothier

LEÇON 9

9.2 Compréhension auditive

1. A; 2. E; 3. D; 4. F; 5. C; 6. B

9.11 Activation

2. Votre; 3. Notre; 4. Nos; 5. Leurs; 6. Leur

9.17 Activation

1. à l'; 2. à la; 3. au; 4. à l'; 5. à la; 6. à la; 7. à la; 8. au

9.19 Activation: Dictée

jouer, à toi, C'est à moi, n'est, elle, c'est, lui

9.26 Activation

1. pleures; 2. pleurer; 3. pleut; 4. pleure; 5. pleut; 6. pleurez, pleurons; 7. pleure

9.30 Exercice-test

1. Son; 2. Son; 3. Ses; 4. Ses; 5. Nos; 6. Votre; 7. Ma; 8. Ton; 9. Leur; 10. Leurs

9.31 Exercice-test

1. fait de la; 2. fais de l'; 3. fait du; 4. jouons au; 5. joue aux

9.32 Exercice-test

1. Moi; 2. Nous; 3. Elle; 4. Lui; 5. Elles; 6. Eux; 7. Vous

9.38 Lecture et interprétation

n'est pas facile (est difficile), un esprit profond

9.39 Entraînement à la lecture

1. n'a pas de dents, n'a pas de cheveux, n'a pas d'illusions; n'a pas de dents, n'a pas de cheveux, n'a pas d'illusions non plus
3. meurt

9.40 Lecture et interpretation

1. la mer; 2. chapeau rond, coiffe; 3. des bateaux, des églises, des Bretons, des Bretonnes, des calvaires, des menhirs . . .; 4. des monuments religieux; 5. pierre; 6. de la natation, de la voile; 7. menhir

9.41 Entraînement à la lecture

1. des biscuits, des barres de céréales au chocolat; 2. le grignotage; 3. Américains; 4. un petit quelque chose

9.42 Entraînement à la lecture

1. le goûter, la pause-café (le café-pain-beurre), le thé; 2. de l'Orangina ou de la limonade, du café; 3. des petits pains aux raisins et des galettes bretonnes; du pain et du beurre; 4. offre du thé; 5. ses voisins et ses amis

9.43 Entraînement à la lecture

A. Il trouve ce jeu complètement stupide; Elle appartient (est) aux dirigeants; elle n'est même pas à eux; Les dirigeants du club
B. 1. disputent, disputer; 2. balle; 3. arrive, arrive; 4. dirigeants; 5. terminé, termine; 6. amateurs; 7. au foot, au rugby (et au tennis), Tour de France

LEÇON 10

10.2 Compréhension auditive

1. A; 2. E; 3. D; 4. B; 5. F; 6. C

10.10 Activation: Dictée

mes, toi, Si, Non, n'y en a plus

10.14 Activation: Compréhension auditive

temps météorologique: 1, 4, 6
temps chronologique: 2, 3, 5, 7

10.25 Activation: Dictée

A. 1. venez; 2. viens; 3. vient; 4. viennent
B. 1. connaissez, connais, sais; 2. connaît, sait; 3. connaissez, connaissons, savons; 4. connaissent, connaissent, savent

10.26 Activation

1. toi; 2. à moi; 3. à lui; 4. Il est à elle; 5. Elles sont à eux; 6. Il est à elles

10.29 Activation

4. plus riche qu'elle; 5. moins indulgente que lui; 6. moins sportive

que nous; 7. moins riches qu'eux;
8. aussi grand que toi; 9. moins
moqueur qu'elle; 10. moins sportif
que moi

10.32 Activation

1. moi, mon; 2. à toi, ton; 3. à vous,
votre; 4. à elle, son; 5. à nous,
notre tour; 6. à eux, leur tour

10.33 Activation

1. leurs; 2. leurs; 3. leur; 4. son;
5. son; 6. ses; 7. sa; 8. vos; 9. mes

10.36 Activation

1. lui, 2. Ce, elle; 3. Ce, moi; 4. Ces,
moi; 5. Ce, elle; 6. Ces, moi;
7. Cette, elle; 8. Ce, elle; 9. Cette,
elle; 10. Cet, moi

10.37 Activation

1. Cet, Cette, Ces, Ce; 2. Cet, Ces,
Cette, Ces, Cette

10.41 Exercice-test

1. cette; 2. ces; 3. ce; 4. cet; 5. ces

10.42 Exercice-test

1. sait; 2. connaît; 3. savent,
connaissent; 4. connaissons,
savons

10.43 Exercice-test

1. venez; 2. vient; 3. viennent;
4. viens; 5. viens

10.49 Entraînement à la lecture

1. Parce qu'il pense à Nicolette; Il est
laid; Large (Il a le visage large);
(Ses lèvres sont/Il a les lèvres)
plus rouges qu'un biftèque; Jaunes;
Non, gigantesque; Non, plat; 2. s;
3. narines

10.50 Lecture et interprétation

1. moins, obscurité, allumer; 2. allumer, allumette, entière, obscurité,
rappeler, serrant

10.51 Lecture et interprétation

1. film; 2. (C'est) très bien; 3. moins;

4. montagnes; 5. vieux, vieille,
connaît; 6. inspiration; 7. passe;
8. intérêt; 9. fasciné; 10. amou-
reuse, amoureux

10.52 Entraînement à la lecture

1. il pleut des voix de femmes
comme si elles étaient mortes,
même dans le souvenir; c'est vous
aussi qu'il pleut, merveilleuses
rencontres de ma vie, ô goute-
lettes; et ces nuages cabrés se
prennent à hennir tout un univers
de villes auriculaires; écoute s'il
pleut tandis que le regret et le
dédain pleurent une ancienne
musique; écoute tomber les liens
qui te retiennent en haut et en bas
2. Il est triste; Il s'ennuie; Il est plutôt
agréable

LEÇON 11

11.2 Compréhension auditive

1. E; 2. A; 3. C; 4. B; 5. F; 6. D

11.7 Activation: Discrimination auditive

Louis: 3, 5, 6, 7, 9
Lui: 1, 2, 4, 8, 10

11.9 Activation: Dictée

tu vas, venir, Une, autre fois,
aujourd'hui

11.12 Activation: Dictée

Il y a, que vous êtes à Paris, ça fait
35 ans, je suis une, 35 ans

11.13 Activation

1. depuis, ça fait (Il y a); 2. depuis, Il y a (ça fait) 2 ou 3 ans;
3. depuis, ça fait (il y a) 7 ans
qu'elle va; 4. depuis, ça fait (il y a)
10 minutes qu'elle; 5. depuis, il y a
(ça fait) 7 mois qu'elle; 6. depuis,
ça fait (il y a) 8 siècles

11.21 Activation

2. Quel; 3. Quel; 4. Quel; 5. Quel;
6. Quels; 7. Quelles; 8. Quel;
9. Quel; 10. Quelle; 11. Quelle

11.29 Activation: Dictée

l', m', Tu m', suis, l'ennuie

11.33 Activation: Dictée

vous, m'ennuie, m'ennuie pas,
Madame, Mademoiselle

11.34 Activation: Dictée

Quels, yeux, Quelles, mains, vous
ennuie, m'ennuyez, me trouvez, je
vous trouve, Merci beaucoup

11.39 Activation: Dictée

1. Tu m'ennuies, l'ennuie; 2. Je
m'ennuie, s'ennuie

11.40 Activation

1,2. s'habille, habille; 3. s'ennuie;
4,5. se promène, promène; 6. s'ennuyer; 7. se présente; 8. s'appelle;
9. ennuyer; 10,11. lève, se lève

11.41 Activation

Son, Ses, Sa, Ses, Son, Son, Leurs,
leur

11.42 Activation

1. se, une, du, l', la, la, se, la, m', s',
moi, le, me, le, les, les, le; 2. me,
fait, me, vous, me, se, m', m', m';
3. Quelle, vous, s', t', chez, fait,
vous, moi, nous, me, me, m', s'en
va

11.43 Activation

êtes, venons d', sont, viennent de,
ce, le, toi, moi, vient de me le,
viens de, reste, manges, vas,
malade, sais, les

11.45 Exercice-test

au, fait, fait, y a du; depuis, Ça fait
(Il y a)

11.46 Exercice-test

1. Quelle; 2. Quels; 3. Quelle;
4. Quel; 5. Quelles

11.47 Exercice-test

ɪ. elle vient de se; 2. nous venons de nous; 3. ils viennent de se; 4. il vient de se; 5. elles viennent de se

11.48 Exercice-test

ɪ. vous; 2. ne vous; 3. ne les; 4. l'; 5. l'; 6. ne la; 7. ne te; 8. ne le

11.54 Lecture et interprétation

dure, durent, dure

11.55 Lecture et interprétation

ɪ. mort; 2. maladif; 3. chasse; 4. tristes; 5. serein; 6. Mallarmé préfère l'hiver, mais Ronsard préfère probablement le printemps

11.56 Lecture et interprétation

ɪ. Avant; 2. L'été; 3. L'hiver; 4. comprend

11.57 Lecture et interprétation

ɪ. né; 2. loup; 3. fait, chien, fait

11.58 Lecture et interprétation

en va, bon, emporte, pareil

11.59 Entraînement à la lecture

début; emporte; Elle croit que c'est l'homme invisible

LEÇON 12

12.2 Compréhension auditive

A. 2; B. 2; C. ɪ; D. ɪ; E. ɪ; F. 2; G. 2; H. 2; I. 2; J. ɪ; K. ɪ; L. ɪ; M. 2

12.8 Activation

ɪ. Quel; 2. quelle; 3. Quel; 4. Quels; 5. Quelles

12.11 Activation: Dictée

A. au cou, ai mal au, ai mal aux, a l'air
B. mal à la tête, mal à la gorge, pas grave

12.12 Activation

la, ai, la, a, la, as, la, ai, à la, avons, mal à la

12.14 Activation

2. Ils se regardent; 3. Ils se trouvent sympathiques; 4. Nous nous regardons; 5. Vous vous regardez

12.16 Activation: Dictée

lève-toi, te lèves, me lève

12.21 Activation

ɪ. m'accompagnez (nous accompagnez); 2. attendez-moi (attendez-nous); 3. suivez-moi (suivez-nous); 4. t'arrête, aide-moi; 5. te regarde; 6. repose-toi; 7. Occupe-toi; 8. t'attraper; 9. appelle-moi

12.22 Activation: Dictée

A. es, te, te ruines
B. 35, vous ruiner, en; me ruine en

12.24 Activation

pouvons, peut, peux, peuvent

12.26 Activation écrite

ɪ. suit; 2. suivons; 3. suis; 4. suivent

12.27 Activation: Dictée

suit, suis, suis, êtes, vous suis, suivez

12.31 Activation

ɪ. sort; 2. sors; 3. sortons; 4. sortent; 5. sortent; 6. partent; 7. pars; 8. pars; 9. part

12.33 Activation

ɪ. prennent; 2. prends; 3. prends; 4. prend; 5. prenez; 6. prenons

12.34 Activation

comprends, comprends, comprenez, comprenons, comprend, comprennent

12.37 Activation

ɪ. comprenons; 2. partons; 3. pars; 4. prenons; 5. sors, sortent; 6. peut, peux; 7. connais, connaît

12.39 Activation

ɪ. Elle, -e; 2. Il; 3. Elle, -e; 4. la, -e; 5. Elle, -e; 6. Il; 7. Elle, -e, -e

12.41 Exercice-test

ɪ. le; 2. vous; 3. moi; 4. les; 5. la

12.42 Exercice-test

ɪ. ne les; 2. ne m'; 3. ne l'; 4. ne t'; 5. ne vous

12.43 Exercice-test

ɪ. peux; 2. peuvent; 3. suis; 4. êtes, 5. apprenez; 6. sors; 7. partent

12.49 Lecture et interprétation

comptent, fortuites

12.51 Entraînement à la lecture

ɪ. lieu, lieux, lieux; 2. d'apparence, de proximité, de profession, d'origine ethnique ou raciale, de religion, de culture; 3. ils permettent de développer facilement de nouveaux contacts; 4. virtuels

12.52 Entraînement à la lecture

ɪ. beau; 2. Il va neiger; 3. Il va faire un temps couvert (Le ciel va être couvert); 4. Il va faire un temps variable

12.53 Entraînement à la lecture

A. ɪ. Ils se mobilisent contre la privatisation de l'université; 2. Ils vont manifester; 3. privatiser; le modèle américain; 4. honte; 5. Si vous trouvez que l'éducation coûte cher, essayez l'ignorance; 6. sauver
B. être; suivre

12.54 Lecture et interprétation

crier, sont sourds

LEÇON 13

13.2 Compréhension auditive

1. E; 2. F; 3. C; 4. A; 5. B; 6. D

13.19 Activation: Dictée

1. Il ne manque personne, il manque quelqu'un; 2. Ce n'est pas le travail qui manque

13.20 Activation: Dictée

personnes, attendent, Une personne, reste-t-il de personnes, en reste, personnes, n'y a personne, ne reste personne

13.27 Activation

1. Quelle, celle, laquelle, celle; 2. Quel, celui; 3. Lesquels, Ceux; 4. Lesquelles, Celles

13.28 Activation

Lequel, Celui, celui, celui

13.35 Exercice-test

un jeune homme: 1, 2, 4, 8, 10, 11, 13, 14, 16
une jeune fille: 3, 5, 6, 7, 9, 12, 15

13.36 Exercice-test

1. cette; 2. ce; 3. cette; 4. celle; 5. celui; 6. Ceux; 7. Laquelle, celle; 8. Lequel; 9. Quels; 10. Lequel; 11. Quel; 12. Quelle; 13. Quelles; 14. Quels; 15. Lesquelles

13.44 Entraînement à la lecture

Comme dirait mon ami Alphonse Allais, je ne peux pas vous dire mon âge: il change tout le temps!

13.45 Entraînement à la lecture

Il s'agit d'une chemise

13.46 Lecture et calcul

1. Une chance sur 10; 2. 100; 3. entre 18 et 22 ans

13.47 Entraînement à la lecture

1. 84,5 ans pour les femmes, 77,8 ans pour les hommes; 2. Jeanne Calmant. Elle est morte à 122 ans; 3. ils se considèrent stressés; 4. ils prennent beaucoup de médicaments et consultent des psychiatres; 5. 5% des Français fréquentent un psy

13.48 Entraînement à la lecture et expansion du vocabulaire

poussière, poussière, aveu, tue

13.49 Lecture et interprétation

1. Non. Elle les trouve insignifiants; 2. Un cours d'histoire de la philosophie; 3. Il avait les yeux bleus et graves, il s'habillait en noir, il avait de l'autorité; 4. Une amie du jeune homme; 5. Son air d'autorité; 6. A la bibliothèque, probablement; 7. Sur le boulevard Saint-Michel; 8. Non, elle a une sœur; 9. Plus jeune

LEÇON 14

14.2 Compréhension auditive

1. B; 2. E; 3. D; 4. A; 5. F; 6. C

14.11 Activation: Dictée

as tort, as raison

14.12 Activation

1. a raison; 2. a raison; 3. a tort; 4. a tort; 5. a tort; 6. avait tort; 7. ont tort; 8. avez raison

14.14 Activation: Dictée

êtes, Oui, vous faites, Qu'est-ce que, dites, Je fais de l'histoire de l'art

14.17 Activation

1. parlez, parle, parlez, parle, dire; 2. parle, dites, dis, parle; 3. parle, parle, dit; 4. dire, dites, parler, dire

14.22 Activation

1. c'est le, C'est, C'est le, il est; 2. il est, C', il est, C'est; 3. c'est, Il est, C'est, matinée; 4. il est, C'est le, C'est, soirée

14.33 Activation: Discrimination auditive

présent: 1, 3, 4, 6, 8, 14, 17
imparfait: 2, 5, 7, 9, 10, 11, 12, 13, 15, 16, 18, 19, 20

14.34 Activation: Dictée

1. était, avait, avait; 2. étiez, aviez; 3. étais, avais

14.35 Activation

1. savait; 2. écrivait, téléphonait; 3. faisait; 4. vivaient; 5. apprenait; 6. faisions; 7. avions; 8. allions; 9. venions; 10. connaissiez; 11. saviez, savait

14.36 Activation

faisait, avait, criaient, était (se trouvait), souriait, était, faisait, venait, venait, était, parlait, avait, était, était, parlaient, était, était, venait, travaillait, aimait, passaient, était, vivait, étaient, était, était

14.37 Activation

1. étiez, viviez, étaient; 2. alliez; 3. aviez; 4. habitiez (viviez); 5. parliez; 6. faisiez; 7. jouiez

14.39 Activation

1. étaient, vivait, eux, vit, ses, Son, vit, sa, vit; 2. vivent (habitent), vit, eux; 3. vivez, vivez (habitez), vos

14.43 Exercice-test

1. parle; 2. dites, Parlez; 3. parler; 4. disent

14.44 Exercice-test

présent: 1, 2, 6, 8, 9
passé: 3, 4, 5, 7, 10, 11, 12

14.45 Exercice-test

1. habitait; 2. vivait; 3. étaient; 4. travailliez; 5. allais; 6. aviez; 7. faisait; 8. étiez; 9. habitiez; 10. veniez

14.46 Exercice-test

masculin: 3, 4, 6, 9
féminin: 1, 2, 5, 7, 8, 10

14.52 Entraînement à la lecture et expansion du vocabulaire

Lamartine, va (vole, passe), temps, vole

14.53 Entraînement à la lecture

avant, vie

14.54 Entraînement à la lecture

1. le nombre de remariages; 2. elle limite la liberté individuelle. Non, parce que la liberté est un a priori social; 3. l'évolution de l'environnement social qui favorise l'autonomie des individus, les remariages se multiplient; 4. les femmes, parce que le mariage les empêche de se réaliser

14.56 Entraînement à la lecture et expansion du vocabulaire

1. Champs-Elysées, paradis; 2. brille; 3. palais; 4. chanteurs; 5. ligne; 6. rappelle, rappelle; 7. pénible; 8. reine; 9. rouillé; 10. règne; 11. Cours; 12. la tête

LEÇON 15

15.2 Compréhension auditive

1. C; 2. F; 3. E; 4. A; 5. D; 6. B

15.8 Activation: Compréhension auditive

2. b; 3. a; 4. c; 5. b

15.13 Activation: Dictée

1. 49; 2. 60, 50; 3. 89; 4. 57, 60; 5. 235, 470

15.14 Activation

2. 60,50€ = un billet de 50€, un billet de 10€, et une pièce de 50 centimes; 3. 0,89€ = une pièce de 50 centimes, une pièce de 20 centimes, une pièce de 10 centimes, une pièce de 5 centimes, et 4 pièces d'un centime; 4. 0,57€ = une pièce de 50 centimes, une pièce de 5 centimes, et une pièce de 2 centimes; 60 centimes = une pièce de 50 centimes et une pièce de 10 centimes; 5. 235€ = 1 billet de 200€, 1 billet de 20€, un billet de 10€, et un billet de 5€; 470€ = 2 billets de 200€, un billet de 50€, et un billet de 20€

15.18 Activation

2. en; 3. sur; 4. au, de; 5. à; 6. du; 7. au; 8. dans

15.20 Activation: Dictée

1. amène; 2. promener; 3. mène; 4. se promènent; 5. emmène

15.26 Activation

1. du, De la, Des, Du, De l', De la, Des, De l', Du, Du, De l', De l'; 2. au, A la, A la, à l', à la, au, Aux, A la, du, Du, du, De la, Du, Du, du, aux, de l', à la, des, au, aux; 3. emmène, promène, amène

15.29 Activation

1. en a; 2. il y en a; 3. en, un; 4. en; 5. en avez une; 6. vais en

15.31 Activation

2. sourit; 3. sourions; 4. étudions; 5. étudient; 6. voyez; 7. croyez; 8. ennuient; 9. ennuyez

15.33 Activation

1. sais, savez; 2. connaissez, connaît, connaissent; 3. sortez, sort, sortent; 4. pars, partent, part

15.34 Activation: Dictée

faisiez, attendiez, aviez, faisais, ennuyais, pensais, attendais, avais, regardais, passaient, demandais, avait, ressemblait, souriait, était, avais, étais

15.35 Activation

1. vais, étais, allais; 2. connais, connaissions, étions, sont, habitaient, sais, savais, avais; 3. écris, ai, étais, écrivais; 4. veux, étais, voulais; 5. étiez, croyais, crois; 6. deviez; 7. était

15.37 Exercice-test

1. en, au, de, le; 2. à, en, en

15.38 Exercice-test

1. à la, au, chez, rue; 2. sur, le, de, à, de

15.39 Exercice-test

1. de la; 2. des; 3. au; 4. aux; 5. à l'; 6. de l'; 7. du; 8. à la

15.40 Exercice-test

1. étudie; 2. ennuie; 3. crois; 4. connais; 5. sors; 6. viens; 7. sais; 8. vois

15.47 Lecture et interprétation

Quand on le jette; Quand on le garde dans ses poches

15.48 Lecture et interprétation

des autres; Non, Robert n'est pas d'accord. Il ne prend pas l'argent de son père. Il préfère être indépendant

15.52 Lecture et interprétation

1. gagner de l'argent et rêver d'être riche; 2. la santé; 3. les enfants, la famille, les amis; 4. étaler son argent; 5. à leurs enfants âgés de 7 à 15 ans; 6. ils dépensent leur argent à des activités de loisirs; 7. ils le réservent pour une dépense plus importante (un ordinateur, un voyage . . .)

15.53 Lecture et interprétation

4. imprévu, imprévu; 5. poulet;
6. court; 7. court, vite; 8. essouffle, courir

15.54 Lecture et interprétation

A. seule; en peine; pareils; peur
B. 3. connaîtrai (connaître); viendra (venir); aurai (avoir)

LEÇON 16

16.2 Compréhension auditive

1. B; 2. D; 3. F; 4. A; 5. E; 6. C

16.13 Activation: Dictée

hier, Aujourd'hui, demain, après-demain

16.16 Activation

1. cherchait, était, avait, était;
2. y avait; 3. était, allaient, était;
4. faisaient, attrapaient, pleuvait, jouaient, allaient

16.30 Activation

1. connais, connaissent; 2. sais;
3. sais, sait, savent; 4. connaît, connaissent, connaissons

16.34 Activation

1. croient, croit, croyez, croyons, histoires; 2. comprends, comprennent, comprend, comprenons; 3. essayons, essaient, essaie

16.35 Activation

1. de la; 2. de la; 3. de la, du, du;
4. de la, des, du, de l'; 5. au, aux, à l', à la, à l'

16.36 Activation: Dictée

crois, en, connaissez, connais, sais, y, avez, envie, y, en ai envie, y, voulez, peux, dois, allez-y, ai aucune envie d'y aller, j'y vais, vais m'ennuyer, Essayez

16.37 Activation

panne, veut, faute, y était, blague, avait, voulait, savais, croyais, pouvais

16.39 Exercice-test

1. y; 2. y; 3. en; 4. en, y

16.40 Exercice-test

1. viens; 2. dois; 3. veux; 4. peux;
5. sais; 6. vois; 7. connais; 8. comprends; 9. tiens; 10. essaie

16.41 Exercice-test

1. comprenez; 2. voulez; 3. pouvez;
4. devez; 5. savez; 6. essayez;
7. connaissez; 8. venez; 9. tenez;
10. voyez

16.46 Entraînement à la lecture

1. une plante plutôt fragile; 2. supérieur, peut penser; 3. pense

16.47 Entraînement à la lecture et expansion du vocabulaire

1. Non, pas encore. Jusqu'à maintenant, elle allait en vacances en Bretagne (à Belle-Ile-en-Mer); Non. Elle n'y est jamais allée; Elle est basque. Elle est née au Pays Basque (elle y est née); 2. En partie en France, et en partie en Espagne; Il (elle) parle français comme une vache espagnole;
3. Un compositeur; 4. Le thon et les sardines; Des bergers; 5. Parce qu'il était veuf, et triste d'être tout seul; 6. Louis XIV et Marie-Thérèse, Infante d'Espagne; Parce que le Pays Basque est à la fois la France et l'Espagne; 7. Parce qu'on les faisait à Bayonne; 9. hongrois, finlandais, suédois, chinois, (on parle) danois

16.48 Entraînement à la lecture et expansion du vocabulaire

1. bleus et rouges; 2. la photo de la Maison de l'Infante; 3. elle préfère

la plage à Bayonne, parce qu'il y a moins de monde; 4. on peut faire du cheval, jouer au golfe et à la pelote; Non, on peut y aller toute l'année; 5. On trouve du piment dans le poulet basquaise; La pipérade, c'est une omelette aux poivrons, à la tomate, au jambon et à l'ail; On mange du fromage de brebis avec de la confiture de cerises noires

16.49 Lecture et interprétation

1. L'Acadie; Nouvelle-Ecosse, Nouveau Brunswick, du-Prince-Edouard; 2. pour augmenter la population de la colonie, qui n'avait que 2.500 habitants; 3. elle est passée à 7.000, puis à 15.000 habitants entre 1663 et 1689;
4. anglaise, Nouvelle-Ecosse; 5. Dérangement, nettoyage ethnique;
6. Maine, Massachusetts, Louisiane; 7. l'anglais, le français, le français

16.50 Lecture et interprétation

se marie; poudrerie

LEÇON 17

17.2 Compréhension auditive

1. F; 2. D; 3. B; 4. E; 5. C; 6. A

17.12 Activation

B. 1. produit des melons; 2. fait de la recherche; 3. conduit un tracteur; 4. C'est une femme qui décore des appartements ou des maisons; 5. C'est une femme qui loue des chaises;
6. C'est une femme qui dirige une école; 7. C'est quelqu'un qui a un restaurant; 8. C'est quelqu'un qui compose de la musique;
9. C'est un homme qui élève des chiens; 10. C'est un homme qui navigue sur un bateau; 11. C'est une femme qui chante à l'Opéra;
12. C'est quelqu'un qui fait des massages; 13. Quelqu'un qui

assure contre les incendies, les accidents; 14. Quelqu'un qui cultive la vigne; 15. Quelqu'un qui cultive des fleurs; 16. Quelqu'un qui transporte des marchandises; 17. Quelqu'un qui travaille dans une mine; 18. Quelqu'un qui construit des avions

17.13 Activation

1. s'occupe des moutons; 2. C'est un homme qui s'occupe des vaches; 3. Un homme qui vend de la viande; 4. Un homme qui fait et vend du pain; 5. Quelqu'un qui fait et vend du fromage; 6. Quelqu'un qui vend de la crème; 7. Quelqu'un qui fait et vend du chocolat; 8. Quelqu'un qui vend du lait; 9. Quelqu'un qui vend des produits alimentaires; 10. Quelqu'un qui travaille dans la police; 11. Un homme qui s'occupe des malades; 12. Quelqu'un qui vend des tripes; 13. Un homme qui travaille à la poste; 14. Quelqu'un qui a un hôtel; 15. Quelqu'un qui vend du pâté, du jambon . . . ; 16. Quelqu'un qui vend des bijoux

17.16 Activation

Qui est-ce?: 1, 4, 5, 9, 10, 13
Qu'est-ce qu'il fait?: 2, 6, 7, 11, 12
Comment est-il?: 3, 8, 14

17.17 Activation

1. C'est un; 2. Il est; 3. il est; 4. C'est une; 5. elle est; 6. elle est

17.18 Activation

1. C'; 2. Elle; 3. Elle, C'; 4. C', Elle

17.21 Activation

1. connaissez, sais; 2. connaît, sait; 3. sait, connaissez, sais; 4. connaissez, connais, connaissez, sais

17.26 Activation

1. s'écrit; 2. ne se prononce pas; 3. Le pain s'achète chez le boulanger; 4. ne se dit plus; 5. se font;

6. se pêchent; 7. ne se porte plus; 8. ça se comprend; 9. Ça se voit

17.37 Activation: Dictée

regarde, rentre à la maison, te changer, tu vas, un rhume

17.39 Exercice-test

1. fermière; 2. boulangère; 3. pharmacienne; 4. aviatrice; 5. médecin

17.40 Exercice-test

1. C'est; 2. Elle est; 3. Il est; 4. C'est; 5. C'est

17.41 Exercice-test

1. savez; 2. connais; 3. connaît; 4. sait; 5. savent

17.42 Exercice-test

1. discutaient; 2. était; 3. saviez; 4. avait; 5. voulais; 6. travailliez; 7. faisiez; 8. allait

17.47 Entraînement à la lecture

1. De voler le camion des pompiers et d'acheter un petit singe; 2. Boris Vian; le singe; 3. (richement et) discrètement

17.48 Entraînement à la lecture et expansion du vocabulaire

1. Sur l'échelle, brûle; 2. incendie, il pleut; 3. Il sauve une dame; 4. profite, voler (prendre); 5. Il drague; 6. Au feu!

17.49 Entraînement à la lecture et expansion du vocabulaire

vue, conduire, vue, baisse

17.50 Entraînement à la lecture et expansion du vocabulaire

1. sondage; 2. le tennis, Il est d'origine camerounaise et française; 3. le football, d'Algérie; 4. but,

but, tête, buts, but; 5. grossesse, avortement, Veil, Ministère, Santé

17.51 Lecture de la lecture

loin; matelots; leurs fiancées (leurs belles); seigneurs; dentelles; crachaient; Vierge Marie; foi; tiennent; Président

17.52 Entraînement à la lecture et expansion du vocabulaire

1. C'est la sœur d'Arthur; 2. mis à; 3. gâteaux, gâteaux; 4. couche, coucher; 5. chic, rapportages, fessée, fessée, veux

17.53 Entraînement à la lecture, interprétation, et pratique de l'écriture

A. 1. cerner, credo; 2. plein, plein; 3. ventre, tête, cœur; 4. bricoles, mots; 5. traînent; 6. plient; 7. tambour; 8. s'énerve, Elle la rappelle; 9. reproches

17.54 Entraînement à la lecture et interprétation

1. garçon; 2. C'est sa sœur; 3. Agrippine; 4. La maîtresse (L'institutrice); 6. surveiller les devoirs de son frère; 7. frapper; 8. il est stupide (il est sous-doué); 9. barrit; 10. buter; 11. moul, deux; 12. Papa

LEÇON 18

18.2 Compréhension auditive

1. A; 2. E; 3. C; 4. I; 5. G; 6. F; 7. B; 8. H; 9. D

18.10 Activation: Compréhension auditive

professionnel: 1, 4, 5, 8
amateur: 2, 3, 6, 7

18.13 Activation

1. Une femme qui tient un bureau de tabac; 2. Une femme

qui anesthésie des patients;
3. Quelqu'un qui examine les
yeux; 4. Une femme qui fait
du trapèze; 5. Une femme qui
fait de la recherche en biologie;
6. Une femme qui soigne les
dents; 7. Une femme qui écrit des
articles pour des journaux

18.14 Activation

1. Une femme qui travaille avec
des ordinateurs; 2. Une femme
qui joue de la musique; 3. Un
homme qui fait de la mécanique;
4. Quelqu'un qui fait des opérations chirurgicales; 5. Une femme
qui s'occupe de l'esthétique des
visages; 6. Une femme qui vend
des produits pharmaceutiques;
7. Quelqu'un qui fait de la recherche en physique; 8. Quelqu'un
qui fait des installations électriques; 9. Quelqu'un qui fait de la
politique

18.15 Activation

1. Quelqu'un qui écrit; 2. Une
femme qui écrit des romans;
3. Une femme qui vend des livres
dans une librairie; 4. Une femme
qui s'occupe des livres dans une
bibliothèque; 5. Quelqu'un qui
conduit un taxi; 6. Une femme
qui fait du commerce; 7. Un
homme qui fait la cuisine dans un
restaurant

18.20 Activation: Dictée

tu m'agaces, peux être, te préviens,
continues, entends, Arrête,
ennuies

18.23 Activation: Dictée

peux pas, débrouille-toi, descendre,
Aide-moi, Débrouille-toi

18.26 Activation

Réponds-moi, m'embête, Laisse-
moi, Ecoute-moi, Approche-toi,
change-toi, l'appelle, dis-le, le dis,
finis-les, apprends-la, aide-moi,
m'aide

18.33 Activation

1. lui; 2. lui; 3. la; 4. me; 5. lui; 6. l';
7. les; 8. leur

18.34 Activation

1. l', l', la, lui, lui, lui, lui; 2. la, l',
lui, l', l', l', la; 3. l', lui, lui, lui, lui;
4. lui, lui, l', lui

18.36 Activation: Dictée

ne vas jamais; Si, quelquefois; pas

18.38 Activation

allais, apprenais (étudiais), savais,
allait, savait, avait (recevait), habitaient (vivaient), faisaient, étions,
avions, faisait, allions, pêchions,
attrapions, mangeait, était, con-
duisait, roulait, faisait, montait,
plongeait, crachaient, sauvait,
jouait, était, massait, avaient,
réussissait, avait, aimaient,
étais, réussissais, gagnais, avais,
appelaient, disais, étais, restais,
mangeais

18.40 Exercice-test

1. moi; 2. vous; 3. lui; 4. eux; 5. elles

18.41 Exercice-test

1. la; 2. le; 3. l'; 4. nous; 5. les

18.42 Exercice-test

1. moi; 2. lui; 3. leur; 4. nous; 5. lui;
6. les

18.50 Entraînement à la lecture

1. platanes; 2. lourd, tonnes; 3. fout;
4. chante; 5. crache, pète; 6. pose;
7. saute; 8. mégot

18.51 Entraînement à la lecture

bécotent, regard, gueules

18.52 Lecture et expansion du vocabulaire

1. oui; 2. aristocratiques; 3. campagnards (populaires); 4. aristocratiques; 5. nomme

18.53 Entraînement à la lecture et à l'écriture

1. cote; 2. Ce sont les notables d'hier
qui ont un peu perdu de leur
position privilégiée; 3. Ils travaillent dans l'information, et ont
une part plus grande du pouvoir social; 4. kinésithérapeute;
5. plombier, restaurateur; 6. Parce
que les gens s'occupent de leur
santé; 7. Il profite du fait que la
population vieillit et a besoin de
services; 11. Parce que les entre-
prises ont besoin de flexibilité;
12. croissance

18.54 Lecture et interprétation

1. a. sot, inférieur, inférieur;
b. côtoient; c. juré; 2. a. ravi;
b. foutent; c. abîmés; 3. a. croquis;
b. ment; 5. a. hurlait; 6. a. marché;
b. bouquins, bouquins, placard;
c. les yeux

LEÇON 19

19.2 Compréhension auditive

1. E; 2. B; 3. D; 4. A; 5. C; 6. F

19.5 Activation: Discrimination auditive

/r/: 2, 3, 5, 8, 9, 12
pas de /r/: 1, 4, 6, 7, 10, 11

19.13 Activation

9 heures, 9 heures dix, 9 heures et
quart, 9 heures vingt, 9 heures et
demie, 10 heures moins le quart,
10 heures et quart, 11 heures
moins vingt, 11 heures moins dix,
11 heures vingt

19.19 Activation: Dictée

1. est; 2. est; 3. est; 4. a; 5. sont; 6. a;
7. est; 8. a, a; 9. a; 10. a; 11. ont;
12. sont; 13. est; 14. est; 15. est;
16. a

19.21 Activation

1. ont; 2. sont; 3. sont; 4. ont pris; 5. ont parlé; 6. a fait; 7. a suivi; 8. sont

19.25 Activation

voulions, étions, ai, avons, sommes, sommes, sont, a, connaissait, connaissait, savait, allait (venait), vivait (habitait), a, était, plongeait, barbouillait, était, a

19.27 Activation

1. entrepris; 2. compris; 3. incompris; 4. appris; 5. pris; 6. repris

19.35 Activation

me plaît, lui plais, m'a plu, a plu à, nous ont, plu, lui ont, plu, leur ont, plu, ça lui a plu, lui plaisent, lui plaît, me plaît

19.38 Activation

2. lentement; 3. rapidement; 4. admirablement; 5. spirituellement

19.40 Activation

1. connaître, sait; 2. connaît, sait; 3. connaît, sait; 4. connaît, sait; 5. sait; 6. connaît, sait; 7. sait; 8. connaît; 9. savoir; 10. sait, savons, savons, sait, savoir, sait

19.41 Activation: Dictée et compréhension

1. tu fais, Rien, rien à faire, fais, sais, étudie tes leçons; 2. Elle ne fait rien, de faire quelque chose (d'étudier ses leçons)

19.43 Exercice-test

1. avons; 2. ai; 3. avons; 4. suis; 5. suis

19.44 Exercice-test

1. lui; 2. me; 3. te; 4. lui; 5. vous; 6. leur

19.45 Exercice-test

1. ils lui ont; 2. je lui ai; 3. nous lui avons; 4. il m'a; 5. il nous a

19.46 Exercice-test

1. sagement; 2. rarement; 3. Normalement; 4. Malheureusement

19.52 Lecture et mise en œuvre du vocabulaire

1. plonger; 2. plonger; 3. plonge

19.53 Entraînement à la lecture et expansion du vocabulaire

bateau, marin, officier, marine, huile

19.54 Lecture et interprétation

1. gratuit; 2. Parce que l'Etat finance et contrôle l'éducation nationale; 3. défavorisés; Les enfants qui viennent de milieux pauvres et les enfants handicapés; Il manque des enseignants spécialisés et des lieux adaptés à leurs besoins; 4. entre 16 et 18 ans; le bac (le baccalauréat); Non, puisque c'est une obsession; les maths; 5. HEC, Mines, Sciences-Politiques, l'ENA, l'X; 6. un candidat sur 10; 7. le français, à partir de 7 ans; Non, elles ont les mêmes résultats en maths que les garçons; les filles; "Les filles travaillent à l'école"

19.55 Lecture, interprétation, expansion du vocabulaire, et pratique de l'écriture

1. servent; 2. numériques; 3. enregistreur, lecteur; 4. lecteur, baladeur; 5. GPS; 6. Des textos et des tweets; Ça coûte moins cher, c'est plus rapide, ça crée un langage que les parents ne comprennent pas

19.56 Entraînement à la lecture

1. trompe, trompe; 2. trompe, trompe, se trompe, la trompe; 3. trompe, trompe

19.57 Lecture et interprétation

B. aurait pu, être; C. trompe

19.58 Lecture et expansion du vocabulaire

A. vivant, goût, carton; rois, roi, roi; carton; dates, étiquettes, vides
B. 1. une histoire, l'histoire; 2. une histoire; 3. l'histoire, l'histoire; 4. les histoires, l'histoire; 5. histoire; 6. histoire

19.59 Lecture, interprétation, et expansion du vocabulaire

1. Le renard; 2. flatterie; 3. perchent; 4. bec; 5. odeur; 6. chants; 7. plumes; 8. hôtes, hôtes, hôtes; 9. hostel

19.60 Entraînement à la lecture, expansion du vocabulaire, et interprétation

1. bonbons, périssables; 2. bouton; 3. Il propose d'aller regarder passer les trains; 4. vous, madame, cérémonieux; 6. pendue, fier; 7. de travers, rient, polissons; 9. cède

LEÇON 20

20.2 Compréhension auditive

1. C; 2. B; 3. F; 4. A; 5. D; 6. E

20.7 Activation: Discrimination auditive

attendre: 1, 4, 5, 8, 9, 12, 13, 15, 16
entendre: 2, 3, 6, 7, 10, 11, 14

20.11 Activation: Dictée

1. attendez quelqu'un; n'attends personne; 2. attendez; n'attends rien; 3. entends; entendez quelque chose; n'entends rien; n'entends rien

20.29 Activation

ai mis, l'ai, suis, suis, ai, ai, sommes, sommes, avons, est, m'a ai, lui ai, avons, en ai, m'a, a lu, l'a, en a, s'est mis, a, réussi, a été, n'a, eu

20.33 Activation

1. réfléchissons; 2. finissons; 3. ne réussissent pas; 4. mettez; 5. met (a mis), met, mettent; 6. buvez, bois; 7. réfléchis, ai réfléchi, choisis

20.37 Activation

1. ai bu; 2. avons parlé; 3. avons travaillé; 4. l'ai lu; 5. l'ai appris; 6. l'ai su; 7. en ai eu; 8. en ai eu; 9. n'en ai jamais eu; 10. l'ai été; 11. l'ai eu; 12. y suis; 13. vous ai rencontré(e); 14. vous ai écouté(e)

20.42 Activation

1. ne se sont; 2. n'y sont; 3. ne les ont; 4. ne les ont, ne l'ont; 5. ne les ai, ne l'a, n'en ai, ne les avons; 6. ne l'a, ne l'a, ne l'a

20.44 Exercice-test

1. de moi; 2. d'elle; 3. de toi; 4. de vous; 5. d'eux; 6. de lui; 7. de nous; 8. d'elles

20.45 Exercice-test

1. n'est pas; 2. n'entends rien; 3. ne connais personne; 4. n'allons plus; 5. ne rate jamais

20.46 Exercice-test

1. vous ai attendu(e); 2. avez entendu; 3. a réfléchi; 4. n'ai pas lu; 5. avez choisi; 6. ne lui as pas parlé; 7. ai eu; 8. est allé; 9. a appris; 10. n'ont pas bu; 11. n'as pas mis; 12. ai fini

20.53 Entraînement à la lecture et expansion du vocabulaire

1. pondent, œufs; 2. pond, naît; 3. durent, dure

20.54 Lecture, interprétation, et entraînement à l'écriture

2. un œuf; 3. d'un rhume (mauvais); 4. Parce qu'elle n'a pas laissé de veuf

20.55 Lecture et interprétation

1. Ils lisent moins, et regardent plus la télévision; 2. l'émergence du livre électronique; 3. des bandes dessinées et des livres pour la jeunesse; 4. les femmes; 5. l'Allemagne et la Belgique

20.56 Lecture, interprétation, et expansion du vocabulaire

A. 1. lycée, Des lycéens; 2. travailleur; 3. département, département; 4. banlieue, banlieue; 5. besoin, besoins; 6. gagne, gagnent; 7. me couche, fatigue; 8. un permis de conduire; 9. absent, abandonner; 10. ses devoirs, de bonnes notes

20.58 Entraînement à la lecture

1. calcul, salaud; 2. 8 sur 10; 3. Il prend des cours particuliers; 4. Il va en prendre aussi; 5. En orthographe; 6. parce, suis, pot; 7. lycée; 8. bosse; 9. leur père est médecin; 10. pot, bosser; 11. pot, en foutent; 12. des crêpes

LEÇON 21

21.2 Compréhension auditive

1. F; 2. A; 3. C; 4. E; 5. B; 6. D

21.8 Activation

1. même; 2. même; 3. même; 4. même; 5. même; 6. même

21.12 Activation

1. une; 2. la; 3. un; 4. la; 5. la; 6. le, une; 7. Le; 8. une; 9. une; 10. une; 11. une, une; 12. la, une

21.22 Activation

1. as raison; 2. avez tort; 3. a raison; 4. ont raison; 5. ont raison, raison, raison, tort, tort; 6. a raison, raisons, a tort; 7. a tort, tort; 8. a raison; 9. raison, tort; 10. a tort; 12. a raison; 13. a raison; 14. raisons; 15. raison; 16. a raison; 17. a tort; 21. raison; 22. raisons, raison; 23. raisons

21.34 Activation

1. Son roman policier; 2. Le roman policier; 3. Le garçon

21.35 Activation

1. pris; 2. prise; 3. comprise; 4. apprise; 5. étudié; 6. étudiée; 7. étudiés; 8. étudiées; 9. a lues; 10. a lu; 11. a vus; 12. mis; 13. mise; 14. eu; 15. a eues; 16. ai vues

21.36 Activation

1. —, -es, -es; 2. —; 3. —, -e, -e; 4. —; 5. -s

21.37 Activation: Dictée

A. as une nouvelle; tu la trouves; est ravissante; Très; vient; chez; vraiment; est très chic; trouve
B. A ton avis, celle-ci ou celle-là; A mon avis, celle-là; Celle-là

21.39 Exercice-test

1. un, —, —; 2. une, -le; 3. une, -le; 4. une, -le

21.40 Exercice-test

1. partez; 2. sortez; 3. servent; 4. faites; 5. devez; 6. reçois; 7. avez; 8. savent

21.41 Exercice-test

1. —; 2. —, -e; 3. —, -s

21.49 Entraînement à la lecture et expansion du vocabulaire

1. science; 2. demeure; 3. tort; 4. Enseigner ce qu'on ne sait pas; 5. chemise, avis, honneste

21.50 Lecture et expansion du vocabulaire

1. actuelle; 2. crise, crise, crise, crise, crise, crise, crise; 3. dette

publique, élevée; 4. améliorées; 5. privé, privatisation; 6. marché, républicain, publique, indépendante; 7. programmes, diplôme; 8. éducation

21.51 Lecture et interprétation

une, quand

21.52 Lecture et analyse grammaticale

phrase, verbe, sujet, question, question

21.54 Lecture, interprétation, et expansion du vocabulaire

1. pour (la science), contre; 2. ornements; 3. ornement, servent, outil

21.55 Lecture, interprétation, et entraînement à l'écriture

1. Qu'il est nécessaire de connaître au moins une langue étrangère; 2. D'avoir une conversation dans une langue qui n'est pas leur langue maternelle; 3. L'anglais; 4. En anglais; 5. Dans sept pays; en Belgique, en Allemagne, en Italie, à Chypre, au Portugal, en Irlande, en Autriche

LEÇON 22

22.2 Compréhension auditive

1. C, F; 2. G, H; 3. A, B; 4. D, E, I

22.14 Activation: Dictée

1. quittez, passe, raccroche, te rappelle, entends; 2. laisser un message, Ne quittez pas, message, donnerai

22.19 Activation: Dictée

1. vous êtes en retard; 2. me dépêche; 3. n'as pas, fini, Dépêche-toi, faire, t'y voir

22.24 Activation

1. -s; 2. -s; 3. -es; 4. -e; 5. -(e)s; 6. —

22.25 Activation

1. avons reçu, a écrit, a écrite, avez reçu; 2. écrit, écris, écrivons, écrire, recevoir, écris, en reçois; 3. recevons, (en) écrivons, écrit

22.26 Activation

1. A la; 2. à la, à l'heure; 3. au, des, au, de la; 4. de l'; 5. de la; 6. à l', au; 7. du; 8. de la, des; 9. à la; 10. du; 11. au, du; 12. à, de l'; 13. de l'

22.33 Activation

1. -e; 2. —; 3. -s; 4. -es; 5. -es; 6. —; 7. -es; 8. -s; 9. -e; 10. -s

22.34 Activation

1. ai rencontrée; 2. ai vue; 3. parlé; 4. ai invitée; 5. pu, faits; 6. avons bus; 7. a, lus; 8. ai dites; 9. ai invitée; 10. ai données

22.35 Activation

1. ai passé, ai rencontré, essayé d', reçue, j'ai reçue, a; 2. n'ont, existé, a, en avez vu, ai dit, n'ai jamais vu, en ai, vu; 3. a suivi, lui a, ont vécu; 4. n'a, parlé; 5. a fait de (a étudié), a eu, a, pu, étudié (travaillé), doué, ai fait, sais, ai, parlé; 6. ai parlé, répondu, me faites, la lisez, en ai, lu; 7. sert à, ai dit, sert (servait) à, m'a dit, en avez fait, en ai, fait, servir, a, fait; 8. sert à, m'a, ai suivi, avons étudié, ai apprise (étudiée), suis tombé, suis resté, m'a pas; 9. ai étudiées (apprises), ont, servi; 10. raison, ai appris, a tout oublié

22.36 Activation

1. en; 2. en, trois; 3. en, une; 4. des, en, un; 5. en, une, En, une; 6. des, de la, de; 7. de, en; 8. de, de l', de l', d'

22.38 Exercice-test

1. est; 2. a; 3. est; 4. a; 5. est; 6. a; 7. est; 8. ont; 9. sont; 10. sont

22.39 Exercice-test

1. -es; 2. —; 3. -s; 4. —; 5. —; 6. —; 7. -es; 8. —; 9. —; 10. -s

22.46 Lecture et interprétation

1. Chez elle; 2. Le temps consacré au petit déjeuner; 3. Il diminue; 4. 35 minutes en semaine, 42 minutes le week-end; 5. Dans des restaurants de fast-food; 6. Dans une cafétéria collective; 7. Le grignotage et le nomadisme

22.47 Lecture et interprétation

1. En Irlande, en Hongrie, en République tchèque; 2. Moins

22.48 Lecture et interprétation

1. Des portables; 2. Par des cabines interactives; 3. déchargé; 4. Elles ont des écrans tactiles; 5. Surfer sur Internet

22.49 Lecture et expansion du vocabulaire

A. 2. vers 1939; 3. La patronne; 4. Il sert les apéritifs et verse le vin; 5. L'unique servante; 6. Dans le placard aux balais; 7. Les clients arrivent, les prix montent, les habitués s'en vont . . .

B. 1. enduits; 2. comptoir; 3. étain; 4. étain, étain; 5. marbre, marbre, marbre; 6. balai, balais; 7. sciure, sciure; 8. tôle; 9. fusains; 10. diable; 11. habitués; 12. bras de chemise; 13. enlaidi; 14. rompu

22.50 Lecture, interprétation, et expansion du vocabulaire

1. (Elle a lieu) au (dans le) garage; 2. Parce qu'à l'école, les maîtres portent tous des lunettes; 3. vue, aveugle; 4. bon

22.53 Lecture et expansion du vocabulaire

devant, derrière, Vous vous retournez (Je me retourne), suit, suit, détraqué

LEÇON 23

23.2 Compréhension auditive

1. D; 2. A; 3. F; 4. C; 5. B; 6. E

23.19 Activation

1. prendre; 2. reprendre;
3. reprendre; 4. apprendre;
5. entreprendre; 6. entreprendre;
7. comprendre

23.25 Activation

présent: 1, 4, 6, 8, 11, 13, 14, 16, 18, 20
futur: 2, 3, 5, 7, 9, 10, 12, 15, 17, 19

23.28 Activation

1. passerons; 2. prendrons; 3. arrive-rons, vous attendrons, inquiéterai;
4. les inviterons; 5. marchera;
6. leur parlerai; 7. comprendrez;
8. comprendront; 9. les finira;
10. rirai, rira

23.29 Activation

1. ai, avons bu, ai invitée, a, accepté;
2. est partie, devait, ai mis; 3. ai appelé, ai demandé, m'a dit, suis, j'ai, je suis descendu, Je suis, j'ai, ai; 4. suis, je suis remonté, Je suis allé, j'ai acheté, suis redescendu;
5. a marché, J'ai, a, a répondu, n'est pas là, est allée, je suis sorti, J'ai, me; 6. Je suis revenu, J'ai, a fait (faisait); 7. suis, me suis, J'ai, ai, m'a donné, pu, a répondu, m'a; 8. est, l'ai, suis, ne l'ai, n'ai, l'ai amenée; 9. avons reçu, a fait, n'est pas venue, est toujours (est restée); 10. m'a invité; 11. J'ai aperçu (trouvé, vu), me suis, J'ai commandé, j'ai, suis revenu, est arrivée; 12. a aperçu (vu), j'ai vu

23.30 Activation

1. la, les, les; 2. les, la, les, la; 3. la, la; 4. des, des, d', d'; 5. de, de; 6. des, de, de; 7. des, d', de l', L', la; 8. des, Les; 9. de, de; 10. de, une; 11. de, des, de, des, les, les; 12. de la, de; 13. des, Les, de, du, les; 14. des, des; 15. Les, l', des

23.32 Exercice-test

optimiste: 2, 4, 6, 7
pessimiste: 1, 3, 5, 8

23.33 Exercice-test

présent: 3, 6, 7, 8
futur: 1, 2, 4, 5, 9, 10

23.34 Exercice-test

1. finiront; 2. comprendrez; 3. parti-rons; 4. téléphonerai; 5. sortiras

23.44 Lecture, interprétation, et expansion du vocabulaire

1. Guéri; 2. guéri; 3. Monseigneur;
4. Docteur; 5. Rira bien qui rira le dernier!; 6. Qui vivra, verra!;
7. demain, aujourd'hui, bonnes

23.46 Lecture et expansion du vocabulaire

1. l'alcool, bon vivants, un rite de passage (vers l'âge adulte), un risque, sodas

23.47 Lecture et interprétation

1. Des produits cosmétiques; 2. Non, souvent ils empruntent les pro-duits de leur femme; 3. L'homo-sexualité n'est plus un tabou et les codes de virilité ont changé

23.50 Lecture, interprétation, et expansion du vocabulaire

1. peine; 2. va, vont, en vont, s'en va; 3. demeure; 4. pont; 5. passent; 6. courante; 7. revient, reviennent; 8. lente; 9. pont

23.51 Lecture et initiation au passé simple

A. prit, s'absorba, dit, obéit, trouva, revint; revenir
B. remarquai: remarquer; se mirent: se mettre; étincelèrent: étinceler; réclama; réclamer; fut: être; pen-sai: penser; réussis: réussir; fis: faire; demandai: demander; ras-sura: rassurer; récidivai: récidiver

LEÇON 24

24.2 Compréhension auditive

1. A; 2. E; 3. C; 4. F; 5. G; 6. B; 7. D

24.3 Compréhension auditive

1. B; 2. F; 3. A; 4. C; 5. E; 6. D

24.9 Activation: Discrimination auditive

appréciation: 1, 2, 4, 5, 8
recommandation: 3, 6, 7

24.11 Activation

1. Merci; vraiment exquis; 2. char-mante; 3. remercier

24.13 Activation

1. sert; 2. service; 3. service; 4. ser-vir; 5. servir; 6. servez

24.14 Activation

1. Parce que le téléphone sonne (vient de sonner); 2. Parce qu'elle sortait (elle allait sortir); 3. A la fac (A son cours); 4. Parce qu'elle est en retard pour son cours (elle n'a vraiment pas le temps); 5. Elle rappellera (la personne)

24.15 Activation: Dictée

Ça fait longtemps, deviens, je tra-vaille, Je vais à la bibli, je vais à la fac, Et toi, tu deviens, fais de l'histoire de l'art, fais, le samedi matin

24.17 Activation

passé composé: 1, 4, 7, 8
plus-que-parfait: 2, 3, 5, 6

24.23 Activation

1. regarderai, sonnera, dira, sera, dira, dirai; 2. aurons, attendrai, fera, aura, arrivera, sera, portera (aura), sourirai, sourirons, dira, parlerons, irons; 3. marierons, sera, porterai, donnera, donnera, conduirai; 4. aurons, aurons, don-nera, donneront; 5. occupera, tra-vaillerai, sera, donnerai, donnera,

serai, passerai, jouerai; 6. prendrons, irons, irons, emmènerons,
resteront, fera; 7. iront, joueront,
fera, fera, feront, apprendront,
liront, apprendront; 8. habillerai,
aurai, changerai de; 9. porterai,
verrai, sourira, approchera, dira,
dirai, demandera, dirai, parti-
rai, restera, passerai, verrai, dira,
dirai, sera

24.24 Activation

1. en aurez; 2. les verrai; 3. seront;
4. y sera; 5. viendrai (mangerai);
6. ira; 7. réussiras; 8. les ferai

24.25 Activation

1. tomber; 2. est tombé; 3. tomber; 4. sommes mal tombé(e)s,
tomberons; 5. êtes mal tombé;
6. tomber; 7. êtes bien tombé;
8. sont tombés

24.30 Activation

1. qui; 2. qui; 3. que; 4. qu'; 5. qui;
6. que

24.31 Activation

qui, que, qu', que, qui, qu', que, que,
qui, qui, qui, qui, qui, qu', qui,
qui, qu', que, que, que, que, qu',
qui, que, qui

24.34 Activation

1. Utilisons-le; 2. Etudiez-la;
3. Présentez-moi; 4. continuez-
la; 5. Attendons-les (Attends-les,
Attendez-les); 6. Excusez-moi
(Excuse-moi)

24.35 Activation

1. D; 2. B; 3. C; 4. A; 5. F; 6. E; 7. H;
8. G

24.36 Activation

du, des, en, du, de la, des, des, des,
du, des, du, du, de l', en, de

24.38 Exercice-test

1. essaiera; 2. saura; 3. viendrons;
4. ferai; 5. pourrai; 6. sera;
7. s'ennuiera; 8. verras; 9. pleuvra;
10. auront; 11. voudra; 12. irons

24.39 Exercice-test

1. qui; 2. que; 3. qu'; 4. que; 5. qui

24.47 Lecture et interprétation

1. Garonne; 2. truffes, cèpes, confits;
3. belle, Périgord, Dordogne;
4. l'histoire de l'art, grottes,
peintures préhistoriques; 5. lui
ressemble, vous ne trouvez pas?

24.48 Lecture, interprétation, et expansion du vocabulaire

1. Des tuyaux, fort; 2. inconscient,
profère, suscite; 3. foi, permettre,
Descartes

24.49 Lecture, interprétation, expansion du vocabulaire, et pratique de l'écriture

1. familier; 2. poissons, hamsters
ou des cochons d'Inde, oiseaux;
3. aquatiques, terrestres; 4. En
ville; 5. servaient, gardaient, se
débarrasser, débarrasse; 6. affectif,
Les enfants et les personnes âgées
qui vivent (vivant) seules; 7. se
rencontrer, se parler; 8. humains,
migraine, vétérinaire

24.51 Lecture et interprétation

1. Le vin, les fromages, la culture;
2. Le lait, Le thé, Le vin; 3. sec,
humide

24.53 Lecture, interprétation, et expansion du vocabulaire

1. pâtée; 2. Dehors, dehors; 3. boucherie, viande

24.54 Lecture, interprétation, et expansion du vocabulaire

1. mépriser; 2. berges

LEÇON 25

25.2 Compréhension auditive

1. B; 2. F; 3. C; 4. E; 5. A; 6. H; 7. D;
8. G

25.3 Compréhension auditive

1. F; 2. D; 3. A; 4. C; 5. E; 6. B

25.9 Activation: Compréhension auditive

Il est dur!: 1, 2, 3, 6
Il sent mauvais! Il pue!: 4, 8
C'est de la conserve!: 5, 7

25.11 Activation: Dictée

Tiens, prends; fait; fait; prends-le;
sait

25.24 Activation

Appelle-le, Apportez-le, Apportez-la,
Décide-toi, goûte-le, Refuse-le,
lui, lui, lui, lui, Apportez-nous,
remportez-la, Demande-la, Véri-
fie-la, laisse-lui

25.28 Activation

1. m'en un autre; 2. nous-en
d'autres; 3. leur-en d'autre;
4. nous-en d'autres; 5. lui-en une
autre; 6. lui-en un autre; 7. lui-en
un autre; 8. m'en d'autres

25.31 Activation

1. Celui-ci, lui; 2. Ceux-ci, me;
3. Celle-ci, nous; 4. Celles-ci, leur

25.32 Activation

Celles, Celles, Celui, celui, Celle,
Celle, Ceux, ceux, Celui, celui,
Celle, celle

25.33 Activation

1. ceux que; 2. Celle-ci; 3. celui que;
4. ceux que; 5. ceux d'; 6. ceux d';
7. celui qui; 8. celle que; 9. celle
que; 10. Celle qui, celle, celle qui;
11. Celui que

25.34 Activation

Je n'irai pas, mes, Je descendrai,
j'écrirai, ma, je sortirai, J'irai me,
Je verrai, manifesteront, Je, sui-
vrai, je rencontrerai, j'engagerai,
me félicitera, mon, passera, nous
ne dirons rien, Nous nous regar-
derons, me sourira, je, rendrai,
me posera, ma, moi-, nous nous

dirons nos, me demandera, Nous nous installerons, Nous parlerons, nos, j'inviterai, fera, acceptera, nous parlerons, nos, sera, je critiquerai, je téléphonerai, ma, sera, sa, m'invitera, réussira, Nous nous rencontrerons, ferons, nous, sera, insistera, nous, nous, nous n'accepterons pas, Nous partirons, passerons

25.35 Activation

1. me suis, me suis, ai regardé, me suis, ai pris, me suis, me, me suis, me suis, les, me suis brossé les, me suis coupé les; 2. ai commandé, me suis, du, du, du, ai, du, ai, ai, me suis, ai, mon; 3. me l'a, suis, le, la (ma), me suis, n'en ai pris; 4. me suis, suis allé me, suis passé, y ai, des, les, n'en ai; 5. m'a, le, l'ai pas, ai, suis passé, suis, découvert (vu, traversé), me suis; 6. m'a, n'en ai pas pris, l'ai, ai, que, rencontrée, lui; 7. m'a, l'ai, regardée, la lui a, lui a, a, au, la, cuite, la lui a, l'a; 8. a, mon, me

25.36 Activation

1. ai, y suis, m'a, a, est, a, lui, se; 2. est, est, l'ai, m'a, me, a; 3. de la, y en, suis, ai, me l'a, cuite, l'a, rapportée (remportée), me l'a, ai, de, en prends; 4. ce, est, de la (une), que, de la, des, des, du

25.38 Exercice-test

1. Reprends-en; 2. Vas-y; 3. Raccompagne-les; 4. Téléphone-lui; 5. Arrête-toi; 6. Fais-en

25.39 Exercice-test

1. leur; 2. y; 3. en; 4. l'; 5. n'y; 6. n'en; 7. ne lui; 8. ne l'

25.40 Exercice-test

1. lui en; 2. t'en; 3. leur en; 4. m'en

25.41 Exercice-test

1. lui-en d'autres; 2. m'en un deuxième; 3. m'en une bouteille

25.48 Lecture et interprétation

Une dame et un monsieur (une femme et un homme); Ils sont au jardin du Luxembourg, assis sur un banc; Ils se regardent; chèvre; Pouah! Qui est-ce qui pue comme ça?

25.49 Entraînement à la lecture, interprétation, et expansion du vocabulaire

1. croyances, confessions; 2. laïcité, laïc; 3. Les deux tiers (deux sur trois), 1,5%, Plus petite, Plus, Plus de musulmans; 4. Parce qu'ils pensent que les musulmans ne s'intègrent pas et n'acceptent pas la culture nationale; 5. Ils se plaignent d'être l'objet de discriminations; 6. Oui, parce que les modes de vie se rapprochent petit à petit

25.50 Entraînement à la lecture

1. Le sucre; 2. rendez-vous, café

25.51 Entraînement à la lecture et expansion du vocabulaire

A. 1. allumer, fumée, cendre, cendrier; 2. manteau, manteau de pluie

25.52 Entraînement à la lecture

1. (Elle prépare) une galette; 2. Avec de la semoule; 3. brise; 4. rosée

25.53 Lecture, interprétation, et expansion du vocabulaire

1. enduire; 2. enduits; 3. entoure; 4. four, à four

25.54 Entraînement à la lecture, interprétation, et expansion du vocabulaire

2. fleurs, lilas, Lilas; 3. Amérique; 4. fichu

LEÇON 26

26.2 Compréhension auditive

1. C; 2. E; 3. A; 4. D; 5. F; 6. B

26.9 Activation: Discrimination auditive

cru: 2; bleu: 5; à point: 1, 6; bien cuit: 3; carbonisé: 4

26.10 Activation: Discrimination auditive

de la viande: 1, 2, 3, 5, 8, 19
du poisson: 4, 21, 23
un légume: 6, 7, 14, 20, 24
un fromage: 9, 12, 17
un dessert: 10, 15, 18, 22
un vin: 11, 13, 16, 25

26.12 Activation: Dictée

1. n'en mangerai qu'un; 2. ne me reste qu'une, n', pas

26.14 Activation

1. ne pèse que, ne, qu'; 2. ne mange que, ne mange que; 3. ne boit que, ne boit que; 4. n'en avons bu qu', 5. ne prends qu'une; 6. ne, qu'; 7. n'en bois qu'; 8. n'en prenons qu'; 9. n'en mange qu'; 10. ne l'aime que; 11. n'y va que, n'y va que, ne joue qu'

26.16 Activation

1. apporter; 2. emporter; 3. Rapportez; 4. remportez; 5. porte

26.17 Activation: Dictée

Apporte-moi, te l'arranger, arrangé, Emporte ton bateau, le laisser

26.21 Activation

1. en, y; 2. en, en; 3. y; 4. y en a; 5. en, une; 6. la; 7. en veut (en achète); 8. en, un; 9. en, un, y; 10. le; 11. n'en; 12. en; 13. y a, la, lui, la, en

26.29 Activation

1. emmené, ramener; 2. amener; 3. achète, achetons; 4. lève; 5. pèse, peser; 6. rappelle; 7. appelle

26.31 Activation

1. aux, à l', de, de, aux; 2. aux, de, au, à la, d', de; 3. au, au, à la, aux, au

26.32 Activation

dépenser: dépense, dépenses, dépense; *oublier:* oublie, oublies, oublie; *vivre:* vis, vis, vit; *sourire:* souris, souris, sourit; *suivre:* suis, suis, suit; *choisir:* choisis, choisis, choisit; *voir:* vois, vois, voit; *croire:* crois, crois, croit; *boire:* bois, bois, boit; *connaître:* connais, connais, connaît; *savoir:* sais, sais, sait; *prévenir:* préviens, préviens, prévient; *se souvenir:* souviens, souviens, souvient; *intervenir:* interviens, interviens, intervient; *vouloir:* veux, veux, veut

26.33 Activation

dépenser: dépensons, dépensez, dépensent; *oublier:* oublions, oubliez, oublient; *sourire:* sourions, souriez, sourient; *suivre:* suivons, suivez, suivent; *vivre:* vivons, vivez, vivent; *écrire:* écrivons, écrivez, écrivent; *croire:* croyons, croyez, croient; *finir:* finissons, finissez, finissent; *se réunir:* réunissons, réunissez, réunissent; *vouloir:* voulons, voulez, veulent; *prévenir:* prévenons, prévenez, préviennent; *se souvenir:* souvenons, souvenez, souviennent; *comprendre:* comprenons, comprenez, comprennent; *apprendre:* apprenons, apprenez, apprennent

26.34 Activation

il veut: voulez, veulent; *on doit:* devez, doivent; *on voit:* voyez, voient; *il croit:* croyons, croyez, croient; *on vient:* venez; *il tient:* tenons, tenez, tiennent; *il se souvient:* souvenons, souvenez, souviennent; *il prend:* prenez; *on comprend:* comprenons, comprenez, comprennent

26.35 Activation

1. prenez, prenons; 2. viennent; 3. peuvent, pouvez; 4. voyons, voient; 5. apprenons, apprennent; 6. font, faisons; 7. disent, disons; 8. interviennent, intervenons

26.36 Activation

1. trouves; 2. riez, ris, rient; 3. comprenez, comprends, comprennent; 4. avez, crois, croyez, savez, croient, savent; 5. finissent, finis, finissez; 6. vivez, vis, vivent; 7. oublie, oubliez, oublient; 8. se souviennent, me souviens, se souvient, vous souvenez; 9. écrivez, lui écris, écrivez, leur écris, habitez, habitent, habitent; 10. vous inscrivez, m'inscris, inscrivons, sert, servent, dites, avez; 11. vous en faites, s'en fait, m'en fais, nous en faisons, s'en font, s'en font; 12. nous réunissons, jouons

26.37 Activation

1. vois, nous promenons; 2. nous arrêtons, regardons, ont, savons, désirons (voulons); 3. nous décidons, prenons, prend, prends, mangeons, fait; 4. nous demandons, allons, avons (achetons), choisissons, allons, croit (pense, dit), perd, me (m'y) perds; 5. prennent, en prenons, consultons, ont, appellent, avons, nous promenons; 6. suit, a, a, pèse, fait, pouvons, voulons; 7. commençons, terminons

26.39 Exercice-test

de la viande: 4, 11, 14
du poisson: 6
un légume: 1, 5, 12
un fromage: 7, 9, 13
un dessert: 2, 8, 15
un vin: 3, 10

26.40 Exercice-test

1. n'ai mangé qu'; 2. ne prend qu'; 3. ne veux que

26.41 Exercice-test

1. des; 2. d'; 3. d'; 4. de; 5. le; 6. de; 7. de; 8. les; 9. de; 10. au

26.42 Exercice-test

1. voyez; 2. pouvez; 3. venez; 4. savez; 5. restez; 6. écrivez; 7. prenez; 8. choisissez

26.48 Lecture, interprétation, et expansion du vocabulaire

1. recettes, cuisine; 2. cuire; 3. cuire, feu, feu; 4. morceau, sens; 5. sauce; 6. voiles

26.49 Lecture, interprétation, et expansion du vocabulaire

1. toile; 2. forêt, bouger, bouge; 3. pinceau; 4. effacer; 5. effacer; 6. plumes; 7. feuillage; 8. poussière; 9. signe, plume; 10. coins, coin

26.50 Lecture, interprétation, et expansion du vocabulaire

1. Il y en a probablement six ou sept; 2. jumelles; 3. Les cuisses et les ailes, Les pattes; 4. maigrichonne; 5. crève-la-faim, gencives, gencives; 6. gâteau, gâteau

26.52 Lecture, interprétation, et expansion du vocabulaire

1. Saignant; 2. sang, sang; 3. saignant; 4. Il est déjà presque trop cuit; 5. Cubique et juteux; 6. Les frites

26.53 Lecture, interprétation, et expansion du vocabulaire

1. berce; 2. plainte; 3. paisible; 4. rumeur

Conjugaison des verbes types

Modes et temps	Personnes du singulier			Personnes du pluriel		
	1ère	2ème	3ème	1ère	2ème	3ème

1. Avoir

Indicatif

présent	ai	as	a	avons	avez	ont
passé composé	ai eu	as eu	a eu	avons eu	avez eu	ont eu
imparfait	avais	avais	avait	avions	aviez	avaient
plus-que-parfait	avais eu	avais eu	avait eu	avions eu	aviez eu	avaient eu
futur	aurai	auras	aura	aurons	aurez	auront
passé simple	eus	eus	eut	eûmes	eûtes	eurent

Conditionnel

présent	aurais	aurais	aurait	aurions	auriez	auraient
passé	aurais eu	aurais eu	aurait eu	aurions eu	auriez eu	auraient eu

Subjonctif

présent	aie	aies	ait	ayons	ayez	aient
passé	aie eu	aies eu	ait eu	ayons eu	ayez eu	aient eu

Impératif

	—	aie	—	ayons	ayez	—

Participe

présent			ayant			
passé			eu			

Infinitif

			avoir			

Modes et temps	Personnes du singulier			Personnes du pluriel		
	1ère	2ème	3ème	1ère	2ème	3ème

2. Etre

Indicatif

présent	suis	es	est	sommes	êtes	sont
passé composé	ai été	as été	a été	avons été	avez été	ont été
imparfait	étais	étais	était	étions	étiez	étaient
plus-que-parfait	avais été	avais été	avait été	avions été	aviez été	avaient été
futur	serai	seras	sera	serons	serez	seront
passé simple	fus	fus	fut	fûmes	fûtes	furent

Conditionnel

présent	serais	serais	serait	serions	seriez	seraient
passé	aurais été	aurais été	aurait été	aurions été	auriez été	auraient été

Subjonctif

présent	sois	sois	soit	soyons	soyez	soient
passé	aie été	aies été	ait été	ayons été	ayez été	aient été

Impératif

	—	sois	—	soyons	soyez	—

Participe

présent	étant
passé	été

Infinitif — être

3. Aller

Indicatif

présent	vais	vas	va	allons	allez	vont
passé composé	suis allé(e)	es allé(e)	est allé(e)	sommes allé(e)s	êtes allé(e)(s)	sont allé(e)s
imparfait	allais	allais	allait	allions	alliez	allaient
plus-que-parfait	étais allé(e)	étais allé(e)	était allé(e)	étions allé(e)s	étiez allé(e)(s)	étaient allé(e)s
futur	irai	iras	ira	irons	irez	iront
passé simple	allai	allas	alla	allâmes	allâtes	allèrent

Conditionnel

présent	irais	irais	irait	irions	iriez	iraient
passé	serais allé(e)	serais allé(e)	serait allé(e)	serions allé(e)s	seriez allé(e)(s)	seraient allé(e)s

Subjonctif

présent	aille	ailles	aille	allions	alliez	aillent
passé	sois allé(e)	sois allé(e)	soit allé(e)	soyons allé(e)s	soyez allé(e)(s)	soient allé(e)s

Impératif

	—	va	—	allons	allez	—

Participe

présent	allant
passé	allé

Infinitif — aller

Modes et temps	Personnes du singulier			Personnes du pluriel		
	1ère	2ème	3ème	1ère	2ème	3ème

4. -er, Parler

Indicatif

présent	parle	parles	parle	parlons	parlez	parlent
passé composé	ai parlé	as parlé	a parlé	avons parlé	avez parlé	ont parlé
imparfait	parlais	parlais	parlait	parlions	parliez	parlaient
plus-que-parfait	avais parlé	avais parlé	avait parlé	avions parlé	aviez parlé	avaient parlé
futur	parlerai	parleras	parlera	parlerons	parlerez	parleront
passé simple	parlai	parlas	parla	parlâmes	parlâtes	parlèrent

Conditionnel

présent	parlerais	parlerais	parlerait	parlerions	parleriez	parleraient
passé	aurais parlé	aurais parlé	aurait parlé	aurions parlé	auriez parlé	auraient parlé

Subjonctif

présent	parle	parles	parle	parlions	parliez	parlent
passé	aie parlé	aies parlé	ait parlé	ayons parlé	ayez parlé	aient parlé

Impératif

	—	parle	—	parlons	parlez	—

Participe

présent			parlant			
passé			parlé			

Infinitif

			parler			

4a. -cer, Commencer

Indicatif

présent	commence	commences	commence	commençons	commencez	commencent
passé composé	ai commencé	as commencé	a commencé	avons commencé	avez commencé	ont commencé
imparfait	commençais	commençais	commençait	commencions	commenciez	commençaient
plus-que-parfait	avais commencé	avais commencé	avait commencé	avions commencé	aviez commencé	avaient commencé
futur	commencerai	commenceras	commencera	commencerons	commencerez	commenceront
passé simple	commençai	commenças	commença	commençâmes	commençâtes	commencèrent

Conditionnel

présent	commencerais	commencerais	commencerait	commencerions	commenceriez	commenceraient
passé	aurais commencé	aurais commencé	aurait commencé	aurions commencé	auriez commencé	auraient commencé

Subjonctif

présent	commence	commences	commence	commencions	commenciez	commencent
passé	aie commencé	aies commencé	ait commencé	ayons commencé	ayez commencé	aient commencé

Impératif

	—	commence	—	commençons	commencez	—

Participe

present			commençant			
passé			commencé			

Infinitif

			commencer			

Modes et temps	Personnes du singulier			Personnes du pluriel		
	1ère	2ème	3ème	1ère	2ème	3ème

4b. -ger, Manger

Indicatif

présent	mange	manges	mange	mangeons	mangez	mangent
passé composé	ai mangé	as mangé	a mangé	avons mangé	avez mangé	ont mangé
imparfait	mangeais	mangeais	mangeait	mangions	mangiez	mangeaient
plus-que-parfait	avais mangé	avais mangé	avait mangé	avions mangé	aviez mangé	avaient mangé
futur	mangerai	mangeras	mangera	mangerons	mangerez	mangeront
passé simple	mangeai	mangeas	mangea	mangeâmes	mangeâtes	mangèrent

Conditionnel

présent	mangerais	mangerais	mangerait	mangerions	mangeriez	mangeraient
passé	aurais mangé	aurais mangé	aurait mangé	aurions mangé	auriez mangé	auraient mangé

Subjonctif

présent	mange	manges	mange	mangions	mangiez	mangent
passé	aie mangé	aies mangé	ait mangé	ayons mangé	ayez mangé	aient mangé

Impératif

	—	mange	—	mangeons	mangez	—

Participe

présent		mangeant
passé		mangé

Infinitif   manger

5. -ir, Choisir

Indicatif

présent	choisis	choisis	choisit	choisissons	choisissez	choisissent
passé composé	ai choisi	as choisi	a choisi	avons choisi	avez choisi	ont choisi
imparfait	choisissais	choisissais	choisissait	choisissions	choisissiez	choisissaient
plus-que-parfait	avais choisi	avais choisi	avait choisi	avions choisi	aviez choisi	avaient choisi
futur	choisirai	choisiras	choisira	choisirons	choisirez	choisiront
passé simple	choisis	choisis	choisit	choisîmes	choisîtes	choisirent

Conditionnel

présent	choisirais	choisirais	choisirait	choisirions	choisiriez	choisiraient
passé	aurais choisi	aurais choisi	aurait choisi	aurions choisi	auriez choisi	auraient choisi

Subjonctif

présent	choisisse	choisisses	choisisse	choisissions	choisissiez	choisissent
passé	aie choisi	aies choisi	ait choisi	ayons choisi	ayez choisi	aient choisi

Impératif

	—	choisis	—	choisissons	choisissez	—

Participe

présent		choisissant
passé		choisi

Infinitif   choisir

Modes et temps	Personnes du singulier 1ère	2ème	3ème	Personnes du pluriel 1ère	2ème	3ème

6. -re, Attendre

Indicatif

	1ère	2ème	3ème	1ère	2ème	3ème
présent	attends	attends	attend	attendons	attendez	attendent
passé composé	ai attendu	as attendu	a attendu	avons attendu	avez attendu	ont attendu
imparfait	attendais	attendais	attendait	attendions	attendiez	attendaient
plus-que-parfait	avais attendu	avais attendu	avait attendu	avions attendu	aviez attendu	avaient attendu
futur	attendrai	attendras	attendra	attendrons	attendrez	attendront
passé simple	attendis	attendis	attendit	attendîmes	attendîtes	attendirent

Conditionnel

présent	attendrais	attendrais	attendrait	attendrions	attendriez	attendraient
passé	aurais attendu	aurais attendu	aurait attendu	aurions attendu	auriez attendu	auraient attendu

Subjonctif

présent	attende	attendes	attende	attendions	attendiez	attendent
passé	aie attendu	aies attendu	ait attendu	ayons attendu	ayez attendu	aient attendu

Impératif

	—	attends	—	attendons	attendez	—

Participe

présent   attendant
passé   attendu

Infinitif   attendre

7. Laver (Se)

Indicatif

	1ère	2ème	3ème	1ère	2ème	3ème
présent	me lave	te laves	se lave	nous lavons	vous lavez	se lavent
passé composé	me suis lavé(e)	t'es lavé(e)	s'est lavé(e)	nous sommes lavé(e)s	vous êtes lavé(e)(s)	se sont lavé(e)s
imparfait	me lavais	te lavais	se lavait	nous lavions	vous laviez	se lavaient
plus-que-parfait	m'étais lavé(e)	t'étais lavé(e)	s'était lavé(e)	nous étions lavé(e)s	vous étiez lavé(e)(s)	s'étaient lavé(e)s
futur	me laverai	te laveras	se lavera	nous laverons	vous laverez	se laveront
passé simple	me lavai	te lavas	se lava	nous lavâmes	vous lavâtes	se lavèrent

Conditionnel

présent	me laverais	te laverais	se laverait	nous laverions	vous laveriez	se laveraient
passé	me serais lavé(e)	te serais lavé(e)	se serait lavé(e)	nous serions lavé(e)s	vous seriez lavé(e)(s)	se seraient lavé(e)s

Subjonctif

présent	me lave	te lave	se lave	nous lavions	vous laviez	se lavent
passé	me sois lavé(e)	te sois lavé(e)	se soit lavé(e)	nous soyons lavé(e)s	vous soyez lavé(e)(s)	se soient lavé(e)s

Impératif

	—	lave-toi	—	lavons-nous	lavez-vous	—

Participe

présent   se lavant
passé   lavé

Infinitif   se laver

Modes et temps	Personnes du singulier			Personnes du pluriel		
	1ère	2ème	3ème	1ère	2ème	3ème

8. Acheter

Indicatif

présent	achète	achètes	achète	achetons	achetez	achètent
passé composé	ai acheté	as acheté	a acheté	avons acheté	avez acheté	ont acheté
imparfait	achetais	achetais	achetait	achetions	achetiez	achetaient
plus-que-parfait	avais acheté	avais acheté	avait acheté	avions acheté	aviez acheté	avaient acheté
futur	achèterai	achèteras	achètera	achèterons	achèterez	achèteront
passé simple	achetai	achetas	acheta	achetâmes	achetâtes	achetèrent

Conditionnel

présent	achèterais	achèterais	achèterait	achèterions	achèteriez	achèteraient
passé	aurais acheté	aurais acheté	aurait acheté	aurions acheté	auriez acheté	auraient acheté

Subjonctif

présent	achète	achètes	achète	achetions	achetiez	achètent
passé	aie acheté	aies acheté	ait acheté	ayons acheté	ayez acheté	aient acheté

Impératif

	—	achète	—	achetons	achetez	—

Participe

présent		achetant
passé		acheté

Infinitif

	acheter

9. Appeler

Indicatif

présent	appelle	appelles	appelle	appelons	appelez	appellent
passé composé	ai appelé	as appelé	a appelé	avons appelé	avez appelé	ont appelé
imparfait	appelais	appelais	appelait	appelions	appeliez	appelaient
plus-que-parfait	avais appelé	avais appelé	avait appelé	avions appelé	aviez appelé	avaient appelé
futur	appellerai	appelleras	appellera	appellerons	appellerez	appelleront
passé simple	appelai	appelas	appela	appelâmes	appelâtes	appelèrent

Conditionnel

présent	appellerais	appellerais	appellerait	appellerions	appelleriez	appelleraient
passé	aurais appelé	aurais appelé	aurait appelé	aurions appelé	auriez appelé	auraient appelé

Subjonctif

présent	appelle	appelles	appelle	appelions	appeliez	appellent
passé	aie appelé	aies appelé	ait appelé	ayons appelé	ayez appelé	aient appelé

Impératif

	—	appelle	—	appelons	appelez	—

Participe

présent		appelant
passé		appelé

Infinitif

	appeler

Modes et temps	Personnes du singulier			Personnes du pluriel		
	1ère	2ème	3ème	1ère	2ème	3ème

9a. Jeter

Indicatif

présent	jette	jettes	jette	jetons	jetez	jettent
passé composé	ai jeté	as jeté	a jeté	avons jeté	avez jeté	ont jeté
imparfait	jetais	jetais	jetait	jetions	jetiez	jetaient
plus-que-parfait	avais jeté	avais jeté	avait jeté	avions jeté	aviez jeté	avaient jeté
futur	jetterai	jetteras	jettera	jetterons	jetterez	jetteront
passé simple	jetai	jetas	jeta	jetâmes	jetâtes	jetèrent

Conditionnel

présent	jetterais	jetterais	jetterait	jetterions	jetteriez	jetteraient
passé	aurais jeté	aurais jeté	aurait jeté	aurions jeté	auriez jeté	auraient jeté

Subjonctif

présent	jette	jettes	jette	jetions	jetiez	jettent
passé	aie jeté	aies jeté	ait jeté	ayons jeté	ayez jeté	aient jeté

Impératif

	—	jette	—	jetons	jetez	—

Participe

présent   jetant
passé   jeté

Infinitif   jeter

10. Préférer

Indicatif

présent	préfère	préfères	préfère	préférons	préférez	préfèrent
passé composé	ai préféré	as préféré	a préféré	avons préféré	avez préféré	ont préféré
imparfait	préférais	préférais	préférait	préférions	préfériez	préféraient
plus-que-parfait	avais préféré	avais préféré	avait préféré	avions préféré	aviez préféré	avaient préféré
futur	préférerai (préfèrerai)	préféreras (préfèreras)	préférera (préfèrera)	préférerons (préfèrerons)	préférerez (préfèrerez)	préféreront (préfèreront)
passé simple	préférai	préféras	préféra	préférâmes	préférâtes	préférèrent

Conditionnel

present	préférerais (préfèrerais)	préférerais (préfèrerais)	préférerait (préfèrerait)	préférerions (préfèrerions)	préféreriez (préfèreriez)	préféreraient (préfèreraient)
passé	aurais préféré	aurais préféré	aurait préféré	aurions préféré	auriez préféré	auraient préféré

Subjonctif

présent	préfère	préfères	préfère	préférions	préfériez	préfèrent
passé	aie préféré	aies préféré	ait préféré	ayons préféré	ayez préféré	aient préféré

Impératif

	—	préfère	—	préférons	préférez	—

Participe

présent   préférant
passé   préféré

Infinitif   préférer

Modes et temps	Personnes du singulier			Personnes du pluriel		
	1ère	2ème	3ème	1ère	2ème	3ème

11. Essayer

Indicatif

présent	essaie	essaies	essaie	essayons	essayez	essaient
passé composé	ai essayé	as essayé	a essayé	avons essayé	avez essayé	ont essayé
imparfait	essayais	essayais	essayait	essayions	essayiez	essayaient
plus-que-parfait	avais essayé	avais essayé	avait essayé	avions essayé	aviez essayé	avaient essayé
futur	essaierai	essaieras	essaiera	essaierons	essaierez	essaieront
passé simple	essayai	essayas	essaya	essayâmes	essayâtes	essayèrent

Conditionnel

présent	essaierais	essaierais	essaierait	essaierions	essaieriez	essaieraient
passé	aurais essayé	aurais essayé	aurait essayé	aurions essayé	auriez essayé	auraient essayé

Subjonctif

présent	essaie	essaies	essaie	essayions	essayiez	essaient
passé	aie essayé	aies essayé	ait essayé	ayons essayé	ayez essayé	aient essayé

Impératif

	—	essaie	—	essayons	essayez	—

Participe

présent			essayant			
passé			essayé			

Infinitif

			essayer			

12. Boire

Indicatif

présent	bois	bois	boit	buvons	buvez	boivent
passé composé	ai bu	as bu	a bu	avons bu	avez bu	ont bu
imparfait	buvais	buvais	buvait	buvions	buviez	buvaient
plus-que-parfait	avais bu	avais bu	avait bu	avions bu	aviez bu	avaient bu
futur	boirai	boiras	boira	boirons	boirez	boiront
passé simple	bus	bus	but	bûmes	bûtes	burent

Conditionnel

présent	boirais	boirais	boirait	boirions	boiriez	boiraient
passé	aurais bu	aurais bu	aurait bu	aurions bu	auriez bu	auraient bu

Subjonctif

présent	boive	boives	boive	buvions	buviez	boivent
passé	aie bu	aies bu	ait bu	ayons bu	ayez bu	aient bu

Impératif

	—	bois	—	buvons	buvez	—

Participe

présent			buvant			
passé			bu			

Infinitif

			boire			

Modes et temps	Personnes du singulier			Personnes du pluriel		
	1ère	2ème	3ème	1ère	2ème	3ème

13. Conduire

Indicatif

Modes et temps	1ère	2ème	3ème	1ère	2ème	3ème
présent	conduis	conduis	conduit	conduisons	conduisez	conduisent
passé composé	ai conduit	as conduit	a conduit	avons conduit	avez conduit	ont conduit
imparfait	conduisais	conduisais	conduisait	conduisions	conduisiez	conduisaient
plus-que-parfait	avais conduit	avais conduit	avait conduit	avions conduit	aviez conduit	avaient conduit
futur	conduirai	conduiras	conduira	conduirons	conduirez	conduiront
passé simple	conduisis	conduisis	conduisit	conduisîmes	conduisîtes	conduisirent

Conditionnel

	1ère	2ème	3ème	1ère	2ème	3ème
présent	conduirais	conduirais	conduirait	conduirions	conduiriez	conduiraient
passé	aurais conduit	aurais conduit	aurait conduit	aurions conduit	auriez conduit	auraient conduit

Subjonctif

	1ère	2ème	3ème	1ère	2ème	3ème
présent	conduise	conduises	conduise	conduisions	conduisiez	conduisent
passé	aie conduit	aies conduit	ait conduit	ayons conduit	ayez conduit	aient conduit

Impératif

	1ère	2ème	3ème	1ère	2ème	3ème
	—	conduis	—	conduisons	conduisez	—

Participe

présent conduisant
passé conduit

Infinitif

conduire

14. Connaître

Indicatif

Modes et temps	1ère	2ème	3ème	1ère	2ème	3ème
présent	connais	connais	connaît	connaissons	connaissez	connaissent
passé composé	ai connu	as connu	a connu	avons connu	avez connu	ont connu
imparfait	connaissais	connaissais	connaissait	connaissions	connaissiez	connaissaient
plus-que-parfait	avais connu	avais connu	avait connu	avions connu	aviez connu	avaient connu
futur	connaîtrai	connaîtras	connaîtra	connaîtrons	connaîtrez	connaîtront
passé simple	connus	connus	connut	connûmes	connûtes	connurent

Conditionnel

	1ère	2ème	3ème	1ère	2ème	3ème
présent	connaîtrais	connaîtrais	connaîtrait	connaîtrions	connaîtriez	connaîtraient
passé	aurais connu	aurais connu	aurait connu	aurions connu	auriez connu	auraient connu

Subjonctif

	1ère	2ème	3ème	1ère	2ème	3ème
présent	connaisse	connaisses	connaisse	connaissions	connaissiez	connaissent
passé	aie connu	aies connu	ait connu	ayons connu	ayez connu	aient connu

Impératif

	1ère	2ème	3ème	1ère	2ème	3ème
	—	connais	—	connaissons	connaissez	—

Participe

présent connaissant
passé connu

Infinitif

connaître

Modes et temps	Personnes du singulier			Personnes du pluriel		
	1ère	2ème	3ème	1ère	2ème	3ème

15. Courir

Indicatif

présent	cours	cours	court	courons	courez	courent
passé composé	ai couru	as couru	a couru	avons couru	avez couru	ont couru
imparfait	courais	courais	courait	courions	couriez	couraient
plus-que-parfait	avais couru	avais couru	avait couru	avions couru	aviez couru	avaient couru
futur	courrai	courras	courra	courrons	courrez	courront
passé simple	courus	courus	courut	courûmes	courûtes	coururent

Conditionnel

présent	courrais	courrais	courrait	courrions	courriez	courraient
passé	aurais couru	aurais couru	aurait couru	aurions couru	auriez couru	auraient couru

Subjonctif

présent	coure	coures	coure	courions	couriez	courent
passé	aie couru	aies couru	ait couru	ayons couru	ayez couru	aient couru

Impératif	—	cours	—	courons	courez	—

Participe

présent			courant			
passé			couru			

Infinitif			courir			

16. Croire

Indicatif

présent	crois	crois	croit	croyons	croyez	croient
passé composé	ai cru	as cru	a cru	avons cru	avez cru	ont cru
imparfait	croyais	croyais	croyait	croyions	croyiez	croyaient
plus-que-parfait	avais cru	avais cru	avait cru	avions cru	aviez cru	avaient cru
futur	croirai	croiras	croira	croirons	croirez	croiront
passé simple	crus	crus	crut	crûmes	crûtes	crurent

Conditionnel

présent	croirais	croirais	croirait	croirions	croiriez	croiraient
passé	aurais cru	aurais cru	aurait cru	aurions cru	auriez cru	auraient cru

Subjonctif

présent	croie	croies	croie	croyions	croyiez	croient
passé	aie cru	aies cru	ait cru	ayons cru	ayez cru	aient cru

Impératif	—	crois	—	croyons	croyez	—

Participe

présent			croyant			
passé			cru			

Infinitif			croire			

Modes et temps	Personnes du singulier 1ère	2ème	3ème	Personnes du pluriel 1ère	2ème	3ème

17. Devoir

Indicatif

présent	dois	dois	doit	devons	devez	doivent
passé composé	ai dû	as dû	a dû	avons dû	avez dû	ont dû
imparfait	devais	devais	devait	devions	deviez	devaient
plus-que-parfait	avais dû	avais dû	avait dû	avions dû	aviez dû	avaient dû
futur	devrai	devras	devra	devrons	devrez	devront
passé simple	dus	dus	dut	dûmes	dûtes	durent

Conditionnel

présent	devrais	devrais	devrait	devrions	devriez	devraient
passé	aurais dû	aurais dû	aurait dû	aurions dû	auriez dû	auraient dû

Subjonctif

présent	doive	doives	doive	devions	deviez	doivent
passé	aie dû	aies dû	ait dû	ayons dû	ayez dû	aient dû

Impératif

	—	dois	—	devons	devez	—

Participe

présent   devant
passé   dû

Infinitif   devoir

18. Dire

Indicatif

présent	dis	dis	dit	disons	dites	disent
passé composé	ai dit	as dit	a dit	avons dit	avez dit	ont dit
imparfait	disais	disais	disait	disions	disiez	disaient
plus-que-parfait	avais dit	avais dit	avait dit	avions dit	aviez dit	avaient dit
futur	dirai	diras	dira	dirons	direz	diront
passé simple	dis	dis	dit	dîmes	dîtes	dirent

Conditionnel

présent	dirais	dirais	dirait	dirions	diriez	diraient
passé	aurais dit	aurais dit	aurait dit	aurions dit	auriez dit	auraient dit

Subjonctif

présent	dise	dises	dise	disions	disiez	disent
passé	aie dit	aies dit	ait dit	ayons dit	ayez dit	aient dit

Impératif

	—	dis	—	disons	dites	—

Participe

présent   disant
passé   dit

Infinitif   dire

Modes et temps	Personnes du singulier			Personnes du pluriel		
	1ère	2ème	3ème	1ère	2ème	3ème

19. Ecrire

Indicatif

présent	écris	écris	écrit	écrivons	écrivez	écrivent
passé composé	ai écrit	as écrit	a écrit	avons écrit	avez écrit	ont écrit
imparfait	écrivais	écrivais	écrivait	écrivions	écriviez	écrivaient
plus-que-parfait	avais écrit	avais écrit	avait écrit	avions écrit	aviez écrit	avaient écrit
futur	écrirai	écriras	écrira	écrirons	écrirez	écriront
passé simple	écrivis	écrivis	écrivit	écrivîmes	écrivîtes	écrivirent

Conditionnel

présent	écrirais	écrirais	écrirait	écririons	écririez	écriraient
passé	aurais écrit	aurais écrit	aurait écrit	aurions écrit	auriez écrit	auraient écrit

Subjonctif

présent	écrive	écrives	écrive	écrivions	écriviez	écrivent
passé	aie écrit	aies écrit	ait écrit	ayons écrit	ayez écrit	aient écrit

Impératif	—	écris	—	écrivons	écrivez	—

Participe

présent		écrivant
passé		écrit

Infinitif	écrire

20. Eteindre

Indicatif

présent	éteins	éteins	éteint	éteignons	éteignez	éteignent
passé composé	ai éteint	as éteint	a éteint	avons éteint	avez éteint	ont éteint
imparfait	éteignais	éteignais	éteignait	éteignions	éteigniez	éteignaient
plus-que-parfait	avais éteint	avais éteint	avait éteint	avions éteint	aviez éteint	avaient éteint
futur	éteindrai	éteindras	éteindra	éteindrons	éteindrez	éteindront
passé simple	éteignis	éteignis	éteignit	éteignîmes	éteignîtes	éteignirent

Conditionnel

présent	éteindrais	éteindrais	éteindrait	éteindrions	éteindriez	éteindraient
passé	aurais éteint	aurais éteint	aurait éteint	aurions éteint	auriez éteint	auraient éteint

Subjonctif

présent	éteigne	éteignes	éteigne	éteignions	éteigniez	éteignent
passé	aie éteint	aies éteint	ait éteint	ayons éteint	ayez éteint	aient éteint

Impératif	—	éteins	—	éteignons	éteignez	—

Participe

présent		éteignant
passé		éteint

Infinitif	éteindre

Modes et temps	Personnes du singulier			Personnes du pluriel		
	1ère	2ème	3ème	1ère	2ème	3ème

21. Faire

Indicatif

présent	fais	fais	fait	faisons	faites	font
passé composé	ai fait	as fait	a fait	avons fait	avez fait	ont fait
imparfait	faisais	faisais	faisait	faisions	faisiez	faisaient
plus-que-parfait	avais fait	avais fait	avait fait	avions fait	aviez fait	avaient fait
futur	ferai	feras	fera	ferons	ferez	feront
passé simple	fis	fis	fit	fîmes	fîtes	firent

Conditionnel

présent	ferais	ferais	ferait	ferions	feriez	feraient
passé	aurais fait	aurais fait	aurait fait	aurions fait	auriez fait	auraient fait

Subjonctif

présent	fasse	fasses	fasse	fassions	fassiez	fassent
passé	aie fait	aies fait	ait fait	ayons fait	ayez fait	aient fait

Impératif	—	fais	—	faisons	faites	—

Participe

présent			faisant			
passé			fait			

Infinitif			faire			

22. Falloir

Indicatif

présent	—	—	faut	—	—	—
passé composé	—	—	a fallu	—	—	—
imparfait	—	—	fallait	—	—	—
plus-que-parfait	—	—	avait fallu	—	—	—
futur	—	—	faudra	—	—	—
passé simple	—	—	fallut	—	—	—

Conditionnel

présent	—	—	faudrait	—	—	—
passé	—	—	aurait fallu	—	—	—

Subjonctif

présent	—	—	faille	—	—	—
passé	—	—	ait fallu	—	—	—

Impératif	—	—	—	—	—	—

Participe

présent			—			
passé			fallu			

Infinitif			falloir			

Modes et temps	Personnes du singulier			Personnes du pluriel		
	1ère	2ème	3ème	1ère	2ème	3ème

23. Lire

Indicatif

présent	lis	lis	lit	lisons	lisez	lisent
passé composé	ai lu	as lu	a lu	avons lu	avez lu	ont lu
imparfait	lisais	lisais	lisait	lisions	lisiez	lisaient
plus-que-parfait	avais lu	avais lu	avait lu	avions lu	aviez lu	avaient lu
futur	lirai	liras	lira	lirons	lirez	liront
passé simple	lus	lus	lut	lûmes	lûtes	lurent

Conditionnel

présent	lirais	lirais	lirait	lirions	liriez	liraient
passé	aurais lu	aurais lu	aurait lu	aurions lu	auriez lu	auraient lu

Subjonctif

présent	lise	lises	lise	lisions	lisiez	lisent
passé	aie lu	aies lu	ait lu	ayons lu	ayez lu	aient lu

Impératif

	—	lis	—	lisons	lisez	—

Participe

présent			lisant			
passé			lu			

Infinitif

			lire			

24. Mettre

Indicatif

présent	mets	mets	met	mettons	mettez	mettent
passé composé	ai mis	as mis	a mis	avons mis	avez mis	ont mis
imparfait	mettais	mettais	mettait	mettions	mettiez	mettaient
plus-que-parfait	avais mis	avais mis	avait mis	avions mis	aviez mis	avaient mis
futur	mettrai	mettras	mettra	mettrons	mettrez	mettront
passé simple	mis	mis	mit	mîmes	mîtes	mirent

Conditionnel

présent	mettrais	mettrais	mettrait	mettrions	mettriez	mettraient
passé	aurais mis	aurais mis	aurait mis	aurions mis	auriez mis	auraient mis

Subjonctif

présent	mette	mettes	mette	mettions	mettiez	mettent
passé	aie mis	aies mis	ait mis	ayons mis	ayez mis	aient mis

Impératif

	—	mets	—	mettons	mettez	—

Participe

présent			mettant			
passé			mis			

Infinitif

			mettre			

Modes et temps	Personnes du singulier			Personnes du pluriel		
	1ère	2ème	3ème	1ère	2ème	3ème

25. Mourir

Indicatif

présent	meurs	meurs	meurt	mourons	mourez	meurent
passé composé	suis mort(e)	es mort(e)	est mort(e)	sommes mort(e)s	êtes mort(e)(s)	sont mort(e)s
imparfait	mourais	mourais	mourait	mourions	mouriez	mouraient
plus-que-parfait	étais mort(e)	étais mort(e)	était mort(e)	étions mort(e)s	étiez mort(e)(s)	étaient mort(e)s
futur	mourrai	mourras	mourra	mourrons	mourrez	mourront
passé simple	mourus	mourus	mourut	mourûmes	mourûtes	moururent

Conditionnel

présent	mourrais	mourrais	mourrait	mourrions	mourriez	mourraient
passé	serais mort(e)	serais mort(e)	serait mort(e)	serions mort(e)s	seriez mort(e)(s)	seraient mort(e)s

Subjonctif

présent	meure	meures	meure	mourions	mouriez	meurent
passé	sois mort(e)	sois mort(e)	soit mort(e)	soyons mort(e)s	soyez mort(e)(s)	soient mort(e)s

Impératif	—	meurs	—	mourons	mourez	—

Participe

présent			mourant			
passé			mort			

Infinitif			mourir			

26. Naître

Indicatif

présent	nais	nais	naît	naissons	naissez	naissent
passé composé	suis né(e)	es né(e)	est né(e)	sommes né(e)s	êtes né(e)(s)	sont né(e)s
imparfait	naissais	naissais	naissait	naissions	naissiez	naissaient
plus-que-parfait	étais né(e)	étais né(e)	était né(e)	étions né(e)s	étiez né(e)(s)	étaient né(e)s
futur	naîtrai	naîtras	naîtra	naîtrons	naîtrez	naîtront
passé simple	naquis	naquis	naquit	naquîmes	naquîtes	naquirent

Conditionnel

présent	naîtrais	naîtrais	naîtrait	naîtrions	naîtriez	naîtraient
passé	serais né(e)	serais né(e)	serait né(e)	serions né(e)s	seriez né(e)(s)	seraient né(e)s

Subjonctif

présent	naisse	naisses	naisse	naissions	naissiez	naissent
passé	sois né(e)	sois né(e)	soit né(e)	soyons né(e)s	soyez né(e)(s)	soient né(e)s

Impératif	—	nais	—	naissons	naissez	—

Participe

présent			naissant			
passé			né			

Infinitif			naître			

Modes et temps	Personnes du singulier			Personnes du pluriel		
	1ère	2ème	3ème	1ère	2ème	3ème

27. Offrir

Indicatif

présent	offre	offres	offre	offrons	offrez	offrent
passé composé	ai offert	as offert	a offert	avons offert	avez offert	ont offert
imparfait	offrais	offrais	offrait	offrions	offriez	offraient
plus-que-parfait	avais offert	avais offert	avait offert	avions offert	aviez offert	avaient offert
futur	offrirai	offriras	offrira	offrirons	offrirez	offriront
passé simple	offris	offris	offrit	offrîmes	offrîtes	offrirent

Conditionnel

présent	offrirais	offrirais	offrirait	offririons	offririez	offriraient
passé	aurais offert	aurais offert	aurait offert	aurions offert	auriez offert	auraient offert

Subjonctif

présent	offre	offres	offre	offrions	offriez	offrent
passé	aie offert	aies offert	ait offert	ayons offert	ayez offert	aient offert

Impératif	—	offre	—	offrons	offrez	—

Participe

présent			offrant			
passé			offert			

Infinitif			offrir			

28. Partir

Indicatif

présent	pars	pars	part	partons	partez	partent
passé composé	suis parti(e)	es parti(e)	est parti(e)	sommes parti(e)s	êtes parti(e)(s)	sont parti(e)s
imparfait	partais	partais	partait	partions	partiez	partaient
plus-que-parfait	étais parti(e)	étais parti(e)	était parti(e)	étions parti(e)s	étiez parti(e)(s)	étaient parti(e)s
futur	partirai	partiras	partira	partirons	partirez	partiront
passé simple	partis	partis	partit	partîmes	partîtes	partirent

Conditionnel

présent	partirais	partirais	partirait	partirions	partiriez	partiraient
passé	serais parti(e)	serais parti(e)	serait parti(e)	serions parti(e)s	seriez parti(e)(s)	seraient parti(e)s

Subjonctif

présent	parte	partes	parte	partions	partiez	partent
passé	sois parti(e)	sois parti(e)	soit parti(e)	soyons parti(e)s	soyez parti(e)(s)	soient parti(e)s

Impératif	—	pars	—	partons	partez	—

Participe

présent			partant			
passé			parti			

Infinitif			partir			

Modes et temps	Personnes du singulier			Personnes du pluriel		
	1ère	2ème	3ème	1ère	2ème	3ème

29. Plaire

Indicatif

présent	plais	plais	plaît	plaisons	plaisez	plaisent
passé composé	ai plu	as plu	a plu	avons plu	avez plu	ont plu
imparfait	plaisais	plaisais	plaisait	plaisions	plaisiez	plaisaient
plus-que-parfait	avais plu	avais plu	avait plu	avions plu	aviez plu	avaient plu
futur	plairai	plairas	plaira	plairons	plairez	plairont
passé simple	plus	plus	plut	plûmes	plûtes	plurent

Conditionnel

présent	plairais	plairais	plairait	plairions	plairiez	plairaient
passé	aurais plu	aurais plu	aurait plu	aurions plu	auriez plu	auraient plu

Subjonctif

présent	plaise	plaises	plaise	plaisions	plaisiez	plaisent
passé	aie plu	aies plu	ait plu	ayons plu	ayez plu	aient plu

| *Impératif* | — | plais | — | plaisons | plaisez | — |

Participe

présent		plaisant
passé		plu

| *Infinitif* | plaire |

30. Pleuvoir

Indicatif

présent	—	—	pleut	—	—	—
passé composé	—	—	a plu	—	—	—
imparfait	—	—	pleuvait	—	—	—
plus-que-parfait	—	—	avait plu	—	—	—
futur	—	—	pleuvra	—	—	—
passé simple	—	—	plut	—	—	—

Conditionnel

présent	—	—	pleuvrait	—	—	—
passé	—	—	aurait plu	—	—	—

Subjonctif

présent	—	—	pleuve	—	—	—
passé	—	—	ait plu	—	—	—

| *Impératif* | — | — | — | — | — | — |

Participe

présent		pleuvant
passé		plu

| *Infinitif* | pleuvoir |

Modes et temps	Personnes du singulier			Personnes du pluriel		
	1ère	2ème	3ème	1ère	2ème	3ème

31. Pouvoir

Indicatif

présent	peux	peux	peut	pouvons	pouvez	peuvent
passé composé	ai pu	as pu	a pu	avons pu	avez pu	ont pu
imparfait	pouvais	pouvais	pouvait	pouvions	pouviez	pouvaient
plus-que-parfait	avais pu	avais pu	avait pu	avions pu	aviez pu	avaient pu
futur	pourrai	pourras	pourra	pourrons	pourrez	pourront
passé simple	pus	pus	put	pûmes	pûtes	purent

Conditionnel

présent	pourrais	pourrais	pourrait	pourrions	pourriez	pourraient
passé	aurais pu	aurais pu	aurait pu	aurions pu	auriez pu	auraient pu

Subjonctif

présent	puisse	puisses	puisse	puissions	puissiez	puissent
passé	aie pu	aies pu	ait pu	ayons pu	ayez pu	aient pu

Impératif

	—	—	—	—	—	—

Participe

présent	pouvant
passé	pu

Infinitif   pouvoir

32. Prendre

Indicatif

présent	prends	prends	prend	prenons	prenez	prennent
passé composé	ai pris	as pris	a pris	avons pris	avez pris	ont pris
imparfait	prenais	prenais	prenait	prenions	preniez	prenaient
plus-que-parfait	avais pris	avais pris	avait pris	avions pris	aviez pris	avaient pris
futur	prendrai	prendras	prendra	prendrons	prendrez	prendront
passé simple	pris	pris	prit	prîmes	prîtes	prirent

Conditionnel

présent	prendrais	prendrais	prendrait	prendrions	prendriez	prendraient
passé	aurais pris	aurais pris	aurait pris	aurions pris	auriez pris	auraient pris

Subjonctif

présent	prenne	prennes	prenne	prenions	preniez	prennent
passé	aie pris	aies pris	ait pris	ayons pris	ayez pris	aient pris

Impératif

	—	prends	—	prenons	prenez	—

Participe

présent	prenant
passé	pris

Infinitif   prendre

Modes et temps	Personnes du singulier			Personnes du pluriel		
	1ère	2ème	3ème	1ère	2ème	3ème

33. Recevoir

Indicatif

présent	reçois	reçois	reçoit	recevons	recevez	reçoivent
passé composé	ai reçu	as reçu	a reçu	avons reçu	avez reçu	ont reçu
imparfait	recevais	recevais	recevait	recevions	receviez	recevaient
plus-que-parfait	avais reçu	avais reçu	avait reçu	avions reçu	aviez reçu	avaient reçu
futur	recevrai	recevras	recevra	recevrons	recevrez	recevront
passé simple	reçus	reçus	reçut	reçûmes	reçûtes	reçurent

Conditionnel

présent	recevrais	recevrais	recevrait	recevrions	recevriez	recevraient
passé	aurais reçu	aurais reçu	aurait reçu	aurions reçu	auriez reçu	auraient reçu

Subjonctif

présent	reçoive	reçoives	reçoive	recevions	receviez	reçoivent
passé	aie reçu	aies reçu	ait reçu	ayons reçu	ayez reçu	aient reçu

Impératif	—	reçois	—	recevons	recevez	—

Participe

présent			recevant			
passé			reçu			

Infinitif			recevoir			

34. Savoir

Indicatif

présent	sais	sais	sait	savons	savez	savent
passé composé	ai su	as su	a su	avons su	avez su	ont su
imparfait	savais	savais	savait	savions	saviez	savaient
plus-que-parfait	avais su	avais su	avait su	avions su	aviez su	avaient su
futur	saurai	sauras	saura	saurons	saurez	sauront
passé simple	sus	sus	sut	sûmes	sûtes	surent

Conditionnel

présent	saurais	saurais	saurait	saurions	sauriez	sauraient
passé	aurais su	aurais su	aurait su	aurions su	auriez su	auraient su

Subjonctif

présent	sache	saches	sache	sachions	sachiez	sachent
passé	aie su	aies su	ait su	ayons su	ayez su	aient su

Impératif	—	sache	—	sachons	sachez	—

Participe

présent			sachant			
passé			su			

Infinitif			savoir			

Modes et temps	Personnes du singulier			Personnes du pluriel		
	1ère	2ème	3ème	1ère	2ème	3ème

35. Sourire

Indicatif

présent	souris	souris	sourit	sourions	souriez	sourient
passé composé	ai souri	as souri	a souri	avons souri	avez souri	ont souri
imparfait	souriais	souriais	souriait	souriions	souriiez	souriaient
plus-que-parfait	avais souri	avais souri	avait souri	avions souri	aviez souri	avaient souri
futur	sourirai	souriras	sourira	sourirons	sourirez	souriront
passé simple	souris	souris	sourit	sourîmes	sourîtes	sourirent

Conditionnel

présent	sourirais	sourirais	sourirait	souririons	souririez	souriraient
passé	aurais souri	aurais souri	aurait souri	aurions souri	auriez souri	auraient souri

Subjonctif

présent	sourie	souries	sourie	souriions	souriiez	sourient
passé	aie souri	aies souri	ait souri	ayons souri	ayez souri	aient souri

Impératif	—	souris	—	sourions	souriez	—

Participe

présent		souriant
passé		souri

Infinitif		sourire

36. Suivre

Indicatif

présent	suis	suis	suit	suivons	suivez	suivent
passé composé	ai suivi	as suivi	a suivi	avons suivi	avez suivi	ont suivi
imparfait	suivais	suivais	suivait	suivions	suiviez	suivaient
plus-que-parfait	avais suivi	avais suivi	avait suivi	avions suivi	aviez suivi	avaient suivi
futur	suivrai	suivras	suivra	suivrons	suivrez	suivront
passé simple	suivis	suivis	suivit	suivîmes	suivîtes	suivirent

Conditionnel

présent	suivrais	suivrais	suivrait	suivrions	suivriez	suivraient
passé	aurais suivi	aurais suivi	aurait suivi	aurions suivi	auriez suivi	auraient suivi

Subjonctif

présent	suive	suives	suive	suivions	suiviez	suivent
passé	aie suivi	aies suivi	ait suivi	ayons suivi	ayez suivi	aient suivi

Impératif	—	suis	—	suivons	suivez	—

Participe

présent		suivant
passé		suivi

Infinitif		suivre

Modes et temps	Personnes du singulier			Personnes du pluriel		
	1ère	2ème	3ème	1ère	2ème	3ème

37. Tenir

Indicatif

présent	tiens	tiens	tient	tenons	tenez	tiennent
passé composé	ai tenu	as tenu	a tenu	avons tenu	avez tenu	ont tenu
imparfait	tenais	tenais	tenait	tenions	teniez	tenaient
plus-que-parfait	avais tenu	avais tenu	avait tenu	avions tenu	aviez tenu	avaient tenu
futur	tiendrai	tiendras	tiendra	tiendrons	tiendrez	tiendront
passé simple	tins	tins	tint	tînmes	tîntes	tinrent

Conditionnel

présent	tiendrais	tiendrais	tiendrait	tiendrions	tiendriez	tiendraient
passé	aurais tenu	aurais tenu	aurait tenu	aurions tenu	auriez tenu	auraient tenu

Subjonctif

présent	tienne	tiennes	tienne	tenions	teniez	tiennent
passé	aie tenu	aies tenu	ait tenu	ayons tenu	ayez tenu	aient tenu

Impératif	—	tiens	—	tenons	tenez	—

Participe

présent			tenant			
passé			tenu			

Infinitif			tenir			

38. Valoir

Indicatif

présent	vaux	vaux	vaut	valons	valez	valent
passé composé	ai valu	as valu	a valu	avons valu	avez valu	ont valu
imparfait	valais	valais	valait	valions	valiez	valaient
plus-que-parfait	avais valu	avais valu	avait valu	avions valu	aviez valu	avaient valu
futur	vaudrai	vaudras	vaudra	vaudrons	vaudrez	vaudront
passé simple	valus	valus	valut	valûmes	valûtes	valurent

Conditionnel

présent	vaudrais	vaudrais	vaudrait	vaudrions	vaudriez	vaudraient
passé	aurais valu	aurais valu	aurait valu	aurions valu	auriez valu	auraient valu

Subjonctif

présent	vaille	vailles	vaille	valions	valiez	vaillent
passé	aie valu	aies valu	ait valu	ayons valu	ayez valu	aient valu

Impératif	—	vaux	—	valons	valez	—

Participe

présent			valant			
passé			valu			

Infinitif			valoir			

Modes et temps	Personnes du singulier			Personnes du pluriel		
	1ère	2ème	3ème	1ère	2ème	3ème

39. Venir

Indicatif

présent	viens	viens	vient	venons	venez	viennent
passé composé	suis venu(e)	es venu(e)	est venu(e)	sommes venu(e)s	êtes venu(e)(s)	sont venu(e)s
imparfait	venais	venais	venait	venions	veniez	venaient
plus-que-parfait	étais venu(e)	étais venu(e)	était venu(e)	étions venu(e)s	étiez venu(e)(s)	étaient venu(e)s
futur	viendrai	viendras	viendra	viendrons	viendrez	viendront
passé simple	vins	vins	vint	vînmes	vîntes	vinrent

Conditionnel

présent	viendrais	viendrais	viendrait	viendrions	viendriez	viendraient
passé	serais venu(e)	serais venu(e)	serait venu(e)	serions venu(e)s	seriez venu(e)(s)	seraient venu(e)s

Subjonctif

présent	vienne	viennes	vienne	venions	veniez	viennent
passé	sois venu(e)	sois venu(e)	soit venu(e)	soyons venu(e)s	soyez venu(e)(s)	soient venu(e)s

Impératif	—	viens	—	venons	venez	—

Participe

présent	venant
passé	venu

Infinitif	venir

40. Vivre

Indicatif

présent	vis	vis	vit	vivons	vivez	vivent
passé composé	ai vécu	as vécu	a vécu	avons vécu	avez vécu	ont vécu
imparfait	vivais	vivais	vivait	vivions	viviez	vivaient
plus-que-parfait	avais vécu	avais vécu	avait vécu	avions vécu	aviez vécu	avaient vécu
futur	vivrai	vivras	vivra	vivrons	vivrez	vivront
passé simple	vécus	vécus	vécut	vécûmes	vécûtes	vécurent

Conditionnel

présent	vivrais	vivrais	vivrait	vivrions	vivriez	vivraient
passé	aurais vécu	aurais vécu	aurait vécu	aurions vécu	auriez vécu	auraient vécu

Subjonctif

présent	vive	vives	vive	vivions	viviez	vivent
passé	aie vécu	aies vécu	ait vécu	ayons vécu	ayez vécu	aient vécu

Impératif	—	vis	—	vivons	vivez	—

Participe

présent	vivant
passé	vécu

Infinitif	vivre

Modes et temps	Personnes du singulier			Personnes du pluriel		
	1ère	2ème	3ème	1ère	2ème	3ème

41. Voir

Indicatif

présent	vois	vois	voit	voyons	voyez	voient
passé composé	ai vu	as vu	a vu	avons vu	avez vu	ont vu
imparfait	voyais	voyais	voyait	voyions	voyiez	voyaient
plus-que-parfait	avais vu	avais vu	avait vu	avions vu	aviez vu	avaient vu
futur	verrai	verras	verra	verrons	verrez	verront
passé simple	vis	vis	vit	vîmes	vîtes	virent

Conditionnel

présent	verrais	verrais	verrait	verrions	verriez	verraient
passé	aurais vu	aurais vu	aurait vu	aurions vu	auriez vu	auraient vu

Subjonctif

présent	voie	voies	voie	voyions	voyiez	voient
passé	aie vu	aies vu	ait vu	ayons vu	ayez vu	aient vu

Impératif

	—	vois	—	voyons	voyez	—

Participe

présent   voyant

passé   vu

Infinitif   voir

42. Vouloir

Indicatif

présent	veux	veux	veut	voulons	voulez	veulent
passé composé	ai voulu	as voulu	a voulu	avons voulu	avez voulu	ont voulu
imparfait	voulais	voulais	voulait	voulions	vouliez	voulaient
plus-que-parfait	avais voulu	avais voulu	avait voulu	avions voulu	aviez voulu	avaient voulu
futur	voudrai	voudras	voudra	voudrons	voudrez	voudront
passé simple	voulus	voulus	voulut	voulûmes	voulûtes	voulurent

Conditionnel

présent	voudrais	voudrais	voudrait	voudrions	voudriez	voudraient
passé	aurais voulu	aurais voulu	aurait voulu	aurions voulu	auriez voulu	auraient voulu

Subjonctif

présent	veuille	veuilles	veuille	voulions	vouliez	veuillent
passé	aie voulu	aies voulu	ait voulu	ayons voulu	ayez voulu	aient voulu

Impératif

	—	veuille	—	veuillons	veuillez	—

Participe

présent   voulant

passé   voulu

Infinitif   vouloir

Modes et temps	Personnes du singulier			Personnes du pluriel		
	1ère	2ème	3ème	1ère	2ème	3ème

* Accroître

Indicatif

présent	accrois	accrois	accroît	accroissons	accroissez	accroissent
passé composé	ai accru	as accru	a accru	avons accru	avez accru	ont accru
imparfait	accroissais	accroissais	accroissait	accroissions	accroissiez	accroissaient
plus-que-parfait	avais accru	avais accru	avait accru	avions accru	aviez accru	avaient accru
futur	accroîtrai	accroîtras	accroîtra	accroîtrons	accroîtrez	accroîtront
passé simple	accrus	accrus	accrût	accrûmes	accrûtes	accrûrent

Conditionnel

présent	accroîtrais	accroîtrais	accroîtrait	accroîtrions	accroîtriez	accroîtraient
passé	aurais accru	aurais accru	aurait accru	aurions accru	auriez accru	auraient accru

Subjonctif

présent	accroisse	accroisses	accroisse	accroissions	accroissiez	accroissent
passé	aie accru	aies accru	ait accru	ayons accru	ayez accru	aient accru

Impératif	—	accrois	—	accroissons	accroissez	—

Participe

présent		accroissant
passé		accru

Infinitif		accroître

* Acquérir (Conquérir)

Indicatif

présent	acquiers	acquiers	acquiert	acquérons	acquérez	acquièrent
passé composé	ai acquis	as acquis	a acquis	avons acquis	avez acquis	ont acquis
imparfait	acquérais	acquérais	acquérait	acquérions	acquériez	acquéraient
plus-que-parfait	avais acquis	avais acquis	avait acquis	avions acquis	aviez acquis	avaient acquis
futur	acquerrai	acquerras	acquerra	acquerrons	acquerrez	acquerront
passé simple	acquis	acquis	acquit	acquîmes	acquîtes	acquirent

Conditionnel

présent	acquerrais	acquerrais	acquerrait	acquerrions	acquerriez	acquerraient
passé	aurais acquis	aurais acquis	aurait acquis	aurions acquis	auriez acquis	auraient acquis

Subjonctif

présent	acquière	acquières	acquière	acquérions	acquériez	acquièrent
passé	aie acquis	aies acquis	ait acquis	ayons acquis	ayez acquis	aient acquis

Impératif	—	acquiers	—	acquérons	acquérez	—

Participe

présent		acquérant
passé		acquis

Infinitif		acquérir

Modes et temps	Personnes du singulier 1ère	2ème	3ème	Personnes du pluriel 1ère	2ème	3ème

* Asseoir (S')

Indicatif

présent	m'assieds	t'assieds	s'assied	nous asseyons	vous asseyez	s'asseyent
passé composé	me suis assis(e)	t'es assis(e)	s'est assis(e)	nous sommes assis(es)	vous êtes assis(e)(es)	se sont assis(es)
imparfait	m'asseyais	t'asseyais	s'asseyait	nous asseyions	vous asseyiez	s'asseyaient
plus-que-parfait	m'étais assis(e)	t'étais assis(e)	s'était assis(e)	nous étions assis(es)	vous étiez assis(e)(es)	s'étaient assis(es)
futur	m'assiérai	t'assiéras	s'assiéra	nous assiérons	vous assiérez	s'assiéront
passé simple	m'assis	t'assis	s'assit	nous assîmes	vous assîtes	s'assirent

Conditionnel

présent	m'assiérais	t'assiérais	s'assiérait	nous assiérions	vous assiériez	s'assiéraient
passé	me serais assis(e)	te serais assis(e)	se serait assis(e)	nous serions assis(es)	vous seriez assis(e)(es)	se seraient assis(es)

Subjonctif

présent	m'asseye	t'asseyes	s'asseye	nous asseyions	vous asseyiez	s'asseyent
passé	me sois assis(e)	te sois assis(e)	se soit assis(e)	nous soyons assis(es)	vous soyez assis(e)(es)	se soient assis(es)

| *Impératif* | — | assieds-toi | — | asseyons-nous | asseyez-vous | — |

Participe

présent			s'asseyant			
passé			assis			

| *Infinitif* | | | s'asseoir | | | |

* Conclure (Exclure)

Indicatif

présent	conclus	conclus	conclut	concluons	concluez	concluent
passé composé	ai conclu	as conclu	a conclu	avons conclu	avez conclu	ont conclu
imparfait	concluais	concluais	concluait	concluions	concluiez	concluaient
plus-que-parfait	avais conclu	avais conclu	avait conclu	avions conclu	aviez conclu	avaient conclu
futur	conclurai	concluras	conclura	conclurons	conclurez	concluront
passé simple	conclus	conclus	conclut	conclûmes	conclûtes	conclurent

Conditionnel

présent	conclurais	conclurais	conclurait	conclurions	concluriez	concluraient
passé	aurais conclu	aurais conclu	aurait conclu	aurions conclu	auriez conclu	auraient conclu

Subjonctif

présent	conclue	conclues	conclue	concluions	concluiez	concluent
passé	aie conclu	aies conclu	ait conclu	ayons conclu	ayez conclu	aient conclu

| *Impératif* | — | conclus | — | concluons | concluez | — |

Participe

présent			concluant			
passé			conclu			

| *Infinitif* | | | conclure | | | |

Modes et temps	Personnes du singulier			Personnes du pluriel		
	1ère	2ème	3ème	1ère	2ème	3ème

* Conquérir. *See* Acquérir

* Convaincre

Indicatif

présent	convaincs	convaincs	convainc	convainquons	convainquez	convainquent
passé composé	ai convaincu	as convaincu	a convaincu	avons convaincu	avez convaincu	ont convaincu
imparfait	convainquais	convainquais	convainquait	convainquions	convainquiez	convainquaient
plus-que-parfait	avais convaincu	avais convaincu	avait convaincu	avions convaincu	aviez convaincu	avaient convaincu
futur	convaincrai	convaincras	convaincra	convaincrons	convaincrez	convaincront
passé simple	convainquis	convainquis	convainquit	convainquîmes	convainquîtes	convainquirent

Conditionnel

présent	convaincrais	convaincrais	convaincrait	convaincrions	convaincriez	convaincraient
passé	aurais convaincu	aurais convaincu	aurait convaincu	aurions convaincu	auriez convaincu	auraient convaincu

Subjonctif

présent	convainque	convainques	convainque	convainquions	convainquiez	convainquent
passé	aie convaincu	aies convaincu	ait convaincu	ayons convaincu	ayez convaincu	aient convaincu

| Impératif | — | convaincs | — | convainquons | convainquez | — |

Participe

présent			convainquant			
passé			convaincu			

| Infinitif | | | convaincre | | | |

* Coudre

Indicatif

présent	couds	couds	coud	cousons	cousez	cousent
passé composé	ai cousu	as cousu	a cousu	avons cousu	avez cousu	ont cousu
imparfait	cousais	cousais	cousait	cousions	cousiez	cousaient
plus-que-parfait	avais cousu	avais cousu	avait cousu	avions cousu	aviez cousu	avaient cousu
futur	coudrai	coudras	coudra	coudrons	coudrez	coudront
passé simple	cousis	cousis	cousit	cousîmes	cousîtes	cousirent

Conditionnel

présent	coudrais	coudrais	coudrait	coudrions	coudriez	coudraient
passé	aurais cousu	aurais cousu	aurait cousu	aurions cousu	auriez cousu	auraient cousu

Subjonctif

présent	couse	couses	couse	cousions	cousiez	cousent
passé	aie cousu	aies cousu	ait cousu	ayons cousu	ayez cousu	aient cousu

| Impératif | — | couds | — | cousons | cousez | — |

Participe

présent			cousant			
passé			cousu			

| Infinitif | | | coudre | | | |

Modes et temps	Personnes du singulier			Personnes du pluriel		
	1ère	2ème	3ème	1ère	2ème	3ème

* Cueillir

Indicatif

présent	cueille	cueilles	cueille	cueillons	cueillez	cueillent
passé composé	ai cueilli	as cueilli	a cueilli	avons cueilli	avez cueilli	ont cueilli
imparfait	cueillais	cueillais	cueillait	cueillions	cueilliez	cueillaient
plus-que-parfait	avais cueilli	avais cueilli	avait cueilli	avions cueilli	aviez cueilli	avaient cueilli
futur	cueillerai	cueilleras	cueillera	cueillerons	cueillerez	cueilleront
passé simple	cueillis	cueillis	cueillit	cueillîmes	cueillîtes	cueillirent

Conditionnel

présent	cueillerais	cueillerais	cueillerait	cueillerions	cueilleriez	cueilleraient
passé	aurais cueilli	aurais cueilli	aurait cueilli	aurions cueilli	auriez cueilli	auraient cueilli

Subjonctif

présent	cueille	cueilles	cueille	cueillions	cueilliez	cueillent
passé	aie cueilli	aies cueilli	ait cueilli	ayons cueilli	ayez cueilli	aient cueilli

Impératif	—	cueille	—	cueillons	cueillez	—

Participe

présent			cueillant			
passé			cueilli			

Infinitif			cueillir			

* Distraire (Extraire, Traire)

Indicatif

présent	distrais	distrais	distrait	distrayons	distrayez	distraient
passé composé	ai distrait	as distrait	a distrait	avons distrait	avez distrait	ont distrait
imparfait	distrayais	distrayais	distrayait	distrayions	distrayiez	distrayaient
plus-que-parfait	avais distrait	avais distrait	avait distrait	avions distrait	aviez distrait	avaient distrait
futur	distrairai	distrairas	distraira	distrairons	distrairez	distrairont
passé simple	—	—	—	—	—	—

Conditionnel

présent	distrairais	distrairais	distrairait	distrairions	distrairiez	distrairaient
passé	aurais distrait	aurais distrait	aurait distrait	aurions distrait	auriez distrait	auraient distrait

Subjonctif

présent	distraie	distraies	distraie	distrayions	distrayiez	distraient
passé	aie distrait	aies distrait	ait distrait	ayons distrait	ayez distrait	aient distrait

Impératif	—	distrais	—	distrayons	distrayez	—

Participe

présent			distrayant			
passé			distrait			

Infinitif			distraire			

Modes et temps	Personnes du singulier			Personnes du pluriel		
	1ère	2ème	3ème	1ère	2ème	3ème

* Enfuir (S'). *See* Fuir

* Envoyer (Renvoyer)

Indicatif

	1ère	2ème	3ème	1ère	2ème	3ème
présent	envoie	envoies	envoie	envoyons	envoyez	envoient
passé composé	ai envoyé	as envoyé	a envoyé	avons envoyé	avez envoyé	ont envoyé
imparfait	envoyais	envoyais	envoyait	envoyions	envoyiez	envoyaient
plus-que-parfait	avais envoyé	avais envoyé	avait envoyé	avions envoyé	aviez envoyé	avaient envoyé
futur	enverrai	enverras	enverra	enverrons	enverrez	enverront
passé simple	envoyai	envoyas	envoya	envoyâmes	envoyâtes	envoyèrent

Conditionnel

présent	enverrais	enverrais	enverrait	enverrions	enverriez	enverraient
passé	aurais envoyé	aurais envoyé	aurait envoyé	aurions envoyé	auriez envoyé	auraient envoyé

Subjonctif

présent	envoie	envoies	envoie	envoyions	envoyiez	envoient
passé	aie envoyé	aies envoyé	ait envoyé	ayons envoyé	ayez envoyé	aient envoyé
Impératif	—	envoie	—	envoyons	envoyez	—

Participe

présent   envoyant
passé   envoyé

Infinitif   envoyer

* Exclure. *See* Conclure

* Extraire. *See* Distraire

* Faillir

Indicatif

	1ère	2ème	3ème	1ère	2ème	3ème
présent	—	—	—	—	—	—
passé composé	ai failli	as failli	a failli	avons failli	avez failli	ont failli
imparfait	—	—	—	—	—	—
plus-que-parfait	avais failli	avais failli	avait failli	avions failli	aviez failli	avaient failli
futur	faillirai	failliras	faillira	faillirons	faillirez	failliront
passé simple	faillis	faillis	faillit	faillîmes	faillîtes	faillirent

Conditionnel

présent	faillirais	faillirais	faillirait	faillirions	failliriez	failliraient
passé	aurais failli	aurais failli	aurait failli	aurions failli	auriez failli	auraient failli

Subjonctif

présent	—	—	—	—	—	—
passé	aie failli	aies failli	ait failli	ayons failli	ayez failli	aient failli
Impératif	—	—	—	—	—	—

Participe

présent   faillant
passé   failli

Infinitif   faillir

Modes et temps	Personnes du singulier			Personnes du pluriel		
	1ère	2ème	3ème	1ère	2ème	3ème

* Fuir (S'Enfuir)

Indicatif

présent	fuis	fuis	fuit	fuyons	fuyez	fuient
passé composé	ai fui	as fui	a fui	avons fui	avez fui	ont fui
imparfait	fuyais	fuyais	fuyait	fuyions	fuyiez	fuyaient
plus-que-parfait	avais fui	avais fui	avait fui	avions fui	aviez fui	avaient fui
futur	fuirai	fuiras	fuira	fuirons	fuirez	fuiront
passé simple	fuis	fuis	fuit	fuîmes	fuîtes	fuirent

Conditionnel

présent	fuirais	fuirais	fuirait	fuirions	fuiriez	fuiraient
passé	aurais fui	aurais fui	aurait fui	aurions fui	auriez fui	auraient fui

Subjonctif

présent	fuie	fuies	fuie	fuyions	fuyiez	fuient
passé	aie fui	aies fui	ait fui	ayons fui	ayez fui	aient fui

Impératif	—	fuis	—	fuyons	fuyez	—

Participe

présent			fuyant			
passé			fui			

Infinitif			fuir			

* Haïr

Indicatif

présent	hais	hais	hait	haïssons	haïssez	haïssent
passé composé	ai haï	as haï	a haï	avons haï	avez haï	ont haï
imparfait	haïssais	haïssais	haïssait	haïssions	haïssiez	haïssaient
plus-que-parfait	avais haï	avais haï	avait haï	avions haï	aviez haï	avaient haï
futur	haïrai	haïras	haïra	haïrons	haïrez	haïront
passé simple	haïs	haïs	haït	haïmes	haïtes	haïrent

Conditionnel

présent	haïrais	haïrais	haïrait	haïrions	haïriez	haïraient
passé	aurais haï	aurais haï	aurait haï	aurions haï	auriez haï	auraient haï

Subjonctif

présent	haïsse	haïsses	haïsse	haïssions	haïssiez	haïssent
passé	aie haï	aies haï	ait haï	ayons haï	ayez haï	aient haï

Impératif	—	hais	—	haïssons	haïssez	—

Participe

présent			haïssant			
passé			haï			

Infinitif			haïr			

Modes et temps	Personnes du singulier			Personnes du pluriel		
	1ère	2ème	3ème	1ère	2ème	3ème

* Prévoir

Indicatif

présent	prévois	prévois	prévoit	prévoyons	prévoyez	prévoient
passé composé	ai prévu	as prévu	a prévu	avons prévu	avez prévu	ont prévu
imparfait	prévoyais	prévoyais	prévoyait	prévoyions	prévoyiez	prévoyaient
plus-que-parfait	avais prévu	avais prévu	avait prévu	avions prévu	aviez prévu	avaient prévu
futur	prévoirai	prévoiras	prévoira	prévoirons	prévoirez	prévoiront
passé simple	prévis	prévis	prévit	prévîmes	prévîtes	prévirent

Conditionnel

présent	prévoirais	prévoirais	prévoirait	prévoirions	prévoiriez	prévoiraient
passé	aurais prévu	aurais prévu	aurait prévu	aurions prévu	auriez prévu	auraient prévu

Subjonctif

présent	prévoie	prévoies	prévoie	prévoyions	prévoyiez	prévoient
passé	aie prévu	aies prévu	ait prévu	ayons prévu	ayez prévu	aient prévu

Impératif	—	prévois	—	prévoyons	prévoyez	—

Participe

présent   prévoyant
passé   prévu

Infinitif   prévoir

*Renvoyer. *See* Envoyer

* Résoudre

Indicatif

présent	résous	résous	résout	résolvons	résolvez	résolvent
passé composé	ai résolu	as résolu	a résolu	avons résolu	avez résolu	ont résolu
imparfait	résolvais	résolvais	résolvait	résolvions	résolviez	résolvaient
plus-que-parfait	avais résolu	avais résolu	avait résolu	avions résolu	aviez résolu	avaient résolu
futur	résoudrai	résoudras	résoudra	résoudrons	résoudrez	résoudront
passé simple	résolus	résolus	résolut	résolûmes	résolûtes	résolurent

Conditionnel

présent	résoudrais	résoudrais	résoudrait	résoudrions	résoudriez	résoudraient
passé	aurais résolu	aurais résolu	aurait résolu	aurions résolu	auriez résolu	auraient résolu

Subjonctif

présent	résolve	résolves	résolve	résolvions	résolviez	résolvent
passé	aie résolu	aies résolu	ait résolu	ayons résolu	ayez résolu	aient résolu

Impératif	—	résous	—	résolvons	résolvez	—

Participe

présent   résolvant
passé   résolu

Infinitif   résoudre

Modes et temps	Personnes du singulier			Personnes du pluriel		
	1ère	2ème	3ème	1ère	2ème	3ème

* Revêtir

Indicatif

	1ère	2ème	3ème	1ère	2ème	3ème
présent	revêts	revêts	revêt	revêtons	revêtez	revêtent
passé composé	ai revêtu	as revêtu	a revêtu	avons revêtu	avez revêtu	ont revêtu
imparfait	revêtais	revêtais	revêtait	revêtions	revêtiez	revêtaient
plus-que-parfait	avais revêtu	avais revêtu	avait revêtu	avions revêtu	aviez revêtu	avaient revêtu
futur	revêtirai	revêtiras	revêtira	revêtirons	revêtirez	revêtiront
passé simple	revêtis	revêtis	revêtit	revêtîmes	revêtîtes	revêtirent

Conditionnel

	1ère	2ème	3ème	1ère	2ème	3ème
présent	revêtirais	revêtirais	revêtirait	revêtirions	revêtiriez	revêtiraient
passé	aurais revêtu	aurais revêtu	aurait revêtu	aurions revêtu	auriez revêtu	auraient revêtu

Subjonctif

	1ère	2ème	3ème	1ère	2ème	3ème
présent	revête	revêtes	revête	revêtions	revêtiez	revêtent
passé	aie revêtu	aies revêtu	ait revêtu	ayons revêtu	ayez revêtu	aient revêtu

Impératif

	1ère	2ème	3ème	1ère	2ème	3ème
	—	revêts	—	revêtons	revêtez	—

Participe

	3ème
présent	revêtant
passé	revêtu

Infinitif

	3ème
	revêtir

* Traire. *See* Distraire

Index